2013年度国家出版基金项目

国家出版基金项目
NATIONAL PUBLICATION FOUNDATION

中國文化發展史

总主编 龚书铎

秦汉卷

黄朴民
孙家洲
王子今
刘华祝
著

山東教育出版社

图书在版编目(CIP)数据

中国文化发展史. 秦汉卷 / 龚书铎主编；黄朴民等
著. 一济南：山东教育出版社，2013.6（2022.7重印）
ISBN 978-7-5328-7931-1

Ⅰ. ①中… Ⅱ. ①龚… ②黄… Ⅲ. ①文化史－
中国－秦汉时代 Ⅳ. ①K203

中国版本图书馆 CIP 数据核字（2013）第 167985 号

总 策 划/陆 炎

责任编辑/陆 炎 王 慧

装帧设计/石 径

ZHONGGUO WENHUA FAZHAN SHI
QIN-HAN JUAN

中国文化发展史
秦汉卷

龚书铎 总主编

黄朴民 王子今 孙家洲 刘华祝 著

主 管：山东出版传媒股份有限公司
出版者：山东教育出版社
　　　　地址：济南市市中区二环南路 2066 号 4 区 1 号　　邮编：250003
　　　　电话：(0531)82092660　　网址：www.sjs.com.cn
发行者：山东教育出版社
印 刷：山东临沂新华印刷物流集团有限责任公司
版 次：2013 年 6 月第 1 版
印 次：2022 年 7 月第 2 次印刷
规 格：787 mm×1092 mm 1/16
印 张：31
字 数：560 千
书 号：ISBN 978-7-5328-7931-1
定 价：77.00 元

目　　录

导论

秦汉文化发展脉络
及其基本特征

秦汉时期（前221年—220），前后计441年，是中国历史上封建君主专制中央集权体制得以全面确立与较大发展，以封建地主阶级土地私有制为中心的封建社会经济持续进步、出现第一个繁荣高潮，大一统背景下各类军事活动频繁展开并呈示崭新气象的重要阶段，是中华文明嬗递演进过程中的一个关键性时期。与此相适应，这一期间的封建文化，也在继承博大精深、异彩纷呈的先秦文化的基础上，有了重大的变化，充分的发展，为整个封建社会文化的发展、演变创立了规模，规范了方向，明确了特质，奠定了基础。

按照学术界通常的分类方法，文化大体上可以划分为器物类、制度类、观念类三大部分，从这个意义上说，秦汉文化实际上就是这一时期物质文明与精神文明的集中体现。秦汉是中国历史上大一统封建帝国的创始与确立阶段，其社会经济运作机制、国家政治制度、国防安全体制、思想意识体系均打上了独特的时代烙印，呈示出博大的文化气象。这种时代精神和文化特色，概括起来，大致表现在以下几个方面：

第一，秦汉文化是对先秦文化的广泛继承和创造性发展。任何时代的文化，都不是无本之木，无源之水，而只能是在充分汲取前代文化成果基础上的新的创造，秦汉文化也是如此。作为秦汉社会文明的集中体现者，秦汉文化的形成，乃是对先秦时期辉煌文化进行借鉴继承的自然结果。无论是器物类文化，如建筑、服饰、兵器、农具等等，还是制度类文化，如职官、郡县、法规律令、祭祀等等，抑或观念类文化，如哲学、文学艺术、社会风俗、宗教等等，都是和先秦时期一脉相承的。例如，不论是秦朝推崇法家，提倡"以法为教"、"以吏为师"，还是汉初推行"黄老之治"，西汉武帝"罢黜百家，独尊儒术"，其思想资源都取自于先秦的诸子百家之学，都是诸子之学在新的历史条件下的重新诠释与合宜运用。又如秦汉王朝都实行高度专制的中央集权体制，架构起以皇帝为中心的逐级管理的封建中央、地方行政大系统，在此基础上实现对全国经济、政治、军事、文化的全面、有效控制，而这种政治文化同样渊源于先秦时期，是战国期间列国行政系统、政治运作所反映的"事在四方，要在中央"基本精神在秦汉时期社会政治生活中的具体表现，是战国中央集权官僚体制、地方郡县行政制度以及与之配套的俸禄制度、"玺""符"制度、官吏选拔考核制度、爵秩制度的历史延续。再如秦汉时期人们所热衷的价值取向与思维模式——阴阳五行、天人感应、天人合一、忠孝节义、大一统、德刑礼乐等等，其基本源头也一样肇始于先秦时期。由此可见，没有先秦时期的思想成果与文化积淀，就不可能有秦汉文化的恢弘格局与杰出成就；没有先秦时期所奠定和规范的中华文化的基本特质与价值取向，也就不可能有秦汉文化的健康发展方向。

第二，秦汉文化是全方位繁荣发达的文化形态，在中国文化发展史上占有极其重要的地位。首先就制度文化而言，秦汉时期各种典章制度的建设业已十分系统而完备，奠定了中国封建社会制度文化的基本格局。在政治上，自秦始皇建立高度中央集权的封建官僚行政体制后，两汉社会大率沿袭，并根据形势的变化而有所因革损益。这一体制的核心，是皇帝直接领导和控制下的中央机构的三公九卿制与地方行政的郡、县、乡三级管理制，这样就确保了中央与地方的关系"大小相维，内外相统，如网之有纲，衣之有领"①。在军事上，这一时期逐步健全了军令虎符发兵制、将权临战授任制、部队统率分权制、军务管理多级制、军队布局制约制、军事行动监察制、兵役征发招募并行制以及军事赏罚功爵制等一系列制度，大致规范了封建军队建设、国防体制的主要内容和发展方向。在经济上，这一时期厉行重农抑商（崇本抑末）政策，确立以封建地主土地私有制为主导的经济体制，并通过统一货币，统一度量衡，统一封建租税、赋役、盐铁官营等措施、途径，使封建经济体制不断得以巩固和强化。在文化上，注重选择有利于巩固封建专制统治的思想学说作为治国安邦的指导方针，在此前提下，建立起明堂、封禅、学校教育、文化管理等一系列具体制度，为封建政治、经济、军事的顺利运作创造了必要的条件。

就物质文化而言，秦汉时期也进入相当繁荣的阶段。这主要体现为：农业中铁制农具的广泛使用和牛耕的普遍推行，水利灌溉事业的不断完善；手工业方面纺织、漆器、冶铸、建筑等行业工艺技术的不断改进和提高；城市的进一步发达、货币的普遍流通和商业的日益繁荣；军事上，武器装备的日趋改善，钢铁兵器基本替代青铜兵器，以长城修筑为主要标志的军事防御筑城技术臻于高度成熟。物质文化的丰富和繁荣，既是秦汉时期封建经济长足进步的具体表现，更是当时制度文化全面发展、观念文化绚丽多姿的坚实基础。它为人们从事精神活动、开展精神文化创造，提供了有力的保障，使社会分工变得更为合理，使文化嬗递获得不竭的生机和活力。

就观念文化而言，秦汉时期更拥有值得后人为之自豪的辉煌。社会思潮的跌宕起伏、异彩纷呈，诸子学说的此消彼长、各擅胜场，科技文明的迅速发展、成就卓著，中原文化与边疆文化的交流融合、交相辉映，文学艺术的绚丽壮观、气象万千，社会风俗的多彩多姿、雅俗并存，共同刻画了秦汉时期观念文化全面兴盛的璀璨壮丽的图景。这在统治思想方面，出现了儒家的王道、道家的无为与法家的循名责实、信赏必罚三位一体的"霸王道杂用之"的文化精神；在学术文化领域，出现了以儒家为主导的文化整合，以经学文化为具体表

---

① 贺昌群：《论两汉政治制度之得失》，见《贺昌群史学论著选》，北京，中国社会科学出版社，1985。

现形式的文化现象；在兵学领域，出现了以兵书整理、兵学流派划分和兵儒合流为主体内容的军事学术繁荣；在文学艺术领域，出现了以铺陈摛文为特色的辞赋、以缘事而发为特色的乐府，而散文、乐舞、书画、文字学方面的成就同样为秦汉文化的长廊增添了光辉的篇章；在科技文化方面，天文学、历法学、数学、物理学、化学、医学的全面发展，《九章算术》、《周易参同契》、《氾胜之书》、《黄帝内经》、《神农本草经》、《伤寒杂病论》等著述的面世，盖天、浑天、宣夜等天体理论的提出，表明当时的科技文化已进入新的水平；在史学编纂方面，出现了《史记》、《汉书》等杰出历史著作，使中国历史编纂学完成了一次质的飞跃。至于一些深层次的文化观念，如天下观、民族观、审美观、价值观、心理、性格等等，这一时期更是有合乎时代条件的确立与发展。

上述情况表明，秦汉时期文化的发展是全方位、整体性的发展，所取得的成就是全面、系统而辉煌的。凡言中国文化史者，每每首推秦汉，当属事出有因，洵非虚文。

第三，秦汉文化是动态性演变的文化形态，在不同的阶段呈现不同的面貌，从而使其具有复杂多样化的性质。文化在动态发展中嬗递演进，这乃是文化自我更新的本质属性，古今中外，概莫能外。秦汉四百余年间，社会历史处于不断的演变过程之中，附丽于它的文化形态自然也时时展现着新的风貌。在这里质的稳定性与量的多变性是有机统一的，内容的纯粹性与形式的多样性是和谐一致的。正是因为秦汉文化本身始终处于动态发展的状态之中，才使得其绰约多姿，生机盎然。

这种文化形态的动态性演变，在制度文化的建设中有着鲜明的体现。如在政治体制方面，以君主专制为核心的中央集权制是秦汉政治乃至整个封建社会政治的根本特点，具有质的极大稳定性。然而其具体表现形式，则在秦汉四百余年间不断有所调整和变化。班固《汉书·百官公卿表》所言："秦兼天下，建皇帝之号，立百官之职。汉因循而不革，明简易，随时宜也。其后颇有所改。"反映的正是这种稳定与调整的内在统一关系。具体而言，秦至西汉前期为比较纯正的中央三公九卿制与地方的郡县一体制。即中央以三公之职为重：丞相上佐天子、总理庶务，太尉掌全国军政，御史大夫察举朝廷遗失、官吏非法。地方政治如治民、进贤、劝功、决讼、检奸、教化之责，皇帝与朝廷则寄重任于郡太守，以太守为吏治之本："庶民所以安其田里而亡叹息愁恨之心者，政平讼理也。与我共此者，其惟良二千石乎。"① 这种政治体制，沿袭至汉武帝时而有所损益，这在中央政体上，就是丞相权力的相对降落、外朝执政角色的虚化和中朝的形成并在国家行政事务中占据主导地位。这种情况，至昭、宣时期而不变："至昭宣之世，大将军权兼中外，又置前后左右将军，在内朝予闻政事，而由庶僚加侍中给事中者，皆自托为腹心之臣矣。此西京朝局之变。"② 在地方，则设置十三部刺史以加强对地方的监察。刺史秩仅六百石，但"以卑临尊"，可以监临二千石守相，这显然属于加强君主专制的得力措施。至东汉初年，中央集权体制又一次在形式上得以较大调整："光武皇帝愠数世之失权，忿强臣之窃命，矫枉过直，政不任下，虽置三公，事归台阁。自此以来，三公之职，备员而已。然政有不理，犹加谴责，而权移外戚之家，宠被近习之竖，亲其党类，用其私人。"③ 国家机要，遂转委于尚书，"尚书见任，重于三公"④。在地方政体上，刺史的权力日益扩大，俨然有骎凌太守权益之势。到东汉末年，刺史已非为监察大员而开始拥有地方行政权和领兵权，"自汉季以来，刺史总统诸郡，赋政于外，非若曩时司察之而已"⑤。

显而易见，秦汉时期政治制度的核心——君主专制中央集权的基本性质虽稳定不变，但其具体表现形式却始终处于调整变化之中，从中反映出制度文化的随时制宜、动态发展。其总的趋势是，君主专制的色彩越来越浓厚，皇帝个人的绝对权力越来越得到主观意图上的强化。

应该指出，君主专制与中央集权之间既有联系，又有区别。秦汉政治文化中君主专制成分的强化，并不等于中央集权体制的完善。秦至西汉，中央以三公统筹大政，地方以太守为吏治之本，故能内外相应，轻重相倚，封建统治机制遂处于合理有序的状态。然而这种格局一变于武帝，再变于东汉光武、明、章之世，在中央中朝压倒外朝，大将军之权越居三公之上，在地方刺史之权越居太守之上，表面上是突出了君主个人的绝对权威，满足了君主控制一切的最

---

① 《汉书》卷八九，《循吏传》。

② 〔清〕钱大昕：《三史拾遗》，南京，江苏古籍出版社，1997。

③ 〔东汉〕仲长统：《昌言·法诫篇》。

④ 《后汉书》卷四六，《陈忠传》。

⑤ 《三国志》卷一五，《魏书·刘馥传》。

大愿望，实际上乃是打破了政治上大小相统、内外相维的合理格局，埋伏下使君权中衰、地方割据势力崛起的隐患。这样，就使得强化君主个人专制的初衷走向反面，成为动摇中央集权体制的动因。贺昌群先生指出："汉末大一统帝国之解体，先由其政治机构之崩坏，而后有外戚宦官之擅权，外戚宦官之祸愈烈，政治上之破坏愈大，国家大权，逐渐由三公而旁落于刺史州牧之手，即由中央而转落于地方，形成豪杰割据之势。"① 这诚为笃评，揭示出制度文化的优劣得失对于整个社会发展的关键意义，也说明了中央集权是否成功的标志，不在于君主所拥有的个人权力大小，而在于相关制度的细密与合理，能真正起到大小相统、内外相应、轻重相倚、君臣相维的作用。

再如就经济体制和兵役制度而言，其在秦汉时期也处于不断的演进变化之中。国家的基本职能之一，是作为超越社会的力量，调和社会的复杂矛盾，平衡社会的各种关系，使社会保持相应的和谐、稳定和发展。基于国家的这一属性，秦汉统治者都致力于缓和地主阶级与广大民众之间的对立与冲突。这在经济上就是积极贯彻发展封建小农经济的指导思想，立足于建立"编户齐民"的社会经济结构，这从秦始皇"令黔首自实田"，汉武帝打击豪强地主，到师丹、孔光提倡"限田限奴"议，光武帝刘秀推行"度田"政策，均是为维护封建自耕农经济所做的努力。然而，地主阶级对土地、财富的极度贪婪和攫取本性，必然要使朝廷的初衷落空，导致土地兼并的加剧，民众的大量流亡，使社会结构基础由家庭演化为宗族，并逐渐出现宗族的豪族化。与此相联系，是封建兵役制度由郡县征兵制向募兵制的转化。秦汉大一统帝国在军事上的一个重要任务，是致力于强兵，而强兵问题的实质乃是一个如何养兵的问题。在当时的统治者看来，养兵的最佳途径无疑是贯彻寓兵于农、兵农合一的指导方针，而征兵制正是这一指导思想的最好体现者。它取兵于役，将当兵作为农民的一项义务，从而以土地为条件，耕战相结合，达到民自养兵的目的，既节省国家的财力，又能应付国防的需要。因此，在秦朝与西汉大部分时间里，征兵制一直成为兵役制度的主导形式。

但是，兵农合一的征兵制到东汉时期却无可挽回地走向衰落。这中间的原

① 《论两汉政治制度之得失》，见《贺昌群史学论著选》，151～152 页，北京，中国社会科学出版社，1985。

因虽然众多，但最为主要的则是土地兼并的加剧，导致民众失去土地，流离失所，结果，农不著地，兵与农分，推行征兵制的基本前提已经消亡，这样便不得不以募兵代替征兵了。而募兵制的出现，标志着由民自养兵转变为由国家政府养兵。在平时，国家就需要支出大量的财力来维持它的军事力量，士兵则成了职业兵，而且效果并不一定理想，所谓东汉时期"每战常负，王旅不振"[1]，就是当时募兵弊端的形象写照。当中央政府还拥有权威，能够号令四方时，这时的职业兵是依附从属于国家的；而一旦中央政府的权威受到严重削弱，对地方丧失有力的约束力量，则将骄兵惰的局面随之形成，职业兵很自然地依附于州牧及地方豪强，成为名副其实或变相的私人武装了[2]。东汉末年群雄并起，军阀混战，皇权衰微，地方割据势力主导政局，原因自然是多方面的，而其中兵制上变兵农合一为兵农分离，募兵制取代征兵制，则是一个不可忽略的因素。它也从一个侧面表明秦汉时期制度文化的嬗变是一个持续而广泛的文化现象，它在秦汉整个历史发展过程中打下了独特的烙印，产生过深刻的影响。

如果对秦汉文化的基本形态和递嬗轨迹进行哲理层面的深入考察，我们还可以发现，它演进的方向和动因、它价值的取向和判断、它属性的稳定和完善，都依从和听命于一种文化理性精神的规范和指导。这种文化理性精神，主要体现为政治文化上的大一统理念贯穿于当时文化递嬗的始终，哲学架构上的阴阳五行观对思想文化各个层面的联系与沟通，学术形态上的兼容博采、融合贯通三个方面。

第一，大一统的精神与原则是秦汉文化发展的价值取向和历史命运。

中华文明是世界上为数不多的独立起源的文明之一。中国历经五千年沧桑，国内诸民族经历了战和更替、聚散分合、迁徙与融会，却始终不曾割断共同的文化传统，民族认同始终如一，而且越是历经磨难、遭遇坎坷，越是增强多元一体的中华民族的自我意识和对中华文明的认同感。统一是中国历史发展的主流，是中华民族高于一切的理想追求和道德情感。造成中华文明这一鲜明个性特征的重要因素，是中国历史上历经数千年而不衰的"大一统"思想的潜移默化，而秦汉时期正是这种"大一统"理念完全定型的关键阶段，秦汉文化

---

① 《后汉书》志二八，《百官五》注引应劭《汉官》。

② 参见姚公骞等主编：《先驱者·前言》，南昌，江西人民出版社，1996。

的本质实际上就是"大一统"的文化。

"大一统"的本义是以"一统"为"大"。"大"在这里是推崇或尊尚的意思;"一统",即以"一""统"之,所谓"总持其本,以统万物"①。"大一统"就是高度推崇国家的统一、民族的融合,也即对"一统"所持的基本立场和态度。也有人将"大一统"的"大"理解为形容词,认为"大一统"就是"大的统一"、"高度的统一",即描绘、形容统一的程度与规模:"统者,始也,总系之辞。夫王者始受命改制,布政施教于天下,自公侯至于庶人,自山川至于草木昆虫,莫不一一系于正月,故云政教之始。"② 其实两者的意思并无根本的区别。

"大一统"的具体内涵随着历史的演进而有所丰富发展。在秦汉时期:其地理概念是指国土统一,所谓"天无二日,土无二王"③;政治概念是指全国上下高度一致,听命于最高统治者,即所谓"天下若一","夙夜匪解,以事一人";时间概念是长久统一,千秋万代江山永固,即所谓"至尊休德,传之亡穷,而施之罔极"④。到了宋代欧阳修、朱熹等人那里,又将"正统"说纳入"大一统"理论体系之中,强调"大一统"要以"正统"或"有德"者为中心,以弥补早期"大一统"说之不足。

早在先秦时期,中华民族随着内部凝聚力的不断增强,已经初步形成了"大一统"的观念。《诗经·小雅·北山》中的"溥天之下,莫非王土;率土之滨,莫非王臣",就表达了这种思想倾向。尔后,儒、墨、法等诸子学派对此均大力倡导和弘扬。如:孔子强调"礼乐征伐自天子出";孟子主张"定于一":"天下恶乎定?……定于一"⑤;荀子热情讴歌和向往"四海之内若一家";墨家提倡"尚同","天子唯能一同天下之义,是以天下治也"⑥;法家鼓吹"事在四方,要在中央"⑦……就是他们关于"大一统"的共同心声。

---

① 《管子·五行》尹知章注。
② 〔东汉〕何休:《春秋公羊传解诂》隐公元年。
③ 《礼记·坊记》。
④ 《汉书》卷五六,《董仲舒传》。
⑤ 《孟子·梁惠王上》。
⑥ 《墨子·尚同上》。
⑦ 《韩非子·扬权》。

他们的宣扬和倡导，遂使得"大一统"的观念更加深入人心。到了战国末年，终于在统一条件基本成熟的基础上，由秦国通过战争的手段，横扫六合，鲸吞六国，使"大一统"的政治理想变成现实，建立起多民族的统一的中央集权国家，"秦王扫六合，虎视何雄哉！挥剑决浮云，诸侯尽西来"。秦祚虽然短暂，但继起的汉王朝仍为高度统一的强盛的封建帝国。秦汉大一统帝国的先后形成，遂使"大一统"的理念转化成了客观的政治实际。尤其当汉王朝作出"罢黜百家，独尊儒术"抉择之后，更使儒家的"大一统"思想在政治操作的层面上获得了切实推行的基础。现实的需要，促进了"大一统"思想的丰富和深化，这就使《公羊传》作为儒家思想的主流占据了汉代思想界的统治地位。在当时，"公羊学"是儒家"大一统"理论的主要载体，它所主张的"王者无外"的"大一统"理想境界，为传统的"一统"观增添了新的内涵，使之发展到新的水平，使得"大一统"理论更加系统化、精致化，成为适合当时封建统治需要的最高政治思想纲领。

毫无疑义，秦汉时期的一切文化现象，都笼罩着"大一统"的时代精神。这其一是学术文化的统一。秦汉时期的最高统治者，为了巩固统治，为了维系"大一统"的政治局面，都对统治思想进行了选择，用以规范、整齐全国上下的思想，这在秦代是"以法为教"，"以吏为师"，在西汉初年是尊崇黄老"新道家"，自汉武帝时代起，是"罢黜百家，独尊儒术"。这种思想上的整齐统一直接影响着文化的发展，在一定程度上可以说是规定着文化发展的方向。其二是制度文化上的统一。这在秦代，是实行"车同轨，书同文"、统一度量衡、统一货币、统一地方行政体制等举措；在两汉，也是制定和实施统一的赋税徭役制度、统一的军事制度、统一的法律制度、统一的中央与地方行政体制、统一的选官制度、统一的学校教育制度，即如汉武帝在"泰山刻石文"中所描绘的国家"大一统"的理想图画："四海之内，莫不为郡县，四夷八蛮，咸来贡职。与天无极，人民蕃息，天禄永得。"① 其三是民族观念上对"大一统"理想的追求，这在何休的《春秋公羊传解诂》一书中有集中的体现："至所见之世，著治太平，夷狄进至于爵，天下远近小大若一，用心尤深而详。故崇仁

---

① 《后汉书》卷七，《祭祀志上》李贤注引应劭《风俗通》。

义，讥二名。"① 即四夷与诸夏地位平等，彼此和好相处，互助互补，民族关系上天下为一家。这是极其卓越的民族思想，也是秦汉民族文化观念的主流，它奠定了秦汉时期民族逐渐融合、国家高度统一的理论前提，成为中国历史进步的重要标志之一。其四是各类文化创造活动中对"大一统"精神的讴歌与弘扬。如以铺陈写物为基本特点的汉代大赋，在司马相如、东方朔、王褒、扬雄等人的手中，以宏伟的气势、丰富的词汇、华美灿丽的文采，反映了疆域辽阔、经济繁荣、物产丰足、都市繁华、宫室壮美、统一强盛的大汉王朝的声威，美化皇帝的功业，歌颂国势的昌盛兴旺，从而热情地宣扬了"大一统"的时代主题，在文学创作中突出体现了汉帝国的文化精神。又如司马迁撰著《史记》，其初衷也是为了弘扬振奋"大一统"的时代精神，这一点其在《太史公自序》文中有充分的反映："汉兴以来，至明天子，获符瑞，封禅，改正朔，易服色，受命于穆清，泽流罔极，海外殊俗，重译款塞，请来献见者，不可胜道。臣下百官力诵圣德，犹不能宣尽其意。且士贤能而不用，有国者之耻；主上明圣而德不布闻，有司之过也。且余尝掌其官，废明圣盛德不载，灭功臣世家贤大夫之业不述，堕先人所言，罪莫大焉。"可见司马迁所谓"究天人之际，通古今之变，成一家之言"，实际上就是为了"明圣盛德"，对"大一统"政治局面进行讴歌。

即使到了东汉后期，现实中政治上大一统的局面渐趋瓦解，天子不尊，法令不一，豪强崛起、诸侯割据的形势正在形成，儒家的"大一统"理想面临严峻的挑战之时，"大一统"思想作为一种顽强不息的文化精神，仍受到进步思想家的肯定和提倡，如"公羊学"大师何休就认为，"大一统""乃天人之大本，万物之所系"。为此，他汲汲于提倡"弱臣势"，"一法度，尊天子"，"重本尊统"，把维护中央权威，摆正君臣关系，稳定封建等级秩序与纲常名理，巩固集权统治机制作为在当时再造"大一统"格局的中心内容②。由此可见，"大一统"文化精神对秦汉社会生活的指导与规范是贯穿于始终的。

秦汉时期思想家之所以普遍怀有"大一统"文化情结，既是因为他们致力于与现实中的"大一统"格局保持高度的一致，服务于具体的政治需要，也是

---

① 何休：《春秋公羊传解诂》隐公元年。
② 参见黄朴民：《何休评传》，110页，南京大学出版社，1998。

由于他们在观念深处完全肯定"大一统"为"天地之常经"，所以必须当仁不让，全力以赴进行弘扬："《春秋》大一统者，天地之常经，古今之通谊也"①；"《春秋》所以大一统者，六合同风，九州共贯也"②。从这个意义上说，"大一统"理念宛如一条红线，统辖着整个秦汉文化的各个方面、各个层次，堪称为秦汉文化的灵魂。

第二，阴阳五行思想是秦汉文化的哲学基础，起着联系、沟通秦汉文化方方面面精神纽带的重要作用。

如果说"大一统"是秦汉文化发展的政治基础，体现着秦汉文化的时代主题，那么，阴阳五行理论就是秦汉文化发展的哲学基础，体现着秦汉文化的逻辑特征。换言之，秦汉时期的思想文化的构建及其表现形式是受阴阳五行理论的全面渗透与规范的，均以阴阳五行思想为共同的精神图腾。

阴阳五行思想起源的时间，学术界的看法多有分歧③。但其系统形成并产生政治上的重大影响，当在战国中晚期，而以邹衍学说的提出为主要标志。据《史记·孟子荀卿列传》记载："邹衍睹有国者益淫侈，不能尚德，若《大雅》整之于身，施及黎庶矣。乃深观阴阳消息而作怪迂之变，《终始》、《大圣》之篇十余万言。其语闳大不经，必先验小物，推而大之，至于无垠……称引天地剖判以来，五德转移，治各有宜，而符应若兹……然要其归，必止乎仁义节俭，君臣上下六亲之施，始也滥耳。"这段文字集中表明了以下几点：第一，邹衍"闳大不经"的阴阳五行说，其本质上也是讲治乱的理论，"必止乎仁义节俭"，这就必然与秦汉时代政治思想的选择并占据文化上的主导地位产生逻辑的联系。第二，邹衍的理论，有自己宏大严谨的框架，在这个框架之中，宇宙间的万事万物都互为依存，可以类推，以小验大，以大识小，是典型的天人之学。这一点，必然能给予秦汉时期诸家构筑"天人宇宙统一图式"时以大的启迪，提供哲学的素材。第三，邹衍的学说，充满荒诞不经的色彩，"怪迂之变"，"言𥙊祥"，并多涉及渺茫不可深究的"天事"，素有"谈天衍"之称，

---

① 《汉书》卷五六，《董仲舒传》。
② 《汉书》卷七二，《王吉传》。
③ 参见顾颉刚、罗根泽等主编：《古史辨》（第五册）中梁启超、栾调甫、吕思勉诸先生之文，上海古籍出版社，1982。

"邹衍之所言五德终始，天地广大，尽言天事，故曰'谈天'"①。这正与秦汉时期文化哲学"神道设教"，充斥粗俗的神学天命论和平庸的自然天道观的时代特征相吻合。第四，"五德转移，治各有宜，而符应若兹"，这么一种带有神秘色彩的历史循环发展观，更是为秦汉时期统治者及其御用学者缔造其历史哲学理论并论证历史、指导现实所必需。

正因为阴阳五行思想具有这样的功能，所以它在秦汉时期很自然地要渗透到思想文化和社会生活的各个领域。我们知道，秦始皇在政治上是以法家学说为施政纲领，然而在哲学观以及制度设置上却是全盘接受阴阳五行理论的指导的。《史记·封禅书》云："邹子之徒，论著终始五德之运，及秦帝而齐人奏之，故始皇采用之。"就是明证。其具体措施是，在五帝之中，尊奉颛顼，颛顼又称黑帝或北方之帝，北方属阴属水，故秦始皇按阴阳家之说推五德终始之运，以周为火德，秦代周为水德，"今秦变周，水德之时"，遂改河水为德水，颜色尚黑，数字用六，定十月朔为岁首。而所有这一切，都是阴阳五行学说在制度文化上的反映。

汉初尊尚黄老之学。黄老之学又称新道家，它的理论特点之一，就是"因阴阳之大顺"。可见它与讲究"序四时之大顺，不可失也"的阴阳家有深厚的渊源。这种联系是以道家的天道观为指导的，因而较少禁忌迷信的成分，较富于客观哲理性。田昌五先生指出，阴阳五行思想在汉代不仅与儒家有联系，同时也与道家有联系，其区别只在于，"前者推阴阳而言灾异，令人拘而生畏；后者只推阴阳而不言灾异，适应自然之化而为治"②，即所谓"与时迁移，应物变化"。然而虽有区别，但黄老之学本身为阴阳五行思想所笼罩乃是不争的事实。

董仲舒为代表的汉代儒学与阴阳五行思想的联系更是十分明显。《春秋繁露·三代改制质文》云："王者必受命而后王。王者必改正朔，易服色，制礼乐，一统于天下，所以明易姓，非继人，通以己受之于天也。"这里，董仲舒虽然没有明言五德终始，但其"受命"之说，则显然是据"五德终始"理论推衍而来。因为各代各据其"德"，各"德"各有其特殊的颜色、符瑞、服制，

---

① 《史记》卷七四，《孟子荀卿列传》裴骃《集解》注引刘向《别录》。
② 田昌五、安作璋主编：《秦汉史·后记》，北京，人民出版社，1993。

这样才有了改正朔、易服色的必要。同时这也表明，董仲舒的确是按照阴阳五行思想，明白地将人事与上天置放在同一系统之中，而加以互相对应的。至于阴阳家注意遵循天时地利的一般规律，并进而积极参与或指导现实政治生活的特点，董仲舒也一样加以吸收，这在《春秋繁露》中《治乱五行》、《五行变救》、《五行五事》、《五行顺逆》、《五行相生》诸篇均有反映。如"水有变，冬湿多雾，春夏雨雹。此法令缓，刑罚不行。救之者，忧囹圄，案奸宄，诛有罪，萌五日"① 一类说法，即与阴阳家"序四时之大顺"息息相通。

当然，董仲舒继承和改造阴阳五行家学说，对儒学予以总体发展，最大的成功莫过于在"天人感应"说的基础之上，创立了崭新的"天人合一"理论。所谓"事各顺于名，名各顺于天，天人之际，合而为一"②，其意义就是将天意与人事相等同，将天视为同人一样的有感觉，有喜怒哀乐，能在冥冥之中主持公正的主宰体。这样一来，阴阳家所最为热衷的"天人感应"、"五德终始"、"符应若兹"这一套东西也就可以在不合理的理论体系中得到合理的论证了。"天人合一"说之于以"天人感应"为特色的整个阴阳家思想的意义就在这里。阴阳五行家给董仲舒提供了素材，创造了契机；而董仲舒则进一步改造和完善了阴阳五行家的学说。从这个意义上说，董仲舒儒学的创立标志着阴阳五行思想与汉代儒学结合的完成。

自董仲舒"始推阴阳，为儒者宗"，使阴阳五行思想与儒家学说实现有机结合之后，阴阳五行思想就借助儒学这一正统理论的力量，而在汉代思想界全面泛滥开来。这一是表现为人们普遍以"五德终始"理论解释历史演变的现象与动因。无论是以"五行相胜"原则推导的汉为"水德"说或"火德"说，还是以"五行相生"原则推导的汉为"土德"说，均是阴阳五行家"五德转移，治各有宜，而符应若兹"观点在历史哲学问题上的体现。二是表现为阴阳五行家"大并世盛衰，因载其机祥度制，推而远之"③ 为中心内容的"天人感应"观，成为当时人们解释"灾异与人事"关系，评说社会政治得失的理论依据与思维方式。西汉时期是这样："汉兴推阴阳言灾异者，孝武时有董仲舒、夏侯

---

① 〔西汉〕董仲舒：《春秋繁露·五行变救》；上海古籍出版社，1989。
② 《春秋繁露·深察名号》。
③ 《史记》卷七四，《孟子荀卿列传》。

始昌，昭、宣则眭孟、夏侯胜，元、成则京房、翼奉、刘向、谷永，哀、平则李寻、田终术。此其纳说时君著明者也。"① 他们共同的特点是"察其所言，仿佛一端。假经设谊，依托象类，或不免乎'亿则屡中'"②。东汉时期也复如此，不论是正统儒士如班固、何休，抑或具叛逆性色彩的仲长统、王符，均不能不以阴阳灾异说议论政治，评骘人事："怨气并作，阴阳失和。三光亏缺，怪异数至。"③ "天所以有灾变者何？所以谴告人君，觉悟其行，欲令悔过修德，深思虑也。"④

在两汉时期，阴阳五行思想不仅与占统治地位的儒学相结合，而且也与非主流的黄老之学和法家学说相结合，成为当时一切士人考察天人关系，探讨人事盛衰的共同思维模式。因为在他们看来，天地万物、地上人间、天时人事，都是按阴阳五行运转而变化的。这样一来，方士与儒士，方士与黄老之士，都是合二为一，一身而两任。而方士与儒士合流，遂使儒家宗教化，结果是产生了汉代的宗教儒学；至于方士与黄老合一，则是使道家宗教化，其结果是形成了道教。

阴阳五行思想，在当时除了同思想意识形态领域中的各家各派发生关系外，还广泛渗透到社会生活的其他方面，举凡秦汉时期的医学诊治，巫祝卜筮，算命看相，视日相宅，以及各种工伎，均无不与阴阳五行相涉及。由此可见，阴阳五行思想为整合和贯通秦汉文化的血缘纽带，秦汉文化的兴衰与阴阳五行密切相关，殆无可疑。

第三，学术上兼容博采、融会贯通，是秦汉文化顺利发展并取得辉煌成就的重要原因以及显著特征。

在先秦诸子之间，存在着一种学术思想在尖锐对峙冲突中悄然走向兼容的倾向。这一是表现为诸子各家对不同学派的抨击与攻讦；一是表现为诸子在自己的学说体系中，或多或少、或明或暗地借鉴和汲取其他学派的某些思想，用来丰富和充实自身。前者，体现了诸子之间的对立与冲突，反映出其"异质"的一面。正是由于这种"异"的存在，诸子各家间就有了"交流"的必要性。

---

① ②《汉书》卷七五，《眭两夏侯京翼李传·赞》。
③《后汉书》卷四九，《仲长统传》。
④《白虎通义·灾变》。

后者，体现了诸子之间的内在联系与贯通，反映出其"同质"的一面。恰恰是这种"同"的现实，又给学术思想的"交流"提供了可能性。前者是占据主导的，后者则是处于从属地位的。所以，这种学术思想的兼容，乃是对峙基本前提下的融会。显然，由于"对峙"，决定了各学派之间特有的基本面貌；又由于"兼容"，各家各派才能不断地丰富和发展自己。

一般地说，在战国中期之前，诸子学术思想的对峙性尤其显得突出。当时诸子之间，对于吸收自己对立面的有用东西来丰富充实自己的认识，还是相当模糊的，而往往以比较决绝的态度来对待其他学派，将排斥他说、攻击异端引为己任。孔子曾明确主张："攻乎异端，斯害也已。"① 这个"异端"，按杨伯峻先生理解，当为"不正确的议论"②，也可以引申为不同的学说。孔子的所谓"攻"者，实际上便是要"排斥"，反对不同观点的存在。孟子之排斥异端，尤是众所周知："杨墨之道不息，孔子之道不著，是邪说诬民，充塞仁义也……我亦欲正人心，息邪说，距诐行，放淫辞……能言距杨墨者，圣人之徒也。"③ 墨家、法家、道家等学派同样也致力于"攻乎异端"，如墨家曾借晏婴之口极力贬斥儒家："博学不可使议世，劳思不可以补民，累寿不能尽其学，当年不能行其礼，积财不能赡其乐……其道不可以期世，其学不可以导众。"④ 韩非主张"言无二贵"："无参验而必之者，愚也；弗能必而据之者，诬也。故明据先王，必定尧舜者，非愚则诬也。愚诬之学，杂反之行，明主弗受也。"⑤

然而，随着时代的发展，思想文化之间交流的增强，先秦诸子代表人物也渐渐开始考虑如何在保持自己思想主体性，肯定自己学说正确性这一前提下，借鉴和汲取其他学派的某些思想内容，来丰富和发展自己的理论。《荀子》、《庄子·天下篇》以及《吕氏春秋》、《六韬》等对此都有比较集中的反映。他们一方面继续尖锐地抨击除自己学说之外的诸子百家，依然在那里大力提倡"统一思想"："今夫仁人也，将何务哉？上则法舜、禹之制，下则法仲尼、子

---

① 《论语·为政》。
② 杨伯峻：《论语译注》，18 页，北京，中华书局，1980。
③ 《孟子·滕文公下》。
④ 《墨子·非儒》。
⑤ 《韩非子·显学》。

弓之义，以务息十二子之说"①；"天下之人，各为其所欲焉以自为方。悲夫，百家往而不返，必不合矣。后世之学者，不幸不见天地之纯，古人之大体，道术将为天下裂"②。另一方面也或多或少地承认和肯定不同学派具有某些合理的内涵："此数具者，皆道之一隅也"③；"百家皆有所可，时有所用"④。这表明，从战国中晚期起，学术思想文化的交流与兼容，在思想对峙斗争的条件下，已渐渐地开展起来了。儒家中的荀子、道家中的黄老学派、法家中的韩非子、兵家中的《六韬》、杂家中的《吕氏春秋》的出现，标志着诸子间学术文化兼容精神初步得到确立。

当然，先秦时期学术文化交流融会、取长补短的倾向，从总体上看，还存在着两个重大的缺陷。第一，这种"交流"、"兼容"还处于较低的层次之上，即不是在总揽全局意义上的互相渗透与兼容。各家各派从根本点上说，互相对立与排斥要远远胜过学派之间的"兼容"与"互补"。因此，对于其他学说的汲取，缺少哲学的高度，未能从整体的角度进行全面的开展。第二，这种学术文化兼容互补的客观环境条件也不够理想，即缺少一个强有力的外界力量的推动，而巨大的政治经济现实才是各种学术文化现象消长兴衰的最有力的杠杆。当时，由于政治上的分裂割据局面的存在，各家学说都还具有其独立生存的可能性与合理性。如儒家之于齐鲁，法家之于三晋与秦国，道家之于楚地，等等。受这种主客观两方面缺陷的制约，先秦时期的学术思想兼容与互补也就只能停留在初级、低层次的水平上，只有到了秦汉时代，在各方面条件的相互作用之下，这种学术文化的兼容互补趋势才能够得到最充分的发展，并最终顺利完成。

到了秦汉时代，先秦时期业已开始磅礴的学术文化交流融合思潮，遂有了根本性的飞跃，形成蔚为壮观的特殊文化景象。

首先，人们普遍肯定思想文化的统一乃是不可扭转的历史趋势，学术合流是文化整合与发展的必由之途，同时从哲理的高度指出，各家学术之间各有所长，存在着一种互补的关系，思想的统一，决非是独用某一家思想、排斥他家

①《荀子·非十二子》。
②④《庄子·天下篇》。
③《荀子·解蔽》。

学说的做法所能实现，而只能以某一家理论为中心（主体），融会吸收其他诸家之长方可达到目的。这就是所谓的"百川异源，而皆归于海；百家殊业，而皆务于治"①；"百家之言，指奏相反，其合道一体也，譬如丝竹金石之会乐同也，其曲异而不失于体"②。司马谈《论六家要旨》将"新道家"推崇为最高明的学派，原因就在于它能够完善地体现学术兼容、文化整合的时代精神："道家使人精神专一，动合无形，赡足万物。其为术也，因阴阳之大顺，采儒、墨之善，撮名、法之要。与时迁移，应物变化，立俗施事，无所不宜。指约而易操，事少而功多。"班固《汉书·艺文志·兵书略》将兵家划分为四大流派，其中首推兵权谋家，认为其为兵学之正统，原因也是兵权谋家具有兼容博采他家之长的突出优点："权谋者，以正守国，以奇用兵，先计而后战，兼形势，包阴阳，用技巧者也。"这些情况说明，当时人们已经从哲理的高度认识到了学术文化兼容互补的历史合理性，肯定了这是学术文化健康发展的正确方向。

其次，在取得上述共识的基础上，人们在实际的学术文化构建活动中，致力于学术兼容与互补，使秦汉文化呈现出兼容并取、博大精深的基本面貌，从而更好地服务于现实社会生活的需要。新道家是这样，它肯定阴阳家"序四时之大顺，不可失也"；肯定儒家"序君臣父子之礼，列夫妇长幼之别，不可易也"；肯定墨家"强本节用，不可废也"；肯定法家"正君臣上下之分，不可改矣"；肯定名家"正名实，不可不察也"③，表现出一种博大宽广的胸襟，海涵一切的气象。于是在自己的思想体系中，广泛汲取这些长处，以更好地实现"为万物主"之理想宗旨。这在陆贾《新语》、刘安《淮南子》等著述中皆有具体的体现。汉代儒家也是这样，他们虽然充分肯定儒学的独尊地位，"助人君顺阴阳明教化"，"游文于六经之中，留意于仁义之际，祖述尧舜，宪章文武，宗师仲尼，以重其言，于道最为高"④，但也承认他家均有各自的长处，可以容纳汲取，如道家"知秉要执本，清虚以自守"，"合于尧之克攘，《易》之嗛嗛，一谦而四益"；阴阳家"敬顺昊天，历象日月星辰，敬授民时"；法家"信

---

① 《淮南子·氾论训》。
② 《淮南子·齐俗训》。
③ 〔西汉〕司马谈：《论六家要旨》，见《史记》卷一三〇，《太史公自序》。
④ 《汉书》卷三〇，《艺文志·诸子略》。

赏必罚，以辅礼制"；名家"正名"；墨家"贵俭"、"兼爱"、"上贤"、"上同"；纵横家"当权事制宜，受命而不受辞"；杂家"兼儒、墨，合名、法，知国体之有此，见王治之无不贯"①。正是因为有这样的思想认识基础，董仲舒等汉代大儒在构筑自己的学说体系以及从事哲学的逻辑论证时，大量地借鉴和汲取了墨学的"天志"思想和当时盛行弥漫的阴阳五行理论，从而比较系统地建立了以"天人合一"理论为中心的宇宙世界观，并用以规范具体的政治原则和方针。至于在社会政治思想方面，则是大量地吸收了道家"无为无不为"，法家"君尊臣卑"、"循名责实"，墨家"尚同"，名家"名实之辨"等要素，这样就通过学术兼容的途径，建立起不同于先秦儒学的一元多体的汉代新儒学，为当时封建专制统治提供了一种极具指导意义的正统思想。另外，像兵学领域的兵儒合流的出现，汉末黄老之学的复兴，以及地域文化之间的互为影响，经学内部郑玄等人贯通今古文学，"参合其学"、"无所不包"等等，同样是学术文化兼容互补指导之下的重要文化现象。由此可见，学术文化兼容在当时不仅是理性的观念，而且更是普遍的实践活动。

综上所述，随着秦汉时期整个社会政治、文化形势发生重大的变化，学术兼容互补思潮也逐渐走向了成熟的阶段。它给当时学术文化的发展提供了绵延不绝、强劲刚健的动力，使整个秦汉文化呈现出兼容并包、博大圆融的恢弘气魄。后人所津津乐道的"汉唐气象"，在很大程度上，指的就是这种江海不择细流的伟大时代精神。

---

① 参见《汉书》卷三〇，《艺文志·诸子略》。

第一章

动荡起伏的社会思潮

秦汉时期的社会思潮，虽然不像先秦百家争鸣那样显得生机勃勃、绚丽多彩，也没有呈现出魏晋玄学那种具有较高抽象思辨性质的特色，更不曾具备宋明理学那种博大精致的体系性、通融性，然而它依然是蔚为壮观、堪可陈述的。它是中国古代社会思潮嬗变演进过程中的一个必经的逻辑环节，尤其是在政治思想方面，它在经历了不断的冲突、选择和整合之后，基本上确立了整个封建大一统社会统治思想的概貌，卓有成效地解决了封建统治秩序在思想文化上的出发点和最终目的之间的相互联系。而且值得注意的是，与先秦时代不同，当时的社会思潮往往是凭借封建国家机器的权威力量，而被广泛地融化渗透到社会生活之各个层次、各个方面的，从而成为社会各阶层普遍的心理认同，主宰或影响着一般人的思维模式和行为方式。从某种意义上说，它规范并决定了秦汉时代整个文化发展的主导特征与价值体系。

一、秦代"以法为教"的文化传统

（一）秦代"以法为教"的历史文化渊源

秦崛起于西陲，自身并无较深厚的文化积淀。在商鞅变法之前，秦僻处雍州，很少参与中原诸侯的活动，被东方各国"夷翟与之"。"孔子西行不到秦"，即使是到了战国后期秦昭王统治之时，荀子游历秦国，仍发现当地"无儒"，其文化相对闭塞、落后于此可见一斑。这种情况决定了秦王朝建立后，其社会思潮的表现形态以及本质属性必然呈现出鲜明的实用功利性。

从地域文化考察，秦地文化不是一个独立系统的文化体系，而应归属于三晋文化圈之中①。自春秋以来，秦和三晋地区的文化交流相当密切，两地的风俗也颇为接近，秦地风俗是"其民犹有先王之遗风，好稼穑，殖五谷，地重，重为邪"②；而晋地风俗的主要特色则为"忧深思远，俭而用礼"③。两地民众均具有遵守法度、以国事为重的价值取向和行为模式。这影响到秦国用人问题上，历代秦王所任用的客卿多为三晋之士。据不完全统计，从秦惠王到秦始皇共任用丞相二十二人，这中间十八人是从东方来秦的士人④，而十八人中又以三晋之士为多，像范睢、商鞅、张仪、蔡泽等均是三晋之士。其他如尉缭、姚贾等重臣，也是来自于三晋地区的。对三晋之士的信任和重用，正是秦国不断走向强大并最终完成统一的一个重要原因。

秦国自身缺乏厚实的文化积淀和以三晋之士主导政治、经济、军事运作，决定了秦国长期以来在文化上对三晋文化的认同与依附。而三晋文化的主流，正是以"尊主卑臣"、"不别亲疏，不殊贵贱，一断于法"⑤、"信赏必罚，以辅

---

① 参见任继愈主编：《中国哲学发展史》（先秦卷），北京，人民出版社，1983；晁福林：《霸权迭兴》，北京，生活·读书·新知三联书店，1993。

②《史记》卷一二九，《货殖列传》。

③《诗经·唐风·蟋蟀》序。

④ 参见刘泽华主编：《士人与社会》（秦汉魏晋南北朝卷），7页，天津人民出版社，1992。

⑤《史记》卷一三〇，《太史公自序》。

礼制"① 为基本特征的法家文化。三晋地处中原四战之地，地理上缺少天然屏障和回旋余地，为了在春秋战国激烈的争霸兼并斗争中求得生存和发展，遂很自然地注意改革，提倡法治，致力于富国强兵，这样，法家学说就应运而生并迅速成为强大的社会思潮，即主张强化君主专制，以严刑峻法治民，厉行赏罚，奖励耕战，巩固统治秩序，建立集权国家，以农致富，以战求强，以法为教，以吏为师，等等。这是一种实用功利性十分显著，操作性很强的政治思想学说，在先秦诸子学派中独树一帜，具有非常广泛的影响。

秦对三晋文化的认同，最为核心的就是对三晋法家学说的认同。它"奋六世之余烈，振长策而御宇内"，所急需的不是繁文缛礼、"迂远而阔于事情"的儒家"仁义道德"说教，也不是"玄之又玄"的道家理论和鼓吹"非攻"、"兼爱"的墨家思想，而只能是敷于实用、立竿见影的法家主张。因此，早在秦孝公任用商鞅进行变法时，就把打击儒墨"显学"，推行愚民政策提到了议事日程，"燔《诗》、《书》而明法令"，认为"民不贵学则愚，愚则无外交，无外交……则国安而不殆"②。到秦始皇时，更将鼓吹"事在四方，要在中央"③ 的韩非学说奉为圭臬，身体力行，把韩非所主张的"故明主之国，无书简之文，以法为教；无先王之语，以吏为师"④ 的治国理念转化为具体的统治实践。

统治阶级的思想在任何时代都是占统治地位的思想。秦统治者利用国家政权机器的力量，将自己所认可并践行的法家学说贯彻于社会生活的各个层面，规范人们的思维，这样就合乎逻辑地构成了当时的主流社会思潮——"以法为教"。当其最终凭借强大的武力实现国家的大一统后，这一社会思潮也就扩大空间活动范围，随着军事和政治上的胜利，弥漫于整个国家，成为全社会无可抗拒的文化选择了。

（二）秦代的"以法为教"与"以吏为师"

"秦王扫六合，虎视何雄哉！挥剑决浮云，诸侯尽西来。"⑤ 公元前 221

---

① 《汉书》卷三〇，《艺文志·诸子略》。
② 《商君书·垦令篇》。
③ 《韩非子·扬权》。
④ 《韩非子·五蠹》。
⑤ 〔唐〕李白：《古风》之五。

年，秦始皇派遣大军一举攻占齐国，灭亡了山东六国中最后一个诸侯国，完成统一大业，建立起中国历史上第一个大一统封建专制集权帝国。于是历代秦室所奉行的"以法为教"的历史文化传统，终于有条件而得以在全国范围内普遍推广了，而秦始皇始终心仪崇敬，曾表示"寡人得见此人与之游，死不恨矣"①的法家集大成者韩非的学说，从此也拥有机会在当时的社会思潮嬗递过程中发挥决定性的作用了。

秦代"以法为教"的文化选择，是通过朝廷的法令规章颁行与整饬而贯彻落实于当时的社会生活之中的。大致而言，它主要表现为：第一，在全国范围内，明确树立法家学说作为社会统治思想的至高无上的地位，用所谓"法"与"律令"作为治理国家、统一思想、钳制臣民的指导思想。换言之，即以皇帝之"法教"为"道"之所在："今天下已定，法令出一，百姓当家则力农工，士则学习法令辟禁。"②至于学习的途径，则是以吏为师："若欲有学法令，以吏为师。"③这实际上是将韩非子"言无私论，士无私议，民无私说，言行不轨于法令者必禁"④的控制舆论、钳制思想之观念的法律化、制度化。第二，排斥他家学说，尤其是不遗余力地打击以宣扬"仁义道德"为宗旨的儒家思想。这是同一个问题的另一方面：秦统治者既然以法家学说为独尊对象，那么对其他学派自然要采取否定贬斥的态度，而津津乐道先王之道、好是古非今的儒学更足首要的禁绝目标。秦始皇、李斯等人这么做的理由似乎是很充足的："语皆道古以害今，饰虚言以乱实，人善其所私学，以非上之所建立。今皇帝并有天下，别黑白而定一尊。私学而相与非法教，人闻令下，则各以其学议之，入则心非，出则巷议，夸主以为名，异取以为高，率群下以造谤。如此弗禁，则主势降乎上，党与成乎下，禁之便。"⑤"今诸生不师今而学古，以非当世，惑乱黔首。"⑥于是遂采取极端措施，实行"焚书"及"坑儒"之策，以清洁王道："史官非秦记皆烧之。非博士官所职，天下敢有藏《诗》、《书》、百家语者，悉诣守、尉杂烧之。有敢偶语《诗》、《书》者弃市。以古非今者族。吏见

①《史记》卷六三，《老子韩非列传》。
②③《史记》卷六，《秦始皇本纪》。
④《韩非子·五蠹》。
⑤⑥《史记》卷六，《秦始皇本纪》。

知不举者与同罪。"①"杀术士，燔《诗》、《书》，灭圣迹，弃礼义，任刑法。"②其核心是要彻底消弥儒家学说的影响，造就整个社会"以法为教"、"以吏为师"的文化氛围："不笃礼义"③、"仁义不施"④。第三，有选择地突出法家学说中最迎合君主个人专制需要的内容，而相对忽略法家学说中"一本于法"的基本精神，崇法而废法。秦始皇对法家学说的推崇和施行，是有选择性的，他所热衷的只是强化君主专制的那一部分，对于法家所提倡的"不殊贵贱，一断于法"、君主不能任情释法、任私释法的主张，秦始皇却态度冷漠。他制作法规、颁布律令，只是为了让"臣下修饬"，至于自己，则完全超越法律，不受任何约束。这样做的恶果就是使"以法为教"的初衷走向反面，既不能推行以"德化"为旗帜的"人治"，也不能真正地实行实质意义上的"法治"，君主"骄溢纵恣，不顾祸患，妄赏以随喜意，妄诛以快怒心"，而臣下"乘其乱法，以成其威，狱官主断，生杀自恣"⑤。

（三）秦代百家之学的潜流

法家思想是秦代社会思潮的主体，然而，它并不是秦代社会思潮的全部。这是因为：第一，它仅仅是以官方意识形态出现，远远未能成为自觉凝聚社会各阶层人士意志的共识。而法家学说"专任刑法"、"刻薄寡恩"的特色，更使得一般人们对它内心疏离；换言之，对法家这一官方思想体系，当时人们只是被动地顺从，而非主动地皈依。第二，学术兼容的趋势自战国中后期起已经开始⑥，这在秦国也不曾例外，《吕氏春秋》就是这种文化大背景下的产物。它的基本特色就是"以道德为标的，以无为为纲纪，以忠义为品式，以公方为检格"⑦，反映出杂家"兼儒、墨，合名、法，知国体之有此，见王治之无不贯"⑧的文化品格。虽然因吕不韦政治上的失败，学术兼容的正常发展趋势在

①《史记》卷六，《秦始皇本纪》。
②《汉书》卷四五，《蒯伍江息夫传》。
③《汉书》卷五一，《贾山传》。
④〔西汉〕贾谊：《过秦论》。
⑤《汉书》卷四九，《袁盎晁错传》。
⑥ 参见黄朴民：《先秦诸子军事思想异同初探》，载《历史研究》，1996 年第 5 期。
⑦〔东汉〕高诱：《吕氏春秋·序》。
⑧《汉书》卷三〇，《艺文志·诸子略》颜师古注。

秦国遭到夭折，但是其影响是不可能完全消失的，而总是要在人们的意识深处顽强地表现出来，构成一股不可忽视的社会思潮潜流。第三，秦朝统治者对"王者之治，于百家之道无不贯综"①的基本道理或多或少是有所体认的，在确立法家学说为正统统治思想的同时，也不完全排斥他家学说中有利于巩固君主专制统治的相关内容，即便是在采取"焚书坑儒"极端措施的情况下，统治者仍然留有一定的余地，如博士官可以保留"《诗》、《书》、百家语"继续学习研究，包括《周易》在内的卜筮之书不烧，等等，就是典型的例子。而《周易》作为重要的中华元典，正是百家构筑自身思想体系的主要资源之一。秦始皇不焚《周易》，遂使得以《易》学为主线融会百家的趋势继续得以隐晦而顽强的发展②。第四，统治集团内部个别有识之士，更对朝廷一味崇法的做法持保留态度，秦始皇长子扶苏谏阻其父"坑儒"之举就具有典型意义："天下初定，远方黔首未集，诸生皆诵法孔子，今上皆重法绳之，臣恐天下不安。唯上察之。"③虽然未能产生什么效果，但这一事实存在的本身，已经足以说明秦代"以法为教"的传统是受到一定限制的，在当时别有非主流的社会思潮存在乃是客观的现实。

基于上述原因，可以知道在秦代社会思潮除了占主导地位的法家学说之外，还存在着其他的学派理论作用于当时的社会生活。它们与法家学说之间，固有冲突扦格的一面，然而也有互补共生的一面。民间的情况姑且不论，就是从朝廷的有关举措看，其借鉴并利用诸子百家某些观念的做法也不在少数。例如，阴阳家所主张的"五德终始"观点，具有论证统治秩序合理性的基本功能，故为秦始皇所热衷并充分采纳，自居"水德"，并按"水德"说立法改制："始皇推终始五德之传，以为周得火德，秦代周德，从所不胜。方今水德之始"④；"于是秦更名河曰德水，以冬十月为年首，色上黑，度以六为名，音上大吕，事统上法"⑤。又如，墨家的"尚同"思想和道家老子的"君人南面之术"，对于强化君主专制集权统治不无裨益，也为秦始皇及其继承者秦二世多

---

① 《汉书》卷三〇，《艺文志·诸子略》颜师古注。
② 参见田昌五：《易学与秦汉思想文化形态的演变》，载《求是学刊》，1998 年第 5 期。
③④ 《史记》卷六，《秦始皇本纪》。
⑤ 《史记》卷二八，《封禅书》。

所倾心和接受："天下之事，无小大，皆决于上。"① 实行了彻底的"尚同"。

尤其值得注意的是，秦始皇对待儒家学说所流露的微妙心态。儒家热衷是古非今，汲汲倡导"仁政"、"德化"，弘扬"民本"精神，这固然令秦始皇十分不快，遂视为眼中钉、肉中刺，必欲严厉打击之而心甘，然而儒家所鼓吹的"纲常名分"理论，则与法家的"尊主卑臣"观念相契合，实有助于巩固君主专制集权统治，即所谓"刑名者，循名以责实，其尊君卑臣，崇上抑下，合于《六经》"②。两者之间既一致相通，则秦始皇自然乐于汲取儒家学说中的"纲常名分"、"礼乐大防"成分，以丰富自己的统治理论。关于这一点，前人已有所注意。顾亭林尝云："秦始皇刻石凡六，皆铺张其灭六王、并天下之事。其言黔首风俗，在《泰山》则云：'男女礼顺，慎遵职事，昭隔内外，靡不清静。'在《碣石门》则云：'男乐其畴，女修其业。'如此而已……然则秦之任刑虽过，而其坊民正俗之意，固未始异于三王也。"③ 从考古发掘发现的湖北云梦秦简《为吏之道》所反映的内容，则可证顾氏论断的正确性。其云"慈下勿凌"，"恭敬多让，宽以治之"，"宽裕忠信，和平毋怨"，"君怀臣忠，父慈子孝，政之本也"等等，充分表明儒家学说在当时仍有一定的市场，是整个秦代社会思潮的有机组成部分。正是由于秦朝统治者对儒学采取既限制、打击又鉴别、利用的方针，因此在"焚书坑儒"事件发生之前，儒生出任博士官、参议朝政的情况十分普遍。据专家考证，秦廷七十名博士中有姓名可考者十三人，这中间儒生有七人，占一半多。较为著名的有伏生、周青臣、淳于越、叔孙通等④，虽然他们的主要职责是备顾问而已，并不像文吏、法术之士以及功臣那样掌握实权，但能够厕身朝廷庙堂，毕竟表明儒学作为社会思潮的非主流形态在秦代是存在并一度相当活跃的。

但遗憾的是，法家学说的极端排它性，使得其他诸子学说未能真正融入秦代主流社会生活，而"焚书坑儒"悲剧的发生，更导致了社会的彻底分裂，这样一来，社会思潮的性质固然是单纯了，但其生机却也就完全窒息了。所以，

----

① 《史记》卷六，《秦始皇本纪》。
② 《汉书》卷四六，《张欧传》颜师古注引刘向《别录》。
③ 《日知录》卷一二。
④ 参见刘泽华主编：《士人与社会》（秦汉魏晋南北朝卷），17页，天津人民出版社，1992。

当暴秦的统治大厦在农民起义的风暴震撼下土崩瓦解之时，其统治的思想支柱——"以法为教"的文化传统也随之走向完全的破产，合乎逻辑地为新的社会思潮所全面取代。

二、从推崇"黄老"到"独尊儒术"

（一）"黄老之学"在汉初的盛行

所谓"黄老之学"，是战国中晚期勃兴，西汉前期盛行的重要思想流派。从本质上来讲，它仍然属于道家的范围，即立足于老子思想的主体性，继承先秦道家的"道"论思想，同时扬弃先秦道家的消极倾向，将消极的"无为"理论转化为积极进取的"无为"理论，兼容并取诸子百家之长，丰富和发展老子所创立的道家学说体系，从而形成了"兼儒墨，合名法"、"讲论道德，总统仁义"的新的道家理论，故学术界也有人称之为"道法家"或"新道家"的。其思想的主要特征是"以虚无为本，以因循为用"，汲汲追求"与时迁移，应物变化"的境界；而其宗旨则有明确的功利性，即"立俗施事，无所不宜。指约而易操，事少而功多"①。它是两汉时期第一个风行天下的主流性社会思潮，"正是由先秦诸子之学过渡到董仲舒代表的汉代儒学的一个中间环节"②。

"黄老之学"在汉初的盛行并占据社会思潮的主导地位，不是偶然的。

曾经吞并六国、盛极一时的大秦帝国，在短短几年中便迅速土崩瓦解、烟消云散，"一夫作难而七庙隳，身死人手，为天下笑"③。这个严峻的现实，证明秦代"以法为教"的文化传统已经完全破产，即便是用"焚书坑儒"的极端手段，亦难以维系这一传统，"谤声易弭怨难除，秦法虽严亦甚疏。夜半桥边呼孺子，人间犹有未烧书"④。显而易见，继起的汉王朝是无法亦不愿以法家学说为自己的统治思想，而必须选择新的意识形态作为治国御军的理论指导。

---

① 司马谈：《论六家要旨》，见《史记》卷一三○，《太史公自序》。
② 参见吴光：《黄老之学通论》，80 页，杭州，浙江人民出版社，1981。
③ 贾谊：《过秦论》。
④ 陈恭尹：《独漉堂纪》，转引自刘泽华主编：《士人与社会》（第二卷），19 页，天津人民出版社，1992。

在当时的形势下，西汉王朝统治思想的构建只能以先秦诸子学说为基本资源。那么先秦诸子中哪一家能为统治者所青睐和选择，占据社会思潮的主导地位，也就合乎逻辑地成为汉初社会思潮嬗递整合过程中的中心命题了。而汉初特殊的历史背景和学术嬗变的自身特点，又决定了黄老思想成为当时的主导性社会思潮。

西汉政权是在秦王朝的废墟上建立的，在建立之初，面对的是政治混乱、经济凋敝的残破局面，"自天子不能具钧驷，而将相或乘牛车"① 的严峻现实，使得统治者不能不把休养生息、安定社会作为施政的首要任务。这样，主张"以虚无为本，以因循为用"，提倡清静慈俭、无为而治的黄老之学恰好与统治者的政治意愿相吻合，而被选择为整个社会的统治思想。再从学术思想演进大势看，汉初黄老之学盛行也有其必然性。自战国中晚期起，学术思想出现了整合与融会的崭新气象。这在儒家，是出现了汲取法家之说而集儒学之大成的荀子；在法家，是出现了引入君主南面之术等道家要义，并充分汲取儒家"纲常名理"原则、墨家"尚同"思想，综合前期法家法、术、势三派之长的《韩非子》；在兵家，是出现了体系完备、兵学政治伦理化倾向突出、以综合贯通为显著特色的《六韬》。至于以《吕氏春秋》为代表的杂家学派的形成，更标志着诸子学说兼容合流历史趋势的强化②。进入汉代之后，这种思想学说的兼容综合趋势不但不可能中断，而且只会进一步发展与深化，因为秦朝的灭亡，使有识之士更加清醒地认识到，凭先秦诸子的任何一家之言都是不足以治国安天下的。所以汉初著名思想家如陆贾、贾谊，其思想无不具有兼容性和综合性。黄老新道家在诸子中兼容、综合色彩最为显著，"因阴阳之大顺，采儒、墨之善，撮名、法之要"，因此，很自然地成为了承接先秦学术综合之绪的代表者，在汉初社会思潮嬗递过程中扮演领导者的角色。

至于儒、墨学说在汉初未能成为占主导地位的社会思潮，也是事出有因的。墨家的"非攻"、"兼爱"之说，不合统治者口味，自然可以想见，儒家"博学不可使议世，劳思不可以补民，累寿不能尽其学，当年不能行其礼，积

---

① 《史记》卷三〇，《平准书》。
② 参见黄朴民：《天人合一》，6页，长沙，岳麓书社，1999。

财不能赡其乐"①的消极面，在汉初百废待兴的特殊条件下，也显而易见不合时宜。尤其在汉初那些文化素质偏低的武力功臣看来，儒家人物都是些"迂远而阔于事情"的书呆子，儒学理论本身"好古非今"、"德化仁义"也缺乏政治上的实际可操作性。而儒、墨"处士横议"的做法，同样招致统治者的猜忌："周室衰而王道废，儒、墨乃始列道而议，分徒而讼。于是博学以（疑）〔拟〕圣，华诬以胁众，弦歌鼓舞，缘饰《诗》、《书》，以买名誉于天下"②。因此，在日常生活之中，轻视儒生、唐突六艺的现象亦时有发生。汉高祖刘邦迹近无赖，动辄指斥儒生为"竖儒"，溺辱儒冠之劣举早为人们所熟悉。周勃"重厚少文"，"每召诸生说士，东乡坐责之：'趣为我语。'其椎少文如此"③。颜师古注引如淳曰："勃自东乡，责诸生说士，不以宾主之礼也。"由此可见，在"赳赳武夫"周勃等人的心目中，儒生们是根本没有什么尊严可言的。儒者之翘楚如贾谊，尽管才华横溢、识见卓荦，"每诏令议下，诸老先生未能言，谊尽为之对，人人各如其意所出"，但当文帝欲任以公卿之位时，立即遭遇一片反对之声，"绛、灌、东阳侯、冯敬之属尽害之"④，最后被赶出朝廷，怏怏而终。在这种背景下，儒学终不能与黄老之学相抗衡，在思想界执牛耳了："（汉初）尚有干戈，平定四海，亦未皇庠序之事也。孝惠、高后时，公卿皆武力功臣。孝文时颇登用，然孝文本好刑名之言。及至孝景，不任儒，窦太后又好黄老术，故诸博士具官待问，未有进者。"⑤

历史的际遇使得黄老之学在汉初成为社会思潮的主流，于是当时社会上学黄老之术的人不在少数，其势力十分可观。从《史记》、《汉书》等文献的记载来看，汉初从皇帝、太后到官僚、学者乃至民间士人、卜者等各阶层人物，都颇多信奉黄老之学者。

史载汉初功臣曹参担任齐相期间，采纳"善治黄老言"的胶西盖公"治道贵清静而民自定"的建议，"其治要用黄老术，故相齐九年，齐国安集，大称

①《墨子·非儒》。
②《淮南子·俶真训》。
③《汉书》卷四〇，《周勃传》。
④《汉书》卷四八，《贾谊传》。
⑤《汉书》卷八八，《儒林传》。

漢武帝像

董仲舒像

董子祠（位于江苏扬州古城北柳巷）

明·杜堇《伏生授经图》
纵147厘米 横104.5厘米
美国大都会美术馆藏

贤相"。他继萧何出任汉相国之后，"举事无所变更，一遵萧何约束"①，实行的是新道家所提倡的"无为"政治。人们将这一历史现象称之为"萧规曹随"。

陈平也是以治黄老之学而著称的人物。《史记·陈丞相世家》记载他"少时，本好黄帝、老子之术"。临死前夕尚后悔自己在遵循道家准则方面做得不够："我多阴谋，是道家之所禁。吾世即废，亦已矣，终不能复起，以吾多阴祸也。"

汉文帝、汉景帝以及窦太后，均尊奉黄老之学。前引《汉书·儒林传》即是证据。又《汉书·外戚传》云："窦太后好黄帝、老子言，景帝及诸窦不得不读《老子》，尊其术。"《风俗通义·正失》引刘向云："文帝本修黄老之言，不甚好儒术，其治尚清静无为。"此亦为文、景及窦太后推崇黄老之学的明证。

汉初崇尚黄老之学的士人与处士亦不在少数。如文帝时有一位王生，其"善为黄老言，处士也"②；景帝时有个黄生，也是位黄老学者，曾与儒学博士辕固生就汤武革命问题进行过尖锐争论，深得窦太后青睐。另外还有位田叔，也曾"学黄老术于乐巨公所"③。文帝时有长安卜者司马季主，"通《易经》，术黄帝、老子，博闻远见"④。这些人在当时社会上都相当显达，具有较大的影响力，如邓章"以修黄老言显于诸公间"⑤。朝廷思想意志与民间学术趋向的结合，遂使黄老之学兴盛无比，弥漫于整个思想文化领域。即便是儒者人物，亦不免受其影响，在自己的著作或行为方式上体现黄老思想的时代精神。如贾谊是公认的汉初最著名儒家，然而他在《鵩鸟赋》中，就反映了道家学说的重要观念。这一是在事物发展观上，他道出："万物变化兮，固无休息，斡流而迁兮，或推而还。形气转续兮，变化而嬗。沕穆无穷兮，胡可胜言！祸兮福所倚，福兮祸所伏。忧喜聚门兮，吉凶同域。""合散消息兮，安有常则；千变万化兮，未始有极。"二是在宇宙生成论上，贾谊唱出了这样的强音："且夫天地为炉兮，造化为工；阴阳为炭兮，万物为铜。"这表明黄老之学作为当时社会思潮的主流确实是无所不在，笼罩一切了。

---

① 《史记》卷五四，《曹相国世家》。
② 《史记》卷一〇二，《张释之冯唐列传》。
③ 《史记》卷一〇四，《田叔列传》。
④ 《史记》卷一二七，《日者列传》。
⑤ 《史记》卷一〇一，《袁盎晁错列传》。

（二）汉初黄老之学的思想特色与时代精神

汉初黄老之学承先秦诸子学术思想的"融汇""互补"之绪而又有新的发展。它一方面积极要求"整齐舆论"、"统一思想"，确保统治者在思想文化控制上有原则可以遵循，"怀异虑者不可以立计，持两端者不可以定威"①，同时对于如何走上"统一思想"的正确途径，也有着清醒而深刻的认识。他们以史为鉴，知道对于对立的学说，决不能单靠简单粗暴的排斥，而是要正视它们存在的现实，肯定其中正确、合理的因素，加以汲取，为己所用。他们首先是肯定各家学派理论构建的出发点都在于"致治"这一点，即《淮南子·氾论训》所言的"百川异源，而皆归于海；百家殊业，而皆务于治"。其次，他们又认为诸子各家之间存在着一种微妙的"互补"关系："百家之言，指奏相反，其合道一体也，譬如丝竹金石之会乐同也，其曲异而不失于体。"②

在这一认识的基础上，黄老学派在坚持自己学说主体性的前提下，对其他学说进行了具体分析，予以了应有的肯定。这方面司马谈的《论六家要旨》堪称代表者。他肯定阴阳家"序四时之大顺，不可失也"；肯定儒家"序君臣父子之礼，列夫妇长幼之别，不可易也"；肯定墨家"强本节用，不可废也"；肯定法家"正君臣上下之分，不可改矣"；肯定名家"正名实，不可不察也"，表现出一种博大宽广的胸襟，海涵一切的气象。

当然，汉初黄老学派在学术思想"互补融会"方面，是坚持了主体性的。这个主体性，便是继承并发展了先秦道家（老子学派）的基本原则，具有道家的基本特征，即其最高指导思想，是那个"自然无为而无不为"的"道"："夫道者，覆天载地，廓四方，拆八极；高不可际，深不可测；包裹天地，禀授无形；原流泉浡，冲而徐盈；混混滑滑，浊而徐清……约而能张，幽而能明；弱而能强，柔而能刚；横四维而含阴阳，纮宇宙而章三光；甚淖而滒，甚纤而微。"③

汉初黄老学派与先秦原始道家的重大差异之一，是由消极避世变成了积极

---

① 〔西汉〕陆贾：《新语·怀虑》。
② 《淮南子·齐俗训》。
③ 《淮南子·原道训》。

入世。老子言："持而盈之，不如其已。揣而锐之，不可长保。金玉满堂，莫之能守。富贵而骄，自遗其咎。功遂身退，天之道也。"[1] 而汉初黄老学派则不同于此。他们不回避矛盾，态度积极主动。正如《淮南子·要略训》所说："言道而不言事，则无以与世浮沉；言事而不言道，则无以与化游息。"

但是由于他们是道家，所以其在入世方式上就不可避免地带有自身显著的特点，这就是在对待问题、处理事务上的"无为"观。《淮南子·原道训》云："万物固以自然，圣人又何事焉？"又曰："是故圣人内修其本而不外饰其末，保其精神，偃其智。故漠然无为而无不为也，澹然无治而无不治也。"即系这一"无为"观的蕴义。

具体推广开来，是"君道"要"无为"，安邦治民要做到"块然若无事"。陆贾尝言：

> 夫道莫大于无为，行莫大于谨敬。[2]

> 是以君子之为治也，块然若无事，寂然若无声，官府若无吏，亭落若无民。闾里不讼于巷，老幼不愁于庭。近者无所议，远者无所听，邮驿无夜行之卒，乡闾无夜召之征。犬不夜吠，鸡不夜鸣。[3]

汉初黄老学派的积极入世态度和以"道法自然"的天道观为理论依据而建筑起来的"无为而无不为"的政治人生观，对其融合吸收其他学派的某些内涵，实具重要意义。因为，既然要做到"循理而举事，因资而立权"[4]，那么"因"他家之"资"，而"立"己家之"功"也是合乎逻辑的事情了。

从现存的思想资料来看，汉初黄老学派对他家学说的兼容吸收乃是相当普遍的现象。陆贾《新语》一书可谓典型。《新语》中杂糅法家思想是不争的事实。如《辨惑》篇云："夫言道因权而立，德因势而行。不在其位者，则无以齐其政；不操其柄者，则无以制其刚。"此处言"权"说"势"，正是对慎到"势"论的继承和发挥。

对于儒家的思想，陆贾吸收的就更多了。如提倡"忠孝"："在朝者忠于君，在家者孝于亲。于是赏善罚恶而润色之，兴辟雍庠序而教诲之。然后贤愚

---

[1]《老子·九章》。
[2]《新语·无为》。
[3]《新语·至德》。
[4]《淮南子·修务训》。

异义，廉鄙异科，长幼异节，上下有差。"① 又如主张去利存德："故欲理之君，闭利门；积德之家，必无灾殃。利绝而道著，武让而德兴。斯乃持久之道，常行之法也。"② 再如宣扬"仁义"："治以道德为上，行以仁义为本。故尊于位而无德者绌，富于财而无义者刑；贱而好德者尊，贫而有义者荣。"③

陆贾还有一段文字最能体现其思想在坚持道家根本立场基础上的学术兼容互补精神："苞之以六合，罗之以纪纲；改之以灾变，告之以祯祥；动之以生杀，悟之以文章。"④ 这里所谓的"苞之以六合"，接近于"道家"的认识；"罗之以纪纲"，乃是儒家的原则；"改之以灾变，告之以祯祥"，体现的是阴阳家理论的特色；"动之以生杀"云云，则似与法家的观点有瓜葛。由此可见，陆贾为代表的黄老学派思想在一元的统率之下有着多重的倾向。

对于汉初黄老学派这种学术融会互补特征，司马谈在其《论六家要旨》中有过极为系统而概括的总结：

> 道家使人精神专一，动合无形，赡足万物。其为术也，因阴阳之大顺，采儒墨之善，撮名法之要，与时迁移，应物变化，立俗施事，无所不宜。指约而易操，事少而功多。
>
> 道家无为，又曰无不为。其实易行，其辞难知。其术以虚无为本，以因循为用。无成势，无常形，故能究万物之情。不为物先，不为物后，故能为万物主。

这样，司马谈就为汉初以黄老之学为中心的社会思潮"兼容互补"现象画下了一个完整的句号，也对黄老之学的核心精神与历史价值作出了彻底的揭橥。

应该说，黄老思想作为汉初社会思潮的主流，是适应时代的需要的，对汉初社会经济的恢复、政治秩序的重建、军事实力的发展发挥了积极的作用。但是，其理论体系毕竟是建筑在"虚无"、"因循"的基础之上的，它在政治上总的原则说到底，不外乎是"循理而举事，因资而立权，推自然之势"⑤。落实到具体政治生活中往往是表现为因循守旧，不思进取，缺乏创造，磨平棱角，

---

① 《新语·至德》。
② 《新语·怀虑》。
③ 《新语·本行》。
④ 《新语·道基》。
⑤ 《淮南子·修务训》。

圆而不方，就像曹参那样的"垂拱"、"守职"，表现为专制集权统治的威信未孚，即"清静无为"直接导致自由放任，使得地方诸侯王势力乘机发展，尾大不掉，乃至构成对中央政权的巨大威胁。"吴楚七国之乱"的爆发就是典型的事例。另外地方上的豪族势力也在"无为"政策的掩护下大肆膨胀，以至武断乡曲，侵渔百姓，出现了"罔疏而民富，役财骄溢。或至并兼豪党之徒，以武断于乡曲"①。这些消极现象的出现，乃是由黄老之学的理论特征"虚无"、"因循"所决定了的。可见它只能见效于一时，而很难施之以久远。随着西汉中叶封建国家各方面实力的大幅度增长，雄才大略的汉武帝越来越不满意黄老学派的"无为"理论了。他要有为，他要进取，他要战胜匈奴，他要强化集权，他要铺陈炫耀，他要穷奢极欲，所有这一切，都催促着黄老学派退出历史舞台的中心位置，呼唤着董仲舒儒学理论的应运而生，一句话，指导着两汉社会思潮的属性发生根本性的改变。于是乎，"有为"的汉武帝准备欣然采纳董仲舒所谓的"更化"主张，上演一幕"绌黄老刑名百家之言，延文学儒者"的历史活剧了。

（三）儒学在汉初的初振

儒学在汉初处于相对沉寂的局面，而且经常受到黄老学派的抑黜。然而，这种情况并不意味着儒学在汉初无所作为，几濒没落，恰恰相反，儒学在当时仍然是一股强大的思想潜流，而且正处于初步复兴的阶段，始终在社会政治生活中有着顽强的表现，并为他日董仲舒全面振兴儒学准备了适宜的思想文化温床。大略而言，汉初儒学的初振主要体现在三个方面：

第一，封建统治者在崇尚黄老之学的同时，也开始注意发挥儒学的功能，初步认同和接受儒学和儒林人物。汉惠帝四年三月，"除挟书律"②。由于儒生所业为《诗》、《书》、《礼》等经典，所以，这项措施的实际意义，在于专门为儒学的复兴扫清障碍、开辟道路。它表明，汉代统治者已经从法律上正式宽容了儒学的存在。

制礼作乐，这是汉初统治者接受儒学的又一个标志。"汉兴，拨乱反正，

---

① 《汉书》卷二四，《食货志》。
② 《汉书》卷二，《惠帝纪》。

日不暇给，犹命叔孙通制礼仪，以正君臣之位。高祖说而叹曰：'吾乃今日知为天子之贵也。'以通为奉常，遂定仪法。"① 文帝时，贾谊在制定礼乐方面亦"草具其仪，天子说焉"②。叔孙通等人的制礼作乐及其获得君主的欢心和支持，说明儒学开始在社会政治生活中发挥某些作用了。

文景之际，朝廷渐渐关注文化，设立博士，其中以儒家博士占多数。文帝时所设为《孝经》博士、《诗》博士。景帝时，以董仲舒、胡母生等为《春秋》博士，晁错等为《书》博士。五经博士在汉武帝设立之前已有其中之三了。另外，当时汉家置太子与诸侯王，所任太傅也多选用儒生，如辕固生、韩生、申公等等。高祖太子之太傅即是那位号"为汉家儒宗"的叔孙通。朝廷设立博士和任命儒者为太傅，这反映了统治者对儒家已经有了初步的信任。

第二，社会上儒家著作渐趋风行，从师习读儒典的现象比比皆是。儒者在汉初著书甚多，据《汉书·艺文志》著录，可以考定为武帝之前汉人著述的，儒家类有九家一百五十一篇③，远远超过同时期法家和道家的著述和传注。

这一情况也可从地下考古发掘材料中获得参证。自20世纪70年代以来，考古工作者陆续发掘了一批西汉时期的墓葬，其中比较重要的就有马王堆、银雀山、八角廊、双古堆等处。在这些墓葬出土的思想资料中，固然不乏道、法、兵家范围的《道德经》、《法经》、《孙膑兵法》等著作，但也颇多属于儒家思想系统的《诗经》、《周易》、《儒家者言》等珍贵文献。有些帛书竹简，如长沙马王堆帛书《周易》后面佚文数篇，《老子》甲本后所附的四种古佚书以及《春秋事语》等等，虽然没有明确的属性，但其中所透露的，主要也是儒学化倾向。如论述"仁、义、礼、智、圣、聪、明、乐"八个重要的道德范畴，就"发挥了孟轲的一些论点"④。

与此相适应，当时社会上从师习读儒家经典也蔚为一时的风尚了。如楚元王（刘）交，"少时尝与鲁穆生、白生、申生俱受《诗》于浮丘伯"⑤；又如

①② 《汉书》卷二二，《礼乐志》。

③ 参见江庆柏：《汉初墓葬与汉初思想的儒学特征》，载《孔子研究》，1987年第3期。按：其统计汉武帝前汉代儒家类著述为八家一百三十三篇。未确。原因是漏计了《河间周制》十八篇。

④ 参见何介钧：《马王堆汉墓》，北京，文物出版社，1978。

⑤ 《汉书》卷三六，《楚元王传》。

"（申公）退居家教……弟子自远方至受业者百余人"①。这意味着儒学中兴的社会基础正在逐渐形成。

第三，弘扬儒学的基本原则，使之直接服务于现实政治生活。这一是大力推崇仁义德化："道之以德教者，德教洽而民气乐。驱之以法令者，法令极而民风哀……汤、武置天下于仁义礼乐，而德泽洽，禽兽草木广裕，德被蛮貊四夷，累子孙数十世。"② 由于重新肯定了"仁义"的重要性，因而他们主张在具体为政时，要考虑民众之好恶喜怒，提倡顺民之情而治："取人以己，内恕及人。情之所恶，不以强人；情之所欲，不以禁民。"③ 二是肯定德主刑辅、等级有差的"礼治"原则。西汉初年，随着封建统治秩序的重建，对"礼"的强调也就成为一些儒者所热衷的话题。贾谊尝云："定经制，令君君臣臣，上下有差，父子六亲，各得其宜。奸人亡所几幸，而群臣众信，上不疑惑。此业一定，世世常安，而后有所持循矣。"④此显然表明贾谊为代表的汉初儒家是将以"礼"经国治军，分君臣上下，别父子六亲，视为"世世常安"、"后有所持循"的关键的。三是强调在政治上以民为本的重要性与迫切性。"夫民者，万世之本也，不可欺"。具体地说，就是"国以为本，君以为本，吏以为本。故国以民为安危，君以民为威侮，吏以民为贵贱。此之谓民无不为本也"⑤。正因为民是一切之"本"，所以"天有常福，必与有德；天有常灾，必与夺民时。故夫民者，至贱而不可简也，至愚而不可欺也"⑥。把统治者的命运与广大民众的安危祸福紧紧地联系在一起，"夫忧民之忧者，民必忧其忧；乐民之乐者，民亦乐其乐。与士民若此者，受天之福矣"⑦。四是调整儒学的某些思想倾向，为儒家政治思想与现实社会生活的互相沟通创造条件。儒家崇圣复古、是古非今的价值取向是统治者所厌恶的。汉宣帝认为："俗儒不达时宜，好是古非今，使人眩于名实，不知所守，何足委任！"⑧ 实乃反映了有汉一代帝皇们对儒学"迂腐"性质的强烈反感情绪。所以，汉初部分比较明智的儒生就注意避免触

---

① 《史记》卷一二一，《儒林列传》。
②④ 《汉书》卷四八，《贾谊传》。
③ 《汉书》卷四九，《袁盎晁错传》。
⑤⑥ 贾谊：《新书·大政》。
⑦ 贾谊：《新书·礼》。
⑧ 《汉书》卷九，《元帝纪》。

犯这方面的忌讳，对一些拘泥迂腐、不知时变的陋儒多有批评。如《中庸》的作者曾严辞斥责鄙儒是"愚而好自用，贱而好自专。生乎今之世，反古之道。如此者，灾及其身也"。当时儒生中最"知时变"的当首推叔孙通。他的基本观点是"五帝异乐，三王不同礼。礼者，因时世人情为之节文者也"①。且不论其动机与人品，若从他注意现实，顺从大流，调整缩小传统儒学与现实政治之间的距离，从而使儒学要义得以在政治生活中贯彻落实而言，这种努力亦是有其历史合理性的。

（四）"罢黜百家，独尊儒术"

两汉社会思潮的嬗递到汉武帝登基时又面临着新的重大转捩。一方面以"虚无因循"为特征的黄老思想随着整个社会条件的变化而不得不趋于消沉，其丧失在思想界的主导地位乃是无可挽回的归宿；另方面儒学经过汉初数十年的初振之后，正蓄势待发，准备取代黄老之学在思想界的统治地位，一跃而成为社会思潮的主流。而汉武帝的鼓励支持与董仲舒的执着努力、际会风云，遂使社会思潮的这个重大转捩得以顺利完成，开创了汉代社会意识形态领域乃至整个政治生活"罢黜百家，独尊儒术"的崭新局面。

当然，社会思潮的这个嬗变过程并不是一帆风顺的，其间儒者的汲汲进取、咄咄逼人态势曾遭到黄老学派代表人物的顽强抵抗乃至坚决反击。建元元年（前140），汉武帝刘彻继位称帝，他即位伊始，便重用窦婴、田蚡为相而推重儒学，显示出在统治思想选择上改弦更张的意向。汉武帝表彰儒学的动机是很实际的，即为了标榜圣明，强化君权，粉饰太平。其主要手法，一是按儒家的礼乐规范定立制度，突出君权威仪的神圣性。议立明堂就是这方面的重要举措："上乡儒术，招贤良，赵绾、王臧等以文学为公卿，欲议古立明堂城南，以朝诸侯。"② 为此，武帝曾遣使者至鲁征召申公，希望申公在建立明堂一事上贡献意见。二是招致儒生主持朝廷典礼，提供治国建议。"建元元年冬十月，诏丞相、御史、列侯、中二千石、二千石、诸侯相举贤良方正直言极谏之

---

① 《汉书》卷四三，《叔孙通传》。
② 《史记》卷二八，《封禅书》。

士"①。三是采纳个别大臣的建议，初步尝试罢黜某几家学说，以相对凸显儒学超乎他家的地位。"丞相绾奏②：'所举贤良，或治申、商、韩非、苏秦、张仪之言，乱国政，请皆罢。'奏可。"③

上述情况表明，武帝即位后崇儒的倾向是明显的，但在具体做法上尚有一定节制。这主要是他所废黜的学派，仅限于法家与纵横家，而对黄老学派却暂时未加触动，这恐怕是顾忌到祖母窦太后尊黄老之术的缘故，投鼠忌器，形格势禁，不得不如此。故有武帝"悉延百端之学"的说法："至今上即位，博开艺能之路，悉延百端之学，通一伎之士，咸得自效，绝伦超奇者为右，无所阿私。"④

尽管汉武帝小心翼翼，有所节制，但他有限度的崇儒之举，仍然在朝廷内部掀起了轩然大波，尤其是遭到了素好黄老之学的窦太后的激烈反对，冲突高度激化的结果是发生了贬杀尊儒先锋赵绾、王臧事件，使得汉武帝推崇儒学的初步努力，遭受一次重大的挫折：

> 太皇窦太后好《老子》言，不说儒术，得赵绾、王臧之过以让上。上因废明堂事，尽下赵绾、王臧吏，后皆自杀。⑤

然而，历史的发展是不以个别人的意志为转移的，社会思潮的嬗变自有其内在的规律所在。黄老学派借助国家专政机器的力量，对复兴中的儒学实施镇压，毕竟是退出历史舞台中心位置前的最后反扑罢了，强弩之末，终不能最终遂愿。建元六年，黄老学派的最大靠山窦太后去世，标志着儒学的发展从此畅通无阻，汉武帝终于可以放手大胆起用儒生、尊崇儒学了。就在这样的背景之下，一代大儒董仲舒粉墨登场，承担起中兴儒学的历史重任。

元光元年（前134），汉武帝分别下诏，察举孝廉与贤良，虚心向儒士请教治乱之道，并吸收他们进入各级统治机构服务：

> 元光元年冬十一月，初令郡国举孝廉各一人。

---

①③《汉书》卷六，《武帝纪》。

② 此处"绾"，《通鉴》称是丞相卫绾，今人庄春波先生考证当为御史大夫赵绾，说见《汉武帝"罢黜百家，独尊儒术"说考辨》，载《孔子研究》，2000年第4期。

④《史记》卷一二八，《龟策列传》。

⑤《史记》卷一二一，《儒林列传》。

贤良明于古今王事之体，受策察问，咸以书对，著之于篇，朕亲览焉。①

董仲舒与诸多儒士一起参加了这次规模空前的察举贤良活动，"后六年当元光元年，复召举贤良，于是董仲舒等出焉"②。应该说，汉武帝重用儒生求治天下的心情是迫切而诚恳的，"故广延四方之豪俊，郡国诸侯公选贤良修絜博习之士，欲闻大道之要，至论之极……子大夫其精心致思，朕垂听而问焉"③。

董仲舒自然深受鼓舞，遂殚精竭虑，写就并呈上著名的"天人三策"，为汉室统治者如何巩固统治、大治天下指点迷津。他深知儒学要真正成为占绝对统治地位的正统学说，规范上至朝廷百官、下至普通民众的思想和行为，除了不断完善充实儒学本身之外，更必须依靠朝廷的力量排斥包括黄老之学在内的其他学派，以法律的形式确立起儒学独一无二的至尊地位。为此，他在其"天人三策"第三策的结尾处，郑重而明确地提出了著名而系统的"罢黜百家，独尊儒术"的建议：

今师异道，人异论，百家殊方，指意不同，是以上亡以持一统，法制数变，下不知所守。臣愚以为诸不在六艺之科、孔子之术者，皆绝其道，勿使并进。邪僻之说灭息，然后统纪可一而法度可明，民知所从矣④。

董仲舒的建议正合汉武帝选择儒学为统治思想的初衷，故被汉武帝所欣然采纳，并通过封建国家机器的力量一一具体落实之，在实际的社会政治生活中加以贯彻推行。这主要表现为：第一，使察举贤良文学之举制度化，委之以官爵，奉之以利禄，询之以议论，"延文学儒者数百人，而公孙弘以《春秋》白衣为天子三公，封以平津侯。天下之学士靡然乡风矣"⑤。第二，定学校之规模，设立太学庠序，以儒家经典教育生员。第三，在已设《诗》、《书》、《春秋》博士于学官的基础上，增设《易》、《礼》诸经博士，合为"五经博士"⑥。同时罢废其余诸子传记博士。元朔五年，更为博士置弟子员五十人，免除其徭役。博士弟子与受业如弟子者，能通一艺以上，可补文学掌故缺，其优秀者可

　①《汉书》卷六，《武帝纪》。

　②〔南宋〕洪迈：《容斋随笔·续笔》卷六，《汉举贤良条》，上海古籍出版社，1978。

　③④《汉书》卷五六，《董仲舒传》。

　⑤《史记》卷一二一，《儒林列传》。

　⑥ 参见〔清〕皮锡瑞：《经学历史·经学昌明时代》，北京，中华书局，1959。

出任郎中。所有这一切，都是"罢黜百家，独尊儒术"的具体表现，都与董仲舒苦心孤诣的发凡起例有关："及仲舒对策，推明孔氏，抑黜百家，立学校之官，州郡举茂材孝廉，皆自仲舒发之。"① 至此，儒学终于取代黄老而主宰思想界了。

正因为董仲舒立下了"罢黜百家，独尊儒术"的不世之功，实现了两汉社会思潮的根本性转变，因而被汉儒尊之为"儒者宗"，推崇备至："董仲舒有王佐之才，虽伊、吕亡以加，管、晏之属，伯者之佐，殆不及也"②；"仲舒遭汉承秦灭学之后，六经离析，下帷发愤，潜心大业，令后学者有所统一，为群儒首"③。

（五）汉代儒学的代表者：董仲舒思想

《汉书·五行志》称："董仲舒治《公羊春秋》，始推阴阳，为儒者宗。""始推阴阳"，体现了汉代以今文经学为主要载体的儒学思潮擅长于言微言大义，讲阴阳灾异的基本特色。所谓"始"，即言董仲舒在这方面是第一人，是"始作俑者"。"为儒者宗"，则表明董氏是汉儒的大宗师，是两汉儒学思潮的精神领袖。他的学说是孔孟之道的承继者，为两汉儒学的正统所在："文王之文在孔子，孔子之文在仲舒"④；"孔子终论，定于仲舒之言"⑤。

董仲舒的儒学理论是基于实践理性而创建的完备思想体系。在理论建设上，其秉承战国中后期以来学术思潮兼容互补的传统，充分吸收其他学派之长，建立起以儒学为主体并糅杂他家学说内容的思想体系。它包含有一大支柱和三重层次。所谓"一大支柱"，就是指其深受墨学"天志"理论的影响，并依托战国中后期以来风靡整个社会的阴阳五行思想体系之形式而建筑起来的"天人合一"宇宙图式。所谓"三重层次"，则是指董仲舒所坚持的儒家政治思想的三个基本点：以论述"经""权"关系为基本特色的平衡"中和"观念；孟学色彩浓厚的仁义伦理观；建立在"性三品说"基础上，以"礼治"与"大

---

① 《汉书》卷五六，《董仲舒传》。
② 《汉书》卷五六，《董仲舒传》引刘向语。
③ 《汉书》卷五六，《董仲舒传》引刘歆语。
④ 〔东汉〕王充：《论衡·超奇篇》，上海人民出版社，1978。
⑤ 《论衡·案书篇》。

一统"为核心内容的政治观。前者，使董仲舒的社会政治思想找到了一个坚实的理论模式作为依据和支点；后者，则充分保证了体现董仲舒的儒学思想作为早期儒学传统的继承者和发展者的本质性意义。

按董仲舒的理解，"天人合一"的基本内涵即"天亦有喜怒之气，哀乐之心，与人相副。以类合之，天人一也"①；"事各顺于名，名各顺于天，天人之际，合而为一"②。就是"天"与"人相副"，是同类，"天人一也"。"天"与"人"之间不仅性质上没有什么区别，而且形体方面也完全一致。它是对先秦以来广为流行"天人感应"之说的理论概括，即"天人合一"与"天人感应"之间，存在着一种"体"与"用"的内在关系。"合一"是"体"，而"感应"则是"体"之用。换句话说，"天人合一"是"天人感应"的重要理论依据，而"天人感应"则是"天人合一"的具体外化表现。

"天人合一"说可以视为董仲舒儒学乃至整个两汉儒学思潮的最基本特征。就董仲舒儒学思想而言，其各个方面、各个层次以及全部论证方法与整个论证过程，都无不鲜明地打上了"天人合一"说的深深烙印。换言之，董仲舒正是通过"天人合一"的宇宙图式，来推导具体的政治观点，并为自己学说的全部论证披上一层"天人"目的论的神秘主义外衣。他据此而强调"正名"："是非之正，取之逆顺；逆顺之正，取之名号，名号之正，取之天地"③。据此而阐述刑赏之义："圣人副天之所行以为政。故以庆副暖而当春，以赏副暑而当夏，以罚副清而当秋，以刑副寒而当冬……庆赏罚刑与春夏秋冬，以类相应也，如合符"④。据此而分析"经权"关系："天以阴为权，以阳为经。阳出而南，阴出而北；经用于盛，权用于末"⑤。据此而宣扬"教化"："天地之数，不能独以寒暑成岁，必有春夏秋冬；圣人之道，不能独以威势成政，必有教化"⑥。据此而提倡"德政"："德教之与刑罚，犹此也。故圣人多其爱而少其严，厚其德而简其刑，以此配天。"⑦ 凡此等等，不胜枚举。这样，董仲舒就使儒家的

---

① 《春秋繁露·阴阳义》。
②③ 《春秋繁露·深察名号》。
④ 《春秋繁露·四时之副》。
⑤ 《春秋繁露·阳尊阴卑》。
⑥ 《春秋繁露·为人者天》。
⑦ 《春秋繁露·基义》。

政治思想得到了充满神学色彩的哲学论证：既实现了证明封建专制统治天然合理性的宗旨，"道之大原出于天，天不变，道亦不变"①；又达到了置封建道德于君权之上，以神权约束限制君权的目的，"郊重于宗庙，天尊于人也"②。前者，使封建最高统治者对董仲舒学说青睐有加，奉为圭臬；后者，又让那些认"道统"高于"势统"，不愿"枉道而从彼势"的普通士子对董仲舒学说倾心契合、沛然依从。于是，董仲舒的思想遂得到最广泛的认同，成为当时最为主导的社会思潮体现者。

尽管董仲舒有时候表现得有如一巫师，满嘴阴阳五行、灾异感应，"仲舒之言雩祭可以应天，土龙可以致雨，颇难晓也"③；然而其整个思想体系中占据主导地位的，仍是儒家的基本原理。如倡导"礼治"："礼者，继天地，体阴阳，而慎主客，序尊卑贵贱大小之位，而差外内远近新故之级也"④；主张"王政"："什一而税，教以爱，使以忠，敬长老，亲亲而尊尊，不夺民时，使民不过岁三日，民家给人足"⑤；强调"教化"："南面而治天下，莫不以教化为大务。立太学以教于国，设庠序以化于邑。渐民以仁，摩民以谊（义），节民以礼。故其刑罚甚轻而禁不犯者，教化行而习俗美也。"⑥

需要指出的是，董仲舒儒学也是思想整合、学术兼容时代文化大背景下的产物，在坚持儒学基本原则的前提下，它对道、法、墨、名、阴阳、纵横诸家的思想均有所借鉴与汲取：从而将道家的长处"知秉要执本，清虚以自守，卑弱以自持"；阴阳家的长处"敬顺昊天，历象日月星辰，敬授民时"；法家的长处"信赏必罚，以辅礼制"；墨家的长处"强本节用，则家给人足"……统统吸收了过来，将它们与儒家固有的政治思想与哲学观念相结合，建立起新的儒学形态。这样，就使得董仲舒儒学无论在理论框架的构建方面，还是在具体的政治思想设计方面，都呈现出宏大开阔、兼容并收的重要特色。与此同时，在董仲舒为代表的汉代儒家眼中的诸子之学的种种不足，如道家之"欲绝去礼学，兼弃仁义"；阴阳家之"牵于禁忌，泥于小数"；法家之"无教化，去仁

---

①⑥《汉书》卷五六，《董仲舒传》。

②《春秋繁露·郊事对》。

③《论衡·案书篇》。

④《春秋繁露·奉本》。

⑤《春秋繁露·王道》。

爱，专任刑法"；墨家之"不知别亲疏"；纵横家之"上诈谖而弃其信"；杂家之"漫羡而无所归心"等等，则自然属于应该摒弃之列，非"罢黜"不可了①。由此可见，董仲舒所谓的"独尊儒术"，是汲取了众家之长基础上的"独尊"；而所谓的"罢黜百家"，也是百家之长被汲取前提之下的"罢黜"。

三、儒学对社会生活的全面渗透

（一）孔子的教主化与儒学经典的神圣化

董仲舒儒学理论的形成是两汉儒学完成自我改造并最终登上思想界统治地位的主要标志。在当时，它最为迎合统治者维护和巩固现存封建专制统治的需要，因此为统治者所接受并指导于具体的政治实践活动，基于这个原因，它确立了在社会思潮嬗递中的主导地位。具体地说，董仲舒主张"经""权"适度，"常""变"互补，满足了论证封建纲常永恒性与具体措施灵活性相统一的需要；"天人合一"与"二类"（人事与灾异）理论，能满足对"君权神授"与治乱关系问题的阐述；所谓的"君亲无将，将而必诛"论调，非常适用于统治者生杀予夺、滥施淫威的要求，"大一统"主张，恰好符合强化中央集权、维护国家统一的历史需要；"更化""改制"之说，更是与当时统治者积极有为、锐意进取的愿望相高度一致。这些长处，是包括黄老之学在内的其他诸子学派所无法提供的，所以儒学必定要主导当时的社会思潮，并在整个社会生活中发挥无孔不入的影响。

"邪说远去耳，圣言饱满腹。发策登汉庭，百家始消伏"②；"汉儒惟董仲舒纯粹，其学甚正，非诸人比"③。经过董仲舒的努力，儒学的意义遂被充分肯定，儒家的正统地位遂得真正确立："儒家者流……助人君顺阴阳明教化者也，游文于六经之中，留意于仁义之际。祖述尧舜，宪章文武，宗师仲尼，以

---

① 关于诸子学说价值的评析，可参见司马谈：《论六家要旨》与《汉书·艺文志·诸子略》。
② 〔北宋〕司马光：《司马文正公文集·读书堂》。
③ 〔南宋〕朱熹：《朱子语类》卷一三七。

重其言，于道最为高。"① 儒家既得"独尊"，则其创始者孔子的地位也就自然而然地迅速攀升，并逐步神圣化。

汉儒神化孔子，主要是从下列几个方面着手的：一是宣扬孔子"素王"说。在汉儒看来，孔子"祖述尧舜，宪章文武，上律天时，下袭水土，……譬如四时之错行，如日月之代明"②，是位功比尧舜、迹近文武的"素王"。于是在纬书中，有关孔子为"素王"的言辞比比皆是，充斥篇幅："仲尼为素王，颜渊为司徒"③；"子夏六十四人，共撰仲尼微言，以事素王。"④ 孔子既为"素王"，则尊崇孔子自是必有之义，这样，汉儒就解决了推尊孔子的逻辑前提问题。二是制造孔子为汉家制度的神话。关于孔子为汉家制度的说法在汉儒之中几成共识："孔子仰推天命，俯察时变，却观未来，豫解无穷，知汉当继大乱之后，故作拨乱之法以授之"⑤；"夫孔丘秘经，为汉赤制，玄包幽明，文隐事明。"⑥ 孔子既为汉家制度，则受推崇，实具天然的合理性，其所创立的儒学当为朝廷施政的指导思想也属于最正常的结果。三是鼓吹孔子手定"五经"说。"五经"是儒家的基本经典，汉儒为了突出其神圣不可侵犯的地位，遂不遗余力地强调"五经"由孔子亲手删定和编著。如范升称："'五经'之本自孔子始"⑦；徐防上疏言："臣闻《诗》、《书》、《礼》、《乐》，定自孔子"⑧。汉儒这样做的意图十分明显：既然"四海之内，天下之君，微孔子之言亡所折中"⑨，那么体现孔子思想的载体"五经"，自当为汉朝的统治思想，而习学"五经"的儒生自当为朝廷统治的中坚。四是请求朝廷册封孔子及其后裔，从法律上确认孔子的神圣地位。汉成帝时，梅福上书奏请朝廷册封孔子的后裔为殷后："今仲尼之庙不出阙里，孔氏子孙不免编户，以圣人而歆匹夫之祀，非皇天之意也。今陛下诚能据仲尼之素功，以封其子孙，则国家必获其福，又陛

———————————

① 《汉书》卷三〇，《艺文志·诸子略》。
② 《礼记·中庸》。
③ 《北堂书钞》卷五二，引《论语摘家辅》。
④ 《文选》，刘歆《移书让太常博士》注引《论语崇爵谶》。
⑤ 《春秋纬演孔图》。
⑥ 《后汉书》卷三〇上，《苏竟传》。
⑦ 《后汉书》卷三六，《范升传》。
⑧ 《后汉书》卷四四，《徐防传》。
⑨ 《汉书》卷七二，《贡禹传》。

下之名与天亡极。"① 朝廷采纳这一意见，遂"下诏封孔子世为殷绍嘉公"②，封孔子之后裔为"殷侯"。通过上述途径，孔子的神圣地位终于渐渐获得确立，重儒尊孔的基本格局，在封建社会得以长期延续，并代有发展，孔子头上也有了"文宣王"、"大成至圣先师"等吓人的光圈。

与孔子教主地位确立相同步的，是"五经"为代表的儒家经典渐趋神圣化。汉武帝独尊儒术的主要内容之一是立"五经"博士。这样，以往属于民间诸子之学范畴的《易》、《诗》、《书》、《礼》、《春秋》，遂上升为官方之学。它们不仅是官方颁布的教科书，更主要的是已经成为官方意识形态的体现者，即由皇帝钦定的国家与社会的指导思想，控制社会、维系统治的重要工具和行为规范准则。对此，汉儒是有深刻的认识的，并一再强调"五经"不可动摇的崇高地位：

> 臣闻六经者，圣人所以统天地之心，著善恶之归，明吉凶之分，通人道之正，使不悖于其本性者也。故审六艺之指，则天人之理可得而知，草木昆虫可得而育。此永永不易之道也。③

> 六艺者，王教之典籍，先圣所以明天道，正人伦，致至治之成法也。④

正是由丁"五经"具有"国宪"的地位，两汉统治者对"讲议五经同异"、"讲论五经"，以使"五经"更好地发挥思想统治功能予以了高度的重视，西汉宣帝时召集诸儒召开石渠阁会议，东汉章帝"大会诸儒于白虎观"，"论定五经同异"，就是这方面的典型史例。

（二）儒生参政与儒学社会基础的扩大

汉武帝"独尊儒术"之前，儒生参与政治一直受到较大的限制，"迄于孝武，宰辅五世，莫非公侯。遂使缙绅道塞，贤能蔽雍，朝有世及之私，下多抱关之怨"⑤。但是，当董仲舒"罢黜百家，独尊儒术"之议为朝廷采纳后，整

---

① ② 《汉书》卷六七，《梅福传》。
③ 《汉书》卷八一，《匡衡传》。
④ 《汉书》卷八八，《儒林传》。
⑤ 《后汉书》卷二二，《朱祐传论》。

个情况发生了根本性的变化，儒生仕进之门畅开了，大批儒生拥入封建官僚队伍，这样就为儒家学说进一步得到推广，牢牢占据社会思潮的主流创造了充分的条件。

汉武帝优渥儒士，其主要手段有三：一是广招贤良文学："汉武帝材质高妙，有崇先广统之规，故即位而开发大志，考合古今，模范前圣故事，建正朔，定制度，招选俊杰……兴起六艺，广进儒术。"① 二是立"五经博士"，增补博士弟子："为博士官置弟子五十人，复其身。太常择民年十八以上、仪状端正者，补博士弟子。郡国县官有好文学、敬长上、肃政教、顺乡里、出入不悖，所闻，令相长丞上属所二千石。二千石谨察可者，常与计偕，诣太常，得受业如弟子。一岁皆辄课，能通一艺以上，补文学掌故缺；其高第可以为郎中，太常籍奏，即有秀才异等，辄以名闻。"② 三是发挥儒生的特长，让其在议封禅、设明堂等国家礼仪大典问题上出谋划策，匡制规模："自得宝鼎，上与公卿诸生议封禅。封禅用希旷绝，莫知其仪体，而群儒采封禅《尚书》、《周官》、《王制》之望祀射牛事。"③ 一批儒生因而致力于典章制度的研究，撰成《封禅议对》十九篇、《汉封禅群祀》三十六篇等著作。

《汉书·儒林传赞》言："自武帝立五经博士，开弟子员，设科射策，劝以官禄，讫于元始，百有余年，传业者浸盛，支叶蕃滋，一经说至百余万言，大师众至千余人，盖禄利之路然也。"这段记载，充分说明了儒士热衷儒学的内在动因，即崇儒与入仕自汉武帝统治时期起已经互为一体，儒生们鼓吹、宣扬儒学，其根源是受利禄杠杆的驱使。于是各色人等均舞动着儒学这面金字招牌，从利禄之门一拥而入，投机钻营，猎取富贵。这从当时人的言行中可以得到有力的印证。如夏侯胜，"每讲授，常谓诸生曰：'士病不明经术。经术苟明，其取青紫如俯拾地芥耳'"④ 又如，翟方进还没有发迹时，曾向汝南蔡父求教入宦作宰之捷径。蔡父告诉他："小史有封侯骨，当以经术进，努力为诸生学问。"⑤ 于是翟方进便"读经博士，受《春秋》，积十余年，经学明习，徒

① 〔东汉〕桓谭：《新论·识通》，见《全后汉文》卷一四。
② 《汉书》卷八八，《儒林传》。
③ 《汉书》卷二五，《郊祀志》。
④ 《汉书》卷七五，《夏侯胜传》。
⑤ 《汉书》卷八四，《翟方进传》。

众日广，诸儒称之。以射策甲科为郎。二三岁，举明经，迁议郎"①。至于当时邹鲁一带流传的谚语"遗子黄金满籯，不如教子一经"，更反映了儒学与高官厚禄在当时息息相通的文化现实。

崇儒尊经之风在汉武帝之后愈演愈烈。西汉中后期和东汉一代的皇帝，不论其内心真实想法怎样，但至少在表面上都不能不打出弘扬儒学的旗帜。他们所受的是正统的儒家教育。如汉昭帝八岁即位，选名儒韦贤、蔡义、夏侯胜授以儒经；汉元帝柔仁好儒，当时名儒萧望之为太傅，疏广为少傅，传授《论语》、《孝经》；东汉明帝十岁能通《春秋》，立为太子后，"师事博士桓荣，学通《尚书》"②；章帝"少宽容，好儒术"③。发诏令定规策旁征博引的是儒家经典内容，如汉宣帝曾在诏书中引用经书作为选拔人才的标准："传曰：'孝弟（悌）也者，其为仁之本与（欤）'。其令郡国举孝弟有行义闻于乡里者各一人。"④ 施政治国的首要任务是尊儒读经。如汉光武帝刘秀重用儒士出身的功臣邓禹、寇恂、贾复、祭遵等人参与朝政，同时大力征求儒士，搜集经典："及光武中兴，爱好经术，未及下车，而先访儒雅，采求阙文，补缀漏逸。"⑤统治者的大力提倡，使得儒学的地位愈益尊崇，儒生的仕途更趋豁畅。

朝廷决策取向自上而下地推动儒学传播，利禄杠杆又自下而上地驱使士人习儒尊孔，两者有机结合，遂极大地拓展了儒士参与政治的空间，在客观上有力地扩大了儒学的社会基础，于是儒生渐渐在统治集团构成上占据了最大的比重，成为维护汉室统治的中坚力量，许多人更成为朝廷百官的总管（宰相）："（元帝）少而好儒，及即位，征用儒生，委之以政，贡、薛、韦、匡迭为丞相"⑥；"自孝武兴学，公孙弘以儒相，其后蔡义、韦贤、玄成、匡衡、张禹、翟方进、孔光、平当、马宫及当子晏咸以儒宗居宰相位，服儒衣冠，传先王语，其醝藉可也，然皆持禄保位，被阿谀之讥。彼以古人之迹见绳，乌能胜其

①《汉书》卷八四，《翟方进传》。
②《后汉书》卷二，《明帝纪》。
③《后汉书》卷三，《章帝纪》。
④《汉书》卷八，《宣帝纪》。
⑤《后汉书》卷七九，《儒林列传》。
⑥《汉书》卷九，《元帝纪》。

任乎"①? 这些人的品行才能另当别论，但他们的际遇则表明在当时崇儒通经为入仕之主要渠道，儒士已开始占据封建官僚之最高层已是不争的事实。

汉代循吏的政治实践特色也从一个侧面反映出汉武帝后儒学社会基础迅速扩大的现实。余英时指出："汉代循吏的治民内容和方式都与儒家的原始教义是一致的。这一事实有力地说明了循吏的推行教化确是出乎自觉的实践儒家的文化理想——建立礼治或德治的秩序。"② 情况的确如此，两汉循吏是将儒家基本要义推向社会基层的关键中介，文翁、召信臣、韩延寿、何敞等人就是致力于以儒家教化理论治理地方并取得显著成绩的代表，"是以郡中无怨声，百姓化其恩礼"③。这表明，在当时作为社会思潮主导形态的儒学不仅早成为朝廷的"国宪"，而且也已渗透到社会的每一个角落，规范着普通民众的价值取向和行为模式。儒生势力的消长、儒学社会基础的拓展从中可以窥见一斑。

（三）"经义决狱"与"通经致用"

"独尊儒术"的又一个直接结果，是儒学文化精神在当时社会生活各个方面的全面渗透，这表现在具体的封建日常活动中，一举一动都严格遵循儒学的原理或广泛借用儒学的名目。当时，举凡朝廷的奏章或诏书，都大量引用六经或孔子之语，以证明其所作所为的合理性、必要性，连那些心毒手辣的酷吏在这方面也不曾例外："是时，上方乡（向）文学。（张）汤决大狱，欲傅古义，乃请博士弟子治《尚书》、《春秋》，补廷尉史，平亭疑法。"④ 权臣在擅权之时同样利用这一点，例如霍光要废黜昌邑王，乃征引《诗》、《春秋》作为自己所作所为的依据（托词）⑤。至于董仲舒、兒宽等正宗意义上的儒者，更是驾轻就熟以经义断事："孝武之世，外攘四夷，内改法度，民用凋敝，奸轨不禁。时少能以化治称者，惟江都相董仲舒、内史公孙弘、兒宽，居官可纪。三人皆儒者，通于世务，明习文法，以经术润饰吏事，天子器之。"⑥ 这种流行的社

---

① 《汉书》卷八一，《匡衡传赞》。
② 余英时：《士与中国文化》，183 页，上海人民出版社，1988。
③ 《后汉书》卷四三，《何敞传》。
④ 《汉书》卷五九，《张汤传》。
⑤ 参见《汉书》卷六八，《霍光传》。
⑥ 《汉书》卷八九，《循吏传》。

会政治文化现象，被人们概括为"通经致用"，它直接影响和制约着当时国家机器的操作和运行，在法律的运用、决策的制定和政策的实施等诸多方面得到充分的表现。这正如清人皮锡瑞所说的："武宣之间，经学大昌，家数未分，纯正不杂，故其学极精而有用。以《禹贡》治河，以《洪范》察变，以《春秋》决狱，以《三百五篇》当谏书，治一经得一经之益也。"①

所谓"以《禹贡》治河"，指的是哀帝年间平当的事。据《汉书·隽疏于薛平彭传》记载，平当"以明经为博士"，曾经"以经明《禹贡》，使行河，为骑都尉，领河堤"。关于平当以《禹贡》治理河水的具体主张，则见于《汉书·沟洫志》："哀帝初，平当使领河堤，奏言：'九河今皆寘灭，按经义治水，有决河深川，而无堤防壅塞之文。'"王先谦《汉书补注》对此所作的评论是："当言可谓明《禹贡》矣。然与后世筑堤束水，借水刷沙情势又自不同。"

所谓"以《洪范》察变"，指的是刘向的事。据《汉书·楚元王交传》记载："（刘）向见《尚书·洪范》，箕子为武王陈五行阴阳休咎之应。向乃集合上古以来，历春秋六国至秦汉符瑞灾异之记，推迹行事，连传祸福，著其占验，比类相从，各有条目，凡十一篇，号曰《洪范五行传论》。奏之。"这部以"察变"为特色的著名篇章《洪范五行传论》，即今本《汉书》之中的《五行志》，其主要内容，乃是以《洪范》经义立论，假借天灾变异的现象，对统治者提出告诫和警示，希望借神权来制约君权，规范和引导统治者的行为举措，这与董仲舒"国家将有失道之败，而天乃先出灾害以谴告之。不知自省，又出怪异以警惧之。尚不知变，而伤败乃至"② 的"天人感应"观念是一脉相承的。

所谓"以《三百五篇》当谏书"，指的是汉昭帝时期王式的事。据《汉书·儒林传》记载，王式曾为昌邑王之师，"昭帝崩，昌邑王嗣立"，但终因其"行淫乱"而为霍光所废黜。昌邑王的辅佐大臣之中，仅中尉王吉、郎中令龚遂等极个别人因事前劝谏过昌邑王被免罪保全，其他人"皆下狱"伏诛。王式本也在"系狱当死"之列，"治事使者责问曰：师何以无谏书?"王式回答道："臣以《诗三百五篇》朝夕授王。至于忠臣孝子之篇，未尝不为王反复诵之也；

① 皮锡瑞：《经学历史》卷三，北京，中华书局，1959。
② 《汉书》卷五六，《董仲舒传》。

至于危亡失道之君，未尝不流涕为王深陈之也。臣以《三百五篇》谏，是以无谏书。"通过这番辩白，王式终于凭借"以《三百五篇》为谏书"的理由，躲过一劫，保住了自己的性命，"使者以闻，亦得减死论"。

汉代儒生"通经致用"最典型的表现，当数以《春秋》决狱，也可泛称为以经义决狱。很显然，"以《禹贡》治河"等等尚是个别的例子，而以《春秋》决狱则为普遍的社会现象。它是指执法者（大多是以儒生身分入仕者）在刑狱案件的审判和处理时，不依照刑律，而依照儒家经典——尤其是《春秋》定夺，或者是在刑律与《春秋》等儒家经典的某条语录相抵触和矛盾时，舍弃刑律而采用经义。

以《春秋》决狱始于董仲舒。《汉书·董仲舒传》记载："仲舒在家，朝廷如有大议，使使者及廷尉张汤就其家而问之，其对皆有明法。"据齐南召、钱大昭等人考证，董仲舒的对答问题就是《汉书·艺文志·六艺略·春秋类》所著录的《公羊董仲舒治狱十六篇》的内容，其中以《春秋》之义理决狱共"二百三十二事，动以经对，言之详矣"①。董仲舒的做法为其弟子和其他儒士官僚所仿效，以《春秋》经义决狱，遂成为受到皇帝为首的朝廷所充分肯定的合理之举。如董仲舒弟子吕步舒曾"持节使决淮南狱，于诸侯擅专断，不报，以《春秋》之义正之，天子皆以为是"②。又如汉昭帝时，治《春秋》经出身的京兆尹隽不疑以《春秋》赞同"昔蒯聩违命出奔，辄距而不纳"之举为依据，拘捕冒充汉武帝长子卫太子者，严加治罪，因而受到皇帝和辅政大将军霍光的赞赏，指出这是"用经术明于大谊"的正确作为③。

迨至东汉，"《春秋》决狱"不但在实践中得到广泛运用，而且在理论上获得不断的总结，像陈宠撰著的《辞讼比》七卷，陈忠撰著的《决事比》，都是援引《春秋》等儒家经典义理解释法律、融合经律为一体的重要法律文件，从而为封建朝廷提供了以经义决狱的基本范式。而汉末著名学者应劭更是系统地完成了经学对于刑律的全面改造，撰就《春秋断狱》二百五十篇，就经义与法律的关系作出深刻的阐述："夫国之大事，莫尚载籍。载籍也者，决嫌疑，明

---

① 《后汉书》卷四八，《应劭传》。
② 《汉书》卷八八，《儒林传》。
③ 参见《汉书》卷七一，《隽不疑列传》。

是非，赏刑之宜，允获厥中，俾后之人永为监焉"①。

毫无疑义，经义决狱是运用《春秋》等儒家经典中的思想观念作为处理刑狱案件的指导原则，这些原则主要包括有"本其事而原其志"、"君亲无将，将而必诛"、"恶恶止其身"、"父子相隐"等等②。这标志着，经改造后的儒学已基本适应统治者的需要，而真正成为了其巩固专制统治的得心应手之工具。

（四）"五德终始"与元成时期的思潮嬗变

以五德终始理论解释朝代更迭、历史变迁的做法，肇始于战国时期。《史记·孟子荀卿列传》曰："（邹衍）称引天地剖判以来，五德转移，治各有宜，而符应若兹。"人们通常都根据这段话视邹衍为五德终始说的"始作俑者"。这一理论问世后，影响一直非常广泛。

到了两汉时期，这一理论更是大为风行，成为儒者论证汉祚合理性、解释历史演进现象的重要历史哲学理论之一，也是当时社会思潮的具体外在表现形态。在当时，关于汉德问题的议论，概括起来，主要有三种意见。

第一种，是西汉初期张苍所倡导的汉为"水德"说。《汉书·任敖传》言："苍为计相时，绪正律历，以高祖十月始至霸上，故因秦时本十月为岁首。不革。推五德之运，以为汉当水德之时，上黑如故。"又《汉书·郊祀志》言："时丞相张苍好律历，以为汉乃水德之时，河决金堤，其符也。年始冬十月，色外黑内赤，与德相应。"水德说承认秦为水德，但又认为秦祚甚短，故其虽据水德，只不过是"闰统"而已，所谓"紫色蛙声，余分闰位，圣王之驱除云耳"③。可以忽略不计。汉乃直接继承周统，周为火德，水克火，故汉当据有水德。由于汉高祖刘邦起事立赤帜之传说早已流行于社会，所以称"色外黑内赤"，用以解释这一矛盾现象。

汉德说的第二种，是公孙臣、贾谊所主张的汉为"土德"说。《汉书·贾谊传》称："谊以为汉兴二十余年，天下和洽，宜当改正朔，易服色制度，定

①《后汉书》卷四八，《应劭传》。

② 参见刘泽华主编：《士人与社会》（秦汉魏晋南北朝卷），117～120页，天津人民出版社，1992。

③《汉书》卷九九，《王莽传》。

官名，兴礼乐。乃草具其仪法，色上黄，数用五，为官名悉更，奏之。"又《汉书·郊祀志》称："鲁人公孙臣上书曰：'始秦得水德，及汉受之，推终始传，则汉当土德。土德之应黄龙见。宜改正朔，服色上黄。'"土德说不再以秦为"闰位"，而承认其居水德，汉继秦而起，以土克水，当据土德。不久朝廷接受了它而黜弃水德说："明年，黄龙见成纪。文帝召公孙臣，拜为博士，与诸生申明土德，草改历服色事。"①董仲舒虽然没有明确强调汉为土德说，但是据其著作《春秋繁露》中的内容看，他也是倾向于"土德说"的，《五行之义》云："土者，天之股肱也。其德茂美，不可名以一时之事。故五行而四时者，土兼之也，金木水火虽各职，不因土，方不立……土者，五行之主也。"其他诸如司马迁、兒宽等人也持此说："太初改制，而兒宽、司马迁等犹从臣、谊之言。服色数度，遂顺黄德。"②

汉德说的第三种也是影响最大的一种，是汉为"火德"说。一些儒生认为，"张苍据水德，公孙臣、贾谊更以为土德，卒不能明"③，于是遂提倡汉为火德说。《汉书·郊祀志》称："刘向父子以为帝出于震。故包羲氏始受木德。其后以母传子，终而复始。自神农、黄帝下列唐虞三代而汉德火德焉。"这时，秦又成了闰位，而周则成了木德，木生火，故汉为火德。此说出台后，在思想界几乎是占了统治地位。班固肯定汉德，歌颂君权鼓吹之："汉承尧运，德祚已盛。断蛇著符，旗帜上赤，协于火德，自然之应，得天统矣。"④ 王莽在篡汉自立时利用之："火德销尽，土德当代，皇天眷然，去汉与新，以丹石始命于皇帝。"⑤ 东汉末年，耿包劝袁绍代汉称帝，也是以此说为依据的："赤德衰尽，袁为黄胤，宜顺天意，以从民心。"⑥ 东汉王符在《潜夫论》中作《五德志》，亦完全本于此说。

显而易见，以上三种汉德说中，前二种是基于"五行相胜"原则立论的，而汉为火德说，则是依据"五行相生"原则推衍的。至于五行相生说之所以逐渐代替五行相胜说，成为汉代五德终始理论的主流，则自有其政治与思想上的

①②③《汉书》卷二五，《郊祀志》。
④《汉书》卷一，《高帝纪》。
⑤《汉书》卷九九，《王莽传》。
⑥《后汉书》卷七四上，《袁绍传》。

双重原因。

政治上的原因，主要是王莽等人为了篡汉自立在制造舆论时所做的手脚。关于这一问题，顾颉刚先生曾作过详尽透彻的分析总结："这一个图（指服务于王莽篡汉自立的全史五德终始表），他们造成功的时候，一定拊掌称快道：新室的代汉有了历史的根据了，证明得千真万确了！谁敢反抗的，即是'威侮五行'，应当'恭行天罚，剿绝其命。'"① 而之所以会发生这种情况，渊源当在汉武帝累年战争造成巨大后遗症所致。汉武帝反击匈奴之战，无疑是十分必要的，也取得了巨大的成功，基本上消除了匈奴长期以来对中原农业区所构成的边患威胁。然而，长期的战事，也给正常的经济、社会生活带来严重的损害，"海内虚耗，户口减半"②。尤其是五次战役后的一系列军事征伐，显然是穷兵黩武之举，结果大大激化了社会各种矛盾，导致"盗贼滋起"。对此，夏侯胜、贡禹等人曾予以尖锐的斥责与批判："武帝虽有攘四夷广土斥境之功，然多杀士众，竭民财力，奢泰亡度，天下虚耗，百姓流离，物故者半。蝗虫大起，赤地数千里，或人民相食，畜积至今未复。亡德泽于民，不宜为立庙乐"③；"辟地广境数千里，自见功大威行，遂从嗜欲……是以天下奢侈，官乱民贫，盗贼并起，亡命者众"④。这样的社会弊端丛生现象，实际上已大大动摇了汉王朝统治的根基："自武帝好大喜功，弄得四海困穷之后，人民已不愿汉家再居天位。"⑤ 于是汉帝应让国说和汉室再受命说等等也就纷至沓来了。其著名者有眭弘的公孙氏受命易汉主张，汉宣帝年间盖宽饶上奏建议汉帝让位于贤人，哀帝听取夏贺良之说从事再受命之举，哀帝欲让位于佞臣董贤之议，等等。这些事情，虽未成功，眭弘、盖宽饶等人还因此遭到严厉的镇压，断送了性命，但是这些意见的提出和流行，本身就表明民心厌汉、民心思变这一层事实了，王莽代汉自立乃是这一社会思潮氛围下的必然产物。而用五行相生说

---

① 顾颉刚：《五德终始说下的政治和历史》，见《古史辨》第五册，585 页，481 页，上海古籍出版社，1985。
② 《汉书》卷七，《昭帝纪》。
③ 《汉书》卷七五，《夏侯胜传》。
④ 《汉书》卷七二，《贡禹传》。
⑤ 顾颉刚：《五德终始说下的政治和历史》，见《古史辨》第五册，585 页，481 页，上海古籍出版社，1985。

替代五行相胜说来论证国运的转移，则恰好符合制造汉室禅让、王莽建立新朝舆论的要求。

在汉德说问题上，五行相胜原则为五行相生原则所取代，还可以从汉代社会思潮演变中找到原因，这就是儒家学说在董仲舒之后，其进取精神被压抑，而保守、凝固化倾向占上风在"五德终始"问题上的客观反映。

儒家学说自西汉中期起，文化精神上日趋守成，内容上转为贫乏。扬雄《太玄·莹》对"因革"范畴的折衷主义的认识："物不因不生，不革不成。故知因而不知革，物失其则；知革而不知因，物失其均。"《白虎通德论》用先秦旧义解释"礼"为"礼之为言履也，可履践而行"，等等，都反映出这种精神上的守成性。而精神上的守成性，又势必导致为内容上的贫乏性。《盐铁论》中的一些儒生的言辞，迂腐偏执，被人讥讽为"文繁于春华，无效于抱风，饰虚言以乱实，道古以害今"①，就是儒学内容贫乏的表现之一。这种儒学的时代特色，必然要在"五德终始"问题上充分体现出来。换句话说，把五行相胜说的原理用之于朝代的嬗递上，意思是下一代革上一代的命，正如五行中某一行胜某一行，它的历史依据就是夏、商、周都以征伐取得天下。这种观点一般体现了变革时的斗争性，富有较强烈的进取精神，在政治上便是以"伐无道，诛暴君，立新王"为特征。而五行相生说的原理则是"以母传子，终而复始"，这更多地反映了社会守成时的调和性，富于浓厚的保守色彩。它的历史依据出于儒生杜撰的尧舜禹禅让，在政治上以"和平交替"为基本特征。贾谊、司马迁、王充等人按照五行相胜理论解释汉德由来，这是其积极进取精神面貌的反映。董仲舒既讲五行相生，又谈五行相胜，恰好是其儒学思想体系内在矛盾的具体写照。而刘向、班固等人言五行相生，则是当时以儒学为主导的社会思潮走向守成僵化的曲折体现。

值得注意的是，自西汉元、成时期起，汉代的社会思潮嬗变出现了诸多新的特色，除了社会批判思潮进一步高涨之外，最显著的特色可以概括为一是阴阳灾异思想的全面弥漫，二是礼乐观侧重点由"礼"向"乐"的悄然转移。

董仲舒的儒学理论体系，就精神实质而言，是封闭型的思想形态。它的理

---

① 《盐铁论·遵道》。

论框架是"天人合一"论。这一框架的建立，既有某些积极因素，这便是明清之际大思想家王夫之在其《读通鉴论》卷十五"五代"篇中所指出的："天人之际难言矣。饥馑讹言，日月震电，百川山冢之变，《诗》详举而深忧之。日食、地震、雪雹、星孛、石陨、鹢飞之异，《春秋》备纪而不遗。皆以纳人君于忧惧也。"但是，它更多的是从本质上导致了儒家学说现实意义的严重削弱，使阴阳灾异理论在汉代思想界全面泛滥开来，对当时的社会政治生活产生消极负面的影响。

在西汉一朝，有许多阴阳术士化了的儒生大推阴阳灾异，鼓吹"天人感应"。《汉书·眭两夏侯京翼李传赞》云："汉兴，推阴阳言灾异者，孝武时有董仲舒、夏侯始昌，昭、宣则眭孟、夏侯胜，元、成则京房、翼奉、刘向、谷永，哀、平则李寻、田终术。此其纳说时君著明者也。"他们的共同特点是"察其所言，仿佛一端，假经设谊，依托象类，或不免'亿则屡中'"，把汉代思想界闹得一片狼藉，乌烟瘴气。这些人之中，元、成之后占有大多数。如京房继承其师焦延寿之学，讲说《易》义："长于灾变，分六十四卦，更直日用事，以风雨寒温为候，各有占验"，运用自如，"用之尤精"[1]。谷永则深得京房《易》理之三昧："于天官、《京氏易》最密，故善言灾异。"[2] 翼奉传授《齐》诗，大讲"五际"；"五际，卯、酉、午、戌、亥也。阴阳终始际会之岁，于此则有变改之政也。"[3] 李寻上书言："考之文理，稽之五经，揆之圣意，以参天心，夫变异之来，各应象而至。"[4] 至于大儒刘向、刘歆父子，则可谓是集阴阳灾异说之大成者。其所著之《洪范五行传论》，究其要义，正是"和气致祥，乖气致异，祥多者其国安，异多者其国危"[5]，云云。儒家学说几同于方士之论，表明两汉儒学的发展迨至元、成时期，实受到了更为严重的束缚。

元、成之际社会思潮嬗变的又一个显著标志，是儒家礼乐观的侧重点发生悄然转移，即由重"礼"发展为崇"乐"。"礼乐"关系问题乃是儒学的重要构成部分。"礼"与"乐"实质上就是"分"与"和"的问题。儒家为了维持封

---

[1]《汉书》卷七五，《京房传》。
[2]《汉书》卷八五，《谷永传》。
[3]《汉书》卷七五，《翼奉传》颜师古注引。
[4]《汉书》卷七五，《李寻传》。
[5]《汉书》卷三六，《刘向传》。

建等级名分而强调"分"，用以论证统治者对民众实施控制的合理性。另一方面，儒家又给这种阶级压迫的现实披上一层温情脉脉的面纱，力图借助"乐"与"和"来体现这种秩序的和谐性。这样，"礼"维护的等级对立与"乐"体现的阶级调和互为补充，密切结合，便构成了儒家处理阶级关系政治理论的完整体系。进入汉代之后，"礼乐"理论作为处理阶级关系的思想准则，如《礼记·乐记》所言，即"乐者为同，礼者为异。同则相亲，异则相敬。乐胜则流，礼胜则离。合情饰貌者，礼乐之事也。礼义立，则贵贱等矣；乐文同，则上下和矣"。

但是在西汉中叶以前，封建王朝的统治机制尚处于有序状态，因此，在"礼乐"问题上，贾谊、董仲舒这些儒学代表人物更多地强调所谓"礼"，贾谊著作《新书》中有"礼"篇而无"乐"篇就是明白无误的证据。然而，元、成之后，总的趋势乃是社会政治动荡加剧，阶级冲突日趋尖锐。这一现实，决定了继续过分强调"礼"而比较忽略"乐"的倾向，会导致"礼胜则离"可能性的大大增加，因此人们开始更多地注意"乐"、"和"的地位与作用了。他们汲汲于恢复"其道寖以益微"的"乐"，鼓吹"和"的价值："以和致治，获天助也。"[1] 这反映在经学上，是以温柔敦厚的"诗教"取代讲究刑名法理的"公羊"学；反映在学派势力消长上，是孟子学派的正统儒学思想日趋崛起，取代荀子学派重新占据儒学乃至整个思想界的统治地位[2]。

（五）"霸王道杂之"及其具体表现

自汉武帝采纳董仲舒诸人建议，"罢黜百家，独尊儒术"之日起，儒家学说至少在形式上已经成为封建专制统治的主导思想，确立了自己在当时社会思潮中的核心地位，元、成诸帝之后，情况尤其如此，经师韦贤、韦玄成父子，匡衡都位至丞相，贡禹、薛广德等则位至御史大夫、公卿之位，以经术进身者始终占有很高的比例。东汉的状况亦大多类似，如桓荣习《欧阳尚书》，一门三代为帝王师傅；桓荣学生杨震，一门三代为三公。儒者的尊宠正好从一个侧面反映出儒家学说在社会思潮中的大致定位。

---

① 《汉书》卷三六，《楚元王传》。
② 参见金春峰：《汉代思想史》，310 页，北京，中国社会科学出版社，1987。

然而，形式与内容之间并不总是完全一致的，儒学名义上虽然取得了至尊无侔的地位，但是，在实际政治生活中的贯彻却往往要打上很大的折扣。汉代统治者的尊儒在很大程度上有做表面文章、粉饰太平的成分在内，汲黯批评汉武帝是"内多欲而外施仁义"[①]，道出了这层奥秘。武帝、昭帝、宣帝时期，这种内法外儒、儒法并用的特色尤为显著，用宣帝自己的话来说，就是"汉家自有制度，本以霸王道杂之，奈何纯任德教，用周政乎"[②]。元、成之后，情况虽有所改观，但从本质上看，在具体的政治操作层面上，"霸王道杂之"的做法依然是统治者的主动选择。元帝时匡衡上疏中的内容透露了这方面的消息：

　　　　今俗吏之治，皆不本礼让而上克暴，或忮害好陷人于罪，贪财而慕势，故犯法者众，奸邪不止，虽严刑峻法，犹不为变。此非其天性，有由然也。[③]

颜师古注末语云："非其天性自恶，由上失于教化耳。"这表明当时"俗吏"仅恃"刑法"治民，其真实根源在于最高统治者只是将"教化"挂在嘴上，而未能真正落实到政治操作之中。

　　正因为如此，在当时的社会政治生活中，真正能以儒家基本原则处理日常政务的，也就是召信臣、韩延寿、何敞等少数号为"循吏"的官僚，而大部分官吏则通常汲汲于以法刑施政驭民。如薛宣答吏职之问："吏道以法令为师，可问而知，及能与不能，自有资材，何可学也。"[④] 此处"吏道以法令为师"，与秦代提倡"以法为教，以吏为师"的做法一脉相承，实为"霸王道杂之"的具体注脚。

　　在这种背景下，那些硕士宿儒虽以"师道"自居，认为自己负有弘扬儒家理想的崇高职责，但这实际上往往是其自作多情，自鸣得意而已，在拥有决策权或行政权的官僚眼里，他们不过是点缀装潢门面的工具罢了，高兴的时候摆放出来，装装样子，博一个尊儒崇学的名声；不高兴的时候，就冷落一边，姑

---

①《汉书》卷五〇，《汲黯传》。
②《汉书》卷九，《元帝纪》。
③《汉书》卷八一，《匡衡传》。
④《汉书》卷八三，《薛宣传》。

且当作一群尸位素餐的文化帮闲豢养起来。成帝时代的琅邪（琊）太守朱博的态度就是典型：

> 博尤不爱诸生，所至郡辄罢去议曹，曰："岂可复置谋曹邪！"文学儒吏时有奏记称说云云，博见谓曰："如太守汉吏，奉三尺律令以从事耳，亡奈生所言圣人道何也，且持此道归，尧、舜君出，为陈说之。"其折逆人如此。①

值得注意的是，朱博已是西汉末期的人物，哀帝建平二年（前5），他在一个月之内先后官拜御史大夫乃至丞相。这时儒学表面上定于一尊已超过了一个世纪，然而像朱博这么一位鄙薄儒学仁义教化、理直气壮地拒斥"圣人之道"的人，竟然能平步青云，攀登至官僚系统的顶巅，这一事实本身已充分说明了即使是在元、成之后，外儒内法，"霸王道杂之"依旧是朝廷实施专制统治的基本原则。

从两汉时期法令烦苛的程度，也可以看到当时推崇儒学表象的背后，充满着法家政治的血腥气息。汉律是直接继承秦律而来，其最大的特色即严酷细密、系统完备："律令凡三百五十九章，大辟四百九条，千八百八十二事，死罪决事比万三千四百七十二事。文书盈于几阁，典者不能遍睹。"② 法律条令的烦苛，意味着受法面的普遍和执法上的残酷。这从路温舒的揭露可以察见一斑："今治狱吏则不然，上下相驱，以刻为明，深者获公名，平者多后患，故治狱之吏皆欲人死，非憎人也，自安之道在人之死……故天下之患，莫深于狱；败法乱政，离亲塞道，莫甚乎治狱之吏。"③

法令的严酷还表现为汉武帝时不仅恢复了文帝时业已废除的"妖言诽谤罪"，而且新创设了腹诽罪，颜异伏诛就是罹"腹诽罪"所致。颜异在汉武帝时任大农之官，"与客语，客语初令下有不便者"，颜异没有回应附和，而只是稍稍动了动嘴唇，"微反唇"，结果被酷吏张汤奏以"腹诽罪"处死，声称颜异身为九卿高官，"见令不便，不入言而腹诽，论死。自是之后，有腹诽之法比，

---

① 《汉书》卷八三，《朱博传》。
② 《汉书》卷二三，《刑法志》。
③ 《汉书》卷五一，《路温舒传》。

而公卿大夫多谄谀取容矣"①。从言论定罪发展到揣摩人们内心思想定罪，汉代的刑律之残酷的确到了无以复加的程度。而这一切的发生，则当属于"前主所是著为律，后主所是疏为令"②"人治"传统的必有之义。

显而易见，"罢黜百家，独尊儒术"只是社会思潮演变过程中的外在表现形式，而其本质属性应是"霸王道杂之"。换言之，外儒内法、儒法并用乃是汉代政治文化的根本特征。于是自西汉中叶起，一方面文吏通经，以经术缘饰吏事；另方面儒生兼习吏事，遂成为普遍的现象，这正是两汉政治文化走向高度专制、全面成熟的标志之一。

四、东汉中后期的社会思潮嬗变

（一）社会危机的加剧

儒家思想自西汉中叶取得独尊地位以来，经过漫长的凝固与僵化过程，到东汉中期的白虎观会议上，已沦落为近乎宗教神学化的理论体系。《白虎通义》将大量的谶纬援引入自己的思想体系，使得两汉儒学在形式上和内容上都呈现出令人无法忍受的荒诞怪异特征："傅以谶记，援纬证经，自光武以赤伏符即位，其后灵台郊祀，皆以谶决之，风尚所趋然也。故是书之论郊祀、社稷、灵台、明堂、封禅，悉隐括纬候，兼综图书，附世主之好，以绳道真，违失六艺之本。"③ 由于封建专制统治者的"钦定"支持，《白虎通义》遂成为具有法典、"国宪"意义"儒教"的总结性文字，对整个社会生活产生十分重大的影响。所有这一切都严重地窒息了儒学继续发展的活力和生机。儒学在内部经学形式上，遭到了古文经学的严重挑战，而在具体思想内涵上，又遇到了部分具有独立人格的思想家的反思和批判。这标志着两汉儒学已走上了末路，其中衰的内在条件已经基本具备。而东汉中晚期社会危机的来临，则使儒学的中衰渐渐转化为现实。

---

① 《史记》卷三〇，《平准书》。
② 《汉书》卷六〇，《杜周传》。
③ 〔清〕庄述祖：《珍艺宦文钞》卷五，《白虎通义考·序》。

当时整个社会已陷于深重的危机之中：土地兼并加剧，流民问题严重，统治集团内部权力分配斗争激化，政治生活高度黑暗，生产力发展趋于停滞，阶级矛盾无法调和，民族关系紧张恶化，等等。

"冰冻三尺，非一日之寒"，这一社会危机由来已久。早在光武帝刘秀建立东汉王朝不久，就出现了社会动乱的初步迹象："郡国大姓及兵长、群盗处处并起，攻劫在所，害杀长吏"①；汉明帝之时，情况更有所严重："今选举不实，邪佞未去，权门请托，残吏放手，百姓愁怨，情无告诉……又郡县每因征发，轻为奸利，诡责羸弱，先急下贫"。结果出现了"人冤不能理，吏黠不能禁；而轻用人力，缮修宫宇，出入无节，喜怒过差"②的现象。到了汉章帝时期，一方面是民众生计维艰，"比年牛多疾疫，垦田减少，谷价颇贵，人以流亡"，"饥馑屡臻"；③另一方面是政治运作弊端丛生："选举乖实，俗吏伤人，官职耗乱，刑罚不中。"④

这些史实，大多出于光武帝、明帝、章帝的诏书，是统治者自己所承认的事实。它们表明，早在东汉前中期，黑暗政治就在孕育形成过程之中了。不过，从总体上看，东汉王朝的政治，在初期还是相对清明的，其统治基础，也是比较稳固的。然而到了东汉中后期，情况遂有了质的变化，其政治发展总的趋势是："君道秕僻，朝纲日陵，国隙屡启，自中智以下，靡不审其崩离。"⑤

东汉中后期的社会危机，根源在于政治黑暗，而政治黑暗的突出标志，则是：

第一，皇权的衰落。这一情况，伊始于安帝，"虽称尊享御，而权归邓氏……令自房帷，威不逮远，始失根统，终成陵敝"⑥。安帝之后的诸帝多以冲龄登基，始受制于外戚邓、梁、窦诸家，既而受摆布于单超、左悺、徐璜、具瑗、唐衡、侯览、曹节、蹇硕等宦者，成为政治舞台上的傀儡。皇权的动摇，乃至到了岌岌可危的地步。由此构筑起来的封建秩序也随之混乱，直至走向崩溃。

---

① 《后汉书》卷一下，《光武帝纪下》。
② 《后汉书》卷二，《明帝纪》。
③④ 《后汉书》卷三，《章帝纪》。
⑤ 《后汉书》卷七九下，《儒林列传·论》。
⑥ 《后汉书》卷五，《安帝纪·论》。

第二，统治权力分配上的剧烈冲突。皇权的衰落，极大地激化了统治集团内部不同利益阶层之间的矛盾冲突，围绕统治权益再分配而展开的剧烈斗争，正是皇权衰落的必然结果。在当时，这种斗争主要体现为外戚集团与宦官集团的对峙与搏杀。由于东汉中后期的皇帝多以冲龄即位，大权很自然旁落于外戚之手："东京皇统屡绝，权归女主，外立者四帝，临朝者六后，莫不定策帷帟，委事父兄。"[①] 他们当政后，专横跋扈，为所欲为，导致政局糜烂，千夫所指："贪孩童以久其政，抑明贤以专其威……终于陵夷大运，沦亡神宝。"[②] 年幼皇帝成人后，试图夺回权柄，不得不借助身边的亲随——宦官，以毒攻毒："不得不委用刑人，寄之国命。"[③] 然而这样做所带来的后果却是灾难性的。宦官们完全把持了朝廷，成为炙手可热的实际统治者："手握王爵，口含天宪……迹因公正，恩固主心，故中外服从，上下屏气……虽时有忠公，而竟见排斥。举动回山海，呼吸变霜露。阿旨曲求，则光宠三族；直情忤意，则参夷五宗。汉之纲纪大乱矣。"[④] 对于任何揭露其罪行或向其淫威提出挑战者，宦官都予以无情打击，血腥镇压，造成一片恐怖："虽忠良怀愤，时或奋发，而言出祸从，旋见孥戮。因复大考钩党，转相诬染。凡称善士，莫不离被灾毒。"[⑤] 可见对统治权益分配的激烈争夺，导致了统治阶级内部各利益集团之间相对平衡关系的破坏，触发了其他社会矛盾的急剧爆发，使得东汉王朝统治中的黑暗面越来越浓重，以至最终吞没了自身。

第三，衰世固有弊端的丛生。这首先表现为吏治的彻底腐败，法令烦苛即为一端："法令之烦，莫甚于汉时。盖以六篇之法不足于用，而令甲及比等纷然并起也。"[⑥] 当时的法律条文实在五花八门，叠床架屋，就连同时代学者应劭亦言：（自己曾）"撰具《律本章句》、《尚书旧事》、《廷尉板令》、《决事比例》、《司徒都目》、《五曹诏书》及《春秋断狱》凡二百五十篇。"[⑦] 即为其真实的写照。质帝本初元年诏曰："顷者，州郡轻慢宪防，竞逞残暴，造设科条，陷入无罪。"[⑧] 可见，与此同时，地方州郡亦造设苛禁，烦扰下民。

①②《后汉书》卷一〇上，《皇后纪·序》。

③④⑤《后汉书》卷七八，《宦者列传》。

⑥ 吕思勉：《吕思勉读史札记》（上），587 页，上海古籍出版社，1982。

⑦《后汉书》卷四八，《应劭传》。

⑧《后汉书》卷六，《质帝纪》。

由于法令严酷，具体执法者上下其手，广捕滥杀："烦苛之弊，众皆知其为酷吏因缘上下其手，所欲活则傅生议，所欲陷则予死比。"① 如酷吏王吉，就是"专选剽悍吏，击断非法。若有生子不养，即斩其父母，合土棘埋之……视事五年，凡杀万余人。其余惨毒刺刻，不可胜数。郡中慌恐，莫敢自保"②。在当时，这些严刑峻法对正直者是天罗地网，而对奸佞之徒则是用来逞其私欲、无辜杀人的屠刀：

> 谓杀害不辜为威风，聚敛整办为贤能，以理己安民为劣弱，以奉法循理为不化。髡钳之戮，生于睚眦；覆尸之祸，成于喜怒。视民如寇仇，税之如豺虎……言善不称德，论功不据实，虚诞者获誉，拘检者离毁。③

一切都被颠倒了。这样，当封建法制丑恶的一面无限膨胀，而合理的一面几乎消失殆尽的情况下，吏治也就真正处于腐败之中了。

东汉晚期的政治黑暗，还表现为统治集团上层专断独行，矫饰拒谏。当时的统治者虽然经常下达诏书，以表示罪己求谏之意，如安帝元初二年五月诏曰："朝廷不明，庶事失中，灾异不息，忧心悼惧。"④ 顺帝阳嘉元年十二月诏曰："间者以来，吏政不勤，故灾咎屡臻，盗贼多有。退省所由，皆以选举不实，官非其人，是以天心未得，人情多怨。"⑤ 桓帝建和三年十一月诏曰："朕摄政失中，灾眚连仍，三光不明，阴阳错序。"⑥ 但其实这些都是官样文章，例行公事而已。大量史实显示，当时的上层统治者，并没有认真地考虑如何自我拯救，而是缘饰拒谏，恣意妄为，这从其对众大臣的上书进谏基本采取"书奏不省"的冷漠态度就可以看得一清二楚⑦。

尤其可悲哀的是，到了汉灵帝时，居然连那些冠冕堂皇程式化了的下诏罪己问事之举也不复存在了。难怪乎范晔要讥讽灵帝："然则灵帝之为灵也优哉！"而党锢之祸的发生，表明东汉王朝覆亡的日子已为期不远。因为在封建

---

① 吕思勉：《吕思勉读史札记》（上），587页，上海古籍出版社，1982。
② 《后汉书》卷七七，《酷吏传》。
③ 《后汉书》卷六一，《左雄传》。
④ 《后汉书》卷五，《安帝纪》。
⑤ 《后汉书》卷六，《顺帝纪》。
⑥ 《后汉书》卷七，《桓帝纪》。
⑦ 关于当时大臣上书，"书奏不省"之例甚多，见于《后汉书·杜乔传》、《左雄传》、《卢植传》、《皇甫规传》等。

社会中，纳谏的本质属性，是在于对专制体制起某种补苴罅漏的作用，是保证封建国家机器正常运转的润滑剂。东汉末年政治生活中失去了这一点，则朝廷的惨淡前景遂不可逆转。

天灾人祸的连绵不断，流民问题的日益严重，民族关系的高度紧张，社会矛盾的空前激烈，这既是社会政治生活黑暗的自然产物，又是社会动荡演变的重要契机。仅据对《后汉书》顺帝一朝短短19年的统计，当时发生地震十余次，大疫1次，鲜卑、羌、匈奴、南夷、乌桓等少数民族举事起兵凡二十余次，大旱2次，水灾多次，蝗灾1次，各地所谓的"盗贼"起兵反抗、杀伤地方官吏十余次。真可谓是天灾人祸层出不穷、纷至沓来了。到了桓、灵之时，情况更是有过之而无不及。遭受这种天灾人祸之害的，首当其冲是那些在土地兼并浊浪中没顶的下层民众，致使长期存在的流民问题变得更为严重："时州郡大饥……老弱相弃道路"；"百姓流亡，盗贼并起"①；"百姓饥穷，流冗道路，至有数十万户，冀州尤甚"②。

面对这种昏暗的政治现实，许多人不是不想加以改良，有所作为。纵观东汉末年众多大臣的上疏奏议，便可知有不少人关心国事，体恤民生，提倡改良。一些思想家也在那里苦苦思索对策。如仲长统曾建议："使通治乱之大体者，总纲纪而为辅佐。知稼穑之艰难者，亲民事而布惠利。政不分于外戚之家，权不入于宦竖之门。下无侵民之吏，京师无佞邪之臣。"③ 他们的愿望是善良的，但只是局限于"坐而论道"。至于如何付诸实施，这些人不是欲行而束手无策，便是虽有行动而处处碰壁。

东汉中后期的社会政治危机，与当时整个社会思潮的嬗变有着深刻的内在联系，它意味着统治者长期标榜的"名教之治"的破产，儒学至高无上的思想统治地位受到严重的挑战，而儒学的阴阳灾异化更遭到普遍的怀疑，这样，就触发了对儒学本身的反思律动。儒学"迂远阔于事情"的属性，它在处理复杂社会政治问题时候所表现的力不从心窘况，又诱发人们从诸子学武库中寻找武器，以适应新的形势需要，于是刑名之学、黄老之学卷土重来，再现辉煌。总

---

① 《后汉书》卷四六，《陈忠传》。
② 《后汉书》卷七，《桓帝纪》。
③ 〔唐〕魏徵等：《群书治要》卷四五，引仲长统《昌言》。

之，人们对儒学的深重失望感，对社会政治的极度不满感，"数极自然变化，非是故相反驳，德政不能救世溷乱，赏罚岂足惩时清浊"①，遂使得当时社会思潮发生重大演变，呈现出新的面貌。

（二）儒学的中衰与儒林的异化

从表面上看，儒学在东汉中后期仍然是受到高度尊崇的，以治经为业的儒生也得到朝廷的极大优渥。举贤良，察孝廉，增博士，设学校，扩生员，刻石经，这类崇儒尊经的活动接踵而至，热闹非凡，可见东汉王朝即便危机深重，崩溃命运临近，也始终不曾放弃过儒学这一面旗帜。

东汉后期的皇帝都曾下达过有关荐举贤良文学、弘扬经学的诏令。安帝永初元年三月，"诏公卿内外众官、郡国守相，举贤良方正、有道术之士，明政术、达古今、能直言极谏者，各一人"②；永初四年，"诏谒者刘珍及《五经》博士，校定东观《五经》、诸子、传记、百家艺术，整齐脱误，是正文字"③；元初六年，更让孝廉等人出任具体官职："诏三府选掾属高第，能惠利牧养者各五人，光禄勋与中郎将选孝廉郎宽博有谋、清白行高者五十人，出补令、长、丞、尉"④；延光二年，还扩大经学基础，为古文经学大开绿灯，"诏选三署郎及吏人能通古文《尚书》、《毛诗》、《穀梁春秋》各一人"⑤。

顺帝即位伊始，便作出"诏公卿、郡守、国相，举贤良方正、能直言极谏之士各一人"的举措。阳嘉元年七月，又"以太学新成，试明经下第者补弟子，增甲、乙科员各十人。除郡国耆儒九十人补郎、舍人"。同年十一月，又"初令郡国举孝廉"。阳嘉二年，"除京师耆儒年六十以上四十八人补郎、舍人及诸王国郎"⑥。质帝本初元年，"令郡国举明经，年五十以上、七十以下诣太学"⑦。桓帝建和元年，"诏大将军、公、卿、校尉举贤良方正、能直言极谏者各一人……又诏大将军、公、卿、郡、国举至孝笃行之士各一人"⑧。建和三年、永兴三年，又各下类似诏书。灵帝时亦有一些具体的崇儒尊经措施，如熹

① 《后汉书》卷八〇，《文苑列传》。
②③④⑤ 《后汉书》卷五，《安帝纪》。
⑥ 《后汉书》卷六，《顺帝纪》。
⑦ 《后汉书》卷六，《质帝纪》。
⑧ 《后汉书》卷七，《桓帝纪》。

平四年三月，"诏诸儒正《五经》文字，刻石立于太学门外"，是为著名的熹平石经。又如光和三年，"诏公卿，举能通古文《尚书》、《毛诗》、《左氏》、《穀梁春秋》各一人，悉除议郎"①。

然而，崇儒尊经的热闹表象，却掩盖不了东汉晚期儒学中衰、儒林异化的真实趋势。这其一是儒家思想固有的切明于事、积极入世干预生活的本质精神遭到严重的背离，其作为维护封建大一统的指导功能遭到很大的损害。这从《白虎通义》那里已初现端倪。其书开宗明义便是讲"天子者，爵称也"②；并提倡"王者不纯臣诸侯"③，规定了王者不臣者的范围："三王之后，妻子父母，夷狄"④；大力鼓吹"王者缘臣子心以为之制"⑤。所有这一切，实际上都是为了扩大豪族势力，满足豪族利益之目的，是对儒家"礼乐征伐自天子出"为标志的"大一统"观念的违悖。

更为严重的是，儒学内容本身的贫乏和阴阳灾异观制约下其神秘性、荒诞性的日益突出。当时的儒生除了抽象重复先儒"任德远刑"、"德化仁治"的言论外，很少能提出有针对性、切实解决现实问题的理论或建议。换言之，他们拘泥束缚于儒家政治思想的几条空洞原则，在德刑观、礼法观、尚贤观等方面不知变通，这是很不适应现实政治的需要的，"拘文牵古，不达权制。奇伟所闻，简忽所见，乌可与论国家之大事哉"⑥。而阴阳灾异观的进一步盛行，更使得儒学几乎沦为神学，愈益显示出其消极落后的一面。在当时，侈谈灾异，推论阴阳是儒生立说及论证的普遍行为模式。如曾经因"坐辟党人免"的杨赐，他在熹平、光和年间，曾分别就青蚨、虹蜺之事而上奏进谏，通篇都是"天人感应"那一套鬼话："臣闻和气致祥，乖气致灾。休徵则五福应，咎徵则六极至。夫善不妄来，灾不空发……天之于人，岂不符哉！……夫皇极不建，则有蛇龙之孽。"⑦又如公羊学大师何休，其代表作《春秋公羊经传解诂》中

①《后汉书》卷八，《灵帝纪》。
②《白虎通义·爵》。
③④《白虎通义·王者不臣》。
⑤《白虎通义·文质》。
⑥《后汉书》卷五二，《崔寔传》。
⑦《后汉书》卷五四，《杨赐传》。

的灾异符端之说也是连篇累牍，比比皆是①。即使是那些进步思想家，诸如王充、王符、仲长统等人，同样未能与"天人感应"、"天人合一"、阴阳灾异理论之间真正划清界限："甘露之降，往世一所，今流五县，应土之数，德布濩也。皇瑞比见，其出不空，必有象为，随德是应"②；"招致乖叛，乱离斯瘼。怨气并作，阴阳失和。三光亏缺，怪异数至，虫螟食稼，水旱为灾"③。这种将社会、宇宙、人生等一切现象、一切问题均纳入神学逻辑框架加以附会、穿凿的解释之做法，显然是思想发展的极大障碍，也是导致儒学中衰的重要原因。值得注意的是，当时儒学神秘化倾向进一步强化，也在当时统治者崇儒尊经的具体举措中反映了出来，统治者对于儒学，所热衷的不是在接受其政治观的精华，而主要是着眼于"天人之际"、阴阳灾异这一点上。因此几乎每次皇帝下诏中都提到征求"有道术之士"、"能探赜索隐者"，即《后汉书·安帝纪》中所说的"有道术明习灾异阴阳之度、璇机之数者"，并对他们寄予厚望，给予重赐，"各使指变以闻，二千石长吏明以诏书，博衍幽隐，朕将亲览，待以不次，冀获嘉谋，以承天诫"。儒学本身内容乌烟瘴气到了如此地步，其中衰没落亦就是必有之义了。

其二是儒学的表现形式日益烦琐支离化及其反动。这主要反映为治经上的烦琐性愈演愈烈，即所谓"分文析义；烦言碎词"。断章取义，牵强附会是两汉儒生注经时所普遍采用的方式，自西汉时期起即已流行，但到了东汉中晚期尤为变得严重，"章句之徒，破碎大体"④，成为普遍性的痼疾，注经几乎沦为浩繁的文字游戏。关于这一问题，下章讨论两汉经学时另有详说，兹不赘述。然而，需要指出的是，章句之学弊端的极度发展，导致的结果是"通人恶烦，羞学章句"⑤，使得众多儒生对儒学经典抱率性任意、虚无菲薄的态度，束书不观，轻薄为文的现象开始滋生蔓延："夫教训者，所以遂道术而崇德义也。今学问之士，好语虚无之事，争著雕丽之文，以求见异于世，品人鲜识，从而

① 参见黄朴民：《何休评传》"第七章"，南京大学出版社，1999。
②《论衡·验符》。
③《后汉书》卷四九，《仲长统传》。
④《后汉书》卷四八，《杨终传》。
⑤〔南朝·梁〕刘勰：《文心雕龙·论说》。

高之，此伤道德之实，而或（惑）瞾夫之大者也。"① 因此，尽管习儒之士数量不断递增，学校开设遍布全国，"四海之内，学校如林，庠序盈门"②，但是在实际上，儒生素质日益下降，儒学的发展遭到严重的窒息。当时的众多儒生，热衷于仕途利禄，投机钻营，拉帮结派，自我吹嘘，对攻读经典，弘扬儒学则毫无兴趣，结果是崇儒人数愈多而真儒者愈少，学校场面愈大而教育效果愈差：

> 今京师英雄四集，志士交结之秋，虽务经学，守之何固。③

> 自安帝览政，薄于艺文，博士倚席不讲，朋徒相视怠散，学舍颓敝，鞠为园蔬，牧儿荛竖，至于薪刈其下……（顺帝后）游学增盛，至三万余生。然章句渐疏，而多以浮华相尚，儒者之风盖衰矣。④

"章句渐疏"、"浮华相尚"，儒生的素质能力急剧下降，原先汲汲捍卫的师法、家法亦随之混淆，这样一来，儒学的神圣性不得不动摇衰微了。此类情况，和帝末年即已出现。徐防上疏指出："伏见太学试博士弟子，皆以意说，不修家法，私相容隐，开生奸路。每有策试，辄兴诤讼，论议纷错，互相是非……今不依章句，妄生穿凿，以遵师为非义，意说为得理，轻侮道术，寖以成俗。"⑤这种风气的滋长，后果是触目惊心的，到了汉魏之交，儒生不学无术的程度实在堪称中国文化史上的笑柄了：

> 从初平之元至建安之末，天下分崩，人怀苟且，纲纪既衰，儒道尤甚……正始中，有诏议圜丘，普延学士。是时郎官及司徒，领吏二万人。虽复分布，在京师者，尚且万人。而应书与议者，略无几人。又是时朝堂公卿以下四百余人，其能操笔者，未有十人。⑥

其所言虽是正始年间之事，但也可推想汉季儒学之急剧衰微的情况了。儒生能操笔为文者到了如此稀罕的地步，那么，儒学中衰自然是不争的事实。这正是两汉儒学"博贯五经，兼明图谶"这种程式化、宗教化本质恶性嬗变延至汉末

---

① 〔东汉〕王符：《潜夫论·务本》。
② 〔东汉〕班固：《东都赋》，引自〔南朝·梁〕萧统编《文选》卷一。
③ 《后汉书》卷七六，《循吏列传》。
④ 《后汉书》卷七九上，《儒林列传·序》。
⑤ 《后汉书》卷四四，《徐防传》。
⑥ 《三国志》卷一三，《魏书·王肃传》裴松之注引鱼豢《魏略》。

的必然结果。

其三是儒林出现普遍的异化现象，儒家学说的崇高性、正义性为异化了的儒生所亵渎，儒学在道德上的优势地位受到严重的挑战。在东汉中叶之前，儒生中虽不乏枉道取容、曲学阿世之辈，若叔孙通、公孙弘、张禹、翟方进等等，但是从总体上讲，大多数儒生是能够以儒家所宣扬的道德规范和行为规范来约束自己，把儒家的伦理道德作为理想境界去追求的。强调忠孝，推崇气节，以道自任，正道而行，坚持"不为穷变节，不为贱易志，惟仁之处，惟义之行"①。涌现了汲黯、夏侯胜、鲍宣、董宣等一大批敢于不避权贵、犯颜直谏、揭露弊端的正直之士。然而利禄之途的诱惑，以及正道而行却多不得善终悲剧不断上演的现实，使得越来越多的儒生感受到"务正学以言，无曲学以阿世"的难以为继。而统治者在强调名教之治方面的偏颇极端做法，也使得仁义礼乐沾染上文饰虚伪的色彩，而渐渐失去了其本有的质朴属性。这些多重因素的结合，导致了名教的虚伪化、偏激化，也产生了大量的假道学、伪名士。这样的情况随着东汉晚期社会危机的加深而日趋严重，儒林异化在当时已成为不可扭转的趋势。于是乎，那些名教虚伪者堂而皇之粉墨登场。他们从儒学传统中诞生，然而又在精神实质上从母体中游离而去，并进而转过来损害凌辱母体，成为母体的异化力量。他们有的母死长年守孝墓道，以博取孝名，其实纯属骗局。"民有赵宣，葬亲而不闭埏隧，因居其中，行服二十余年，乡邑称孝，州郡数礼请之。郡内以荐（陈）蕃，蕃与相见，问及妻子，而宣五子皆服中所生"②；有的在遭遇强盗抢劫后，再将剩余财物追送强盗而成为著名的"义士"；有的在自己亲属行凶杀人后，居然在受害人家属跟前侃侃而谈"礼""义"，曲言回护，包庇凶手，并借此博取声誉，被荐举为孝廉③。这类沽名钓誉、言行不一的行径，在当时至为普遍，司空见惯，以至有"举贤良，不知书；察孝廉，父别居"④ 这样的谚语流传于世，客观写照出当时士风颓靡、儒林异化的真实情况。

---

① 《盐铁论·地广》。
② 《后汉书》卷六六，《陈蕃传》。
③ 《后汉书》卷七六，《循吏列传》。
④ 〔晋〕葛洪：《抱朴子·审举篇》。

甚至连一些著名的经学大师也整日沉醉于穷奢极欲、金迷纸醉之中，儒者应有的清廉操守在其身上业已荡然无存。例如身为"外戚豪家"的古文经学家马融便是如此，他是典型的机会主义者，也是疯狂的享乐主义者，曾表示"左手据天下之图，右手刎其喉，愚夫不为，所以然者，生贵于天下也"①。基于这样的思想意识，他纵情享乐，醉生梦死："善鼓琴，好吹笛，达生任性，不拘儒者之节，居宇器服，多存侈饰。常坐高堂，施绛纱帐，前授生徒，后列女乐。"②"多列女倡，歌舞于前"③。马融不仅生活放荡，而且依附权势，曾经为外戚梁冀"草奏李固，又作大将军《西第颂》，以此颇为正直所羞"④。曾注《孟子》的著名学者赵岐，就十分厌恶马融为人，据《后汉书·赵岐传》李贤注引《三辅决录注》云：赵岐明经有才艺，娶马融之兄女儿为妻，以马融身为外戚豪家，常鄙之，不与马融相见。并在与友人书中声称："马季长虽有名当世，而不持士节，三辅高士，未尝以衣裾襵其门也。"

　　除了占大多数的名教虚伪者外，当时的儒生中还有不少人避世归隐，如郭太、姜肱、许劭等等。他们隐遁不出，明哲保身，表明其对儒家基本理论在社会政治生活中的继续贯彻，已经不复抱有信心了⑤。这同样是东汉晚期儒学中衰的具体反映。

　　儒林人士作为儒家学说的具体实践者与宣传者，其表现如何，在很大程度上体现着儒学的性质、地位及其前途。而东汉中后期的儒生绝大多数都走上"异化"的不归路，无疑标志着儒学的"载体"已经无法发挥正常的作用。这既是两汉儒学自身弊端长期诱导儒林的结果，也是整个社会思潮在东汉中后期嬗变演化的直观形态。

　　当然，在东汉中后期仍有人在那里为实现儒家的理想而热情呼吁、不懈奋斗，李固、陈蕃、李膺、范滂等人是为其代表。他们试图改良政治，拯救社会，恢复纲常，稳定秩序，挽狂澜于既倒，除积弊于深重。为此他们联络外戚，结党引众，放言清议，在个人行为规范上亦砥砺节义，蹈扬忠贞，为解困危局、扭转世风而全力以赴。不能说他们的努力如泥牛入海，杳无声息，"权

---

　　①②④《后汉书》卷六〇，《马融传》。
　　③《后汉书》卷六四，《卢植传》。
　　⑤详见黄朴民：《天人合一》第十一章，长沙，岳麓书社，1999。

强之臣，息其窥盗之谋；豪俊之夫，屈于鄙生之议者，人诵先王言也，下畏逆顺势也”①。但是，"大树将颠，非一绳所维"②，他们终究不能从根本上扭转儒林的异化和儒学的中衰。加之他们思想僵化、能力不逮，空富有善良的愿望而缺乏卓越的匡世济民本领，要改变严酷的现实纯属一厢情愿，何尝容易。两次党锢之祸的打击，使得这些文化清流遭受到毁灭性的政治失败，重建儒学在社会思潮中的绝对主导地位的最后一线希望，也随着陈蕃、李膺、范滂等人生命的终结而彻底消失了。

（三）对儒学的反思与诸子学的复兴

儒林的异化，儒学在思想界绝对统治地位的动摇，促使儒家内部极少数真正关心儒学命运，坚持儒学理想的正直之士对儒学本身进行认真的反思，对社会政治的发展道路进行深入的探索。他们中间的代表人物有王符、仲长统、崔寔、左雄、张衡、荀悦、郑玄、何休等等。

在天道观上，他们一方面继承"天人感应"、"天人合一"的思维模式，另方面又对这一传统进行可能范围内的重新诠释，实质上提出了"天道"自然、吉凶由人的天人关系命题。这一观念上的调整肇始于东汉前期的王充，而为王符、仲长统等人所继承和发展。他们认为"天"是一个自然性的客观实体，它的形成与发展变化，还有天地万物的生成衰亡，多为自然的现象，而在其中真正起作用的正是"气"而已："上古之世，太素之时，元气窈冥，未有形兆。万精合并，混而为一，莫制莫御。若斯久之，翻然自化，清浊分别，变成阴阳。阴阳有体，实生两仪。天地纲缊，万物化淳，和气生人，以统理之。"③因此在他们看来，一切"唯人事之尽耳，无天道之学焉"④，反对将人世间出现的种种灾异怪僻现象归结为天意使然，认为其与宗教性的"天志"无涉，而是物质性的"气"之所为："天之以动，地之以静，日之以光，月之以明，四时五行，鬼神人民，亿兆丑类，变异吉凶，何非气然……且有昼晦，宵有大

① 《后汉书》卷七九下，《儒林列传·论》。
② 《后汉书》卷五三，《徐穉传》。
③ 《潜夫论·本训》。
④ 《群书治要》卷四五，引仲长统《昌言》。

风，飞车拔树，债电为冰，温泉成汤，麟龙鸾凤，蝥贼蝼蝗，莫不气之所为也。"① 于是最终的结论就是"人事为本，天道为末"，"天地将自从我而正矣，休祥将自应我而集矣，恶物将自舍我而亡矣"②。这在当时，是具有进步意义的理性认识。两汉儒学的哲学基础是"天人感应"、"天人合一"，两汉儒学在东汉后期陷入困境的根源也在于天人关系上的荒诞非理性，王符、仲长统的反思动摇了这一基础，这就为儒学摆脱被动，恢复和发扬其固有的合理精神提供了必要的前提，从这个意义上说，对天人关系的重新认识，乃是当时社会思潮嬗变中极富意义的重大进展。

东汉后期儒学反思律动的第二个显著特色，是在发展观问题上积极肯定和强调合理的"变通"原则。张衡对"世易俗异，事势舛殊，不能通其变，而一度以揆之"的现象深为不满，认为这无疑是"斯契船而求剑，守株而伺兔也"③。王符主张"各随时宜"、"五代不同礼，三家不同教，非其苟相反也，盖世推移而俗化异也，俗化异则乱源殊。故三家符世，皆革定法。高祖制三章之约，孝文除克肤之刑。是故自非杀伤盗藏，文罪之法，轻重无常，各随时宜，要取足用劝善消恶而已"④。而崔寔则是推出孔子，来为自己的"变通"观念撑腰："昔孔子作《春秋》，褒齐桓，懿晋文，叹管仲之功，夫岂不美文、武之道哉？诚达权救敝之理也。故圣人能与世推移。"进而他批评那些不知"变通"的鄙儒陋士是"俗士苦不知变，以为结绳之约，可复理乱秦之绪，《干戚》之舞，足以解平城之围"⑤。其他像仲长统、荀悦等人同样主张以"变通"看待事物的发展，一再强调"作有利于时，制有便于物者，可为也。事有乖于数，法有玩于时者，可改也。故行于古有其迹，用于今无其功者，不可不变"⑥。总之，想通过"变通"，给危机之中的东汉社会寻找到一条出路，给衰落之中的儒学开创一线新的生机。

---

① 《潜夫论·本训》。
② 《群书治要》卷四五，引仲长统《昌言》。
③ 《后汉书》卷五九，《张衡传》。
④ 《潜夫论·断讼》。
⑤ 《后汉书》卷五二，《崔寔传》。
⑥ 《后汉书》卷四九，《仲长统传》。

对"变通"观的肯定，乃是儒家固有的传统。孔子曾说"可与权"①；孟子认为"执中无权，犹执一也"②；《易·系辞传》强调"穷则变，变则通，通则久"；《公羊传》设立有"实与而文不与"的义例，均是力图兼顾原则性与灵活性的认识和主张，是儒学富有内在生命力的反映。但这种变通意识，在两汉儒学进入凝固守成期后渐渐淡化与削弱，从而严重影响了儒学内在机制的自我更新和发展，也阻碍了社会思潮兼容博取、综合完善的正常演进。现在王符、崔寔、仲长统等人对此重新加以强调，以努力改变当时儒学空疏迂阔、僵化守成的倾向，无疑是东汉末年儒学反思律动中的重大步骤与突出环节，是儒学摆脱神学复归人学的正确选择，也为诸子之学在汉末的重新崛起开辟了广阔的前景，其意义是十分深远的。

仲长统尝云："嗟乎！不知来世圣人救此之道，将何用也？又不知天若穷此之数，欲何至邪。"③ 这一愤然浩叹之音，透露出对政局恶浊、儒学中衰的绝望情绪，也意味着人们要开始将寻觅新的治国安邦之道的目光投射到儒学之外，就在这样的背景之下，诸子之学在东汉后期重新繁荣，成为当时社会思潮嬗变中的显著标志。

自董仲舒"罢黜百家，独尊儒术"的建议为汉武帝所采纳之后，道、法、墨、名、纵横、阴阳诸家的学说至少从形式上看，已失去了官方认可的合法地位，处于相对沉寂蛰伏的状态，不复再有与占统治地位的儒家思想正面颉颃、分庭抗礼的资本。然而，诸子之学并没有因此而中绝，仍潜伏于许多儒生出身的官吏意识深处，并通过各种途径在民间延续其顽强的生命力。其他诸家姑且不论，仅就道家而言，整个两汉时期它的传授和影响仍不可小觑。社会上习读黄老之言者不乏其人，如在汉武帝时代，就有汲黯"学黄老之言，治官理民，好清静，择丞史而任之。其治责大指而已，不苛小"④；又有郑庄也"好黄老之言"⑤；邓章"以修黄老术，显于诸公间"⑥；杨王孙"孝武时人，学黄老之

---

① 《论语·子罕》。
② 《孟子·尽心上》。
③ 《后汉书》卷四九，《仲长统传》。
④⑤ 《史记》卷一二〇，《汲黯列传》。
⑥ 《史记》卷一〇一，《袁盎晁错列传》。

术，家业千金，厚自奉养生，亡所不致"①。又如西汉中期的严君平，"卜筮于成都市……裁日阅数人，得百钱足自养，则闭肆下帘而授《老子》，博览亡不通。依老子、严周之指著书十余万言"②。其著作《道德指归》对道家思想进行了全面的论证和阐发，成为道家代表作之一。进入东汉后，习黄老、慕老庄的情况更是史不绝书。马融虽是儒家，却杂取老、庄，曾注解《老子》，还表示"以曲俗咫尺之羞，灭无赀之躯，殆非老、庄所谓也"③。王充同样对老庄所倡导的人生态度向慕备至："浩然恬忽，无所怨尤。福至不谓己所得，祸到不谓己所为。故时进意不为丰，时退志不为亏。不嫌亏以求盈，不违险以趋平，不鬻智以干禄，不辞爵以吊名，不贪进以自明，不恶退以怨人，同安危而齐死生，钧吉凶而一败成。"④

道家思想的流传是这样，法、墨诸家的情况亦相类似。总之，即使是在儒学雄居社会思潮主流的状态下，诸子之学依旧薪火相传，生生不息。

东汉中后期，随着儒学统治地位的动摇，诸子之学的复盛遂成为现实，出现了"论无定检"的崭新气象。曹丕《典论》有一段话，追叙了这一思潮的演变："桓、灵之际，阉寺专命于上，布衣横议于下……由是户异议，人殊论，论无定检，事无定价，长爱恶，兴朋党。"

于是乎，沉寂多年的诸子之学纷纷登场，与衰落中的儒学全面抗衡。这在道家，有刘先"博学强记，尤好黄老"⑤，向栩"恒读《老子》，状如学道"⑥等等；在法家，有崔寔，著述《政论》，提倡法治，刘廙，亦撰《政论》，鼓吹重利；其他倡墨学、核名理、研兵法者亦不在少数⑦。

应该说，在东汉后期诸子学重光中最为显眼的是法家与道家，其中，道家主要是深刻影响当时士人的人生观与价值观，成为广大士人安身立命、与世沉浮的精神庇护所；而法家则是在改变或丰富士人的政治观念方面发挥独特的作

---

① 《汉书》卷六七，《杨王孙传》。
② 《汉书》卷七二，《王吉传》。
③ 《后汉书》卷六〇上，《马融传》。
④ 《论衡·自纪》。
⑤ 《后汉书》卷七四下，《刘表传》王先谦集解引《零陵先贤传》。
⑥ 《后汉书》卷八一，《独行列传》。
⑦ 参见贺昌群：《魏晋清谈思想初论》"上篇"，北京，商务印书馆，1999。

用，为他们推行自己的政治理想提供积极的思想武器。

法家思想在汉季重光的具体标志，是不少士人汲汲提倡法、刑，鄙薄儒学抽象地讲究"仁义礼乐"的做法。在王符、仲长统、崔寔、荀悦等人看来，自己所处的时代已属衰世："以及今日，名都空而不居，百里绝而无民者，不可胜数，此则又甚于亡新之时也。"① 是"方今承百王之敝，值厄运之会"②。而在衰世中，厉行法治乃成为当务之急，用崔寔的话说，便是"今既不能纯法八代，故宜参以霸政，则宜重赏深罚以御之，明著法术以检之。自非上德，严之则理，宽之则乱"③。他进而从理论上对此予以申述："夫刑罚者，治乱之药石也；德教者，兴平之粱肉也。夫以德教除残，是以粱肉理疾也；以刑罚理平，是以药石供养也。"④并且拿汉代的历史经验作佐证：

> 近孝宣皇帝明于君人之道，审于为政之理。故严刑峻法，破奸轨之胆。海内清肃，天下密如……及元帝即位，多行宽政，卒以堕损，威权始夺，遂为汉室基祸之主。政道得失，于斯可鉴。⑤

崔寔这种"季世任法"的法家观念在当时并不是孤立的。仲长统就认可它，指出崔寔的《政论》"凡为人主，宜写一通，置之坐侧"⑥。王符也同样主张："议者必将以为刑杀当不用，而德化可独任，此非变通者之言也……故有以诛止杀，以刑御残。"⑦ 按他们共同的理解，法与刑同政治清浊、社稷安危有极大的联系："且夫国无常治，又无常乱，法令行则国治，法令弛则国乱。君敬法则法行，君慢法则法弛。"⑧ 而且一旦任法，就要做到雷厉风行，严酷无情："夫积怠之俗，赏不隆则善不劝，罚不重则恶不惩。故凡欲变风改俗者，其行赏罚者也，必使足惊心破胆，民乃易视。"⑨ 这些论调，显然是韩非为代表的先秦法家学说在汉代的翻版，也成为日后"魏武好法术而天下贵刑名"⑩ 的社会政治风尚勃兴之先导。

至于老庄思想，则是对当时士人的人生态度产生了深刻的影响，使其内心

---

① 《后汉书》卷四九，《仲长统传》。
②③④⑤⑥ 《后汉书》卷五二，《崔寔传》。
⑦ 《潜夫论·衰制》。
⑧ 《潜夫论·述赦》。
⑨ 《潜夫论·三式》。
⑩ 《晋书》卷四七，《傅玄传》。

活动多体现为旷达任性的基本特色，著录于文字，便是他们的文、赋等文学作品，多饱含着道家的风骨。如蔡邕在其《释诲》篇中津津乐道于"心恬澹于守高，意无为于持盈。粲乎煌煌，莫非华荣；明哲泊焉，不失所宁"①。又如仲长统，平素也追慕出世的欢乐："安神闺房，思老氏之玄虚；呼吸精和，求至人之仿佛。……逍遥一世之上，睥睨天地之间，不受当时之责，永保性命之期。如是，则可以陵霄汉，出宇宙之外矣。岂羡夫入帝王之门哉！"② 再如崔寔，《隋书·经籍志》入"法家"，但其人生态度，同样明显受到了老、庄的影响。其《答讥》一文，就是弘扬出世逍遥思想的："若夫守恬履静，澹而无求，沉缅浚壑，栖息高丘。虽无炎炎之乐，亦无灼灼之忧。余窃嘉兹，庶遵厥猷。"③ 由此可知，老庄之学的复兴，使士人从崇圣尊经转向自我体认，他们任性率真，极大地发扬原先被禁锢着的人性，这正是魏晋时期玄学高潮兴起的契机之一。

　　总之，到东汉后期，随着诸子之学的重光，思想领域儒术一尊的基本格局被打破了，"没有统一的价值观念，没有统一的是非标准，思想一统的局面已成了过去的历史，思想学术都进入了一个非常活跃而又变动不居、多元并存而又互相渗透的时期"④。至此，秦汉时期的社会思潮的嬗变终于划上一个完整的句号，而魏晋玄学之风大畅的新气象也是呼之欲出了。

---

① 《后汉书》卷六〇下，《蔡邕传》。
② 《后汉书》卷四九，《仲长统传》。
③ 《艺文类聚》卷二五。
④ 参见罗宗强：《玄学与魏晋士人心态》，35 页，杭州，浙江人民出版社，1991。

第二章
秦汉区域文化

秦汉时期，是中国文化的一统形势终于最初实现的历史时期。

这一时期的文化形态表现出特殊的风貌。当时，发生渊源有所不同、演变方向有所不同的文化，既体现出趋于一统的风格，又保留有鲜明的地域特色。

一、关中地区的文化领导地位

关中地区是秦与西汉两朝的政治文化中心。这一地区的经济实力，也经数百年的辛苦经营，在全国经济共同体中居于主导地位。在"强干弱支"等特殊政策的作用下，长安附近地区形成集合各地文化精英的优势，于是表现出极特殊的文化风格。

东汉时期，关中地区的文化领导地位显著削弱。

（一）陆海之地，天府之国

司马迁《史记》卷一二九《货殖列传》说："关中之地，于天下三分之一，而人众不过什三；然量其富，什居其六。"这里所说的"关中"，是广义的"关中"。因为广义的"关中"属于以狭义的"关中"为基本根据地的秦的旧地的缘故，所以司马迁的这句话，班固在《汉书·地理志下》写作"故秦地天下三分之一，而人众不过什三，然量其富居什六"。

《史记》卷八《高祖本纪》记载："或说沛公曰：'秦富十倍天下，地形强。……'"《史记》卷九九《刘敬叔孙通列传》也说，娄敬建议刘邦建都关中，曾经强调"秦地"地理条件的优越，其特征之一，是经济的富足："因秦之固，资甚美膏腴之地，此所谓'天府'者也。"《史记》卷五五《留侯世家》记载，张良附议娄敬"都关中"之策："夫关中左崤函，右陇蜀，沃野千里，南有巴蜀之饶，北有胡苑之利，阻三面而守，独以一面东制诸侯。诸侯安定，河渭漕挽天下，西给京师；诸侯有变，顺流而下，足以委输。此所谓金城千里，天府之国也。"据《汉书》卷六五《东方朔传》记载，汉武帝时规划上林苑，东方朔进谏说，关中土地肥饶，"此所谓天下陆海之地，秦之所以虏西戎兼山东者也"。其地物产丰盛，"故鄠镐之间号为土膏，其贾亩一金"。

关中依恃优越的地理条件，在秦与西汉时期占据了文化的优势地位。

（二）秦与西汉的移民运动

秦始皇除"徙天下豪富于咸阳十二万户"之外，组织向关中的移民，还有三十五年（前212）"立石东海上朐界中，以为秦东门，因徙三万家丽邑，三万家云阳"①。

此后，西汉时期又连续多次组织向关中地区的移民运动。

刘敬曾经从军事地理分析的角度，建议刘邦移民充实关中："臣愿陛下徙齐诸田，楚昭、屈、景，燕、赵、韩、魏后，及豪杰名家居关中。无事，可以

① 《史记》卷六，《秦始皇本纪》。

备胡；诸侯有变，亦足率以东伐。此强本弱末之术也。"① 刘邦于是采纳了刘敬的建议。

关于汉初移民关中的历史记录，我们可以在《史记》卷八《高祖本纪》中看到："(汉高祖九年）徙贵族楚昭、屈、景、怀、齐田氏关中。"《史记》卷二二《汉兴以来将相功臣年表》载道："徙齐田，楚昭、屈、景于关中。"《史记》卷一二九《货殖列传》载道："汉兴，海内为一，……徙豪杰诸侯强族于京师。"

《后汉书》卷三一《廉范传》记载，"(廉范）京兆杜陵人，赵将廉颇之后也。汉兴，以廉氏豪族，自苦陉徙焉"。在《汉书·高帝纪下》中，还记述说："(十一年）夏四月，行自洛阳至。令丰人徙关中者皆复终身。"颜师古注引应劭曰也说到著名的"太上皇思欲归丰，高祖乃更筑城寺市里如丰县，号曰'新丰'，徙丰民以充实之"的故事。《史记》卷八《高祖本纪》张守节《正义》引《括地志》也说：

> 新丰故城在雍州新丰县西南四里，汉新丰宫也。太上皇时凄怆不乐，高祖窃因左右问故，答以平生所好皆屠贩少年，酤酒卖饼，斗鸡蹴鞠，以此为欢，今皆无此，故不乐。高祖乃作新丰，徙诸故人实之。太上皇乃悦。

据张守节分析说："前于丽邑筑城寺，徙其民实之，未改其名，太上皇崩后，命曰'新丰'。"

关中移民运动的兴起，是和陵邑制度的形成有关的。

据《汉书》卷二八下《地理志下》说，西汉前期的关中移民，大都围护于帝陵附近："汉兴，立都长安，徙齐诸田，楚昭、屈、景及诸功臣家于长陵。后世世徙吏二千石、高訾富人及豪杰并兼之家于诸陵。"虽然其出发点"非独为奉山园也"，而主要在于"强干弱支"，但是这种大规模移民，确实是和陵邑建设分不开的。

汉初关于因陵邑规划和建设组织移民的记载，始见于汉景帝时代：

> (五年）五月，募徙阳陵，予钱二十万。②

---

① 《史记》卷九九，《刘敬叔孙通列传》。
② 《史记》卷一一，《孝景本纪》。

五年春正月，作阳陵邑。夏，募民徙阳陵，赐钱二十万。①

汉武帝时，茂陵建设也实行类似的制度：

　　建元三年春，赐徙茂陵者户钱二十万，田二顷。②

虽然是募徙，实行时仍然有强制性的成分。《史记》卷一二四《游侠列传》中
大侠河内轵人郭解的事迹可以为例：

　　及徙豪富茂陵也，（郭）解家贫，不中赀，吏恐，不敢不徙。卫将军
　　为言："郭解家贫不中徙。"上曰："布衣权至使将军为言，此其家不贫。"
　　解家遂徙。诸公送者出千余万。轵人杨季主子为县掾，举徙解。解兄子断
　　杨掾头。由此杨氏与郭氏为仇。

"诸公送者出千余万"，说明这种移民实际上会造成严重的经济损败。而郭氏与
杨氏终于结成死仇，又说明被强制迁徙者有时会把这种移民形式看作是一种蓄
意的政治迫害。

　　据《史记》卷一一二《平津侯主父列传》，主父偃曾经对汉武帝说："茂陵
初立，天下豪杰并兼之家，乱众之民，皆可徙茂陵，内实京师，外销奸猾，此
所谓不诛而害除。"武帝"从其计"。执政者的主观动机是期望"不诛而害除"，
而这种"乱众之民""内实京师"，事实上导致了长安附近居民社会文化构成的
重要变化。

　　徙民于陵邑的历史记录，又见于《汉书》的《武帝纪》、《昭帝纪》、《宣帝
纪》、《成帝纪》。于是我们看到，自秦始皇时代到西汉中期，相继有数十万户
移民陆续入居这块"肥饶"的土地。固然周秦的文化传统仍然得以部分继承，
但是因为移民的大量涌入，特别是西汉初年"秦中新破，少民"，而由东方移
民"益实"，这一地区的文化构成已经大大改观，也就是说，一个作为文化实
体的新关中，事实上已经出现。在关中的中部，逐渐形成了《汉书》卷二八下
《地理志下》所谓"五方杂厝，风俗不纯"的极其特殊的人文环境。按照班固
的说法，秦汉时期，关中之地的"世家"、"富人"、"豪杰"、"盗贼"，以及其
他"浮食者"及"列侯贵人"等，都进行了充分活跃的历史表演，使这一地区
成为五彩纷呈的文化舞台。班固所说"五方杂厝，风俗不纯"，《三辅黄图》卷

---

　　①《汉书》卷五，《景帝纪》。
　　②《汉书》卷六，《武帝纪》。

一《秦汉风俗》引《汉志》写作"五方错杂,风俗不一"。

（三）英俊之域,冠盖如云

班固在《西都赋》中,说到临秦岭与倚北阜的诸陵邑的形势:

> 若乃观其四郊,浮游近县,则南望杜、霸,北眺五陵,名都对郭,邑居相承,英俊之域,绂冕所兴,冠盖如云,七相五公。与乎州郡之豪杰,五都之货殖,三选七迁,充奉陵邑。盖以强干弱枝,隆上都而观万国也。

"万国"、"豪杰"、"英俊",于是聚萃于"上都"。实际上,"五陵"、"近县"也成为"英俊之域,绂冕所兴,冠盖如云,七相五公"的文明胜地。

这里广聚天下"英俊",集会四方"豪杰",又能够较为显著地打破传统的地域文化界域,能够毫无成见地吸取来自不同区域的文化营养,于是文化的积累和文化的创获也有突出的历史贡献。

西汉一代出身于三辅的名人,见于《汉书》的有42人,其中出身于诸陵邑的计30人,占71.43%。其中班固单为立传的34人中,出身于诸陵邑的计22人,占64.7%。可见,西汉时期五陵荟萃英俊之士的说法,的确是历史事实。这一地区因此在实际上获得文化领导的地位。张衡《西都赋》所谓"五县游丽辩论之士,街谈巷议,弹射臧否,剖析毫厘,擘肌分理,所好生毛羽,所恶成创痏",又说明这里甚至成为具有强有力的影响的社会舆论的中心。

正如武伯纶先生总结五陵人物的文化贡献时曾经指出的:"他们都以迁徙的原因而列于汉帝诸陵。他们从汉代各个地区（包括民族）流动而来,造成了帝陵附近人口的增殖及人才的汇合,形成一个特殊的区域文化。""这无疑是中国汉代历史上人文地理研究中的一个重要课题。""对这种人物的流动促成的汉代某些地区文化的扩散和融合现象,以及对后代的影响,如果加以研究,将会更加丰富汉代的文化史及中国文化史的内容,并有新的发现。"[1]

（四）关中地区文化地位的变化

经两汉之际社会大动乱的破坏,关中经济一度残破。《汉书》卷九九下

---

[1] 武伯纶:《五陵人物志》,载《文博》,1991年第5期。

《王莽传下》说："民饥饿相食，死者数十万，长安为虚，城中无人行。"《后汉书》卷一一《刘盆子传》也有"城郭皆空，白骨蔽野"的记载。然而经数十年恢复，在东汉时期依然具有举足轻重的经济地位。建武年间，杜笃为定都事上奏《论都赋》，对于关中之地有"沃野千里，原隰弥望，保殖五谷，桑麻条畅；滨据南山，带以泾、渭，号曰'陆海'，蠢生万类"的称颂之辞。班固《西都赋》也赞美关中优越的经济形势："封畿之内，厥土千里，逴荦诸夏，兼其所有。""源泉灌注，陂池交属。竹林果园，芳草甘木，郊野之富，号为近蜀。"张衡《西京赋》又有"郊甸之内，乡邑殷赈，五都货殖，既迁既引，商旅联槅，隐隐展展，冠带交错，方辕接轸"等文句，也形容了关中的富足。

东汉末年的社会大动乱，再一次导致"山西"经济走向崩溃。董卓曾经胁迫汉献帝迁都长安。据《后汉书》卷七二《董卓传》记载，一时"步骑驱蹙，更相蹈藉，饥饿寇掠，积尸盈路"。随后引起的军阀混战，又使关中经受了一次更残酷的浩劫："初，帝入关，三辅户口尚数十万，自（李）傕、（郭）汜相攻，天子东归后，长安城空四十余日，强者四散，赢者相食，二三年间，关中无复人迹。"《太平御览》卷三五引《英雄记》说："李傕等相次战长安中，盗贼不禁，白日虏掠，是时谷一斛五十万，豆麦二万，人相食啖，白骨委积，臭秽满路。"又引《典略》："从兴平元年至建安二年，其间四岁中，咸阳萧条，后贼李堪等始将部曲入长安，居卓故坞中，拔取酸枣梨蘡以给食，发冢取衣盖形。"关中经济之贫敝，达到周秦以来最严重的程度。

长安作为公元前1至2世纪世界最繁荣的文化都市，关中作为当时最富庶的农耕经济的典范，经过两次动乱和战争，几乎所有的文明创造和文化积累都被洗荡一空。

秦与西汉时期关中地区所占有的光辉的文化地位，从此再也没有得到恢复的机会。

两汉四百余年间，关中文化由极度的繁盛到极度的衰落，形成了鲜明的对比。考察文化史的盛衰和兴亡，不能不注意这一典型的史例。

二、齐鲁文化的风格与儒学的西渐

齐鲁地区基础深厚的文化，在战国时代已经形成对周边地区有重要影响的显著领先的优势。

齐鲁的文化实力和文化影响，一直是处于关西的最高统治集团不可以须臾轻视的。齐鲁文化以悠远的传统和厚重的内力，影响着秦汉文化史的进程，同时，在儒学西渐的过程中，也接受着其他区域文化诸种积极因素对自身的改造。

（一）好儒备礼的文化传统

齐鲁都是在西周时期就先期得以发达的地区。

齐桓公曾经称霸天下。鲁国也因在春秋战国时期保存周的传统最多，曾经迎受着天下文化人敬重的目光。

《史记》卷一二一《儒林列传》说："天下并争于战国，儒术既绌焉，然齐鲁之间，学者独不废也。于威、宣之际，孟子、荀卿之列，咸遵夫子之业而润色之，以学显于当世。"司马迁还写道："及高皇帝诛项籍，举兵围鲁，鲁中诸儒尚讲诵习礼乐，弦歌之音不绝，岂非圣人之遗化，好礼乐之国哉？""夫齐鲁之间于文学，自古以来，其天性也。"

司马迁曾经亲临鲁地，感受这里特殊的文化氛围。《史记》卷四七《孔子世家》写道：

> 余读孔氏书，想见其为人。适鲁，观仲尼庙堂车服礼器，诸生以时习礼其家，余祗回留之不能去云①。天下君王至于贤人众矣，当时则荣，没则已焉。孔子布衣，传十余世，学者宗之。自天子王侯，中国言《六艺》者折中于夫子，可谓至圣矣！

《史记》卷三二《齐太公世家》记载，司马迁在踏上齐国故土时，也曾经发出由衷的感叹：

> 吾适齐，自泰山属之琅邪，北被于海，膏壤二千里，其民阔达多匿知，其天性也。以太公之圣，建国本，桓公之盛，修善政，以为诸侯会盟，称伯，不亦宜乎？洋洋哉，固大国之风也！

可以推知，司马迁"北涉汶、泗，讲业齐、鲁之都，观孔子之遗风，乡射邹、

---

① 司马贞《索隐》："言祗敬迟回不能去之。有本亦作'低回'，义亦通。"

峄"① 的经历，对于他学术素养的形成和文化资质的造就，有重要的意义。

司马迁在《史记》卷一二九《货殖列传》中曾经介绍了这一地区的经济特征与文化风貌：

> 齐带山海，膏壤千里，宜桑麻，人民多文彩布帛鱼盐，临菑亦海岱之间一都会也。其俗宽缓阔达，而足智，好议论，地重，难动摇，怯于众斗，勇于持刺，故多劫人者，大国之风也。其中具五民。而邹、鲁滨洙、泗，犹有周公遗风，俗好儒，备于礼，故其民龊龊。颇有桑麻之业，无林泽之饶。地小人众，俭啬，畏罪远邪。及其衰，好贾趋利，甚于周人。

《汉书》卷二八下《地理志下》关于齐地文化的总结，重视其历史传统的作用："古有分土，亡分民。太公以齐地负海舄卤，少五谷而人民寡，乃劝以女工之业，通鱼盐之利，而人物辐凑。后十四世，桓公用管仲，设轻重以富国，合诸侯成伯功，身在陪臣而取三归。故其俗弥侈，织作冰纨绮绣纯丽之物，号为冠带衣履天下。"班固又写道：

> 初太公治齐，修道术，尊贤智，赏有功，故至今其土多好经术，矜功名，舒缓阔达而足智。其失夸奢朋党，言与行缪，虚饰不情，急之则离散，缓之则放纵。始桓公兄襄公淫乱，姑姊妹不嫁，于是令国中民家长女不得嫁，名曰"巫儿"，为家主祠，嫁者不利其家，民至今以为俗。痛乎，道民之道，可不慎哉！

> 昔太公始封，周公问："何以治齐？"太公曰："举贤而上功。"

齐人政治文化的传统实际上得到继承。班固关于齐人夸言虚饰习性的分析，也是有根据的。只是长女不嫁，为家主祠的风俗，未必是"襄公淫乱"、"道民"所致，而是一种远古风习的遗存。班固"痛乎"的感叹，说明这一风俗与中原正统文化的距离。

对于鲁地文化的特色，《汉书》卷二八下《地理志下》重点强调了其重视文教礼义的基本风格：

> 其民有圣人之教化，故孔子曰："齐一变至于鲁，鲁一变至于道。"言近正也。瀿洙泗之水，其民涉度，幼者扶老而代其任。俗既益薄，长老不

---

① 《史记》卷一三〇，《太史公自序》。

自安，与少者相让，故曰："鲁道衰，洙泗之间龂龂如也。"孔子闵王道将废，乃修六经，以述唐虞三代之道，弟子受业而通者七十有七人。是以其民好学，上礼义，重廉耻。

据说周公始封时，太公问："何以治鲁？"周公曰："尊尊而亲亲。"太公于是说道：那么后世将会逐渐衰弱的。鲁国政治史的演变，果然证实了这一预言。

秦汉以来，鲁地文化的特质又逐渐发生了与传统相背离的历史性的变化。

司马迁在《史记》卷一二九《货殖列传》中说："鲁好农而重民。"不过，齐鲁之地也有所谓"当世千里之中，贤人所以富者"足以"令后世得以观择"的。《汉书》卷九一《货殖传》也说到当地著名富户。

班固在《汉书》卷二八下《地理志下》中也指出："今去圣久远，周公遗化销微，孔氏庠序衰坏。""俗俭啬爱财，趋商贾，好訾毁，多巧伪，丧祭之礼文备实寡，然其好学犹愈于它俗。"民俗虽然有所变化，"好学"的风气依然如初，所以，"汉兴以来，鲁东海多至卿相"。

（二）齐鲁文化的成就

陈直先生曾经著文论述西汉时期齐鲁文化人的学术艺术成就，题为《西汉齐鲁人在学术上的贡献》。其中凡举列九种，即：

一、田何、伏生等的经学；

二、褚少孙的史学；

三、东方朔的文学；

四、仓公的医学；

五、尹都尉的农学；

六、徐伯、延年的水利学；

七、齐人的《九章算术》；

八、宿伯年、霍巨孟的雕绘；

九、无名氏之书学。

陈直先生主要讨论了齐鲁人以上九种文化贡献，其他"至于《汉书·艺文志》所载师氏的乐学，《律历志》所载即墨徐万且的历学，《曹参传》所载胶西盖公的黄老学，其事实不够具体，故均略而不论"。

陈直先生同时指出："西汉时齐鲁人对学术上的贡献，如此之伟大，其原因远受孔子下官学的私学的影响；次则受荀卿游齐之影响，汉初齐鲁经学大师，如申培公、毛苌，皆为其再传弟子；再次则受齐稷下先生之影响，稷下为人才荟萃之地，百家争鸣，不拘一格。医学、农学、算学等，当必有从事研究者，在战国时开灿烂之花，至西汉时结丰硕之果，其势然也。"①

陈直先生的这篇论文，其实应当看作区域文化研究的代表性成果。重视考古资料的运用，亦开创了文化史研究的新径。特别是论列及于徐伯、宿伯年、霍巨孟等水工和石工，重视"劳动人民之智慧创作"，对于后来的研究，尤其具有典范式的意义。

出身于齐鲁地区的"汉兴"以来的"卿相"固然相当多，其他在历史上有突出表现的文化明星，也在这里结聚成耀眼的星团。

以齐郡、济南郡、泰山郡、山阳郡、济阴郡以及鲁国、城阳国、东平国、淄川国为例，我们可以看到出身这一地区的人士，有 58 人的事迹在《汉书》中留下了历史记录。在各个地区人才分布的比率中，这一数字应当是领先的。此外，又有如《汉书》卷八八《儒林传》"侍中乐陵侯史高""鲁人也"，然而不知郡县等情形，也值得注意。

（三）儒学的西渐

齐鲁文化扩展其影响的最突出的表现，是儒学的向西传布。

秦始皇当政时，据说"天性刚戾自用"，"天下之事无小大皆决于上"，以其绝对的刚愎自信，却仍然"悉召文学方术士甚众，欲以兴太平"，在他的高级咨政集团中容有许多儒学博士。

秦始皇廷前议封建事，至湘山祠问湘君，海上"求芝奇药仙者"，都曾经听取他们的意见，"上邹峄山，立石"，又曾经直接"与鲁诸儒生议"。

就所谓"坑儒"这一著名冷酷的集体残杀儒学之士的血案看，当时在秦王朝统治中心咸阳，"诸生皆诵法孔子"者，仅"自除犯禁"而"坑之咸阳"的，

---

① 陈直：《西汉齐鲁人在学术上的贡献》，见《文史考古论丛》，173～182 页，天津古籍出版社，1988。

竟多达 460 余人。①

　　秦末社会大动乱中，有不少齐鲁地区的儒生踊跃参与了关东地区民众反秦的斗争。孔子八世孙孔鲋，就曾经"为陈王涉博士，死于陈下"②。原秦博士，出身于鲁国薛地的叔孙通被刘邦拜为博士，号稷嗣君。他"征鲁儒生三十余人"西行，合作帮助汉王朝制定朝仪。成功后，刘邦感叹道："吾乃今日知为皇帝之贵也！"于是"拜叔孙通为太常，赐金五百金"③。

　　鲁地儒生拜为九卿，使儒学的影响第一次可以托附于政治权力的作用而空前扩展。

　　儒学在百家之学中的主导地位的彻底确定，是汉武帝时代。

　　齐地儒生公孙弘相继任博士、太常、御史大夫、丞相，封平津侯，是儒学地位开始上升的一个重要信号。

　　《史记》卷一二一《儒林列传》记载："公孙弘以《春秋》白衣为天子三公，封以平津侯，天下之学士靡然向（乡）风矣。"裴骃《集解》引徐广曰："一云'自齐为天子三公'。"在《史记》卷一一二《平津侯主父列传》中，司马迁又说："丞相公孙弘者，齐淄川国薛县人也。"司马贞《索隐》："案，薛县属鲁国，汉置淄川国，后割入齐也。"据王先谦《汉书补注》："钱大昕曰：'《史记·平津侯传》称齐淄川薛县人。《汉书》同是。汉初淄川与鲁俱有薛县，其后并省，《班志》据元成以后版籍，故淄川无薛。'徐松曰：'淄川始立国恐不止领县三。传称武帝为悼惠王冢园在齐，乃割临淄东园悼惠王冢园邑尽以予淄川。薛初属楚，故为薛郡，不止一县地，实临淄东境也。宣帝五凤中，王终古有罪诏削四县，若止领县三，何足当削？此恐薛先为所属，削后移属之也。'"

　　公孙弘作为齐鲁儒生的代表，建议各地荐举"好文学，敬长上，肃政教，顺乡里，出入不悖所闻者"，加以培养，充实政府机构，"以文学礼义为官"。这一建议为汉武帝认可，于是"自此以来，则公卿大夫士吏斌斌多文学之士矣"④。

---

　　①《史记》卷六，《秦始皇本纪》。
　　②《史记》卷四七，《孔子世家》。
　　③《史记》卷九九，《刘敬叔孙通列传》。
　　④《史记》卷一二一，《儒林列传》。

汉初政治结构，经历了由"功臣政治"和"功臣子政治"两个阶段，在汉武帝时代又开始了向"贤臣政治"的历史转变。而齐鲁儒学之士纷纷西行，进居统治集团上层，恰恰是和这一历史转变同步的。

汉武帝时代，黜黄老刑名百家之言，延及文学儒者数百人，实现了《汉书》卷六《武帝纪》所谓"罢黜百家，表彰六经"的历史性转变，儒学之士于是在文化史的舞台上逐渐成为主角。

西汉后期诸朝丞相，已以掾史文吏和经学之士为主。自昭宣时期到西汉末年，丞相计21人22任，考其出身地域，可以获得有意义的发现。其中齐鲁人合计7人，8人次，人数占总人数的33.33％。以人次计，则占总人次的36.36％。

《史记》卷六七《仲尼弟子列传》列录的77人中，齐鲁人45人，占58.44％；卫、宋、陈、楚、吴人12人，占15.58％；秦人2人，占2.60％；籍贯不明者18人，占23.38％。《史记》卷一二一《儒林列传》中所列录的西汉前期著名儒生，仍然以齐鲁人为主。所见39人中，齐鲁人28人，占71.79％；其他燕人、砀人、温人、广川人、雒阳人共计7人，占17.95％；籍贯不明者4人，占10.26％。然而，据《汉书》卷八八《儒林传》的记载，综合考察西汉一代著名儒生的区域分布，情况则已经有所不同。我们看到，齐鲁人在西汉名儒中占45.60％，出身其他地区者占46.11％，籍贯不明者占8.29％。出身于齐鲁以外地区的儒学学者中，有远至蜀、淮南、九江、江东，甚至苍梧的。值得注意的是，其中三辅名儒占总数的5.18％，三河名儒占总数的5.70％。分析《后汉书》卷七九《儒林列传》中提供的资料，可以看到当时著名的儒学学者，齐鲁人占36.36％，出身于齐鲁以外地区者，占63.64％。另外，值得注意的是，其中关中学者占6.82％，河南、河内、南阳学者占7.95％，会稽、九江、豫章学者占6.82％，巴蜀学者占10.23％。

齐鲁儒学学者比例的下降，并不是由于当地儒学的衰落，而说明了儒学在各地的普遍传布。

三、天下之中：河洛地区的文化位置

《易·系辞上》所谓"河出图，洛出书，圣人则之"，体现出河洛文化对于华夏文明奠基的重要意义。武王伐纣，会师盟津，周公作雒，号为成周，直至平王东迁，在这里营造了基础深厚、美轮美奂的文明建构。

在这样的文明基础上，秦汉时期的河洛地区对于当时的文化创作和文化积累，又有新的贡献。

（一）"天下之中"的地位

《逸周书·作雒》说，河洛地区"为天下之大凑"。《史记》卷一二九《货殖列传》称其"街居在齐、秦、楚、赵之中"。这种特殊的地理形势，使得列国兵争往往不得不首先由此进取。《左传·僖公三十三年》记载，公元前627年，秦远征军东行击郑，经过周北门，引起周王朝震动。① 《左传·宣公三年》记载，公元前606年，楚庄王伐陆浑之戎，曾至于雒，在周的边境检阅部队，又向前来劳军的周定王的特使王孙满问九鼎的大小轻重。"问鼎"，其实是楚人经由河洛地区进而争夺中原的信号。《战国纵横家书·公仲佣谓韩王章》及《史记·越王勾践世家》都说到楚人由江汉平原北上中原的道路称作"夏路"。"夏路"的北端，正是夏人曾经以为活动中心，并且开拓了迈进文明的历史道路的河洛地区。

《史记》卷五《秦本纪》说，公元前309年，秦武王曾经对秦名将甘茂表示："寡人欲容车通三川，窥周室，死不恨矣！"后来不久就派甘茂拔取宜阳。公元前293年，秦昭襄王命白起为将，在伊阙会战中大破韩魏联军。三年之后，"东周君来朝"。同年，秦昭襄王亲临宜阳。公元前256年，秦军攻西周，次年，"周民东亡，其器九鼎入秦，周初亡"。秦人占有西周属地对于进取东方的意义，可以由第二年"天下来宾"得到体现。秦庄襄王即位初，就命令相国吕不韦诛东周君，"尽入其国"，并"初置川三郡"，实现了对河洛地区的全面控制。秦王政十三年（前234）"王之河南"②。秦王嬴政在统一战争中亲自行临河洛地区，表明这位未来的大一统帝国的最高统治者对于这一地区文化地位的重视。

---

① 据《左传·僖公三十三年》，王孙满观秦军军容，有"秦师轻而无礼，必败"的预言。
② 《史记》卷六，《秦始皇本纪》。

秦始皇即位后八次出巡，大约其中六次都行历河洛地区。看来，秦王朝曾经把洛阳看作统治东方的政治重心所在。秦始皇特别信用的重臣李斯的长男李由被任命为三川郡守，也有助于说明这一历史事实。

刘邦后来出关击项羽，在洛阳为义帝发丧，又发使者约诸侯共击楚等史实，也可以说明洛阳的战略地位。

西汉时期，河洛地区地位之重要，其实仅次于长安地区。

刘邦初定天下，娄敬建议定都关中。他强调关中地理形势的优越，但是也肯定了河洛地区的地位。他说："成王即位，周公之属傅相焉，乃营成周洛邑，以此为天下之中也，诸侯四方纳贡职，道里均矣。"①

汉景帝时，吴楚七国反，周亚夫将三十六将军往击吴楚，至于洛阳，即确定了必胜信心，可见河洛地区的归属，对于全国政治文化形势有重要的意义。

《史记》卷六○《三王世家》褚先生补述，说到汉武帝所幸王夫人为其子刘闳请封洛阳的故事：

> （刘）闳且立为王时，其母病，武帝自临问之。曰："子当为王，欲安所置之？"王夫人曰："愿置之雒阳。"武帝曰："雒阳有武库、敖仓，天下冲厄，汉国之大都也。先帝以来，无子王于雒阳者。去雒阳，余皆可。"

武帝于是许以封置齐地。又《史记》卷一二六《滑稽列传》记载：

> 王夫人病甚，人主至自问之曰："子当为王，欲安所置之？"对曰："愿居洛阳。"人主曰："不可。洛阳有武库、敖仓，当关口，天下咽喉。自先帝以来，传不为置王。然关东国莫大于齐，可以为齐王。"

洛阳被最高执政者看作"天下咽喉"，"天下冲厄，汉国之大都"，说明河洛地区特殊的政治地理及文化地理的形势，已经受到了充分的重视。

（二）商遍天下，富冠海内

河洛地区许久以前就已经成为中原商贸经济的中心，当地民俗风格也因此而受到影响。《史记》卷一二九《货殖列传》说："洛阳东贾齐、鲁，南贾梁、

---

① 《史记》卷九九，《刘敬叔孙通列传》。

楚。"当地取得特殊成功的富商，其行为特征其实也表现出河洛地区的区域文化特征：

> 白圭，周人也。当魏文侯时，李克务尽地力，而白圭乐观时变，故人弃我取，人取我与。夫岁孰收谷，予之丝漆；茧出取帛絮，予之食。太阴在卯，穰；明岁衰恶。至午，旱；明岁美。至酉，穰；明岁衰恶。至子，大旱；明岁美，有水。至卯，积著率岁倍。欲长钱，取下谷；长石斗，取上种。能薄饮食，忍嗜欲，节衣服，与用事僮仆同苦乐，趋时若猛兽挚鸟之发①。故曰："吾治生产，犹伊尹、吕尚之谋，孙吴用兵，商鞅行法是也。是故其智不足与言权变，勇不足以决断，仁不能以取予，强不能有所守，虽欲学吾术，终不告之矣。"盖天下言治生祖白圭。白圭其有所试矣，其试有所长，非苟而已也。

司马迁写道，由于河洛地区民俗风格的作用，还曾经出现过另一位著名的富商师史：

> 周人既纤，而师史尤甚，转毂以百数，贾郡国，无所不至。洛阳街居在齐、秦、楚、赵之中，贫人学事富家，相矜以久贾，数过邑不入门，设任此等，故师史能致七千万。

《盐铁论·力耕》说，周地"商遍天下"，"商贾之富，或累万金"，正可以和所谓"转毂以百数，贾郡国，无所不至"对照读。《盐铁论·通有》又说，"三川之二周，富冠海内"，"为天下名都"，对于其地位之所以形成，就国家基本经济政策激烈争论的双方，"大夫"以为："非有助之耕其野而田其地者也，居五诸侯之衢，跨街冲之路也。"所以说，"利在势居，不在力耕也"。"文学"则以为："利在自惜，不在势居街衢；富在俭力趋时，不在岁司羽鸠也。"其实，如果两种意见相互结合，或许可以更真实地说明历史。周地即河洛地区经济文化地位的形成固然与"势居"之"利"有重要的关系，然而诸如所谓"弦高饭牛

---

① 钱钟书说："'趋时若猛兽挚鸟之发'可参观《国语·越语》下范蠡曰：'臣闻从时者，犹救火追亡人也，蹶而趋之，惟恐勿及。'"见钱钟书：《管锥篇》第1册，386页，北京，中华书局，1979。

于周①，五羖赁车入秦②"一类"财物流通，有以均之"的积极的社会实践，也表现出不可否认的历史作用。

汉武帝时代的理财名臣桑弘羊，"雒阳贾人子，以心计"，"以计算用事"，司马迁《史记》卷三〇《平准书》称赞他"言利事析秋豪矣"。汉武帝大胆拔用洛阳商人子弟主持财政，其政绩果然表现出特殊的经营才干。

班固《汉书》卷二八《地理志下》在分析河洛地区的区域文化特征时说："周地，……今之河南雒阳、谷成、平阴、偃师、巩、缑氏，是其分也。"又指出：

> 周人之失，巧伪趋利，贵财贱义，高富下贫，熹为商贾，不好仕宦。

河洛地区因商业有悠久的历史传统，又有优越的发展条件，确实形成了这样的区域民俗风格。不过，是不是必然判定其为"失"，还是可以进行较深层的历史文化的分析的。

到了东汉时期，洛阳及其附近地区在全国经济中居于领导地位，商业活动尤其繁荣，以致"牛马车舆，填塞道路，游手为巧，充盈都邑，务本者少，游食者众"③，"船车贾贩，周于四方，废居积贮，满于都城"④，洛阳成为全国"利之所聚"的最重要的商业大都市。当时，据说"其民异方杂居"，"商贾胡貊，天下四会"⑤，事实上已经成为影响东方世界的经济文化中心。

（三）诸生横巷，济济洋洋

汉武帝初置太学。西汉后期帝王有"好儒"倾向，长安太学弟子员常多至

---

① 《左传·僖公三十三年》：秦师袭郑，"及滑，郑商人弦高将市于周，遇之。以乘韦先牛十二犒师，曰：'寡君闻吾子将步师出于敝邑，敢犒从者。'""且使遽告于郑"。《史记》卷五《秦本纪》："兵至滑，郑贩卖贾人弦高持十二牛将卖之周，见秦兵，恐死虏，因献其牛，曰：'闻大国将诛郑，郑君谨修守御备，使臣以牛十二劳军士。'"《淮南子·氾论》："秦穆公兴兵袭郑，过周而东。郑贾人弦高将西贩牛，道遇秦师于周、郑之间，乃矫郑伯之命，犒以十二牛，宾秦师而却之，以存郑国。"

② 《吕氏春秋·慎大》："百里奚之未遇时也，亡虢而虏晋，饭牛于秦，传鬻以五羊之皮。公孙枝得而说之，献诸缪公，三日，请属事焉。"又《说苑·臣术》："秦穆公使贾人载盐，征诸贾人，贾人买百里奚以五羖羊之皮，使将车之秦。"秦穆公观盐，见百里奚牛肥，问而"知其君子也"。

③ 《后汉书》卷四九，《王符传》。

④ 《后汉书》卷四九，《仲长统传》。

⑤ 《三国志》卷二一，《魏书·傅嘏传》裴松之注引《傅子》。

以千人计。王莽还曾经奏言为学者筑舍万区。而据《后汉书》卷七九上《儒林列传上》记载，东汉诸帝益崇尚儒学经术，"及光武中兴，爱好经术，未及下车，而先访儒雅，采求阙文，补缀漏逸。先是四方学士多怀协图书，遁逃林薮，自是莫不抱负坟策，云会京师"。《后汉书》卷四八《翟酺传》记载，遂修起太学，"起太学博士舍，内外讲堂，诸生横巷，为海内所集"。

永平二年（59年），汉明帝曾经亲自到太学讲经，倡导儒学。据《后汉书》卷七九上《儒林列传上》记载：

> 帝正坐自讲，诸儒执经问难于前，冠带缙绅之人，圜桥门而观听者盖亿万计。

《后汉书》卷二《明帝纪》说，永平十五年（72年），汉明帝又曾"亲御讲堂，命皇太子、诸王说经"。正是在这一时期，朝廷要求贵族子弟入学受业，甚至匈奴王子也远道前来就读："为功臣子孙、四姓末属别立校舍，搜选高能以受其业，自期门羽林之士，悉令通《孝经》章句，匈奴亦遣子入学。"《后汉书》卷七九上《儒林列传上》于是感叹道："济济乎，洋洋乎，盛于永平矣！"

汉顺帝时，又扩建太学校舍："更修黉宇，凡所造构二百四十房，千八百五十室。"更修制度，增补太学生数额。汉质帝时，梁太后临朝，本初元年（146年），诏令："大将军下至六百石，悉遣子就学，每岁辄于乡射月一飨会之，以此为常。"于是致使太学容纳生员数量剧增："自是游学增盛，至三万余生。"

按照文献记录的人口资料，东汉洛阳人口为19.3万多人。实际人口即使比这一数字还要多一些，太学"至三万余生"的数量，仍然是十分惊人的。在这样的背景下考虑洛阳及河洛地区的文化形势，可以有比较乐观的估计。

《后汉书》卷四九《王充传》说，王充"到京师，受业太学"，"家贫无书，常游洛阳书肆，阅所卖书，一见辄能诵忆，遂博通众流百家之言"。洛阳书肆所卖书有"众流百家之言"，人们可以方便地阅读，可见洛阳当时有相当优越的文化环境。[①]

除了数量众多的太学生而外，洛阳市民似乎普遍也有慕好文化的风气。

---

① 参看陈文豪：《汉代书肆及其相关问题蠡测》，载《庆祝王恢教授九秩嵩寿论文集》（1997年5月）。

《后汉书》卷六〇下《蔡邕传》记载：

> （蔡）邕以经籍去圣久远，文字多谬，俗儒穿凿，疑误后学，熹平四年，乃与五官中郎将堂谿典、光禄大夫杨赐、谏议大夫马日磾、议郎张驯、韩说、太史令单飏等，奏求正定《六经》文字。灵帝许之，邕乃自书丹于碑，使工镌刻立于太学门外。于是后儒晚学，咸取正焉。及碑始立，其观视及摹写者，车乘日千余两，填塞街陌。

碑立石经，当然是文化史上的重大事件。而"其观视及摹写者，车乘日千余两，填塞街陌"的情景，可以看作"洛阳纸贵"① 之前另一可以体现洛阳人文化素养与价值取向的著名史例。

四、滨海文化区与滨海文化

《史记》卷六《秦始皇本纪》记载，秦始皇统一天下后凡五次出巡，其中四次行至海滨，往往经并海道巡行。二十八年（前 219）第二次出巡，上泰山，又"并渤海以东，过黄、腄，穷成山，登之罘，立石颂秦德而去，南登琅邪"。二十九年（前 218）第三次出巡，再次"登之罘"，"旋，遂之琅邪"。三十二年（前 215）第四次出巡，"之碣石"，"刻碣石门"。三十七年（前 210）第五次出巡，"上会稽，祭大禹，望于南海"，"还过吴，从江乘渡，并海上，北至琅邪"，又由之罘"并海西，至平原津"。秦二世东巡郡县，也曾经并海而行，"到碣石，并海，南至会稽"，又"遂至辽东而还"。《汉书》卷六《武帝纪》也记载：元封元年（前 110），"行自泰山，复东巡海上，至碣石"。元封五年（前 106），由江淮"北至琅邪，并海，所过礼祠其名山大川"。

显然，秦汉时期，沿海滨有一条交通大道，由秦皇汉武出巡路线的选择，可推知这条道路具备可以通过帝王车舆的规模。②

当时由并海道贯通南北的滨海地区所表现出的风格鲜明的地域文化特色，也是有兴趣了解秦汉社会文化的人们不能不予以特殊注意的。

---

① 《晋书》卷九二，《左思传》。左思作《三都赋》，"司空张华见而叹曰：'班（固）、张（衡）之流也。使读之者尽而有余，久而更新。'于是豪贵之家竞相传写，洛阳为之纸贵"。

② 王子今：《秦汉时代的并海道》，载《中国历史地理论丛》，1988 年第 2 辑。

倉公 淳于意

西汉名医淳于意像

明·吴伟 《东方朔偷桃图》
纵134.6厘米 横87.6厘米
美国马萨诸塞州美术馆藏

97

君车出行图（部分）
河北安平县东汉墓壁画
纵70厘米　横134厘米

西汉名将曹参像

100

（一）并海道与滨海神祠

秦汉帝王沿并海道巡行的重要目的之一，是祭祀天地山川鬼神。

《史记》卷二八《封禅书》说，秦始皇登泰山之后，"遂东游海上，行礼祠名山大川及八神，求仙人羡门之属"。所谓"八神"，原本是齐人神秘主义文化系统中的崇拜对象，其中包括天地之神、阴阳之神、日月之神、四时之神、兵战之神，结成了比较完备的祭祀体系。尤其值得注意的是，"八神"之中，有六神完全位于海滨。

《汉书》卷二五上《郊祀志上》说，汉初定天下，"悉召故秦祀官，复置太祝、太宰，如其故礼仪"。刘邦下诏宣布："吾甚重祠而敬祭。今上帝之祭及山川诸神当祭者，各以其时礼祠之如故。"事实是承袭了秦时祭祀制度，又在长安招致各地巫人，如"梁巫"、"晋巫"、"秦巫"、"荆巫"、"河巫"等，分别主持不同的祭祀典礼，"越巫"及"胡巫"的活动，也相当活跃①。然而当时长安神祀系统中，却似乎没有"齐巫"的地位。

这是为什么呢？这并不说明最高统治者对齐地神祀礼俗不予重视，或许恰恰相反，正说明了他们对自己始终怀有神秘感觉的东方信仰传统的一种特殊的崇敬。

事实上，西汉时期，秦地和齐地，在当时正统礼祀体系中，形成了一西一东两个宗教文化的重心。

《汉书》卷二八《地理志》中所记录的全国各地正式的祀所，共计 352 处，然而仅右扶风雍县就有"太昊、黄帝以下祠三百三所"。滨海郡国有 24 所，占全国总数的 6.82%。如果不计右扶风雍县的祀所，则滨海郡国占 48.98% 之多。

全国列有正式祀所的县，共 37 个，滨海郡国有 15 个，占 40.54%，比重也是相当大的。

---

① 《史记》卷二八，《封禅书》："令越巫立越祝祠。""上信之，越巫鸡卜始用。"而"越巫"，《汉书·郊祀志下》写作"粤巫"。《汉书》卷二八上《地理志上》说左冯翊云阳有"越巫"之祠三所。汉武帝晚年"巫蛊之祸"时"胡巫"的表演，见于《汉书》卷六三《武五子传·戾太子刘据》、卷四五《江充传》。又《汉书》卷二八下《地理志下》：安定郡朝那"有端旬祠十五所，胡巫祝"。

秦汉帝王东巡海上，其深层心理，还有探求神仙世界的期望。

秦始皇时代，曾经屡屡使方士入海"求仙人不死之药"，"求芝奇药仙者"。秦始皇二十八年（前219），东巡途中，"齐人徐市等上书，言海中有三神山，名曰蓬莱、方丈、瀛洲，仙人居之。请得斋戒，与童男女求之。于是遣徐市发童男女数千人，入海求仙人"。他最后一次出巡时，还曾经亲自进行过海上求神的努力。《史记》卷六《秦始皇本纪》记载：

> 还过吴，从江乘渡，并海上，北至琅邪。方士徐市等入海求神药，数岁不得，费多，恐谴，乃诈曰："蓬莱药可得，然常为大鲛鱼所苦，故不得至。愿请善射与俱，见则以连弩射之。"始皇梦与海神战，如人状。问占梦，博士曰："水神不可见，以大鱼蛟龙为候。今上祷祠备谨，而有此恶神，当除去，而善神可致。"乃令入海者赍捕巨鱼具，而自以连弩候大鱼出射之。自琅邪北至荣成山，弗见。至之罘，见巨鱼，射杀一鱼。遂并海西。

对于秦始皇承袭滨海文化区的传统，殷勤于海上求仙的事迹，《史记》卷二八《封禅书》又有这样的记述：

> 自威、宣、燕昭使人入海求蓬莱、方丈、瀛洲。此三神山者，其傅在渤海中，去人不远；患且至，则船风引而去。盖尝有至者，诸仙人及不死之药皆在焉。其物禽兽尽白，而黄金银为宫阙。未至，望之如云；及到，三神山反居水下。临之，风辄引去，终莫能至云。世主莫不甘心焉。及至秦始皇并天下，至海上，则方士言之不可胜数。始皇自以为至海上而恐不及矣，使人乃赍童男女入海求之。船交海中，皆以风为解，曰未能至，望见之焉。其明年，始皇复游海上，至琅邪，过恒山，从上党归。后三年，游碣石，考入海方士，从上郡归。后五年，始皇南至湘山，遂登会稽，并海上，冀遇海中三神山之奇药。不得，还至沙丘崩。

似乎秦始皇东巡实践的动机，都与海上求仙的希冀有关。

汉武帝时代，同样迷信海上神仙之说，多次派遣方士入海求蓬莱仙人。汉武帝也有亲身往海上求仙的经历。汉武帝营造建章宫时，还特意在其中的人工水面"太液池"中，筑有"蓬莱、方丈、瀛洲、壶梁，象海中神山龟鱼之属"。

秦皇汉武以强力有为、卓识远见著名，然而都为探寻虚无缥缈的海上神仙传说，进行了毕生的追求。滨海文化以神奇的伟力，竟然可以使"威振四海"①、"雄材大略"② 的帝王们迷醉终生！

这真可以说是一种文化的奇迹。

（二）鲁、东海多至卿相

《汉书》有传者 338 人，除去皇族 41 人，外戚 25 人，前代人如范蠡、子赣等 6 人，计有 266 人，而其中出身于滨海地区的有 46 人，占 17.29％，与这一地区人口在全国人口中的比例大体相当。然而《汉书》卷八八《儒林传》中记载当世著名文士共 212 人，其中籍贯可考者 191 人，而滨海郡国独占 60 人，占 31.41％，竟然接近三分之一。可见这一地区在文化上的优势。

在当时全国文化界颇有名望的这 191 人中，各郡国人士以鲁国人最为集中，多达 31 人，其次，琅邪郡 19 人、东海郡 17 人、齐郡 12 人。仅琅邪、东海、齐郡这滨海三郡，就合计 48 人，占总数 191 人的 25.13％。可见，此三郡在当时已经形成了重要的文化中心。

《汉书》卷二八下《地理志下》说，"汉兴以来，鲁、东海多至卿相"，正反映了滨海地区以这种特殊的人才构成在全国文化格局中占据重要地位的情形。

除儒学学者而外，滨海地区还曾经出现西汉一代名医淳于意③、东汉造纸专家左伯等，而东汉博通文史的学术大师郑玄，也是北海高密人。

陈寅恪先生在著名论文《天师道与滨海地域之关系》中，曾经指出，汉时所谓"齐学"，"即滨海地域之学说也"。他认为，神仙学说之起源及其道术之传授，必然与滨海地域有关，自东汉顺帝起至北魏太武帝、刘宋文帝时代，凡

---

① 《史记》卷六，《秦始皇本纪》。

② 《汉书》卷六，《武帝纪》。

③ 淳于意事迹见《史记》卷一〇五，《扁鹊仓公列传》。而"扁鹊者，勃海郡郑人也"，滨海地区医学当有悠久的传统。《汉书》卷九二《游侠传》也记载，楼护，齐人，"父世医也，护少随父为医长安，出入贵戚家，护诵医经、本草、方术数十万言，长者咸爱重之"。陈寅恪先生《天师道与滨海地域之关系》一文曾说道："今所传《黄帝内经素问》，虽出后人伪造，实为中国医术古籍，而与天师道有关。"见《金明馆初稿初编》，27 页，上海古籍出版社，1980。汉代官印，又可见"琅邪医长"（《后四源堂古印零拾》）以及"齐典医丞"（《顾氏集古印谱》），作为罕见的地方医官之印，也使人联想到滨海地区医学的水平。

天师道与政治社会有关者，如黄巾起义、孙恩作乱等，都可以"用滨海地域一贯之观念以为解释"，"凡信仰天师道者，其人家世或本身十分之九与滨海地域有关"。

陈寅恪先生所提出的论点，无疑是一项重要的文化发现。

（三）琅邪群盗

值得注意的还有这样的史实，即秦汉以来滨海地域长期有反叛的传统。自秦汉之际田横五百士的故事之后，又多见滨海人的反抗斗争，从政治文化的角度说，滨海地区多有不安定的因素。

例如，《汉书》卷六《武帝纪》记载："（汉武帝天汉二年）泰山、琅邪群盗徐敦等阻山攻城，道路不通。遣直指使者暴胜之等衣绣衣杖斧分部逐捕，刺史、郡守以下皆伏诛。"《汉书》卷七一《隽不疑传》记载："武帝末，郡国盗贼群起，暴胜之为直指使者，衣绣衣，持斧，逐捕盗贼，督课郡国，东至海，以军兴诛不从命者，威振州郡。"《汉书》卷七六《张敞传》说："（宣帝时）胶东、勃（渤）海左右郡岁数不登，盗贼并起，至攻官寺，篡囚徒，搜市朝，劫列侯。"《汉书》卷八九《循吏传·龚遂》也说："宣帝即位，久之，渤海左右郡岁饥，盗贼并起，二千石不能禽制。"又《后汉书》卷一一《刘盆子传》记载："（王莽天凤元年）琅邪海曲有吕母者，子为县吏，犯小罪，宰论杀之。吕母怨宰，密聚客，规以报仇。……遂相聚得数十百人，因与吕母入海中，招合亡命，众至数千。吕母自称将军，引兵还攻破海曲。"《汉书》卷九九下《王莽传下》也说："（王莽天凤四年）临淮瓜田仪等为盗贼，依阻会稽长州，琅邪女子吕母亦起。初，吕母子为县吏，为宰所冤杀。母散家财，以酤酒买兵弩，阴厚贫穷少年，得百余人，遂攻海曲县，杀其宰以祭子墓。引兵入海，其众浸多，后皆万数。""（王莽天凤五年）赤眉力子都、樊崇等以饥馑相聚，起于琅邪，转抄掠，众皆万数。"关于赤眉军起义，《后汉书》卷一一《刘盆子传》又记载："琅邪人樊崇起兵于莒，众百余人，转入泰山，自号三老。时青、徐大饥，寇贼蜂起，众盗以崇勇猛，皆附之，一岁间至万余人。崇同郡人逢安、东海人徐宣、谢禄、杨音各起兵，合数万人，复引从崇。""（赤眉）军中常有齐巫鼓舞祠城阳景王，以求福助。"《后汉书》卷一二《张步传》关于琅邪不其人张步的事迹，也有"汉兵之起，步亦聚众数千，转攻旁县，下数城，自为五威将军，遂据本郡"的记载。

此外，《后汉书》卷三九《赵孝传》、《淳于恭传》、《江革传》、卷七九下《儒林列传下·包咸》，都分别记述了琅邪人魏谭、齐国人兒萌、北海淳于人淳于恭、齐国临淄人江革、会稽曲阿人包咸①等遭遇起义民众遇险的故事。

东汉安帝时，滨海地区又曾经发生激烈的武装反抗：

（永初二年）剧贼毕豪等入平原界。②

（永初三年）海贼张伯路等寇略缘海九郡……（永初四年）海贼张伯路复与勃（渤）海、平原剧贼刘文河、周文光等攻厌次，杀县令。③

（永初三年）海贼张伯路等三千余人，冠赤帻，服绛衣，自称"将军"，寇滨海九郡，杀二千石令长。……东莱郡兵独未解甲，贼复惊恐，遁走辽东，止海岛上。五年春，乏食，复抄东莱间。④

汉顺帝时，也有"海贼"在滨海地区活动：

（阳嘉元年）海贼曾旌等寇会稽，杀句章、鄞、鄮三县长，攻会稽东部都尉。……扬州六郡妖贼章河等寇四十九县，杀伤长吏。

（汉安元年）广陵盗贼张婴等寇郡县。⑤

广陵贼张婴等众数万人，杀刺史、二千石，寇乱扬、徐间，积十余年，朝廷不能讨。⑥

于是《后汉书》卷六《顺帝纪》有"扬、徐盗贼"的称谓。《后汉书》卷三八《滕抚传》也写道："顺帝末，扬、徐盗贼群起，磐牙连岁。"

在东汉后期冲、桓、灵、献时代，滨海地区仍然因武装反抗频仍不息而未能安定：

（永憙元年）广陵贼张婴等复反，攻杀堂邑、江都长。……丹阳贼陆

---

① 包咸"于东海界为赤眉贼所得，遂见拘执"。
② 《后汉书》卷八一，《独行列传·刘茂》。
③ 《后汉书》卷五，《安帝纪》。
④ 《后汉书》卷三八，《法雄传》。
⑤ 《后汉书》卷六，《顺帝纪》。
⑥ 《后汉书》卷五六，《张纲传》。

宫等围城，烧亭寺。①

  （永兴二年）太山琅邪贼公孙举等反叛，杀长吏。②

  （延熹三年）琅邪贼劳丙与太山贼叔孙无忌杀都尉，攻没琅邪属县，残害吏民。③

  海贼郭祖寇暴乐安、济南界，州郡苦之。④

于是《后汉书》卷七《桓帝纪》及卷六五《段颎传》又有"太山琅邪贼"的称谓。东汉末年滨海地区的起义往往以称帝称王的形式和最高统治者挑战，又可能以特殊的宗教形式宣传鼓动，于是被称为"妖贼"。如：

  （延熹八年）渤海妖贼盖登等称"太上皇帝"。⑤

  （熹平元年）会稽人许生自称"越王"，寇郡县。⑥

  （熹平元年）会稽妖贼许昭起兵句章，自称"大将军"，立其父为"越王"，攻破城邑，众以万数。⑦

  会稽妖贼许昌起于句章，自称"阳明皇帝"，与其子韶扇动郡县，⑧众以万数。⑨

滨海地区的动乱，在汉代碑刻文字资料中也有较集中的反映。例如：《荆州刺史度尚碑》："会杨贼畔于□"；《车骑将军冯琨碑》："督使徐、扬二州讨贼范容、朱生、徐凤、马勉、张婴等"；《竹邑怕张寿碑》："遭江炀剧贼⑩；《国三老袁良碑》："讨江贼张路等，威震徐方"⑪；《太尉陈球碑》："贼胡兰、李研等蜂聚蛾动，剥落荆、扬"⑫ 以及《巴郡太守张纳碑》："扬州寇贼陆梁作难"⑬等，都是值得重视的历史资料。

————————————

①《后汉书》卷六，《质帝纪》。

②⑤《后汉书》卷七，《桓帝纪》。

③《后汉书》卷八二下，《方术列传下·赵彦》。

④《三国志》卷一二，《魏书·何夔传》。

⑥《后汉书》卷八，《灵帝纪》。

⑦《后汉书》卷五八，《臧洪传》。

⑧"许昌"应即"许生"，"许韶"应即"许昭"。

⑨《三国志》卷四六，《吴书·孙坚传》。

⑩《隶释》卷七。

⑪《隶释》卷六。

⑫《隶释》卷一〇。

⑬《隶释》卷五。

还应当看到，除了直接的武装反叛形式之外，东汉时期，滨海地区还长期有以其他方式与中央政府相抗争的力量。例如《三国志》卷一一《魏书·王脩传》："高密孙氏素豪侠，人客数犯法。……胶东人公沙卢豪强，自为营堑，不肯应发调。"又卷五二《吴书·步骘传》："会稽焦征羌，郡之豪族，人客放纵。"这样的社会现象，或许也表现出滨海地区民俗风格的某些特点。

《三国志》卷一《魏书·武帝纪》说，收编徐州黄巾军的地方军阀臧霸出身于较低的社会阶层，曾经有亡命东海的经历，他归于曹操属下后，曹操"遂割青徐二州附于海以委焉"，他和他的军事集团活动不离乡土，行军作战，往往在滨海地区周旋。《三国志》卷一八《魏书·臧霸传》记载，曹操去世后，臧霸所指挥的驻军洛阳的部队"以为天下将乱，皆鸣鼓擅去"，一时导致了严重的政治混乱。不久，臧霸被剥夺兵权，而此后又有利城兵变，以及曹丕连续两次发动广陵战役，都说明这一地区长期未能安定。①

陈寅恪先生曾经引《世说新语·言语》："王中郎令伏玄度、习凿齿论青、楚人物"，刘孝标注："寻其事，则未有赤眉、黄巾之贼。此何如青州邪？"陈寅恪先生指出，"若更参之以《后汉书·刘盆子传》所记赤眉本末，应劭《风俗通义》玖《怪神篇》'城阳景王祠'条，及《魏志》壹《武帝纪》注引王沈《魏书》等，则知赤眉与天师道之祖先复有关系。故后汉之所以得兴，及其所以致亡，莫不由于青徐滨海妖巫之贼党。殆所谓'君以此始，必以此终'者欤？"

陈寅恪先生还指出，两晋南北朝时期，"多数之世家其安身立命之秘，遗家训子之传，实为惑世诬民之鬼道"，"溯其信仰之流传多起于滨海地域，颇疑接受外来之影响。盖二种不同民族之接触，其关于武事之方面者，则多在交通阻塞之点，即山岭险要之地。其关于文化方面者，则多在交通便利之点，即海滨湾港之地"。"海滨为不同文化接触最先之地，中外古今史中其例颇多。"②

这样的观点，值得我们在讨论滨海地区区域文化时参考。

---

① 田余庆：《汉魏之际的青徐豪霸》，见《秦汉魏晋史探微》，北京，中华书局，1993。
② 陈寅恪：《天师道与滨海地域之关系》，见《金明馆丛稿初编》，40 页，上海古籍出版社，1980。

五、北边区的军事文化

秦汉时期，所谓"北边"，通常已用以指代具有大致共同的经济文化特征的北部边地。① 司马迁《史记》已多见"北边"之称，如"始皇巡北边"②，汉武帝"北至朔方，东到太山，巡海上，并北边以归"，"匈奴数侵盗北边"，"匈奴绝和亲，侵扰北边"，"北边未安"③，"北边萧然苦兵矣"④，"数苦北边"⑤，"吾适北边"⑥，"历北边至九原"⑦ 等。此外，又可以看到"北边郡"⑧，"北边良将"⑨，"北边骑士"⑩ 的说法。

秦汉时期，北边地区作为农耕经济刚刚开拓的新区，民人多来自各地，其文化风格有综合各地传统的特色，只是更富有开创性，在"北边萧然苦兵"的背景下，又有勇悍尚武之风。

（一）移民北边的文化意义

秦及西汉时期，北边新经济区的建设受到特殊重视，农耕经济区与畜牧经济区的分界曾经逐渐向北推移。秦始皇时代已开始组织向北边移民，据《史记》卷六《秦始皇本纪》：

> 三十三年（前214），发诸尝逋亡人、赘婿、贾人……，以谪遣戍，西北斥逐匈奴。自榆中并河以东，属之阴山，以为三十四县，城河上为塞。又使蒙恬渡河取高阙、阳山、北假中，筑亭障以逐戎人。徙谪，实之初县。

---

① "北边"之称可能先秦时期已经出现，《史记》卷八一《廉颇蔺相如列传》："李牧者，赵之北边良将也。"然而此所谓"北边"，所指称的地域幅面，较秦汉所谓"北边"要狭小得多。

② 《史记》卷六，《秦始皇本纪》。

③ 《史记》卷二八，《平准书》。

④ 《史记》卷一二二，《酷吏列传》。

⑤ 《史记》卷九九，《刘敬叔孙通列传》。

⑥ 《史记》卷八八，《蒙恬列传》。

⑦ 《史记》卷二八，《封禅书》。

⑧ 《史记》卷一七，《汉兴以来诸侯王年表》。

⑨ 《史记》卷八一，《廉颇蔺相如列传》。

⑩ 《史记》卷三〇，《平准书》。

三十四年（前213），谪治狱吏不直者，筑长城。

三十五年（前212），除道，道九原抵云阳，堑山堙谷，直通之。……益发谪徙边。……使扶苏北监蒙恬于上郡。

（三十六年）迁北河榆中三万家，拜爵一级。

西汉仍多次组织移民充实北边。汉文帝曾采纳晁错建议，募民徙塞下。汉武帝元朔二年（前127），募民徙朔方十万口。元狩三年（前120），徙贫民于关以西及充朔方以南新秦中七十万口。元狩五年（前118），徙天下奸猾吏民于边。[①] 此后，又不断向河西等地移民。《汉书》卷二八下《地理志下》说："定襄、云中、五原，本戎狄地，颇有赵、齐、卫、楚之徙"，"（河西四郡）其民或以关东下贫，或以报怨过当，或以悖逆亡道，家属徙焉"。《汉书》卷四九《晁错传》记载，晁错曾经说到当时"募民徙边"，在所谓"胡貉之地，积阴之处"建设农耕生产基地的措施：

> 相其阴阳之和，尝其水泉之味，审其土地之宜，观其草木之饶，然后营邑立城，制里割宅，通田作之道，正阡陌之界，先为筑室，家有一堂二内，门户之闭，置器物焉，民至有所居，作有所用，此民所以轻去故乡而劝之新邑也。为置医巫，以救疾病，以修祭祀，男女有昏，生死相恤，坟墓相从，种树畜长，室屋完安，此所以使民乐其处而有长居之心也。

改变当地所谓"胡人衣食之业不著于地"的情形，打破"食肉饮酪，衣皮毛，非有城郭田宅之归居，如飞鸟走兽于广野，美草甘水则止，草尽水竭则移"的传统经济形式，推广中原农耕为基础的经济文化，需要有适宜的自然地理条件，同时，政府鼓励性的组织管理形式也为这种地区经济形式的转换奠定了必要的基础。这种转换过程又体现于《汉书》卷二八下《地理志下》的如下记述中：

> 自武威以西，本匈奴昆邪王、休屠王地，武帝时攘之，初置四郡，以通西域，鬲绝南羌、匈奴。其民或以关东下贫，或以报怨过当，或以悖逆亡道，家属徙焉。习俗颇殊，地广民稀，水草宜畜牧，故凉州之畜为天下饶。保边塞，二千石治之，咸以兵为务；酒礼之会，上下通焉，吏民相

---

① 据《史记》卷三〇《平准书》、《汉书》卷六《武帝纪》、《汉书》卷四九《晁错传》。

亲。是以其俗风雨时节，谷籴常贱，少盗贼，有和气之应，贤于内郡。此
政宽厚，吏不苛刻之所致也。

在"地广民稀，水草宜畜牧"的匈奴故地，农耕经济发展至于"风雨时节，谷
籴常贱"，除内地移民带来先进农业技术之外，又有"吏民相亲"，生产关系
"有和气之应"，"政宽厚，吏不苛刻"等因素的作用。

通过甘肃武威磨咀子 48 号汉墓出土的西汉木牛犁模型以及陕西绥德王得
元墓汉画像石牛耕图、陕西米脂画像石牛耕图、内蒙古和林格尔汉壁画墓牛
耕图等文物资料①，可知牛耕已在北边地区得到推广。由上述资料，可知当地
使用的犁架由犁梢、犁床、犁辕、犁衡、犁箭组成，作为畜力犁的主体部件均
已具备。辽宁辽阳三道壕西汉村落遗址出土的巨型犁铧，据推测可能是用数牛
牵引的开沟犁②，可以体现当时北边地区对于水利灌溉事业的重视。《汉书》
卷二九《沟洫志》记载：汉武帝塞瓠子之后，"用事者争言水利，朔方、西河、
河西、酒泉皆引河及川谷以溉田"。据《汉书》卷二八下《地理志下》记载，
敦煌郡冥安县，"南籍端水出南羌中，西北入其泽，溉民田"；又龙勒县，"氏
置水出南羌中，东北入泽，溉民田"。《史记》卷一一〇《匈奴列传》：

> 匈奴远遁，而幕南无王庭。汉度河自朔方以西至令居，往往通渠置
> 田，官吏卒五六万人，稍蚕食，地接匈奴以北③。

以水利建设为基础的农耕经济，曾"稍蚕食"畜牧区地域，使农业区与牧业区
之分界逐渐向北推移。《史记》卷三〇《平准书》记载，汉武帝元鼎六年（前
111），又令"上郡、朔方、西河开田官，斥塞率六十万人戍田之"。居延汉简
所见"田卒"、"治渠卒"诸称谓，可能即此次北边经济开发事业的文字遗存。
辽阳三道壕西汉村落遗址中畜圈邻近厕所，内中多积有粪肥④，说明当时所谓
"务粪泽"⑤ 的农田施肥技术已经推广至于北边地区。居延汉简中可见有关

① 甘肃省博物馆：《武威磨咀子三座汉墓发掘简报》，载《文物》，1972 年第 12 期；陕西省博
物馆、陕西省文物管理委员会：《陕北东汉画像石刻选集》，北京，文物出版社，1959；陕西省博
物馆、陕西省文管会：《米脂汉画像石墓发掘简报》，载《文物》，1972 年第 3 期；内蒙古自治区博
物馆：《和林格尔汉墓壁画》，北京，文物出版社，1978。

② 黄展岳：《近年出土的战国两汉铁器》，载《考古学报》，1957 年第 3 期。

③ "往往通渠置田，官吏卒五六万人"，或断作"往往通渠置田官，吏卒五六万人。"

④ 东北博物馆：《辽阳三道壕西汉村落遗址》，载《考古学报》，1957 年第 1 期。

⑤ 洪颐煊辑：《氾胜之书》，见《经典集林》，上海古籍出版社，1995 年影印本。

"运粪"的内容，如："□以九月旦始运粪"（73.30）。居延汉简又可见所谓"代田仓"（148.47，273.14，273.24，275.19，275.23，543.3，557.3，557.5A，557.5B），许多学者据此以为中原先进耕作方法"代田法"，当时已经在北边推广。内蒙古和林格尔汉墓出土反映庄园经济的壁画如农耕图、园圃图、采桑图、果林图、畜牧图、网渔图、谷仓图、酿造图等，也体现出当地农业及其他多种经营的发展水平。①

以北边为目的地的大规模的移民运动，使中原先进的农耕文化的影响得以显著扩展。

司马迁在《史记》卷一二九《货殖列传》中介绍各地的经济特征与文化风貌时，说到了北边有关地区的情形："种、代，石北也，地边胡，数被寇。人民矜懻忮，好气，任侠为奸，不事农商。然迫近北夷，师旅亟往，中国委输时有奇羡。其民羯羠不均，自全晋之时固已患其僄悍，而武灵王益厉之，其谣俗犹有赵之风也。"又说："夫燕亦勃、碣之间一都会也。南通齐、赵，东北边胡。上谷至辽东，地踔远，人民希，数被寇，大与赵、代俗相类，而民雕捍少虑，有鱼盐枣栗之饶。北邻乌桓、夫馀，东绾秽貉、朝鲜、真番之利。"虽然司马迁只说到北边区局部地域的情形，却抓住了其民风的基本特质。由于临近北方草原游牧族，这一地区的民俗受到影响，好气任侠、剽悍勇武成为风气。又由于"地边胡，数被寇"，"迫近北夷，师旅亟往"，文化风格带有浓重的军事化的特征。

班固在《汉书》卷二八下《地理志下》中分析北边区的文化风貌时，又指出了当地民众成分的异常，也是影响当地民风的主要原因之一。他说："其民或以关东下贫，或以报怨过当，或以悖逆亡道，家属徙焉，习俗颇殊。"这样的民俗特征，当然也是与所谓"保边塞"，"咸以兵为务"的历史文化的总体背景有关的，同时，则又以极适宜的形式保障了"保边塞"，"咸以兵为务"的国防需要。

班固同时指出，北边地区还有一个重要的文化特征，这就是当地官与民的关系，上与下的关系，都比较缓和。"保边塞，二千石治之，咸以兵马为务；

---

① 内蒙古自治区博物馆：《和林格尔汉墓壁画》，北京，文物出版社，1978；盖山林：《和林格尔汉墓壁画》，呼和浩特，内蒙古人民出版社，1981。

酒礼之会，上下通焉，吏民相亲。是以其俗风雨时节，谷籴常贱，少盗贼，有和气之应，贤于内郡。此政宽厚，吏不苛刻之所致也。"

北边地区政治生活所谓"贤于内郡"的"和气之应"，体现于"酒礼之会，上下通焉，吏民相亲"，于是少有"内郡"多见的激烈的阶级反抗，而"少盗贼"。班固分析其原因，以为："此政宽厚，吏不苛刻之所致也。"其实，我们还应当看到，居民的主要成分是远方移民，宗法意识比较淡薄，土地关系不很紧张，可能也是政治环境表现出"和气"的原因之一。而最根本的原因，可能还在于所谓"保边塞，二千石治之，咸以兵马为务"的背景，使得阶级矛盾被更为浓烈的战争烟云所掩蔽了。

（二）北边交通文化

在秦汉长城的防务体系中，交通道路对于北边军事局势具有决定性的意义，秦汉帝国致力于却敌开边的决策者对此无不予以特别的重视。出于战争的需要，北边交通系统具有更完备的结构，不仅有与长城并行横亘万里的主要干线，也包括出塞道路和与内地联系的许多条大道，以及保证北边新经济区正常生产与流通的疏密相间的道路网。

北边道的建设，对于当时北边地区的经济文化形势，有着突出的作用。

北边道的最初经营可以上溯到战国时代。在长城最初发挥防卫作用的同时，北边道路也已初步开通。

秦统一后规模宏大的长城工程必然要求沿线交通道路的畅通。长城作为军事防御设施也必然要以交通道路作为辅助结构。自春秋晚期起，车战作为主要作战方式走向衰落，但在秦汉之际，兵车在战争中仍发挥一定的作用。秦始皇陵兵马俑军阵表现为以兵车为主，步骑为辅的形式。秦末及汉匈战争中仍有车战。大队兵车的通行必然要求交通道路的平整和畅通。

秦汉长城防御体系由北边道连贯为一体。这也是北边文化区得以成立的基本条件之一。

史书中可以看到中央政府派员沿这条道路巡行北部边防的记载。例如，《汉书》卷七《昭帝纪》记载，汉武帝后元二年（前87），左将军上官桀曾经巡行北边。《汉书》卷九九中《王莽传中》说，新莽始建国三年（11年）"遣尚书大夫赵并使劳北边"；天凤元年（14 年）"谏大夫如普行边兵"。史籍中关于秦汉时代北边道路通行状况的最明确的说明，莫过于关于帝王亲自循北边巡行的记载。《史记》卷六《秦始皇本纪》记载，二十七年（前 220），"始皇巡陇西、北地，出鸡头山，过回中"。陇西郡正在当时长城线的西端，而所谓"鸡头山"，张守节《正义》引《括地志》："《后汉书·隗嚣传》云，'王莽塞鸡头'。即此也。"可见也是著名要塞。秦始皇三十二年（前 215），曾经东临渤海边，"刻碣石门"，又"巡北边，从上郡入"，当大致经行了北边道路的大部区段。秦始皇三十七年（前 210），出巡途中病故沙丘平台，李斯、赵高秘不发丧，棺载辒凉车中，"从井陉抵九原"而后归，并不急于回归咸阳控制统治中枢，特意绕行北边，说明这次出巡的既定路线是巡行北边后由直道返回咸阳的。完全循行秦始皇生前规划的路线，意在稳定政局，有计划有步骤地除去公子扶苏等人，充分表现出李斯、赵高等谋略的缜密。汉高祖平叛曾亲赴平城，致受白登之围，平城亦地当北边道上。据《史记》卷二八《封禅书》及《汉书》卷六《武帝纪》，汉武帝元鼎五年（前 112），曾由雍"至陇西，西登崆峒"，元封元年（前 110），武帝"行自云阳，北历上郡、西河、五原，出长城，北登单于台，至朔方，临北河"，巡察了北边道西段。同年，又北"至碣石，自辽西历北边九原归于甘泉"，巡察了北边道的东段及中段。元封四年（前 107），武帝又"通回中道，北出萧关，历独鹿、鸣泽，自代而还"。

帝王出巡，常常随行大队车骑，如《续汉书·舆服志上》所谓"乘舆大驾"，"属车八十一乘，备千乘万骑"。秦始皇、汉武帝皆曾巡行北边，北边道自当有可适应帝王乘舆通过的规模。《汉书》卷二四下《食货志下》说，皇帝出行，"郡国皆豫治道"。《盐铁论·散不足》也说到帝王出巡时，"数幸之郡县，富人以资佐，贫者筑道旁"的情形。秦始皇、汉武帝巡行北边，必然会促进北边交通道路的建设。

在长城防线构成之后，北边道的作用首先在于强化防务，维持整个防御系统中各个边防城塞之间的联系。汉武帝曾经有马邑之谋，单于以 10 万骑入武州塞，汉伏兵 30 万屯马邑旁谷中欲聚歼之。据《汉书》卷五二《韩安国列传》记载，由于匈奴攻破与整个防区失去联系的烽燧，"得武州尉史"，因而事泄，导致整个计划的失败。这里说到的"武州尉史"，《史记》卷一一〇《匈奴列传》作"雁门尉史","烽燧"则作"亭"。史书所记载，往往"亭燧"并称，亦或写作"亭障"、"亭徼"、"亭候"、"亭塞"。燧、障、徼、候、塞是防御机构，而"亭"则最初属于交通系统。如《汉书》卷一九上《百官公卿表上》："大率十里一亭，亭有长。"又《汉书》卷九六下《西域传下》："稍筑列亭，连城而西。"以及《后汉书》卷七六《卫飒传》："凿山通道五百余里，修亭传，列邮驿"等。《史记》卷三〇《平准书》说，汉武帝"北出萧关，从数万骑，猎新秦中，以勒边兵而归。新秦中或千里无亭徼，于是诛北地太守以下。"可见"亭"在边防地区的作用。居延汉简中有亭燧、亭障、塞亭、燧亭、关亭、望亭、戍亭诸称，"亭"逐渐与障、隧、候、塞等意义混同，由交通系统演化为军事组织的名称，可以说明长城防线上军事防御设施与北边道路的关系。居延汉简29.7："四月丙子肩水驿北亭长敏以私印兼行候事"，陈梦家先生在《汉简考述》一文中指出："以亭长兼行候事犹以隧长兼行候事之例，则亭长属于候官系统。"他又曾根据汉简中的有关资料列出邮站表，指出："邮为传递文书的专门机构，它与亭、传、置、驿并为大道上有关交通的设置，且往往重叠于一处互相通用"，"表中所列，显然与塞隧相联系，因此所谓邮站多数为隧，少数为亭、驿、关"①。这一现象，可能是北边长城沿线地区与内地不同之处。

北边道不仅有联系长城防线各个据点以加强防务的作用，尤其对于在长城以外进击匈奴有重要意义。从汉武帝元光元年（前134）以卫尉李广为骁骑将军，屯云中，以中尉程不识为车骑将军，屯雁门，防御匈奴始，至征和三年（前90）贰师将军李广利出五原，御史大夫商丘成出西河，重合侯莽通（马通）出酒泉击匈奴止，仅汉武帝时代，汉军数十次利用北边道运动集结兵力，由北边各郡出击匈奴，其中分多路同时出击的战役凡11次，由此可以体现出北边道将整个长城防区联系为一个整体的作用。

由于史籍记载的简略，我们难以详细了解当时北边道上各边郡同时紧张备战的情形。然而有的史例，如元朔六年（前123）春，卫青将六将军兵十余万骑出定襄，还，休息士马于定襄、云中、雁门，两个月后，又率这支部队由定襄出击，以及征和三年（前90）汉军由五原、西河、酒泉同时出兵，都可以

---

① 陈梦家：《汉简缀述》，28～29 页，北京，中华书局，1980。

说明边郡之间运输的方便与联系的畅通。而元鼎五年（前112）、元封元年（前110）汉武帝两次亲自巡边，前者"从数万骑"①，后者"勒兵十八万骑"②，尤其可以说明北边道路用于行军和运输的良好效能。

（三）中原农人的远役

北边地区的特殊文化风格的形成，与这一地区与其他文化区的特殊联系有着密切的关系。

长城工程的修筑，北边防务的加强，特别是汉武帝时代对匈奴频繁用兵的军事形势，使得北边区吸引了全国的兵员和物资。作为民族英华的青壮军人，和作为农耕成就的精良粟米，都曾经以空前的规模向北边区集中。

《史记》卷一一一《卫将军骠骑列传》记载，元狩四年（前119）春，卫青、霍去病各将五万骑击匈奴，"步兵转者踵军数十万"。张守节《正义》："言转运之士及步兵随后又数十万人。"从事辎重转运的军士可能数倍于作战主力部队。李陵任骑都尉，汉武帝以为有李广之风，曾欲使为李广利将辎重，可见辎重在远征军中的地位。李陵力请"愿得自当一队"，所部亦有所辖辎重，在匈奴围中，曾"以大车为营"。《汉书补注》引沈钦韩曰："陵以此车载辎重，固行阵，备冲突"，"要其临斗，乃用车骑，未尝以车战也"。指出当时军中车辆的主要作用在于运输作战物资。据《汉书》卷五四《李广传》，李陵出师时，"关东群盗妻子徙边者随军为卒妻妇，大匿车中"，可见军中辎重车不仅数量多，也有较大容量。《后汉书》卷二三《窦宪传》说，汉和帝永元元年（89年），窦宪率骁骑三万北征匈奴，勒石燕然，去塞三千余里，军车达"万有三千余乘"，号称"长毂四分，云辎蔽路"。可见征途愈远，军中辎重的比例当愈大。以元狩四年（前119）卫青、霍去病北击匈奴为例，主力部队10万骑，马匹14万。卫青将5万骑，出塞千余里；霍去病亦将5万骑，车重与大将军卫青等，出代2千余里。《汉书》卷九四下《匈奴传下》："计一人三百日食，用糒十八斛，非牛力不能胜；牛又当自赍食，加二十斛。"《汉书》卷六九《赵充国传》："军马一月之食，度支田士一岁。"部队往返行程2千余里至4千余里，

---

① 《史记》卷三○，《平准书》。
② 《史记》卷一一○，《匈奴列传》。

姑且以前后历时约 40 日计，当需军粮 4752000 斛以上。其中"步兵转者踵军数十万"，此仅以 20 万计。虽然军士出发时有可能自身携带数日军粮，作战中又有"得匈奴积粟食军"[1] 的偶然情形，然而以汉代运车车载 25 斛的一般标准折算，边郡至少须有 20 万辆运车装载的军粮储备是必然无疑的，如考虑到部队集结及作战准备时的消耗，则需用量当数倍于此。

秦汉史籍中多见"千里负担馈粮"、"万里运粮"的记载，《盐铁论·徭役》中说，当时转运往往"近者数千里，远者过万里，历二期"，往返历时可至二年。居延汉简中多见"车父"之称，陈直《史记新证》在《田叔列传》任安"为人将车之长安"条下说："汉代为人御车者称为车父。"[2] 其实由简文可知，"车父"与"将车"者身份不同，"车父"可能是以用私车完成远程运输作为劳役内容的服役者。"车父"可知明确原籍者有南阳、魏郡、淮阳、梁国等地。劳榦在《论汉代之陆运与水运》一文中说："运输之车运至塞上者，且远自梁国魏郡诸境"，"今据汉简之文，山东之车率以若干车编为车队，行数千里，转运之难，大略可想。"[3] 简文可见"陇右新阳第一车十人"（515.16）。新阳县有二，一在东海郡，一在汝南郡，当属长途运车。车序前标示县名的简例，又有"馆陶第一车"（81.1），"馆陶邑第一车"（311.13），"叶第一车"（E.P.T59：323），"冠军第二车"（180.8），"贝丘第四车"（428.2A），"贝丘第五车"，"贝丘第九车"，"贝丘第十一车"（24.6）。所标记的县名，分别属于魏郡、南阳郡、清河郡。居延汉简中所见记录车列序次的简文，多者至"第卌四车"（E.P.T52：139）。又如前引简 505.20，以 58 辆车为一个核算单位，很有可能是编队运行的一个运输集体。居延汉简中还有：

　　二百七十五两输居延

　　三十六两输橐他□　　　　　　　　　　　　　　　　32.18A

　　九十四两输居延

　　七十两输橐他[4]　　　　　　　　　　　　　　　　32.18B

---

　① 《史记》卷一一一，《卫将军骠骑列传》。
　② 陈直：《史记新证》，161 页，天津人民出版社，1979。
　③ 劳榦：《论汉代之陆运与水运》，见《历史语言研究所集刊》第 16 本，1947。
　④ 《居延汉简甲乙编》释文作"□十一两输橐他"，据裘锡圭《〈居延汉简甲乙编〉释文商榷（续二）》（《人文杂志》1982 年 4 期）订正。

这或许是河西边防局部地区内运输调度的记录。又如：

有二千两车在居延北汝往当见车　　　　　　　　　　E. P. F22：449

又有的简文中"车父"同时又称"戍卒"（303.6、303.1），或同时称"卒"（E. P. T50：30），或称"车卒"（83.5A）、"车父卒"（484.67，E. P. T52：167）以及"车父车卒"（83.5A）等。①

看来，北边地区通过北边道这一有明显军事化特征的交通运输系统，不仅实现了本地区辽阔地域间的文化联系，也使得其他文化区的影响能够对这一新兴的文化区的文化风格发生重要的历史作用。

（四）草原民族的内附

不仅内地曾向塞上大规模移民，秦汉时代还多次发生北方游牧族在塞外依长城定居的情形。

汉武帝元狩二年（前121），匈奴昆邪王杀休屠王并将其众合4万余人来降，置五属国以处之。汉宣帝五凤三年（前55），汉置西河及北地属国都尉以安处匈奴之归附者。甘露三年（前51），呼韩邪单于上书愿保卫上谷以西至敦煌。两汉之际，匈奴骑兵多次被引入内地作战。

东汉时，匈奴、乌桓、鲜卑往往归附，甚至入塞内屯居。《后汉书》卷三《章帝纪》及卷八八《西域传》说，章帝建初二年（77年），汉罢伊吾卢屯兵，北匈奴因遣兵复屯其地。这是先进的农业生产方式对游牧族发生影响的实例之一。

汉与塞外游牧族之间的经济联系得以实现的主要渠道之一，又有北边道上的关市贸易。《史记》卷一一〇《匈奴列传》记载："孝景帝复与匈奴和亲，通关市，给遗匈奴，遗公主，如故约。"汉武帝即位后，"明和亲约束，厚遇，通关市，饶给之"。后来虽然匈奴"往往入盗于汉边，不可胜数。然匈奴贪，尚乐关市，嗜汉财物，汉亦尚关市不绝以中之"。《汉书》卷九四上《匈奴传上》说，汉武帝征和四年（前89），单于遣使遗汉书云："欲与汉闿大关②，取汉女

---

① 参见王子今：《居延汉简所见〈车父名籍〉》，载《中国历史博物馆馆刊》总18～19期（1992年）；《关于居延"车父"简》，《简帛研究》第2辑，法律出版社，1996。

② 林斡：《匈奴历史年表》以为"即通关市"，39页，北京，中华书局，1984。

为妻，岁给遗我蘖酒万石、稷米五千斛、杂缯万匹，它如故约，则边不相盗矣。"《汉书》卷七《昭帝纪》记载：始元五年（前82），汉罢马、弩关。颜师古注引孟康曰："但马高五尺六寸齿未平，弩十石以上，皆不得出关，今不禁也。"《后汉书》卷三一《孔奋传》记载，两汉之际，"天下扰乱，唯河西独安，而姑臧称为富邑，通货羌、胡，市日四合"。颜师古注："古者为市，一日三合"，"今既人货殷繁，故一日四合也。"据《后汉书》卷八九《南匈奴列传》，汉明帝永平七年（64年），北匈奴"欲合市，遣使求和亲，显宗冀其交通，不复为寇，乃许之"。章帝元和元年（84年），"武威太守孟云上言北单于复愿与吏人合市"，诏许之，"北单于乃遣大且渠伊莫訾王等，驱牛马万余头来与汉贾客交易"。《后汉书》卷七三《刘虞传》说，刘虞"劝督农植，开上谷胡市之利，通渔阳盐铁之饶，民悦年登"。说明关市贸易对于塞内外经济发展都有积极的意义。内蒙古和林格尔汉墓壁画中有"宁城图"，在城中广场上，有四方形墙垣，标识"宁市中"三字，考古工作者以为此即文献记载所谓"上谷胡市"。[1]

除了开辟关市发展贸易之外，长城内外还通过进献、给遗等方式保持经济联系。如前引武帝征和四年匈奴单于索求"蘖酒万石、稷米五千斛、杂缯万匹"，所需运输车至少当在千辆以上。除此之外，北边地区还承担了多次向匈奴发送救济物资的运输任务。例如：汉宣帝五凤二年（前56），匈奴五单于争立，"议者多云，匈奴为害日久，可因其坏乱，举兵灭之"。御史大夫萧望之以为："宜遣使者吊问，辅其微弱，救其灾患。"宣帝从其议[2]。

又，汉宣帝甘露三年（前51），"（匈奴呼韩邪单于）居幕南，保光禄城。诏北边振谷食"[3]。

再，汉光武帝建武二十六年（50年），"南单于遣子入侍，奉奏诣阙"，"转河东米二万五千斛，牛羊三万六千头，以赡给之"[4]。

---

① 内蒙古自治区博物馆文物工作队：《和林格尔汉墓壁画》，北京，文物出版社，1978。

② 《汉书》卷七八，《萧望之传》。

③ 《汉书》卷八，《宣帝纪》。

④ 《后汉书》卷八九，《南匈奴列传》。

《居延汉简》中还有这样的资料：

> 守大司农光禄大夫臣调昧死言：守受簿丞庆前以请诏使护军屯食，守
> 部丞武□以东至河西郡十一、农都尉官二，调物钱谷漕转耀，为民困乏愿
> 调有馀给不□   214.33A

以西河以西十一郡物资援运灾区，"调有余给不足"，也体现出北边区作为一个经济文化整体的作用。

由于北边地区经济的进步，又由于与塞外游牧族贸易的发展，当地商业繁盛一时。居延汉简中可见有关"贾车"的内容：

> 日食时贾车出
> 日东中时归过   甲附14B

《后汉书》卷九〇《乌桓传》记载，汉顺帝阳嘉四年（135 年）冬，乌桓侵扰云中，一次即"遮截道上商贾牛车千余两"，也可以说明北边经济的活跃。[1]

北边区文化特征的形成，其实是以不同民族文化交融的历史过程为条件的。

德国军事理论家克劳塞维茨曾经指出："战争是一种人类交往的行为。""战争与其说像某种技术，还不如说像贸易，贸易也是人类利害关系和活动的冲突。"[2] 居延汉简中可以看到有关由汉地出逃塞外的"亡人"、"过客"和少数民族服务于汉廷的"属国胡骑"的记载。他们的活动，反映了一种在战争状态下非正常的小规模的相互交往。

较大规模的交往，也曾经在历史上留下了鲜明的文化印迹。《后汉书》卷八九《南匈奴列传》记载："王莽陵篡，扰动戎夷，续以更始之乱，方夏幅裂。自是匈奴得志，狼心复生，乘闲侵佚，害流傍境。及中兴之初，更通旧好，报命连属，金币载道，而单于骄踞益横，内暴滋深。世祖以用事诸华，未遑沙塞之外，忍愧思难，徒报谢而已。因徙幽、并之民，增边屯之卒。及关东稍定，陇、蜀已清，其猛夫扞将，莫不顿足攘手，争言卫、霍之事。帝方厌兵，闲修文政，未之许也。其后匈奴争立，日逐来奔，愿修呼韩之好，以御北狄之冲，

---

① 王子今：《秦汉长城与北边交通》，载《历史研究》，1988 年第 6 期。

② 〔德〕克劳塞维茨：《战争论》第 1 卷，中国人民解放军军事科学院译，135 页，北京，商务印书馆，1978。

奉藩称臣，永为外扞。天子总揽群策，和而纳焉。乃诏有司开北鄙，择肥美之地，量水草以处之。"无论是东汉王朝保守政策所助长的匈奴"骄踞益横"，频繁南侵，还是因匈奴部族内乱自争所导致的匈奴"奉藩称臣"，殷勤内附，都使得北边"肥美之地"出现了农牧业并举、农耕民族和游牧民族混居融会的历史趋向。

于是，这一地区的文化风格，进一步出现了新的形势。

所谓"徙幽、并之民"，即建武十三年（37年）匈奴"寇河东，州郡不能禁"，"于是渐徙幽、并边人于常山关、居庸关已东，匈奴左部遂复转居塞内"。此后匈奴"入寇尤深"，"北边无复宁岁"。后南单于内附，"于是复诏单于徙居西河美稷"。"南单于既居西河，亦列置诸部王，助为扞戍。使韩氏骨都侯屯北地，右贤王屯朔方，当于骨都侯屯五原，呼衍骨都侯屯云中，郎氏骨都侯屯定襄，左南将军屯雁门，栗籍骨都侯屯代郡"。北边诸郡，于是几乎均有匈奴屯居。后北匈奴亦"款五原塞降"，后来又有战事不断，而"诣云中、五原、朔方、北地降"者，遂"以分处北边诸郡"。此外，又有"窜逃入塞者络绎不绝"，东汉王朝"乃徙西河治离石，上郡治夏阳，朔方治五原"。

《后汉书》卷八七《西羌传》又记述，在羌人强大的军事压迫之下，东汉王朝采取的政策，也使得北边有的地区的文化形势发生了突变，"羌既转盛，而二千石、令、长多内郡人，并无守战意，皆争上徙郡县以避寇难。朝廷从之，遂移陇西徙襄武，安定徙美阳，北地徙池阳，上郡徙衙。百姓恋土，不乐去旧，遂乃刈其禾稼，发彻室屋，夷营壁，破积聚。时连旱蝗饥荒，而驱蹙劫略，流离分散，随道死亡，或弃捐老弱，或为人仆妾，丧其太半。"原有农业的经济遭受严重破坏，农耕区与畜牧区的分界又进一步南移。东西羌"大合"之后，又"寇陇西"，"寇北地"，"寇武威"。东汉王朝"于是复徙安定居扶风，北地居冯翊"。

北边诸郡居民的南迁，使秦汉时期北边区的地域文化，又南下进而影响了更广大的地区。

北边地区经济形式以农耕为主与以畜牧为主的反复，是秦汉经济史中引人注目的历史转变，这一转变对当地文化风貌的影响，也是十分显著的。

六、江南文化的历史性进步

秦汉时期，江南地区的经济文化表现出显著的进步。

经过这样的历史过程，江南地区与中原先进地区的文化差距逐渐缩小，江南地区的文明程度明显上升，从而为后来全国经济文化重心向东南地区的转移准备了条件。

（一）从卑湿之"贫国"到富足之"乐土"

"江南"地区曾经是经济文化水平相对落后的地区。

司马迁在《史记》卷一二九《货殖列传》中评述各地区的经济地位，曾经有"江南卑湿，丈夫早夭"语，又说当地风习，"呰窳偷生，无积聚而多贫。是故江淮以南，无冻饿之人，亦无千金之家"。当地农业还停留于粗耕阶段，生产手段较为落后，渔猎采集在经济生活中仍占相当大的比重。看来，在司马迁所处的时代，这一地区的农业经济较为落后，虽矿产、林产丰饶，然而尚有待于开发。司马迁曾经亲身往"江南"地区进行游历考察①，他对于"江南"经济文化地位的分析，应当是基本可信的。

这种以渔猎采集山伐作为基本经济生活方式的情形以及与此相关的文化风貌，到东汉时期发生了引人注目的变化。

东汉时期，史籍中已经多可看到有关江南地区的经济与文化取得突出进步的记载。

《后汉书》卷七六《循吏列传·卫飒传》记载东汉光武帝建武年间，卫飒任桂阳太守时推广中原先进农耕技术，促进开发当地经济的事迹。

卫飒的继任者茨充仍执行其"合于物宜"，促进经济发展的政策，传统"风土"特色，也随之改变："南阳茨充代飒为桂阳，亦善其政，教民种殖桑柘麻纻之属，劝令养蚕织屦，民得利益焉。"李贤注引《东观记》："元和中，荆州刺史上言：臣行部入长沙界，观者皆徒跣。臣问御佐曰：'人无履亦苦之

---

① 《史记》卷一二八，《龟策列传》："余至江南，观其行事，问其长老，云龟千岁乃游莲叶之上，著百茎共一根。""江傍家人常畜龟饮食之，以为能导引致气，有益于助衰养老，岂不信哉！"

否?'御佐对曰:'十二月盛寒时并多剖裂血出,燃火燎之,春温或脓溃。建武中,桂阳太守茨充教人种桑蚕,人得其利,至今江南颇知桑蚕织屦,皆充之化也。'"

江南水利事业也得到发展。《太平御览》卷六六引《会稽记》,说到汉顺帝时代会稽地区的水利建设,其规模至于"堤塘周回三百一十里,溉田九千余顷"。而规模较小的水利设施在江南分布之普遍,可以由汉墓普遍出土的水田陂池模型得到反映。

汉安帝永初初年,水旱灾异连年,郡国多被饥困。据《后汉书》卷三二《樊准传》,樊准上疏言救灾事,建议灾民"尤困乏者,徙置荆、扬孰郡,既省转运之费,且令百姓各安其所","太后从之"。所谓"荆、扬孰郡",当包括二州所领辖的江南地区。《后汉书》卷五《安帝纪》又记述,永初元年(107年)九月,"调扬州五郡租米,赡给东郡、济阴、陈留、梁国、下邳、山阳",是江南租米北调江北的明确记载。李贤注:"五郡谓九江、丹阳、庐江、吴郡、豫章也。扬州领六郡,会稽最远,盖不调也。"李贤所举五郡中,丹阳、吴郡、豫章均在江南。又《安帝纪》记永初七年(113年)事:"九月,调零陵、桂阳、丹阳、豫章、会稽租米,赈给南阳、广陵、下邳、彭城、山阳、庐江、九江饥民;又调滨水县谷输敖仓。"李贤注引《东观汉记》:"滨水县彭城、广阳、庐江、九江谷九十万斛,送敖仓。"《后汉书》与李贤注引《东观汉记》对于彭城、庐江、九江三郡国一谓受赈,一谓调输,或有一误,然而江南地区零陵、桂阳、丹阳、豫章、会稽租米丰饶,足以赈救江北饥民的事实,可以得到确认。

值得注意的是,永初元年南粮北调史例,谓"调扬州五郡租米"赈给兖州、豫州、徐州诸郡国。根据李贤的解释,扬州六郡中,"会稽最远,盖不调也",五郡指九江、丹阳、庐江、吴郡、豫章。然而处于江北的"庐江、九江饥民",六年后于永初七年则又成为赈济对象,或许永初元年租米北调有过度征发的情形。可是位于江南的丹阳、豫章诸郡,则承受住了短时期内连续两次大规模调输租米的沉重压力。

可见,江南地区农耕业的发展水平和经济实力,与江北许多地区相比,已经逐渐居于优势地位。

《三国志》卷五四《吴书·鲁肃传》裴松之注引《吴书》说：

> 后雄杰并起，中州扰乱，（鲁）肃乃命其属曰："中国失纲，寇贼横暴，淮、泗间非遗种之地，吾闻江东沃野万里，民富兵强，可以避害，宁肯相随俱至乐土，以观时变乎？"其属皆从命。

看来，秦及西汉时期所谓"卑湿贫国"[①]，到东汉末年前后，由于地理条件和人文条件的变化，已经演进成为"沃野万里，民富兵强"的"乐土"了。

显然，自两汉之际以来，江南经济确实得到速度明显优胜于北方的发展。正如有的学者所指出的："从这时起，经济重心开始南移，江南经济区的重要性亦即从这时开始以日益加快的步伐迅速增长起来，而关中和华北平原两个古老的经济区则在相反地日益走向衰退和没落。这是中国历史上一个影响深远的巨大变化，尽管表面上看起来并不怎样显著。"[②]

（二）生态环境的变化与江南移民的增长

秦代及西汉时期，北方人往往以为江南地区最不利于生存和发展的因素是气候的"暑湿"。

《史记》卷一〇一《袁盎晁错列传》、卷一一三《南越列传》、卷一一八《淮南衡山列传》等都说到"南方卑湿"。卷一二九《货殖列传》则写作"江南卑湿"。卷八四《屈原贾生列传》记载，汉文帝以贾谊为长沙王太傅，"贾生既辞往行，闻长沙卑湿，自以为寿不得长"，于是"为赋以吊屈原"。又卷五九《五宗世家》："（长沙王）以其母微，无宠，故王卑湿贫国。"《汉书》卷六四上《严助传》记载，汉武帝遣两将军将兵诛闽越，淮南王刘安上书谏止，以为当地"暑湿"的恶劣气候，会导致部队大量减员：

> 夏月暑时，呕泄霍乱之病相随属也，曾未施兵接刃，死伤者必众矣。

刘安又举前时击南海王事以为教训：

> 会天暑多雨，楼船卒水居击棹，未战而疾死者过半。亲老涕泣，孤子啼号，破家散业，迎尸千里之外，裹骸骨而归。悲哀之气数年不息，长老至今以为记。

---

① 《史记》卷五九，《五宗世家》。

② 傅筑夫：《中国封建社会经济史》第 2 卷，25 页，北京，人民出版社，1982。

刘安强调"中国之人不能其水土也",于是描绘出一幅大军南征的黯淡前景：

> 南方暑湿，近夏瘅热，暴露水居，蝮蛇蠚生，疾疠多作，兵未血刃而病死者什二三。虽举越国而虏之，不足以偿所亡。

对于江南之"暑湿"深怀疑惧之心，避之惟恐不远的史例，还有汉元帝时刘仁请求"内徙"事。

《后汉书》卷一四《宗室四王三侯列传·城阳恭王祉》记载：刘仁先祖"以长沙定王封于零道之春陵乡，为春陵侯"，"（刘）仁以春陵地势下湿，山林毒气，上书求减邑内徙。元帝初元四年，徙封南阳之白水乡，犹以春陵为国名"。东汉前期，还有其他类似的史例。如《后汉书》卷二四《马防传》记载，马防"徙封丹阳"，"后以江南下湿，上书乞还本郡，和帝听之"。又据《后汉书》卷四一《宋均传》，伏波将军马援击武陵蛮时，也曾"会暑甚，士卒多疫死"，"军士多温湿疾病，死者太半"。

东汉中期以后，则少见类似的记载，大约气候条件的演变，使得北人对南土的体验已经与先前有所不同。

两汉之际及东汉末年，两次出现由中原往江南的大规模的移民浪潮。

以《汉书》卷二八《地理志》与《续汉书·郡国志》中所提供的有关两汉户口数字的资料相比照，可以看到丹阳、吴郡、会稽、豫章、江夏、南郡、长沙、桂阳、零陵、武陵等郡国户口增长的幅度。江夏郡与南郡辖地分跨大江南北，户口增长率亦最低。丹阳郡与会稽郡由于开发较早，故户口增长幅度亦不显著。汉顺帝永和元年（136 年）全国户口数与汉平帝元始二年（2 年）相比，呈负增长形势，分别为-20.7％与-17.5％。与此对照，江南地区户口增长的趋势，成为引人注目的历史现象，而桂阳、长沙、豫章及零陵等郡国的增长率尤为突出。桂阳增长率为：户 380.21％，口 220.41％。长沙增长率为：户 488.58％，口 349.22％。豫章增长率为：户 502.56％，口 374.17％。零陵增长率为：户 906.47％，口 618.61％。户数增长一般均超过口数增长，暗示移民是主要增长因素之一。

两汉之际，中原兵争激烈，如《三国志》卷六《魏书·董卓传》注引《续汉书》所说，"民人流亡，百无一在"，而避乱江南成为主要移民方向。《后汉书》卷三二《樊准传》说，东汉时期，"连年水旱灾异，郡国多被饥困"，"饥荒之余，人庶流进，家户且尽"，其中往往有渡江而南者。永初初年实行"尤困乏者，徙置荆、扬孰郡，既省转运之费，且令百姓各安其所"的政策，即说明民间自发流移的大致方向。通过所谓"令百姓各安其所"，可知流民向往的安身之地，本来正是"荆、扬孰郡"。

东汉末年剧烈的社会动乱再一次激起以江南为方向的流民运动。

《三国志》卷五二《吴书·张昭传》说："汉末大乱，徐方士民多避难扬土。"《三国志》卷一三《魏书·华歆传》注引华峤《谱叙》也写道：

是时四方贤大夫避地江南者甚众。

《三国志》卷二一《魏书·卫觊传》也说："关中膏腴之地，顷遭荒乱，人民流入荆州者十万余家。"《三国志》卷六〇《吴书·全琮传》也有"是时中州士人避乱而南"的记载。

史称士民南流，"避难扬土"，"避乱扬州"[1] 者，似乎直接原因是畏避兵燹之灾。然而仅仅以此并不能真正说明这一历史现象的深层缘由。战国时期列国之间的长期战争，秦统一天下的战争，秦末反抗秦王朝的战争，刘邦、项羽争夺天下的战争，其规模和烈度之惊人，都曾经对中原社会造成了巨大的破坏，然而当时何以未曾出现大规模南渡避乱的情形呢？

《三国志》卷一四《魏书·蒋济传》记载，建安十四年（209 年），曹操欲徙淮南民，"而江淮间十余万众，皆惊走吴"。《三国志》卷四七《吴书·吴主权传》记述建安十八年（213 年）事，又写道：

初，曹公恐江滨郡县为（孙）权所略，征令内移。民转相惊，自庐江、九江、蕲春、广陵户十余万皆东渡江，江西遂虚，合肥以南惟有皖城。

江淮间民众不得不迁徙时，宁江南而毋淮北，体现出对较优越的生存环境的自发的选择。其考虑的基点，可能并不仅仅在于战乱与安定的比较。

大致在东汉晚期，江南已经扭转"地广人稀"、"火耕水耨"的落后局面，成为"垦辟倍多，境内丰给"[2] 的"乐土"。《抱朴子·吴失》说到吴地大庄园经济惊人的富足：

---

[1]《三国志》卷一五，《魏书·刘馥传》。
[2]《后汉书》卷七六，《循吏列传·王景》。

势利倾于邦君，储积富于公室，僮仆成军，闭门为市，牛羊掩原隰，田池布千里。

庄园主有充备的物质实力，享受着奢靡华贵的生活：

金玉满堂，伎妾溢房，商贩千艘，腐谷万庾，园圃拟上林，馆第僭太极，粱肉余于犬马，积珍陷于帑藏。

这样的情形，与司马迁所谓"无千金之家"的记述形成了鲜明的对照，而几乎完全成为王符《潜夫论·浮侈》、仲长统《昌言》中所描绘的东汉中期前后黄河流域豪富之家经济生活的翻版。

江南地区气候条件的变迁，使得中原士民不再视之为"暑湿"、"瘴热"之地而"见行，如往弃市"[1]。气候环境的改善，也使得中原先进农耕技术可以迅速移用推广。这些无疑都成为江南地区经济文化实现突出进步的重要条件。

（三）江南之秀，海内闻名

随着经济的进步，江南地区的文化面貌也为之一新。

东汉前期，"避乱江南者未还中土"，已经有"会稽颇称多士"的说法。[2]

据《后汉书》卷五三《徐稺传》，汉桓帝延熹二年（159 年），帝请尚书令陈蕃品评当时天下名士，问道："徐稺、袁闳、韦著谁为先后？"陈蕃回答说："（袁）闳生于公侯，闻道渐训。（韦）著长于三辅礼义之俗，所谓不扶自直，不镂自雕。至于（徐）稺者，爰自江南卑薄之域，而角立杰出，宜当为先。"可见当时江南的文化地位，仍然被看作"卑薄之域"，然而已经出现了"角立杰出"于天下的著名文士。

至于东汉晚期，如《三国志》卷五七《吴书·虞翻传》所说，孔融读虞翻《易注》，不禁发表"乃知东南之美者，非徒会稽之竹箭也"的感慨。一时"江南之秀"，往往"亦著名诸夏"[3]。据《三国志》卷五七《吴书·虞翻传》注引《会稽典录》所说，江南之地，"善生俊异"，著名学士"各洪才渊懿，学究道源，著书垂藻，络绎百篇，释经传之宿疑，解当世之盘结，或上穷阴阳之奥秘，下摅人情之归极"，或"海内闻名，昭然光著"，或"为世英彦"，"粲然传世"，或"聪明大略，忠直謇谔"，或"探极秘术"，"文艺多通"，诸多英俊，

---

① 《汉书》卷四九，《晁错传》。

② 《后汉书》卷七六，《循吏列传·任延》。

③ 《三国志》卷五八，《吴书·陆逊传》裴松之注引《机云别传》。

"徒以远于京畿，含香未越耳"。

由《三国志》卷五七《吴书·虞翻传》注引《江表传》载孙策与虞翻语可知，当时江南士人"与中州士大夫会"，每傲然自恃，"语我东方人多才"，具有"交见朝士，以折中国妄语儿"的自信。

七、"关西出将，关东出相"：秦汉文化精英的区域分布

区域文化的特色可以影响区域居民个性风格与行为习惯的形成，影响当地人才基本资质与性格倾向的特征。分析人才的区域分布，也有助于全面认识区域文化的特性。

（一）"山东·山西"与"关东·关西"

司马迁在《史记》卷一二九《货殖列传》中列举各地物产风习时，最后又说道："夫天下物所鲜所多，人民谣俗，山东食海盐，山西食盐卤，领南、沙北固往往出盐，大体如此矣。"以"山东"、"山西"勾勒出文化区划分的大概。司马迁又有将天下划分为"山西"、"山东"、"江南"、"龙门、碣石北"四个区域的说法，同时指出区域物质生产和物质生活与所谓"谣俗"即民间社会风俗有关。这样的见解，可以看作文化地理学的创见。

《汉书》卷六九《赵充国辛庆忌传》说："秦汉以来，山东出相，山西出将。"《后汉书》卷五八《虞诩传》也说："谚曰：'关西出将，关东出相。'"

山东、山西或者关东、关西两个地区文化基因的不同，使得各自人才集团的素养也表现出明显的文化差异。

秦汉时期，所谓山东、山西和关东、关西，一般以崤山、华山和函谷关作为区界。

以扬雄《方言》一书为例，在论述方言区域时，"自山而西"的说法出现1次，"自山而东"的说法出现4次，"（自）山之东西"的说法出现5次。书中以"关"为区界的情形更为普遍，说到"自关而西"、"自关以西"87次，其中单独出现即45次；说到"自关而东"47次，其中单独出现27次。

刘君惠先生认为，扬雄《方言》所谓"关西"，"只是战国时秦国的一个部分，与《禹贡》中的雍州相当，不包括南边的梁益地区在内"。对于"关东"的区界，劳榦先生说"关东固然可以完全指函谷以东，但也可以只包括江淮以北，沿北边诸郡以南一带地方"。他在《两汉户籍与地理之关系》一文中写道，

"为方便起见，不妨将北边除去燕代的旧疆，南边除去荆扬二郡，将淮河以北和太行以东假定为本篇中的'关东'"①。刘君惠先生则以为，这并不完全符合《方言》中的实际情况。《方言》中的"关东"可以包括荆楚②，也可以包括江淮，甚至包括湘水流域的南楚③。然而《方言》中的"关东"、"山东"确实不包括燕代地区，因而《方言》卷七所谓"自山而东五国之郊"的"五国"，应当理解为齐、楚、赵、魏、韩。

按照刘君惠先生的分析，《方言》中"自关东西"、"自关而东西"、"关之东西"、"关东关西"、"关东西"所代表的地区是一致的，一共出现 13 次，都不与其他地名并举。"（自）山之东西"与上述地区相同，都是指以函谷关为中心的东西两侧，大致包括关西的全部地区和关东的周韩郑一带④。

（二）山西虎臣的将帅之风

班固在《汉书》卷六九《赵充国辛庆忌传》最后有一段人才地理学的著名分析。他不仅指出了秦汉以来名将多出"关西"的历史事实，还讨论了这一社会文化现象的重要的历史背景：

> 赞曰：秦汉已（以）来，山东出相，山西出将。秦将军白起，郿人；王翦，频阳人。汉兴，郁郅王围、甘延寿、义渠公孙贺、傅介子、成纪李广、李蔡、杜陵苏建、苏武、上邽上官桀、赵充国，襄武廉襃，狄道辛武贤、庆忌，皆以勇武显闻。苏、辛父子著节，此其可称列者也，其余不可胜数。何则？山西天水、陇西、安定、北地处势迫近羌胡，民俗修习战备，高上勇力鞍马骑射。故《秦诗》曰："王于兴师，修我甲兵，与子皆行。"其风声气俗自古而然，今之歌谣慷慨，风流犹存耳。

关西名将，班固列举了 15 人，并说"此其可称列者也，其余不可胜数"。白起、王翦，其实是战国秦人，秦代关西名将，则有章邯、王离等。而"称列"于史籍的西汉将军，也可以具体分析其出身地域。

以《汉书》所见秩别最高的大将军、骠骑将军、车骑将军、卫将军为例，

---

① 劳榦：《两汉户籍与地理之关系》，见《历史语言研究所集刊》第 5 本第 2 分册，1935。

②《方言》卷一："自关而东汝颍陈楚之间"，"自关而东陈魏宋楚之间"；卷三："自关而东周洛楚魏之间"；又卷五、卷一三："自关而东陈楚宋魏之间"。

③ 如《方言》卷三："自关而东江淮南楚之间"。

④ 刘君惠等：《扬雄方言研究》，130~132 页，成都，巴蜀书社，1992。

可以看到，西汉历代最高军事长官大多是关西人。

前后左右将军的地位也相当高。据《汉书》卷六《武帝纪》记载：元狩四年（前119）夏，"大将军卫青将四将军出定襄"击匈奴。《汉书·霍去病传》："郎中令李广为前将军，太仆公孙贺为左将军，主爵赵食其为右将军，平阳侯（曹）襄为后将军，皆属大将军。"李广，陇西成纪人；公孙贺，北地义渠人；赵食其，左冯翊徯祤人；曹襄，为曹参之后，当为长安人。可见大将军属下"四将军"均为关西将领。

此外，《汉书》卷六九《辛庆忌传》说，辛庆忌曾经任为左将军，史称"为国虎臣"，"匈奴、西域亲附，敬其威信"，子弟"皆有将帅之风"。

《汉书·卫青霍去病传》后，除赵食其外，还附有9位属将小传，可知其出身地域和历任军职。这些率军击破匈奴的重要将领，都是清一色的关西人。

《西汉会要》卷三二还列载所谓"列将军"名号，计38种，除有些与武事完全无关者外，还有上将军、游击将军、复土将军、将屯将军、骁骑将军、护军将军、轻车将军、楼船将军、戈船将军、下濑将军、横海将军、浮沮将军、十二部将军、贰师将军、度辽将军、虎牙将军、蒲类将军、祁连将军、破羌将军、护羌将军、奋威将军、建威将军、步兵将军等，其中《汉书》有传者8人。其中也多为关西人或有关西军旅实践的经历。

值得注意的，还有杨仆请求徙关以成为关内民的故事。《汉书》卷六《武帝纪》："（元鼎）三年冬，徙函谷关于新安。以故关为弘农县。"颜师古注引应劭曰："时楼船将军杨仆数有大功，耻为关外民，上书乞徙东关，以家财给其用度。武帝意亦好广阔，于是徙关于新安，去弘农三百里。"如果我们联系关东和关西人才素质的区域差别，来考虑杨仆在"数有大功"的条件下，"乞徙东关"的心理背景，似乎可以隐约发现这一要求或许也体现出追慕关西勇武之风的倾向。而杨仆不仅东击朝鲜，南征南越，扬军威于万里之外，而且在军事理论上也有志于进行新的总结。《汉书》卷三〇《艺文志》在论述兵家学说时指出："汉兴，张良、韩信序次兵法，凡百八十二家，删取要用，定著三十五家。诸吕用事而盗取之。武帝时，军政杨仆捃摭遗逸，纪奏兵录，犹未能备。至于孝成，命任宏论次兵书为四种。"有的注家以为，"军政"当作"军正"①。

为什么关西多出军事人才？

---

① 王先谦：《汉书补注》引刘奉世及钱大昭说，北京，商务印书馆，1959。

班固曾经有这样的分析："山西天水、陇西、安定、北地处势迫近羌胡，民俗修习战备，高上勇力鞍马骑射。""其风声气俗自古而然，今之歌谣慷慨，风流犹存耳。"《艺文类聚》卷六引《春秋元命苞》也说道：并州，"其气勇抗"；雍州，"其气险也"。《后汉书》卷六五《段颎传》说，武威姑臧人段颎"少便习弓马，尚游侠"，率军平定羌人之乱，"涉履霜雪，兼行晨夜，身当矢石，感厉吏士"，屡立奇功，因为字纪明，与皇甫威明、张然明，并知名显达，京师称为"凉州三明"。范晔在赞语中于是有"山西多猛，'三明'俪踪"的说法。《后汉书》卷八七《西羌传》关于段颎事迹，也写道："段颎受事，专掌军任，资山西之猛性，练戎俗之态情，穷武思尽飙锐以事之。被羽前登，身当百死之阵，蒙没冰雪，经履千折之道，始殄西种，卒定东寇。"所谓"山西多猛"，"山西之猛性"，都体现出区域文化风格即"风声气俗"的基本特质。《华阳国志·蜀志》说秦俗"多悍勇"，也反映了同样的文化气象和民俗特征。

（三）出身山东的高级文官

所谓"秦汉以来，山东出相"的历史记载，以及"关东出相"的民谚的传播，正可以与《汉书》卷二八下《地理志下》所谓"汉兴以来，鲁、东海多至卿相"对照理解。

以西汉历代朝廷最高秩别的文官首领丞相来说，其出身地域确实是相对比较集中的。

总计45人中，除赵周一人出身地域不明外，明确为关西人者，只有武帝朝田蚡、李蔡、公孙贺，哀帝朝朱博、王嘉等5人，只占6.67%。明确可知为关东人或祖上为关东人的，占86.67%。除去其先徙陵邑者，仍占77.78%。而鲁地、东海多至7人，即宣帝朝韦贤、丙吉、于定国，元帝朝韦玄成、匡衡，成帝朝薛宣，哀帝朝马宫。

可见，所谓"汉兴以来，鲁、东海多至卿相"，确实是客观的评断。

这一文化现象，与儒学发生和发展的基地在东方有密切的关系。

另外，西汉历任丞相出身关西者以长安五陵最为集中（合计先世及当世徙居陵邑者多达9人[1]，占20%），也是值得予以充分重视的历史文化现象。

---

[1] 即武帝朝田蚡、田千秋，宣帝朝魏相、黄霸，成帝朝王商，哀帝朝朱博、平当、王嘉，平帝朝平晏。

第三章
异彩纷呈的学术文化

　　秦汉时期的学术文化，上承春秋战国学术文化高度繁荣之绪，下开魏晋以降历代封建学术文化持续发展之基，在整个中国学术文化演变历史上占有独特的地位，呈示显著的特色。"车同轨，书同文，行同伦"① 的时代条件，决定了秦汉学术文化必然是大一统政治格局作用下的产物，而"秦也者，古今之界也"② 的历史坐标衡度，则规范了秦汉学术文化必然是中国历史长河中承前启后的枢机。

　　大略而言，经学是这一时期学术文化的主要表现形态，它的盛衰基本上反映了当时学术文化嬗变的轨迹和面貌；谶纬之学是这一时期学术文化的特殊现象，它突出体现了当时学术文化区别于其他时代的色彩；史学是这一时期学术文化

---

① 《礼记·中庸》。
② 恽敬：《大云山房文稿·三代因革论》。

发达的显著标志，它的丰硕成就表现出当时人们认识自我、把握历史所达到的水准；兵学是这一时期学术文化进步的具体收获，它开创了大一统时期军事文化的崭新局面。

一、经学的盛衰与今古文之争

汉代学术的主要表现形态是经学，汉代的思想家、学问家大多数以经学大师的身份出现，这是两汉学术文化的显著现象，也是两汉学术区别于其他历史时期学术的最主要标志。所以要了解两汉时代学术文化的递嬗轨迹、主要内容及其基本特征，就必须以认识经学的盛衰变化为前提。

（一）经学的由来及其地位的确立

扼要地说，所谓"经"，其原始含义为一般大型典籍的通称。章太炎《国故论衡》卷中"文学总略"指出："书籍得名，实冯傅（凭附）竹木而起"，"'经'者，编丝缀属之称，异于百名以下用版者，亦犹浮屠书称'修多罗'。修多罗者，直译为线，译义为经。盖彼以贝叶成书，故用线联贯也；此以竹简成书，亦编丝缀属也。"在战国时期，"经"一方面作为一般书籍的泛指，如《庄子·天下篇》中有"墨经"之谓，《荀子·解蔽篇》中有"道经"之称，另方面也特指诗、书、礼、乐、易、春秋等"六经"。《庄子·天运篇》云："孔子谓老聃曰：丘治诗、书、礼、乐、易、春秋六经，自以为久矣……老子曰：夫六经，先王之陈迹也。"又《庄子·天下篇》称："其在于诗、书、礼、乐者，邹鲁之士，缙绅先生，多能明之。其数散于天下而设于中国者，百家之学时或称而道之。"很显然，所谓"六经"，既是经过以孔子为宗师的儒家整理厘定而流传的典籍，属于"先王之陈迹"，但同时又可为"百家"所称道，大家都可以徵（征）引。总之，此时的"经"开始基本具备"经典"的意义。

随着儒家"显学"地位的日益尊崇和其在整理研究古代文化方面所做出的特殊重大贡献，诗、书等"六经"也越来越成为儒家传习的专利品，于是，这些特殊典籍，通常以二尺四寸的大型典册来书写，被正式尊为经典，以区别于普通的"传""论"或其他学派所传习的著作，这样，"经"便与儒家结下不解之缘。到了汉代，它更作为由封建统治者所"法定"的、以孔子为代表的儒家所整理编著典籍的专称，被赋予神圣不可改变的性质，奉为指导一切的常法，从而完成了由原始大型典籍之"经"到儒家特定传习载体之"经"的最终转化。

所谓"经学"，乃是指历代专门训解和阐发儒家经典文义与理论之学。语最早见于《汉书·兒宽传》："以宽为掾，举侍御史。见上，语经学，上说之，从问《尚书》一篇。"广义的"经学"，可以理解为是解释儒家经典文义的学问，被称为"传"或"记"，那是汉代以前就已存在了的。所以，皮锡瑞《经学历史》、马宗霍《中国经学史》等讲解"经学"的历史，都从"孔门之经学"讲起。然而，严格意义上的"经学"，我们认为其形成应在西汉中叶汉武帝"罢黜百家，独尊儒术"之后，其具有标识性意义的象征，即"五经"博士的设置。因为到了这时"五经"或"六艺"等儒家经典才正式被"法定"为封建统治的最高思想指导，与之相适应训解与阐发"五经""六艺"的学术，也成了官方承认和推崇鼓励的正统学术。于是"经学"就正式产生了。至于两汉"经学"的本质则当是汉代统治者有意识提倡、发扬的儒学经典化、教条化和泛物化。这正如一些研究者所概括的那样："经学特指西汉以后，作为封建主义的理论基础和行为准则的学说"[1]；"经学，实质上是适应于封建中央集权的需要，中国思想家在秦王朝灭亡后对各种思想体系的选择，把儒家思想作为封建社会意识形态的精髓、核心的'经典'之学"[2]。

"五经"法定地位的确立，经学正式成为官方学问，统治者对经学的提倡、尊崇之力度亦日益提高。具体情况两《汉书》中的《儒林传》言之甚详，兹不细叙。要而说之，这主要表现为皇帝在诏书中称引经文随处可见，皇帝亲访儒雅[3]、亲幸太学、亲自讲解经义[4]、亲自策试太学生等做法屡见不鲜、至为普遍。尤其是皇帝以"九五"之尊，亲自主持关于经学的讨论，并正定"五经"

---

① 朱维铮：《中国经学与中国文化》，载《复旦大学学报》，1986年第2期。

② 孙长江：《经学与中国文化》，见《中国传统文化的再估计》，上海人民出版社，1988。

③ 参见《后汉书》卷七九上，《儒林列传·序》："及光武中兴，……先访儒雅，采求阙文，补缀漏逸。"

④ 参见《后汉书》卷七九上，《儒林列传·序》："飨射礼毕，(明)帝正坐自讲，诸儒执经问难于前，冠带缙绅之人，圜桥门而观听者盖亿万计。"

文字等举措，更极大地推动了经学地位的提高和经学影响的扩大。

《汉书·王褒传》记载："宣帝时，修武帝故事，讲论六艺群书。""修武帝故事"，即仿效汉武帝以往的做法。可见汉武帝就有讲论经义之事。汉宣帝讲论经义有多次，其中最为著名的一次即甘露三年（前51）的"石渠阁会议"：

> 诏诸儒讲"五经"同异，太子太傅萧望之等平奏其议，上亲称制临决焉。①

> 甘露中，与五经诸儒杂论同异于石渠阁。②

到了东汉章帝时，这种由皇帝"亲称制临决"经义的举措再度上演，这就是直接模仿"石渠阁会议"的"白虎观大会"，其会议成果则表现为《白虎通义》（又称《白虎通德论》、《白虎通》、《白虎议奏》等）一书的撰就：

> （杨）终又言："宣帝博征群儒，论定五经于石渠阁。方今天下少事，学者得成其业，而章句之徒，破坏大体。宜如石渠故事，永为后世则。"于是诏诸儒于白虎观论考同异焉。③

> 诸儒会白虎观，讲议五经同异，使五官中郎将魏应承制问，侍中淳于恭奏，帝亲称制临决，如孝宣甘露石渠故事。④

> 建初中，大会诸儒于白虎观，考详同异，连月乃罢，肃宗亲临称制，如石渠故事，顾命史臣，著为《通义》。⑤

毫无疑义，石渠阁会议与白虎观会议的中心议题是论定"五经同异"，即通过整理、研究儒家经典以阐说发挥儒家的思想，是典型的"经学"盛举。而皇帝"亲称制临决"，表明是由皇帝下命令决定最后的取舍，使经义的阐说具有了"法典"与"国宪"的性质，从而反映出经学作为两汉正统思想的绝对不可动摇地位，其服务于皇权、受制于皇权之关系显而易见。

如果说，皇帝亲自主持经义的讨论，作出最后裁决，体现了经学地位的神圣化和经学皇权关系的密切化，那么刻设石经，厘正经文，对于传播经典，维护经学纯正性，扩大经学影响力，则具有不可忽视的意义。这方面，东汉熹平

---

① 《汉书》卷八，《宣帝纪》。
② 《汉书》卷八八，《儒林传》。
③ 《后汉书》卷四八，《杨终传》。
④ 《后汉书》卷三，《章帝纪》。
⑤ 《后汉书》卷七九，《儒林列传》。

四年（175 年）洛阳镂刻的"熹平石经"堪具代表性："熹平四年，灵帝乃诏诸儒正定《五经》，刊于石碑，为古文、篆、隶三体书法以相参检，树之学门，使天下咸取则焉。"①"天下咸取则"，充分说明了石经镌刻与经学发展的内在关系。

显然，经学作为两汉的官方学术，在朝廷的全力扶持下，在广大儒生的积极参与下，曾在当时高度兴盛，成为封建文化的正统，在巩固两汉王朝的统治、促进民族文化心理认同等方面发挥过不可替代的作用。

（二）经学的传授

经学既为统治者钦定为官方学术，成为士人仕进的必由之路，那么，当时读书人热衷于经学的学习与传授也就合乎情理，蔚然成风了。这表现为经师拥有大批的门生弟子，师法与家法的确立和发展，传、说、章句、解故（训诂）等经解体裁的发达等等。

两汉时期的经师一般都拥有数量不等的门生与弟子。西汉时期，"大师众至千余人"②；东汉时期，这类现象有增无减，那些著名的经师有弟子动辄达数千人乃至万余人，如张兴、牟长、蔡玄等人著录弟子皆在万人以上，所谓"其耆名高义，开门授徒者，编牒不下万人"③。门生弟子数量的庞大，恰好表明经学社会基础的十分雄厚。

经师多，门生弟子众，派别随之就多，于是出现了所谓的师法和家法。累代师门传经的结果，先是产生了师法，而后又产生了家法④。《后汉书·章帝纪》建初四年的诏书说："汉承暴秦，褒显儒术，建立《五经》，为置博士。其后学者精进，虽曰师承，亦别名家。"李贤注解"虽曰师承，亦别名家"则为："言虽承一师之业，其后触类而长，更为章句，则别为一家之学。"由此可见，经学家都有自己的师承，先是沿袭祖师之说，遂有师法；学业精进之后，在精通并遵守师法基础上，提出自己的独立见解，于是独立成家，就有了自己的家

①③《后汉书》卷七九，《儒林列传》。

②《汉书》卷八八，《儒林传》。

④ 关于"师法"与"家法"孰先孰后问题，学术界看法不一。王铁先生就认为"家法为源，师法为流"，先有家法，后有师法（详见《汉代学术史》，161 页，华东师大出版社 1995 年版），考证甚详，可备一说。

法。所以说，皮锡瑞在《经学历史》中关于"师法"与"家法"的定义还是比较合理的："先有师法，而后能成一家之言。师法者，溯其源；家法者，衍其流。"相对而言，"前汉重师法，后汉重家法"。这些师法和家法在当时是不容混淆的，正如鲁丕所言："臣闻说经者，传先师之言，非从己出，不得相让；相让则道不明，若规矩权衡之不可枉也。"① 同时，各门各派之间也常因争夺名利、扩充势力而纷争不息："皆专相祖述，莫或讹杂。至有分争王庭，树朋私里，繁其章条，穿求崖穴，以合一家之说。"② 导致经学传授上门户森严，"枝叶蕃滋"。

然而，固守"师法"与"家法"的做法，在东汉中后期逐渐受到厌恶和抵制。当时几位大儒，并不严格遵守师法和家法："爰暨贾（逵）、马（融）、服（虔）、郑（玄），始有菲薄前人之思，举两汉博士所传者排斥无遗，争胜前人，别求新解。"③ "师法"与"家法"的门户之见终于渐被打破。

两汉时期经解的体裁，主要有传、说、章句、解故等等。传是儒家先师的解经之作。如《易》有《周氏传》、《服氏传》、《杨氏传》等，即汉初《易》学大师周王孙、服生、杨何等人的解释《易经》之作。对于传文的阐释，则分别称为"说"（西汉）或"章句"（东汉）。这是因为仅仅有"传"还不能满足学习者的需要，故有更详细的"说"或"章句"，经学"师法"、"家法"之间的不同，主要也在于"说"、"章句"的不同。至于解故，则是对古字字义的解释，与阐发经文大义的"传"不同。④

（三）今文经学与古文经学

所谓今、古文经学，最原始的意义是儒家经典著录方式上文字的不同，后来渐渐演变为经学研究中截然对立的文化流派。

今文经，始于西汉初年。《史记·儒林列传》说："言《诗》于鲁则申培公，于齐则辕固生，于燕则韩太傅。言《尚书》自济南伏生。言《礼》自鲁高

---

① 《后汉书》卷二五，《鲁恭传附鲁丕传》。
② 《后汉书》卷七九，《儒林列传·论》。
③ 〔清〕唐晏：《两汉三国学案·序》，北京，中华书局，1986。
④ 关于两汉经解的体裁，可参见王铁：《汉代学术史》，163～164 页，上海，华东师大出版社，1995。

中国文化发展史
秦汉卷/**136**

堂生。言《易》自淄川田生。言《春秋》于齐、鲁自胡毋生，于赵自董仲舒。"其所据经典，通常由战国时学者师徒凭记忆、靠背诵，口耳相传下来，至汉初由伏生、董仲舒等经师用当时通行的文字——隶书"著于竹帛"而成。如《春秋公羊传》的流传与著录情况，即如徐彦《春秋公羊传注疏》引戴宏《序》所述，是"子夏传与公羊高，高传与其子平，平传与其子地，地传与其子敢，敢传与其子寿。至汉景帝时，寿乃与其弟子齐人胡毋生著于竹帛"。由于这些传本是用当时通行的文字（隶书，也即今文）写成，因此称为"今文经"。它们自西汉初年起就为汉代官方所认可和推崇，作为儒家经典的标准文本，正式立于学官。像汉文帝时所立的《诗》、《书》博士，汉景帝时所立的《春秋》博士，汉武帝时所立的"五经"博士，宣帝末年所立的十二博士以及东汉初年所立的著名十四博士，就都属于今文经范畴。

至于古文经，是相对于今文经而言的，它也是在西汉时期出现。秦始皇采纳李斯建议，燔烧天下《诗》、《书》等经典，然而毕竟不能毕其功于一役，《诗》、《书》等经典多有匿藏于民间者，汉代"《诗》、《书》所以复见者，多藏人家"①。自汉惠帝除"挟书之律"，郡国和民间不断有古文写本的经、传、记发现。文献对此多有记载，如《汉书·艺文志》说："《古文尚书》者，出孔子壁中。武帝末，鲁共王坏孔子宅，欲以广其宫，而得《古文尚书》及《礼记》、《论语》、《孝经》凡数十篇，皆古字也……孔安国者，孔子后也，悉得其书，以考二十九篇，得多十六篇。"又如《汉书·景十三王传》记载，河间献王刘德"从民得善书，必为好写与之，留其真，加金帛赐以招之……献王所得书皆古文先秦旧书，《周官》、《尚书》、《礼》、《礼记》、《孟子》、《老子》之属，皆经、传、说、记，七十子之徒所论"。而西汉末年的刘歆，则为这类古书的系统整理者和积极宣传者。由于这些经典是用先秦六国文字（古籀文字）写成，和今文经籍的隶书写法有重大区别，故通常称之为"古文经"。从上引史料考察，可知所谓"得于山岩屋壁，遗于民间，藏于秘府"是它由来的基本特征。

这两种传本（今文经与古文经），原只是记录文字的不同，后来却渐渐形成了两个学术上尖锐对立的派别——今文经学和古文经学。两派对经书的字句

---

① 《史记》卷一五，《六国年表》。

释读、篇章厘正、中心含义揭橥、古代典章制度和人物的解释与评价均存在着区别。今文经学注重阐发经文的"微言大义",尊奉孔子,认为孔子制作《六经》,托古改制,立万世不易之法。而古文经学则偏重于名物训诂,尊奉周公,视周公为"制礼作乐"的创始者、圣人,视孔子为"述而不作,信而好古"的先师,以《六经》为孔子整理古代史料之书。其中今文经学的主要经典为《公羊传》;古文经学的主要经典为《周官》(《周礼》)与《左传》。自西汉后期刘歆倡导立古文经于学官之议以来,今文经学与古文经学的对立与斗争遂成为汉代学术界的中心内容。由于今文经学终两汉之世立于学官,其正统地位为朝廷所承认,是为官学;而古文经学除王莽执政时以及东汉光武帝在位时曾短暂立于学官,旋立旋废,主要流传于民间,是为私学。因此汉代经学的今、古文对立,实质上又是经学的官学与私学之争。

其实,今文经学与古文经学都有各自的特色与流弊。它们的不同出于对孔子和《六经》看法的差异上。对此,周予同先生在皮锡瑞《〈经学历史〉序》中曾有精辟的论述:"今文学以孔子为政治家,以《六经》为孔子政治学说,所以偏重于'微言大义',其特色为功利的,其流弊为狂妄。古文学以孔子为史学家,以《六经》为孔子整理古代史料之书,所以偏重'名物训诂',其特色是考证的,而其流弊为烦琐。"本来这种差异是可以并存的,可在汉代,这却是一个绝对无法通融的原则问题。双方为此论战不息,争讼不止。

(四) 今古文之争

两汉时期今文经学与古文经学两大阵营之间的斗争,断断续续进行了两个多世纪。双方论战的实质,是为了争夺政治地位与学术地位,是一场既从属于学术又从属于政治的论战。论战的参与者,一方面固然是在维护政治与学术特权不被他人所分割,另方面也显然是在维护自己所理解的儒家经典诠释的纯洁性。两派对峙的焦点集中在关于《春秋》一书的诠释方面。所以说,这实际上主要是"公羊"家与"左氏"家之间的斗争。

在三部《春秋》传之中,《公羊》是今文经学的主帅,《左传》则是古文经学的一面重要旗帜。至于《穀梁传》,学术界的看法并不一致,崔适等人认为其为古文经,但一般的看法认为它属于今文经。由于它"淡泊鲜味",故影响远不及前两部。总的说来，汉代今、古文经学的对立，反映在《春秋》一书上，主要是《公羊传》与《左传》的纷争和对立；反映在《易》学上，是施、孟、梁丘、京氏《易》与费氏《易》的纷争和对立；反映在《诗》学上，是鲁、齐、韩《诗》与《毛诗》的纷争与对立；反映在《书》学上，是欧阳、大小夏侯《书》与《古文尚书》的纷争与对立；反映在《礼》学上，是后氏、大小戴《礼》与《逸礼》、《周官》的纷争与对立。而以今古文《春秋》传的对立与斗争为中心。

自从西汉哀帝（刘欣）时，刘歆建议将《左传》等古文经传列为朝廷正式经典那个时候起，这场今、古文经学学术大论战即已全面开始了。它先后经历了四个重要的回合。

第一次是西汉末刘歆和太常博士之间的论争。当时刘歆向汉哀帝建议：把古文《左传》、《毛诗》、《尚书》立于学官，设置博士，使之享有与今文经学等同的地位。结果激发起轩然大波，遭到今文经学派的坚决反对，斥责刘歆颠倒《五经》，变乱师法。刘歆愤愤不平，作《移让太常博士书》，斥责今文经学派抱残守缺，"党同妒真"，"安其所习，毁所不见"。这又引起众多对手的猛烈围攻，是为今、古文经学派之间的第一次大冲突。后来王莽擅政，以古文经为其效法周公、托古改制的理论依据，立《古文尚书》、《毛诗》、《逸礼》、《左氏春秋》、《乐经》等五个古文经博士，古文经学派一时得势。然而，好景不长，随着王莽新朝的败亡，东汉王朝建立伊始，即恢复西汉的旧制度，只承认今文经学为正统。

今、古文经学两派间的第二次大论争发生在东汉光武帝建武年间。当时尚书令韩歆上疏请立古文《易》、《左氏春秋》博士。范升坚决反对，奏称《左氏》错失十四事，不可录三十一事，强调只有以今文经统一学术，方可巩固封建统治秩序，维护经学的思想界权威地位，否则就会异端并进，背离大道："学而不约，必叛道也"；"如令《左氏》、《费氏》得置博士，《高氏》、《驺》、《夹》，《五经》奇异，并复求立，各有所执，乖戾分争。从之则失道，不从则失人。"[①] 古文经学派学者陈元针对范升的观点进行反驳："知丘明至贤，亲受

---

① 《后汉书》卷三六，《范升传》。

孔子，而《公羊》、《穀梁》传闻于后世……案（范）升等所言，前后相违，皆断截小文，媟黩微辞，以年数小差，掇为巨谬，遗脱纤微，指为大尤，抉瑕擿衅，掩其弘美，所谓'小辩破言，小言破道'者也。"① 结论是《左氏》应该被立为博士。朝廷将其奏书交由群臣讨论，"范升复与元相辩难，凡十余上。"光武帝刘秀乃立《左氏春秋》博士，古文经学再次暂时取得胜利。但时隔不久，终因今文经学势力的坚决反对，"诸儒以《左氏》之立，论议欢哗，自公卿以下，数廷争之"②。《左氏春秋》的博士又被废置。这次论争，表面上虽以古文经学最后失败告终，然而反映出古文经学的实力与影响已有明显的增强。今文经学完全是依靠了政治权力才得以保持统治地位的。

今、古文经学双方的第三次大论争爆发于汉章帝统治期间。论战的主角分别是古文经学大师贾逵和《公羊》学名家李育。当时汉章帝"降意儒术，特好古文《尚书》、《左氏传》。建初元年（76年），诏逵入讲北宫白虎观、南宫云台"。在章帝的授意下，贾逵作《左氏传大义》进奏，表示：

> 臣谨摘出《左氏》三十事尤著明者，斯皆君臣之正义，父子之纪纲。其余同《公羊》者什有七八，或文简小异，无害大体。至如祭仲、纪季、伍子胥、叔术之属，《左氏》义深于君父，《公羊》多任于权变，其相殊绝，固以甚远，而冤抑积久，莫肯分明……《五经》家皆无以证图谶明刘氏为尧后者，而《左氏》独有明文。《五经》家皆言颛顼代黄帝，而尧不得为火德，《左氏》以为少昊代黄帝，即图谶所谓帝宣也。如令尧不得为火，则汉不得为赤。其所发明，补益实多。③

强调古文经学有利于巩固统治，合于图谶，为刘氏政权提供了受命依据。贾逵的观点正合章帝的心意，"帝嘉之"，在厚赐贾逵的同时，"令逵自选《公羊》严、颜诸生高才者二十人，教以《左氏》，与简纸经传各一通"④。

今文经学阵营对古文经学的得势自然心有不甘，著名的《公羊》学家李育作为今文经学一方的代表，奋起抗衡贾逵，作《难左氏义》四十一事。其实早在贾逵之前，郑众已作《长义》十九条、十七事，专论《公羊》之短，《左氏》

---

① ②《后汉书》卷三六，《陈元传》。
③ ④《后汉书》卷三六，《贾逵传》。

之长①。但当时由于此尚属于个人见解，并未转化为政权的意志，故今文经学家没有过于在意。而现在贾逵的意见已为朝廷所采纳，直接威胁着今文经学的一统地位，所以李育等人就不能不全力反击了。

到了建初四年（79年）的白虎观会议上，贾逵与李育之间的论战更进入了新的高潮。贾逵作《长义》四十一条，公开提出"《公羊》理短，《左氏》理长"。李育毫不示弱，"以《公羊》义难贾逵，往返皆有理证，最为通儒"②。双方展开激烈的争论，轰动了当时的儒林。然而贾逵一方面学识渊博，号为"通儒"，另方面又得到皇帝的支持，因此其主张越来越占上风。至建初八年（83年），章帝在贾逵的劝导下，"乃诏诸儒各选高才生，受《左传》、《穀梁春秋》、《古文尚书》、《毛诗》，由是四经遂行于世"；又将官职授予贾逵的门生弟子，"皆拜逵所选弟子及门生为千乘王国郎，朝夕受业黄门署，学者皆欣欣羡慕焉"③。古文经学终于取得了历史性的胜利。

今、古文经学之间第四次也是最重要的一次论战，是何休与郑玄、服虔等人的学术论争。何休是东汉晚期思想界的巨擘，是汉代《公羊》学的总结者与集大成者。他毕生从事今文经学的研究，著作相当丰富，尤其是他穷十余年精力撰成的《春秋公羊传解诂》，是一部留存至今，对后世有重大影响的著作。在东汉后期，何休就是今文经学的一面旗帜。

何休本人对今、古文经学之间的论争历史有全面的了解，对《公羊》学为代表的今文经学日趋衰落的现实也有深刻的认识。他敏锐地觉察到《公羊》学派之所以在同《左氏》古文经学派的对峙中节节失利，主要原因在于《公羊》学自身的许多局限与失误给对手提供了可乘之机。对此，他是十分伤心的："余窃悲之久矣！"关于当时《公羊》之学衰微的原因，何休在《春秋公羊传解诂·自序》之中曾有过认真而公允的总结，一是表现为严、颜以来大多数治《公羊》者多为章句小儒，他们"讲诵师言至于百万，犹有不解，时加让嘲辞，援引他经，失其句读，以无为有，甚可闵笑者"。将《公羊》为代表的今文经学搞得过于烦琐，更有甚者，还出现了"倍经任意，反传违戾"的恶劣现象，

---

① 参见〔唐〕徐彦：《春秋公羊传注疏·序》。

② 《后汉书》卷七九，《李育传》。

③ 《后汉书》卷三六，《贾逵传》。

终于导致今文经学一步步走向自己的反面。二是表现为当时众多治《公羊》今文经者只注重文辞的华丽可观，而不注重于阐发义理，揭示精奥，"治古学贵文章"，结果阉割了《公羊》的精神，抽空了《公羊》的灵魂，为贾逵等古文经学家"几废《公羊》"提供了机会。

对于怎样解决问题，何休选择了标本兼治的方法。所谓治本，按何休的理解是要在理论上有所总结，有所创造，提高自己，完善自己，彻底纠正"倍经任意，反传违戾"、"援引他经，失其句读"等种种弊端，使《公羊》学以全新的面貌展示于世人面前，再次赢得朝廷的青睐与知识阶层的拥戴。他"覃思不窥门，十有七年"以著就《春秋公羊传解诂》，就是在治本问题上所作的最大努力也即主要收获。所谓治标，就是何休针对古文经学家郑兴、郑众、贾逵等人对今文经学的咄咄逼人攻势，进行有力的反击，像自己的前辈《公羊》学名家李育等人那样，寻觅古文经学身上的弱点和弊端，运用《公羊》学的义理，一一予以批评、驳斥，动摇对手的理论基础，使之陷于被动失败的境地，从而维护今文经学的正统地位。

何休对古文经学的反击，集中体现为他撰写了三部在两汉学术论战史上影响重大的著作：《公羊墨守》、《左氏膏肓》、《穀梁废疾》。《后汉书·何休传》记载说，"休善历算、与其师博士羊弼追述李育意以难二传，作《公羊墨守》、《左氏膏肓》、《穀梁废疾》。"这段话至少透露了三层意思：第一，何休这三部著作是以今文经学的立场去批判古文经学的代表著作的。第二，何休的工作是在前代《公羊》学家事业基础上开展的，具体地说，就是对李育以《公羊》义理驳难《左氏》四十一条的继续。第三，何休抨击古文经学，不完全是孤立无援的行动，而是反映了同时代今文经学家们的共同愿望，在一定程度上还得到了他们的配合与支持，如其师羊弼就曾在此事上提供过必要的帮助。

何休这三部学术论战著作，由于种种原因，今天已经失佚了，只有零星的内容散见于清人所辑佚的类书之中。但从其书名以及今天能见到的佚书丛残来看，其基本倾向乃是用以表扬《公羊》而排斥《左传》、《穀梁》的，思想态度十分鲜明。如《公羊墨守》唐代李贤就注称："言《公羊》之义不可攻，如墨翟之守城也。"至于《左氏膏肓》、《穀梁废疾》则是斥责其"病入膏肓"，无可救药，只配遭到废弃的命运。由于此三书态度鲜明，言辞激烈，对古文经学的批判毫不容情，因此严重触犯了古文经学家的利益，引起他们的强烈反弹，终于导致了两汉历史上今、古文经学之间的第四次大论争。

代表古文经学阵营，回击何休挑战的主角是东汉时期最著名的经学大师郑玄。

郑玄，字康成，北海高密（今山东高密西南）人。生于汉顺帝永建二年（127年），长何休二岁，卒于汉献帝建安五年（200年）。出身于一个衰落的世族地主家庭，自幼天资聪明，勤奋好学。年轻时因家贫曾担任过啬夫、乡佐一类的乡吏，然而他从不松懈治学，21岁时即已成为一位"博极群书，精历数图纬之言，兼精算术"①的青年学者了。22岁时得到时任北海相杜密的提携，开始专门治学的经历。曾师事京兆第五元先，学习《京氏易》、《春秋公羊》、《三统历》、《九章算术》。接着他又向东郡张恭祖求教，遍学《周官》、《礼记》、《左氏春秋》、《韩诗》、《古文尚书》等典籍，掌握了今、古文经学的基本知识。

为了开拓视野，在学术上更上一层楼，郑玄还投于当时名声最显赫的古文经学家马融的门下。他如饥似渴地攻读儒家经典，学问又有新的长进，"日夜寻诵，未尝怠倦"。他的学术造诣，连马融本人也深为折服，曾喟然谓其弟子门生道："郑生今去，吾道东矣。"②郑玄在外游学十余年乃归乡里，因家中贫困，遂客耕东莱。当时他已经是全国著名的精通今、古文经学的权威学者，所以许多儒生纷纷追随其门下，"学徒相随已数百千人"。党锢之祸发生后，他和何休等人一样，也遭禁锢，于是"隐修经业，杜门不出"。一直到黄巾起义爆发，朝廷全面解除党禁，郑玄才重新出山参与了一些政治活动，但基本上仍保持着一代儒学大师的特色。74岁那年去世。

郑玄在经学发展史上占有极其重要的地位，他兼通今、古文经，而以古文经学为宗，曾遍注群经，"凡玄所注《周易》、《尚书》、《毛诗》、《仪礼》、《礼记》、《论语》、《孝经》、《尚书大传》、《中候》、《乾象历》，又著《天文七政论》、《鲁礼禘祫义》、《六艺论》、《毛诗谱》、《驳许慎五经异义》、《答临孝存周礼难》，凡百余万言"③。郑玄在经学上的最大贡献，就是最终确立了古文经学的统治地位，彻底化解了今、古文经学之间水火不容的对立，打破了师法与家

① 〔清〕郑珍：《郑学录》，收录于《巢经巢全集》。
②③ 《后汉书》卷三五，《张曹郑列传》。

法的森严界限，"经传洽孰，称为纯儒"，"括囊大典，网罗众家，删裁繁诬，刊改漏失，自是学者略知所归"①，创造了著名的"郑学"，使汉代经学进入了最后的发展时代。

"郑学"在当时社会上影响十分巨大，皮锡瑞在《经学历史》中对此曾有准确的揭橥："郑君博学多识，今古文道通为一。见当时两家相攻击，意欲参合其学。自成一家之言，虽以古学为宗，亦兼采今学以附益其义。学者苦其时家法繁杂，见郑君闳通博大，无所不包，众论翕然归之，不复舍此趋彼……故经学至郑君一变。"②

博学多识而又归宗古文经学立场的郑玄自然不能容忍何休对古文经学的批判，于是针对何休《公羊墨守》、《左氏膏肓》、《穀梁废疾》三书展开了逐条逐句的抨击与驳斥，"乃发《墨守》，针《膏肓》，起《废疾》"③。《清史稿·艺文志》著录有清人王复、武亿同所辑编的《发墨守》、《箴膏肓》以及《起废疾》各一卷，保留了这场学术大论战的零散资料，为人们了解论战的内容提供了一些线索。

在这场论战中，何休处于明显的劣势。他作为《公羊》学家，同其他今文经学家一样有曲解史实以附会自己的理论的缺憾。而郑玄则是一位渊博的学者，因为学识渊博所以在论争中左右逢源，居有主动。何休遭遇到学术上的劲敌，不得不浩然感叹道："康成入吾室，操吾矛，以伐我乎！"④

何休、郑玄均为当时经学界的执牛耳者，他们的论争在社会上造成的震动与影响是相当巨大的。众多士子始是眩目于何休犀利的锋芒，继之又为郑玄巨浪般的反击所震撼，加上此时正值党锢箝制时期，读书人的关注热点被迫从政坛上转移，而投放在纯学术领域，于是景从响应郑、何的辩论驳议话题，求学问道者络绎不断，蔚为大观："及郑康成蜂起而攻之，求学者不远千里，赢粮而至，如细流之赴巨海。京师谓康成为'经神'，何休为'学海'"⑤。但在似乎战成平手的表象下，郑玄的批驳显得更为有力，更切中要害，更能使广大经

① 《后汉书》卷三五，《张曹郑列传》。
② 皮锡瑞：《经学历史》，149 页，北京，中华书局，1959。
③④ 《后汉书》卷三五，《郑玄传》。
⑤ 王先谦：《后汉书集解》注引王嘉《拾遗记》。

生、学者信服。而何休一方则是捉襟见肘，难以为继，而其党同伐异、坚持己见的态度也容易招致一般人的反感。后人也认为："何邵公《墨守》之学，有宗主而无不同；许叔重《异义》之学，有不同而无宗主；惟郑氏家法，兼其所长，无偏无弊也。"①

何休在论战中不敌郑玄，主要原因当然是他在考辨《春秋》有关史事方面多有牵强或曲解之处。对此，杨向奎先生在《论何休》一文中曾有深刻论述：

何休还有曲解史实的例子。比如关于季武子作三军，《左传》襄公十一年春云："季武子将作三军……三分公室而各有其一。"这是当时的大事，等于后来的"三家分晋"，虽然他们还没有废除鲁君。这是卑公室而不是尊公室。《左传》也没有说这是"尊公室"。但何休说："《左氏》说云'尊公室'，休以为与'舍中军'义同，于义《左氏》为短"（《针膏肓》引）。这完全不是事实，所以郑玄驳斥说："《左氏传》云：'作三军，三分公室，各有其一。'谓三家始专兵甲，卑公室。云《左氏》说者'尊公室'，失《左氏》义远矣"（《针膏肓》）。郑玄即以《左氏》原文作证，指出这是何休的曲解……郑玄的抨击，使何休无法作答，何休实际上也结束了早期的《公羊》学派。②

除了郑玄反击何休《公羊墨守》等书的观点外，当时另一位著名的古文经学家服虔也曾对何休的基本观点进行过针锋相对的批判。服虔，字子慎，河南荥阳人，"少以清苦建志，入太学受业。有雅才，善著文论，作《春秋左氏传解》，行之至今"③。是东汉末年著名的《左氏》学专家，官至九江太守。汉季大乱，他被免官，颠沛流离，最后病死客中。他对何休吹捧《公羊》、贬低《左氏》的言论极为不满，发表自己的意见予以抨击："又以《左氏》驳何休之所驳汉事六十条。"④其书见于《隋书·经籍志》的著录，为"《汉议驳》二卷"。他对何休《公羊》今文经学的驳斥，使何休除郑玄之外又增加了一名学术上的劲敌。

经过郑玄、服虔等人的辩驳，何休以及他所代表的《公羊》学进一步受到

---

① 〔清〕陈澧：《东塾读书记》卷一五，北京，三联书店，1998。
② 杨向奎：《绎史斋学术文集》，171～172 页，上海人民出版社，1983。
③④《后汉书》卷七九下，《服虔传》。

了重创，今文经学的地位更加动摇，而古文经学则乘胜追击，在学术界取得了压倒性的优势："后马融答北地太守刘环及玄答何休，义据通深，由是古学遂明。"① 经学历史的发展从此进入新的一页。

上述汉代今、古文经学四次大论争反映出两汉经学界内部矛盾与冲突的基本现实，它们至少显示出两个特征。第一，今、古文经学之间的对立与斗争有长期的历史，曾前后绵延达二百余年。斗争的实质是为了赢得学术上的正统地位，在维护学术纯洁性的同时，争取实际上的物质利益。第二，在论战中以《公羊》学为代表的今文经学处于防守的地位，而以《左传》为代表的古文经学则处于主动进攻的态势。论战的结果，是古文经学一方日益强大，渐渐拥有优势；今文经学一方节节败退，风光不再。这中间尤其以贾逵、李育的论战与郑玄、何休的论战具有决定性的意义：贾逵的发难以及成功，意味着今文经学的防线业已走向瓦解，已处于深重的危机之中："至使贾逵缘隙奋笔，以为《公羊》可夺，《左氏》可兴"②。而何休发出的"康成入吾室，操吾矛，以伐我乎"哀叹，则表明今文经学已在理论上为古文经学所彻底打垮，土崩之势遂不可逆转。

（五）经学的危机与生机

在汉代统治者崇儒尊经的热闹非凡景象背后，隐藏着无可讳言的经学危机。随着两汉时期社会矛盾的逐渐加剧和激化，经学本身固有的种种弊端也日益突出，以至渐渐地窒息了其内在发展的生机。

经学危机的本质是经学思维定势的危机。经学是依附皇权而存在与发展的，包括经师在内的士子实质上是封建国家机器附庸者，所谓"绥之则安，动之则苦；尊之则为将，卑之则为虏；抗之则在青云之上，抑之则在深泉之下；用之则为虎，不用则为鼠"③；"当涂者入青云，失路者委沟渠，旦握权则为卿相，夕失势则为匹夫"④：就形象地点明了经师儒生与皇权之间的关系。这种

---

① 《后汉书》卷三五，《郑玄传》。
② 何休：《春秋公羊经传解诂·自序》。
③ 《汉书》卷六五，《东方朔传》。
④ 《汉书》卷八七，《扬雄传》。

丧失独立人格、自由精神的现实处境，决定了经学思维模式的僵化和保守。

这一是毫无任何保留的权威崇拜。经师们对先王、汉家帝王所代表的政治权威和以孔子、"五经"所代表的知识道德权威，顶礼膜拜，绝对不敢逾越雷池一步："传者传学，不妄一言，先师古语，到今具存，虽带徒百人以上，位博士、文学，邮人、门者之类也。"① 这样推至极端的权威崇拜，实际上导致了经师、儒生丧失任何主观能动性与创造力，成了两脚书橱与应声虫："今论者但知诵虞夏之《书》，咏殷周之《诗》，讲羲文之《易》，论孔氏之《春秋》，罕能精古今之清浊，究汉德之所由。"②

二是以"天人感应"、"天人合一"为考究万事万物最高准则的思维公式化。"天人感应"、"天人合一"是以今文经学为主体的两汉经学的理论支柱，因此推导阴阳，漫说灾异也就成了当时经师立说及论证的主要依据与通常手段。如翼奉曾吹嘘自己"学《齐诗》，闻五际之要《十月之交》篇，知日蚀地震之效昭然可明，犹巢居知风，穴处知雨，亦不足多，适所习耳"③。久而久之，这样的思维方式，便成了相当稳定的框架与公式，好像一个筐，什么都往里装。由皇帝所"亲称制临决"，具有"国宪"意义的《白虎通义》一书就是这种思维公式的集中体现。在该书中我们发现，不论是国之大政，社会结构、祭典军事乃至日常生活、婚丧嫁娶、日用器具，都是用这套"天人""代数学"来附会和解释的。如所谓"封禅"："天以高为尊，地以厚为德。故增泰山之高以放天，附梁甫之基以报地，明天地之所命，功成事遂，有益于天地。"④ 又如解释"司马"："司马主兵。言马者，马，阳物，乾之所为，行兵用也不以伤害为文，故言马也。"⑤ 再如释"男娶女嫁"："阴卑不得自专，就阳而成之，故《传》曰：阳倡阴和，男行女随。"⑥ 凡此种种，不一而足⑦。这种思维方法的程式化公式化，从根本上说是经学陷入教条主义泥淖的突出标志。它从本质

---

① 《论衡·定贤》。
② 《后汉书》卷四〇，《班固传》。
③ 《汉书》卷七五，《翼奉传》。
④ 《白虎通义·封禅》。
⑤ 《白虎通义·封公侯》。
⑥ 《白虎通义·嫁娶》。
⑦ 详可参见黄朴民：《天人合一》"第十章"，长沙，岳麓书社，1999。

上使经学沾染上浓厚的妖妄之气，消解了经学应有的学术合理性，给经学自身的发展设置了无法克服的障碍。

三是不合时宜地泥古复古。儒家"祖述尧、舜，宪章文、武"，囿于"五经"，推崇先圣，处处以"古"作为价值判断的标准和认知的前提，这一文化基调在两汉经学中同样有鲜明的表现，换言之，泥古与复古是汉代经学的重要文化价值取向，即所谓"主不稽古，无以承天；臣不述旧，无以奉君"①。当时经师儒士的毕生精力，只是用来对儒家经典作解释，而不是用来创造，其治学的立足点是尊师法、家法，复旧述古。皮锡瑞《经学历史》对这种师古守法现象曾有论及："汉人最重师法。师之所传，弟之所受，一字毋敢出入；背师说即不用。"西汉昭、宣期间的赵宾治《易》学，不遵师说，好为己见，虽治《易》者不能驳难，而依然被排斥，理由就是"非古法也"。孟喜《易》学，原先是师事田王孙的，后又取赵宾说，有背师法，结果在仕途上一蹶不振。很显然，在当时背师即背古，而背古则是背理。而泥古复古就是"正其本，万事理"。这样就把孔子倡导的"述而不作"主张发展到了极端，也从根本上窒息抑制了经学嬗变进化的活力。那些汲汲于复古为务的经师儒士实际上也就是叔孙通所指斥的"鄙儒"："若真鄙儒，不知时变。"② 名为经学的"功臣"，实为经学之"罪人"。

四是治经方法上的烦琐性愈演愈烈，即所谓"分文析义，烦言碎词"。权威崇拜、教条主义盛行、复古之风炽烈等相杂互动，必然导致思想方法的繁琐冗纷。"繁琐"，依颜师古的说法，就是"颓妄"，也即断章取义，牵强附会。这种注经上的繁琐学风，自西汉时期起即已流行。《汉书·夏侯胜传》中就有"章句小儒，破碎大道"之讥评。东汉前期王充对这类现象更作过深刻的揭露："章句之生，不览古今，或以说一经为足，何须博览。夫孔子之门，《五经》皆有，《五经》皆习，庶几之才也……我不能博《五经》，又不能博众事，守信一学，不好广观，无温故知新之明，有守愚不览之暗。"③ 这种现象，到了东汉中晚期变得尤为严重。注经几乎沦为浩繁的文字游戏。一经的注文，少则数十

---

① 《后汉书》卷三六，《范升传》。
② 《汉书》卷四三，《叔孙通传》。
③ 《论衡·别通》。

漢大司農鄭公像

儀禮註疏卷第一

漢鄭氏註
唐賈公彥疏

士冠禮第一

儀禮註疏卷第二

漢鄭氏註
唐賈公彥疏

士昏禮第二

何休解诂《春秋公羊经传》

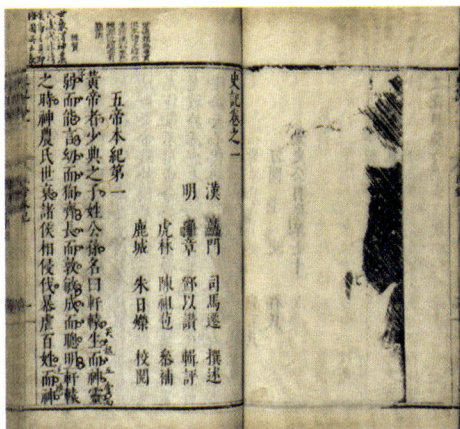

位于陕西韩城的司马迁祠

151

清　金廷标　《曹大家授书图》（局部）
纵90.5厘米，横90.1厘米
台北故宫博物院藏

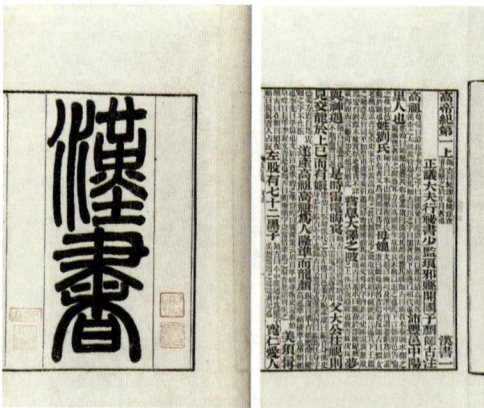

班固与《汉书》书影

152

万字，多则百万言。对此，班固在《汉书·艺文志》中曾作过扼要的概括：

> 后世经传，既已乖离。博学者又不思多闻阙疑之义，而务碎义逃难，便辞巧说，破坏形体，说五字之文，至于二三万言。后进弥以驰逐。故幼童而守一艺，白首而后能言；安其所习，毁所不见，终以自蔽。此学者之大患也。

至于像秦近君"能说《尧典》篇目两字之说至十余万言，但说'曰若稽古'三万言"①，则属于名闻古今的极端例子。这样的学风，甚至连好为"非常异义可怪之论"的今文经大师何休也是感到不满的，他曾指斥道："说者疑惑，至有倍经任意，反传违戾者，其势惟问不得不广。是以讲诵师言，至于百万，犹有不解。时加让嘲辞，援引他经，失其句读，以无为有，甚可闵笑者，不可胜记也。"② 显而易见，两汉经学烦琐繁芜、远离现实的学风，实际上背离了儒家思想固有的切明于事、积极入世干预生活的本质精神，它极度蔓延泛滥的结果，只能是严重地损害了经学作为封建统治指导思想的现实功能。

总之，到了东汉中晚期，经学自身已陷入很难自拔的困境之中，危机丛生，正逐渐走向衰落。它在形式上表现为烦琐支离化和神秘宗教化，这就是流于文字游戏的形式以及阴阳灾异说的严重泛滥，这就必然为人们所冷落和厌烦："若秦近君之注《尧典》，十余万字；朱普之解《尚书》，三十万言，是以通人恶烦，羞学章句。"③ 在内容上则表现为封闭僵化、凝固守成，没有新鲜的东西，缺乏创新的活力。这一弊端，不仅直接影响着当代，而且流毒于后世。

当然，任何事物都不是纯粹的，经学在这方面也没有例外。其在东汉中晚期弊端丛生、生机日竭固然是不争的事实，然而在它内部也多少孕育着一些新的积极因素，给汉代经学的发展增添了几丝亮丽的色彩，并为汉晋之间学术巨变递嬗提供了必要的动力。

第一，在当时的《易》学领域之中，今文家《京氏易》衰微，而古文派《费氏易》兴起。《易》在六经之中，因其具有浓厚的哲学思辩特色而占有突出

---

① 《汉书》卷三〇，《艺文志》颜师古注引桓谭《新论》。
② 何休：《春秋公羊经传解诂·自序》。
③ 刘勰：《文心雕龙·论说篇》。

的地位，被一些人视作儒学的本原。《汉书·艺文志·六艺略序》指出："五者（指《春秋》、《诗》、《书》、《礼》、《乐》），盖五常之道，相须而备，而《易》为之原。故曰：'《易》不可见，则乾坤或几乎息矣。'言与天地为终始也。至于五学，世有变改，犹五行之更用事焉。"这里《易》与其他《五经》的关系，被看作是体与用的关系。

可是在两汉大部分时间里，《易》学却为阴阳象数弄得乌烟瘴气。现在情况有所变化，古文《费氏易》开始唱主角了。《后汉书·孙期传》说："陈元、郑众皆传《费氏易》，其后马融亦为其传。融授郑玄，玄作《易注》，荀爽又作《易传》，自是费氏兴，而京氏遂衰。"《京氏易》即便在汉代今文《易》学中也属标新立异。《汉书·京房传》中已经指出这一点："至成帝时，刘向校书，考《易》说，以为诸《易》家说皆祖母何、杨叔元、丁将军，大谊略同，唯京氏为异。"而且它的迷信成分亦最为浓厚，"（京）房以明灾异得幸"，现在《京氏易》明显失势了，这应该说是经学内部值得肯定的势力消长结果。再从日后王弼注《易》"尽扫象数"[1]，而王弼之《易》学，本源于古文《费氏易》的情况来看，《费氏易》稍胜于《京氏易》应该说是没有问题的。这从一个小小的侧面反映了东汉中晚期经学局部反思的某些进展。

第二，在"通经"方式和范围方面，更加注重实用理性，突出《孝经》与《春秋》的地位。当时儒生所热衷的是依托孔子名下的那句话："吾志在《春秋》，行在《孝经》。"[2] 何休进而指出："此二学者，圣人之极至，治世之要务也。"[3]

考究史实，可知两汉统治者特别喜欢《孝经》，大力加以倡导，乃是客观的事实。仅就东汉情况而言，就有光武帝建武年间，令虎贲士皆习《孝经》；明帝永平年间，令期门羽林甲胄之士，悉通《孝经》章句，《续汉书·百官志》载："汉制以《孝经》试士。"《后汉书·荀爽传》说："汉制使天下诵《孝经》，选吏举孝廉。"等等。《孝经》在当时的亨达，原因除了《孝经》将"孝"纳入"忠"的范畴，有助于巩固封建专制统治外，也是因其文字短少浅显，说理平易通俗，很容易为普通人所理解和掌握，具有实用价值。

---

① 皮锡瑞：《经学历史》，151 页，北京，中华书局，1959。
②③ 何休：《春秋公羊经传解诂·自序》。

至于众多儒生乐于研治《春秋》，则主要是本于《春秋》特殊的价值功能："本据乱而作，其中多非常异义可怪之论。"① 儒生经师通过它，易于沟通历史与现实的联系，从而借古讽今，挥斥方遒，道说微言，揭橥大义。这是很符合汉代经师的思维定式的，也颇能满足其理论论证的需要。像何休总结、发挥的《公羊》学"三科九旨"观点，就是汉儒成功演绎《春秋》的显著例子。而无论是治《孝经》，还是治《春秋》，都隐约反映了汉代经学注意实用业已形成，这是重要的经学现象，也是值得引起重视的学术倾向。

第三，经学繁琐化的弊端为有些人所指斥，阴阳灾异的妖妄之说开始受到初步的冲击。如前所述，东汉中后期经学上的弊端主要表现之一，就是经学的烦琐化、空洞化倾向日益严重。清代著名今文经学家皮锡瑞在其著作《经学历史》一书中曾严厉抨击过这一流弊："一经说至百余万言，则汉之经学所以由盛而衰者，弊正坐此。"② 在东汉中后期，绝大多数儒生对这一问题的危害性并无严肃而清醒的认识，而继续在那里助长这种流弊。但是，也有少数人头脑比较清晰，开始与烦琐学风拉开一定的距离，逐渐鄙章句而省繁文。这在史籍中是不乏记载的。例如张奂，曾学欧阳《尚书》，鉴于"牟氏章句浮辞繁多，有四十五万余言"，便大刀阔斧，一下子将它"减为九万言"③。又如伏恭其父伏黯治经"章句繁多"，伏恭同样手下不留情，"乃省减浮辞，定为二十万言"④。再如东汉大儒桓荣习欧阳《尚书》，初受"朱普学章句四十万言，浮辞繁长，多过其实。及荣入授显宗，减为二十三万言"。桓荣之子桓郁传家学，后又"删省定成十二万言，由是有桓君大小太常章句"⑤。凡此种种，不胜枚举。

上述两汉经学内部滋生的某些积极因素是值得引起重视的，这对于准确认识两汉经学的全貌与历史发展趋势极具意义。大略而言，正是因为汉代经学总体上的不可克服之弊端，使得其无可挽回地陷入深重的危机，逐渐走向了衰落，也使经学在后世再也无法重现两汉时期的辉煌；然而，也是由于两汉经学

---

① 何休：《春秋公羊经传解诂·自序》。
② 皮锡瑞：《经学历史》，13 页，北京，中华书局，1959。
③《后汉书》卷六五，《张奂传》。
④《后汉书》卷七九下，《伏恭传》。
⑤《后汉书》卷三七，《桓荣传》。

内部尚具有一定活力，能够多少滋生一些积极的新因素，从而对经学固有的弊端起某种纠偏的作用，才使得经学终于避免了中绝的命运，能够贯穿于整个封建社会而不废，并且在隋唐等时期呈示特殊的风采。历史的辩证法就是这样，两汉经学的危机与生机当作如是观。

二、谶纬的流行

讲灾异，重谶纬，是秦汉（尤其是两汉）学术界的普遍现象，是当时无所不在、历时弥久的重要传统。其中尤以《公羊》学为代表的今文经学在这方面表现最为显著。陈振孙《直斋书录解题》中指出："《公羊》善谶"，"言谶文者多宗之"，说的就是这层意思。大致而言，谶纬是汉代学术界所普遍热衷的话题，对两汉思想文化的演变曾产生过深刻而全面的影响，对当时的社会政治生活也打上了特殊的烙印。

（一）谶纬的由来及其实质

所谓"谶"，就是"图谶"，即用诡秘的隐语、预言作为神的启示，向人们昭示冥冥之中的吉凶祸福，治乱兴衰。它通常用荒诞不经的文字或图象编造，为实现某种特定的政治目的服务。如《史记·秦始皇本纪》所载燕人卢生曾"奏录图书曰：'亡秦者胡也。'""亡秦者胡"就是谶语，载有这种谶语的书就是谶书，或称图谶。

最早的谶起源于先秦，但较为零散和不成系统，甚至连普通的占验之书也可被称为谶书。但是当既有神秘预言又有大量占验内容的《河图》、《洛书》在汉代广泛流行之后，"图谶"大多就专门用来指《河图》、《洛书》这一类图书。所以，我们这里讨论的谶书，是特指一种神学迷信的占验书："谶，河洛书也"[①]；"谶，验也，有征验之书。河、洛所出书曰谶。"[②]

所谓"纬"，就是以神学理论附会儒家经典，以解经为比附的纬书，"纬之为书，比傅于经，辗转牵合，以成其谊，今所传《易纬》、《诗纬》诸书，可得

---

① 萧统：《文选》卷一五；张衡：《思玄赋》，注引《仓颉篇》。
② 〔东汉〕许慎：《说文解字·言部》，北京，中华书局，1963。

其大概，故云反覆围绕以成经"①。刘熙《释名·释典艺》亦云："纬，围也，反复围绕，以成经也。"从"纬"的命名即可以看出它与经之间的关系。可见"纬"之实质乃是神学迷信、阴阳灾异之说与儒家经义的结合。与"谶"相比较，"纬"较为晚起，通常认为它最早见于《汉书·李寻传》：李寻上王根书中提到，"太微四门，广开大道，五经六纬，尊术显士。"

学术界一般观点认为，与汉代思想界天人感应、阴阳灾异泛滥的结果相同步，从西汉中晚期起，社会上开始流行谶纬之风，并对社会政治生活产生重大的影响，众多经师儒士对此十分敏感，很快认同了谶纬之学，并充分加以汲取，以补充丰富自己的思想体系，所以他们往往以"博通五经，尤善谶纬"②而受到统治者的赏识和重用。

关于谶纬是否一体，历代学者多有分歧，有人认为两者并非一类。如《四库全书总目提要》作者称："儒者多称谶纬，其实谶自谶，纬自纬，非一类也。谶者诡为隐语，预决吉凶……纬者，经之支流，衍及旁义……渐杂以术数之言，即不知作者为谁，因附会以神其说，迨弥传弥失，又益以妖妄之词，遂与谶合而为之。"③ 但是也有人指出谶纬之间没有区别，"纬者经之纬也，亦称谶"④，"谶是预言，纬是对经而立的……这两种在名称上好像不同，其实内容并没有什么大分别。实在说来，不过谶是先起之名，纬是后起的罢了"⑤。我们认为，后一种说法比较合理，对此钟肇鹏先生曾有过详尽的考证，其要略云：汉代的谶纬是儒学宗教神学化的产物。在汉人的著作中所谓"经谶"、"图谶"实际上都包括了纬书，而"谶"与"纬"也往往互称，并无什么区别⑥。王铁的考据结论与钟氏意见相近，也认为纬书实际上就是"经谶"，其独立成名是在东汉后期，在此之前，《河图》、《洛书》等谶书与经谶合起来称为"图谶"，分开来则称"《河》、《洛》"与"经谶"⑦。所以我们在考究"谶纬"之

---

① 〔东汉〕刘熙：《释名疏证补》。
② 《后汉书》卷八二，《方术列传》。
③ 《四库全书总目提要》卷六，《易》类六《易纬》案语。
④ 〔清〕王鸣盛：《蛾术编》卷二"谶纬"条。
⑤ 顾颉刚：《秦汉的方士与儒生·谶纬的造作》，上海人民出版社，1957。
⑥ 参见钟肇鹏：《谶纬论略·谶纬的起源和形式》，沈阳，辽宁教育出版社，1991。
⑦ 参见王铁：《汉代学术史》，214～216 页，上海，华东师大出版社，1995。

时，应该将其作为一个整体来对待。换言之，以纬指汉代的"经谶"，以谶指纬书以外的《河图》、《洛书》等其他谶书，当是比较准确妥切的"谶纬"概念。

（二）谶纬流传的一般情况

一般的观点，是认为谶纬成型并于西汉中后期开始流行。《后汉书·张衡列传》载张衡论谶，说谶书的"图中讫于成帝"，而图谶合一广为传播则是在"哀平之际"："王莽篡位，汉世大祸，八十篇何为不戒，则知图谶成于哀平之际也。"当然，冰冻三尺，非一日之寒，谶纬的成型与流传肯定要早于西汉哀平时期，许多人把它上溯到汉武帝时，认为董仲舒与稍后的刘向是后来谶纬之学兴起的最早实际推动者，近人刘师培指出：

> 周秦以还，图箓遗文渐与儒道两家相杂。入道家者为符箓，入儒家者为谶纬。董（董仲舒）、刘（刘向）大儒，竞言灾异，实为谶纬之滥觞。①

当然，谶纬在汉代的实际流传状况要远较刘师培所说的为复杂。就谶而言，它是直接承继战国时期和秦代的谶语而发展来的②；如前所述，汉代谶书中影响最大而产生最早的，自是《河图》与《洛书》。《汉书·王莽传》载："长平馆西岸崩，壅泾水不流，毁而北行……群臣上寿，以为《河图》所谓'以土填水，匈奴灭亡之祥也'。"这是文献征引《河图》之文的肇始，很显然，《河图》、《洛书》的成书要早于哀平时期，较大的可能性是在元、成帝前后。

《河图》、《洛书》的基本内容，已散佚湮没，但是据《开元占经》、《初学记》、《山海经》郭璞注引等载录的零星材料看，它所反映的一是天文占验，二是地利情况，三是受命帝王的祥瑞、符命之类的神话。它们充彻着荒诞与迷信，但在当时却为包括君主、经师在内的整个社会所信奉和推崇。

《河图》、《洛书》面世后，很自然又有依附于它们的各篇谶书产生。《隋书·经籍志》对这类现象曾有追叙：

> （孔子）别立纬及谶，以遗来世。其书出于前汉，有《河图》九篇，

---

① 刘师培：《国学发微》，见《刘师培全集》第 1 册，481 页，北京，中共中央党校出版社，1997。

②《左传》中多有谶语的记载，如陈氏代齐、"季氏亡则鲁不昌"等等。

《洛书》六篇，云自黄帝至周文王所受本文。又别有三十篇，云自初起至
于孔子，九圣之所增演，以广其意。

这类东西，亦已基本失佚，目前见于古籍徵引，以《河图》名篇的，有《河图
叶光纪》、《河图赤伏符》、《河图皇参持》等；以《洛书》名篇的，则有《洛书
摘亡辟》、《洛书兵钤势》、《洛书说征示》等。

从汉代纬书多有引述《河图》、《洛书》类谶书的情况看，纬书也即经谶的
定型与流传的时间，一般又要稍晚于《河》、《洛》。它的主要内容，包括天文
占验和符命说。其中符命说主要有两方面内容，一是历代圣人（伏羲、神农、
黄帝、孔子、刘邦），都有禀受天命的种种祥瑞。如《礼含文嘉》说："伏羲德
洽上下，天应以鸟兽文章，地应以龟书。"这当是当时儒生为奉承统治者或抬
高儒家经典之地位所作的努力。二是进行灾厄的推算和论证历代帝王受命终始
之期。这项内容在《易纬》诸篇中尤为显著。①

关于纬书的篇目，一般都据《后汉书·张衡列传》与《后汉书·方术·樊
英传》的有关记载而认定为三十六篇，即所谓"河洛七纬"。《后汉书·樊英
传》李贤注云：

七纬者：《易纬》，《稽览图》、《乾凿度》、《坤灵图》、《通卦验》、《是
类谋》、《辨终备》也；《书纬》，《璇玑钤》、《考灵耀》、《刑德放》、《帝命
验》、《运期授》也；《诗纬》，《推度灾》、《记历枢》、《含神务》也；《礼
纬》，《含文嘉》、《稽命徵》、《斗威仪》也；《乐纬》，《动声仪》、《稽耀
嘉》、《汁图徵》也；《孝经纬》，《援神契》、《钩命决》也；《春秋纬》，《演
孔图》、《元命包》、《文耀钩》、《运斗枢》、《感精符》、《合诚图》、《考异
邮》、《保乾图》、《汉含孳》、《佐助期》、《握诚图》、《潜潭巴》、《说题
辞》也。

以上《易纬》六种，《书纬》五种，《诗纬》三种，《礼纬》三种，《乐纬》三
种，《孝经纬》二种，《春秋纬》十三种，共计三十五种。较《隋书·经籍志》
所说的《七经纬》三十六篇，尚少一种。清人汪师韩说："《春秋》之纬十四。"
认为《后汉书》李贤注缺列《春秋命历序》一种，若将其加上，恰好符合三十

---

① 参见王铁：《汉代学术史》，223～224页，上海，华东师大出版社，1995。

六篇之数。① 这三十六篇加上《河图》、《洛书》四十五篇（含《河图》九篇，《洛书》六篇，以及托名孔子等人演绎的三十篇），则共为八十一篇。"《衡集》上事云：'河洛五九，六艺四九，谓八十一篇也'"②。这就是刘秀"宣布图谶于天下"后所确定下来的谶纬总篇目，也是谶纬之学在汉代流传状况的基本体现。

（三）谶纬对两汉社会生活的影响

谶纬之学系统成型于西汉中后期，全面盛行于整个东汉时期，对社会生活与思想学术建树均产生过十分重大的影响。在当时，谶纬被尊为"秘经"，"孔丘秘经，为汉赤制"③，号为"内学"④，具有神学正宗的权威性。在统治者的积极提倡下，众多儒生争相趋从，侈谈纬候，妄言图谶，所谓"学孔子《七经》、《河图》、《洛书》，内外艺术，靡不贯综"⑤，成了当时儒士尤其是今文经学家的共同风尚和特色。谶纬之学如日中天，盛极一时：

> 自中兴之后，儒者争学图纬，兼复附以妖言。⑥

> 光武尤信谶言，士之赴趋时宜者，皆驰骋穿凿，争谈之也。故王梁、孙咸，名应图箓，越登槐鼎之任；郑兴、贾逵，以附同称显；桓谭、尹敏，以乖忤沦败。自是习为内学，尚奇文，贵异数，不乏于时矣。⑦

对谶纬的态度和掌握谶纬之学的水平高下，至此已完全成了考察其是否忠诚朝廷、拥护国策的政治标准，成了衡量其思维能力、学术水平的主要尺度，成了决定其在仕途上是加官晋爵抑或遭贬废置的重要因素。谶纬之学对社会生活的影响，的确巨大，令人窒息。它拥有绝对优势的力量，规范着当时几乎所有的儒生的行为方式，即便是马融、蔡邕、郑玄、何休等经学巨擘亦在所不免。《后汉书·蔡邕传》载："（邕）好辞章、数术、天文"；《后汉书·郑玄传》载：

---

① 参见《韩门缀学》卷一"纬候图谶"条。
② 《后汉书》卷五九，《张衡列传》李贤注。
③ 《后汉书》卷三〇上，《苏竟传》；又，李贤注："秘经，幽秘之经，即纬书也。"
④ 《后汉书》卷八二，《方术列传·序》："习为内学。"李贤注："内学，谓图谶之书也，其事秘密，故称内。"
⑤ 《后汉书》卷二七，《赵典传》李贤注引《谢承书》。
⑥ 《后汉书》卷五九，《张衡列传》。
⑦ 《后汉书》卷八二，《方术列传·序》。

"（玄）以谶合之，知命当终"；在何休那里，谶纬也是其知识体系的重要构成部分："阴阳算术，河洛谶纬，及远年古谚，历代图籍，莫不成诵。"① 所有这些，皆是谶纬之风吹遍社会各个角落的证明。

在两汉时期，谶纬对社会的影响是全方位的，其具体表现形式也是多种多样的，但是概括起来，最有典型意义的是两个方面，一是政治上被一些人用来制造夺取政权或巩固统治的舆论，以论证君权神授天赋的天然合理性；二是学术上被儒生经师所大量征引于自己的著述，以进一步抬高儒家经典的地位，给当时的统治思想添加神秘和神圣的光环。

谶纬与两汉社会政治密切相关，这是不争的事实。王莽执政时，曾征召通"天文、图谶、钟律、月令、兵法"等"天下异能之士，至者前后千数"。这些人中方术之士为数不少，他们大量制造图谶，"记说廷中"，将原先零星的谶语纬候，汇成篇籍。② 王莽这么做的目的，自然是为自己受命代汉制造舆论，营造君命神授的政治文化氛围。

谶纬之学在东汉光武帝刘秀兴起并夺取全国政权的斗争中所发挥的作用更是众所周知的史实。新莽末年，天下大乱，群雄割据，刘秀际会风云，起兵角逐天下，为了证明自己夺天下之举是出于顺从天意，他与臣下遂假借《河图赤伏符》的谶语为自己登基称帝制造舆论："刘秀发兵捕不道，四夷云集龙斗野，四七之际火为主。""刘秀发兵捕不道，卯金修德为天子。"③ 由于刘秀的兴起很大程度上得益于图谶的佐助④，因此他对谶纬情有独钟，即位之后，即命人校定图谶，利用谶纬来决定一些纷争和犹豫不决的事情，⑤ 并于中元元年（56年）正式"宣布图谶于天下"⑥。

---

① 王先谦：《后汉书集解》卷七九下，《何休传》注引《拾遗记》。
② 参见《汉书》卷九九上，《王莽传上》。
③《后汉书》卷一上，《光武帝纪上》。
④ 宛地豪强李通因谶记有"刘氏复兴，李氏为辅"之说，遂鼓动刘秀起兵，成为汉室中兴的首谋。东汉初年窦融割据西河，因考虑到"汉承尧后，历数延长，今皇帝姓号，见于图书，……观符命而察人事，它姓殆未能当也"（《后汉书》本传），遂决定归附刘秀。
⑤ 如建武三十二年（56年），刘秀据《河图会昌符》"赤刘之九，会命岱宗"，《河图合古篇》"帝刘之秀，九名之世，帝行德，封刻政"等谶文举行封禅大典；又如中元元年间，据《记历枢》、《含神务》的有关谶文，修筑灵台等等。
⑥《后汉书》卷一下，《光武帝纪下》。

当时以谶纬制造君命神授神话的，不仅仅是刘秀一人，一些素有野心的割据者同样也在这么做。这中间比较典型的就有割据今四川一带，自称皇帝的公孙述，他曾自造谶语，杂引谶记来同刘秀斗争，自认是继汉而起的全国统治者。《后汉书·公孙述传》：

> 述亦好为符命鬼神瑞应之事，妄引谶记。以为孔子作《春秋》为赤制，而断十二公，明汉至平帝十二代，历数尽也，一姓不得再受命。又引《录运法》曰："废昌帝，立公孙。"《括地象》曰："帝轩辕受命，公孙氏握。"《援神契》曰："西太守，乙卯金。"谓西方太守而乙绝卯金（刘）也。

刘秀对公孙述的图谶比附之说深感不安，"光武患之"，于是也据图谶加以反驳："与述书曰：'图谶言公孙即宣帝也。代汉者当涂高，君岂高之身耶？乃复以掌文为瑞，王莽何足效乎？'"[①] 这显然是一场刘秀与公孙述互相利用谶纬力图证明自己为受命主国柄者的神学斗争，从中反映出谶纬与两汉时期的政治斗争大有纠葛，经常被人们所利用，作为角逐权力、谋夺天下的重要武器。

光武帝刘秀"宣布图谶于天下"，把图谶作为定本正式公开，这一方面是用政治和法律的手段来维护谶纬的尊严，进一步提高谶纬在社会政治生活中的地位；另方面也是为了防止他人再造其他的谶纬，以致威胁到自己的统治地位。此后，凡再发现造作谶纬的，就要以"大逆不道"之罪论处，严惩不贷。明帝时，楚王刘英坐"大逆不道"被迫自杀，并牵连到一千多人，其主要罪名就是交通方士，造作图谶。[②] 由此可见，自光武"宣布图谶于天下"后，图谶的君命神授功能已被完全收归到朝廷手中，成为禁脔。当然，当皇权衰微，天下大乱之际，仍是有人以此作为篡位自立的工具。如袁术觊觎帝位，依据就是谶书："少见谶书，言'代汉者当涂高'，自云名字应之。又以袁氏出陈，为舜后，以黄代赤，德运之次，遂有僭逆之谋。"[③] 这表明，以图谶从事政治活动，图谋最高统治权力的做法，是与汉代历史相始终的。

谶纬对汉代思想界的影响同样是十分广泛的，这在经学领域有集中的反

---

① 《后汉书》卷一三，《公孙述传》。
② 参见《后汉书》卷四二，《光武十王列传》。
③ 《后汉书》卷七五，《袁术传》。

映。汉章帝时贾逵上书称道《左传》与图谶相合，于是《左传》、《古文尚书》、《毛诗》等都得到朝廷的承认，古文经学缘此而有大的发展，就是一例。再从《白虎通义》考察，可知当时的经学问题讨论与定夺，通常是以谶纬为是非判断的标准。《白虎通义》的成书时代，正值社会上谶纬泛滥。所以它里面包含了大量的谶纬内容。侯外庐等先生指出："如果把《白虎通义》的文句和散引于各书中的谶纬文句对照，各篇都是一样的，百分之九十的内容出于谶纬。"① 这个估计虽然不完全合乎事实，比例过高，② 但其书"征引六经传记而外涉及纬谶"③ 的倾向仍是十分显著的，"傅以谶记，援纬证经"，"悉隐括纬候，兼综图书，附世主之好"④，的确是《白虎通义》的最大特色。这不但表现为它大量采纳引用了诸如《援神契》、《钩命决》、《含文嘉》、《元命包》、《稽耀嘉》、《感精符》、《乾凿度》、《动声仪》等谶纬内容，而且在引证经典时，凡是有经有纬的，通常是先引谶纬，后再引经书。这种先谶后经的次序，说明《白虎通义》的宗教神学体系，直接渊源于谶纬。谶纬对两汉思想的影响，于此可见一斑。

何休在作《春秋公羊传解诂》时大量引谶纬以注经的做法，当属汉代经师融谶纬于经学的又一个典型例子。何休本人倾心于谶纬之学，在《解诂》一书中不厌其烦地杂采谶纬，无节制地宣扬神怪之说，留下了许许多多荒诞不经的内容。如哀公十四年春"西狩获麟"，何休借图谶大加发挥：

> 《夫子素案图录》：知庶圣刘季当代周……此赤帝将代周，居其位，故麟为薪采者所执。西狩获之者，从东方王于西也。东卯西，金象也。言获者，兵戈文也。言汉姓卯金刀，以兵得天下。⑤

又如同年条下何休释"君子曷为《春秋》"，同样引用纬书《春秋演孔图》：

> 得麟之后，天下血书鲁端门曰："趋作法，孔圣没，周姬亡，彗东出。秦政起，胡破术。书记散，孔不绝。"子夏明日往视之，血书飞为赤鸟，化为白书，署曰《演孔图》，中有作图制法之状。孔子仰推天命，俯察时

---

① 侯外庐主编：《中国思想通史》第2卷，229页，北京，人民出版社，1957。
② 参见黄朴民：《天人合一》第十章，长沙，岳麓书社，1999。
③ 《四库全书总目》卷一一八，《杂家》类二。
④ 庄述祖：《珍艺宦文钞》卷五，《白虎通义考·序》。
⑤ 何休：《春秋公羊传解诂》哀公十四年。

变，却观未来，豫解无穷。知汉当继大乱之后，故作拨乱之法以授之。①

这里何休承袭谶纬之说，将孔子描绘成神怪、巫师，至于端门血书，飞鸟赤书之言，更是不遗余力地宣扬纬书上荒诞不经之谈，以至为后人所诟病："或疑获麟制作，出自谶纬家言，赤鸟端门，事近荒唐，词亦鄙俚，《公羊传》并无明说，何休不应载入《解诂》。"② 话虽是这么说，但在当时的大氛围下，何休援纬入经注，乃是很自然的选择。这只能是再一次证明了谶纬对当时学术与思想无孔不入的渗透和制约。

（四）对谶纬的反思与批判

谶纬在两汉时期（尤其是东汉）曾风行一时，统治者将它崇奉为施政治国的指导思想，用以规范自己的政治行为方式，"初，光武善谶，及显宗、肃宗因祖述焉"③。"上有所好，下必甚焉"，绝大多数儒生更是对谶纬之学趋之若鹜，敬若神明，并在治经过程中，引入谶纬，用它来注释发挥儒家经典，致力于使谶纬与经学融为一体。这样上下一致推崇和泛用谶纬的结果，是社会思潮的妖妄神秘化迅速加剧，人们的思维理性为之窒息，学术氛围严重毒化。

当然，并不是所有人都热衷于跟风献媚，参与这场谶纬之学大表演的。他们对谶纬持理性的审视态度，并根据自己的独立思考，对谶纬提出怀疑，并进而展开批判。他们人数虽然极少，但是关于谶纬的反思和抨击，却在汉代学术史上具有特殊的意义，给神雾弥漫的两汉思想界的天空带来了一个亮点。

这种反思，早在谶纬最嚣张之时即已开始，其代表人物有桓谭、尹敏诸人。桓谭是东汉初年的著名思想家，著有《新论》等著作，他对谶纬持否定的态度，认为："谶出《河图》、《洛书》，但有兆朕而不可知。后人妄复加增依托，称是孔丘，误之甚也"④；断言道："无仙道，好奇者为之。"⑤ 所以当光武帝向他征询"以谶决"灵台是否建于"邑（都城）"内时，桓谭先是表示沉默，继之明确表态，"臣不读谶"，结果大大触怒刘秀，遭到贬黜。

---

① 何休：《春秋公羊传解诂》哀公十四年。
② 皮锡瑞：《经学历史》，122 页，北京，中华书局，1959。
③《后汉书》卷五九，《张衡列传》。
④ 桓谭：《新论·启寤》，见《全后汉文》卷一四引《意林》。
⑤ 桓谭：《新论·辨惑》，见《全后汉文》卷一五引《博物志》。

尹敏是受光武之命主持校定图谶的主要人物之一。但他本人同样对谶纬之学持保留态度，指出："谶书非圣人所作，其中多近鄙别字，颇类世俗之辞，恐疑误后生。"[①] 他还趁校勘图谶的机会，与迷信谶纬的光武帝开了一个小小的玩笑：在谶书中缺脱的地方，增加了"君无口，为汉辅"六字，说明尹氏当辅佐汉廷。刘秀见到这条谶文感到很奇怪，就向尹敏追问其故。尹敏就说："臣见前人增损图书，敢不自量，窃幸万一。"[②] 以游戏放羁的方式，表达了自己对谶纬神圣性的怀疑和否定。

不过，在整个社会弥漫着谶纬迷雾的大背景下，能像桓谭、尹敏这样保持清醒头脑的，毕竟是极少数。他们的议论，在当时也不啻为空谷足音，影响甚微。

到了东汉中晚期，谶纬风行的恶果越来越明显，其危害性也开始被更多的人所清醒认识，所以尽管当时图谶纬候之学依然很有市场，但是对它的否定批判之声也开始渐渐加大强度。这方面，著名思想家、科学家、文学家张衡实系一员冲锋陷阵的健将。他从图谶自相矛盾之处，尖锐指出其不可相信："一卷之书，互异数事。圣人之言，势无若是，殆必虚伪之徒，以要世取资。"[③] 同时强调其重大祸害之所在："此皆欺世罔俗，以昧势位，情伪较然，莫之纠禁。"[④]最后旗帜鲜明地主张："宜收藏图谶，一禁绝之。则朱紫无所眩，典籍无瑕玷矣。"[⑤]

越到后来，这种反对之声也就越是强烈，所谓"通儒硕生，忿其（图谶）奸妄不经，奏议慷慨，以为宜见藏摈"[⑥]。限于资料，当时反图谶纬候的详情在今天已很难全面了解了。但是从东汉末年孙策贻书于袁术，谏阻其僭称之举来考察，当时对图谶的怀疑和否定的确是已开始拥有一定的社会基础了：

> 时人多惑图纬之言，妄牵非类之文。苟以悦主为美，不顾成败之计，古今所慎，可不孰虑。[⑦]

孙策只不过是一介起起武夫，现在连他都敢于鄙薄非议图谶（尽管是出于一定

---

①②《后汉书》卷七九上，《儒林·尹敏传》。
③④⑤《后汉书》卷五九，《张衡列传》。
⑥《后汉书》卷八二上，《方术列传·序》。
⑦《后汉书》卷七五，《袁术传》。

的政治动机），这表明，粘附在儒家经典身上，控制人们思维和行为的图谶迷信，在经过一部分清醒正直的儒士的抨击之后，的确是开始发生动摇了。

当然，在总体否定谶纬对两汉社会生活的负面影响的前提下，也应该看到纬书的一些可取之处。如《易纬乾凿度》尝言："《易》一名而含三义。所谓易也，变易也，不易也。"寥寥数字，将"易"的本质一语道破，实不乏真知灼见。

纬书中最有价值的，是它保存了不少战国至汉代的天文学资料，这些资料对于后世天文学的发展曾发挥过一定的积极作用。如《书纬考灵耀》载："地有四游，冬至地上北而西三万里，夏至地下南而东复三万里，春秋二分则其中矣。地恒动不止而人不知，譬如人在大舟中，闭牖而坐，舟行而人不觉也。"这就颇具有天体运行的科学因素，属于人类地动说的萌芽。又如《春秋纬元命苞》载："天如鸡子，天大地小，表里有水。（天）地各承气而立，载水而浮，天如车毂之过水。水者，天地之包，五行之始焉，万物之所由生，元气之津液也。"这就是浑天说，是很有价值的古代天体结构理论的材料。

所以，历史上曾有不少人试图将谶纬区分开来，在否定谶的同时肯定纬书的价值。如任道镕《纬捃叙》说："纬自纬，谶自谶。谶者纬之流极，言治者不当以谶病纬，读书者不可以谶病纬也。"又如张采田《史微内篇·原纬》言："纬与图谶相似而实不同，图谶杂后人附益之谈，纬则我孔子微言大义多在焉。"他们的观点未必能成立，但不把纬作全盘否定则是可取的态度："纬书虽出于西京之季，然其说多本先儒，纯驳杂陈，精粗互见。谈经之士，莫或能废……昔人之言曰：纬书起自前汉，去古未远。彼时学者，尚多见古书，凡所著述，必当有本，不可以其不经而忽之。此真探本之论矣。"[1] 从这个意义上分析，谶纬之学虽然属中国学术史上的一股逆流，为后人所诟病理有固然，但它的出现并流行乃自有其深厚的文化背景所在，是不以人们的主观意志为转移的，具有历史的合理性。更何况，透过其神学荒诞的外壳，我们还能发现其一定的可取成分。因此，对两汉时期风靡社会的谶纬之学，理应作实事求是、辩证全面的考察和评论。

---

① 陈登原：《国史旧闻》（第一分册）引严杰《经义丛钞》卷二〇，见《纬候不始于哀平辨》，426 页，北京，生活·读书·新知三联书店，1958。

三、史学的丰碑

中国具有十分悠久的史学传统，《吕氏春秋·先识》记载夏代曾设有太史令，殷商时期，史官的设置当无可疑，它不但见于《左传》、《逸周书》、《尚书》、《国语》等典籍的记载，而且也获得了甲骨卜辞的印证。[①] 周代以降，史学更有较大的发展，这一是出现了具体分工不同的各类史官：太史、小史、内史、外史、御史、左史、右史，如《礼记·玉藻》说："天子……动则左史书之，言则右史书之"[②]；二是诞生了一系列史书，除了记载天子言行的中央王朝史志外，还有晋《乘》、郑《志》、楚《梼杌》、鲁《春秋》、秦《记》等等，虽然名称不一，其性质则完全相同，都是历史书。[③] 其中最为重要的，有经孔子整理编定的编年体史书《春秋》、编年体宏篇巨制《左传》，以及国别史名著《国语》等等，这些先秦时期的史学成就，为秦汉史学的繁荣奠定了基础。

秦汉时期是中国史学的空前繁荣和发达阶段，《史记》和《汉书》的面世，标志着中国传统史学已走向高度成熟。它们树立了中国历史上正统史学体裁——纪传史体编纂的典范，对后世史学的发展产生了决定性的影响，诚如郑樵所说："百代而下，史官不能易其法，学者不能舍其书。"[④] 而它们的史学思想更是雄视千古，在整个史学史长河中独领风骚。从这个意义上说，史学的辉煌是秦汉学术文化建树方面的突出标志。

（一）史学发展的概貌及其特色

秦代曾颁令焚书，禁绝私学，史著除《秦记》之外悉被焚毁，而《秦记》本身又内容简单，年月不详，无足称道，因此，国祚短暂的秦王朝没有留下什么值得关注的史学著作，史学的发达与繁荣，乃是在两汉时期。

两汉时期史学的发展集中体现在以下几个方面：

---

① 甲骨文中有"作册"、"史"、"太史"、"内史"等职名的出现。

②《汉书·艺文志》则云："左史记言，右史记事"，据清代学者黄从周考证：左史即内史，右史即太史（见《礼书通故》卷三四）。

③ 参见《孟子·离娄下》。

④〔宋〕郑樵：《通志·总序》。

第一，人们对史学的基本功能和社会价值有了更深刻的认识。司马迁作《史记》的基本宗旨是"究天人之际，通古今之变，成一家之言"①。这里他已清楚地提出了治史的目的"究天人之际"，治史的方法与特色"通古今之变"以及治史的标准与要求"成一家之言"。东汉荀悦对史学著作的价值与功能更进行了系统的阐说，认为"君举必记，臧否成败，无不存焉。下及士庶，等各有异，咸在载籍。或欲显而不得，或欲隐而名章。得失一朝而荣辱千载。善人劝焉，淫人惧焉。故先王重之，以嗣赏罚，以辅法教"②。强调了历史的巨大功能——巩固封建统治必不可少的一种工具。为了达到史书"劝善惩恶"的目的，荀悦进而对历史记载的对象、史书内容的选材，提出具体五点要求（"五志"）："达道义"、"彰法式"、"通古今"、"著功勋"、"表贤能"。③ 毫无疑义，史学家对历史著作的社会功能、文化价值的重视，是当时史学得以发展、日趋繁荣的思想基础。

第二，原始性史料记录与搜集工作日益扎实，为系统、成熟的史学宏著面世创造了必要的条件。这些原始性史料汇集的主要成果体现有起居注、著记、杂记、其他各类文献档案等等。起居注是以日月为顺序的帝王言行录，所谓"先帝故事有起居注，日月动静之节必书焉"④。西汉王朝是否有起居注，已不可考，但东汉朝廷有之则无可疑，《后汉书·明德马皇后纪》和袁宏《后汉纪》卷十一，均记有马皇后自撰《显宗起居注》事，《后汉纪》袁宏自序亦述曾采掇汉灵帝、汉献帝《起居注》。

著记也作"注记"，是朝廷的大事记，史官所掌，其内容乃如《申鉴·时事篇》所说："为善恶则书，言行足以为法式则书，立功事则书，兵戎动众则书，四夷朝献则书，皇后、贵人、太子拜立则书，公主大臣拜免则书，福淫祸乱则书，祥瑞灾异则书。"《汉书·谷永传》提到的"八世著记"，即指自汉高帝至汉元帝八世的著记。《汉书·艺文志》"春秋类"著录有《汉著记》百九十卷，这是西汉历代的著记，东汉的情况也一样，各代均撰有著记。

---

① 《史记》卷一三〇，《太史公自序》。
② 〔东汉〕荀悦：《申鉴·时事第二》。
③ 《后汉书》卷六二，《荀悦传》。
④ 荀悦：《申鉴·时事第二》。

某些文人学士也撰有杂记类，即史料与故事相掺杂的毛坯史书。如陆贾的《楚汉春秋》九篇。其书至唐犹存，《隋书·经籍志》将其归入"杂史类"，称它"述诛锄秦项之事"，"属辞比事，皆不与《春秋》、《史记》、《汉书》相似，盖率尔而作，非史策之正也"。这表明它属杂记性质，并无一定的体例。

其他诸如"石室金匮之书"，即皇家图书馆所保存的"天下遗文古事"、"六经异传"、"百家杂语"、档案文书，也是很重要的史料。

这些原始性的起居注、著记、杂史，虽说还不是严格意义上的史学著作，但它们的搜集和撰写却为《史记》、《汉书》等史学巨著的创作提供了基础。如司马迁记述秦汉之际史事，曾经从《楚汉春秋》中取材，"述《楚汉春秋》，接其后事"①。记叙曹参、周勃、樊哙等人的战功，多依据皇室秘藏的档案资料。从这个意义上说，原始性史料的编纂和排比，是当时史学得以发展，日趋繁荣的物质基础。

第三，公、私著述史书方式的并行共存，为当时史学的发达与繁荣开辟了广阔的前景。两汉史学发达的重要原因之一，是当时私人著史与官方修史的作法同时存在，相互促进。换言之，史著撰著来源的多样化，造就了史学思想的活跃、史学形式的多样之良好局面。

当然，公私史学著作的比重在汉代不同时期是有所变化的，大体而言，西汉时期多私家著述而东汉时期多公家著述。西汉最高统治者对史学似乎还来不及给予更多的注意，对私人撰史一般不加以直接干预，因此，无论是陆贾的《楚汉春秋》、贾谊的史论《过秦论》，还是司马迁的《史记》、刘向的《列女传》等等，都是私人撰史的范围。不过，情况也不是绝对的，刘向、刘歆父子所撰的学术史专著《七略》，则是属于受诏校勘图书所形成的产物，具有一定的官方背景。到了东汉，最高统治者继续崇尚儒学，同时，改变了西汉皇帝基本上不过问修史工作的状况，开始直接插手其事。班彪专心史籍，作《太史公书后传》数十篇，"采前史遗事，傍贯异闻，作《后传》数十篇"②。这尚属于私家撰述。班彪去世后，其子班固继承父业，仍以私人之力修史，结果为人告发，说他私改国史，班固因此而被捕入狱。后因明帝赏识其书稿，下诏班固继

①《汉书》卷六二，《司马迁传赞》。
②《后汉书》卷四〇上，《班彪传》。

续编写，《汉书》才得以基本完成，所以，《汉书》的著述，实际上是奉旨而成。其它像《东观汉记》、荀悦《汉纪》等史著也都是由皇帝下令，组织班子或委任专人进行编写的。可见，在东汉时期，除《越绝书》、《吴越春秋》、《风俗通义》等地方史、专史之外，一般国史的编写都是秉承官方的旨意，尽管这与隋唐以后的官修史书尚有区别，但毕竟与司马迁作《史记》纯属个人行为不同，可以看作是公家著述。

私家撰史与奉诏修史各有利弊。私家著述有较强的独立性，思想比较活跃，敢于发扬实事求是的精神，"其文直，其事核，不虚美，不隐恶"，成为"实录"，这是它的长处。然而，私人力量毕竟有限，接触史料也有种种限制，加上个人阅历、观点、视野上的局囿（司马迁属于例外），故要撰成一部信史也属不易。奉诏修撰史书，作者个人发挥自然处处受到限制，必须完全按统治者的旨意行事，直接服务于巩固封建统治所需，阿谀颂扬统治者的"文治武功"，这就难免出现曲笔、回护。但同时这也使修史人拥有较好的便利条件，可以运用中央政府收藏的大量图籍，搜集丰富的史料，把一些翔实的材料经过整理记录下来，从而提高史书的真实性与权威性。正是公私两种史书著述系统的并行共存，遂使得两汉史学的发达具备了充分的有利条件。

第四，史学著作体裁的多样化，分类的细致化，是两汉史学繁荣、发达的具体象征。通观当时的史学成就，给我们最深刻的印象之一，是史学领域的百花齐放，各种体裁的史学著作层出不穷，呈现出一片绚丽多彩、生机勃勃的景象。

两汉时期（尤其是东汉），史书类别比战国时期明显增多，它包括纪传体史书、编年体史书、杂史、起居注、著记、载记、史钞、史评、史论、故事、职官、仪制、刑法、杂传记、地理、谱系、簿录等等。① 此外，史著内容的专题性区分也有了明显的进步。

纪传体史书。这是当时史著最主要的体裁，以司马迁的《史记》和班固的《汉书》为杰出代表。前者为纪传体通史，后者则为纪传体断代史。另外，《东观汉记》的体例也采用纪传体。它们的面世，标志着纪传体史书体裁的高度成

---

① 陈高华等：《中国古代史史料学》，89 页。北京出版社，1983。

熟，对后世史学的发展起到了决定性的影响。所谓"自此例一定，历代作史者，遂不能出其范围，信史家之极则也"①。

编年体史书。编年体史书体裁的创制要早于纪传体史书，《春秋》、《左传》均是秦汉以前的重要史学著作。这一体裁在两汉时期也得到沿袭和发展，成为仅次于纪传体史著的重要史著体裁，其主要代表是荀悦的《汉纪》。荀悦是汉献帝时人，献帝以《汉书》"文烦难省"，于建安三年（198年）命荀悦按编年体改编《汉书》，三年后成《汉纪》三十卷，当时人称赞其书"辞约事详"。《汉纪》采取了以传释经的方法，用《汉书》本纪为纲，采摘各传及志表之文，按其年月前后，散入本纪各年之下，对于那些无年可考或不便分散于年月之下的史事，则用连类列举的方法进行安排，这在编年体史书的撰写上是一个新的创造，为用编年体史书叙述断代历史创建了典范。②

史论著作。史论萌芽于《左传》，《左传》中的"君子曰"即史论的雏型。秦汉之际，出现了不少具有史论性质的雄文，借古讽今，历史为大政方略所用。这方面的典范，是贾谊所作的《过秦论》。

古代地方专史。赵晔的《吴越春秋》、袁康的《越绝书》，都属于这一类。他们主要是根据《国语》，兼采《左传》、《史记》的记载，并加入许多民间传说敷衍成书，有些问题的叙述，可补正史的缺漏。由于其书专记特定地域范围的古代史事，有人视其为地方志的起源。它们的主要缺点是虚构、夸张的成分较多，影响了史学本身的价值。

各类专史。这包括人物传记，如刘向所撰的《列女传》；古史遗说汇编，如刘向所编次的《新序》和《说苑》两书；学术文化专史，即刘向创始并由刘歆最终完成的《七略》，它分类著录了当时所有的重要文化典籍，系统地反映了各种学术思想体系和流派的历史发展概况，在中国史学史上占有重要的地位，正如范文澜先生所说，"它是一部极可珍贵的古代文化史。西汉有《史记》、《七略》两大著作，在史学史上是辉煌的成就"③。文化风俗专史，如东

---

① 〔清〕赵翼：《廿二史箚记》卷一，《各史例目异同》。
② 参见仓修良、魏得良：《中国古代史学史简编》，107页。哈尔滨，黑龙江人民出版社，1983。
③ 范文澜：《中国通史》第二册，163页，北京，人民出版社，1978。

汉应劭所撰的《风俗通义》，它反映了当时的社会风习，是研究两汉社会生活状况和思想文化面貌的重要依据。职官志。主要有六种，即《汉官》、《汉旧仪》、《汉官解诂》、《汉官仪》、《汉官典仪》、《汉仪》等。

第五，纪传体史书体裁的创立和完善，是两汉时期史学发达和繁荣的最突出标志。如前所述，纪传体是秦汉时期史著的最重要体裁。它创立于西汉司马迁所著的《史记》。司马迁在研究古代所有史籍的基础上，吸收先秦史学的丰硕成就，创了一种前所未有、规模宏大、组织完备的新体裁——纪传体，以这种体裁写出了我国第一部纪传体通史——《史记》。全书上起传说中的黄帝时代，下讫汉武帝，由十二本纪、十表、八书、三十世家、七十列传组成。其中"本纪"冠于全书之首，是按年月次序编写的帝王简史，以记载帝王的言行政迹为主，兼述当时政治、经济、军事、文化、外交等重要事件。"表"是用表格的形式谱列人物与事件，可视为是各个时期的简要大事记。"书"主要记载典章制度，具有文化史性质。"世家"主要叙述子孙世袭的王侯贵族的历史。"列传"主要记载各个时代不同阶层、不同类型的人物的历史，也有关于我国少数民族和与中原王朝互相往来的一些外国情况的专篇。由于这种编纂方式以"本纪"、"世家"、"列传"为主体，故形成了以人物为中心的纪传体。它的出现，在中国史学发展史上具有划时代的意义，并为后代史家所继承。

班固撰写《汉书》，对纪传体进行了改造和部分修正，如"书"改为"志"，将"世家"并入列传，进一步整齐了纪传体的体裁。全书由十二本纪、八表、十志、七十列传组成，共一百篇，记载了自汉高祖元年（前206）至王莽地皇四年（23年）计二百三十年的历史，从而推出了我国第一部纪传体断代史。这种纪传体断代史的写法，遂成为中国历代封建王朝正史编纂的标准形式，"同于科举之程式，官府之簿书"[①]。这表明纪传体的创立与完善，是秦汉史学走向完全成熟之路上的里程碑。

（二）双璧映辉：《史记》与《汉书》

《史记》与《汉书》是秦汉时期两部最伟大的史学巨著，是这一时期史学

---

① 〔清〕章学诚：《文史通义》卷一内篇一，《书教》下。

繁荣发达的具体象征，从某种意义上说，它们也是整个中国古代史学辉煌成就的杰出体现者。它们的卓越，不仅表现为体裁组织的完善，史实记载的翔实，更反映为其史学思想的深刻高明，文化影响的弥久深远。今天要回顾和总结秦汉时期的史学发展全貌，不能不着重总结《史记》和《汉书》所反映的史学理念和文化精神。

《史记》和《汉书》自面世之日起，即为人们所推崇，也成为后世史家效法追摹的典范。就《史记》而言，是"自刘向、扬雄博极群书，皆称迁有良史之材，服其善序事理，辨而不华，质而不俚；其文直，其事核，不虚美，不隐恶，故谓之实录"①；更被鲁迅先生赞誉为"史家之绝唱，无韵之《离骚》"。所谓"参酌古今，发凡起例，创为全史……然后一代君臣政事，贤否得失，总汇于一编之中"②。至于《汉书》，其价值与影响同样巨大，史载其书完成后，"当世甚重其书，学者莫不讽诵焉"③。章学诚称道它："班氏体方用智"，认为"迁史不可为定法，固书因迁之体而为一成之义例，遂为后世不祧之宗焉"④。两书犹如双子星座，交相映辉，各有千秋，难分轩轾。

《史记》与《汉书》同为秦汉史学的丰碑，它们之间既有共性，也有差异。

两书的共性，首先是均是以十分严肃的态度从事史著的撰写，搜集史料多多益善，采撷阙文不遗余力。如《史记》是"网罗天下放失旧闻，略考其行事，综其终始，稽其成败兴坏之纪"⑤。司马迁在撰著过程中，广开史料来源包括依据先秦及当代的载籍，"据《左氏》、《国语》，采《世本》、《战国策》，述《楚汉春秋》，接其后事，讫于天汉"⑥；还从事实地考察和采访身历目击者，同时对史料进行审慎的考订选择，有可疑的就存疑，"百家言黄帝，其文不雅驯"⑦，既然不雅驯，他就不采纳，"神农以前，吾不知已"⑧，凡自己不知道的，就不信口开河，率意为笔，"至《禹本记》、《山海经》所有怪物，余不

---

① 《汉书》卷六二，《司马迁传赞》。
② 赵翼：《廿二史劄记》卷一，《各史例目异同》。
③ 《后汉书》卷四〇下，《班固传》。
④ 章学诚：《文史通义》卷一内篇一，《书教》下。
⑤ 〔西汉〕司马迁：《报任安书》。
⑥ 《汉书》卷六二，《司马迁传》。
⑦ 《史记》卷一，《五帝本纪》。
⑧ 《史记》卷一二九，《货殖列传》。

敢言之也"①。正因为司马迁既穷尽资料，又对资料运用持审慎态度，《史记》才成为一代信史。至于《汉书》的情况，亦相类似。作者班固"博贯载籍，九流百家之言，无不穷究。所学无常师，不为章句，举大义而已"②。入主兰台后，利用兰台为皇家藏书之地，图籍丰富的有利条件，积极搜罗史料，借助《史记》、褚少孙等十六家续补《史记》的作品、《汉著记》、《汉大事记》等史书，以及刘向父子、桓宽、董仲舒、贾山、晁错、贾谊等人的著作，终于撰成一部信而有征、堪称权威的纪传体断代巨著《汉书》。曾有人批评《汉书》说："孟坚所掇拾以成一代之书者，不过历朝之诏令，诸名臣之奏疏尔。"③ 这种指责从文章作法角度看固然不无道理，但是从史著所依托的史料视角考察，我们不能不说是《汉书》的长处，即反映了其书搜罗史料之宏富、叙述史迹态度之平直。

两书的共性，其次是都体现了比较强烈的"实录"精神。所谓"实录"，就是"爱而知其丑，憎而知其善，善恶必书，斯谓实录"④。用现代语言表述，就是用实事求是的科学态度编写历史。《史记》显然是这么做的，如记载汉武帝反击匈奴之战，既肯定其正义性和必要性，指出战争取得胜利的事实，又不讳言战争的消极后果，强调战争给民众造成的沉重负担，给国家经济带来的破坏，"兵连而不解，天下苦其劳，而干戈日滋"⑤；"国家用竭，海内萧然"⑥，导致民众的反抗不断发生。又如对于西汉开国皇帝刘邦，司马迁既肯定他推翻暴秦，统一天下的功绩，指出其具有善于用人，能听取不同意见，择善而从的长处，又毫不留情地揭露了其狡诈多端、残酷无情、贪财好色的流氓无赖嘴脸。再如在《酷吏列传》中一一揭露了张汤、杜周、宁成、周阳由等同时代酷吏草菅人命，"如狼牧羊"、阿谀曲法的暴行，贬斥了封建法律的虚伪性和残暴性。《汉书》对封建暴政批判的程度虽不及《史记》，但是仍能基本秉持据事直书的"实录"精神，如同样对汉武帝的反击匈奴战争持辩证的看法，既看到其

---

① 《史记》卷一二三，《大宛列传》。
② 《后汉书》卷四〇下，《班固传》。
③ 〔明〕凌稚隆辑：《汉书评林·汉书总评》引虞舜治语。
④ 〔唐〕刘知幾：《史通·惑经篇》。
⑤ 《史记》卷三〇，《平准书》。
⑥ 《史记》卷一二二，《酷吏列传》。

合理性，又指出其破坏性："海内虚耗，户口减半"①；强调它引起社会动荡："盗贼滋起，……大郡至数千人，擅自号，攻城邑，取库兵，释死罪，缚辱郡太守、都尉，杀二千石，为檄告县趋具食。"② 对于统治者宠幸佞妄，沉湎女色，滥用刑罚的所作所为，也敢于加以揭露和批判。《成帝纪赞》斥责成帝"湛于酒色，赵氏乱内，外家擅朝"；《佞幸传》鞭挞元帝宠幸弘恭、石显，哀帝嬖幸董贤；《刑法志》指斥西汉一代刑法的严酷，并且指出东汉当时"其疾未尽除，而刑本不正"。由此可见，《史记》与《汉书》在坚持"实录"精神问题上，只有程度的差异，没有本质的区别。

两书的共性，其三是都能以广阔的视野关注社会生活的方方面面，致力于反映历史现象的全貌。如《史记》七十篇列传中类传占有十篇，每篇都集中反映了历史的一个侧面。《儒林列传》专记儒家代表人物的学术活动和儒家经典《诗》、《书》、《礼》、《易》、《春秋》的传授过程；《酷吏列传》是关于崇尚严刑峻法官吏的合传，显示出当时社会矛盾激化的实际情况；《货殖列传》作为经济专篇，保留了一些有关各地物产、农业经济、手工业、商业以及风俗民情的资料；《匈奴列传》、《南越列传》、《东越列传》、《朝鲜列传》、《西南夷列传》、《大宛列传》等，集中保存了我国少数民族、周边国家的基本史料。至于《史记》八书，更富有经济、文化、科技专史的价值。司马迁通过对这些历史现象的记述，使得《史记》具备了古代百科全书式的价值。

《汉书》记载的涉及面之宽广，较之于《史记》实有过之而无不及。它模仿《史记》设立了类传，有关类传的内容往往比《史记》更为充实。并设立了《外戚传》等新的类传，以反映西汉后期外戚专权的客观现实。有关少数民族历史和我国邻边国家历史的传记之内容，也较《史记》为丰富，这将《汉书·西域传》与《史记·大宛列传》稍作比较即一清二楚。至于《汉书》的十篇"志"，乃是仿效《史记》之"书"而作，但内容又有新的充实，类目也有新的增加，如《刑法志》、《地理志》、《五行志》、《艺文志》都是新加设的。班固通过"十志"，使西汉典章制度整体状况有了更系统、更完整的反映，具有极高的学术文化价值，故"十志"向来为人们所推重，对纪传体史书的书志部分曾

---

① 《汉书》卷七，《昭帝纪》。
② 《汉书》卷九〇，《酷吏传》。

产生重大影响，以后正史的"志"，大都是依据《汉书》十志加以损益而成的，从而形成了中国史学史上的书志体。同时，在典章制度史的发展上，它也起到了继往开来的作用，对于《通典》、《文献通考》等书的著述不无启迪。尽管《史记》和《汉书》在反映社会生活内容方面各有详略，但是在注重全方位体现历史整体面貌这一点上，所作的努力却相一致。

　　《史记》和《汉书》的最大差异点，是它们之间史学思想、价值观念的不同。《史记》作者司马迁的学术思想是兼取儒、道（汉初黄老之学），而在感情上则较为倾向于儒家，以"究天人之际，通古今之变，成一家之言"自命，以"协六经异传，整齐百家杂语"为指导纲领。这样的学术宗旨，很自然使他的著述具有较突出的人民性，因此，他将项羽立为"本纪"，入陈涉于"世家"，不但为帝王将相立传，也为名医、商贾、刺客、游侠、优孟等（其中大多数为布衣平民）立传。至于《汉书》，情况则大不相同，作者班固等人的指导思想是阴阳五行化了的儒家思想，他们对司马迁的史学思想和价值取向持反对的态度，以儒家正统观念激烈批评《史记》："又其是非颇谬于圣人，论大道则先黄老而后六经，序游侠则退处士而进奸雄，述货殖则崇势利而羞贫贱，此其所蔽也。"① 由此可见，两书所体现的历史观是相对立的。由于这种对立，班固对《史记》将刘氏王朝"编于百王之末，次于秦项之列"十分不满，将项羽与陈涉分别由"本纪""世家"一律降格为"列传"，对游侠的地位作出完全不同于《史记》的评价，并大肆宣扬刘姓王朝的"君权神授"性质："汉承尧运，德祚已盛，断蛇著符，旗帜上赤，协于火德，自然之应，得天统矣。"② 这样的历史观念的泛滥结果，是《汉书》成为封建专制统治的绝对维护者，人民性与独立精神严重遭到削弱。

　　《史记》和《汉书》之间的又一个差异，是《汉书》更为注重对原始文献的搜罗汇集，使之充实人物传记的内容。换言之，《汉书》在搜集和保存重要文献资料方面所作的努力，较之《史记》更为突出，有其特殊的作用和重大的贡献，许多重要的学术、政治文献，都是通过它而被保存到今天的。董仲舒是西汉第一大儒，他的《天人三策》在汉书中全文照录，这对于研究儒家正统思

---

① 《汉书》卷六二，《司马迁传赞》。
② 《汉书》卷一，《高祖纪·赞》。

想是宝贵的第一手资料。他的《限民名田说》也保存在《食货志》中，这对于我们了解汉武帝时代土地兼并的情况和阶级矛盾发展的动向不无帮助。其他如贾谊的《治安策》，晁错的《教太子疏》、《言兵事疏》、《募民徙塞下疏》，路温舒的《尚德缓刑疏》，贾山的《至言》，邹阳的《讽谏吴王濞邪谋书》，枚乘的《谏吴王谋逆》，公孙弘的《贤良策》等等，也都全文分别载入了他们的本传。这些文章，都是有关政治、经济、军事、文化方面的珍贵文献。而在《史记》中，这些内容却是阙漏不载或载录不全的。

显然，《史记》在思想观念上更胜一筹，而《汉书》则在史料保存上别有长处。两书各具优势，自有其价值所在。

四、兵学的建树

兵学是关于指导战争准备和战争实施的理论与方法。秦汉时期开创了我国历史上空前大统一的新纪元，在这一时期，自始至终存在着阶级矛盾、民族矛盾以及统一与分裂的斗争，并多次引发大规模农民战争、民族战争和统一战争。这一客观现实，刺激推动着当时兵学的形成和发展。具体而言，秦汉时期的兵学是当时经济、政治、军事、文化不断发展和历史实现空前大统一的时代产物，是当时多次大规模统一战争、大规模民族战争和大规模农民起义战争的实践经验的集中反映，是先秦兵学在新的历史条件下的总结、继承和发展，是秦汉整个文化体系中的重要组成部分。它是为秦汉大一统时代的军事斗争和政治斗争服务的，从理论上回答了在当时历史条件下如何维护统一、建设军队、巩固国防、克敌制胜等重大基本问题，因而是中国历代兵学的有机构成，并对后世产生过深远的影响。所以，要了解秦汉时期的文化整体面貌，就不能不考察这一期间的兵学。

（一）兵学文化的发展概貌

秦代兵学主要体现于对军事活动的谋划、指导和军队建设、国防建设的各项制度、措施之中。由于其国祚短暂，更由于其奉行焚书坑儒的政策，这一时期没有兵书理论面世，但它却通过军事实践和军事制度，给秦汉时期兵学的形成和发展奠定了基础。

西汉是我国历史上继秦之后第一个长期稳定、统一、富强的封建王朝，曾经历了极其丰富的战争实践，先后涌现出刘邦、项羽、冒顿单于、韩信、张良、萧何、晁错、周亚夫、刘彻、卫青、霍去病、李广、赵充国等众多雄主、谋臣和名将，创立了大规模骑兵集团远程奔袭和荒原、山林、沙漠、江海作战等新战法，步、骑、车、舟多兵种协同作战能力显著提高，发展了筑城守边、屯田戍边、徙民实边等举措，建设起强大而巩固的国防，诞生了《淮南子·兵略训》、《言兵事疏》、《屯田制羌疏》、《备塞论》等一系列重要兵学专篇，开展了校理兵书、划分兵学流派为主要内容的兵学理论研究活动，从而把秦汉兵学推进到一个全面发展的鼎盛阶段。

东汉是继西汉之后又一个长期稳定统一的封建王朝。其统治者崇儒抑武，首创文吏典军之制。除了著名兵书《黄石公三略》之外，这一时期的兵学建树还体现于光武帝刘秀的战争指导和经国制军的举措，邓禹、寇恂、冯异、马援、吴汉、耿弇、班超、段颎等众多名将的用兵方略，以及史学家班固、政论家王符、仲长统、崔寔等文人学士的有关著述之中。由于统治者立国之初即坚持用儒家的"柔道"安辑天下，用兵家的"诡道"克敌制胜，成功地实现了兵儒合流，从而使秦汉兵学的发展进入到一个更为成熟的阶段。①

以上是秦汉兵学发展的主要线索。值得引起注意和着重介绍的，是当时兵学发展历程上几个富有标识性意义的突出环节：

兵书的整理与校定。与秦王朝仇视和灭绝文化的立场与态度不同，西汉王朝的统治者相对重视文化的积累与发展，尤其是注重对实用性较强的学术文化的提倡。兵学是实用之学，直接关系到政权的稳定，因此为统治者所关注，校理兵书就是这方面的重要举措。

汉代对兵书的收集整理工作主要有三次。第一次是汉高祖在位时"韩信申兵法"："张良、韩信序次兵法，凡百八十二家，删取要用，定著三十五家。"②限于汉初"干戈未息"，"自天子不能具钧驷，而将相或乘牛车"的政治经济条

---

① 参见于汝波、黄朴民主编：《中国历代军事思想教程》，37～38 页，北京，军事科学出版社，2000。

②《汉书》卷三〇，《艺文志·兵书略》。

件，以及"挟书律"未除的文化氛围，这次整理大约主要重在收集和遴选。第二次是在汉武帝时，当时反击匈奴的战争正在如火如荼地进行，为了夺取战争的胜利，统治者对兵学的关注自然又提到议事日程，于是就有军政杨仆整理兵书之举："军政杨仆捃摭遗逸，纪奏兵录，犹未能备。"① 颜师古注曰："捃摭，谓拾取之。"可见杨仆的工作主要也是搜集兵书，遗憾的是，由于种种原因，这次整理尚存在着缺陷，"犹未能备"。第三次是在汉成帝时，由"任宏论次兵书"，"光禄大夫刘向校经传诸子诗赋，步兵校尉任宏校兵书，太史令尹咸校数术，侍医李柱国校方技。每一书已，向辄条其篇目，撮其指意，录而奏之"②。可见是由步兵校尉任宏校理兵书，并由刘向总其成，为整理校订后的兵书作叙录，附于其书之中，上奏皇帝。这次整理的意义要远远大于前二次，不仅划分了兵家的种类流派，而且还认真厘定了文字，规范了版本，揭示了各部兵书的学术价值，即刘向、任宏将搜集到的各部兵书，校勘其文字，确定其书名，统一其篇名，排定其篇章次序，撰就其提要，缮写而后成为定本，由国家集中收藏。通过这次整理，使先秦至西汉中叶的兵书基本上以较完整的面貌存之于世，为封建王朝的军事斗争提供切实的服务。在这之后，又有《三略》等兵书诞生面世，进一步充实了秦汉的兵学宝库。

兵书的分类与学术价值总结。秦汉兵学发展的又一个显著标志，是对兵书的分类以及在此基础之上对各类型兵书学术特色的揭示与总结。在第三次兵书整理过程中，步兵校尉任宏对搜集到的兵书进行了系统的分类工作，"任宏论次兵书为四种"，即根据西汉中叶以前兵书的基本内容和主要特征，把兵家划分为兵权谋家、兵形势家、兵阴阳家、兵技巧家等四大类。其中兵权谋家共13家，著作259篇，现存《吴孙子》(《孙子兵法》)、《齐孙子》(《孙膑兵法》)和《吴子》等。这是兵学流派中最主要的一派。兵形势家共11家，著作92篇，现仅存《尉缭子》。兵阴阳家共16家，著作249篇，其中有许多是托名黄帝君臣的作品，现都已散佚，只有后世诸如《太平御览》、《册府元龟》等类书、政书保留有极零星的内容。兵技巧家共13家，著作199篇，亦已基本散佚。

---

① 《汉书》卷三〇，《艺文志·兵书略》。
② 《汉书》卷三〇，《艺文志·序》。

在划分兵书种类的基础上，刘向、任宏还就每类兵书的军事学术特点加以分析和总结。他们指出"兵权谋家"的基本特点是：

> 权谋者，以正守国，以奇用兵，先计而后战，兼形势，包阴阳，用技巧者也。①

可见这一派主要是讲求战略的，是一个兼容各派之长的综合性学派。"兵形势家"的基本特点为：

> 雷动风举，后发而先至，离、合、背、向，变化无常，以轻疾制敌者也。②

即主要探讨军事行动的运动性和战术运用的灵活性与变化性。有学者认为这一学派主要是讲求战术的。而"兵阴阳家"的主要特点则是：

> 顺时而发，推刑德，随斗击，因五胜，假鬼神而为助者也。③

这表明它注重"时"，注意天候、地理条件与战争关系的研究，可能与范蠡以及黄老学派有深厚的渊源关系。至于"兵技巧家"的主要特点乃为：

> 技巧者，习手足，便器械，积机关，以立攻守之胜者也。④

这就是说，这一流派注重的是军械和作战技术，它包括设计、制造攻守器械和学习使用器械的技术方法、要领、军事训练等等。

任宏、刘向对兵家流派的划分与总结，是中国兵学发展史上的一个具有里程碑式意义的事件，从此兵家四分法经《汉书·艺文志》的记载而为后世兵家奉为圭臬，⑤ 成为后世兵书撰著与兵学理论建树的规范程式与指导方针。

兵学表现形态的多样化。这是秦汉时期兵学发展的第三个显著标志。当时的兵学之表现形态是各式各样、绚丽多姿的，既有以专门著作形式面世并产生巨大影响，为后人收入《武经七书》的兵书《三略》等；⑥ 又有以归纳、总结先秦兵学的基本成就为主旨并加以必要发挥的兵学专篇《淮南子·兵略训》；还有零散见于君臣诏书、奏议以及众多文人学士著作中的有关论兵言论；更有通过战争实践活动和军队建设举措所反映的军事理性认识。它们合在一起，共

---

①②③④《汉书》卷三〇，《艺文志·兵书略》。

⑤ 班固《汉书·艺文志》源于刘歆《七略》，而刘歆承其父业"总括群书，撮其指要，著为《七略》"（《隋书·经籍志》），又源于刘向之《叙录》。

⑥ 有人认为《握机经》也是东汉时期成书的兵书（见高锐主编：《中国军事史略》上册，304页，北京，军事科学出版社，1992），可备一说。

同勾画了秦汉兵学的总体面貌。

值得注意的是，秦汉兵学的实践功能非常突出，它紧贴当时的社会现实，而较少作抽象的兵学原理演绎，因而具有很强的时代感与针对性，实用性和操作性比较强。如晁错的《言兵事疏》针对汉匈战争而作，它总结了长期以来中原王朝抗击匈奴袭扰的经验教训，分析了当时汉匈双方军力对比，探索了对匈奴作战的基本规律，提出了"以蛮夷攻蛮夷"的思想，为汉朝廷实现对匈奴战略思想的转变奠定了基础。又如赵充国《屯田制羌疏》，针对汉宣帝时西羌诸部北徙，遮断西域商路，骚扰西汉边境城邑的具体形势，提出"罢骑兵屯田，以待其敝"① 的主张，为从事军队屯田，巩固国防提供了高明的策略方针。再如王符的《潜夫论》，根据东汉时期西羌之乱未断的边防态势，专列《劝将》、《救边》、《边议》、《实边》诸篇，有针对性地阐发了有关边疆防御和建设的观点。所有这一切都表明，秦汉兵学在边防等专题问题上有了新的深化和突破，现实感时代感明显加强，这正是秦汉兵学在先秦兵学已有辉煌成就基础上的新的发展。

兵学学习的普遍化。这是秦汉时期兵学发展的第四个显著标志。当时朝廷对兵学理论的学习和普及是予以充分重视的。汉武帝鼓励名将霍去病学习《孙》、《吴》兵法，是大家都了解的史实。据《后汉书·礼仪志》记载，当时统治者是将学习经典兵法著作、演习战阵，作为培养军事人才、提高部队战斗力的重要途径的："立秋之日……兵官皆肄《孙》、《吴》兵法，习六十四阵，名曰乘之。"

当时的大多数名将都热衷于学习《孙子兵法》等重要兵书，如东汉初年大将冯异"好读书，通《左氏春秋》、《孙子兵法》"②。他们对《孙子兵法》等著名兵书中的重要军事原则十分熟悉，背诵如流，经常用来指导自己的军事实践活动。如韩信解释其背水阵破赵之所以大获成功，在于正确地运用了《孙子》的"陷之死地而后生，置之亡地而后存"的激励士气原则。又如赵充国主张军屯，加强守备，反对轻易出击西羌，依据的也是孙子的"全胜"战略思想："善战者致人不致于人"；"臣闻帝王之兵，以全取胜，是以贵谋而贱战，战而

---

① 《汉书》卷六九，《赵充国传》。
② 《后汉书》卷一七，《冯异传》。

百胜，非善之善者也。故先为不可胜，以待敌之可胜。"① 再如，《后汉书·皇甫嵩传》载："嵩曰：'不然。百战百胜，不如不战而屈人之兵。是以先为不可胜，以待敌之可胜。不可胜在我，可胜在彼。'"这显然是皇甫嵩在大段背诵《孙子》"谋攻"、"形篇"的相关内容，为自己实施作战指挥寻找理论依据。

不但武将注重学习和掌握兵法理论，而且不少文人同样对兵学感有兴趣，致力于兵书学习。汉武帝时人东方朔就是一个例子，他在给汉武帝的上书中曾叙述自己的学术经历："年十三学书，三冬文史足用。十五学击剑。十六学诗书，诵二十二万言。十九学孙吴兵法，战阵之具，钲鼓之教，亦诵二十二万言。凡臣朔固已诵四十四万言。"② 学兵书与读诗书比重相等（均为"二十二万言"），可见两汉文化人对兵学的重视，当时兵学的普及与发达于此可见一斑。

（二）兵学文化的重大特色

每一个历史时期的学术文化，都有其特有的时代属性，也即反映着一定的时代文化精神，兵学文化也没有例外。秦汉时期的兵学所体现的，就是显著的封建大一统时代特征。这一是兵学旨趣从"取天下"向"安天下"、"治天下"的转变；二是学术兼容与兵儒合流。

兵学主题的变换。这在秦汉时期唯一一部流传至今的完整兵学著作《三略》中有集中的反映。《三略》成书于东汉后期，③ 它所关注的问题，既是总结"取天下"的经验，更是探讨"安天下"、"治天下"的基本原则，即所谓"设礼赏，别奸雄，著成败"，"差德性，审权变"，"陈道德，察安危，明贼贤之咎"④。

正因为《三略》以如何安治天下为基本宗旨和立论的出发点，所以全书上下贯穿着维护大一统、巩固大一统的一根红线。例如，在战争目的上，它所强调的是维护统一的"诛暴乱讨不义"："夫以义诛不义，若决江河而溉爝火，临

---

① 《汉书》卷六九，《赵充国传》。
② 《汉书》卷六五，《东方朔传》。
③ 关于《三略》的成书，可参阅黄朴民：《大一统兵学的奠基者——〈黄石公三略〉导读》一书（军事科学出版社 2001 年版）的有关考证。
④ 《三略·中略》。

不测而挤欲堕，其克必矣。"① 在价值取向上，它所强调的是巩固统一的"释远谋近"："释近谋远者，劳而无功；释远谋近者，佚而有终。"② 在处理君主与将帅的关系上，它所强调的是"夺其威，废其权"："夫高鸟死，良弓藏；敌国灭，谋臣亡。亡者，非丧其身也，谓夺其威，废其权也。封之于朝，极人臣之位，以显其功；中州善国，以富其家；美色珍玩，以悦其心。"③ 在对待"战胜"与"国安"的关系上，它既重视如何争取"胜可全"，更重视如何实现"天下宁"："明盛衰之源，审治国之纪"④，"治民使平，致平以清，则民得其所而天下宁。"⑤ 凡此等等，都充分体现追求一统、安治天下是《三略》的主旋律，反映的是秦汉大一统的时代精神。

《三略》的显著特点是偏重于阐述政略，它既是一部兵书，更是一部政论书，它关于政治战略的阐述，远远要多于对军事战略的阐述。这同《孙子兵法》等先秦兵书偏重于阐述兵略存在着很大的差异，而这恰恰是大一统时代精神指导规范兵学建设的客观反映和必有之义。

《三略》所论的政治战略，是以安治天下为根本，以治国御军为内容，以收揽人心为手段的国家大战略。它认为民心的向背直接关系到国家的治乱兴衰，主张正确处理国家、贤士和民众的关系，"英雄者，国之干；庶民者，国之本。得其干，收其本，则政行而无怨"⑥。指出民众是决定战争胜负的关键因素，"夫统军持势者，将也；制胜破敌者，众也"，"以弱胜强者，民也"，"谋及负薪，功乃可述"⑦。正因为它充分认识到民心的重要和民众在战争中的巨大作用，所以注重争取民心的工作，指出："兴师之国，务先隆恩；攻取之国，务先养民。"⑧ 强调富国必先富民，认为"四民用虚，国乃无储，四民用足，国乃安乐"⑨。主张统治者关心民生，节制剥削，"务耕桑不夺其时，薄赋敛不匮其财，罕徭役不使其劳"⑩。

《三略》将阐述重点放在政略问题上，正是秦汉时代精神的客观体现，是满足大一统时期政治现实的必然要求。所谓"天下安，注意相；天下危，注意将"，大一统封建帝国建立后，天下基本趋于太平，战争一般情况下不再成为

① ② ⑤ ⑧ ⑨《三略·下略》。
③ ④《三略·中略》。
⑥ ⑦ ⑩《三略·上略》。

社会生活的主旋律。当整个社会由崇尚武功转向追求文治，由迷信暴力改为粉饰礼乐的时候，人们自然要高度重视政略，而相对地忽略兵略了。这种社会价值取向也同样势必要反映到当时的兵学理论建设之中。换言之，从逐鹿中原到统御天下，是国家政治生活中一个带根本性的转折，论政略重于论兵略，乃是理有固宜，势所必然。这就是所谓"逆取顺守"、"文武并用"："居马上得之，宁可以马上治之乎！且汤武逆取而顺守之，文武并用，长久之术也。"① 《三略》以论述政略为主，以论述兵略为辅，体现了大一统时代精神，这也是秦汉兵学的重要特色之所在。

《三略》在论述君主与将帅、君主与群臣的关系问题上花费大量笔墨，提出了一系列君主如何统御将帅、控驭臣僚的重要原则，这同样是大一统时代文化精神指导规范当时兵学理论建设的具体表现。

《三略》主张君臣之间要建立合理的关系，君主信任臣下，群臣服从君主，做到彼此相安："君无疑于臣，臣无疑于君，国定主安，臣以义退，亦能美而无害。"② 强调在君臣关系中，君主是绝对主导的，臣下则处于从属依附的地位。认为一旦混淆了这种关系，就会带来极其严重的恶果："豪杰秉职，国威乃弱；杀生在豪杰，国势乃竭；豪杰低首，国乃可久；杀生在君，国乃可安。"③ 那么如何避免出现"国势乃竭"、"国势乃弱"的局面呢？《三略》作者认为，关键在于君主能善于用权术驾驭将帅群臣："故非计策无以决嫌定疑，非谲奇无以破奸息寇，非阴谋无以成功。"④ 同时远奸佞，亲贤人："伤贤者，殃及三世；蔽贤者，身受其害；嫉贤者，其名不全；进贤者，福流子孙。故君子急于进贤而美名彰焉。"⑤

《三略》着重论述君将、君臣关系，热衷于探讨御将统众之道，把"明贼贤之咎"定作全书的基调，也是大一统时代精神在当时兵学领域所打下的深重烙印。对于富有天下、贵为天子的君主来说，为了集中一切权力于自己之手，防止他人觊觎大宝，稳固千秋万代的一姓江山，如何处置"家奴"性质的将帅群臣，使之既能够不遗余力地为自己效力拼搏，又不至于尾大不掉，对自己的

---

① 《史记》卷九七，《陆贾列传》。
②④ 《三略·中略》。
③⑤ 《三略·下略》。

专制统治构成任何威胁，也就成了一个无可回避的重要问题。①

于是当时的政治家、思想家，都倾注极大的热情去关注这个最棘手、同时也是最现实最急迫的问题。一方面从政治实践操作的层面加以驾御运作，另方面从理论总结的层面加以探索尝试。这类理论总结不仅在一般政治理论著作中全面展开，而且也要在当时兵学研究中一一体现。在这样的历史背景下，兵学著作中有关用兵作战的内容自然要急剧减少，而有关治军御将的成分则相应大量增多，从而确保君主完全实现对军权的高度集中，为维系大一统打下基础。《三略》与秦汉时期其他兵学专论所反映的正是这么一种时代本质。②

学术兼容与兵儒合流。战国至两汉时期的学术兼容趋势，对于秦汉时期兵学的发展是有重大的影响的。其中最突出的影响之一，是儒、墨、道、法为代表的自然观念和政治伦理哲学，渗透和规范兵学的理论构建与价值取向，使当时的兵学不再单纯以军事而言军事，而往往是将军事、政治、文化、经济融会在一起，加以通盘的阐述。换言之，兵学已越出单纯军事的樊篱，趋于综合化和泛政治伦理化了。这一点在《淮南子·兵略训》、《黄石公三略》、《言兵事疏》以及《盐铁论》、《潜夫论》有关论兵篇章中均有显著的体现。

这里可以《三略》为例。《三略》属于典型的黄老兵学体系，其思想特征就是兼容并取，博采众长。除了对前代兵学的继承发展外，《三略》对诸子之学均有借鉴和汲取。其中就道家学说而言，《三略》是把黄老之学作为构筑自己整个兵学体系的灵魂和思想纽带的，即把《老子》的理论基础——"道"、"德"，置于最高层次，统辖一切，"道德仁义礼，五者一体"③；同时高明地阐说道家"柔弱胜刚强"的基本原则，使之成为治国安邦、统军作战诸多要务的根本出发点，"柔能制刚，弱能制强。柔者，德也；刚者，贼也。弱者人之所助，刚者怨之所攻"④。对于儒家，《三略》一方面在思想上崇尚"仁义"和"礼乐"，提倡施"仁义"之泽于万民："泽及于民，则贤人归之；泽及昆虫，

---

① 参考黄朴民：《功臣悲歌·中国古代的皇权与将帅》，北京，解放军出版社，2000。
② 参考黄朴民：《大一统兵学的奠基者——〈黄石公三略〉导读》，北京，军事科学出版社，2001。
③《三略·下略》。
④《三略·上略》。

则圣人归之。贤人所归，则其国强；圣人所归，则六合同"①，"降体以礼，降心以乐。"②另方面是在政治上主张"德治"与"仁政"："有德之君，以乐乐人；无德之君，以乐乐身。乐人者，久而长；乐身者，不久而亡"③，"夫为国之道，恃贤与民。"④《三略》对法家学说的汲取，表现为一是贯彻法家"一断于法"进行治国、治军的原则："一令逆则百令失，一恶施则百恶结。故善施于顺民，恶加于凶民，则令行而无怨。"⑤二是坚定申明法家"信赏必罚"的思想："军以赏为表，以罚为里。赏罚明，则将威行；官人得，则士卒服；所任贤，则敌国震"⑥；"故将无还令，赏罚必信。如天如地，乃可御人。士卒用命，乃可越境。"⑦

可见，《三略》是博采兼容各家之长的产物，各家学说相辅相成，浑然一体，共同构成了《三略》的思想体系。更确切地说，在继承前代兵家理论的基础上，以道家谋略取天下，以儒家思想安天下，以法家原则理将卒，以阴阳家理论识形势，便是《三略》的精萃所在。它所反映的就是秦汉兵学兼容博采的鲜明特色。

当然，在当时学术兼容过程之中，兵儒合流是最为耀眼的亮点。这种现象的发生，是与西汉中叶起"儒术独尊"的文化大氛围直接相关联的。具体地说，随着儒家思想正统地位的确立，兵儒合流遂成为当时兵学发展的主流，儒家政治理论与兵家权谋之道两者间得到有机的结合，相辅相成：儒家学说发挥统治思想的指导作用，规范了军队建设的基本原则，以及用兵的宗旨和目的，对待战争的态度；而兵家的权谲诡诈用兵之道，则被运用于具体的战争实践之中，力求使战争活动符合自身规律而达到克敌制胜的最终目的。很显然，这种结合是秦汉兵学发展的理想选择：因为没有儒家仁义原则作用兵的指导，军事活动便会失去正确的方向，甚至陷入穷兵黩武、自取灭亡的泥潭；而不运用兵家的权谋智慧，便会重蹈宋襄公的覆辙，在残酷的军事较量中败下阵来，成为历史舞台上的失败者。所以，必须由儒学来统领兵学，让兵学来服务于儒家的仁义道德。两者如影相随，不可须臾分离。⑧

---

①②③⑤《三略·下略》。

④⑥⑦《三略·上略》。

⑧ 参见黄朴民：《学术兼容与兵儒合流》，见《思想家》（第一辑），南京大学出版社，2000。

兵儒合流是当时大多数人的共识，① 而它基本完成的标志，是东汉光武帝刘秀的军事实践活动。刘秀崇奉儒学，其所任开国功臣云台二十八将，大多数兵儒皆通，文武兼资，故史称"至东汉中兴，则诸将帅皆有儒者气象"，"所谓有是君，即有是臣也"②。这样的背景，决定了刘秀始终注意将儒家的仁义治国之道与兵家的克敌制胜之道加以有机的结合，系统地建立起以儒家战争观念为核心的融合兵儒于一炉的兵学体系。他一方面打出"吊民伐罪"、"救万民之命"的醒目旗帜，"延揽英雄，务悦民心"③，"平遣囚徒，除王莽苛政"，"吾理天下，亦欲以柔道行之"④，积极争取民众的归附，把自己所从事的统一战争界定为"义战"，从而使自己在政治上、军事上赢得对敌手的优势地位，有力地保障了军事活动的顺利展开；与此同时，他又充分吸取兵家"诡道"的精髓，在战略方针的制定和战役战斗的指挥上，"好谋而战"，灵活用兵，坚定贯彻集中兵力、先东后西、先易后难、由近及远、各个击破的方针，善于刚柔相济、后发制人、出奇制胜、以长击短、围城打援、致人而不致于人，从而在军事斗争过程中牢牢掌握主动权，一步步走向最后的胜利。在军队建设和国防建设方面，刘秀也做到了兵儒理论与实践的高度统一，既息战养民，大刀阔斧"销兵"简政，"修文德"以"徕远人"；又注重实力的建设，严边固防，确保军权的集中和政治的稳定。

刘秀的理论建树与实践活动，从根本上决定了兵儒合流的历史命运。从此，儒家战争观的统治地位得到了确立，而兵家的作战指导思想也获得了更好的合理运用。这不能不说是秦汉兵学发展上的突出收获和鲜明特色。在随后的封建社会历史里，兵儒合流的表现形式虽然各有不同，在某些情况下也曾遭到来自迂儒或穷兵黩武者的干扰，但是，它作为中国古代兵学发展的主流，却一直没有被逆转或阻塞，而是始终处于不断的延续与丰富之中，这应该说是理性的胜利。

---

① 有些儒生是反对兵儒合流的，如盐铁会议上的贤良文学，一味强调"去武行文，废力尚德"（《盐铁论·险固》）。

② 赵翼：《廿二史箚记·东汉功臣多近儒》。

③《后汉书》卷一六，《邓禹传》。

④《后汉书》卷一下，《光武帝纪》下。

第四章
秦汉宗教与礼俗迷信

秦汉时期，社会信仰层次的文化构成有重要的变化。

在大一统政体初步形成并开始巩固的历史背景下，执政者曾经多方位采纳渊源不同的神学形式以充实正统政治文化的内涵，经董仲舒改装的儒学终于占据上风，其"天人感应"学说形成广泛深入的社会文化影响。数术文化在秦汉时期愈益成熟完备。民间礼俗迷信也使得社会生活全面笼罩于神秘主义文化的气氛之中。佛教的传入和早期道教的生成，也是导致秦汉时期社会文化风貌发生历史性变化的重要文化现象。

一、"天人感应"学说

"天人"关系，是秦汉人信仰生活中重要的内容之一。

不仅杰出的思想家们的文化思考终生不能超越这一文化范畴，一般民众的文化实践也普遍不能逃脱这一文化规范。

（一）"天人"关系：文化人共同关注的文化命题

正统儒家曾经强调"天人感应"的规律。

《礼记·中庸》说："思知人，不可以不知天。"《礼记·礼运》也强调：所谓"礼义"，即"所以达天道，顺人情之大宝也"，"孔子曰：'夫礼，先王以承天之道，以治人之情。'"而《荀子·天论》则说："明于天人之分，则可谓至人矣。"

"天人"关系，在秦汉时期，也曾经是当时文化人所普遍关注、热心讨论的重要命题。

《淮南子》一书中曾经反复强调"天人"关系的神秘意义。如《天文》：

> 跂行喙息，莫贵于人。孔窍肢体，皆通于天。天有九重，人亦有九窍。天有四时，以制十二月，人亦有四肢，以使十二节。天有十二月，以制三百六十日，人亦有十二肢，以使三百六十节。

不仅人事定于天意，如所谓"人之为，天成之"①，而且"天之与人有以相通也"②。德能超常的"人"，自然与"天"有着更密切、更融洽的关系，即所谓"人主之情，上通于天"③，"圣人怀天气，抱天心"④。

《淮南子·精神》又说："圣人法天"⑤，圣人"顺于天"。此外如《淮南子·诠言》，则又提出了所谓"遵天之道"、"循天之理"、"与天为期"、"从天之则"的原则：

> 圣人无思虑，无设储，来者弗迎，去者弗将。人虽东西南北，独立中央。故处众枉之中，不失其直；天下皆流，独不离其坛域。故不为善，不避丑，遵天之道；不为始，不专己，循天之理；不豫谋，不弃时，与天为期；不求得，不辞福，从天之则。

---

① 《淮南子·缪称》。
②④ 《淮南子·泰族》。
③ 《淮南子·天文》。
⑤ 《淮南子·泰族》也说："圣人天覆地载，日月照，阴阳调，四时化，万物不同，无故无新，无疏无亲，故能法天。"

"天"与"人"的关系，已经被设定为前者规范了一切道理和法则，后者只能遵循顺从。

（二）天文与人文

利用当时有关"天人"关系的信仰，帝王为肯定执政的合理性往往对于政权形式刻意进行神学的包装。

秦始皇经营的宫室建设，特别是作为统治中枢权力象征的咸阳宫，取"象天"的原则。《史记》卷六《秦始皇本纪》记载：

> （二十七年）焉作信宫渭南，已更命信宫为极庙，象天极。自极庙道通郦山，作甘泉前殿。筑甬道，自咸阳属之。

对于所谓"已更命信宫为极庙，象天极"，司马贞《索隐》："为宫庙象天极，故曰'极庙'。《天官书》曰'中宫曰天极'是也。"

八年之后，秦始皇又组织了工程更为宏大的、堪称规模空前的宫殿建设。其主体宫殿是阿房宫。其工程规划包括："为复道，自阿房渡渭，属之咸阳，以象天极阁道绝汉抵营室也。"

对于阿房宫和咸阳宫之间修建复道相互联系，"以象天极阁道绝汉抵营室也"，司马贞《索隐》解释说："谓为复道，渡渭属咸阳，象天文阁道绝汉抵营室也。常考《天官书》曰：'天极紫宫后十七星绝汉抵营室，曰阁道。'"今按："十七"当作"六"。《史记·天官书》："紫宫左三星曰'天枪'，右五星曰'天棓'，后六星绝汉抵营室，曰'阁道'。"司马贞《索隐》："《乐汁图》云：'阁道，北斗辅。'石氏云：'阁道六星，神所乘也。'"张守节《正义》："汉，天河也。直度曰绝。抵，至也。营室七星，天子之宫，亦为玄宫，亦为清庙，主上公，亦天子离宫别馆也。王者道被草木，营室历九象而可观。阁道六星在王良北，飞阁之道，天子欲游别宫之道。占：一星不见则辇路不通，动摇则宫掖之内起兵也。"

《三辅黄图》卷一"咸阳故城"条下也写到宫殿区规划的"象天"意识：

> 二十七年，作信宫渭南，已而更命信宫为极庙，象天极。自极庙道骊山，作甘泉前殿，筑甬道，自咸阳属之。
>
> 始皇穷极奢侈，筑咸阳宫，因北陵营殿，端门四达，以则紫宫，象帝

居。渭水贯都，以象天汉；横桥南渡，以法牵牛。

"秦宫"条下又写道："周驰为复道，度渭属之咸阳，以象太极阁道抵营室也。"

有的学者指出，秦王朝的都城规划，首要因素"还是来自上天绝对权威的天文依据"。"从秦王朝〔都城〕建设的总体构架看，它是要营建一个'天朝'。虽然这字眼的使用要晚近得多。它以咸阳为中心，象征天之'紫微宫'，以渭水象征银河——'天汉'，修驰道以象'阁道'，建阿房以象'离宫'，分三十六郡以象群星灿灿，拱卫北极。更具匠心的是，每到十月，天象恰恰与这一都城乃至整个'天朝'的布局完全吻合。这时的'银河'与渭水相应，'离宫'与阿房宫同经，'阁道'与经由牵牛桥通达阿房的驰道交相辉映，形成了一个天地人间一体化的神奇世界。置身其中，使人油然生发上合天意，下顺民心，天命在我，'二世、三世以至万世，传至无穷'[1] 的自信。秦以十月为岁首，正是借此吉兆以为王朝的新纪元。以十月为岁首这一历法现象也就成为这个王朝建设总体构想中的一个有机组成部分。""无论皇朝的总体建设、皇宫本身的布局以及帝王归宿的设计，都以一条天文的红线总领着。'天'在秦王朝意识形态中受到了特别的重视。从文化发展的角度分析，这其中既有传统的继承，又有传统的突破。我们叹服秦人的想像力和创造力，因为这种突破归根到底是秦人对自己本质力量的一种充分肯定"[2]。

陕西文物学者在陕西三原嵯峨乡发现了一处形制异常的、显然非天然形成的坑口径 260 米、深 32 米、底径 170 米的巨型盆状圆坑。

考古工作者进行调查时，在坑内及缺口台地上采集到少量汉代绳纹残瓦。坑北侧 80 米处曾出土大量汉代绳纹瓦，坑西北方向 200 米处冲沟边缘暴露有部分绳纹瓦砾和人工堆积层。在坑北侧 1.5 公里范围内，另外还有 5 处汉代绳纹残瓦密集，并有陶器残片和散水石。在坑的东部，发现有一组汉代大型建筑遗址，现存 5 座呈十字形分布的夯土台。研究者初步推测为汉代"五帝祠"遗址。在坑的西侧，嵯峨山的最高峰顶，也发现有相当数量的汉代绳纹筒瓦和板

---

[1] 原文为："朕为始皇帝。后世以计数，二世三世至于万世，传之无穷。"《史记》卷六，《秦始皇本纪》。

[2] 陈江风：《天文与人文——独异的华夏天文文化观念》，132～134 页，北京，国际文化出版公司，1988。

瓦残片。嵯峨山有五峰，又名五台山。研究者依据地望和地形，判断这些发现，应是汉代"五床山祠"的遗存。① 很显然，这是一处汉代礼祀建筑比较集中的地点。

《汉书》卷二八上《地理志上》"左冯翊"条下关于"谷口"县的内容中，说到当地祠所的密集："谷口，九宗山在西。有'天齐公'、'五床山'、'仙人'、'五帝祠'四所。莽曰'谷喙'。"陕西三原嵯峨乡天井岸村的巨型圆坑，被判定为《汉书·地理志上》所谓"天齐公"祠遗址。巨型圆坑今当地人俗称"天井"，坑旁村名"天井岸"。秦建明、张在明等先生推断，"天井"也许是"天齐"之讹称。其实，村名"天井岸"，按照当地方言，也许可以推想是"天脐眼"之讹称。

秦建明、张在明等先生指出："巨坑之时代、地望、形状及地名均与史志记载相合，所以应定名为汉初所修建的'天齐'祠遗址，即《汉书·地理志》所称之'天齐公'祠，为一处祭天的大型礼制建筑主体部分，其北侧汉瓦密集分布区是今后很有探索价值的地域。"

"天齐"，即"天脐"。这一巨坑的形制，正合于"脐"义。"天齐"之祠原在齐地。西汉王朝在关中设置象征"天之腹齐（脐）"即"天中央"的祀所，一方面体现了收纳各地不同源流礼俗制度的宽宏的文化精神，另一方面又表明随着政治权力中枢确定在长安，"大中央"也转移到都城附近了。

据研究，"天井岸村"的巨型圆坑，和西汉都城长安以及一系列人文和地理现象，构成了一种体现上天崇拜的建筑体系。

秦建明、张在明等先生经过认真的考察研究，发现几组西汉大型建筑群的轴线竟与汉长安城南北轴线相合。"调查结果证实，西汉时期曾经存在一条超长距离的南北向建筑基线。这条基线通过西汉都城长安中轴线延伸，向北至三原县北塬阶上一处西汉大型礼制建筑遗址；南至秦岭山麓的子午谷口，总长度达 74 公里，跨纬度47′07″"。"该基线设立的时代为西汉初期"。他们还指出："这条基线不仅长度超过一般建筑基线，而且具有极高的直度与精确的方向性，与真子午线的夹角仅 0.33°。"这条基线最南端为子午谷，向北依次为汉长安

---

① 秦建明、张在明、杨政：《陕西发现以汉长安城为中心的西汉南北向超长建筑基线》，载《文物》，1995 年第 3 期。

城、汉长陵、清河大回转段、天井岸礼制建筑遗址。自子午口至天井岸礼制建筑中心连线上最大水平偏离点为汉长安城南面中央的安门，东偏约 160 米，偏距与总长度的比例为万分之二十二。

秦建明、张在明等先生还发现："基线上各点间的距离也存在一定的比例关系，天井岸礼制建筑至清河大回转北端约 5 公里，清河大回转北端至南端也约 5 公里，其间似乎存在一个不足 5 公里的固定长度单位。在基线 74.24 公里的总长中含有 15 个这样的长度单位。以此衡量全线，则子午口至安门、安门至长陵、长陵至天井岸礼制建筑间比例大致为 6∶3∶6，若以汉长安城安门为中心点，则其南段与北段之比约为 6∶9。"经过测算，似乎只有安门的位置略微偏南。研究者指出："以安门作为汉长安城的点位是我们主观指定的，若将点位北移至长安城东西两宫之间，则全部段落长度将更合乎比例。两宫之间是长安城武库所在地。武库这一地点在历史上颇负盛名。秦昭王七年，号称秦国智囊的樗里子卒，葬于此地，并且预言：'后百岁，是当有天子之宫夹我墓。'汉兴建宫室，果然未央宫在其西，长乐宫在其东，将其墓夹于两宫之间。因此，在秦汉堪舆学中，武库所在地一直很受重视，此点作为长安城基点的可能性是很大的。"

许多资料表明，秦汉以前乃至秦汉时期，已经产生多种空间坐标系。如天文方面的北斗、二十八宿（四象）、十二辰（次）、周天坐标系，地理方面的五行、四象、八卦、四方、十干、十二辰及经纬坐标系等。所谓"天地之经纬"[①]，"凡地，东西为经，南北为纬"[②] 等，已经成为比较普及的观念。一些考古文物资料也可以说明这一事实。例如，1987 年陕西省文物局郑国渠调查组发现战国时期秦国修筑的郑国渠拦河大坝，全长 2650 米，坝体轴线重合于卯酉线。陕西省区域地质调查队于秦始皇陵又发现长 2200 米之南北轴线与真子午线夹角不超过 ±30′。

秦建明和张在明等先生在讨论这条建筑基线的发现所展示的考古价值时，曾经指出这一重要人文现象与天文秩序之间的关系：

　　基线北端天齐祠遗址，便是当时众多祭天形式中的一种。而整个基线

---

① 《左传·昭公二十九年》。
② 《大戴礼记·易本命》。

上的建筑安排，则充分体现了古代的天人合一的法天意识。法天的重要形式，便是仿效天象。《天官书》云："中宫，天极星，其一明者，太一常居也。"认为北天极就是太一（上帝）常居之所。可能以北为天位的思想即源于此。北天极在天空中的旋枢特征，则可能是天圆和天脐的出处，由此，进一步演化出以北为贵的礼制。天齐祠居于基线最北，即表示上天高高在上之意，后代唐东都洛阳城北两个名"曜仪"、"圆璧"的小城及北京故宫西北的团城，大约就是这种制度的遗子，只不过受天位于乾位思想的影响移位于西北方而已。

如果认识到天齐是象征天极以法天的话，那么，清河大回转便是象征天空中的北斗，北斗斗口两颗名"天枢""天旋"的星联线直指天极，古称指极星，而清河大回转南北向河段也直对天井（天齐）。如此，自泾阳县李家庄以下曲折形状的河段便是象征北斗星座，实际上二者也是非常想象的。《三辅黄图》称："（汉长安城）城南为南斗形，北为北斗形，至今人呼汉旧京为'斗城'。"这一千古难解之谜，也许从此可以释然。

我们推测，天齐祠东侧五帝坛可能是法象天象中三垣二十八宿中的"太微垣"，太微垣中最亮和居中的星为五帝星座（狮子座β）。与此相对处也许存在法象天市垣的遗址。秦人曾以渭水象天汉（银河），汉人可能也因袭这一象征。据以上情况推论，长安城南应也有类似象征性建筑。轴线所经之潏水及其北周家庄一带，发现不少汉瓦，应是值得注意的地方。至于子午谷口左右山峰，则可以与天上南门星相对。这些，尚有待于进一步研究。

以长安城为中心，北至天井与南至子午口距离为9：6，这种比例，恰合阳九阴六的格局，阳九为天，阴六为地，既法乎象，也合乎数，是十分严格的法天体系。

这条建筑基线，将天、地、山川、陵墓、都城一以贯之，使之协调为一整体；自北而南，以天、先王、王、地为序的宗教意味排列；其间充满法天意识，使这一庞大的建筑体系，表现出天与地、阴与阳、死与生、尊与卑，以及南与北、子与午等多种对应关系，充分体现了古人的缜密构思。其在中国科技史上的意义和考古学上的价值，都是不言而喻的。[①]关于"天齐祠"的方位以及与汉高祖长陵、汉长安城、子午谷的关系的认识，是极有价值的文化发现。这一发现有利于从新的角度认识和理解当时作为精神文化之基本构成内容的有关"天人"关系的意识，相关的地理思想和宗教观念，也可以由此得到说明。

"齐"即"脐"，被看作天地的中心，是以人体比喻天地的实例。

《尔雅·释言》："齐，中也。"《尚书·吕刑》："天齐于民。"陆德明《经典释文》引马融云："齐，中也。""齐"，也就是"脐"，意味着中央。《太平御览》卷三七一引《春秋元命苞》："齐者，下流并会合为齐腹。"宋均注："齐，中也，四方并凑者也。"《列子·周穆王》："四海之齐，谓中央之国。"陶鸿庆《读列子札记》曰："齐，中央也。"《列子·黄帝》："不知斯齐国几千万里。"张湛注："齐，中也。"

天文的"中"，地理的"中"，和人事的"中"之间，有着重要的联系。从先秦典籍中的有关论述看，似乎当时这一观念已经形成一种文化共识。例如，《荀子·大略》写道："君人者，隆礼尊贤而王。……欲近四旁，莫如中央；故王者必居天下之中，礼也。"《管子·度地》也说："天子有万诸侯也，其中有公侯伯子男焉，天子中而处。"《周礼·地官·大司徒》中有这样的内容："日至之影，尺有五寸，谓之'地中'。天地之所合也，四时之所交也，风雨之所会也，阴阳之所和也。然则百物阜安，乃建王国焉。制其畿方千里，而封树之。"《吕氏春秋·慎势》也明确地写道："古之王者，择天下之中而立国，择国之中而立宫，择宫之中而立庙。"又如贾谊《新书·属远》："古者天子地方千里，中之而为都。"《白虎通义·京师》也强调："王者京师必择土中，何？所以均教道，平往来，使善易以闻，明当惧慎，损于善恶。《尚书》曰：'王来绍上帝，自服于土中。'"在《论衡·须颂》中，也有"圣者垂日月之明，处在中州"的文句。

西汉初年"天齐祠"设置在谷口，实际上意味着新的"天下之中"的确定。西汉"天齐祠"的定位，象征着天文秩序、地理秩序和人文秩序的重新统

---

① 秦建明、张在明、杨政：《陕西发现以汉长安城为中心的西汉南北向超长建筑基线》，载《文物》，1995年第3期。

一，得到了正统神学意识的肯定而郑重宣告于世。秦宫规划有"象天极"的指导原则。《论衡·谈天》："天极为天中。"应当说，西汉长安的经营，在某种意义上体现了对秦帝国缔造者有关思想的继承。

（三）董仲舒的《天人三策》

汉武帝时活跃于政治文化舞台的儒学大师董仲舒，对于"天人"关系又进行了理论的归纳。

汉武帝初年，董仲舒以贤良对策，所对凡三，以"天人感应"说为其要旨，世称《天人三策》。然而，事实上汉武帝册书中已经明确说到令就"天人之应"作出说明的要求。《汉书》卷五六《董仲舒传》：

> 制曰：盖闻"善言天者必有征于人，善言古者必有验于今"，故朕垂问乎天人之应，上嘉唐虞，下悼桀纣，浸微浸灭浸明浸昌之道，虚心以改。

这里所说的"善言天者必有征于人，善言古者必有验于今"，似乎是当时通行语。"天"与"人"、"古"与"今"的特殊关系，体现了一种耐人寻味的历史观和文化观。董仲舒的对策，强调"天人之征，古今之道也"。他又说：

> 孔子作《春秋》，上揆之天道，下质诸人情，参之于古，考之于今。故《春秋》之所讥，灾害之所加也；《春秋》之所恶，怪异之所施也。书邦家之过，兼灾异之变，以此见人之所为，其美恶之极，乃与天地流通而往来相应，此亦言天之一端也。

"邦家之过"和"灾异之变"是"往来相应"的，"人之所为"和"天地流通"是"往来相应"的，"人情"和"天道"是"往来相应"的，董仲舒就是这样理解历史文化的演进历程的。

董仲舒对于"天人感应"学说的阐发，又有《春秋繁露·为人者天》中如下的论说：

> 为生不能为人，为人者，天也，人之人本于天，天亦人之曾祖父也，此人之所以乃上类天也。人之形体，化天数而成；人之血气，化天志而仁；人之德行，化天理而义；人之好恶，化天之暖清；人之喜怒，化天之寒暑；人之受命，化天之四时；人生有喜怒哀乐之答，春秋冬夏之类也。

喜，春之答也，怒，秋之答也，乐，夏之答也，哀，冬之答也，天之副在乎人，人之情性有由天者矣，故日受，由天之号也。为人主也，道莫明省身之天，如天出之也，使其出也，答天之出四时，而必忠其受也，则尧舜之治无以加，是可生可杀而不可使为乱，故日：非道不行，非法不言。此之谓也。

对于所谓"人之形体，化天数而成"，《春秋繁露·官数象天》又说："求天数之微，莫若于人。人之身有四肢，每肢有三节，三四十二，十二节相持而形体立矣。天有四时，每一时有三月，三四十二，十二月相受而岁数终矣。"他又将这一原理引申至于政治生活："官有四选，每一选有三人，三四十二，十二臣相参而事治行矣。以此见天之数，人之形，官之制，相参相得也。人之与天，多此类者，而皆微忽，不可不察也。"

其实，"人之形体，化天数而成"之说，未必始于董仲舒。《淮南子·天文》也写道："跂行喙息，莫贵于人。孔窍肢体，皆通于天。"又予天人关系以数字化附会："天有九重，人亦有九窍。天有四时，以制十二月，人亦有四肢，以使十二节。天有十二月，以制三百六十日，人亦有十二肢，以使三百六十节。故举事而不顺天者，逆其生者也。"不过，董仲舒之说具有更浓重的政治哲学的色彩。例如在《春秋繁露·为人者天》中关于"为人者，天也"的一段话后面，又写道："传曰：唯天子受命于天，天下受命于天子，一国则受命于君。君命顺，则民有顺命；君命逆，则民有逆命。故曰：一人有庆，兆民赖之。此之谓也。"他的理论，最终归结到对于大一统政体的无条件维护。

（四）民间"苍天"崇拜

秦汉社会对于"天"的迷信，在当时的意识形态体系中曾经表现出具有宗教意义的广泛影响。当时人对于"天"的信仰，体现于社会生活的各个层面。民间的"苍天"崇拜，就是表现之一。

"天"的构造，"天"的性格，"天"与人的关系，是两汉哲学论辩的基本命题之一。而"天"的权威，是得到各家的公认的。董仲舒说，"人生于天而取化于天"，人事必须"合于天道"①。这样的思想，其实是有深厚的社会文化基础的。秦汉民间的"苍天"崇拜，就是值得重视的文化现象之一。

"苍天"的语源，一说因于天色苍苍。《诗·王风·黍离》："悠悠苍天，此何人哉！"毛亨传："'苍天'，以体言之，……据远视之苍苍然，则称'苍天'。"孔颖达疏引李巡注："春，万物始生，其色苍苍，故曰'苍天'。"《尔雅·释天》："春为苍天。"郭璞注："万物苍苍然生。"《白虎通义·四时》也说："春曰苍天。"这样的意见或许可以通过《史记·天官书》中的这一说法得到佐证："苍帝行德，天门为之开。"司马贞《索隐》："案：谓王者行春令，布德泽，被天下，应灵威仰之帝，而天门为之开，以发德化也。"张守节《正义》："苍帝，东方灵威仰之帝也。春，万物开发，东作起，则天发其德化，天门为之开也。"

对于"苍天"的另一种解释，直接指为"东方"之天。《吕氏春秋·有始》说："东方曰'苍天'。"高诱注："东方二月建卯，木之中也。木色青，故曰'苍天'。"《淮南子·天文》也说："东方曰'苍天'。"《史记·天官书》又有"东宫苍龙"之说。司马贞《索隐》："案：《文耀钩》云：'东宫苍帝，其精为龙。'"

《史记》中还有两处说到"苍天"，可以体现当时社会的普遍意识。

如卷九《吕太后本纪》记载，赵王刘友遭吕后迫害，悲哀而歌，其中有"自决中野兮苍天举直！"一句。刘友还感叹道："吕氏绝理兮托天报仇。"这里"天"与"苍天"应是一义。司马迁记述，赵王刘友"为王而饿死"十二天之后，果然有异常天象出现，并因此在吕后内心形成了深重的阴影："己丑，日食，昼晦。太后恶之，心不乐，乃谓左右曰：'此为我也。'"

"苍天"曾经是汉代人的习用语。

《淮南子·览冥》："女娲炼五色石以补苍天。"《论衡·谈天》写作："女娲销炼五色石以补苍天。"又作"消炼五石补苍天"。《论衡·顺鼓》也说"女娲消炼五色石以补苍天"，又说："本有补苍天、立四极之神，天气不和，阳道不胜，傥女娲以精神助圣王止雨湛乎?""苍天"，在这里又被理解为世间万物的

---

① 《春秋繁露·阳尊阴卑》。

基本生存条件。

《论衡·雷虚》又有"苍苍之天"的说法。《论衡·变动》也可见所谓"上天苍苍之体"。东汉墓葬中出土镇墓文也有这样的内容："上天苍苍，地下茫茫，死人归阴，生人归阳，〔生〕〔人〕〔有〕里，死人有乡。"①

汉代人的精神生活中，其信仰的形式，有比较复杂的构成，而"苍天"，曾经是比较普遍的崇拜对象。"苍天"，被看作一种不能违逆的、不能抗拒的自然秩序的象征。"苍天"，又被理解为世间万物的基本生存条件。

《隶释》卷一《韩敕修孔庙后碑》，汉桓帝永寿三年（157 年）立，记述鲁相韩敕修孔庙并谒庙拜墓事，其中说到所谓"孔圣素王"和"仓天"、"大帝"的关系。"仓天"即"苍天"。孔子的文化功绩，被理解为以"仓天"等为代表的"天文"体系授意和佑护下的创造。

在体现汉代民间神学观念的文字遗存中，可以明确看到"仓天"字样。

江苏邗江胡场 5 号汉墓出土木牍有所谓"神灵名位牍"，列记三十四种以空格间隔的辞语，可能大多是当时当地人以为具有神性与神力的崇拜对象，其中列为第二位的就是"仓天"。②

甘肃玉门花海汉代烽燧遗址出土简牍可见一篇诏书的抄件，其中有"审察朕言，众（终）身毋久，苍苍之天不可得久视，堂堂之地不可得久履，道此绝矣"一句。有学者分析，这可能是汉武帝后元二年（前 87）二月临终遗诏之一。③ 其中"苍苍之天"一语，应当是汉代社会上下通行的语汇。

这一语汇，又透露出反映当时社会思想和时代精神的重要信息。

说到"苍天"，人们自然想到东汉末年黄巾起义的口号"苍天已死，黄天当立，岁在甲子，天下大吉"④。对这一口号如何理解，历来有不同的意见。吕思勉先生认为："（张）角言苍天已死，黄天当立，自称'黄天泰平'。苍天

① 罗振玉：《古器物识小录》，引自《辽居杂著丙编》。
② 扬州博物馆、邗江县图书馆：《江苏邗江胡场五号汉墓》，载《文物》，1981 年第 11 期。
③ 嘉峪关市文物保管所：《玉门花海汉代烽燧遗址出土的简牍》，见《汉简研究文集》，兰州，甘肃人民出版社，1984。这枚觚，在《敦煌汉简》（中华书局 1991 年版）和《敦煌汉简释文》（甘肃人民出版社 1991 年版）中编号为 1448。
④ 《后汉书》卷七一《皇甫嵩传》。方诗铭先生认为，《三国志·吴书·孙坚传》的"黄天泰平"，应是这个口号的简称。

疑当作赤天，汉人讳而改之。然则角所依托者，实当时五德终始之说。"① "赤天"因讳而改为"苍天"之说，似乎只是推想，目前还没有发现证据。熊德基先生认为："这个'苍天'只不过是自古流传的口头语的'老天爷'（如《诗·黍离》'悠悠苍天'，《诗·巷伯》'苍天苍天'，《楚辞·惜诵》'指苍天以为正'），影射统治者。"② 方诗铭先生说："这个意见是正确的。出土于安徽亳县曹操宗族墓中的32号墓砖，即有'但抟汝属，仓天乃死'的刻辞。③ 墓砖的时代在汉灵帝建宁三年（170年），正是黄巾起义前十余年。从这些作砖工人口中吐露出'仓天乃死'的呼声，说明黄巾起义所提出的口号'苍天已死'，正是反映了民间多少年来对东汉统治者的憎恨和诅咒。因此，'苍天已死，黄天当立'，黄巾起义的这个口号与统治者信奉的五德终始学说毫无共通之处，应该从民间信仰加以考虑……"④

所谓"应该从民间信仰加以考虑"，确实指出了正确理解"苍天"一语的一把钥匙。

看来，"苍天"（"仓天"），或许可以理解为社会下层民众普遍寄托社会公平与社会安定的希想的万能的神。当人们对"苍天"也终于绝望的时候，社会大动乱就将不可避免地来临了。

二、封禅表演与儒学的神学化

封禅，是秦汉政治生活中的大事，也是秦汉文化史上重要的一项。

封禅典礼具有复杂的文化内涵，而坚持儒学正统的学人并不否定封禅，是因为相关历史现象与儒学神学化的历程是彼此一致的。

（一）秦皇汉武封禅

秦始皇和汉武帝都曾经将封禅仪式作为一种政治文化的隆重演出。

---

① 《吕思勉读史札记》乙帙《秦汉·太平道、五斗米道》，778 页，上海古籍出版社，1982。
② 熊德基：《〈太平经〉的作者和思想及其与黄巾和天师道的关系》，载《历史研究》，1962 年第 4 期。
③ 安徽省亳县博物馆：《亳县曹操宗族墓葬》，载《文物》，1978 年第 8 期。
④ 方诗铭：《曹操·袁绍·黄巾》，240～241 页，上海社会科学院出版社，1995。

蟠璃纹铜镜
西汉
直径19.3厘米

四乳神兽纹镜
汉代
直径15.1厘米

车马人物彩绘铜镜
西汉
直径28厘米
西安博物馆藏

局部

清　袁耀　《阿房宫图》
纵128厘米　横67厘米
南京博物馆藏

203

壁画 秦皇汉武封禅图

据杜牧《阿房宫赋》绘《阿房宫图》

明 丁云鹏
《白马驮经传说图》
纵130.9厘米 横54.5厘米
台北博物馆藏

连云港孔望山东汉佛教摩崖造像

秦汉帝王泰山封禅摩崖石刻

摇钱树
东汉
通高198厘米
四川绵阳博物馆藏

南沙出水的汉男俑

汉陶俑
四川出土

汉代明器陶楼
甘肃武威出土

关于秦始皇封禅和汉武帝封禅的记述，是司马迁《史记》卷二八《封禅书》最富有文化深意的内容。

秦始皇既并天下而称帝，有人说，黄帝得土德，所以当时黄龙地蚓现；夏得木德，所以当时青龙止于郊，草木畅茂；殷得金德，所以当时银自山溢；周得火德，所以当时有赤乌之符；今秦变革周制，当水德之时，以往秦文公出猎时，获黑龙，这正是水德之瑞。"于是秦更命河曰'德水'，以冬十月为年首，色上黑，度以六为名，音上大吕，事统上法"。同样的史实，《史记》卷六《秦始皇本纪》是这样记述的："始皇推终始五德之传，以为周得火德，秦代周德，从所不胜。方今水德之始，改年始，朝贺皆自十月朔。衣服旄旌节旗皆上黑。数以六为纪，符、法冠皆六寸，而舆六尺，六尺为步，乘六马。更名河曰德水，以为水德之始。刚毅戾深，事皆决于法，刻削毋仁恩和义，然后合五德之数。于是急法，久者不赦。"

也就是说，秦王朝一建立，就彻底转换了文化象征，重新规定了文化符号，完全更新了文化形象。

"封禅"，也是表现这种新的政治体制成立的文化形式之一。

司马迁关于秦始皇封禅的记录，《史记》卷六《秦始皇本纪》与《史记》卷二八《封禅书》略有不同。《秦始皇本纪》载："二十八年，始皇东行郡县，上邹峄山。立石，与鲁诸儒生议，刻石颂秦德，议封禅望祭山川之事。乃遂上泰山，立石，封，祠祀。下，风雨暴至，休于树下，因封其树为五大夫。禅梁父。刻所立石。"《封禅书》则写道：

> 即帝位三年，东巡郡县，祠驺峄山，颂秦功业。于是征从齐鲁之儒生博士七十人，至乎泰山下。诸儒生或议曰："古者封禅为蒲车，恶伤山之土石草木；扫地而祭，席用菹秸，言其易遵也。"始皇闻此议各乖异，难施用，由此绌儒生。而遂除车道，上自泰山阳至巅，立石颂秦始皇帝德，明其得封也。从阴道下，禅于梁父。其礼颇采太祝之祀雍上帝所用，而封藏皆秘之，世不得而记也。
>
> 始皇之上泰山，中阪遇暴风雨，休于大树下。诸儒生既绌，不得与用于封禅之礼，闻始皇遇风雨，则讥之。

秦始皇"中阪遇暴风雨"的尴尬以及和齐鲁儒生博士的文化矛盾，在《封禅书》中有更鲜明的体现。

总的说来，秦始皇封禅泰山时，"其礼颇采太祝之祀雍上帝所用"，仍然使用了秦地传统礼仪，也就是说，封禅泰山本身，在某种意义上可以说是向东方文化的一种礼拜，秦始皇有心这样做，然而却又不能十分彻底。

秦始皇的文化性格和秦王朝的文化特色，于是可以由此得到片断的体现。

司马迁还写道："二世元年，东巡碣石，并海南，历泰山，至会稽，皆礼祠之。"步秦始皇故迹，再次礼祠泰山，然而，"其秋，诸侯畔秦，三年而二世弑死。""始皇封禅之后十二岁，秦亡。诸儒生疾秦焚《诗》《书》，诛僇文学，百姓怨其法，天下畔之，皆讹曰：'始皇上泰山，为暴风雨所击，不得封禅。'此岂所谓无其德而用事者邪？"

《史记》卷二八《封禅书》序说："自古受命帝王，曷尝不封禅？盖有无其应而用事者矣，……"司马贞《索隐》以为，"无其德而用事者"也就是"无其应而用事者"，"此当有所本，太史公再引以为说"。

司马迁虽然判定"诸儒生"的说法是出于"疾""怨"之偏激的"讹"言，但是内心似乎也疑惑其中或许也具有一定的合理性。

汉武帝封禅，是司马迁亲身经历的文化史上的重要事件。

《史记》卷二八《封禅书》写道：

> 今天子初即位，尤敬鬼神之祀。……
>
> 济北王以为天子且封禅，乃上书献太山及其旁邑，天子以他县偿之。[1] 常山王有罪，迁，天子封其弟于真定，以续先王祀，而以常山为郡，然后五岳皆在天子之郡。

汉武帝为封禅事，进行了充分的准备。除了"风符应合于天"等舆论准备之外，汉武帝本人也进行了必要的精神准备。

在此期间，东方鬼神迷信再一次风靡宫廷。汉武帝的封禅愿望于是与长生追求交织在一起，形成了复杂的心理状况。

通过《史记》卷二八《封禅书》的记述可以看到，从司马谈到司马迁，都对求仙思想干扰封禅事业，持否定的态度。然而在当时的文化背景下，《史记》

---

[1]《史记·封禅书》系此事于元狩间，《资治通鉴》卷一九系此事于元狩元年。

的文化思想又不能与方术迷信分割得十分明确。

在汉武帝从长安走向泰山的漫长路途中，有四个人的生命路程印迭在帝王的车轨之下。他们从备受信用、极端显贵而意外猝死，荣辱与生死，都与汉武帝不寻常的心境有关。

前三个人，都是东方方士，即以方术震惊宫廷而"上尊之"的李少君，被封为"文成将军"的齐人少翁和被封为"五利将军"的胶东宫人栾大。

与汉武帝"封禅"实践有关的另一位神秘去世的特殊人物，是汉武帝身边的奉车子侯。奉车子侯，是汉武帝亲信的名将霍去病的儿子。

《史记》卷二八《封禅书》记载，汉武帝元封元年（前110），即正式开始了"封禅"的步骤。"其来年冬，上议曰：'古者先振兵泽旅，然后封禅。'乃遂北巡朔方，勒兵十余万，还祭黄帝冢桥山，释兵须如"①。"既至甘泉，为且用事泰山，先类祠太一"。汉武帝策划"封禅"已经数年，因为"封禅用希旷绝，莫知其仪礼，而群儒采封禅《尚书》、《周官》、《王制》之望祀射牛事"。汉武帝又令诸儒"草封神仪"，而群儒或以"不与古同"否定汉武帝的"封禅"规划，汉武帝于是"尽罢诸儒不用"。三月，"遂东幸缑氏，礼登中岳太室"。又东上泰山，"泰山之草木叶未生乃令人上石立之泰山巅"。汉武帝"遂东巡海上，行礼祠八神"。

秦皇汉武"封禅"故事所体现的文化内涵，有的学者称之为"封禅文化"，并以为："这一封禅文化，不仅在时间方面起源很早，空间方面分布亦甚广。"甚至"封禅文化的分布，不仅限于亚洲，它还东渡太平洋，远抵中美洲和南美洲"。分析所谓"太平洋区各地的封禅文化"②，当然是十分宏大的研究课题。

（二）告成功于天

《春秋繁露·王道》说到"封禅"，以一种充满情感的笔调描画出所向往的理想政治形式：

---

① 裴骃《集解》："徐广曰：'须'，一作'凉'。""释兵须如"即作"释兵凉如"。《汉书·郊祀志上》正作"释兵凉如"。颜师古注引李奇曰："地名也。"今陕西淳化汉甘泉宫遗址有地名"梁武帝"，推想当是"凉如地"古音的遗存。

② 凌纯声：《北平的封禅文化》，见《中国边疆民族与环太平洋文化》，1378～1384页，台北，联经出版事业公司，1979。

《春秋》何贵乎元而言之？元者，始也，言本正也。王之，人之始也。王正则元气和顺、风雨时，景星见、黄龙下。王不正则上变天，贼气并见。五帝三王之治天下，不敢有君民之心。什一而税，教以爱，使以忠，敬长老，亲亲而尊尊，不夺民时，使民不过岁三日。民家给人足，无怨望忿怒之患，强弱之难，无谗贼妒疾之人。民修德而美好，被发衔哺而游，不慕富贵，耻恶不犯。父不哭子，兄不哭弟。毒虫不螫，猛兽不搏，抵虫不触。故天为之下甘露，朱草生，醴泉出，风雨时，嘉禾兴，凤凰麒麟游于郊。图圄空虚，画衣裳而民不犯，民情至朴而不文。郊天祀地，秩山川，以时至，封于泰山，禅于梁父，立明堂，宗祀先帝，以祖配天，天下诸侯各以其职来祭，贡土地所有。

“封禅”是政治成功的标志。而相反，桀纣等“骄溢妄行”，周衰，亦“天子微弱，诸侯力政，大夫专国，士专邑”，“强奄弱，富使贫，并兼无已”，是为“悖乱”，甚至“鲁舞八佾，北祭泰山，郊天祀地，如天子之为”，这种非法的“封禅”则是政治败乱的表现，“以此之故，弑君三十二，亡国五十二”。

　　董仲舒们又说：“《春秋》立义，天子祭天地，诸侯屐社稷，诸山川不在封内不祭。”特别强调“封禅”这一“祭天地”的典礼其象征王权正统的性质。

　　《白虎通义》卷六《巡狩》说：“岳之为言确也，确功德也。”《风俗通义·山泽·王岳》也说：“岳者，确功考德，黜陟幽明也。”因为泰山是“五岳之长”，所以成为“王者受命易姓，改制应天，功成封禅，以告天地”的地点。

　　《续汉书·祭祀志上》刘昭注补引袁宏的说法，也涉及对“封禅”以告“成功”的意义的理解：

　　　　夫揖让受终，必有至德于天下；征伐革命，则有大功于万物。是故王者初基，则有“封禅”之事，盖以其成功告于神明者也。夫东方者，万物之所始；山岳者，灵气之所宅。故求之物本，必于其始；取其所通，必于所宅。崇其坛场，则谓之“封”；明其代兴，则谓之“禅”。然则“封禅”者，王者开务之大礼也，德不周洽，不得辄议斯事；功不弘济，不得仿佛斯礼。旷代一有，其道至高。

他强调“德”与“功”同样是“封禅”的基本文化条件。“化洽天下，则功配于天地；泽流一国，则德合于山川”。至于“封禅”的具体形式，则应当讲究

"诚素""易从","封禅之事，简易可也"。

对于"功成封禅"，《白虎通义》卷六《封禅》又有更明确的说明：

王者易姓而起，必升封泰山何？

报告之意也①。始受命之日②，改制应天，天下太平功成，封禅以告太平也。

所以必于泰山何？

万物之始，交代之处也。

必于其上何？

因高告高，顺其类也。故升封者，增高也。下禅梁甫之基，广厚也。皆刻石纪号者，著己之功迹以自效也。天以高为尊，地以厚为德。故增泰山之高以报天，附梁甫之基以报地。明天之功，功成事就，有益于天地，若高者加高，厚者加厚矣。

很显然，"封禅"，在汉代儒学的理论体系中，已经成为宣示政治合法性、政治合理性的重要仪式。

（三）司马谈的遗恨

司马迁在《史记》卷一三〇《太史公自序》中陈述了自己家世的历史渊源及学术背景之后，说到司马谈最后竟然是因为未能追随汉武帝封禅泰山，以致"发愤"而去世的：汉武帝元封元年（前110），"是岁，天子始建汉家之封，而太史公留滞周南，不得与从事，故发愤且卒"。

梁玉绳《史记志疑》卷三六说："此及下述谈语不免失言，封禅之诬，君子嗤之，即《封禅书》亦深讥焉，而乃以其父不与为恨乎？"以为《史记·太史公自序》的这一记述与《封禅书》"深讥"封禅的态度截然不同，于是有"不免失言"的批评。方苞《书太史公自序后》则认为，司马谈是以批判的态度看待汉武帝封禅的，他内心所遗恨，"盖以天子建汉家之封，接千岁之统，乃重为方士所愚迷，恨己不得从行而辨明其事也"。而司马迁主要用意在于"著武帝愚迷"的《封禅书》，才代表着司马迁对封禅的基本态度。

---

① "报"或作"教"。

② "日"或作"时"。

另一种理解，或许可以以《史记志疑》卷三六引慵讷居士《咫闻录》的说法作为代表：

> 太史谈且死，以不及与封禅为恨。相如且死，遗《封禅书》以劝。当时不独世主有侈心，士大夫皆有以启之。杜子美天宝十三载献《封西岳赋》，劝玄宗封华山，① 帝未及行，明年禄山反，天下大乱。文人孟浪类如此。

《咫闻录》的作者是承认"太史谈且死，以不及与封禅为恨"是真实的心理记录的。他还分析了士大夫启导"世主""侈心"的所谓"文人孟浪"的历史惯例。

对司马迁所谓"太史公留滞周南，不得与从事，故发愤且卒"的记述的这样两种理解，应以后者较为接近历史事实。

泷川资言《史记会注考证》引录中井积德的说法："封禅出于术士之妄，岂儒者所可言哉？谈罢可谓幸矣。乃发愤至死，何惑之甚！虽迁亦未知封禅之为非也，是汉儒之通病矣。"所说"汉儒之通病"确是事实。而梁玉绳所谓"封禅之诬，君子嗤之"，其实是后人的感觉。

在当时浓厚的神秘主义文化氛围下，"封禅"迷信席卷社会上下，以致比较清醒的知识分子亦不能避免所谓"汉儒之通病"。司马相如临终所著"言封禅事"书最后写道：

> 披艺观之，天人之际已交，上下相发允答。圣王之德，兢兢翼翼也。②

封禅，被看作象征"天人之际已交"的文化符号，被看作体现"圣王"之德政的文化仪礼。封禅，是与当时儒学精神相融会的神学内容之一，所谓"封禅出于术士之妄，岂儒者所可言哉"，其实是绝对化的不符合历史事实的说法。《史记》卷二八《封禅书》所谓"上与公卿诸生议封禅。封禅用希旷绝，莫知其仪礼，而群儒采封禅《尚书》、《周官》、《王制》之望祀射牛事"。"上于是乃令诸儒习射牛，草封禅仪"。"（天子）欲放黄帝以上接神仙人蓬莱士，高世比德于九皇，而颇采儒术以文之。群儒既已不能辨明封禅事，又牵拘与《诗》、《书》

---

① 〔唐〕杜甫：《封西岳赋并序》，见《全唐文》卷三五九。
② 《史记》卷一一七，《司马相如列传》。

古文而不能骋，上为封禅祠器示群儒，群儒或曰：'不与古同。'徐偃又曰：'太常诸生行礼不如鲁善。'周霸属图封禅事。于是上绌偃、霸，而尽罢诸儒不用"。都说明当时封禅并不与儒学正统相矛盾，当时的儒者大都曾经是积极参与封禅事的。

至于《咫闻录》批评的"文人孟浪"，则是可以从当时知识人的文化性格和文化品质等方面进行更深层的分析的。

三、数术文化与民间礼俗迷信

鲁迅在《中国小说史略》第五篇中曾经写道："中国本信巫，秦汉以来，神仙之说盛行，汉末又大畅巫风，而鬼道愈炽；会小乘佛教亦入中土，渐见流传。凡此，皆张皇鬼神，称道灵异……。"[①] 确实，在整个秦汉时代，巫风和鬼道曾经全面影响着社会生活的各个方面。

（一）秦汉巫风

秦汉时期巫风大盛，是许多学者注意到的事实。[②]

"巫"，是交通鬼神与人的专门神职人员。《说文·巫部》："巫，巫祝也。""觋，能齐肃事神明也。在男曰觋，在女曰巫。"对于"巫"的身份所具有的神秘性，王充在《论衡·实知》中表述为："世间圣神，以为巫与？鬼神用巫之口告人。"在秦汉人的意识中，"巫"，具有能够审知鬼神世界诸情事并且示之以人界的特殊能力。

在服务于西汉政权的神祠系统中，可以看到文化渊源与文化背景不同的"巫"的活动。所谓"梁巫"、"晋巫"、"秦巫"、"荆巫"等，都被西汉王朝以兼容的态度予以利用。

《史记》卷二八《封禅书》记载：

> 长安置祠祝官、女巫。

---

① 《鲁迅全集》第9卷，43页，北京，人民文学出版社，1981。
② 李零：《先秦两汉文字史料中的"巫"》，见《中国方术续考》，41～79页，北京，东方出版社，2000；林富士：《汉代的巫者》，台北，稻乡出版社，1999。

其梁巫，祠天、地、天社、天水、房中、堂上之属；

晋巫，祠五帝、东君、云中〔君〕、司命、巫社、巫辞、族人、先炊之属；

秦巫，祠社主、巫保、族累之属；

荆巫，祠堂下、巫先、司命、施糜之属。

是梁、晋、秦、荆等地的很可能代表不同文化传统的巫者，当时"皆以岁时祠宫中"，共同服务于中央政权，以不同的文化背景，构成了一个新的维护大一统专制政权的巫术之网。

西汉神祀系统中，有"胡巫"的存在。

据班固在《汉书》卷二八上《地理志上》中记载，左冯翊云阳有三处与匈奴文化有关的神祠："云阳。有休屠、金人及径路神祠三所。"由祠名分析，应当都是出身匈奴的"胡巫"所主持的祀所。《史记》卷二八《封禅书》司马贞《索隐》引《三辅故事》又有"胡巫事九天于神明台"的说法。这里所谓"神明台"，有可能是作为甘泉宫主体建筑之一的"通天台"。

西汉帝王与上天之间的联系曾经借"胡巫"之力实现，是耐人寻味的文化现象。

西汉长安地区"胡巫"的活跃，有特殊的历史文化背景。

考察这一背景，我们可以试从三个方面进行分析。

第一，我们首先注意到的历史现象，是西汉神祀制度大体继承了秦王朝的原有体制，而秦文化又有吸取西北民族文化影响的传统。

第二，西汉统治中心地区"胡巫"活动的另一因素，是长安接近北方草原民族军事文化影响的地理条件。

第三，长安"胡巫"活跃的另一历史文化条件，是西汉帝国和匈奴长期的战争关系。

克劳塞维茨曾经说："战争是一种人类交往的行为。"[1] 马克思和恩格斯也

---

[1]〔德〕克劳塞维茨：《战争论》第2卷，中国人民解放军军事科学院译，149页，北京，商务印书馆，1978。

曾经指出：战争本身"是一种经常的交往形式"①。战争双方在激烈较量的同时，也实现了密切的文化接触和文化交往。

"胡巫"在以长安为中心的西汉政治文化中枢地区的活动，曾经产生重要的历史影响。可以说明这一事实的最典型的实例，当然是"巫蛊之祸"中"胡巫"所起的特殊作用。

"巫蛊之祸"是发生于汉武帝统治晚期的一场激烈的政治风暴，其结果，导致了汉帝国统治上层严重的政治危机，都城长安在这次政治动乱中致死者之多竟数以万计。

据《资治通鉴》卷二二"汉武帝征和二年"记载，汉武帝"体不平，遂苦忽忽善忘"，而"性仁恕温谨"、"宽厚"、"守文"、与汉武帝政治风格多有不同的太子刘据，"宾客多以异端进者"，对汉武帝"用法严，多任深刻吏"的做法"多所平反"，于是"得百姓心，而用法大臣皆不悦"。在这种极特殊的政治背景下，具有极敏感的政治嗅觉，又有投机之心，受到汉武帝特殊信任并赋予重要权力的直指绣衣使者江充利用汉武帝父子政治倾向不同的矛盾，制造了太子宫中埋木人行"巫蛊"的冤案。汉武帝指令江充在长安大规模调查"巫蛊"一案时，"胡巫"曾经有十分活跃的表现。

据《汉书》卷四五《江充传》记载：汉武帝病重，"（江充）奏言上疾祟在巫蛊，于是上以充为使者治巫蛊。充将胡巫掘地求偶人，捕蛊及夜祠，视鬼染污令有处，辄收捕验治"。"（江充）奏言上疾祟在巫蛊"句下，颜师古注："《三辅旧事》云：（江）充使胡巫作而埋之。"对于所谓"将胡巫掘地求偶人"，又可见颜师古注："张晏曰：'（江）充捕巫蛊及夜祭祠祝诅者，令胡巫视鬼，诈以酒辌地，令有处也。'师古曰：'捕夜祠及视鬼之人，而（江）充遣巫污染地上，为祠祭之处，以诬其人也。'""胡巫"当时受江充之命，在调查"巫蛊"时制造假现场，导致冤案。所以少傅石德在劝太子刘据起兵诛江充时说："前丞相父子、两公主及卫氏皆坐此，今巫与使者掘地得征验，不知巫置之邪，将实有也，无以自明。"

《汉书》卷六三《武五子传·戾太子刘据》记载：于是刘据采取了激烈措

<hr>

① 马克思、恩格斯：《德意志意识形态》，见《马克思恩格斯全集》第1卷，72页，北京，人民出版社，1972。

施，斩江充，以火刑将胡巫处死。

"胡巫"作为"巫蛊之祸"这一政治变局中的重要的角色，在思想文化史上写下了具有神秘主义特征的外来文化因素通过介入上层权争，显著影响汉文化主体的引人注目的一页。

还有一种现象值得注意，即"巫蛊"的形式之一，就是在道路上埋设象征物以恶言祝诅。《汉书》卷六《武帝纪》："天汉二年（前99），"秋，止禁巫祠道中者。大搜"。颜师古解释说："文说非也。秘祝移过，文帝久已除之。今此总禁百姓巫觋于道中祠祭者耳。"对于所谓"大搜"，晋灼以为："搜巫蛊也。"汉武帝天汉二年的这一严厉的行政禁令当确实与"巫蛊"有关。

《汉书》卷六六《公孙贺传》说，征和二年（前91），有人举报丞相公孙贺的儿子公孙敬声与阳石公主私通，"及使人巫祭祠诅上，且上甘泉当驰道埋偶人，祝诅有恶言"，于是"父子死狱中，家族"。阳石公主等也因巫蛊案处死。是为"巫蛊之祸"发生的标志。

所谓"寻驰道埋偶人，祝诅有恶言"，有助于理解天汉二年即被禁止的"当驰道埋偶人，祝诅有恶言"的巫术形式。据《汉书》卷九六下《西域传下》，汉武帝著名的"轮台诏"中说到"闻汉军当来，匈奴使巫埋羊牛所出诸道及水上以诅军。单于遗天子马裘，常使巫祝之。缚马者，诅军事也"的巫术形式。所谓"匈奴使巫埋羊牛所出诸道及水上以诅军"，颜师古解释说："于军所行之道及水上埋牛羊。"实际上，"埋羊牛所出诸道"与"当驰道埋偶人"有类似的作用，公孙敬声"埋偶人"类同于匈奴"埋羊牛"。也就是说，长安地区当时所盛行的"巫蛊"的有些形式，其实是匈奴巫风的模拟。

这可能也是江充任用"胡巫"办理"巫蛊"大狱的主要原因之一。

"胡巫"的神秘技能，曾经长期在与匈奴对抗的西汉王朝的最高统治者的心中造成深重的阴影。除了汉武帝对"单于遗天子马裘，常使巫祝之"有所警觉而外，《汉书》卷九四下《匈奴传下》记载："建平四年，单于上书愿朝五年。时哀帝被疾，或言匈奴从上游来厌人，自黄龙、竟宁时，单于朝中国辄有大故。"汉哀帝于是犹疑，让公卿讨论，后来终于拒绝单于来朝。"大故"，颜师古注："谓国之大丧。"两年之后，元寿二年（前1），"单于来朝，上以太岁厌胜所在，舍之上林苑蒲陶宫。告之以加敬于单于，单于知之"。《汉书》卷一一《哀帝纪》记载，正月匈奴单于来朝，"二月归国，单于不说"。单于不悦的原因，当是知道了汉哀帝令居蒲陶宫是取"太岁厌胜"之效用的目的。就在4个月之后，汉哀帝崩，再一次证明了"单于朝中国辄有大故"的说法。这当然只是偶然的巧合，不过我们可以推想，当时人对于"胡巫"神力的迷信，可能因此又有了进一步流播的条件。

与"胡巫"同样，"越巫"也曾经受到汉王朝最高统治者的重视，在汉代文化生活中表现出特殊的作用。

据《汉书》卷二八上《地理志上》，左冯翊云阳有"越巫"祠三处。汉武帝时代越祠越巫受到重视事，又见于《史记》卷二八《封禅书》："是时既灭两越，越人勇之乃言：'越人俗鬼，而其祠皆见鬼，数有效。昔东瓯王敬鬼，寿百六十岁。后世怠慢，故衰耗。'乃令越巫立越祝祠，安台无坛，亦祠天神上帝百鬼，而以鸡卜。上信之，越祠鸡卜始用。"汉武帝用"越祠"，是典型的强权者征服了一个民族，然而又为这一民族的某种文化所征服的史例。

汉武帝太初元年（前104）十一月，长安柏梁台发生火灾，汉武帝一度因此"朝受计甘泉"，甘泉一时成为朝会中心。而越巫勇之又以越人习俗建议建设更宏丽的宫殿区，以取厌胜火灾之用。于是有建章宫的规划。张衡《西京赋》于是写道："柏梁既灾，越巫陈方，建章是经，用厌火祥，营宇之制，事兼未央。"

在西汉王朝最初建立神权秩序时，"女巫"曾经作为正式神职人员服务于都城长安的皇家神祠。《三辅黄图》卷五引《汉武故事》："武帝时祭泰乙，上通天台，舞八岁童女三百人，祠祀招仙人。"甘泉通天台"祠祀"时使用"八岁童女三百人"，令"舞"以"招仙人"，也可以说明"女巫"在当时神祠制度中的作用。

民间，其实是女巫活动的最广大的舞台。

《风俗通义·祀典》说："谨按《周礼》：'男巫掌望祀、望衍，旁招以茅。女巫掌岁时以祓除衅浴。'禊者，洁也。春者，蠢也，蠢蠢摇动也。《尚书》：'以殷仲春，厥民析。'言人解析也。疗生疾之时，故于水上衅洁之也。巳者，祉也，邪疾已去，祈介祉也。"特别值得注意的，是女性的活跃，长期以来一直是"三月曲水"场面最明艳的景致。《艺文类聚》卷四引汉杜笃《祓禊赋》

所谓"窈窕淑女，美滕艳姝，戴翡翠，珥明珠"，《文选》卷四张衡《南都赋》所谓"微眺流睇，蛾眉连卷"，"修袖缭绕而满庭，罗袜蹀躞而容与"等，可能并不宜理解为士人某种浪漫意趣的反映，而体现了早期的"三月曲水"，确实几乎是妇女的节日。美艳香媛云集河滨，是不是有取悦于河神的涵义呢？是不是还可以进一步理解为早期女巫祠祭形式的一种微茫的映象呢？

齐地曾经流行一种特殊的风习，据《汉书》卷二八下《地理志下》记载："始桓公兄襄公淫乱，姑姊妹不嫁，于是令国中民家长女不得嫁，名曰'巫儿'，为家主祠，嫁者不利其家，民至今以为俗。"这种"巫儿"，有可能也是女巫。

《史记》关于"丁夫人"以方祠诅匈奴、大宛的记述，或许也可以作为说明当时女巫的作用的史例。卷十二《孝武本纪》有这样的记载："太初元年，是岁，西伐大宛，蝗大起，丁夫人、雒阳虞初等以方祠诅匈奴、大宛焉。"又《汉书》卷二五《郊祀志下》，也沿承《史记》的记载。

也就是说，有称"丁夫人"者，在太初元年（前104）西汉王朝征伐大宛的战争中，以随军方士的身份，用方术诅咒匈奴和大宛的军队。

关于"丁夫人"的身份，裴骃《集解》引韦昭的说法："丁，姓；夫人，名也。"颜师古则引述应劭的解释说：丁夫人，其先人名叫丁复，本来是越人，被封为阳都侯。"夫人"是他的后代，以诅军为功。周寿昌《汉书注校补》卷一八又说，这与战国时期著名的"善为匕首者"徐夫人同样，也是"男而女名也"。张孟伦《汉魏人名考》一书，于是举为"男子女名"的一例。① 不过，所谓"徐夫人"事，见于《史记》卷八六《刺客列传》。所谓"徐夫人"，司马贞《索隐》："徐，姓；夫人，名。谓男子也。"然而泷川资言《史记会注考证》引中井积德曰："徐夫人，非女子未可知也。且其命匕首，非必工名，或所贮之人名盛，则亦以命焉。"这样的分析，是有一定道理的。而且，汉代"夫人"称谓已经明确是指女性。"范夫人城"的史事也可以作为证明。② 现在看来，

---

① 张孟伦：《汉魏人名考》，73～74页，兰州大学出版社，1988。
②《汉书》卷九四上《匈奴传上》记载，汉军击败匈奴，"乘胜追北，至范夫人城"。颜师古注引应劭的解释，说本来是一位汉将筑造此城，这位汉将阵亡，他的妻子率余众固守，最终击败进犯之敌，使此城得以保全。王先谦《汉书补注》引述沈钦韩的说法，认为"范夫人城"在喀尔喀界内"。而据历史地理学者考证，其地在今蒙古人民共和国达兰扎加德西北。

关于"丁夫人"的性别，仍然只可以存疑。如果"丁夫人"与"范夫人"同样是女性，当然可以作为女巫服务于战争的史例。

女巫兵祷事，又见于《后汉书》卷一一《刘盆子传》："（樊崇）军中常有齐巫鼓舞祠城阳景王，以求神助。"李贤解释说："以其定诸吕，安社稷，故郡国多为立祠焉。盆子承其后，故军中祠之。"《太平御览》卷七三五引《幽明录》说："董卓信巫，军中常有巫。"又如《三国志》卷六《魏书·董卓传》裴松之注引《献帝起居注》记载董卓主要将领李傕事迹：

> （李）傕性喜鬼怪左道之术，常有道人及女巫歌讴击鼓下神，祠祭六丁，符劾厌胜之具，无所不为。

后来被任为大司马，"傕自以为得鬼神之力，乃厚赐诸巫"。

汉代"巫蛊"之案往往首发于后宫。《后汉书》卷八二下《方术列传下·徐登》说："徐登者，闽中人也。本女子，化为丈夫，善为巫术。"可见原本也是女巫。"巫"以"女子"之身化为"丈夫"之身，恰恰正可以作为巫者先以女性为多而后方逐渐以男性为多的演化趋势的象征。女巫所以能够在早期巫术文化中有较活跃的表演，有较重要的作用，可能和女子较易进入恍惚颠狂状态，从而能够与鬼神相交流有关。《艺文类聚》卷一〇〇引董仲舒曰："广陵女子诸巫，毋小大皆相聚其郭门外，为小坛，以脯酒祭，便移市，市使门者无内丈夫，丈夫无得相从饮食，又令吏各往视其夫，皆言到即赴，雨澍而已。"求雨仪式中以女巫为主角，是相当普遍的情形。

季羡林先生指出："值得我们特别注意的是，农业巫术从它的起源来看是属于妇女的本份职业的。因为密宗（Tantrism）起源于农业宗教仪式，所以密宗的仪式最初只有妇女参加。雨对于农业是绝对不可缺少的。而求雨的巫术也完全是妇女，特别是女巫干的事。许多文明古国中都可以找到这样的记载。在中国古代，女巫也起过作用。"为什么妇女总是同农业巫术，其中也包括求雨的活动，有密切的联系呢？季羡林先生分析说，第一，最早的劳动分工，即确定了妇女管农耕的定局；第二，妇女的生育能力，使人联想到可以促进农耕收成的丰裕。"在这样的情况下，原始人把农业生产和农业而求雨统与妇女联系起来，也就完全可以理解了。这种原始风俗之所以能流行全世界同样能完全理解了"①。

(二) 数术之学

秦汉时期，是数术之学得以空前成熟的时期。

《汉书》卷三〇《艺文志》说：

数术者，皆明堂羲和史卜之职也。史官之废久矣，其书既不能具，虽有其书而无其人。《易》曰："苟非其人，道不虚行。"春秋时鲁有梓慎，郑有裨灶，晋有卜偃，宋有子韦。六国时楚有甘公，魏有石申夫。汉有唐都，庶得粗觕。盖有因而成易，无因而成难，故因旧书以序数术为六种。

这六种，即：天文二十一家，四百四十五卷；历谱十八家，六百六卷；五行三十一家，六百五十二卷；蓍龟十五家，四百一卷；杂占十八家，三百一十三卷；形法六家，百二十二卷。这是理论化的数术之学的集成。

《汉书》卷三〇《艺文志》对于这六家学问，又有这样的介绍：

…………

天文者，序二十八宿，步五星日月，以纪吉凶之象，圣王所以参政也。《易》曰："观乎天文，以察时变。"然星事凶悍，非湛密者弗能由也。夫观景以谴形，非明王亦不能服听也。以不能由之臣，谏不能听之王，此所以两有患也。

…………

历谱者，序四时之位，正分至之节，会日月五星之辰，以考寒暑杀生之实。故圣王必正历数，以定三统服色之制，又以探知五星日月之会。凶厄之患，吉隆之喜，其术皆出焉。此圣人知命之术也，非天下之至材，其孰与焉！道之乱也，患出于小人而强欲知天道者，坏大以为小，削远以为近，是以道术破碎而难知也。

…………

---

① 季羡林：《原始社会风俗残余——关于妓女祷雨的问题》，载《世界历史》，1985 年第 10 期。季羡林先生关于女子与农耕巫术的关系及其原因的分析，是有根据的。然而，所谓"这种利用妓女祷雨的办法不会是中国的发明创造，而是有所因袭，有所模仿，而因袭、模仿的对象就是印度"的分析，则似乎还可以讨论。既然"农业巫术从它的起源来看是属于妇女的本份职业的"，那么，似乎未必可以断言这种文化现象肯定是以外来文化因素为蓝本而"有所因袭，有所模仿"。

五行者，五常之形气也。《书》云"初一曰五行，次二曰羞用五事"，言进用五事以顺五行也。貌、言、视、听、思心失，而五行之序乱，五星之变作，皆出于律历之数而分为一者也。其法亦起五德终始，推其极则无不至。而小数家因此以为吉凶，而行于世，浸以相乱。

          ……………

著龟者，圣人之所用也。《书》曰："女则有大疑，谋及卜筮。"《易》曰："定天下之吉凶，成天下之亹亹者，莫善于著龟。""是故君子将有为也，将有行也，问焉而以言，其受命也如向，无有远近幽深，遂知来物。非天下之至精，其孰能与于此！"及至衰世，解于齐戒，而娈烦卜筮，神明不应。故筮渎不告，《易》以为忌；龟厌不告，《诗》以为刺。

          ……………

杂占者，纪百事之象，候善恶之征。《易》曰："占事知来。"众占非一，而梦为大，故周有其官。而《诗》载熊罴虺蛇众鱼旐旟之梦，著明大人之占，以考吉凶，盖参卜筮。《春秋》之说訞也，曰："人之所忌，其气炎以取之，訞由人兴也。人失常则訞兴，人无衅焉，訞不自作。"故曰："德胜不祥，义厌不惠。"桑谷共生，大戊以兴；雊雉登鼎，武丁为宗。然惑者不稽诸躬，而忌訞之见，是以《诗》刺"召彼故老，讯之占梦"，伤其舍本而忧末，不能胜凶咎也。

          ……………

形法者，大举九州之势以立城郭室舍形，人及六畜骨法之度数、器物之形容以求其声气贵贱吉凶。犹律有长短，而各征其声，非有鬼神，数自然也。然形与气相首尾，亦有有其形而无其气，有其气而无其形，此精微之独异也。

可以看到，数术之学在当时已经形成比较完备的体系。多有智学之士以毕生精力从事此道，成就了当时社会精神生活内容中占据重要地位的具有时代特征的学术。

从《汉书》卷三〇《艺文志》的有关内容看，数术之学多以儒学经义为论，其说和儒学经典的关系相当密切。李学勤先生曾经写道："《易》本来是卜筮之书，古人则由筮法的奇偶阴阳，逐渐抽象推悟出玄深的哲理。《易》学的真正创始，恐怕应该说在孔子。帛书《易传》《要》篇记述孔子不信卜筮而观其德义，很清楚地将占卜之《易》和哲理之《易》区别开来了。这与孔子不语怪力乱神的主旨，是适合合拍的。因此，自战国以下的《易》即有两个传统，《汉书·艺文志》以之分列于《六艺》、《数术》二略。有的书籍，明明在数术中尚属末流，却以什么哲学自命，是与《易》学渺不相干的。"[①]《易》在经学之外的数术中的"传统"，值得我们重视。

（三）西王母崇拜

通过史籍记载和文物资料，都可以看到汉代民间影响相当广泛的西王母崇拜。

汉代画像中多见表现西王母的画面。正如陈直先生曾经指出的："汉代每以西王母事为镜铭及图画题材，于西王母之外，又增加东王公以为配。"[②]

四川彭县出土以西王母为画面主体的汉画像砖。河南密县出土的汉画像砖，也有西王母侧坐的画面。河南南阳神话题材的汉代画像中，西王母的形象最为多见。山东嘉祥宋山汉画像石的画面上，西王母正坐于灵芝状云座上，周围除青鸟、玉兔、蟾蜍外，又多有羽人飞舞。

汉代铜镜纹饰也多见西王母画面，又往往明确题铭"西王母"。汉镜以祈祝内容为主的吉语铭文中，也多见"西王母"字样。

西汉末年，曾经以民间西王母崇拜为背景，演生出一次声势浩大的流民运动。《汉书》卷一一《哀帝纪》记载：

> （建平）四年春，大旱。关东民传行西王母筹，经历郡国，西入关至京师。民又会聚祠西王母，或夜持火上屋，击鼓号呼相惊恐。

《汉书》卷二六《天文志》中有这样的记载："（建平）四年正月、二月、三月，民相惊动，欢哗奔走，传行诏筹祠西王母，又曰'从目人当来'。"《汉书》卷二七下之上《五行志下之上》又写道：

> 哀帝建平四年正月，民惊走，持稿或棷一枚，传相付与，曰"行诏

---

① 李学勤：《〈帛书周易研究〉序》；邢文：《帛书周易研究》，2页，北京，人民出版社，1997。

② 陈直：《史记新证》，192页，天津人民出版社，1979。

筹"。道中相过逢多至千数，或被发徒践，或夜折关，或逾墙入，或乘车骑奔驰，以置驿传行，经历郡国二十六，至京师。其夏，京师郡国民聚会里巷仟佰，设张博具，歌舞祠西王母。又传书曰："母告百姓，佩此书者不死。不信我言，视门枢下，当有白发。"至秋止。

汉哀帝时代以西王母迷信为意识基础，以"祠'西王母'"为鼓动口号，以"传行'西王母'筹"为组织形式而发生的表现为千万民众"会聚"、"惊动"、"奔走"的大规模骚乱，从关东直至京师，从正月直至秋季，政府实际上已经失控。其狂热程度之惊人，说明了当时民间西王母崇拜的深刻影响，已经足以策动变乱，掀起社会政治波澜。

汉哀帝时民间骚动，传书所谓"母告百姓，佩此书者不死"，反映汉时西王母崇拜与当时社会上下盛行的长生追求有关。

扬雄《甘泉赋》也写道："想西王母欣然而上寿兮，屏玉女而却虙妃。"出现"西王母"字样的汉镜铭文更多见所谓"仙人不知老"，"寿如东王公西王母"以及"长保二亲生久"等，也说明了这一事实。《易林》卷二《讼·泰》"弱水之西，有西王母，生不知死，与天相保"一类文句，也透露出同样的文化信息。

不过，西王母作为神仙世界的领袖之一，还具有内涵更为丰富的文化象征意义。除了"长生如石"，"生如山石"，"予（与）天相保不知老"等长生祈祝外，镜铭文字还反映了当时民间对于所谓"富宜昌"、"贵富昌"的热切期盼。

汉代社会带有普遍意义的共同愿望，可以一以系之，即汉镜铭文所谓"吉"、"大吉"、"吉羊（祥）"、"太吉羊（祥）"。而这种期盼，都可以寄托于对西王母的信仰。正如我们在镜铭中所看到的："东王公西王母，大吉羊（祥）矣兮！"

陈梦家先生曾经说，殷卜辞所见"西母"神，已经体现出"西王母"前身的踪影。[①] 日本学者小村一郎指出："但在卜辞中所见'西母'的例子并不多，只知道它是享受'燎'祭的具有强烈自然性格的神，并被当作是与'东母'向对的神（不见'南母'和'北母'）。如此等等，对于它与后世的西王母是否有

---

① 陈梦家：《古文字中之商周祭祀》，载《燕京学报》，1936 年第 19 期。

直接继承关系，即使可以作出种种判断，但加以确认是有困难的。"这样的意见可能是正确的，即："自后世上溯有关西王母的最古老的资料，可见于战国时代的文献。"①

《山海经》中，"西王母"凡五见。即：《西次三经》："玉山，是西王母所居也。西王母其状如人，豹尾虎齿而善啸，蓬发戴胜，是司天之厉及五残。"《海内北经》："西王母，梯几而戴胜杖，其南有三青鸟，为西王母取食。在昆仑虚北。"又《大荒西经》："（昆仑之丘）有人，戴胜，虎齿，有豹尾，穴处，名曰'西王母'。此山万物尽有。"

《穆天子传》中关于"西王母"有生动的文字。《穆天子传》卷二写道："乃遂西征，癸亥，至于西王母之邦。"卷三写道："吉日甲子，天子宾于西王母，乃执玄圭白璧，以见西王母。好献锦组百纯，□组三百纯，西王母再拜受之。□乙丑，天子觞西王母于瑶池之上。西王母为天子谣曰：'白云在天，丘陵自出。道里悠远，山川间之。将子无死，尚能复来。'天子答之曰：'予归东土，和治诸夏。万民平均，吾顾见汝。比及三年，将复而野。'西王母又为天子吟曰：'徂彼西土，爰居其野。虎豹为群，于鹊与处。嘉命不迁，我惟帝女。彼何世民，又将去子。吹笙鼓簧，中心翱翔。世民之子，惟天之望。'天子遂驱升于弇山，乃纪其迹于弇山之石而树之槐，眉曰'西王母之山'。"晋武帝时与《穆天子传》一同出土于汲郡战国魏王墓的《竹书纪年》中，也有关于"西王母"的记述。如："穆王十七年，西征昆仑丘，见西王母。其年来见，宾于昭宫。"② 此外，《荀子·大略》说："尧学于君畴，舜学于务成昭，禹学于西王国。"这里所谓"西王国"，与"君畴"、"务成昭"对应，应当是人名，或许就是"西王母"③。

实际上，"西王母"也可能曾经被理解为古国名。如《尔雅·释地》："觚竹、北户、西王母、日下，谓之四荒。"郭璞注："觚竹在北，北户在南，西王母在西，日下在东，皆四方昏荒之国。"

---

① 〔日〕小村一郎：《中国的神话传说与古小说》，孙昌武译，24 页，北京，中华书局，1993。
② 《穆天子传》郭璞注引《纪年》。
③ 小村一郎先生说，"或如前人已指出的那样就是西王母本人，或是与它有关系的人物。"《中国的神话传说与古小说》，孙昌武译，29 页，北京，中华书局，1993。

《淮南子·地形》也说："西王母在流沙之濒。"高诱注："《地理志》曰：西王母石室，在金城临羌西北塞外。"

反映汉代社会对"西王母"的认识的文献资料，又有贾谊《新书·修政语上》：

> 尧教化及雕题、蜀、越，抚交趾，身涉流沙，地封独山，西见王母，训及大夏、渠叟……

王充《论衡》中也可见"西王母"和"西王母国"：

> 图仙人之形，体生毛，臂变为翼，行于云，则年增矣，千岁不死。此虚图也。世有虚语，亦有虚图。……禹、益见西王母，不言有毛羽。①

> 孝平元始元年，越常重译献白雉一、黑雉二。夫以成王之贤，辅以周公，越常献一，平帝得三。后至四年，金城塞外羌豪良愿等种献其鱼盐之地，愿内属汉，遂得西王母石室，因为西海郡。周时戎狄攻王，至汉内属，献其宝地。西王母国在绝域之外，而汉属之，德孰大？壤孰广？②

"西王母"所居，都被理解为在西方绝远之地，不过多以为在流沙之外，而按照《论衡·恢国》的说法，则当在今青海境内。如此，则西王母神话中的"瑶池"，有可能就是青海湖了。

《汉书·地理志下》说：金城郡"临羌，西北至塞外，有西王母石室、仙海、盐池"。"仙海"，又称"西海"、"鲜水海"，就是青海湖。

前辈学者的讨论，涉及东西交通的历史，可以给我们重要的启示。

所谓"西王母所居处"的考定，是十分复杂的工作。引起我们浓郁的兴趣的，是西来的西王母崇拜何以在民间实现了广泛的普及。汉代民间的西王母崇拜，不仅是神话学研究的重要课题，其实又是反映当时社会较为普遍的"天下"观或称"世界"观的文化现象。《易林》中所谓"西见王母"③、"西过王母"④、"西遇王母"⑤、"西逢王母"⑥ 而皆蒙福祉诸文句，都反映西王母崇拜

---

① 《论衡·无形》。
② 《论衡·恢国》。
③ 《易林》卷一《坤·噬嗑》，卷五《临·履》，卷九《明夷·萃》。
④ 《易林》卷二《师·离》，卷一一《损·离》。
⑤ 《易林》卷二《讼·家人》，卷八《离·剥》，卷一一《夬·夬》。
⑥ 《易林》卷一三《鼎·萃》。

的这一心理背景。

汉代，是中原华夏文化主动西向，同时又空前集中、空前强烈地感受到西方文化东来影响的时代。对于西方见闻的疏略，对于西方认识的模糊，使得西方文化具有了某种神秘的色彩。当时人对于来自西方的新鲜事物，一方面有所欢迎，一方面又心存疑惧。

（四）《日书》与民间禁忌

司马迁在《史记》卷六《秦始皇本纪》中引用了贾谊《过秦论》总结秦王朝覆亡原因时说过的这样一段话："秦俗多忌讳之禁，忠言未卒於口而身为戮没矣。"这是关于秦王朝政治风格的分析，不过，其中所谓"秦俗多忌讳之禁"，也可以借用来评论秦民间礼俗文化的特征。

反映民间礼俗生活的"忌讳"，又见于《史记》卷一三〇《太史公自序》："尝窃观阴阳之术，大祥而众忌讳，使人拘而多所畏；然其序四时之大顺，不可失也。"所谓"大祥而众忌讳，使人拘而多所畏"，张守节《正义》："言拘束于日时，令人有所忌畏也。"

这种的社会文化现象，可以通过《日书》的应用和流行得到反映。

战国秦汉时期的《日书》已经屡有出土。而云梦睡虎地 11 号秦墓出土的《日书》，较早受到研究者的重视。有学者相继指出，睡虎地秦简《日书》具有丰富的文化内涵，是认识当时的思想文化，考察当时的社会历史的重要资料。[①]

睡虎地秦简《日书》有甲乙两种。其内容，包括分属秦人和楚人的两套建除。墓中同出《编年记》止于秦始皇三十年（前 217），因而墓主所习用和宝重的《日书》，可以看作体现秦代社会生活的重要资料，也可以说明司马迁《史记》所谓"秦俗多忌讳之禁"以及"众忌讳，使人拘而多所畏"的实证。

睡虎地秦简《日书》总计 425 支简（残简未计入）中，简文直接涉及出行归返之吉凶，即内容为行归宜忌者，多达 151 支。不仅数量颇为可观，禁忌亦备极繁密。我们可以暂且将其大略归为如下几类：

---

① 李学勤：《睡虎地秦简〈日书〉与楚、秦社会》，载《江汉考古》，1985 年第 4 期；《日书》研读班（导师：林剑鸣）：《日书：秦国社会的一面镜子》，载《文博》，1986 年第 5 期。

1. 行归时日之宜忌

2. 行归方向之宜忌

3. 远行、长行、久行之宜忌

迁移流徙，也是一种交通行为。

睡虎地秦简《日书》中可见有关迁徙吉凶的内容。读有关简文，可知向东、南、西、北四个方向迁徙，每 60 日中分别有 3 日将以"死"为结局，总计有 12 日徙行受到严格的限制。迁徙凶死之忧虑，透露出《汉书》卷九《元帝纪》所谓"安土重迁，黎民之性"，《潜夫论·实边》所谓"土重迁，恋慕坟墓"所体现的文化资质。

司马迁在《史记》卷六《秦始皇本纪》中写道，秦始皇三十六年（前211），屡有不祥之兆，遂有移民北边之举：

> 于是始皇卜之，卦得游徙吉。迁北河榆中三万家。拜爵一级。

张守节《正义》："言徙三万家以应卜卦游徙吉也。"可见，秦始皇以天下之尊，也依然遵从卜问迁徙吉凶的通制。如果其占卜方式与睡虎地秦简《日书》属于同一系统，时在秋季，而北河榆中地当咸阳正北，其卜问结果应与《日书》甲种五九正壹的内容相合。由此可推知"迁北河榆中三万家"事，大致发生在九月。[1]

居延汉简中可以看到有关边地移民的内容。例如："月有徙民事□□□□"（188.19），又如有"始建国天凤"简文，内容可能为数术书的王莽简，亦可见所谓"五月移徙吉凶"（E．P．T5：57A）。可见，关于"移徙"的禁忌，仍然在民间通行。

繁密的出行禁忌，体现出在交通尚不发达的年代原始鬼神崇拜心理的遗存。

法国学者列维—布留尔在《原始思维》中指出，落后民族往往"按照自己的原逻辑的和神秘的思维行事"，"常常有这样的情形，士人脚夫们特别不听话，如果他们胆敢冒险，他们甚至拒绝上路"。"白种人旅行者如果不深知自己这队人的思维，他只会在这里面看到懒惰、不服从、食言、无可救药的不诚

---

[1] 参看王子今：《云梦睡虎地秦简〈日书〉所反映的秦楚交通状况》，见《国际简牍学会会刊》第 1 号，台北，兰台出版社，1993。

实，其实，很可能不是那么回事儿。也许黑人睡醒以后，其中一个人发现了什么预示他或者全队人将要遭难的凶兆"①。

值得我们注意的是，据说正是阅读司马迁《史记》的法文译本，成为列维—布留尔萌发研究原始思维这一意念的契机。他在研究中还十分重视有关中国的资料。该书译者在《译后记》中写道："他对于《史记》中关于星象与人事直接有关的记述大为震惊。由于有了《史记》的'启发'，列维—布留尔十分热心地进一步注意有关旧中国的材料，他研究了长期在旧中国传教的一位传教士德·格罗特撰写的一部巨著《中国的宗教制度》，列维—布留尔经常在下结论前的关键时刻引用这些材料。"②

《史记》卷一二七《日者列传》褚少孙补述说到占日之术的流派非常复杂，他举例说："臣为郎时，与太卜待诏为郎者同署，言曰：'孝武帝时，聚会占家问之，某日可取妇乎？五行家曰可，堪舆家曰不可，建除家曰不吉，丛辰家曰大凶，历家曰小凶，天人家曰小吉，太一家曰大吉，辩讼不决。……'"

司马迁在《史记》卷一三〇《太史公自序》中还曾经说过，传统不同，地域不同，占日之学的形式也过不相同：

> 三代不同龟，四夷各异卜，然各以决吉凶。

司马迁还指出：

> 齐、楚、秦、赵为日者，各有俗所用。

司马贞《索隐》："案：《日者传》云：'无以知诸国之俗'，今褚先生唯记司马季主之事也。"《史记》卷一二七《日者列传》司马贞《索隐述赞》关于这一现象，称之为"吉凶占候"，"齐楚异法"。

各地日者"各有俗所用"，是区域文化特征表现明显差异的时代的历史事实。睡虎地秦简《日书》中分属秦文化和楚文化两个文化体系的数术思想，也体现出地域文化的差异。③

尽管不同地区数术各异，但是相互间文化特质的共同性又是存在的，随着

---

① ② 〔法〕列维—布留尔：《原始思维》，丁由据俄文版译，281～282页，498页，北京，商务印书馆，1981。

③ 参看王子今：《睡虎地秦简〈日书〉秦楚行忌比较》，见《秦文化论丛》第2辑，西安，西北大学出版社，1993。

文化交往的发展，这种共同性又逐渐有越来越明显的表现。

秦始皇是中国历史上著名的游踪甚广的帝王，司马迁《史记》记载，他即位之后凡八次远程出行，关于其具体行期，则只有《史记》卷六《秦始皇本纪》中的一例：

> 三十七年十月癸丑，始皇出游。

这是秦始皇最后一次东巡。"十月癸丑"，睡虎地秦简《日书》中属于秦人建除系统的甲种《秦除》、乙种《徐（除）》以及甲种《稷辰》、乙种《秦》中，未见相应的内容，而在属于楚人建除系统的甲种《除》中，则正当所谓"交日"①。而交日，"以祭门、行、行水，吉"（四正贰）。按照司马迁的记述，秦始皇此次出行先行抵楚地：

> 十一月，行至云梦。

很可能因此而依楚数术书择定出行之日。另一方面，睡虎地秦简《日书》甲种《秦除》、《稷辰》，乙种《徐（除）》、《秦》虽然没有明确说此日行吉，但是"十月癸丑"也并不值行忌日。可见，事实可能确如李学勤先生所指出的，"楚、秦的建除虽有差别"，但"又有一定的渊源关系"②。

饶宗颐先生曾经比较睡虎地秦简《日书》中的《秦除》与《淮南子·天子》之异同。他指出："淮南与秦简文字微异，如秦日书之'盈'，淮南作'满'，荀悦曰：'讳盈之字为满。'则作满者，乃避惠帝讳也。其他执，秦简作挚，破，秦简作披，余悉同"③。可知属于秦数术系统的《秦除》的内容，在《淮南子》成书的时代得以通行全社会。又《秦除》："定日，可以臧（藏），为官府室祠。"（一八正贰）据《汉书》卷九九上《王莽传上》："以戊辰直定，御王冠，即真天子位，定有天下之号曰'新'。"可见直到王莽时代，仍然以定日为吉日。看来，战国秦代以来长期"辩讼不决"的各派数术之中，可能秦数术对后世的影响要大一些。

---

① 在《日书》乙种中无题的相应内容中，可能正当"建交之日"（一六）。

② 李学勤：《论睡虎地秦简与马王堆帛书中的数术书》，1983 年美国"中国占卜灾异学术讨论会"论文；《睡虎地秦简〈日书〉与楚、秦社会》，载《江汉考古》，1985 年第 4 期；《简帛佚籍与学术史》，145 页，台北，时报文化出版企业有限公司，1994。

③ 饶宗颐：《云梦秦简日书研究》，载香港中文大学中国考古艺术研究中心专刊（三）《云梦秦简日书研究》，香港，中文大学出版社，1982。

四、佛教的传入

从西汉晚期到东汉初期，中国文化开始受到一种外来文化的强大影响。这就是发生于印度，辗转传入中国的佛教。

佛教传入中国内地的年代，有多种说法。

（一）白马驮经传说

关于佛教传入中土的路径，有西来之说。

一种说法，称汉哀帝元寿元年（前2），博士弟子景卢受大月氏王使伊存口授《浮屠经》。《浮屠经》，即佛经，是为佛教传入内地之始。

《三国志》卷三〇《魏书·乌丸鲜卑东夷传》裴松之注引《魏略·西戎传》有这样的内容：

> 临儿国，《浮屠经》云其国王生浮屠。
>
> 浮屠，太子也。父曰屑头邪，母云莫邪。浮屠身服色黄，发青如青丝，乳青毛，蛉赤如铜。始莫邪梦白象而孕，及生，从母左胁出，生而有结，堕地能行七步。
>
> 此国在天竺城中。天竺又有神人，名沙律。
>
> 昔汉哀帝元寿元年，博士弟子景卢受大月氏王使伊存口受《浮屠经》曰复立者其人也。《浮屠》所载临蒲塞、桑门、伯闻、疏问、白疏闲、比丘、晨门，皆弟子号也。《浮屠》所载与中国《老子经》相出入，盖以为老子西出关，过西域之天竺、教胡。浮屠属弟子别号，合有二十九，不能详载，故略之如此。

这是正史中有关佛教传入的较早的记载。

另有一种说法，说汉明帝于永平年间，梦见神人，身有日光，飞在殿前，于是欣然悦之。次日问群臣："此为何神?"通人傅毅回答说，臣闻天竺有得道者，号之曰"佛"，飞行虚空，身有日光，陛下所见，可能就是此神。汉明帝于是派遣中郎蔡愔、羽林郎中秦景、博士弟子王遵等十二人往西域访求佛法，于大月氏写佛经四十二章。①

还有一种说法，说永平十年（67 年），蔡愔等人于大月氏遇沙门迦叶摩腾、竺法兰二人，并得到佛像经卷，用白马驮回洛阳。汉明帝特为建立精舍，是为白马寺。据说摩腾与竺法兰二人在寺里译出《四十二章经》。

这几种说法，都说佛教传入由自西方。

（二）东海佛教：文献记载与文物发现

就江苏连云港孔望山东汉佛教摩崖造像的发现，② 有的学者结合东汉佛教盛行于东海地区的记载，推想孔望山佛教艺术从海路传入的可能性很大。佛教传入内地，或许并不只是途经中亚一路。

佛教传入中国内地后，最早的信奉者多为帝王贵族。如楚王刘英为斋戒祭祀，汉桓帝在宫中立祠等。不过，当时人将佛教教义理解为清虚无为，省欲去奢，与黄老学说相似，所以浮屠与老子往往一同敬祭。

《后汉书》卷四二《光武十王刘传》记载，楚王刘英"诵黄老之微言，尚浮屠之仁祠"。汉桓帝也"设华盖以祠浮图老子"③。《后汉书》卷三〇下《襄楷传》也说，桓帝曾经于"宫中立黄老浮屠之祠"。实际上，正如汤用彤先生所指出的，"黄老之道，盛于汉初"，"而其流行之地，则在山东及东海诸地，与汉代佛教流行之地域相同。其道术亦有受之于佛教者。而佛教似亦与其并行，或且藉其势力以张其军，二者之关系实极密切也"④。

楚王刘英管理的地域以现今江苏徐州为中心，佛教曾经在这里得以流行，值得引起重视。

我们还可以看到其他相应的记载。

汉献帝初平四年（193 年），丹阳人笮融为徐州牧陶谦督广陵（郡治在今江苏扬州）、下邳（首府在今江苏邳县南）、彭城（首府在今江苏徐州）等地运漕，他利用手中的武装，断截三郡委输以自入，并大造佛祠，高铸佛像，广招

---

① 《牟子理惑论》，引自《弘明集》。
② 连云港市博物馆：《连云港市孔望山摩崖造像调查报告》，载《文物》，1981 年第 7 期；俞伟超、信立祥：《孔望山摩崖造像的年代考察》，载《文物》，1981 年第 7 期。
③ 《后汉书》卷七，《桓帝纪》。
④ 汤用彤：《汉魏两晋南北朝佛教史》上册，42 页，北京，中华书局，1983。

佛徒。据《三国志》卷四九《吴书·刘繇传》记载：

> 乃大起浮图祠，以铜为人，黄金涂身，衣以锦采，垂铜盘九重，下为重楼阁道，可容三千余人，悉课读佛经，令界内及旁郡人有好佛者听受道，复其他役以招致之，由此远近前后至者五千余人户。每浴佛，多设酒饭，布席于路，经数十里，民人来观及就食且万人，费以巨亿计。

说他大起浮图祠，铸铜为人，涂饰黄金，以锦采为衣。又累造宏伟阁楼，聚众读佛经，管区内及邻近诸郡集结至于"五千余人户"。每逢浴佛时节，多备酒饭，沿途设席，连绵数十里。民众前来观看及就食者将近万人，消耗资费无数。

这是关于佛教造像立寺的最早的记载，也是关于举办大规模佛事活动的最早的记载。

五、道教的生成

东汉后期，黄老学说的某些内容与阴阳五行之说以及民间流行的巫术相结合，老子又被加以神化，于是逐渐形成了早期的道教思想和反映这种思想的著作。

（一）《太平经》与"太平道"

《后汉书》卷三〇下《襄楷传》说，于吉曾经有"神书百七十卷"，号《太平清领书》。其弟子琅邪人宫崇进献汉献帝。其内容以阴阳五行之说为根本，而又多夹杂巫觋怪诞之语。今存残本《太平经》，就是从《太平清领书》演化而来，成为道教的主要经典的。

据说黄巾起义领袖张角"颇有其书"，现在看来，和今本《太平经》属于两部不同的著作的《太平经钞·甲部》，很可能和黄巾起义的活动有着更密切的联系。张角自称大贤良师，广为收养弟子，以符水咒语为人治病。黄巾起义，就是张角等人分派弟子到四方，宣传"太平道"，以原始道教作为信仰基础，秘密组织徒众发动的。

与张角等人宣传原始道教同时，道教的另一派"五斗米道"在交通相对隔闭的秦岭巴山之间取得了特殊的成功。汉顺帝时，张陵学道于蜀地鹄鸣山中，以符书招致信徒，信道者出米五斗，于是称"五斗米道"。张陵死，其孙张鲁传其道，在汉末战乱中据有汉中地区。他自号师君，置祭酒以治民，不用长吏。诸祭酒于途次作义舍，置义米肉，行路者可以量腹取足。道徒有病，令自首其过。百姓犯法，三次宽恕，然后才行刑。

张鲁占据汉中的二十多年中，这一地区的政治生活和经济生活都比较安定。建安二十年（215年），曹操灭张鲁。据《三国志》卷一四《魏书·刘晔传》，他评价张鲁政权为政教合一的性质，曾经称之为"此妖妄之国也"。此后"五斗米道"依然流传，后世以张陵为教主的"天师道"，主要就是从"五斗米道"发展而来。

从出土镇墓券和陶瓶镇墓文等文物资料看，当时民间流行的原始道教对于社会生活有相当广泛的影响。

（二）民间秘密宗教与农民暴动

《史记》卷四八《陈涉世家》关于陈涉起义前进行鼓动的形式，有这样的记述：陈涉吴广相议起事，"乃行卜。卜者知其指意，曰：'足下事皆成，有功。然足下卜之鬼乎！'陈胜、吴广喜，念鬼，曰：'此教我先威众耳。'乃丹书帛曰'陈胜王'，置人所罾鱼腹中。卒买鱼烹食，得鱼腹中书，固以怪之矣。又间令吴广之次所旁丛祠中，夜篝火，狐鸣呼曰'大楚兴，陈胜王'。卒皆夜惊恐。旦日，卒中往往语，皆指目陈胜"。这是巧妙利用神秘主义意识进行政治斗争的史例。

民间信仰对于社会生活的影响往往可以比正统文化更为广泛深刻。在社会发生动乱时期，这种文化形式常常可以有力地引发民众心理的冲动，激荡起狂热的社会风潮。

汉安帝永初元年（107年）十一月，又曾经发生性质很可能与汉哀帝时流民行西王母诏筹而惊走的事件相类似的所谓"民讹言相惊"，以致司隶、并州、冀州民人流移的事件。①

---

① 《续汉书·五行志一》。同一史事，《后汉书》卷五，《安帝纪》记载为："民讹言相惊，弃捐旧居，老弱相携，穷困道路。"

东汉末年的类似情形，则可以表明民间秘密宗教和农民战争的密切关系。

东汉末年的流民暴动往往被称为"妖贼"。如《后汉书》卷六《顺帝纪》记载，阳嘉元年（134年）三月，扬州六郡"妖贼"掌河等侵扰四十九县，杀伤地方官吏。《后汉书》卷七《桓帝纪》记载，和平元年（150年）二月，扶风"妖贼"裴优自称"皇帝"；延熹八年（165年）十月，勃海"妖贼"盖登等，称"太上皇帝"。《后汉书》卷五八《臧洪传》记载，汉灵帝熹平元年（172年），会稽"妖贼"许昭起兵句章，自称"大将军"，立其父许生为"越王"。《三国志》卷四六《吴书·孙坚传》记载："会稽妖贼许昌起于句章，自称'阳明皇帝'。与其子（许）韶扇动诸县，众以万数。"对于黄巾起义，正史也有"伪托大道，妖惑小民"的说法①。当时的统治者，或称之为"妖民"②、"妖贼"③，又称之为"妖寇"④。这里所谓"妖"，是对非正统的民间秘密宗教信仰的诬蔑性称谓。黄巾起义领袖张角曾经利用过的《太平清领书》，也被指斥为"其言以阴阳五行为家，而多巫觋杂语"，"妖妄不经"⑤。

以黄巾起义为代表的东汉末年的农民战争，表现出组织严密、发动迅速、影响阔远、斗志坚强等特点，民间秘密宗教信仰的作用是不可忽视的。

《后汉书》卷五七《刘陶传》所谓张角"伪托大道，妖惑小民"，这里所说的"大道"，取义于《老子》十八章、二十四章、五十三章中所使用的语汇，然而所尊奉的，已经是神化的老子。此后的原始道教及其所发动的起义，仍然使用"大道"一称。所谓"大道"，不但是黄巾起义所奉事的原始道教宗教实体的名称，而且从东汉末年到魏晋南北朝曾经普遍使用。"大道"之外，黄巾起义所奉事的宗教实体还有其他流行的名称，即"天师道"与"太平道"⑥。

黄巾起义的主要领袖张角宣传鼓动和组织联络部众的形式，据说包括用符水咒说治疗疾病，病者多得痊愈，因而百姓信向之。张角于是分遣弟子使于四

---

① 《后汉书》卷五七，《刘陶传》。

② 《太尉刘宽碑》说到"妖民张角"（《隶释》卷一一）。

③ 《三国志》卷八，《魏书·张鲁传》裴松之注引《典略》。《郃阳令张迁碑》又有"訞贼张角"字样（《金石萃编》卷一八）。

④ 《三国志》卷八，《魏书·陶谦传》裴松之注引《吴书》。

⑤ 《后汉书》卷三〇下，《襄楷传》。

⑥ 方诗铭：《黄巾起义先驱与巫及原始道教的关系》，载《历史研究》，1993年第3期；方诗铭：《黄巾起义的一个道教史的考察》，载《史林》，1997年第2期。

方，广泛宣传其教义，十余年间，众徒多达数十万。关于张角等人团结和组织民众的策略，也有"执左道"，"诳燿百姓"①，"托有神灵，遣八使以善道教化天下"② 等说法。显然，借用巫术的神秘主义功用，也是黄巾起义发动民众的方式之一。

光和七年（184 年）是干支纪年的甲子年，张角准备在这一年起事。他们传诵这样的起义口号："苍天已死，黄天当立。岁在甲子，天下大吉。"大意是，汉王朝的政治统治已经走向终结，新的政治实体即将诞生，正是在"甲子"这一神圣的时刻，伟大的政治转变将要完成。他们在京师和州郡官府门上用白土书写"甲子"字样，作为起义的号令。起义的发动，计划以大方马元义等先收荆、扬数万人，期会发于邺（今河北磁县西南）。马元义还多次活动于京师，约定以宦官中信奉张角"大道"者作为内应，准备在三月五日这一天内外同时举事。然而因叛徒出卖，马元义被捕，并被车裂于洛阳。汉灵帝下令案验皇宫官署及百姓中与张角所宣传的"大道"有关者，诛杀千余人，并下令通缉张角等。

张角不得不提前仓促起事，光和七年二月，他晨夜"驰敕四方"，部众"一时俱起"，起义者都头著黄巾以为标识，时人称之为"黄巾"。张角、张宝、张梁兄弟分别称"天公将军"、"地公将军"、"人公将军"。起义迅速爆发，其势风起云涌，黄巾军在各地燔烧官府，劫略聚邑，州郡长官不能控制局势，纷纷仓惶逃亡。形势如《后汉书》卷七一《皇甫嵩传》所说："旬日之间，天下响应，京师震动。"

东汉政府匆忙布置防守和镇压。以精兵驻守京师，在洛阳四围设置八关校尉，形成了严密的防卫圈。这时有人又提醒汉灵帝，如若作为政治反对派的"党人"和起义民众相结合，将造成严重的患害。汉灵帝接受了赦天下党人的建议，解除了党锢，并且招还已经徙往边地的党人的妻子故旧。

东汉朝廷发天下精兵镇压黄巾起义。各地的豪强武装也和官军联合与黄巾起义军作战，处处阻截起义军，杀戮起义民众。被诬称为"蚁贼"的黄巾起义军人众极多，声势浩大，但是往往携妻子老幼行军作战，影响了机动性，终于

---

① 《后汉书》卷五四，《杨赐传》。
② 《三国志》卷四六，《吴书·孙坚传》。

为强悍的政府武装和豪强武装的联合镇压所挫败。

黄巾起义基础的广泛，计划的周密，发动的迅速，士气的旺盛，在历史上是空前的。黄巾起义虽然最终没有能够建立起以"黄天"为象征的政权，但是却摧毁了东汉王朝的基础，扫荡了东汉王朝的皇威，这一政权从此名存实亡。而与东汉王朝相依托的代表黑暗政治势力的宦官集团和外戚集团，经过短暂的反复之后，也在政治舞台上消逝了。我们考察黄巾起义的历史影响，不能忽视早期道教的文化作用。

第五章
秦汉时期的教育

教育，是衡量一个国家、一个时代文明发展程度的重要指标，也是综合国力的直接体现。它对于社会道德、风俗习尚，也有巨大的影响。秦汉时期教育事业的发展，以其丰富的内涵，给后世留下了一份珍贵的文化财富。

一、秦代的"禁私学"

秦始皇三十四年（前213），在秦廷之上发生一次影响重大而深远的廷议事件：博士淳于越批评当政者推行单一的郡县制不合于古制、不利于长治久安，李斯乘机扩大事态，提出了著名的"焚书"之议，认为学者各挟私学批评朝政的局面必须扭转，应该"禁私学"、"若欲有学法令，以吏为师"①。秦始皇采纳之后，下达了"焚书令"，直接造成了一场空前的文化浩劫；并且还颁布了"挟书律"，使携带和传授《诗》、《书》、百家语，成为与秦王朝相伴终始的违法行为。从此，"禁私学"和"以吏为师"作为官府强制推行的教育制度，成为维护秦朝专制统治的重要环节。以国家权力强行干预教育，是可以很快见效的——汉高祖刘邦的少弟刘交年少之时，曾与鲁穆生、白生、申公等师从荀况弟子浮丘伯学《诗》，"及秦焚书，各别去"②。这一个案可以说明秦对私学的严禁是相当有效的。大部分以课徒授业为生的儒师，也因此而中断了生计，由维持社会稳定的力量，转变为统治集团的对立面。所以，秦末战乱一起，儒生很快投身其中，成为造反的一份子。仅从它的后果而言，也不是高明的决策。

这种制度的实质是吏师合一、政教合一，由官方完全垄断教育事业，以利于推行愚民政策和文化专制统治。由春秋战国时期流传下来的私人讲学之风被扼杀，体现国家意志的官吏成了唯一合法的教师群体，贯彻专制精髓的法律成了唯一合法的讲授内容。从思想资源追溯，战国法家早有这种主张，商鞅学派有"置主法之吏，以为天下师"③之说，韩非更有"以法为教""以吏为师"④的强烈呼吁，但把此种思想主张转化为现实的政策，还是李斯、秦始皇的创造，他们也理所当然地应为它承担历史责任。

据出土的云梦秦律记载，秦政府设有专门学习文书的学校，即当时所称的"学室"，并规定："非史子□（也），毋敢学学室，犯令者有罪。"⑤ 所谓的"史子"，可能是指专职从事文书事务的小吏的儿子，如果此说不误，那么秦朝进入学室学习有严格的身份规定，除了小吏的儿子之外，其他人不具备这种学习的资格。仅仅就此而言，秦朝的教育政策也是在恢复西周"学在官府"的旧格局，与战国"学术下民间"的勃勃生机相比较，确实是在开历史的倒车。秦律还规定，即便是有书写才干的下吏，也不得擅自从事"史"的工作。而专司历史记载的史官，未闻在秦朝有特殊地位，那么，秦律赋予神秘之感的"史"，

---

① 《史记》卷六，《秦始皇本纪》。
② 《汉书》卷三六，《楚元王传》。
③ 《商君书·定分》。
④ 《韩非子·五蠹》。
⑤ 《睡虎底秦墓竹简》（平装本），107页，北京，文物出版社，1978。

其职掌必有重要、敏感的属性，依据秦朝政制推测，或许与掌握官府文书、法律档案等有关。有的学者认为秦朝存在着庞大的法官法吏体系[1]，云梦秦律所见的"史"，或许即是法吏之流人物。睡虎地秦墓墓主喜，生前作过小吏、御史、令史等与法令相关的地方官员，墓中随葬的大量法令文书，有可能是他"以吏为师"所用的教材。征诸文献记载，秦的第一重臣李斯曾任廷尉执掌国法，赵高因为精通法律而成为秦二世的老师。知识渊博的人，即便当了博士，根据秦制也只有备顾问的虚名，而无从事教育的实权。可以说秦朝的教育，完全是政治与法令的附属，不具备独立学科的意义。而秦朝的政法又以酷苛著称，教育以传习法律为实际内容，势必造成文化、教育的窒息。因此，秦朝的"以法为教"、"以吏为师"，与现代的普法教育完全无关，只是控制思想的专制工具。

秦朝文化政策中产生积极影响的是"书同文"的规定，宣布秦篆为统一使用的官方文字，隶书也取得了"佐书"的地位（详见第七章《风韵永驻的书画》），使战国时期文字异体的混乱局面得以结束，在客观上，有利于文化教育事业的发展。但是，我们还应看到，秦朝统治者在统一文字时，并不具备这样的主观动机，他们所追求的只是要显示征服者的威严，"罢其不与秦文合者"[2]，就是当时统一文字的标准。

秦朝的文化教育事业没有留下其它详细记载，除了其统治时间太短之外，它所执行的政策太过偏激和酷苛，应是主要原因。教育事业的正常发展，要等到汉王朝进入稳定阶段之后才能实现。

二、官学的体系与特色

汉初，大局粗安，百业待兴。再加之，开国皇帝缺乏文化教养，武力功臣大多出身草莽，一时无暇顾及教育事业。到文景时期，局面出现了变化：贾谊大谈礼义教化的重要，贾山更是直截了当地呼吁恢复太学，虽然文帝未及采纳，但重视教育的社会舆论已经形成。文帝还设置了《诗》、《书》博士，传授

---

① 参见黄留珠：《略谈秦的法官法吏制》，载《西北大学学报》，1981年第1期。
② 许慎：《说文解字·叙》，北京，中华书局，1963。

经典，儒家复兴的历程由此开始。到景帝之时，河间献王刘德广求古籍，藏书之多与汉朝相等，并在其王国内，立《毛氏诗》、《左氏春秋》博士，实为王国设官学之始，故有"山东诸儒多从而游"①之盛；景帝末年，蜀郡守文翁首先举办地方郡学。这些从中央到地方推奖教育的举动，共同为全国官学体系的建立奠定了基础。

公元前140年，汉武帝即位，历史翻开了新的一页。这位年轻的皇帝，深知"无为而治"的黄老之学，已不适应奋发求治的时局，他决意借用儒家学说，实现自己为后世子孙垂范立制的远大抱负。他任用喜好儒术的官僚窦婴为丞相、田蚡为太尉，并破格提拔儒生赵绾和王臧分别出任御史大夫、郎中令，执掌实权，还礼聘在野的儒师入朝主持改制之礼，摆出了以儒学治国的姿态。信奉黄老之学的太皇太后窦氏（文帝皇后），发起反击，迫使武帝罢免窦、田，诛杀赵、王，武帝尊儒的第一次努力归于失败。窦氏逝世的第二年，尊儒重教的进程重新启动。同为儒家公羊学派大师的董仲舒、公孙弘，借重机缘，各有建树。董仲舒借"对策"之机，提出了"太学者，贤士之所关也，教化之本原也……臣愿陛下兴太学，置名师，以养天下之士。数考问以尽其材，则英俊宜可得矣"②的呼吁，不仅有朝廷兴办太学的主张，并阐明办学的目的在于养士和兴教化，推动教学的手段是倚重考试，这已经涉及官办教育的基本格局。元朔五年（前124），公孙弘等人的一份奏议，提出为博士设置弟子员的建议，成为汉代太学制度得以建立的一个标志。"元朔五年，置博士弟子员。前此博士虽各以经授徒，而无考察试用之法。至是，官始为置弟子员，即武帝所谓兴太学也"③。太学的出现，使汉代官学教育体系得以确立。

综观两汉的官学体系，主要由太学、郡国学、贵族官僚子弟学校构成。

太学是最高学府，隶属于九卿之一的太常之下。太学的实际负责人，西汉沿秦之旧称为仆射，东汉改称祭酒。它以养士、兴教化、培养官僚后备力量为其主要的办学目的，以《易》、《书》、《诗》、《礼》、《春秋》等儒家经典为教学内容。

---

① 《汉书》卷五三，《景十三王传》。
② 《汉书》卷五六，《董仲舒传》。
③ 《文献通考》卷四〇，《学校考一》。

太学的教师是博士。博士虽有议政、出使等政治任务，但讲经授徒为其本职所在。博士例由精通儒家某一经典的经师担任，如果某人被立为博士，那么，不仅意味着他所在的学派得到了官方的承认，也标志着他本人进入了一流学者的行列，是一种很高的荣誉——特别是在西汉更是如此。博士的选拔，有多种途径：或由朝廷对声望素著的学者直接征召，或由知识官僚出面举荐，或由它官调任。为了保证博士的学术素质，任命之前需经考试，考试例由太常主持，"每选试博士，奏其能否"① 为太常职掌之一。除了学术高明之外，对博士还有道德、政见方面的要求，汉成帝的一道诏书表述的很清楚："古之立太学，将以传先王之业，流化于天下也。儒林之官，四海渊原，宜皆明于古今，温故知新，通达国体，故谓之博士。否则学者无述焉，为下所轻，非所以尊道德也。"② 此外，博士人选还必须身体健康、年满五十以上。博士人数有员额限制。武帝时所置"五经博士"共有七家（《诗》分鲁、齐、韩三家，《书》有欧阳，《礼》有后家，《易》有杨家，《春秋》有公羊家），如果每经只设一位博士，则仅有七人。宣帝对所立学官有大幅度调整，形成了十二家博士。王莽时期，不仅增置《乐》经博士，使"六经"皆立于学官，而且还为《左氏春秋》等四家古文经立博士，又规定每经置员五人，博士人数当为两汉之冠。东汉立国，尽废古文经博士，确立了十四家博士的东汉定制③。

太学的学生，西汉称为博士弟子，东汉改称太学生。武帝初立太学之时，只有博士弟子五十人。后来，随着太学规模的不断扩大，学生人数也不断增长。昭帝时员满百人，宣帝末年扩至二百人，元帝好儒设员千人，成帝好名追慕孔子而一度增至三千人，王莽复古喜功，"为学者筑舍万区"④，极一时之盛，东汉质帝和桓帝时竟多达三万人。汉质帝"令郡国举明经诣太学。自大将军以下，皆遣子受业。岁满课试，拜官有差。又千石、六百石、四府掾属、三

---

① 《后汉书》志二五，《百官二》。
② 《汉书》卷十，《成帝纪》。
③ 对西汉博士人数的估计，学界有较大的分歧。有人认为，王国维《汉魏博士考》对古籍记载的理解有误，实际上，除了五经博士之外，还有传记博士的并存；而且所立学官，每家也不以一人为限。这样，西汉的博士员额，在汉成帝改制之前应该均保持在七十余人的水准上。参见王葆玹《今古文经学新论》，215～221 页，北京，中国社会科学出版社，1997。
④ 《汉书》卷九九上，《王莽传上》。

署郎、四姓小侯先能通经者，各令随家法，其高第者上名牒，当以次赏进。自是游学增盛，至三万余生"①。这无疑是太学和官僚子弟学校的交融，以当时的人力物力来衡量，不能不说是创造了教育史上的一个奇迹。学生的来源、条件、管理、任用等问题，在公孙弘的奏议中都有原则性规定："太常择民年十八以上、仪状端正者，补博士弟子。郡国县道邑有好文学、敬长上、肃政教、顺乡里、出入不悖所闻者，令相长丞上属所二千石。二千石谨察可者，当与计谐，诣太常，得授业如弟子。一岁皆辄试，能通一艺以上，补文学掌故缺。其高第可以为郎中者，太常籍奏。即有秀才异等，辄以名闻。其不事学若下材及不能通一艺，辄罢之，而请诸不称者罚。"② 这样，在太学中求学的学生有两种类型：一为博士弟子，即正式招考的学生，有员额限制；二为"授业如弟子"，由地方郡守推荐而来，身份类似于"旁听生"，似无定员，而且学成后的待遇与前者相同。这就挖掘了太学的学术潜力，有利于培养大批人才。实践证明，由郡县所选送的"受业弟子"中不乏一流人才。如，儿宽"治《尚书》，事欧阳生，以郡国选，诣博士，受业孔安国"③，终成一代名臣。又如，陈寔"少作县吏，常给事厮役。……有志好学，坐立诵读。县令邓邵试与语，奇之，听受业太学"④。像儿宽、陈寔之类贫家子弟，得到郡县官员赏识而选送入太学，对他们个人的成材而言，是关键环节；对国家来说，也是笼络人才的重要途径。

为了贯彻太学"养士"的宗旨，笼络天下读书人为朝廷所用，必须解决好学生的出路安排，即把读书与仕途连为一体。起初，在一年一度的考试中，只要通过一经的考试，就可以获得仕进的机会，成绩优秀者可以身据清要之职。一时间，入太学成为做官的捷径，史称："其学官弟子行虽不备，而至于大夫、郎、掌故以百数。"⑤但学生人数不断增加与官员有定编之间的矛盾日益明显，政府不得不把太学学生进入仕途的门槛不断升高。到东汉后期，为"选士"而进行的考试，延长为两年一届；考经的门数也升为两门；考试合格者也要等候

---

① 《资治通鉴》卷五三，东汉质帝本初元年。
②⑤ 《汉书》卷八八，《儒林传·序》。
③ 《汉书》卷五八，《儿宽传》。
④ 《后汉书》卷六二，《陈寔传》。

官位"出缺"才能依次递补。太学生们已不及他们的前辈那般幸运，但入仕之门毕竟对他们敞开。所以，太学之中年过六十以上依然在皓首读经的人，不在少数。因为大一统政权留给普通读书人的发展空间，实在是以此为最大了。

太学生的路费和学习所需一切费用，一律由自己负担。前引西汉名臣儿宽，在太学求学期间，不得不多方勤工俭学，"尝为弟子都养，时行赁作，带经而锄，休息辄读诵"。据《汉书》颜师古注解，"都养"之意是"都，凡众也；养，主给烹炊者也。贫无资用，故供诸弟子烹炊也"①。东汉名士公沙穆"来游太学，无资粮，乃变服客佣"②。王充受业太学，因家贫无书，只好常游洛阳市肆，以其超常的记忆力阅书学习。仇览受县令王涣器重，选送入太学求学之时，因为家境贫困，无力自备路费，幸得爱才的王涣慷慨解囊，资助一个月的俸禄，才得以赴京。太学生费用自负，既是一种压力，也是变相的刺激，它激励学生珍惜机会，奋发学习。

郡国学，是由郡国一级地方政府所兴办的学校（县级官学的记载很少）。办学经费由地方财政筹措支出，教员由地方文教官员（元帝时规定"郡国置《五经》百石卒史"）担任，学生面向本地子弟招收，学成由本地官府安排职位。郡国学的办学宗旨，侧重于推动地方教化和培训地方吏员，教学内容也就不以儒家经典为限，兼学律令、文牍，自在情理之中。

汉代最有影响的郡国学，由蜀郡太守文翁所兴办，时在景帝末年。为了改变当地文教落后的面貌，文翁做了两件有远见的事情。其一，选拔"开敏有材"的郡县小吏十余人，送往太学学习。文翁减省郡府开支，用来购买蜀物，送给博士作为代培费用。学成归来，文翁任用为郡中右职，后来又利用察举之机向朝廷推荐，有因此而官至郡守刺史者。其二，"修起学官于成都市中，招下县子弟以为学官弟子"，给以免除徭役的优待。结业之后，学习成绩优秀者，用为郡县吏，成绩稍次的也可担任孝弟力田，推行教化于乡里间。每但巡行属县，文翁必定从郡学中选择品学兼优的学生随行，"使传教令，出入闺阁，县邑吏民见而荣之。数年，争欲为学官弟子，富人至出钱以求之"，风俗因此而

① 《汉书》卷五八，《儿宽传》及颜师古注。
② 《后汉书》卷六四，《吴祐传》。

大变。到汉武帝时，表彰文翁的兴学之功，据说还"令天下郡国皆立学校官"①。这一诏令是否真正得以执行，大可怀疑，恐怕限于原则号召的可能性居多②。西汉后期，名臣何武在任刺史时，巡行所部郡国，"必先即学宫见诸生，试其诵论，问以得失"，然后才经办政务，接见官员③。可见西汉地方官学的建设是有一定成效的。

王莽辅政之后，曾规定建立地方教育体系："郡国曰学，县道邑侯国曰校，校、学置经师一人。乡曰庠，聚曰序，序、庠置《孝经》师一人。"④ 如此规整的学校层次，在两千年前那动荡巨变的年代里，恐怕也难真正建成。东汉前期，光武帝重视教育，又出现了一批真心推奖学术的郡守，地方官学得以发展。譬如，武威太守任延，"建立校官，自掾（史）子孙，皆令诣学受业，复其徭役。章句既通，悉显拔荣进之，郡遂有儒雅之士"⑤。再如，丹阳太守李忠上任之后，"以丹阳越俗不好学，嫁娶礼仪衰于中国，乃为起学校"⑥，成为改善地方风俗、发展地方经济的有效手段。此外，汝南太守寇恂、常山太守伏恭、桂阳太守卫飒等人，在各自的任期内，都留心兴学而名垂青史。特别是，儒师鲁丕在出任赵相时，排除政治压力、维护教育尊严的胆识和言论，不能不令人钦佩。鲁丕精通儒学，门生就学者常在数百人之上，关东号之为"五经复兴鲁叔陵"（鲁丕字叔陵）。当时的赵王刘商，经常借名避瘵养病，移居学宫，扰乱了教学秩序。赵相鲁丕出面制止，赵王抢先上书朝廷，导致皇帝下诏书要求鲁丕做出解释。鲁丕毅然奏答："学宫传五帝之道，修先王礼乐教化之处。王欲废塞以广游宴，事不可听。"⑦ 鲁丕据理力争，才保住了赵国学宫。这些事例说明，地方官学的兴废，主要取决于郡太守、王国相等地方长官对教育的重视与否。这就意味着汉代地方官学的发展，尚无有效的制度支撑其间。我们可以约略知道的是，除了郡国守相亲自主持地方官学之外，在通常情况下，郡

---

① 《汉书》卷八九，《循吏传》。
② 参见俞启定：《先秦两汉儒家教育》，149页，济南，齐鲁书社，1987。
③ 《汉书》卷八六，《何武传》。
④ 《汉书》卷一二，《平帝纪》。
⑤ 《后汉书》卷七六，《循吏传》。
⑥ 《后汉书》卷二一，《李忠传》。
⑦ 《后汉书》卷二五，《鲁恭传附鲁丕传》。

国学是由郡文学（西汉）或学官祭酒（东汉，又称文学祭酒）实施管理。此类职官，例由知名学者担任。可以推测含有以学者治学的立制思想。

县级官学的记载，更为稀见。但是，成功的办学实例足以证明，只要主持其事者真心实干，依然是可以有所作为的。东汉名臣宋均担任辰阳县长之时，为了从根本上革除当地迷信鬼神的陋习，"立学校，禁绝淫祀，人皆安之"①。汉桓帝时期，已是政治腐败、社会黑暗，而著名学者刘梁，在出任北新城县长后，兴学化俗，令人有"风景独好"之感。"告县人曰：'昔文翁在蜀，道著巴汉；……吾虽小宰，犹有社稷，苟赴期会，理文墨，岂本志乎！'乃更大作讲舍，延聚生徒数百人，朝夕自往劝诫，身执经卷，试策殿最，儒化大行。此邑至后犹称其教焉"②。县办官学的实效，也应给予实事求是的肯定。

以贵族官僚子弟为教育对象的特殊教育机构，西汉未见记载，东汉则有"宫邸门学"。它创办于明帝时期，原本只招收外戚樊氏、郭氏、阴氏、马氏家族子弟，所以有"四姓小侯学"之称。后来，招生范围扩大到高级官僚子弟。由名臣名师执教，教育条件优于太学。成绩优秀者，任为高官，仕途出路好过太学生。因此，影响很大，匈奴和西域诸国的贵族也派出子弟求学于其中。它与"任子"之制共同构成了维护统治集团利益的工具。宫邸门学至顺帝时停办，存在了近八十年。

此外，还有设置于汉灵帝时期的教育怪胎——鸿都门学。它完全是宦官干政的产物，为了与太学清流相抗衡，宦官集团鼓动喜爱书画的灵帝兴办了这所学校。它的教育内容脱离儒家轨道，专习尺牍、辞赋、书画，学生曾达千余人。因官僚士大夫集团抨击它是小人之学，不久即倒闭。其实，如果把办学背景暂置不顾，仅从学校性质而言，它不失为我国历史上由朝廷主办的第一所文艺专科学校。

汉代官学的特点，表现为如下几方面：

其一，教育与政治密切相关。官方办学的直接动机，就是为政治服务；教师和学生也主动地把学习过程与现实政治联为一体。西汉博士在论政定策之时，俨然是朝廷智囊；而在衔命出使之时，又是皇帝近臣。东汉博士的主要职

---

① 《后汉书》卷四一，《宋均传》。
② 《后汉书》卷七九，《儒林传》。

责在于典礼和执教，但也有"国有疑事，掌承问对"① 的议政之责。通达国体、熟悉时务，是博士必须具备的素质，入为尚书、侍中，出为郡国守相，是博士令人艳羡的仕途出路。学生以五经为教材，儒家本是入世干政之学，关心国家大事实为儒生本色，所以学生干政是常见的历史现象。在执政者充满自信、有纳言的雅量和器度之时，他们不仅会接受、甚至还会鼓励学生们参与议政，知识精英与政治精英即可实现良性互动。即便是在主荒政谬的东汉桓帝时期，我们还看到朝廷下令让太学生参与币制改革讨论的记载，刘陶的意见书得以轰动朝野②。而当着执政者控制言路过甚之时，原本当作官僚后备军来培养的官学学生，就会站到统治者的对立面去。西汉哀帝时，执法严明的司隶鲍宣因得罪丞相而被捕下狱。博士弟子王咸举旗聚众于太学门下，率一千多位志同道合的同学，在途中拦截丞相车马，又集体前往宫阙请愿，上书皇帝，极力营救，鲍宣才得以保住生命。这是我国历史上学生干政的开篇之作。东汉末年，疾恶如仇的太学生和部分正直官僚联合，发起了反对宦官专权的斗争，引发了惨烈的"党锢之祸"。尽管他们受到了黑暗势力的镇压，但却用浩然之气谱写了学生干政的辉煌一章，后世学者甚至把他们的高尚精神赞誉为维持东汉政权的中流砥柱③。教育与政治的密切结合，对于教育自身的发展而言是利弊并存的。在这种格局下培养的学生，关注现实，有社会责任感，与"两耳不闻窗外事，一心只读圣贤书"的书呆子相比，显然更为社会所急需。但是，教育事业却丧失了应有的独立性，它的兴衰不受教育规律的支配，而受政治变局的制约。所以，"自安帝览政，薄于艺文，博士依席不讲，朋徒相视怠散，学舍颓敝，鞠为园蔬"④，太学极度衰败。不久，顺帝亲政，太学又由衰转盛。这种兴衰无常的现象，在地方官学体系中更为常见。同时，学校教育与功名利禄密切相关，也容易造成学生价值观念的倾斜，多数人热衷于追逐名利，缺乏求取真知的诚意。东汉一流的学术人才，不出于太学，而来自于私学，原因即在于此。部分在经学上确有造诣的太学生，在步入官场之后，大多不能保持其理想

---

① 《后汉书》志第二十五，《百官志二》。
② 《后汉书》卷五七，《刘陶传》。
③ 顾炎武：《日知录》卷一三，"两汉风俗"条。
④ 《后汉书》卷七九下，《儒林传下》。

追求和人格操守，很快沦为阿谀逢迎的政客，也与受教育期间形成的劣根性不无关系。

其二，招生注意吸纳社会下层精英。除了宫邸之学而外，太学和郡国学都面向全社会招生，特别是太学中容纳了大量来自社会底层的有志青年。西汉中后期出身于太学、终成名臣者，不乏贫寒子弟。如，匡衡出身于农民家庭，"好学，家贫，佣作以供资用"①。翟方进"家世微贱"，为了改变社会地位，他"辞其后母，欲西至京师受经。母怜其幼，随之长安，织屦以给"②。后来，二人皆为名师名相。东汉前期有"王者之师"美誉的桓荣，在早年读书太学之时，因家境贫困，也"常客佣以自给"③。正如有的研究者所指出的那样，汉代"立太学的目的在于网罗天下贤才和推崇教化，其招生对象面向民间自然是顺情合理之事"④。统治者愈能把被统治者中的精英吸纳进自己的阵营，其统治秩序就会愈加稳固，这是为中外历史不断证明的真理。官宦子弟本来就另有仕进之途，如果再与平民争夺受教育的权利，势必出现更大的社会不公正。贫家子弟往往会有强烈的求知欲和上进心，只要有相应的环境，他们成材的可能性在官宦子弟之上。这也是古语"家贫子读书，地瘠植松柏"的内涵所在。汉代这种办学宗旨，是有利于保持官僚后备军的生命力的。

其三，学校教育注意发挥考试的督促和检测作用。办学必须有一套奖优惩劣的竞争淘汰制度，考试是不可或缺的教育环节。如前所述，汉代官学对于考试一直是很重视的。不仅学生要定期考试，东汉时的博士官也要接受考试，成绩的好坏且与他们在官场上的沉浮直接相关。这就使师生对于考试不得不格外重视。当时的考试制度，有其很理性的一面，主要表现为考试方式的多样化和考试内容的务实性。同为考儒生，考试方式有"射策"和"对策"之分。"射策"有一定的自选试题的意味，"射策者，谓为难问疑义书之于策，量其大小署为甲乙之科，列而置之，不使彰显。有欲射者，随其所取得而释之，以知优劣"⑤。据此而言，甲乙之科的区分，在于试题难度大小。另有记载为"甲科，

---

① 《汉书》卷八一，《匡衡传》。
② 《汉书》卷八四，《翟方进传》。
③ 《后汉书》卷三七，《桓荣传》。
④ 俞启定：《先秦两汉儒家教育》，144 页，济南，齐鲁书社，1987。
⑤ 《汉书》卷七八，《萧望之传》注文。

谓作简策难问列置案上，（任）试者意投射，取而答之，谓之射策；上者为甲，次（者）为乙"①。甲乙之科似乎是依据成绩高低而定的。未知两者孰为准确。对此，当代学者杨鸿年先生做过推测，当以预先区分试题难度确定甲乙为近真②。对策，则是命题考试，主要以贤良方正为考试对象，"对策者，显问以政事经义，令各对之，而观其文辞定高下也"③。在这里，我们看到了汉代考试内容的特点是：不以对儒家经典的背诵为重点，而以运用经义分析时政为着眼点，以其政治见解和文字表达能力为鉴别高低的依据。其中的立制精意可供后世借鉴者甚多。

当然，过分倚重考试，也容易产生流弊，东汉中期的太学考试中，已有作弊现象发生，足以说明问题的严重性。和帝永元十四年（102 年），司空徐防上书，曾谈及太学考试的纷争："太学试博士弟子，皆以意说，不修家法。私相容隐，开生奸路。每有策试，辄兴诤讼。议论纷错，互相是非。"④ 到东汉末年，问题之严重已经是斯文扫地了。宦官李巡向汉桓帝举报："诸博士试甲、乙科，争第高下，更相告言，至有行贿定兰台漆书经字以合其私文者。乃白帝，与诸儒公刻五经文于石。"⑤ 著名的"熹平石经"的刊刻，直接原因竟然是为了防止儒生考试作弊和诤讼！官方教育和仕宦荣辱密切相连，就容易出现此类士林之羞。

汉代官学即便存在着某些缺陷，但它在我国教育发展史上，仍具有重要地位。

三、两汉私学的兴衰

私学，是相对于官学而言的。凡不由政府提供教育经费和校舍、负责教学管理和学生安排的教学活动，均属于私学。其主持人，既可以是归隐山林的儒师，也可以是离职或在职的知识官员。私学与官场保持一定距离，师生可共享

---

① 《后汉书》卷六，《顺帝纪》注引《前书音义》。
② 参见杨鸿年：《汉魏制度丛考》，181～182 页，武汉大学出版社，1985。
③ 《汉书》卷七八，《萧望之传》注文。
④ 《后汉书》卷四四，《徐防传》。
⑤ 《后汉书》卷七八，《宦者传·吕强》。

遗世独立、潜心问学的精神寄托，有利于保持知识分子的文化自觉和人格独立；学生多是仰慕名师的学术威望而来，私学的学术气氛比官学要浓烈得多。当然，私学也无法完全超脱于政治之上，其中多数学生的出路也与官场相关。私学的兴衰，也与政局演变密不可分。

秦朝禁止私学雷厉风行，身为博士官的人，也不得不把家传的《诗》、《书》古籍藏于墙壁之中。汉初，正是散居民间的博士，成为兴办私学、传播经典的核心人物。传授《诗》的申公，先活动于江淮之间，后"归鲁退居家教，终身不出门。……弟子自远方至受业者千余人"①。传授《尚书》的济南人伏生，名声远播，以至汉文帝选派晁错远赴济南求学。如果追溯立于学官的五经博士的学术源流，无疑都来自于汉初私学，从这个意义说来，私学甚至可以说是太学的渊源。政治活动家叔孙通，原是秦的待诏博士，在他归汉之初，就有几十位追随左右的私传弟子。后来，他们成为叔孙通制定朝仪所倚重的基本力量。那么，私学与政治的关系，也在汉初就已确立。

西汉初设五经博士，所聘用的是全国著名经师，学术名流由私学流向太学。私学一时陷入低谷。但是，官学的体系无法容纳所有的求学者，经学的分裂又为私学开辟了新的发展空间，私学的规模在不断扩大。

光武中兴，私学走上了迅速发展的道路。著名经师开设的讲学之处，被称为"精庐"、"精舍"，遍布各地，前来求学者络绎不绝。史称："若乃经生所处，不远万里之路；精庐暂建，赢粮动有千百。其著名高义开门授徒者，编牒不下万人"②。学生投师是有选择的，东汉末年的邴原负笈寻师的故事，就很有代表性。邴原不去拜本地极负盛名的郑玄为师，而去投依安丘儒师孙崧门下，孙崧坦诚质疑："君乡里郑君，君知之乎？……郑君学览古今，博闻强识，钩深致远，诚学者之楷模也。君乃舍之，蹑屣千里，所谓以郑为东家丘者也。"邴原坦率作答："人各有志，所规不同。故乃有登山而采玉者，有入海而采珠者，其可谓登山者不知海之深，入海者不知山之高哉！"③ 孙崧由此而对他另眼相看。从这一案例来看，士人投师，并非全以名声大小为取舍，更注意志趣

---

① 《汉书》卷八八，《儒林传》。
② 《后汉书》卷七九，《儒林传·论》。
③ 《三国者》卷一一，《魏书·邴原传》，裴注引《（邴）原别传》。

相投。当然，招致学生最多的是郑玄所分析的两类人——"在位通人，处逸大儒"①。名师门下，拥有弟子数以千万计者，不胜枚举。如：丁恭，以"学义精明"著称，建武年间，官至少府，"诸生自远方至者，著录数千人，当世称为大儒"。牟长"自为博士及在河内，诸生讲学者常有千余人，著录前后万人"②。学生如此众多，又缺乏"大礼堂"式的讲学处所，经师很难对每人实施面授，常见的办法是，由学习成绩好的弟子向入门晚的同门代师传艺。马融的教学方式很有典型意义，"门徒四百余人，升堂进者五十余生"③，"使弟子以次相传，鲜有入其室者"④。包括后来成为他的学术传人的郑玄，在入门后的三年内，都无缘得见老师一面。而一旦有机会晤谈，师生在质疑讨论中得以教学相长。马融授课还有一个与众不同的习惯，周围"施绛纱帐，前授生徒，后列女乐"⑤，并不强求学生集中精力听课。真正不受声色干扰、得其真传的学生，就是郑玄。对此，马融是了然于胸中的。因为有了这段佳话，"绛帐遗风"就成为对私人兴学的褒美之辞。对马融的作法，论史者大多联系他出身外戚世家的背景，批判其奢靡作风；仔细推敲，马融的处世思路实开玄学之先声；进一步从教学方法来考虑，马融此举对于锻炼毅力、鉴别人才也不失为一种有效的特殊方法，只是不宜于大规模推广。

大规模的持续办学，灵活务实的教学方法，使私学的教育质量逐渐高于官学之上。所以，出身私学的学者，完全有资本向博士官挑战。东汉初年的戴凭，就是这样一位富于自信和实力的学者。他公丌对光武帝宣称："博士说经皆不如臣。"精通儒学的光武帝在亲自考察之后，认定戴凭有真才识学，加拜侍中。"正旦朝贺，百僚毕会，帝令群臣能说经者更相难诘，义有不通，辄夺其席以益通者。凭遂重坐五十余席。故京师为之语曰：'解经不穷戴侍中。'"⑥这虽是一种朝堂游戏，却使戴凭大出风头。到东汉中后期，一流的经学大师几乎全是私学学者。编撰《说文解字》的许慎，被尊为"五经无双许叔重"⑦。融今古文经学为一体的郑玄，受到朝野上下乃至于黄巾军的普遍尊重。私学以高水准的教育质量，开拓了办学的空间。

---

①③《后汉书》卷三五，《郑玄传》。
②《后汉书》卷七九，《儒林传上》。
④⑤《后汉书》卷六○上，《马融传》。
⑥《后汉书》卷七九上，《儒林传上》。
⑦《后汉书》卷七九下，《儒林传下》。

东汉末年，随着"党锢之祸"的出现，以及接踵而至的军阀混战，官学遭遇致命的摧残而一蹶不振。私学则因与官场的适度距离以及根基于民间的特性，在动荡和混乱的局面下，仍然维持了一定的教学规模，直接为三国时代私学构成教育主流奠定了基础。

正是由于官学与私学两大教育体系的并存和互补，汉代教育才会获得空前的发展，并且，重视教育成为一时风尚。"遗子黄金满籯，不如一经"①的谚语，除了说明读书与利禄的密切关系之外，也可以佐证教育受到普遍重视的事实。

汉代私学的兴盛，有多方面的意义，以下两点尤为重要。

其一，使教育体系趋于完备。集权制政府对于教育事业虽有心控制，但却无力包办一切，私学的主要教育内容与官学一致，私学造就的人才，也可经由察举等方式进入官场，或成为地方兴学的薪火传人。官学与私学的关系，主要不是竞争，而是互补。启蒙教育本是中高级教育的基础，官学未曾承担，私学独任其重。专业技术技能教育，未被列入官学的教育内容，是靠私学得以传习。如，司马季主传承卜筮之学，在卖卜于长安东市之余，每日闭廉授徒，首重仁义礼教，后授阴阳之术。②名医淳于意（即仓公），习医术于公孙光、公孙庆兄弟，尽得其禁方秘书；他又分传给众多弟子，其弟子也多成名医，被王侯贵人礼聘者不在少数。③律令之学本为治国所必须，两汉时期亦由私学范畴之内的父子世习为传授渠道。西汉的杜周一家，祖孙三代传习律学，至有"大杜律"、"小杜律"之号。东汉时的郭躬、陈宠皆以律学父子相传，并迭出名臣。特别是某些暂时不被官方承认的学术流派，赖有私学传授而幸免于湮灭的厄运。古文经学未立于学官，但在私学中得以传习和光大，即是一例。

其二，为具有独立意识的知识分子保留一个传习学术的自由空间。汉代隐逸之士中，确有部分坚守理念与个人尊严、不愿与当政者合作的高洁之士，他们大多用私人讲学的方式，安身立命，传承学问。如，坚辞官府礼聘的姜肱，

---

① 《汉书》卷七三，《韦贤传》。
② 《史记》卷一二七，《日者列传》。
③ 《史记》卷一〇五，《仓公传》。

"博通《五经》，兼明星纬，士之远来就学者三千余人"①。还有部分退职、免官、甚至遭受禁锢的知识官僚，也通过兴办私学，觅得了延续学术生命的契机。如，东汉末年的经学大师郑玄，主要以私学教授为业，也曾因党锢之祸而被禁锢十四年，经学成就主要在"隐修经业"的时期内取得；在他抗命于大将军何进的辟除之际，他的弟子"自远方至者数千"，显然是声援恩师的政治举动；他去世之后，又是众门人整理其教学中的师生问答，"依《论语》作《郑志》八篇"②。试设想，假若没有私学的存在，所有不合于官方主流意识的学问及其传承人，将很难立足于社会。仅此一途，汉代私学对于文化的延续和繁荣所起的促进作用，就不容低估。

当然，私学的发展，也有许多局限和不足。教育经费没有稳定的来源，师资质量缺乏保证，办学的规章制度有欠严谨，实为不容回避的问题。所以，私学教育的发展，也只能在曲折坎坷中探寻出路。

四、师法与家法

师法与家法，是汉代经学教育中重视师承渊源的学林风气之体现，也是很有特色的教学方法。它的形成，与经学的繁荣、经说的分歧杂出直接相关。史称："汉兴，诸儒颇修艺文；及东京，学者亦各名家。而守文之徒，滞固所禀，异端纷纭，互相诡激，遂令经有数家，家有数说，章句多者或乃百余万言。"③其中的"经有数家，家有数说"，表达的就是"师法"与"家法"的基本内涵。

（一）师法与家法的出现及其形态

"师法"与"家法"的区分，以清末学者皮锡瑞的论述，最为学界所熟知："先有师法，而后能成一家之言。师法者，溯其源；家法者，衍其流也。师法、家法所以分者：如《易》有施、孟、梁丘之学，是师法；施家有张、彭之学，孟有翟、孟、白之学，梁丘有士孙、邓、衡之学，是家法。家法从师法分出，

---

① 《后汉书》卷五三，《姜肱传》。
②③ 《后汉书》卷三五，《郑玄传》。

而施、孟、梁丘之师法又从田王孙一师分出者也。"① 究其实际，"师法"与"家法"由以存在的共同根基是，强调学术师承关系的重要。这种学风的形成，有其深刻的社会原因。其一，自战国至西汉，随着"托古"之风的兴盛，防范心理也自然形成，需要有一种鉴别学术源流的机制问世。世俗大多贵古而贱今，为了增加自己的学术影响，"托古立言"在百家争鸣中是常见的现象，韩非子就曾说："孔、墨之后，儒分为八，墨离为三，取舍相反不同，而皆自谓真孔、墨，孔、墨不可复生，将谁使定世之学乎？"② 这种倾向如果不加以纠正，势必使学术史成为真假难辨的大杂烩。西汉讲究师承关系的师法，虽然无法完全杜绝假造经典的渠道，却可以为尽快识别学术造假提供有效的检测手段（如，张霸伪造《尚书》二百篇，很快即被识破）。其二，由于秦王朝的"焚书"，使上古典籍大量销毁，再加之，当时主要的书写材料是坚硬、笨重的简牍，就使得书籍成为难得之物，学习知识极为不易，老师与弟子之间的口授，是传承学术的最重要途径。是否拥有可信可靠的师弟传授系统，就成为当时判别某一家经典及其解释是否具有学术权威的标志。其三，经学教育的特征，就是传习儒家经典，不容许执教者杂入自己的观点与见解，这就是"说经者传先师之言，非从己出，不得相让"③。严守师说自然是第一要义。西汉的师法观念，由此而深入人心。《汉书·儒林传》详载儒家"五经"各自的传承关系，其原因即在于此。

随着经学教育的发展，部分学术精专的经师，在继承师说的基础上，形成了一家之说，并得到了学界的认可，具备了独立授徒的资本。这些新形成的经说，即被称为"家法"。特别是东汉时，经学典籍已广为流传，传习学术，已完全可以摆脱师——弟口授的局限，甚至不必拜师，只要阅读经师所写的经说（当时习称为"章句"），就可以传习其"家法"了。东汉多言"家法"而少称"师法"，正是反映了其间的变化。

对师法、家法最为重视的，是以太学为核心的官学教育体系。博士官既是朝廷认可的经学权威，为了保证官方学术的正宗地位和权威力量，那么，违背

---

① 皮锡瑞：《经学历史》，136 页，北京，中华书局，1959。
② 《韩非子·显学》。
③ 《后汉书》卷二五，《鲁恭传附鲁丕传》。

师法、家法，或是传承关系有疑问的人，是不能出任博士官的。孟喜与张玄的遭际，是颇具典型意义的。

孟喜，字长卿，西汉东海兰陵（今山东苍山县西南）人。师从《易》学大师田王孙，他得到了一部"《易》家侯阴阳灾变书"，遂援作解说《周易》之用，为易学研究别开新局。他是一位敢于接受新说、开宗立派的人物，但迫于当时的气氛，他却不能明言真正的学术师传，而仍需借重师门的威望，于是就编了一个故事，"师田生且死时枕喜膝，独传喜"，意在宣称自己独得师门秘传。他的同门师兄弟梁丘贺出而揭发："田生绝于施仇手中，时喜归东海，安得此事？"再加之，蜀人赵宾研习《易》学自成一家，他"持论巧慧"，当世学者无法驳难，却都批评他"非古法也"，即师承不明。赵宾为摆脱被动，与孟喜串通，自称是受学于孟喜，孟喜为得声誉，也以师傅自居。等赵宾死后，对赵氏之学，孟喜却无法讲通，只好否定前说。杜撰师传，一经败露，在学界即无信誉可言。所以，原来曾有众人举孟喜为博士，但宣帝"闻喜改师法，遂不用"①。从学术造诣而言，孟喜是汉代《易》学中"卦气说"的倡导者，② 本无愧于博士之位，但就因为他不守师法，就被淘汰。后来，到了他弟子一辈，孟氏之学才被立于学官。

张玄，字君夏，东汉河内河阳（今河南孟县西）人。"少习《颜氏春秋》，兼通数家法"。遇有人来质疑问难，"辄为张数家之说，令择从所安"。当时大儒徐业与之谈论，惊叹其学术博通。当着《颜氏春秋》博士空缺之时，张玄经试策为第一，正式拜为博士。但在数月之后，太学诸生却上书称张玄兼授数家之学，"不宜专为《颜氏》博士"，光武帝竟据此而罢其职。③

孟喜与张玄的事例，说明在官学体系中，师法家法是关系到某一经学派别是否可以成立的根本问题。因此，举荐经师的常列条件就是"经学精习，说有师道"④。至于那些接受教育的学生，更要严守师门之说。正是有见于此，清末学者皮锡瑞才作了如下总结："汉人最重师法，师之所传，弟之所受，一字

---

① 《汉书》卷八八，《儒林传》。
② 朱伯崑：《易学哲学史》，116页，北京，华夏出版社，1995。
③ 《后汉书》卷七九下，《儒林传下》。
④ 《汉书》卷八一，《匡衡传》。

年画　东汉二十八宿葵花亭批考文武状元全部图

257

东汉墓室壁画乐舞百戏图
内蒙古和林格尔墓出土

258

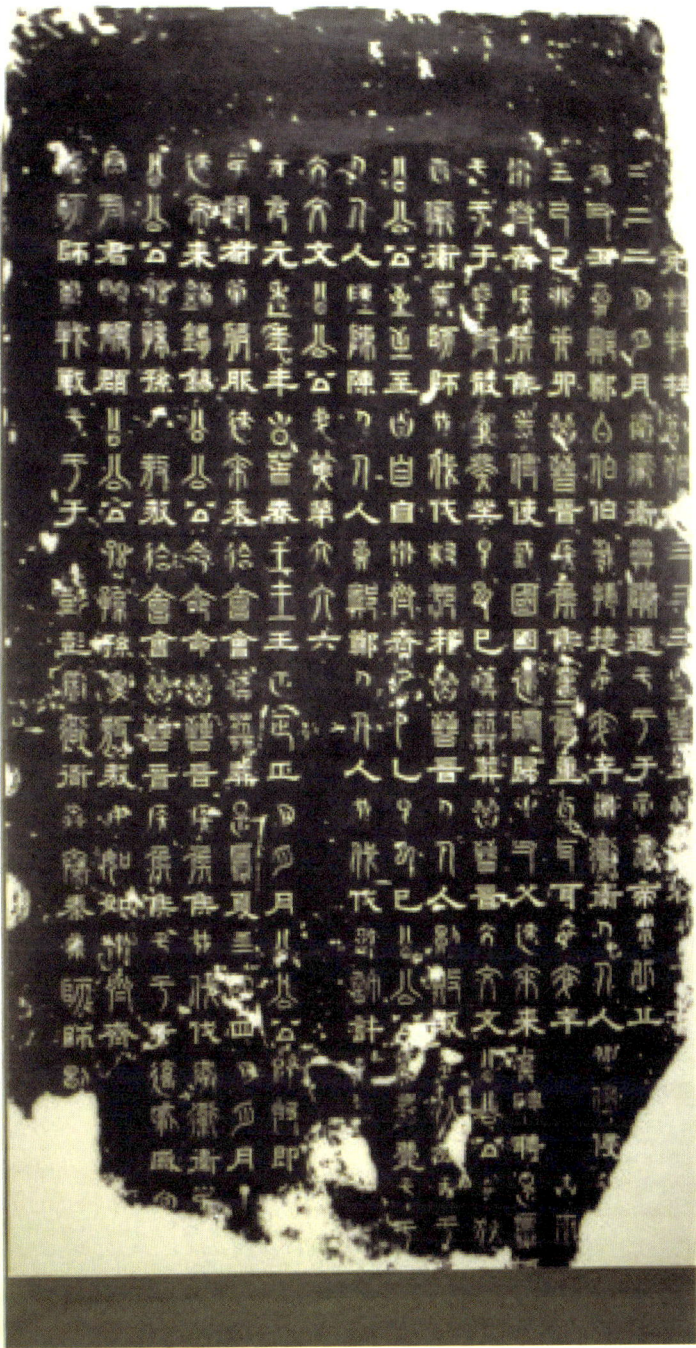

259

蔡邕与《熹平石经》拓片

毋敢出入，背师说即不用，师法之严如此。"①

在官学体系之外，对师法家法的遵守，似乎有一定的调适空间，即在不违背师传前提下，允许学生有润色、发展经说的权力。西汉后期，传授《鲁诗》的名儒王式，在回答弟子褚少孙等人的问题时，说："闻之于师具是矣，自润色之。"② 可见王式也自知师说有简略之处，他本人不愿意直言师门缺陷，但却不禁止他的学生去做润色增补的工作。鲁学推崇严谨，学风偏于保守，王式的做法难免有点"犹抱琵琶半遮面"；齐学务实开放，主张与时共进，突破师法家法而求自成新学，就更成为直截了当了。累世传授《齐诗》的琅邪伏氏，就是敢于推陈出新的人物。伏黯曾经"改定章句，作《解说》九篇"。其子伏恭少传家学，因意识到其父之学"章句繁多，恭乃省减浮辞，定为二十万言"③，已全然不见受学者对于师说亦步亦趋的状况。引阴阳五行以说《诗》的翼奉，在学术上更是自成一格，被后人批评为"变孔门之真相"④，在经学范围内，已经可以称之为革新之举了。由私学系统而言，所谓汉人严守师法家法之说，显然应大打折扣了。

（二）师法与家法的影响和归宿

严守师法家法，是一种严谨端肃的学风，它的最大功绩在于保证了古代典籍以其原貌流传于后世，所谓"儒者传学，不妄一言；先师古语，到今具存"⑤。它对于避免出现臆说附会、真伪相杂的局面，是有相当作用的。同时，它对于养成尊师重教的社会风尚，也发挥了重大影响。师——弟之间的相互援引、举荐，为全社会所认可和接受。左雄主持改革察举孝廉的考试制度之时，明确规定"诸生试家法"⑥，实际是以行政手段，保证学术传承的纯正并强化尊师观念。弟子把继承师说，看作为一种道义和责任，也对促成学术研究的专业化和持续性有一定积极作用。

---

① 皮锡瑞：《经学历史》，77 页，北京，中华书局，1959。
②《汉书》卷八八，《儒林传》。
③《后汉书》卷七九上，《儒林传上》。
④ 唐晏：《两汉三国学案》，271 页，北京，中华书局，1986。
⑤《论衡·定贤》。
⑥《后汉书》卷六一，《左雄传》。

但是，师法与家法的实施，也带来了禁锢思想、流为烦琐、党同伐异等负面影响。"传先师之言"，成了教育的内容和目的，不允许求学者有自己独立的思考，学术创新的路径由此而被人为地阻断。汉代真正有学术贡献的人物，都是不为利禄虚名所羁绊，不受章句之学约束的杰出之士，恰好从反面说明了师法家法压抑思想、摧残人才的消极影响。受学者既不能擅改师说，又希望能自成一家，只好多方扩充经说的内容，这正是"章句"篇幅越来越大的内在动因。它直接造成了汉代经学教育的一大流弊：支离破碎，言不及义。有人为解释《尧典》篇名两字的涵义，竟用了十余万字。这些"汗牛充栋"的解经之文，对学生而言，是不堪承受的负担和灾难，青年学子的大好青春，竟被耗尽在空言虚语之中，且于师说之外，不复知有其它。汉代人对此已有深刻的反省与批判："幼童而守一艺，白首而后能言；安其所习，毁所不见，终以自蔽。此学者之大患也。"① 更大的问题在于，老师与弟子之间，结成了一损俱损、一荣俱荣的利益关系，它不仅表现在学术地位的升降，也涉及到仕途的荣辱，所以，激烈地排斥异说，千方百计地提高自己所在学派的地位，就成了信守师法家法者的自愿选择。求取真知的理性，远离他们而去，横亘于心头的是利禄的争夺。在煌煌太学之中，就发生过斯文扫地的丑剧：汉灵帝时，太学生为了争考试名次的高低，告发别人的答卷不合于家法章句。如此卑陋之事，竟出于号称传习圣贤之学的太学生之手，当真使读书人蒙羞。清代学者凌廷堪对汉代学林的党同伐异之俗深恶痛绝："昔者汉氏诸儒，专己守残，十四博士立于学官，同源别派互相讥弹，非所学师承则必毁，殊所授受则必刊。"② 如此局面，不加改变，教育与学术势将陷于窒息。

正是由于这些问题的存在，师法家法不可遏止地走向了衰息。

汉代今古文经学由对立走向融合，③ 对冲破师法家法的樊篱，有着直接的推动。东汉前期，兼习数经的经师，虽然无法立足于太学（如上举张玄之例），

---

① 《汉书》卷三〇，《艺文志》。
② 〔清〕凌廷堪：《辨学》，见《校礼堂文集》卷四，33页，北京，中华书局，1998。
③ 关于今古文经学的对立，以西汉哀帝时刘歆与太常博士的争论，以及东汉章帝时"白虎观会议"前后的交锋，材料最为典型；廖平、蒙文通、周予同等近现代学人，各有论证。但近期有研究者认为，把今古文划分为两大派别，是廖平以来的观点，值得重新探讨。参见李学勤：《〈今古学考〉与〈五经异义〉》，见《国学今论》，沈阳，辽宁教育出版社，1991年。

但在民间却已不乏其人，班固就号称"学无常师"。遍访名师，而不受限于某一家学说的局限，是符合教育、成材的一般规律的，最终蔚成风气。融合今古文的努力，从马融已开其端。郑玄在遍访关东名师之后，又西入关中，问学于马融，最终完成了立足于古文经学而总结汉代经学的使命。他遍注群经，皆兼采今古文之义，并有"若有不同，便下已意"[1] 的胆识。故在东汉末年，随着郑学权威地位的建立，师法家法与今古文经学之争同步淡出了历史舞台。

太学生不愿拘守师法家法的努力和抗争，无疑也在其中发挥了影响。东汉和帝时期，大臣徐防在上书中，就对太学生不修家法的作法表示过谴责："伏见太常试博士弟子，皆以意说，不修家法，私相容隐，开生奸路……今不依章句，妄生穿凿，以尊师为非义，意说为得理，轻侮道术，浸以成俗，"并建议在太学考试中，"宜从其家章句"，"若不从先师，义有相伐，皆正以为非"[2]。尽管徐防说得义正词严，但却无法消除太学生们求新求异的心态。汉桓帝时对太学生的考试选士，已发展到遍试"五经"并获得通过，才能获得入仕资格。从仕进制度而言，固然是为了提高入仕起点以控制官僚队伍过度膨胀，而从教育自身来看，已摧毁了师法家法的立足根基。特别是随着不守一家之言的卢植、郑玄被征拜为博士，标志着在最保守的太学教育体系中，师法家法也彻底解体了。

师法家法的盛衰演变，昭示后人，在教育体系中，凡有利于保存和传授知识、倡导严谨治学的制度，都将得到历史的肯定；而画地为牢、禁锢思想的成分，终将被淘汰。国家行政权力的干预，可以在一定的时空范围内产生影响，却无力从根本上改变它的最终命运。

五、察举制与教育

察举，是汉代非常重要的选官制度。它适应了时局变化的需要，为在和平时期探讨稳定有效的用人途径，提供了全新的思路，甚至可以说是汉代在制度文化建设方面的一大贡献。它在当时产生过多方面的影响，故为历代学者所重

①《后汉书》卷三五，《郑玄传》。
②《后汉书》卷四四，《徐防传》。

视，研究成果相当丰富。特别应当指出的是，当代学者从制度史的角度对察举所作的研究，无论是微观的考实，还是宏观的论证，都取得了远迈前贤的成就。[①] 在此，我们仅就察举与教育的关系问题，加以探讨。

（一）察举制和儒家教育的普及

察举制从酝酿到确立，历经汉高祖到汉武帝时代，恰好与儒学劫后复苏、恢复、发展的历程相一致，并且构成了汉家确立儒学为主导意识形态的标志之一，这并非偶然巧合，而反映了其中内在的联系。如前所述，汉代以太学养士，并使之纳入选士的轨道，确实为儒生打造了跻身官场的阶梯，但官办教育的规模受到了国家财力的制约，无法满足大量士人求学求仕的要求。以儒术取士为其特点的察举制，在汉武帝时代得以确立和完善，自然具备了应运而生的色彩，从而受到儒生们的真诚欢迎。

察举制的科目众多，从其外在形式区分，可划分为岁科和特科两种。岁科，或称常科，是定期举行的选拔人才的一种方式。"孝廉"是其核心科目；"茂才"一科，西汉仅为特科之一种，而东汉则演变为岁科之一，且得人尤多。特科，则是根据所需人才的不同类型，不定期选拔人才的一种方式。"贤良方正"、"贤良文学"为其常见特举科目。仅从这些主要科目而言，推行察举制的主要受益者，是以儒生为其核心的知识群体。岁举孝廉之制，历来被视为汉代察举制的核心，我们即以此为选择点，而展开讨论。

孝廉的本义，即是"孝子廉吏"，但它成为察举的主要科目之后，就具备了更广泛的规定性，受举荐者不再仅以"孝子""廉吏"为限。黄留珠先生对可以考见的"举孝廉"者逐一做了统计和分析，得出了"孝廉以儒生出身者为最多"[②] 的结论。那么，"孝廉"科目的举荐标准是什么呢？据卫宏所著《汉旧仪》记载，汉武帝时期，"令丞相设四科之辟，……第一科曰德行高妙，志节贞白；二科曰学通行修，经中博士；三科曰明晓法律，足以决疑，能案章覆

---

① 下列论著堪称当代研究察举制的代表作：劳榦《汉代察举制度考》，见《历史语言研究所集刊》第十七本；安作璋、熊铁基：《秦汉官制史稿》下册，济南，齐鲁书社，1984；黄留珠：《秦汉仕进制度》，西宁，西北大学出版社，1985；阎步克：《察举制度变迁史稿》，沈阳，辽宁大学出版社，1997。

② 黄留珠：《秦汉仕进制度》，148页，西宁，西北大学出版社，1985。

问，文中御史；四科曰刚毅多略，遭事不惑，明足以照奸，勇足以决断，才任三辅剧令"。这就是所谓的"四科取士"。其中的第二科无疑是专选儒生的。曾有学者把"四科"认作是察举的一般标准，后有学者考定，"四科"本来是丞相从九卿属吏中选拔丞相府属的标准，但后来确实影响到了察举。一个显著的例证，就是东汉顺帝时左雄主持"举孝廉"制度改革，规定"诸生试家法，文吏课笺奏"，不久，黄琼奏请增加"孝悌"和"能从政者"两科，与"诸生"、"文吏"合成为"孝廉四科"。若从内容来考察，"孝廉四科"与"四科取士"之间，确实存在着对应关系。① 再作进一步推论，不仅"诸生"是专为儒者而设，"孝悌"之目也比"德行高妙"更有利于儒者参选。所以，从"举孝廉"的标准而言，察举制就是对儒生畅开了入仕之路。

儒学获得独尊地位之后，以儒术取士成为一个合乎人心的选择，饱受儒学熏陶的士大夫更是利用一切机会，呼吁以经术选官。殇帝延平元年（106年），尚敏就曾建议"自今官人，宜令取经学者。公府孝廉皆应诏，则人心专一，风化可淳"②。儒者进入官场也因此而日益通达。

按照两汉定制，州举茂才，郡荐孝廉，茂才的地位高于孝廉。但是州仅十三，而郡数逾百，所举人数自然以孝廉为多。各地儒生借助于举孝廉的途径，可到皇帝身边任郎官，俸禄虽低，却是一条入仕的正途，具备飞黄腾达的有利条件。汉代许多高级官吏出身于郎官，就是有力的证明。

察举和太学养士，共同构成了保证儒生政治出路的选举用人制度，儒学独尊因此获得了人事制度的有力保证。用人既以儒术为根本，社会上喜读儒经的人自然就增加。汉代经学之盛，教育事业的繁荣，均与利禄二字密切相关。正如皮锡瑞所感叹："在上者欲持一术以耸动天下，未有不导以利禄而歙然从之者。"③

特别值得指出的是，察举者对私学的发展，所起的促进作用更为明显。汉代的私学教育，并未与官场完全脱节，两者之间的一个主要衔接点，就是私学教师利用他的影响力和各种关系，把追随他的学生推入官场。私人讲学者中，

---

① 参见阎步克：《察举制度变迁史稿》，17～19页，沈阳，辽宁大学出版社，1997。
② 《后汉纪》卷十五，殇帝延平元年。
③ 皮锡瑞：《经学历史》，27页，北京，商务印书馆，1923。

相当一部分人有官方身份，身居公卿、郡守、县令之职，在公务之暇，兴学授业者不乏其人，或者是在退位之后转而以讲学为业。此类人物，与官场有千丝万缕的联系，有人投入他们的门下，就较为容易获得察举入仕的机会。知识型官僚门下，动辄有数百上千的学生，其原因就在于此。

（二）察举的流弊及其对教育的负面影响

汉武帝在推行察举制度之后，曾下了这样一道诏令："进贤受上赏，蔽贤蒙显戮，古之道也。其与中二千石、礼官、博士议不举者罪。"群臣议奏："……在上位而不能进贤者退……令二千石举孝廉，所以化元元，移风易俗也。不举孝，不奉诏，当以不敬论；不察廉，不胜任也，当免。"[1] 汉武帝批准了这个奏议。自此，郡国二千石官员如果不按制度每年向中央举荐一定数额的孝廉，那么就要受到罢官甚至入狱问罪的惩罚。

为了防止中高级官员利用"察举"，收买人心，培植党羽，汉政权借鉴了秦代"任人而所任不善者，各以其罪罪之"[2] 的行政立法，做出了相应的规定：凡荐举不实者，一经查出，即予惩处。这种惩处乃是双向的：被举荐者犯罪或名不符实，举主要受到惩处；举主犯罪，他所举荐的人也往往受到诛连。如：酷吏严延年任河南太守时，曾因察举的廉吏犯有贪赃罪而受到贬秩处分。[3] 名何何武早年出任京兆尹时，曾因荐举失实而受到左迁楚内史的处分。[4] 东汉的王丹曾因所察举的人犯罪，而受到罢官的处置。[5] 李育初受卫尉马寥荐举为郎，后累迁至尚书令，成为参与朝政的显赫人物。但马氏倒台后，李育受举主的牵连，竟被罢官。

汉代的这种连带责任制度的主要内容，可概括为两句话：中高级官员必须定期向中央举荐人材，否则，必受重罚；凡荐举失实或任职无状、犯罪的，都要追究双方的连带责任。这个制度的优越性在于：它用行政手段，迫使中高级官吏举贤，可避免权贵官僚垄断仕途、把持政权的局面出现，并迫使他们努力

---

① 《汉书》卷六，《武帝纪》。
② 《史记》卷七九，《范雎列传》。
③ 《汉书》卷九〇，《酷吏传·严延年传》。
④ 《汉书》卷八六，《何武传》。
⑤ 《后汉书》卷二七，《王丹传》。

举荐真正的人材，避免因举庸才而使自己受到株连，这有利于人材的发现和培养。但这个制度也有一个很大的缺陷：它过分地突出了荐举人和被荐举人之间的连带关系，而没有在荐举失实的原因和动机、荐举时间到失职时间的时效等方面对追究连带责任的范围做出必要的限定，这就等于用行政立法的手段，在荐举人与被荐举人之间形成荣辱与共的切身利害关系。在这种压力之下，荐举的双方，为了各自的利益，都要关注对方的官运声誉，势必形成一种密切的政治联盟关系。事实也证明，举主与所谓的"门生故吏"成了东汉末年世家大族形成的原因之一。①

察举制推行过程中出现的流弊，足以令人忧思不宁。精明的政治家左雄，正是由于洞悉问题的严重性，才在主政期间，推出了"改制"之举。左雄对察举制度的改革，最有意义的举措就是"限年"与"考试"之法。察举制使举荐人和被举荐人之间存在着一种连带责任关系，很容易导致"私为君臣"、"义同父子"的现象，这就为朋党的出现，提供了现实的基础。以"举主"和"故吏"形式而出现的朋党关系，不仅不为世人所鄙视，相反却得到了社会舆论的普遍认可。"故吏"终身敬重举主，甚至在举主去世之后为之服丧守墓，这在当时被视为"义举"。那些有察举之权的官吏，为了得到更多更好的回报，自然就把在仕途上有更多发展机遇的青年士人作为察举的对象；年事较高的人，无论品行、学问多好，也只能陷于无人问津的尴尬境地。这就是史书所称，官员察举"率取年少能报恩者，耆宿大贤，多见废弃"。这显然不利于全面选拔人材，左雄为了打破这种常规，奏请"自今孝廉年不满四十，不得察举"②。把察举年限规定在四十岁以上，从表面上看来，似乎不利于青年人材的发现与培育，但在当时为了纠正积弊，确实不得如此。在"左雄改制"之前，对受举为孝廉的人加以考试的制度，并不完备。不经考试而直接授官者，也时常见之于史籍记载，考试的标准，也有重德轻才的倾向，这就为某些权贵人物上下其手、操纵选举，提供了条件。左雄极力主张以考试成绩定高下，以行政能力分优劣，都是为了促成选官考试的标准化，防止用人之权实际落入权贵世族的控制之下。

---

① 《后汉书》卷七九下，《李育传》。
② 《后汉书》卷六一，《左雄传》。

左雄改制，虽然一时之间颇见成效，但无法从根本上改变察举制度的主要流弊——权贵请托，选举失实。特别是到了东汉后期，宦官势力控制朝政，更是毫不顾忌地干扰选举，使得有察举权的官员，即便有忧国忧民、为国择贤之心，也无法实现自己的抱负。田歆在河南尹任上，受命举荐六个孝廉，他本人极愿为国家选得有用之材，但迫于贵戚宦官的请托压力，他只能勉为其难地保留下一个名额为国举贤，其余五个指标不得不用于满足权贵们的要求。由此一例，足以反映察举之制的败坏，已到了何种程度！当时的一首民谣嘲讽选举失实，可谓入木三分："举秀才，不知书；察孝廉，父别居；寒素清白浊如泥，高第良将怯如鸡。"① 汉代士人中讲究名节的部分清正之士，曾对这种虚伪、恶劣的官风，进行了抗争与批判。李膺等人指斥虚名误国，仲长统抨击官场"颠倒贤愚，贸易选举"②，都有其不容抹杀的积极意义。

　　对于多数求学者而言，他们既以跻身官场为其个人追求，势必关注官场的风云变幻，察举的流弊很快在教育领域中泛滥开来，也是水到渠成之事。最令人触目惊心的是学风的败坏，相当一部分师生的精力不是放在学问上，而热衷于在官场和士林寻找靠山或同党，为了赢得社会声誉，他们不惜采用一切手段。于是，潜心治学成了不通世故，受到舆论的嘲笑；偏激和虚伪反而是求名求利的捷径，得到人们的窗容和接纳。具休实例请参看第九章之《利禄之门与士林异化》一节。教育的神圣光环，被从业者的劣迹所毁灭。这不仅是学界的悲哀，更是政治制约教育所造成的悲剧。

---

① 《抱朴子·审举》。
② 《后汉书》卷四九，《仲长统传》。

第六章
秦汉时期的科技进步

秦汉时期，是中国科学技术史的重要阶段。科技成就所促成的经济发展、文化繁荣和社会进步，使得秦汉时期的精神文明和物质文明都进入了最辉煌的历史阶段。

秦汉科技成就在世界科技进步的历程中，也有重要的地位。

一、天文学的发展

在中国古代，天文与人文有神秘的关系。因此，天文历算之学的发展，有特殊的条件。

秦汉时期，中国古代天文学的各项内容大体均已完备，形成了以历法和天象观测为中心的富有特色的完整的体系。

（一）历法改革

秦灭六国实现统一之后，在全国颁行统一的历法——《颛顼历》。

《颛顼历》行用夏正，以十月为岁首，岁终置闰。以甲寅年正月甲寅朔旦立春为历元，在历元这一天日月五星同时晨出东方。

汉承秦制，依然使用《颛顼历》，一直沿用到汉武帝太初年间。秦代和汉初使用《颛顼历》的情形，可以得到长沙马王堆汉墓出土的《五星占》和山东临沂银雀山汉墓出土的元光元年（前134）历谱的证实。

从汉初到汉武帝时代，社会经济得以迅速恢复并显著发展，文化事业也有突出的进步。为了适应农业、手工业和商业的发展，汉武帝采取了许多重要措施，其中包括历法改革。

汉武帝元封七年（前104）五月颁行邓平、落下闳等人创制的新历，改此年为太初元年，新历因而被后人称为《太初历》。《太初历》是中国第一部有完整文字记载的历法，其朔望月和回归年的数据虽然不比四分历精确，但是有以下若干显著的进步：

1. 以正月为岁首，以没有中气的月份为闰月，使月份与季节配合得更合理；

2. 将行星的会合周期测得很准，如水星为115.87日，比今测值115.88日仅仅小0.01日；

3. 采用135个月的交食周期。一周期中太阳通过黄白交点23次，两次为一食年，即1食年＝346.66日，大于今测值346.62日不足0.04日。

西汉民间天文学家落下闳，生卒年不详，活动在公元前100年前后，字长公，巴郡阆中（今四川阆中）人。汉武帝元封年间，为了改革历法，征聘天文学家，经同乡谯隆推荐，落下闳来到长安。他和邓平、唐都等合作创制的历法，优于同时提出的其他17种历法，为汉武帝所采用，这就是《太初历》。汉武帝请落下闳在身边任职，担任侍中，他辞而不就。

落下闳又是浑天说的创始人之一，经他改进的赤道式浑仪，在中国使用了两千年。他测定的二十八宿赤道距度（赤经差），一直使用到唐玄宗开元十三年（725年），才由一行以新的测定数值更新。落下闳还第一次提出了交食周期，以135个月为"朔望之会"，即认为11年应发生23次日食。

落下闳知道《太初历》存在缺点，即所用的回归年数值（356.2502日）太大，有预见地指出："后八百年，此历差一日，当有圣人定之。"事实上，《太初历》每125年即差一日。由于《太初历》的回归年和朔望月的数值确实偏大，《太初历》使用188年以后，长期积累的误差就很可观。于是在东汉元和二年（85年）又改用《四分历》，这时使用的回归年长度虽然和古代的四分历相同，然而在其他方面，则有显著的进步。

东汉时期著名的天文学家贾逵（30—101），字景伯，扶风平陵（今陕西咸阳西北）人，曾任左中郎将、侍中领骑都尉。汉章帝元和二年（85年）至汉和帝永元四年（92年）间，贾逵曾经与编欣、李梵、卫承、李崇等人多次讨论东汉《四分历》的修订问题。《续汉书·律历志中》记载了他的有关议论。他肯定了李梵、苏统发现的月亮运动有快慢变化的现象，并且指出月行速度最大的位置每个月向前移动三度。这实际是现代所谓的近点月和近地点进动概念。他还积极介绍民间天文学家傅安的测量结果，说明量度日、月的运行用黄道度数比较准确。东汉皇家天文台灵台所使用的黄道铜仪就是在他的倡议下建造的。贾逵特别指出《太初历》所定的冬至点的位置已经移动。他的意见对东汉《四分历》的改进起了重要的作用。

贾逵还大力宣传民间天文学家傅安从黄道测定二十八宿的距度和日月的运行的作法，决然地把冬至点从古四分历的牵牛初度移到斗21又1/4度，这是祖冲之发现岁差的前导。

贾逵还确证月球运动的速度是不均匀的。月球的近地点移动很快，每月移动三度多，为了表示这种变化，他提出"九道术"，并且试图用九条月道来表示这种运动。

东汉末年，刘洪在公元206年创制的《乾象历》中第一次把回归年的尾数降到1/4以下，成为365.2462日，并且确定了黄白交角和月球在一个近点月内每日的实行度数，使朔望和日月食的计算都明显前进了一大步。《乾象历》还是第一部传世的载有定朔算法的历法。

刘洪，字元卓，山东蒙阴（今山东蒙阴西）人，汉桓帝延熹年间应太史征召到洛阳，拜为郎中，参与天文历法工作，卒于山阳太守任上。刘洪所创的

《乾象历》，是第一部传世的引进月球运动不均匀性的历法。刘洪实测得一个近点月内每天月球实际运行的度数，列出每天实际运行度数和平均运行度数之差，由此可以从平朔推求定朔。这个方法为后世所沿用。《乾象历》中的回归年长度和朔望月长度两个数值都比前代历法精密。《乾象历》首次给出黄白交角值古度六度一分，近点月长度 27.55336 日。

《乾象历》大约从吴大帝黄武元年（222 年）起在三国的吴国行用，直到吴亡（280 年）。刘洪还与议郎蔡邕一起续补过《汉书》卷二一《律历志》，其中许多资料为后来的《续汉书·律历志》所采用。

《续汉书·律历志中》除了"贾逵论历"之外，又有"永元论历"、"延元论历"、"汉安论历"、"熹平论历"等内容，可知上层执政集团对于历法的特别关注。

（二）秦汉时期的天象观察

秦汉时期天象观察之细致与精密，达到令人惊叹的程度。

1973 年在湖南长沙马王堆 3 号汉墓出土的帛书中，有关于行星的《五星占》，全文 8 千字，又有 29 幅彗星图。前者列有金星、木星和土星在 70 年间的位置，后者的画法则显示出当时的天文学家已经观测到彗头、彗核和彗尾，所描绘的彗头和彗尾，有不同的类型。

《汉书》卷二七下之下《五行志下之下》记载汉武帝征和四年（前 89）的日食：

> 征和四年八月辛酉晦，日有食之，不尽如钩，在亢二度。晡时食从西北，日下晡时复。

记录内容包括太阳的视位置，包括食分，又有初亏和复圆时刻，以及亏、复方位，记录非常具体。而关于汉成帝河平元年（前 28）三月日面黑子的记载，同样值得注意：

> 三月乙未，日出黄，有黑气大如钱，居日中央。

这是世界最早的有关太阳黑子的记录。

《汉书》卷二六《天文志》中，可以看到关于汉武帝元光元年（前 134）六月异常天象的记载：

元光元年六月，客星见于房。

这正是希腊天文学家喜帕恰斯所见到的新星，然而喜帕恰斯却没有留下关于时间和方位的记载。

又如《续汉书·天文志下》记载：

中平二年十月癸亥，客星出南门中，大如半筵，五色喜怒，稍小，至后年六月消。

这是世界最早的超新星记录。[①]

秦汉时期关于奇异天象记录的详细和丰富，构成了中国古代天文学体系的又一特色。

（三）张衡的天文学成就

张衡（78—139），东汉时期伟大的天文学家，字平子，南阳（今河南南阳）人。

17岁时，张衡有长安之游，考察秦及西汉历史遗迹，调查民情风俗。后来，又赴洛阳参观太学，求师访友。汉和帝永元十二年（100年），张衡从洛阳回到南阳，担任南阳太守鲍德的主簿。在此期间，著作《东京赋》和《西京赋》，成为流传千古的名篇。汉安帝永初二年（108年）鲍德调离南阳，张衡去职返乡，用三年时间钻研哲学、数学、天文学，识见日长，声誉大振。

永初五年（111年），张衡再次来到京城，担任郎中与尚书侍郎。元初二年（115年）起，张衡曾经两度担任太史令，前后凡14年，在天文学方面的成就，是他学术生涯中最为突出的贡献。

秦汉时期关于宇宙结构的理论，主要有三个学派，即：盖天说、浑天说和宣夜说。其渊源都可以追溯到春秋战国时代。

张衡是浑天说的代表人物。他在《浑天仪图注》中指出："浑天如鸡子，天体圆如弹丸，地如鸡中黄，孤居于内，天大而地小，天表里有水，天之包地，犹壳之裹黄。天地各乘气而立，载水而浮。"他认为天好像一个鸡蛋壳，地好比鸡蛋黄，天大地小；天地分别乘气而立，载水而浮。这个看法虽然也是

---

① 杜石然等：《中国科学技术史稿》，上册，177页，北京，科学出版社，1984。

属于地心体系的范畴，但是在当时却有进步的意义。

首先，张衡虽然认为天有一个硬壳，却并不认为硬壳是宇宙的边界，硬壳之外的宇宙在空间和时间上都是无限的。如《灵宪》这部名著中所说："宇之表无极，宙之端无穷。"

其次，张衡在《灵宪》中，一开头就力图解答天、地的起源和演化问题。他的回答具有朴素的辩证思想因素。他认为天地未分以前，混混沌沌；既分以后，轻者上升为天，重者凝结为地。天为阳气，地为阴气，二气互相作用，创造万物，由地溢出之气为星。

再次，张衡强调"近天则迟，远天则速"，用距离变化来解释五星运行或快或慢的现象。这表明张衡或许已经认识到五大行星同地球的距离有近有远，而且就同一行星而言，其运行的轨道也时而接近地球，时而远离地球。近代科学证明，行星运动的快慢是和它同太阳距离的近远相关的。张衡的解释之中包涵有某种合理的因素。

张衡不但长于理论研究，而且注重实践。他曾经亲自设计和制造了漏水转浑天仪、候风地动仪。候风地动仪制成于汉顺帝阳嘉元年（132年），是世界上第一部测验地震的仪器。浑天仪相当于现在的天球仪，原是西汉学者耿寿昌所发明。张衡对它又进行了必要的改进，用来作为浑天说的演示仪器。他用齿轮系统把浑象和计时壶联系起来，漏壶滴水推动浑象均匀地旋转，一天刚好转一周。这样，人在室内观察浑象，就可以知道不同星座当时在天体中的位置。

张衡还对许多具体的天象做了观察和分析。他统计出中原地区能看到的星数约2500颗。他对月食的成因也有初步的认识。张衡并且测出了太阳和月亮的角直径是周天的1/736，同太阳和月亮的平均角直径相差不多，可见他的测量是相当准确的。

在中国天文学发展的过程中，具有实用意义的历法占着重要地位，而围绕着历法进行的一些争论，又往往是和政治角逐、思想斗争联系在一起的。汉安帝延光二年（123年），围绕着当时行用的《四分历》，曾经展开了一场大论战。梁丰、刘恺等80余人认为《四分历》不合图谶，因而应该恢复西汉时期的《太初历》。另一方面，李泓等40余人主张继续使用《四分历》，理由是《四分历》就是根据图谶来的，所以最为正确。张衡则认为，这两派的意见都是错误的，历法的改革与否，不应以是否合乎图谶为标准，而应当以天文观测的结果为依据。他和周兴以天文观测的结果为据，认为"九道法"最为精密。经过一场激烈辩论以后，"九道法"虽没有被采用，但企图用图谶之学来附会历法的做法也归于失败。

据《后汉书》卷五九《张衡传》记载，他留下科学、哲学、文学方面的论著计32篇，《张衡传》收录两篇，即《应闲赋》和《思玄赋》。后者的内容，包括神游星际的畅想：

> 出紫宫之肃肃兮，集大微之阆阆。命王良掌策驷兮，逾高阁之锵锵。建罔车之幕幕兮，猎青林之芒芒。弯威弧之拔剌兮，射嶓冢之封狼。观壁垒于北落兮，伐河鼓之磅硠。乘天潢之汎汎兮，浮云汉之汤汤。倚招摇、摄提以低回剹流兮，察二纪、五纬之绸缪遹皇。

其中"紫宫"、"大微"、"王良"、"高阁"、"罔车"、"弧"、"狼"、"壁垒"、"北落"、"河鼓"、"天潢"、"招摇"、"摄提"等等，都是星名。"云汉"是天河。"二纪"是日月。"五纬"是五星。此外，其中又有"廓荡荡其无涯兮，乃今穷乎天外"，"出阊阖兮降天涂，乘飓忽兮驰虚无"等文句。按照李贤注的解释，"阊阖"，就是"天门"。

张衡作为天文学家，又是当时著名的文学家，并且还被列为当时的六大名画家之一。他在前人创制的浑天仪的基础上设计的新的浑天仪，其星宿出没，与灵台观象所见完全符合。张衡创制的候风地动仪，经陇西郡地震的检验，证实可以比较准确地测定地震方位。

张衡的发明创造，被当时人视为神异，于是有"数术穷天地，制作侔造化"，"奇伎伟艺"，"与神合契"的赞誉。[1]

1956年，郭沫若为张衡所题碑文写道："如此全面发展之人物，在世界史中亦所罕见。万祀千龄，令人景仰。"这样的评价，是符合历史事实的。

---

[1] 崔瑗：《河间相张平子碑》，见《全后汉文》卷四五，第1册，719页，北京，中华书局，1958。

二、秦汉数学经典

秦汉时期出现了我国最早的数学专著。

《汉书》卷三〇《艺文志》在"历谱十八家"中著录"《许商算术》二十六卷"和"《杜忠算术》十六卷"。这两种算术书都已经失传。而《九章算术》流传至今，在中国数学史上影响深远。

居延汉简发现记录乘法口诀的简文，反映了数学应用方式在民间的普及。湖北江陵张家山汉简《算数书》的发现，使我们对于秦汉时期数学发展的进程，有了更新更具体的认识。

（一）《九章算术》

《九章算术》长期以来被看作汉代最重要的算学著作。

这是一部经过长期修改、逐渐充益而成的数学专著。一些学者认为，其最后定型，当在汉和帝时期。①

这部书是 246 个算术命题和解法的汇编，分为方田、粟米、衰分、少广、商功、均输、盈不足、方程、勾股等 9 章。

《九章算术》的成书，标志着中国古代数学的完整体系的形成。在世界数学史上，《九章算术》也有重要的地位。

对于《九章算术》的学术渊源，刘徽《九章注序》说：

> 往者暴秦焚书，经术散坏。自时厥后，汉北平侯张苍、大司农中丞耿寿昌皆以善算命世。苍等因旧文之遗残，各称删补，故校其目则与古或异，而所论者多近语也。

《史记》卷九六《张丞相列传》说，张苍"明习天下图书计籍"，"又善用算律历"。《汉书》卷二四上《食货志上》又记载，耿寿昌"以善为算能商功利，得幸于上"。这些文字，受到关注《九章算术》作者身份和成书年代的人们的重视。然而，钱宝琮先生指出："张苍、耿寿昌虽然都因善于计算著名，但未必

---

① 白尚恕《〈九章算术〉注释》说："《九章算术》是我国现存的一部最古老的数学书。作者不详。初步考证，大约成书于东汉初期。"2 页，北京，科学出版社，1983。

《五星占》
长沙马王堆汉墓出土
长221厘米　宽491厘米
湖南省博物馆藏

277

张衡　浑天仪模型
东汉

张衡　候风地动仪
东汉

《导引图》
长沙马王堆汉墓出土
长133厘米　宽51厘米
湖南省博物馆藏

手阳明大肠经

足阳明胃经

足太阴脾经

手少阴心经

清康熙年间绘《人体经脉图》

279

造纸工序图

西安出土的灞桥纸

有删补《算术》的事实。《汉书·艺文志》没有著录张苍、耿寿昌删补的《算术》而有许商和杜忠的《算术》。许商和杜忠的《算术》很可能是后来《九章算术》的前身。刘徽序中不提许商、杜忠是他一时的疏忽。"关于《九章算术》一书的成书年代和撰著人，钱宝琮先生认为，"《九章算术》的写成大约在公元50年到100年之间。近人孙文青以为马续就是《九章算术》的编纂者，证据虽不够充分，但这是很可能的"①。

以为马续与《九章算术》有关的文献依据，是《后汉书》卷二四《马援传》关于马援侄孙马续事迹所谓"博观群籍，善《九章算术》"。马续的生年大约在公元70年。《后汉书》卷三五《郑玄传》又记载：郑玄"造太学受业，师事京兆第五元先，始通《京氏易》、《公羊春秋》、《三统历》、《九章算术》"。郑玄生于公元127年，卒于公元200年。公元3世纪初，赵爽《周髀注》也说"施用无方，曲从其事，术在《九章》"。可见，在公元2世纪以后，《九章算术》已经得到一定程度的普及。

也有学者认为，《九章算术》是"我国西汉中期（公元前1世纪）辑为定本的一部不朽的算学典籍"。同时指出，"它作为世界古典数学名著，与古希腊欧几里得《几何原本》东西辉映，成为人类文明史上极其珍贵的科学文化遗产"②。

有的学者又注意到，《九章算术》是与古希腊数学风格迥异的一类数学的代表。"古希腊数学，尤其是阿基米德以前，不考虑任何应用问题，着重于定性的研究，忽视实际计算"。"他们的长处在于数学理论的研究，追求数学定义的严格，数学定理证明的严谨，以及数学体系的内部结构的严整和系统性。欧几里得的《几何原本》是其杰出代表。它以几何学研究为中心，把古典时期的希腊数学整理成一个公理化体系。而《九章算术》则重视实际应用，以计算为中心，以算术和代数学研究为主，采取术文挈领应用问题的形式。这两种不同类型的数学各有长处和不足，在数学史上都发挥了它应有的作用，并都对现代和未来的数学有所启迪。厚此薄彼，或者言必称希腊，以一类数学模式为标准，鄙视、否定另外类型的数学，都是不妥当的。"

---

① 钱宝琮主编：《中国数学史》，33页，北京，科学出版社，1981。
② 李继闵：《九章算术校证》，1页，西安，陕西科学技术出版社，1993。

对于中国和古希腊为什么会产生不同的数学模式，论者指出《九章算术》成书过程中中国和古希腊有两点重要的差异：

第一，中国有古希腊和其他民族当时还没有的最先进的十进位置值制记数法及计算工具——算筹。

第二，古希腊的数学与哲学结合得比中国要好。

正如研究者所指出的："一方面我国较早地建立了能充分发挥计算才能的十进位置值制，一方面对数学知识缺乏理论概括，是形成《九章算术》以计算为中心而舍弃推理的状况的重要原因。""《九章算术》成书的时候，随着古希腊奴隶制文明出现的盛极一时，灿烂辉煌的古希腊数学已经越过了它的高峰，正走向衰落，又过了几个世纪，地中海沿岸和欧洲进入了被称作数学上黑暗时期的中世纪"。然而，"《九章算术》却如异军突起，出现在亚洲东方的地平线上。它后来居上，在分数运算、比例和比例分配、开方术、盈不足解法、解句股形、线性方程组解法和正负数加减法则等方面，或者走到了古希腊数学之前，或者开创了古希腊数学所不曾涉足的领域。这是自古希腊数学繁荣以来世界数学研究中心的第一次大转移"①。

（二）张家山《算数书》

1983 年底至 1984 年初，湖北江陵张家山 257 号汉墓出土竹简有《算数书》。这是考古工作中第一次发现数学文献。《算数书》写成于汉初，早于数学名著《九章算术》的成书，对于数学史研究来说，是可贵的发现。②

湖北江陵张家山汉墓出土《算数书》，同出历谱所记最后一年是西汉吕后二年（前 186），发掘者和研究者于是推定《算数书》成书年代的下限是吕后二年，实际成书年代当早于此年。

有的学者指出，"《算数书》中的不少算题是秦或更早时间的作品"。例如"程禾"全文与睡虎地秦简《仓律》的律文几乎完全相同，其中所谓"程曰"，

---

① 郭书春：《关于〈九章算术〉及其刘徽注》，《九章算术》（汇校本），19～25 页，沈阳，辽宁教育出版社，1990。

② 江陵张家山汉简整理小组：《江陵张家山汉简〈算数书〉释文》，载《文物》，2000 年第 9 期。

是秦代的法律规定，该题的形成时间不会迟于战国晚期。许多算题的内容与秦汉县级政府的管理职责有很密切的关系，例如对土地和租税的管理，对仓储的管理，对劳役和工程维修的管理等。于是得出这样的结论："《算数书》中大部分算题的形成年代至迟不会晚过秦代，有的甚至更早。它们产生的背景在相当大程度上是政府经济管理对数学知识需求的推动，在内容上尽量与这种需要相适应。因此，我们认为《算数书》是秦汉官吏学习数学知识的必读之书，也是负责经济管理工作的官员经常使用的工具书。"

《算数书》共有 70 个题名，按照现代数学的分类，其内容可以归纳为算术和几何两大类。算术部分，包括整数、分数、比例、盈不足；几何部分包括体积、面积等。①

从《算数书》的内容可以了解当时中国数学已经发展到相当高的水平，在世界数学史上占有重要的地位。《算数书》对分数性质及运算法则进行了系统的归纳，并附有复杂的运算实例，而由此体现的对分数的完整的认识，"在印度要迟至公元世纪初方才出现，在欧洲要迟得更多"②。《算数书》有关分数除法的算法较刘徽注要早 4 个世纪。盈不足术是中国古代数学家所创造的，③《算数书》的发现，又把盈不足术出现的年代大大提前了。《算数书》奠定了中国古代数学发展的基础，完成了先秦至秦代数学成就的系统的总结，对于汉代另一部数学名著《九章算术》的完成，有着直接的影响。④

三、农学成就

秦始皇焚书，以农业经营为内容的"种树之书"不在禁焚之列。⑤ 可知农学理论受到特殊的重视。

---

① 彭浩：《中国最早的数学著作〈算数书〉》，载《文物》，2000 年第 9 期。

② 李俨、杜石然：《中国古代数学简史》，上册，53 页，北京，中华书局，1963。

③ 钱宝琮：《盈不足术发展史》，载《数学教学》，1955 年第 1 期。

④ 李学勤：《中国数学史上的重大发现——江陵张家山汉简一瞥》，载《文物天地》，1985 年第 1 期；《李学勤集》，322～326 页，哈尔滨，黑龙江教育出版社，1989；彭浩：《中国最早的数学著作〈算数书〉》，载《文物》，2000 年第 9 期。

⑤《史记》卷六，《秦始皇本纪》。

《汉书》卷三〇《艺文志》中著录农书凡"九家，百一十四篇"。其中至少有三种是西汉时期的著作，即：《董安国》十六篇，作者为"汉代内史，不知何帝时"；《氾胜之》十八篇，作者"成帝时为议郎"；《蔡癸》一篇，作者"宣帝时，以言便宜，至弘农太守"。此外，又有《宰氏》十七篇，《尹都尉》十四篇，《赵氏》五篇，《王氏》六篇，作者均"不知何世"，不能排除有秦汉人的可能。可见当时农学论著宏富，已经成为一种专门的学科。

《汉书》卷三〇《艺文志》写道："农家者流，盖出于农稷之官。播百谷，劝耕桑，以足衣食，故八政一曰食，二曰货。孔子曰'所重民食'，此其所长也。及鄙者为之，以为无所事圣王，欲使君臣并耕，誖上下之序。""农"事以"政"事中列于第一的重要地位受到肯定，是农学得以发展进步的基本条件之一。

（一）《氾胜之书》

西汉农学专著中，以《氾胜之书》最为重要。

汉成帝时任议郎的农学家氾胜之，曾经在三辅地区指导农耕，据说关中农业经济之丰穰，与他成功地推广先进的农耕技术有关。《氾胜之书》是中国历史上第一部完整的农学著作，在《汉书》卷三〇《艺文志》"农家"类中称为"《氾胜之》十八篇"。其中关于种籽处理技术、防治虫害技术等，都是相当先进的农业技术。使用氾胜之总结的溲种法，据说亩产可以达到100石以上。

《氾胜之书》中说到的区田法，是一种自成体系的农田丰产技术。运用这种技术的目标，实际上是要把大田的耕作提高到园艺水平，对技术条件和人力条件的要求都比较高。

氾胜之的农学成就在汉代已经有广泛的影响。东汉末年著名学者郑玄注《周礼》和《礼记》，都曾经引用"氾胜之术"和《氾胜之书》。氾胜之对于农学的贡献，是当时农学发展水平的代表，正如唐人贾公彦《周礼疏》所说："汉时农书有数家，《氾胜》为上。"

汉代农学名著《氾胜之书》大约在两宋之际失传。清代有《氾胜之书》的三种辑本①，但是均不完善。二十世纪的辑佚成就，则有石声汉的《氾胜之书今释》②和万国鼎的《氾胜之书辑释》③。在辑佚和校订方面，两种辑释本都有重要的推进，然而所辑文字，存在很多差异。万国鼎辑释本有这样两条：

> 农士惰勤，其功力相什倍。④

> 神农之教，虽有石城汤池，带甲百万，而无粟者，弗能守也。夫谷帛实天下之命。卫尉前上蚕法，今上农事，人所忽略，卫尉勤之，可谓忠国忧民之至。⑤

石声汉辑本则皆弃而不录。其理由据说是"显然虽与'农'有关，但只是普通的议论，不是真正的'农学'；我们认为这两条不应当列入作为农书的《氾书》中。"因辑释者判定"不是真正的'农学'"而作此处置，似乎不妥。⑥ 至于石、万两种辑本个别文字的差异，还有数十条。

（二）《四民月令》

成书于东汉后期的崔寔的《四民月令》，是田庄经营经验的总结。

《四民月令》以历书的形式，分列了在十二个月内运用许多农业生产经验和管理经验的要求。

《宋书》卷一二《律历志中》、《隋书》卷五七《卢思道传》都说到这部书。《隋书》卷三四《经籍志三》明确把"《四人月令》一卷"⑦ 列为农家著作之中。

南宋时《四民月令》其书尚在，但是至元人撰《宋史·艺文志》时已不复

---

① 洪颐煊辑：《氾胜之书》二卷，辑入《经典集林》；宋葆淳辑：《汉氾胜之遗书》一卷，辑入《昭代丛书》道光本癸集萃编；马国翰辑：《氾胜之书》二卷，辑入《玉函山房辑佚书》史编农家类。

② 石声汉：《氾胜之书今释》，北京，科学出版社，1956。

③ 万国鼎：《氾胜之书辑释》，北京，中华书局，1957；农业出版社，1980。

④ 《太平御览》卷八二二引。

⑤ 《艺文类聚》卷八五引。

⑥ 吴树平指出："这两条是否属于真正的'农学'，和《氾胜之书》有无这两段文字，是不同的两个问题。《氾胜之书》的议论'不是真正的"农学"'，因此不应收入《氾胜之书》，这在逻辑上难于成立。"《〈氾胜之书〉述略》，见《文史》第16辑，北京，中华书局，1982；《秦汉文献研究》，355页，济南，齐鲁书社，1988。

⑦ 即《四民月令》，避李世民讳改称《四人月令》。

见，大约此书在宋元之际战乱中佚失。《四民月令》原有清人任兆麟、王谟、严可均及民国时人唐鸿学四种辑本，[①] 但是各有不足，任、王辑本，多有误辑，严辑本也不免。唐辑本较好，但是也有取材、分割、合并不当以及程度不同的错误。顾怀三《补后汉书·艺文志》在"《四民月令》"条下也有辑录，有些亦原非出《四民月令》而被误辑。各辑本之间，或以讹传讹。缪启愉的《四民月令辑释》"以《玉烛宝典》为底本，配合《齐民要术》及其他各书所引，参考各种辑佚本，作较缜密的辑集，尽可能做到没有遗漏和误辑，期使接近原书"[②]。这一辑释本的出版，有益于研究者运用。其缺点，是注文和校记在文式上区别不明晰，且未采用铅字排印，手写字体繁简字相杂，也不免错书。

《四民月令》以当时洛阳附近地区的经济生活为基本，记录了农副业经营的内容和方式，所体现的庄园经济注重因地制宜发展多种经营的农学思想的特征，特别引人注目。

四、中国医学体系的建立

秦汉时期，中国医学的完整体系初步建立起来。

秦汉时期的医学成就，为后世中国医学的发展奠定了基本格局。

除了传世秦汉医学典籍具有宝贵的文化价值而外，考古新发现所提供的有关秦汉时期医学的新资料，更增益了我们对于医学发展进程的认识。

（一）秦汉医学名家名著

编撰于战国时期，在西汉时最后写定的《黄帝内经》，是中国最早的一部较为完整的医书。其中《素问》部分假托黄帝与岐伯的对话，用阴阳五行思想解释人体生理病理现象和治疗原则，《灵枢》（或称《针经》）部分则记述针刺之法。汉代还有《难经》一书，用问难法解释《黄帝内经》，对其中的脉法、

---

① 〔清〕任兆麟辑《四民月令》一卷，《心斋十种》；〔清〕王谟辑《四民月令》一卷，《汉魏遗书钞》经翼第二册；〔清〕严可均辑《四民月令》，《全后汉文》卷四七；〔民国〕唐鸿学辑《四民月令》一卷，《怡兰堂丛书》。

② 缪启愉辑释、万国鼎审定：《四民月令辑释》，13 页，北京，农业出版社，1981。

针法内容，多有发挥。东汉时期出现的《神农本草经》，共收药物365种，是中国第一部完整的药物学著作。

《史记》卷一〇五《扁鹊仓公列传》保存了治病多验的仓公（淳于意）诊籍二十余例，是最早的病案记录。在这批资料之后写道："臣意曰：他所诊期决死生及所治已病众多，久颇忘之，不能尽识，不敢以对。"可知这些记录作为病案资料的意义。

司马迁在淳于意事迹的最后，附记了七段以"问臣意"云云及"臣意对曰"或"对曰"云云为形式的对话，陈述了淳于意的医学思想和医学经验，对于总结当时的医学成就，也是值得重视的宝贵资料。

建安时期的名医张机、华佗，是当时病理学和医术造诣最高的人。张机针对汉末疾疫流行的灾难，著《伤寒杂病论》，后人整理为《伤寒论》和《金匮要略》两种。前者对伤寒诸症分析病理，提出疗法，确定药方。后者则是杂病医方的汇集，被尊奉为"群方之祖"。张机因此被尊奉为"医圣"，他的著作长期以来被看作中国医学的经典。

华佗精通方药针灸。对于针药不治的难症，他善于用外科手术加以治疗。术前令病人用酒调服"麻沸散"实行麻醉，然后进行手术。华佗认为人必须经常活动，方能血脉流通，强心健身。他倡起"五禽之戏"，模仿动物的姿态以锻炼身体。[1]

马王堆汉墓出土有《导引图》，张家山汉墓出土有《引书》，五禽戏可能和导引之术相类似。

（二）考古资料中的医学史信息

秦始皇焚书，"医药"之书可以幸免。[2] 医学文献作为一种特殊的与民生有重要关系的实用科学技术的结晶，在社会文化构成中较受重视，但是历经战争动乱，仍然难以避免散佚和丧失。

---

① 《三国志》卷二九，《魏书·方技传·华佗》。
② 《史记》卷六，《秦始皇本纪》："史官非秦记皆烧之。非博士官所职，天下敢有藏诗、书、百家语者，悉诣守、尉杂烧之。有敢偶语诗书者弃市。以古非今者族。吏见知不举者与同罪。令下三十日不烧，黥为城旦。所不去者，医药卜筮种树之书。"

李学勤先生曾经指出："和其他种类的古书一样，随着时间长河的流逝，历史上的医籍也不能不有流散佚失。以《汉书·艺文志·方技略》所录为例，原载医经七家，二百一十六卷，今惟《黄帝内经》一种尚存；经方十一家，二百七十四卷，竟无一能得存留。由此可见，历代宝藏损失已多，是非常值得叹惜的。特别是医家在古代社会列于方技，受到一部分人的贬视，著作虽凝聚着他们的辛勤心血，仍不能与儒书并列，更容易散失。我们研究祖国医学和医学史，常会遇到难于弥补的遗憾。幸而自清末开始，我国屡有不同历史时期的佚籍发现，其间珍异的医书不在少数。尤其是近年，随着考古工作迅速开展，更有大量惊人发现，其学术价值之重大，已为海内外所公认。这种可喜的情形，是前此人们不能想象的。"

关于 20 世纪医学文献的新发现，李学勤先生有这样的概述："近代新发现的医籍，基本上是印刷术通行以前的写本。其时代早的，或为竹木简，或为帛书；其较晚的，则为各种卷子本。前者重要的，如西汉初吕后时期江陵张家山 247 号墓出土的医书竹简，文帝时期长沙马王堆 3 号墓出土的医书竹木简和帛书，东汉时武威旱滩坡墓出土的医方木简，以及敦煌、居延等地发现的医方木简等，数量甚多。后者最重要的是敦煌卷子中的各种医术医方，亦甚丰富。此外，如殷墟甲骨文中有关殷人疾病医疗的卜辞，战国楚简中有关疾病祭祷卜筮的记录，虽非严格意义的书籍，因其时代更早，也十分重要。还有如石刻《龙门方》之类，有新拓及考释，于研究亦有裨益。简帛、卷子佚籍的发现，为人们称道为开启了地下的图书馆。其间医书的重见，无异于一处新的医学宝库，值得人们流连探索，作多年的深入研究。"其中秦汉医籍的形式，主要是简牍帛书。

考古发现的秦汉医学资料，有湖南长沙马王堆汉墓出土《五十二病方》，湖北江陵张家山汉墓出土《脉书》，以及武威医简、居延医简等。

河北满城汉墓还出土有金制医针。①

四川绵阳双包山 2 号汉墓出土的针灸经脉漆木人形，是迄今为止世界上所

---

① 中国科学院考古研究所、河北省博物馆文物管理处：《满城汉墓发掘报告》，北京，文物出版社，1980。

发现最早的标有经脉流注的木质人体模型。①

根据李学勤先生的总结，我们知道，"新发现的佚籍，有的是久已全佚之书，例如马王堆帛书的《五十二病方》，收集了诸伤、伤痉、婴儿索痉等五十二种疾病的处方。从书中语言等方面的特点考察，可能为楚人所作，医方则有不同来源。这部珍贵的医方集恐怕在西汉中晚期便亡佚了。有的尚有部分留存，例如马王堆帛书的《胎产书》，后半《禹藏图》等内容均已亡佚，但开头禹与幼频问答一节，却保存在隋唐的《诸病源候论》、《千金要方》里面，只是文字稍有改易，而且被称作'徐之才（北齐名医）逐月养胎方'了。这些佚籍的出现，填补了医学史上的空白，也揭示了许多前人未知的真相"。

李学勤先生还指出："由新发现佚籍，还可探知若干医学经典的来源和形成过程。一个好例是马王堆帛书《五十二病方》卷前的佚篇。这部分文字很长，曾经马王堆汉墓帛书整理小组试划为四篇，分题为：《足臂十一脉灸经》、《阴阳十一脉灸经》、《脉法》、《阴阳脉死候》。后来张家山汉简出土，知道四篇后三篇即简中的《脉书》。《脉书》各部分和《内经·灵枢》的《经脉篇》有密切关系，是《经脉篇》的一种祖本，而帛书被题为《足臂十一脉灸经》的一篇又是另一种祖本。因此可见，《灵枢·经脉篇》和许多古书一样，有一个相当长的形成传流的历史。看来，《内经》的其他各篇，情形也应当是这样。"②

在长沙马王堆3号汉墓出土的帛书中，医书是重要的组成部分，于近30件中占5件。而同时出土的竹木简，竟然全部都是医书。简帛资料合计，医书共有15种。这批医书的释文首先在《文物》发表，随后出版了《五十二病方》注释本，整理工作的最后成果是1985年印行的《马王堆汉墓帛书》（肆）的精装本。马王堆3号汉墓的准确的下葬年代是汉文帝十二年（前168），这批医书的抄写年代当然不会晚于这一年。据考察，其中早的可能抄写于秦汉之际，晚的则在文帝初年，应当都是刘向父子和班固所不及见的佚籍，未为《汉书》卷三〇《艺文志》著录。但是如果按照《艺文志》的分类方法归纳，则都应当

---

① 四川省文物考古研究所、绵阳市博物馆：《绵阳永兴双包山二号西汉木椁墓发掘简报》，载《文物》，1996年第10期。

② 李学勤：《〈二十世纪出土中国古医书集成〉导言》，见魏启鹏、胡翔骅：《马王堆汉墓医书校释》，1～3页，成都出版社，1992。

列入《方技略》。依整理小组的命名，《足臂十一脉灸经》、《阴阳十一脉灸经》甲乙本、《脉法》、《阴阳脉死候》，与《黄帝内经》有渊源关系，宜入《方技略》的医经家。《五十二病方》应入经方家。《胎产书》近似《汉志》所著录《妇人婴儿方》，《杂禁方》虽然属于巫术，但是为古方书恒有，亦宜入经方家。《十问》、《合阴阳》、《天下至道谈》应入房中家。《养生方》、《杂疗方》的大部分内容也属此类。其余部分则属神仙家。至于《却谷食气》，便纯为神仙家了。"由此足见，《方技略》四家在马王堆简帛里都已存在，这说明简帛医书内容的广泛，也反映出当时方技各家的发展传流情形"①。

魏启鹏、胡翔骅著《马王堆汉墓医书校释》，是作者 14 年钻研传统医学、探索帛书奥秘的总结，"在整理小组的成果基础之上，多所抉发阐明，甚为详备，确是对这批珍贵佚籍研究的新贡献"②。全书分 2 册，第 1 册附有《病症词语索引》、《药物索引》、《治疗用语索引》，第 2 册也附有《术语索引》、《药物索引》，为阅读、研讨提供了方便。

高大伦著《张家山汉简〈脉书〉校释》也列入《二十世纪出土中国古医书集成》之中。高氏又有《张家山汉简〈引书〉研究》出版，正如李学勤先生在为该书所作序中所指出的："其校释部分与《〈脉书〉校释》堪称双璧，同时增加了研究部分，对《引书》的性质意义多有阐发。"

《引书》是古代关于导引的专著，而张家山汉简《引书》中，不仅包括导引的具体方术，还涉及养生的理论，在医学史和思想史上也有重要的价值。张家山《引书》和马王堆《导引图》相比，"后者以图形表现术式，明白易行，可是没有文字，未能揭示导引的理论，其图象每势只有一幅，也难于说明连续的动作，《引书》则对术式作了详细的说明，每势均有动作描述，多数能够实际运作"③。据高大伦的分析，《引书》胜过《导引图》的明显的优势，还在于《引书》是一部内容完整系统的古导引书，而《导引图》则图象残破，题记夺落较多。从所治疗的病症看，前者的数量也比后者多出 30 多种。④ 书中关于

---

① ② 李学勤：《〈马王堆汉墓医书校释〉序》，见魏启鹏、胡翔骅：《马王堆汉墓医书校释》，2 页，4 页，成都出版社，1992。

③ 高大伦：《张家山汉简〈引书〉研究》，2 页，成都，巴蜀书社，1995。

④ 高大伦：《张家山汉简〈引书〉研究》，41 页，成都，巴蜀书社，1995。

"从《引书》看导引源流"，"从《引书》看导引与道家的关系"，"导引与战国秦汉的社会和文化"的讨论，发表了很有深度的学术见解。① 研究古代方技，研究古代文献，重视当时的社会文化背景，这样的观察视点和考察方法，是值得提倡的。除了进行《引书》与《导引图》的比较而外，作者又进行了有关"《引书》和《脉书》，《引书》与两种传世文献的联系"（即与《黄帝内经》的联系以及与《养生方导引法》的联系）的讨论，这种进行两种或两种以上文献的比较研究的方法，对于文献学者也有启示意义。

另一部在医学文献研究方面重视比较研究的成功之作，是韩健平的《马王堆古脉书研究》。韩著第一章《古脉书及其相关问题的介绍》中不仅介绍了马王堆古脉书，也介绍了张家山汉简《脉书》，还介绍了1993年四川绵阳西汉木椁墓出土的经脉漆雕木人。在第二章《关于脉的名称的讨论》中，论及《黄帝虾蟆经》和敦煌卷子中的灸疗图谱，以及《甲乙经》与《太素》。第四章《三部九候说与古脉书脉序》中，又有《〈素问·三部九候论篇〉的内容及其时代》一节，第二节是"关于'九藏'的讨论"，则涉及"《周礼》中的'九藏'与郑玄注"、"《素问》中的'九藏'与王冰注"、"张志聪的'形藏'说"、"敦煌卷子《玄感脉经》"等。在《关于"是动病"与"所生病"的讨论》一章中，作者有"关于仓公医案的考证"，以为《史记·扁鹊仓公列传》中保留的中国最早的"诊籍"即医案，其中一则与"是动则病"的理解有关。其原文为：

> 齐北宫司空命妇出于病，众医皆以为风入中，病主在肺，刺其足少阳脉。臣意诊其脉，曰："病气疝，客于膀胱，难于前后溲，而溺赤。病见寒气则遗溺，使人腹肿。"出于病得之欲溺不得，因以接内。所以知出于病者，切其脉大而实，其来难，是蹶阴之动也。脉来难者，疝气之客于膀胱也。腹之所以肿者，言蹶阴之络结小腹也。蹶阴有过则脉结，动则腹肿。臣意即灸其足蹶阴之脉，左右各一所，即不遗溺而溲清，小腹痛止。

韩健平说，"仓公医案中的'出于'，是妇人名。'接内'指房事。在这则医案中，仓公通过切按厥阴脉的脉动情况，判断出于'病得之欲溺不得，因以接

---

① 高大伦：《张家山汉简〈引书〉研究》，1页，成都，巴蜀书社，1995。

内'"。又分析说，"仓公所切按的所谓'厥阴脉'，应当是一处动脉，而不是循行于全身的经脉"。根据《素问·三部九候论篇》中脉诊厥阴脉的内容判断，"仓公医案中脉诊的出于的厥阴脉，应当就是后来的太冲穴部位的动脉"①。

出土秦汉医学文献研究的优秀论著，应当首推马继兴的《马王堆古医书考释》一书。

《马王堆古医书考释》，是国家自然科学基金资助课题"马王堆汉墓出土古医书考证研究"的最终成果。据作者在《前言》中所说，这部书主要做了五个方面的工作：一是历史文献的修复与还原；二是医籍原文的注释与串讲；三是学术成就的总结与论证；四是珍稀典籍的弥补与校正；五是学术源流的阐明。就第一个方面"历史文献的修复与还原"而言，又包括：（1）残文断句的修复；（2）释文欠妥的订正；（3）原文本字的还原等等。

全书分"导论"、"专论"、"古医书考释"三个部分。第一部分介绍评述了马王堆汉墓医书的出土概况、整理研究、内容特点、时代考证以及马王堆医书研究的学术成就等。第二部分为一组专题论文，共计 7 篇，包括：《两种〈十一脉灸经〉是经络学说的渊源》，《〈脉法〉（甲、乙本）中古佚诊脉法的再发现》，《〈五十二病方〉的方、药名数》，《〈养生方〉等书所载我国最古的药酒酿制方》，《马王堆汉墓医书的药物学成就》，《〈却谷食气〉及〈十问〉中的呼吸养生法》，《张家山汉墓〈脉书〉与马王堆汉墓医书的关系》。第三部分对马王堆汉墓出土的 14 种医书分篇进行了考释。

马继兴的医学文献研究成果，又有所著《中医文献学》，"此书系统论述了中医文献的目录、源流、结构及研究方法，不只是规模闳远，得未曾有，并能出浅入深，富于创见，不妨说是他半生功力的总结"②。马继兴曾经感叹道，在他的研究生涯中，"不仅看到了内容和数量都相当丰富，且尚待深入研究的敦煌、居延、吐鲁番等处发掘的卷子、简牍、医学文书，又直接接触到武威、马王堆、云梦、双古堆、张家山等地出土的大批竹、帛医学典籍"，他认为，

---

① 韩健平：《马王堆古脉书研究》，48～49 页，北京，中国社会科学出版社，1999。
② 李学勤：《〈马王堆古医书考释〉序言》，见马继兴：《马王堆古医书考释》，2 页，长沙，湖南科学技术出版社，1992。

作为一位中国古代医药文献的研究者，这是一种"幸运"。① 正是因为注重出土文献与传世文献的结合，才使得医学文献的研究获取了空前的学术丰收。

武威旱滩坡汉墓出土的一批医药简牍，是内容相当丰富的出土文献。在临床医学方面，不仅有对疾病症状的描述和病名、病因、病理的记载，还有 30 多种各科治疗方剂。有学者总结说，其中有内科方 14 种，外科方 11 种，妇科方 1 种，五官科方 2 种，针灸科方 1 种，其他 2 种。这只是完整可以辨认的方剂，其他还有一部分残简方剂没有计算在内。在药物学方面，武威医简列举了约 100 种药物，包括植物药 63 种，动物药 12 种，矿物药 16 种，其他药 9 种。对于这些药物的炮制、剂型和用药方法，也都有较详尽的记录。

研究者认为，武威医简基本上是医方性质的书，每一条条文列方名、病名（或症状）、药物名称、分量、冶合方法、服药方法、服药禁忌及其反应。全书体例基本是一病一方。简文除针灸禁忌外，很少医学理论的内容，与医药理论著作《黄帝内经》等很少有联系。看来，一般早期的医方著作仅仅是医疗实践的记录。这一事实或许也可以说明，"早期的医药著作多数是将理论与临床经验分别记录和著述的"②。

五、纸的发明

造纸术，是中华民族的伟大发明，也是秦汉时期文化进步的重要标志。

秦汉时期，曾经普遍以简帛作为主要书写材料。但是，简编笨重，缣帛昂贵，都不便于文书的普及。

纸的发明，是中国文明史上的一件大事，也是中国人给予世界文明进步的重要贡献。

---

① 马继兴：《马王堆古医书考释》，1 页，长沙，湖南科学技术出版社，1992。

② 中医研究院医史文献研究室：《武威汉代医药简牍在医学史上的重要意义》，载《文物》，1973 年第 12 期；收入甘肃省博物馆、武威县文化馆：《武威汉代医简》，25～32 页，北京，文物出版社，1975。

（一）蔡侯纸

以往人们通常将发明造纸术的光荣归于蔡伦。《后汉书》卷七八《宦者列传·蔡伦》有这样的记载：

> 自古书契多编以竹简，其用缣帛者谓之为"纸"。缣贵而简重，并不便于人。伦乃造意，用树肤、麻头及敝布、鱼网以为纸。元兴元年奏上之，帝善其能，自是莫不从用焉，故天下咸称"蔡侯纸"。

说自古以来文书大多用竹简编集而成，也有用缣帛书写的，一般称之为"纸"。缣帛价贵而竹简沉重，都有不便于收藏和不便于流传的缺点。蔡伦于是独创新意，使用树皮、麻头、破布和鱼网加工造成新的"纸"，在汉和帝元兴元年（105年）呈献皇帝，皇帝赞赏他的巧思精意，从此信用有加，于是天下都称这种纸为"蔡侯纸"。李贤注引《湘州记》说，"耒阳县北有汉黄门蔡伦宅，宅西有一石臼，云是伦舂纸臼也"。

"纸"，原本是书契所用缣帛的名称，后来却被用以称呼这种用植物纤维制造的书写材料了。

由于考古工作提供了早于蔡伦的造纸史的资料，对于蔡伦的贡献应当重新定位。科学技术史学者提出了新的认识，这就是，蔡伦对造纸术进行了重大革新，使纸的质量和产量有了大幅度的提高。

（二）考古发现的汉纸实物

现在人们一般公认，所谓"蔡侯纸"并不是最早的纸。

数十年来考古工作的收获表明，西安灞桥、新疆罗布淖尔、陕西扶风、居延肩水金关遗址和甘肃敦煌马圈湾遗址都曾经有西汉麻纸残片发现。[1]

对于所谓"灞桥纸"的性质，目前还存在异议。而"马圈湾纸"中最大的

---

[1] 田野：《陕西省灞桥发现西汉的纸》，载《文物资料丛刊》，1957年第7期；黄文弼：《罗布淖尔考古记》，中国古北科学考察团丛刊，国立北平研究院史学研究所1948年版；扶风县图博馆罗西章：《陕西扶风中颜村发现西汉窖藏铜器和古纸》，载《文物》，1979年第9期；甘肃居延考古队：《居延汉代遗址的发掘和新出土的简册遗物》，载《文物》，1978年第1期；甘肃省博物馆、敦煌县文化馆：《敦煌马圈湾汉代烽燧遗址发掘简报》，载《文物》，1981年第10期。

一片，长 32 厘米，最宽 20 厘米，同出纪年简，最早为汉宣帝元康年间。可见早在西汉中期，纸已经出现，至西汉末年，造纸技术已经相当成熟。

1986 年甘肃天水放马滩 5 号汉墓中出土的纸质地图残块，是目前所知最早的纸张实物，可以证实西汉早期已经发明了可以用于绘写的纸。①

甘肃武威旱滩坡东汉晚期墓中，还发现了留有文字墨迹的纸片，可以辨识"青贝"等字。② 可知当时边远地区已经用纸。新疆民丰东汉墓曾经出土揉成卷的纸，说明当时纸已经传布到西域地区。③

今后可能还会有年代更为明确的用作书写材料的古纸出土。

近年关于中国造纸史的讨论，西汉纸是否存在以及蔡伦的地位如何判定，成为争论的焦点。承认西汉已经存在用于书写和绘图的古纸，同时充分肯定蔡伦总结民间造纸技术，利用宫廷作坊的财力物力加以试验和改进，使造纸工艺定型化，同时降低生产成本，提高纸张质量的历史功绩，应当说，这样的态度是比较科学的，这样的认识是比较接近历史事实的。

（三）纸在社会生活中的普及

《艺文类聚》卷三一引马融《与窦伯向书》写道："孟陵奴米，赐书，见手迹，欢喜何量，次于面也。书虽两纸，纸八行，行七字，七八五十六字，百一十二言耳。"又引张奂《与阴氏书》："笃念既密，文章灿烂，名实相副，奉读周旋，纸弊墨渝，不离于手。"又如《北堂书钞》卷一〇四引延笃《答张奂书》也有如下文字："伯英来，惠书四纸，读之反覆，喜可不言。"

可见纸已经逐渐应用于民间通信活动中。

《艺文类聚》卷三一又引崔瑗《与葛元甫书》："今遣奉书，钱千为赘，并送许子十卷，贫不及素，但以纸耳。"

① 甘肃省文物考古研究所、天水市北道区文化馆：《甘肃天水放马滩战国秦汉墓群的发掘》，载《文物》，1989 年第 12 期。

② 武威县文管会党寿山：《甘肃省武威县旱滩坡东汉墓发现古纸》，载《文物》，1977 年第 1 期。

③ 新疆维吾尔自治区博物馆：《新疆民丰县北大沙漠中古遗址墓葬区东汉合葬墓清理简报》，载《文物》，1960 年第 6 期。

这四封年代大约为东汉中期的书信，都反映当时纸已经成为较为普遍地应用于民间的书写材料。

大致在东汉时期，实现了从非纸文书通行到纸文书普及的历史性进步。

造纸术是中华民族的伟大发明。纸的发明，在古代中国所谓"四大发明"中，或许应当说是年代较早、影响则最为久远、对文明发展的积极作用也最为显著的文化贡献。纸在社会生活中的广泛应用，使得信息的记录，信息的储存，信息的传播，信息的继承，都有了革命性的进步。

第七章
璀璨的文学艺术

　　文学艺术，是特定时代精神文明的主要载体，也是反映审美情趣的重要途径。秦汉时期的文学艺术，具有鲜明的时代特征和高超的境界。文学在当时主要有三股潮流：汉赋、乐府诗、散文。它们在各自的领域内，都是后世努力仿效而不可企及的。艺术的品类相当繁富，本书将着重展开对乐舞和书画的述论。本来，秦汉时期的建筑与雕塑，也是艺术的重要部类，特别是秦始皇陵及铜车马和兵马俑、西汉霍去病墓前的大型石刻、东汉武威铜奔马等令世人注目的雕塑作品，皆可称为秦汉艺术的代表之作。但是，考虑到近年来有关它们的研究论著已不在少数，故本书对之略而不论。

一、绚丽壮观的汉赋

　　赋，无疑是我国古代最富有民族特色的一种文学体裁。

它曾经长期得到朝野上下的提倡和喜爱。汉赋高峰叠出，形成了诸多千古名篇，是我国古典文学宝库中的璀璨明珠。

同时，对赋的评价自古以来就存在着很大分歧。西汉末年文学家扬雄，本来是赋家高手，后来却悔其少壮作赋为孟浪之举，斥之为"童子雕虫篆刻"，并发誓"壮夫不为"①。南朝文学家的沈约则对汉赋大加褒奖："屈平、宋玉导清源于前，贾谊、相如振芳尘于后，英辞润金石，高义薄云天。"② 近代学术泰斗王国维则把汉赋评价为一代文学之代表："凡一代有一代之文学，楚之骚，汉之赋，六朝之骈语，唐之诗，宋之词，元之曲，皆所谓一代之文学，而后世莫能继焉者也。"③ 中华人民共和国建国之后，在相当长的一段时间内，对汉赋的评价相当低迷，究其原因与时代价值观、审美观是密切相关的：过于追求典雅古奥所导致的贵族化倾向（所谓"阳春白雪，和者盖寡"）；"滥辞虚说"所造成的无益实用（实则为夸张、浪漫的文学手法）；"讽一而劝百"对政治无所补益（此说有失偏颇，容后详辨）。这种格局，直到八十年代才开始改变。山东文艺出版社于1984年推出龚克昌所著《汉赋研究》，浙江古籍出版社将陶秋英先生三十年代完成的著作以《汉赋研究》为名重新出版，无疑是得风气之先的。此后，马积高的《赋史》④、万光治的《汉赋通论》⑤、曹明纲的《赋学概论》⑥ 先后出版，都对汉赋给予了客观全面的评价，纠正了数十年间的苛求先人、抹杀文学遗产价值的时代失误。这与海外学人张正体《赋学》⑦ 相互照应，标志着"赋学"的复苏。

与这一趋势相表里，近年间还有几件"赋学"盛事，亦不可不知。其一，由费振刚等人辑校的《全汉赋》，已由北京大学出版社出版。其二，1993年在江苏连云港市东海县尹湾汉墓所出土的珍贵简牍材料之中，赫然有一篇基本完整的西汉赋《神乌赋》，正如整理者所言："其风格跟以往传世的属于上层文人

---

① 〔西汉〕扬雄：《法言·吾子》。

② 《宋书》卷六七，《谢灵运传·论》。

③ 王国维：《宋元戏曲史·序》，见《王国维学术经典集（上）》，187页，南昌，江西人民出版社，1997。

④ 上海古籍出版社1987年出版。

⑤ 巴蜀书社1989年出版。

⑥ 上海古籍出版社1998年出版。

⑦ 台湾学生书局1982年出版。

学士的汉赋有异，无论从题材、内容和写作技巧来看，都接近于民间文学。此赋以四言为主，用拟人手法讲述鸟的故事，跟曹植的《鹞雀赋》和敦煌发现的《燕子赋》（以四言为主的一种）如出一辙。它的发现把这种俗赋的历史提早了二百多年，在古代文学史上的意义是不言而喻的。"①

不论还有多少歧见，对汉赋的研究，毕竟已从冷寂、贬斥之中上路，这是一件好事。

值得注意的是，马积高先生通过对赋史的研究，得出了一个新的观点：赋史发展的最高峰，不在汉代而在唐代。② 这一观点是否能被学界接受，恐怕还有赖于赋史研究的深入。而具体到汉代，作为主流文学、精英文学的代表作，汉赋为一代之文学的地位，依然是不可动摇的。如果有谁认为，凭借现存的汉赋作品，就可以反映汉代赋作的全貌，恐怕是大成问题的。我们来看如下一组数字对比：清儒严可均所辑《全上古三代秦汉三国六朝文》，所收两汉赋作只不过 250 余篇；今人费振刚等新辑《全汉赋》，已是竭力求全，所录汉赋也仅得 305 篇，其中基本完整的约有百篇，在存目 31 篇之外，其余皆为残篇断句；我们翻检《汉书·艺文志》就会发现，仅西汉一代皇室典籍中所保存的赋作就已高达一千多篇。由于东汉的赋作篇数史书失载，无法统计其总篇数，散佚作品的数量远超过现存作品几倍之上，则是肯定无疑的。更何况，还有大量未入皇室典藏而流传于民间的赋作呢（《神乌赋》的出土，就是一个例证）！在西汉四百年间，赋作为一个新兴的文体，持续不断地出现了如此众多的篇什，怎能不使人叹为奇迹！投身于汉赋作家之列的，几乎集中了当时所有的名士才子、学界泰斗：贾谊、枚乘、淮南小山、司马相如、东方朔、司马迁、董仲舒、邹阳、严助、朱买臣、枚皋、王褒、刘向、扬雄、冯衍、班彪、班固、张衡、马融、王延寿、蔡邕、赵壹、王粲、祢衡，等等。他们各逞才气，完成了各具特点的经典之作，形成了各领风骚的汉赋八家："枚乘《兔园》，举要以会新；相如《上林》，繁类以成艳；贾谊《□鸟》，致辨于情理；子渊《洞箫》，穷辨于声貌；孟坚《两都》，明绚以雅赡；张衡《二京》，迅发以宏富；子云《甘泉》，

① 连云港市博物馆等合编：《尹湾汉墓简牍·前言》，6 页，北京，中华书局，1997。
② 参见马积高：《赋史》，252～254 页，上海古籍出版社，1987；马积高：《我写〈赋史〉的一些体会》，载《古典文学知识》，1988 年 2 期。

构深玮之风；延寿《灵光》，含飞动之势。"与先秦的荀况、宋玉合成为十家，并称为"辞赋之英杰"①。——佳作如潮，名流辈出，风格卓异，这就是汉赋。如论有汉一代之文学，除汉赋之外，孰可当之！

（一）汉赋起源探论

任何一种文学形式，在它盛行之前，必定有一个酝酿、萌芽时期。追溯汉赋的源头，必须在先秦时代寻觅。作为一代文学的汉赋，其源头的多源，已是学界的共识。多源的各种因素之间，易生纠葛，本是常情；论及汉赋源头所出现的某些混乱局面，与对"赋"在不同场合的不同内涵区分不严直接相关。南京大学中文系周勋初教授对此有明确的界说："《汉书·艺文志》引《传》曰'不歌而诵谓之赋，登高能赋可以为大夫。'指的是春秋时期的赋诗制度；班固《两都赋序》：'赋者，古诗之流也。'指的是一种文体；《毛诗序》：'诗有六义焉：一曰风，二曰赋，三曰比，四曰兴，五曰雅，六曰颂。'指的是一种写作手法。——三者名同实异，不能混为一谈。"② 以下对汉赋源头的探讨，将主要以文体为主，而兼及其它两种内涵对文体的影响。

1. 源于《诗经》说

此说由班固最早提出："赋者，古诗之流也。……或以抒下情而通讽谕，或以宣上德而尽忠孝。雍容揄扬，著于后嗣，抑亦《雅》、《颂》之亚也。"③ 这里所强调的是，赋在创作思想和政治功能方面与《诗经》的渊源关系。汉人给《诗经》以相当高的地位，而他们所认定的《诗经》的功能不外乎"美""刺"两端。把这种充分政治化的《诗》说，运用到汉赋的写作中，恰恰符合汉人对赋的要求，那就是"润色宏业"和讽谏君上。

对此说加以补充论证的是南朝梁代学者刘勰，他说："赋也者，受命于诗人……六义附庸，蔚成大国……赋自《诗》出。"④ 这几句话的着眼点显然与班固是一致的。由于班固与刘勰的巨大学术影响，他们的观点被不断引用几成

① 刘勰：《文心雕龙·诠赋》。
② 周勋初：《释"赋"》，载《古典文学知识》，1990 年第 4 期。
③ 班固：《两都赋·序》，见《昭明文选》卷一，6～8 页，北京，京华出版社，2000。
④ 刘勰：《文心雕龙·诠赋》。

定论。一旦仔细品味，上引之语，与文体并无直接关系。如果说到刘勰另有卓识之处，倒在于他从《诗》的六义入手，抓住了赋的一个文体特征："《诗》有六义，其二曰赋。赋者，铺也，铺采□文，体物写志也。"① 赋、比、兴本是《诗经》中的三种表现手法，本不易于分割；赋作之中，也往往是三者杂用，并未专取赋（铺陈）之一端。由此言之，刘勰此论是否无懈可击，还是可以从容讨论。但有一点是肯定的，赋作为一种文体，确实具有铺张扬历的鲜明特点，这在汉代的散文大赋（以下称"辞赋"）之中表现的最为鲜明。汉赋擅长对于宏伟建筑、盛大场面的铺叙和描写，正是它与其它文体相区别的关键所在。

2. 源于楚辞说

在两汉人的观念中，《楚辞》与赋的联系是十分密切的，他们很少注意其中的区别，辞、赋两词，既可连称，亦可混用。司马迁在《屈原贾生列传》中，曾直接称屈原的辞为赋。班固在《汉书·艺文志》的《诗赋略》中，也把屈原的辞赋作品归于赋作，列为"屈原赋二十五篇"。袭用这种思想，刘勰在《文心雕龙·诠赋》篇中，也充分肯定了楚辞对于汉赋的源头地位："及灵均唱《骚》，始广声貌。然赋也者……拓宇于《楚辞》也……遂客主以首引，极声貌以穷文。"汉人对屈原有浓烈的尊崇情结，从贾谊到司马迁，皆可称之为屈原的异世知音。《离骚》等屈原的作品，广泛流行，并成为汉代士人争相效仿摹写的蓝本，其影响之大，自不待言。作为汉赋类型之一的"骚赋"，确实与楚辞有莫大的关系。但如果把辞赋当作汉赋的代称，则未必妥当。新近出版的曹明纲《赋学概论》一书，力主首严辞、赋之分，是有其见地的。特别是从文体及表现手法的区别而言，他的两项论证是可以成立的：辞作大都与音乐关系密切，可以配乐吟唱，而赋作却是"不歌而颂"，与乐器和歌喉无关；辞作大都以韵语抒发感情，寄寓心志，而赋作则以韵散配合描绘客观事物。②

3. 源于综合诸子（尤重纵横辩辞）之说

此说是以承认《诗经》、《楚辞》的影响为前提而立论的。清代学者章学诚在《文史通义·诗教》篇中已有论述，在《校雠通义》中的表述尤为经典：

---

① 刘勰：《文心雕龙·诠赋》。
② 参见曹明纲：《赋学概论》，27页，上海古籍出版社，1998。

"古之赋家者流，原本《诗》、《骚》，出入战国诸子。假设问对，《庄》、《列》寓言之遗也；恢廓声势，苏、张纵横之体也；排比谐隐，韩非《储说》之属也；征材聚事，《吕览》类辑之义也。"① 他指出了先秦诸子散文各自的特点，都被汉赋熔铸为一体而表现为多种艺术特色的并存，这是一种视野更为开阔的境界。在章氏的论述中，纵横家对汉赋的影响是与其它战国诸子对等并列的，而实际情况是有差异的。假设问对、排比谐隐，也是纵横家常用的辩论之术，它的影响力显然更大。后世学者进而指明这一层，是有其意义的。前引陶秋英教授的大作《汉赋研究》，在"与诸子的关系"及"汉赋的形成"两部分，都着重就纵横家对汉赋的影响做了论证。姜亮夫先生在为陶著所作序言中，也有切中关键之论："自汉世帝王好楚声，而有侈陈事物之赋，实本战国'纵横'。"汉赋对纵横之学的取资与借鉴，呈全方位之势。仅从立论方式、表达习惯等方面来分析其渊源关系的存在，尚不足以说明问题，如果从纵横之学的中衰与汉赋的崛起恰成同步的现象入手，更有助于我们加深对这一问题的理解。笔者曾有专文考论西汉纵横家的兴衰过程及其原因，指出：西汉前期盛极一时的纵横学，在汉武帝时期走向了衰败直至废绝。随着"郡国并行"之制名存实亡等新的格局出现，纵横家赖以生存的客观条件逐渐丧失，这种"乱世之学"只能退出历史舞台。② 原来一批传授、研习纵横之术的才气之士，不得不另寻出路：气吞万里的赋作，正是纵横睥睨之气最好的渲泄之处。汉武帝之世的著名赋家之中，不乏具备鲜明的纵横家色彩的人，其原因就在于此。

4. 源于隐语俳词之说

把素以高雅华丽著称的汉赋，与流传于民间的俗俚之词联系到一起，似乎有些不可思议，但从赋的起源、特别是文体特征方面去观察，此说实在是大得历史真相的。其实许多被奉为高雅之作的庙堂文学，追溯起源，大都有先在民间广为流传的一段经历。套用学术界近来颇为流行的说法，这是"小传统"不断为"大传统"提供活力的一个例证。

尽管汉人喜欢把屈原的《离骚》等楚辞之作视为赋的起源，但在现存先秦文献中，最早以"赋"名篇的，是荀子的《赋篇》。其中写的是礼、知、云、

---

① 章学诚：《校雠通义·汉志·诗赋第十五》。
② 参见孙家洲、杨贤军：《西汉纵横家探论》，载《中国史研究》，1993 年第 2 期。

蚕、箴，皆用当时社会上流行的"隐语"写成。"隐语"即是"谜语"。反复铺陈事物特点，直到结尾之处才点明所赋为何物，荀子《赋篇》，体现了他对民间文学形式的吸收。其实，春秋战国直到西汉，隐语也是宫廷中常见的娱乐方式。在宴会或外交场合，诵赋猜谜，既可活跃气氛，又可以测验智力；善用之，还可以在亦庄亦谐的形式下，起到讽喻和劝戒的作用。帝王宫中所蓄养的倡优，就常用这种方式来实现自己的娱乐功能。如：春秋时楚国的优孟，战国时齐国的淳于髡，秦朝的优旃，都是其中的翘楚。司马迁并未因他们是随侍帝王左右调笑取乐的优伶而鄙视他们，还为他们专门写了一篇《滑稽列传》，对于他们的机智幽默、匡君济世表示了欣赏和肯定。其中特别是优旃，在秦始皇和秦二世这样的枭雄或昏君面前，能够在诙谐风趣之中，谏阻扩大皇室禁苑、遍漆都城这些劳民伤财之举，在专制淫威面前，他们所起的作用，是正襟危坐的政治家和政论家所无法比拟的。而现代有清谈倾向的某些论者，仅因看到赋体起源与倡优俳词的关系，就主张否定赋的社会意义，实在是有欠雅量。

若从文体演变而言，把隐语、倡优俳词视为赋源中的主流，亦不为过。特别是自设问答、韵散配合、善于描摹事物特征，在游戏之中寄托讽喻之旨，——凡此诸种，皆在汉赋之中得以继承和发展。西汉赋作名家之中，颇染倡优色彩者，首推枚皋和东方朔。《汉书·艺文志》"诗赋略"，分赋为四类，在"杂赋"之末列出"《隐书》十八篇"，正可说明从刘向、刘歆父子以来，汉人是把"隐语"列为赋类的。

汉赋起源的多源性，加之时代对于文学的呼唤，为汉赋提供了无尽的活力，勃勃的生机。

（二）汉赋的类型与经典名篇

1. 骚赋

楚文化在汉代社会备受尊崇，汉人对屈原《离骚》等楚辞名篇的推崇和仿作，是骚赋形成、盛行的主要契机。一身才气的青年政论家贾谊（前200—前168），因得罪军功权贵，而被汉文帝疏远，出为长沙太傅。他自认为与屈原的秉性和始信终疑的阅历十分相似，在凭吊屈原于湘水之滨时，写出了《吊屈原赋》。这是汉代骚赋的开篇之作，其思想感情和文字表达方式皆模拟《离骚》。

此后，以骚体为赋，成为众多赋家的选择，骚赋大行于世。西汉末年，扬雄有"赋莫深于《离骚》"①之誉，实视《离骚》为赋的最高境界，也道出了汉代赋家对骚赋的喜爱之情。

骚赋的形式特征是：不借助于问答而直接陈述；通篇为韵文，基本句式以四、六言为主，句中往往喜缀"兮"字；篇末有结语，一般用"乱曰"（或"讯曰"）来表示。

骚赋的内容特征是：重点不在于咏物，而在于抒情，抒发作者个人的真实感情。

骚赋的特点，表明了它与楚辞的渊源关系，也形成了自己鲜明的特色：句式规正而间有变化，节奏鲜明而有一唱三叹之势，最便于文人墨客直抒胸臆。汉代没有文人诗，可能与文人抒情的需求通过骚赋写作得到满足有关。

骚赋的传世名篇甚多，司马相如的《长门赋》堪称长篇抒情赋的经典之作。司马相如（前179？—前118），字长卿，成都（今四川成都）人。他有一段与卓文君的风流佳话，对于男女情事的体悟与描摹，确实卓绝一世。陈皇后被汉武帝废居长门宫，经历了由专宠到失意的人生巨变，这一题材被敏感的才子司马相如充分发掘，就有了《长门赋》的写作问世。他以第一人称的表达方式，重现失宠皇后的凄苦命运和痴情向往。陈皇后的天生丽质已不是赋家关注的重点，废居长门冷宫后的孤寂悲哀，博得了相如的一腔同情，于是"宫怨"成为本篇的主题。"魂逾佚而不反兮，形枯槁而独居。""日黄昏而望绝兮，怅独托与空堂。悬明月以自照兮，徂清夜于洞房。""忽寝寐而梦想兮，魄若君之在旁。惕寤觉而无间兮，魂廷廷若有亡。"此情此景，堪称哀婉动人。无怪乎南朝梁代萧统编集《昭明文选》时，在《长门赋》前收录一则短序，称汉武帝读了《长门赋》后，大受感动，陈皇后得以复幸。这虽与史实不符，但却说明了一个事实：如泣如诉的文字，确有动人心魄之效。

与之相映成趣的是，汉武帝《悼李夫人赋》，倾诉了对亡故宠妃李夫人的追思之情，缠绵悱恻，实不意其出于百代雄主之手笔。

骚赋既以长于抒发作者的真情实感而著称，那么，自叹怀才不遇的作品就

---

① 《汉书》卷八七，《扬雄传·赞》。

找到了一个最好的突破口。司马迁的《悲士不遇赋》，开篇即作抗议之语："悲夫，士生之不辰，愧顾影而独存。""何穷达之易惑，信美恶之难分。"面对来自政治上层的压抑，如果仅限于发泄不满，那就难免器度狭小之嫌，东汉初年冯衍的《显志赋》，实为汉代赋家大增光彩。冯衍（生卒年不详，主要活动于王莽至明帝时期），京兆（今陕西西安市东南）人，出身于名门望族，博通群书，富于才略，因曾与光武帝分属敌对阵营，归汉之后仍遭受排斥，终遭逸谮，坐废家居，在贫困之中，又遭丧子之祸。就在这种四面楚歌的环境之中，他创作了高标人格尊严的《显志赋》。当时的赋作者，大多习惯于歌颂皇权盛德，冯衍却不屑于去做趋炎附势者，他把抑郁愤懑之情，通过对古代事件和人物的评价而倾诉出来，爱憎分明，情感激越，实际上是在指责时政。"行劲直以离尤兮，羌前人之所有；内自省而不惭兮，遂定志而弗改。""惟吾志之所庶兮，固与俗其不同；既倜傥而高引兮，愿观其从容。"① 表达了他不阿世媚俗的心态，无异于是一篇与朝廷不合作的宣言。作者也因此而受到了光武帝与明帝父子的废黜，在贫困抑郁之中了其残生。冯衍生平和《显志赋》，深刻地揭示了专制制度扼杀人才的黑暗面，在东汉前期赋作之中，以真情流露和思想深刻而独步一时。

到东汉后期，一批抒情小赋又领风骚，成为汉代骚赋的辉煌殿军。其中，赵壹的《刺世疾邪赋》和蔡邕的《述行赋》，最为人所称道。他们的作品，不尚典雅，不事含蓄，讥讽时政，批判积弊，以嬉笑怒骂的方式，对当时的黑暗现实给予无情的揭露和鞭笞。赵壹（生卒年不详），汉阳西县（今甘肃天水）人。他对世风和当朝统治者已不抱任何希望："秦汉无以相逾越，乃更加其怨酷。宁计生民之命？唯利已而自足。""法禁屈挠于势族，恩泽不逮于单门。宁饥寒于尧舜之荒岁兮，不饱暖于当今之丰年。"② 把作者嫉恶如仇的秉性，淋漓尽致地表现了出来。《述行赋》则把对统治者腐败行为的批判和对下层民众贫困生活的同情溶为一体，表达了作者忧国忧民之情。

2. 辞赋

辞赋之"辞"，不是狭义的"楚辞"之辞，而是"辞令"之辞。这种广义

---

① 《后汉书》卷二八下，《冯衍传下》。
② 《后汉书》卷八〇下，《赵壹传》。

的理解，有助于我们理解汉赋和纵横辞令、俳词优语的渊源关系。此类赋作，前人曾以"散文大赋"来概括。

活动于西汉文景时期的枚乘所作《七发》，虽不以赋名篇，实际是汉代辞赋的奠基之作，标志着汉赋创作进入了鼎盛时期。

辞赋的形式特征是：自设问答，在反复辩难之中，展开叙述；韵散结合，首尾用散文，中间用韵文；一篇之中，韵尾和句式长短均可变化；多用夸张之法、艳丽之辞。

辞赋的内容特征是：多用于铺叙和描述恢宏的场景，故容易流于专为帝王提供娱乐。在赋的"体物"特征方面，它表现得最为集中；而同时，以往学界对汉赋缺陷的诸多批评，也以"辞赋"一类承荷最多。

辞赋的典范之作，应该首推司马相如的《子虚上林赋》（《文选》分题为《子虚赋》和《上林赋》，据当代学者考证，实为一篇）。司马相如在汉代辞赋发展史上的杰出地位，鲁迅先生在《汉文学史纲要》中早有定评："汉兴好楚声，武帝左右亲信，如朱买臣等，多以楚辞进，而相如独变其体，益以玮奇之意，饰以琦丽之辞，句之长短，亦不拘成法，与当时甚不同。"

这篇洋洋数千字的鸿篇巨制，是司马相如的呕心沥血之作，甚至有这样的创作传说："意思萧散，不复与外事相关，控引天地，错综古今，忽然如睡，焕然而兴，几百日而后成。"[①] 司马相如设计了一组三人关系，使自设问答的文学手法更为严密和生动。开篇即写楚国使臣"子虚先生"奉命使齐，在参加齐国国君游猎盛举之后，与齐国大夫"乌有先生"及天子代表"亡是公"相遇，各逞谈锋。子虚夸言楚国云梦巨泽的规模及楚王游猎的壮观场面，褒楚而贬齐。乌有先生则反唇相讥，盛称齐境之辽阔非楚人所可想象，一句"吞若云梦者八九于其胸中，曾不蒂芥"，使子虚瞠目结舌。在座的亡是公器度更是不凡，以举重若轻之势，极力渲染天子上林苑的巨大规模、天子出猎的皇家盛仪。在极尽描摹之能事之后，笔锋顿转，又写了一段天子对奢侈行为自行反省的文字，使皇帝在精神境界上又具备了凌驾于诸侯藩王之上的资格。亡是公自然可以嘲笑楚、齐两国"以诸侯之细，而乐万乘之所侈"的失于节制之举。结

---

① 《西京杂记》卷二，"百日成赋"条。

果使得"二子愀然改容，超若自失，逡巡避席"以示谢罪。此赋情节生动，气魄宏大，精彩纷呈，高潮叠起。他写上林苑的河流，竟夸张为"荡荡乎八川分流，相背而异态"；他描述天子观乐的场面，是"千人唱，万人和，山陵为之震动，川谷为之荡波"[①]。司马相如作为一代文豪，其在开局谋篇、遣辞造句方面的天才，在此赋中一展无遗。

司马相如的《子虚上林赋》等作品，奠定了作为汉代文豪的地位。汉武帝给予激赏，后世文学家仿作不断，西汉后期，扬雄的《长杨赋》，东汉前期班固的《西都赋》和《东都赋》，东汉中期张衡的《西京赋》与《东京赋》，都是在借鉴司马相如赋作的基础之上，有所发展、有所突破的。长篇辞赋本以描述山川树木、京都宫殿、奇兽珍禽、狩猎饮宴为其胜场，固有贵族化的倾向，但张衡的二京赋，却突破了这种服务于权贵的局限，在反映社会风情方面独树一帜。张衡（78—139），南阳（今河南南阳市）人，是东汉最著名的科学家和文学家。他的《西京赋》，为了重现西汉都城的繁荣，在宫殿苑囿之外，细述市井景象，如实记录了平民的生活环境和气氛。特别是其中描写平乐观前演出百戏的一段文采飞扬之作，更是引人入胜。赋中出现的汉代杂技与幻术的名目，就有角抵、扛鼎、寻橦、橦技、跳丸剑、走索、吞刀吐火、鱼龙曼衍等十多种。其中有的节目，直到现在仍有其艺术生命力。如此种类繁多、炫人耳目的百戏表演，出现在两千年前的都城长安，真是令人叫绝。这段赋文，实际上成了研究汉代杂技最可宝贵的史料。假若没有这篇赋的细致描述，当今学人恐怕无法解读大量汉代画像砖画面中的杂技场景，无从了解汉代的艺术发展水平和生活实况。在《东京赋》中，他又为后人保留了"大傩"礼的盛大场面。"大傩"本是先秦时期的宗教祭祀活动，到汉代则成为仍具有宗教意义的礼俗节日，在腊日前夕举行迎神驱邪的活动，以保佑来年生活幸福吉祥。此赋也具备第一手史料的价值。

长篇辞赋，常受到"思想性不强"的批评，几篇短篇辞赋，则以其强烈的感情色彩而垂名青史，其中以东方朔的《答客难》最具思想锋芒。据《汉书·东方朔传》，他本是一位有济世安民理想追求的才子，也曾多次直言规谏汉武

---

① 《汉书》卷五七，《司马相如传》。

帝，屡发切中时弊之论，或许是为了远祸保身，他的言谈不取谠言正论，而是"指意放荡，颇复诙谐"，最后在武帝心目中竟成了一个文学弄臣。面对这尴尬的处境，他心有不甘，于是在《答客难》中，设客难己，随即在驳论中，一泄遭受压抑的胸中块垒。赋的开篇，假托有客发难，嘲讽东方朔自视甚高，"博闻辩智"、"海内无双"，但混迹客场多年，却难以飞黄腾达，"官不过侍郎，位不过执戟"，远不及战国纵横家苏秦和张仪，这是否是因为他缺乏才干、甚至有劣迹秽行？面对这种刻薄的质疑，东方朔成竹在胸，他首先断言，客的发难恰好暴露了不知时变的局限："是故非子之所能备也。彼一时也，此一时也，岂可同哉？"他说，苏、张活动在列国分争之世，各国君主深知"得士者强，失士者亡"的道理，所以贤智之士得以从容择主，逞其才能；而他所处的一统盛世，贤能之士没有脱颖而出的机会，与古人相比，他心安理得，如果让苏、张之徒与他"并生于今之世，曾不得掌故，安敢望侍郎乎！"从表面上看来，他是安于现状了，他是在歌颂汉家功德了，但是且慢！请读如下数语：圣主在上，士人的命运是无法由自己掌握的，"尊之则为将，卑之则为虏；抗之则在青云之上，抑之则在深渊之下；用之则为虎，不用则为鼠"①。这是一种技巧高明的控诉，旨在揭露一统天下的政治惰性，揭露专制帝王不分贤愚、压制人才，发泄了士人怀才不遇的失落感和愤怒情绪。笔锋犀利，议论酣畅，其效果与司马迁在《悲士不遇赋》中呼天抢地式的抗争，同样具有震撼人心的作用。也正因为如此，扬雄仿作而有《解嘲》一赋，同样以诙谐的言语、豁达的心态，批判了社会现实。

3. 俗赋

以通俗浅显的文字，对历史传统和民间故事加工、整理而成的赋，即为俗赋。俗赋来自民间，也主要流传于民间，与文人之作有明显的不同。在传世的汉代赋作中，不见俗赋的踪迹，故学界言及俗赋，本以汉魏之际曹植的《鹞雀赋》为最早，而连云港市尹湾汉墓出土的《神乌赋》，遂使俗赋出现的时间，提前到了西汉后期。

实际上，对俗赋研究的重视，是由敦煌藏卷中的通俗故事赋被发现之后引

---

① 《汉书》卷六五，《东方朔传》。

发的。有卓识的学者容肇祖先生早在 20 世纪 30 年代就指出：汉宣帝时王褒的《僮约》，其体裁类似于"用白话作成的韵文赋"，并推测在汉代民间已有"说故事的白话赋"①。《神乌赋》的破土而出，证明了容先生的远见卓识。

《神乌赋》共约 660 余字，采用拟人化的手法，讲述了一个禽鸟护巢的故事，塑造了一个感人至深的"神女鸟"形象，更寄寓了深刻的人生哲理。神女鸟是一只美丽、贤惠的雌鸟（乌鸦），原本有恩爱家庭。夫妻不辞辛苦，长途取材以筑新巢，却有盗鸟窃走材料。神女鸟发现之后前往追讨，先用仁义礼让之道规劝对方，盗鸟却蛮不讲理，神女鸟为保护自己的家园，只好奋力拼争，与盗鸟展开生死搏斗，结果，身受重伤。在生死关头，她想到的是丈夫和孩子，劝解悲痛欲绝的丈夫"死生有期，各不同时。今虽随我，将何益哉?"她还主张让丈夫另娶新妇，但必须"毋听后母，愁苦孤子"。为了不以重伤不治之身累及家人，她果断地了结自己的生命。在神女鸟身上，作者寄托了仁、义、勇等理想化人格。鸟类的善恶之争，反映的是人类社会的常见现象。作者描绘的为善不得好报的结局，意在告诫读者什么? 在赋的结尾，作者明确指出：善类必须自强，要有自卫和行善的能力，应该象凤凰、蛟龙、千里马那样成为强者。② 只有如此，才能保证正义战胜邪恶! 两千年的时光，并没有冲淡这一人生哲理的光辉。天行健，君子须当自强不息!

汉赋，以它的恢宏衍丽，在文学发展史上留下了辉煌的一页。但对它的评价，特别是政治文化功能的褒贬，也一直存在着相当大的分歧，关键在于：汉赋（特别是长篇辞赋）的作者，是否有"讽谏"的意识? 如果有，那么它的实效又如何?

对于这个问题，西汉时期就有了不同的看法。司马迁充分肯定了相如赋的讽谏意义，汉宣帝也以诏书的形式，肯定讽谏作用的存在："辞赋大者与古诗同义，小者辨丽可喜……尚有仁义风谕、鸟兽草木多闻之观。"③ 而扬雄则认为，即便是卓越的司马相如，秉持讽谏宗旨，但赋作者首先要铺叙场面，对读

---

① 容肇祖：《敦煌本〈韩朋赋〉考》，见国立中央研究院历史语言研究所集刊外编：《庆祝蔡元培先生六十五岁论文集》，下册，648 页，北平，1935。

② 参见裘锡圭：《〈神乌傅（赋）〉初探》，骆名楠：《文坛古珍〈神乌傅（赋）〉》，均收入《尹湾汉墓简牍综论》，北京，科学出版社，1999。

③《汉书》卷六四下，《王褒传》。

者而言，难免会产生向往之感，所以实际上起不到对统治者婉言规劝的作用。他以相如《大人赋》为例，相如的本意在于说明帝王不宜于追慕仙人生活，但汉武帝读后，却有飘飘欲仙之感，这岂非对"讽谏"本意的背离！于是，扬雄得出结论说："由是言之，赋劝而不止，明矣。"① 东汉的班固又对扬雄的这种说法表示决不认可："扬雄以为靡丽之赋，劝百而讽一，犹骋郑卫之声，曲终而奏雅，不亦戏乎？"②

实际上，汉代辞赋作者在反对帝王骄奢淫逸这一重大问题上，有着相当普遍的讽谏意识。司马相如的《子虚上林赋》，借"亡是公"之口，公开批判楚齐两君的行为不合于道德，有害于民众；嗣后又以天子自省的方式，指出了天子贪于游猎，是"务在独乐，不顾众庶，忘国家之政，"言辞已属十分尖锐了。扬雄在《长杨赋》中，把批评的矛头直接指向了当时的汉武帝，《羽猎赋》表面是在批评汉武帝"游观侈糜，穷妙极丽"，而骨子里是要成帝引以为鉴戒。班固是受正统思想束缚较多的一位学者，但在《西都赋》中同样对最高统治者的逾礼奢华给以公开的批评。张衡的讽谏意识更为鲜明，《后汉书·张衡传》载其著赋宗旨："时天下承平日久，自王侯以下，莫不逾侈，衡乃拟班固《两都赋》，作《二京赋》，因以讽谏。"

当然，汉赋"讽谏"的社会效果，恐怕不宜于估价过高。赋家只是言语与思想的提供者，统治者能否采纳，是这批文人学士所完全无力干预的。实际上，即便是著名政论家提出的治国要略，是否产生实际效果，也取决于统治者的好恶取舍，因此后人实在没有理由要求赋家承担什么责任和义务。

平心而论，过多地从"讽谏"意识与效果的角度去谈论汉赋的得失，实际上是局限于"文以载道"的思维模式之内而苛求古人。如果把汉赋当作一种文学体裁、艺术作品来衡量，它反映了当时社会的生存状态和精神风貌，形成了自己的思想内涵和表现手法，体现出独特的审美情趣，那么，我们就应当肯定它的价值和历史地位。

---

① 《汉书》卷八七，《扬雄传》。
② 《汉书》卷五七，《司马相如传·赞》。

二、缘事而发的乐府

乐府，本来是古代国家管理音乐事务的官署。乐府的设置，根据文献的记载始于汉武帝时代，而 1977 年在秦始皇陵附近出土了带有"乐府"铭文的甬钟，证明了秦代已有乐府的存在。汉代历史文献所见"乐府"都是指主管音乐的官署，而把在乐府机构中配乐演唱的诗歌称之为"歌诗"。魏晋以后始把汉人所称的"歌诗"改称为"乐府"，成为一种特殊的文学体裁。汉代的乐府，是除汉赋之外最主要的韵文体裁。在我国诗歌发展史上，它是从先秦的《诗经》到唐代的诗歌之间的重要桥梁和纽带。汉代的乐府是《诗经》文化精髓的继承者。当代学者余冠英先生对此给以高度的评价："我们应该指出，中国文学的现实主义精神虽然早就表现在《诗经》，但是发展成为一个延续不断的、更丰富、更有力的现实主义传统，却不能不归功于汉乐府。"①

对汉乐府的整理和研究，历来为学人所重视，重大成果，代有累积。宋人郭茂倩辑录《乐府诗集》，近人闻一多撰写《乐府诗笺》，今人逯钦立编辑《先秦汉魏晋南北朝诗》，使乐府诗的编录臻于完备；今人萧涤非的《汉魏六朝乐府文学史》②、王运熙的《乐府诗述论》③，可视为反映时代研究水平之作。此外，曹道衡的《汉魏六朝文学论文集》④，以功力深沉识见博雅见长，张永鑫的《汉乐府研究》⑤，则以刻意求新引人注目。这也说明，汉代乐府诗的研究，还有更大的发展空间。

（一）汉乐府的鼎盛及其分类

班固在《汉书·艺文志·诗赋略》中有一段治史者所熟知的话："自汉武立乐府而采歌谣，于是有赵代之讴、齐楚之风，皆感于哀乐，缘事而发，亦可以观风俗，知厚薄云。"这段话涉及乐府始设、乐府的内容及其文化功能等重

---

① 余冠英：《乐府诗选·前言》，14 页，北京，人民文学出版社，1997。
② 1944 年中国文化服务社出版，后由人民文学出版社多次出版。
③ 上海古籍出版社 1996 年出版。
④ 广西师范大学出版社 1999 年出版。
⑤ 江苏古籍出版社 1992 年出版。

要事项。班固曾多次明确乐府始设年标，《汉书·礼乐志》载："至武帝定郊祀之礼，……乃立乐府，采诗夜诵，有赵代秦楚之讴。以李延年为协律都尉，多举司马相如等数十人造为诗赋，略论律吕，以合八音之调，作十九章之歌。"他又在《两都赋·序》中说："至武帝之世，乃崇礼官，考文章，内设金马石渠之署，外兴乐府协律之事。"与《艺文志》所言，若合符契。班固有良史之誉，如无相当依据，当不会如此言之凿凿。然而，史籍中又确有自相矛盾的记载：据《史记·乐书》在孝惠和文、景之世，已有乐府；而在《汉书·礼乐志》中，也有孝惠二年乐府令夏侯宽的记载。那么，乐府究竟是出现于汉初，还是武帝始立，就成了一个难以论定的历史之谜。1977年在秦始皇陵附近出土了带有秦篆"乐府"二字的错金甬钟，为破解这个谜底，提供了可能。乐府在秦代已经出现，汉初沿袭其制，实在情理之中。那么，对班固多次论及的乐府始设于武帝的说法，该如何理解？恐怕只能从乐府的职掌在汉武帝时代经历过重大变化来考索。

上引《汉书·礼乐志》的记载，尤为重要。它涉及武帝之时与乐府相关的几个变化：定郊祀之礼，采地方风谣，以宫廷文学家填写诗赋，以宫廷乐师论律合音。其间透露出这样一种可能：采地方风谣以作乐府诗的来源可能是汉武帝时代的一个新变化。换言之，武帝之前，乐府只典掌雅乐，武帝始令乐府负责各地俗乐的收集和整理。这正是此后汉代乐府不断扩大其影响的原因。于是班固载之为武帝始立乐府，《汉书·艺文志·诗赋略》中列出吴、楚、汝南等地歌诗138篇，无疑是西汉乐府采集地方民谣的直接证明。

乐府诗的分类，《汉书·艺文志》语焉不详。东汉末年的文学家兼音乐家蔡邕，将东汉明帝时的宫廷音乐分之为四个品级："一曰太予乐，郊庙上陵之所用焉……二曰雅颂乐，辟雍飨射之所用焉……三曰黄门鼓吹乐，天子宴群臣之所用焉……四曰短箫铙歌乐，军中之所用焉。"[1] 前两品为雅乐无疑，后两品是否为俗乐，学界尚有不同意见的争鸣。[2] 黄门鼓吹乐的主要部分是相和歌辞，而现在传世的相和歌辞，大多源于民歌，似乎把黄门鼓吹列为俗乐更为恰当。南朝学者沈约就曾指出："凡乐章古词，今之存者，并汉世街陌谣讴，《江

---

① 《隋书》卷一三，《音乐志上》。

② 参见姚大业：《汉乐府小论》，23～29页，天津，百花文艺出版社，1984。

陕西汉中褒斜道石门摩崖石刻

局部

313

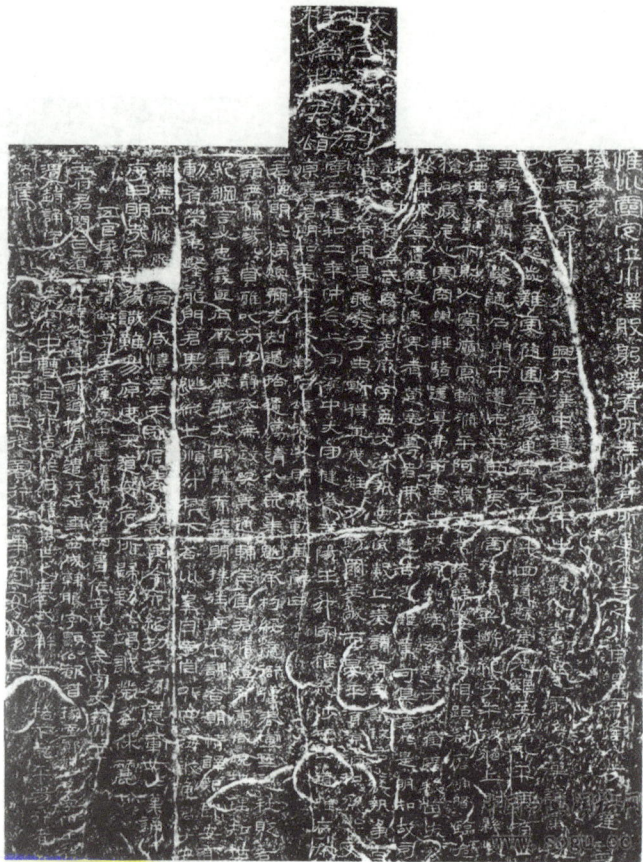

《石门颂》（拓片） 全称 《汉司隶校尉楗为杨君颂》

东汉摩崖石刻

纵261厘米，横205厘米，全文655字

陕西汉中博物馆藏

《汉礼器碑》 全称 《汉鲁相韩来力造孔庙礼器碑》

东汉

纵227.2厘米，横102.4厘米，

山东曲阜孔庙藏

铜奔马
马高34.5厘米，长45厘米
甘肃省博物馆藏

秦始皇陵铜车马（模型）
车马全长317厘米，高106.2厘米
秦始皇兵马俑博物馆藏

陕西西安秦始皇陵

秦双兽纹瓦当

汉万岁瓦当

汉封泥「乐府」

秦封泥「泰医承印」

《轪侯家属墓生活图》
西汉帛画
纵205厘米，上横92厘米，下横47.7厘米
湖南省博物馆藏

角抵图
河南新密打虎亭汉墓壁画

角抵图
临沂汉墓帛画

济南出土西汉乐舞百戏彩陶俑群

山东沂南汉墓广场百戏石刻

南可采莲》、《乌生》、《十五子》、《白头吟》之属是也。"①

蔡邕的四分法，未免太过笼统。后世学者务求向细致具体方向发展。

宋代著名学者郑樵在《通志·乐略》中，把上古至唐代的乐府诗作，详细划分为53类。它有精密详尽的特色，却又难免过于繁琐之讥。郑樵对其中的汉乐府部分，是下了较大功夫的，他专列了几类汉乐府，特别是对"相和歌辞"一类又详作区分，并把"相和"与"鼓角横吹"等来自于民间的作品，尊为乐府之中的"雅声"，给以前所未有的尊崇评价。

另一位宋代学者郭茂倩，积前人之大成，以一人之力编定《乐府诗集》一百卷，将历代合乐之作汇为一书，上起传说中的尧舜时代，下迄五代，分之为十二大类，与汉乐府有关的，共有七大类，即：郊庙歌辞、鼓吹曲辞（著名的《汉铙歌十八曲》列于其中）、相和歌辞、舞曲歌辞、琴曲歌辞、杂曲歌辞、杂谣歌辞。此后谈汉代乐府分类者，大多循其余轨。

如果从作者的不同社会阶层分析，汉代乐府诗实可划分为三大类别。

第一类，西汉贵族乐府。

此类乐府不仅作者通常为贵族，所咏物事亦限于贵族，且为天子朝廷所专用。

《安世房中歌》，用于宗庙祭祀。据《汉书·礼乐志》载，原名"房中祠乐"，作者是高祖唐山（复姓）夫人，至汉惠帝时，易名为"安世乐"，班固合前后两称于一而加著录。由于作者是高祖之妃，故对"房中"之义颇多歧说，实则"房"字在上古可指宗庙陈主之所，故称之为汉初的祭祖乐歌是恰当的。《安世房中歌》史称17首，其主要内容是在宣传儒家伦理，特别着力于表彰孝道。其第一章开宗明义："大孝备矣，休德昭清。"② 汉代重孝道的一代之制，实由此而见其端倪。

《郊祀歌》，用于祭祀泰一等天地尊神，是汉武帝确定郊祀之礼时，由文学家司马相如等人作歌，经音乐家李延年等人整理谱曲而成的作品。它共有19章，是西汉文人乐歌的代表作，表达形式明显带有模仿楚辞的色彩。其中部分篇章，或有一定的文学价值，如《日出入》一章，实为太阳神礼赞，气势非

---

① 《宋书》卷一九，《乐志一》。
② 《先秦汉魏晋南北朝诗》，《汉诗》卷四，145页、151页，北京，中华书局，1983。

凡；或可反映当时的重大历史事件，如《天马歌》：“天马徕，从西极，涉流沙，九夷服。”① 重现了汉武帝凿空西域的历史盛况，它所塑造的“天马”形象，实为汉代勇于开拓的精神风貌的真实写照。但从总体来看，《郊祀歌》是典型的宫廷文学和宫廷音乐作品，以侈陈乐舞声歌之盛为其能事，文字古奥，实非一般人能理解和接受。

《铙歌十八曲》，古人曾指为军乐，但其中内容极为庞杂。余冠英先生有如下一段精彩评论：“其中有叙战阵，有纪祥端，有表武功，也有关涉男女私情的。有武帝时的诗，也有宣帝时的诗；有文人制作，也有民间歌谣。”② 但是其演奏吟唱范围，则应限于宫廷之中，贵族之间。③ 《铙歌》历来号称难读，但其中确实有可称之为“神笔”的佳构杰作。如，体现反战情绪的《战城南》，反映男女情爱的名篇《有所思》和《上邪》，其思想价值和文学成就，皆可称之为汉代乐府的代表作。《铙歌》皆以变化繁富的长短句写成，这与楚辞余音的《安世房中歌》、《郊祀歌》迥然不同，这与吸收了北狄、西域的“新声”直接相关。它为我国诗体的发展，别开一新局面。

第二类，两汉民间乐府。

这是汉代乐府的精华所在。民间音乐历代多有，泛称为“俗乐”，与官方庄严肃穆的“雅乐”相对比，它少有意识形态的拘束，生动活泼而富于生命力，故往往受到朝野上下的喜爱。春秋战国之世，著名统治者喜爱俗乐而厌听雅乐的故事，就可以说明这一点。到西汉中后期，俗乐的整体音乐水准达到了一个新的层次：“往者民间酒会，各以党俗，弹筝鼓缶而已，无要妙之音，变羽之转。今，富者钟鼓五乐，歌儿数曹；中者鸣竽调瑟，郑舞赵讴。”④ 帝王与达官显贵喜爱俗乐的记载不绝于史。乐府的采诗活动在汉武帝之世形成一个高潮绝非偶然。《汉书·艺文志》著录了保存于宫廷之中的各地民歌：吴、楚、汝南歌诗十五篇；燕、代讴、雁门、云中、陇西歌诗九篇；邯郸、河间歌诗四篇；齐、郑歌诗四篇；淮南歌诗四篇；左冯翊、秦歌诗三篇；京兆尹秦歌诗五

---

① 《先秦汉魏晋南北朝诗》，《汉诗》卷四，145 页、151 页，北京，中华书局，1983。
② 余冠英：《乐府诗选·前言》，7 页，北京，人民文学出版社，1997。
③ 参见曹道衡：《汉魏六朝文学论文集·试论“铙歌”的演变》，南宁，广西师范大学出版社，1999。
④ 《盐铁论·散不足》。

篇；河东、蒲反歌诗一篇；洛阳歌诗四篇；河南、周歌诗七篇；周谣歌诗七十五篇；周歌诗二篇；南郡歌诗五篇。遗憾的是，西汉时期的民间乐府大多失传，现在保留下来的汉乐府，大多是东汉时期的。

民间汉乐府，集中收录于郭茂倩《乐府诗集》的《相和歌辞》、《杂曲歌辞》两大部类之中，在"杂歌谣辞"中收录的徒歌（不入乐）及谣谶、谚语等，也具有民间文学的意义。此外，《古诗十九首》以及《孔雀东南飞》等作品，虽经文人润色，依然未曾脱离民间乐府诗的范畴。其主要内容，详见下述。

第三类，东汉文人乐府。

民间乐府诗，在西汉时就成了文人仿作的对象，至东汉形成了文人乐府的第一个高潮。文人乐府之作，郭茂倩列入《杂曲歌辞》之中；逯钦立把著名文士的乐府作品集中于《汉诗》卷五——《汉诗》卷七，为读者提供了便利。

民间乐府为原创，文人乐府是仿作。原创来自于现实生活，生机勃勃；仿作依样画葫芦，很难形成自己的个性。文人乐府的形式，多为五言，这对于五言诗的发展，无疑起了很大的作用。如班固的《咏史》，虽被人评为"质木无文"，但却引起了上层文人的关注，相继创作，经张衡《同声歌》，发展到蔡琰的《悲愤诗》，五言新体的诗已在诗坛形成了风气。所以，文人乐府在反映社会生活方面，较之民间乐府确有相当差距，但在古代诗歌发展史上，仍有其一席之地。

（二）民间乐府的内容

班固把乐府诗的特点，概括为"感于哀乐，缘事而发"，是非常有见地的。圣人有"诗言志"之说，故《诗经》多抒情而少叙事，甚至可以说，整个中国古代诗歌史上，成功的叙事诗为数是很少的。恰巧是汉代乐府在叙事方面独擅一时之盛。民间乐府能充分反映当时的社会生活，抒发作者的真情实感，这正是它的价值之所在。

1. 生动、形象地描述各种民间疾苦

吟愁唱苦，本是诗家的一大主题。汉乐府所描述的疾苦怨愁，是带有广泛的社会意义的，它与李清照"帘卷西风，人比黄花瘦"式的顾影自怜之作完全不同，在粗犷的风格之下，乐府展示的是一幅民间灾难图。

控诉战争和徭役给人民带来的灾难，表达社会的不满情绪，是乐府具有史料价值的相当重要的地方。《十五从军征》，是由一个征战毕生、暮年重返故里的老兵所见所思，借用一种貌似平和的言辞，以无奈、无助与哀伤的心态，发出了对战争的悲愤与抗议："十五从军征，八十始得归。道逢乡里人：'家中有阿谁?''遥看是君家，松柏冢累累。'兔从狗窦入，雉从梁上飞。中庭生旅谷，井上生旅葵。舂谷持作饭，采葵持作羹。羹饭一时熟，不知贻阿谁。出门东向望，泪落沾我衣。"① 面对这位形影相吊、老泪纵横的士兵，只要心非铁石，就该对战争深恶痛绝。《战城南》把反战情绪表达得更为激烈："战城南，死郭北，野死不葬乌可食。为我谓乌'且为客豪（嚎）! 野死谅不葬，腐肉安能去子逃!'"② 激战之后的战场，尸骸狼藉，战死者无人掩埋，招来一群前来啄食尸体的乌鸦，——这是何等凄惨的场景! 官方征兵让他们充当炮灰，死后竟无人为他们葬尸招魂! 作者假托战死者的口吻，祈求乌鸦：请你先为我哭嚎几声吧! 我死于荒野无人埋葬，根本无法远离你而去啊。战死的下场实在太惨，统治者的刻薄寡恩，实在令人发指，比啄尸的乌鸦更为可恶。战死的英豪，在哀叹之余，仍保持着忧国忧民之情，发出了最后的呼喊："禾黍不获君何食? 愿为忠臣安可得?"这已无疑是一种"尸谏"了!

农民承受着国家沉重的赋税和徭役负担，生活状况本来就是艰难的，稍遇天灾人祸，立即陷入绝境。《妇病行》就是选取了这样的典型情节——贫困之家，重病之妻在垂死之前叮嘱丈夫照顾好儿子，在饥寒交迫之中丈夫被迫卖子，"对交啼泣，泪不可止"③。——展开描述，通过一家的悲剧，反映了一个社会的黑暗。《孤儿行》则反映了父母双亡之后，兄嫂虐待幼弟的社会现象。孤儿本来生活在一个富裕之家，"父母在时，乘坚车，驾驷马"，父母逝世，却沦为兄嫂的奴仆，终年辛劳而"不敢自言苦。头多虮虱，面目多尘"。他甚至萌生了生不如死之念，"居生不乐，不如早去，下从地下黄泉"④。这位幼弟的遭遇，实际反映的是汉代僮仆的生活状况，可与王褒的《僮约》对读，《僮约》

---

① 《先秦汉魏晋南北朝诗》，《汉诗》卷十二，335～336 页，北京，中华书局，1983。

② 《先秦汉魏晋南北朝诗》，《汉诗》卷四，157 页，中华书局，1983。

③④ 《先秦汉魏晋南北朝诗》，《汉诗》卷九，270～271 页，北京，中华书局，1983。

是游戏之作，《孤儿行》则为血泪凝聚。

陷入困境而无力自救的人，为了求生，不得不铤而走险，《东门行》就写了一段"官逼民反"的故事：面对着衣食无着的绝境，丈夫拔剑而起，妻子牵衣哭泣，表示宁愿与丈夫过着困窘的生活，更希望丈夫顾念儿女，不要犯上作乱，而心意已决的丈夫，则明确表示："咄，行！吾去为迟，白发时下难久居！"①。社会之黑暗，已经使百姓无法安分守己，终其天年了。

2. 深入、具体地批判上层社会的奢侈风气

《相逢行》极力描绘京城贵族豪门的奢靡生活："黄金为君门，白玉为君堂。堂上置樽酒，作使邯郸倡。中庭生桂树，华灯何辉煌！兄弟两三人，中子为侍郎。五日一来归，道上自生光。黄金络马头，观者盈道旁。"② 东汉政论家王符所揭露的贵戚逾制的社会积弊："今京师贵戚，衣服饮食，车舆文饰庐舍，皆过王制，僭上甚矣"③，恰好可与之相互参证。此外，辛延年所作《羽林郎》："昔有霍家姝（或作奴），姓冯名子都。依仗将军势，调笑酒家胡。"④假托歌咏西汉霍光专制的往事，讥责东汉权贵纵奴横行市井的劣行。

把这些记载与反映下层民众困苦的诗作相对照，社会的不公与黑暗，顿时凸现于读者面前。

3. 尽情展示对美好爱情的向往，表达对自强自立女性的敬意

男女情爱之作，在民间乐府中占据了相当篇幅，佳作不胜枚举。保存在《铙歌》之中实为民间乐府的《上邪》和《有所思》两篇，是直露地表达男女情爱的代表作。《上邪》的主人公对着心上人信誓旦旦："山无陵，江水为竭，冬雷震震，夏雨雪，天地合，乃敢与君绝！"顿使千古多少痴男怨女的海誓山盟相形见绌。《有所思》则重现了一位刚强有决断的女子，在得知情郎已成负心汉之后，把原准备送给情人的礼物悉数烧毁的激烈场景："闻君有他心，拉杂摧烧之。摧烧之，当风扬其灰。从今以后，勿复相思，相思与君绝！"女主人的自立精神和果敢风度，实堪垂范千古。在这决绝的态度背后所流露的，又

① 《先秦汉魏晋南北朝诗》，《汉诗》卷九，270～271 页，北京，中华书局，1983。
② 《先秦汉魏晋南北朝诗》，《汉诗》卷九，265 页，北京，中华书局，1983。
③ 《潜夫论·浮侈》。
④ 《先秦汉魏晋南北朝诗》，《汉诗》卷七，198 页，北京，中华书局，1983。

何尝不是"爱之深故恨之切"的浓烈情感！而《江南》一诗，则以"鱼戏莲叶间"这一特定的江南水乡风情，巧妙地奏响了一曲含蓄优美的爱情歌曲。

而对于喜新厌旧、休妻另娶的男子，乐府加以谴责和批评。《上山采蘼芜》是其中的代表作。该篇以离妇与故夫之间的对话写成："上山采蘼芜，下山逢故夫。长跪问故夫：'新人复何如？''新人虽言好，未若故人姝。颜色类相似，手爪不相如。''新人从门入，故人从閤去。''新人工织缣，故人工织素。织缣日一匹，织素五丈余。将缣来比素，新人不如故。'"① 通过"故夫"的自悔之语，表达了作者对负心人的贬斥。

达官显贵自恃权势欺凌女子，更成为乐府诗作者冷嘲热讽的对象。《陌上桑》是此类题材中的不朽之作。诗的开篇部分，极言民间女子秦罗敷的美貌，致使所有见到她的男子都为之倾倒失态："行者见罗敷，下担捋髭须；少年见罗敷，脱帽著帩头；耕者忘其犁，锄者忘其锄；来归相怒怨，但坐观罗敷。"诗的主体部分，是写罗敷拒绝使君（当指郡太守）调戏，展示了罗敷的品德美和智慧美。使君自恃权势，唐突佳人："宁可共载不？"罗敷首先严辞拒绝："使君一何愚！使君自有妇，罗敷自有夫。"随后又机智地盛夸自己的夫婿，如何官职显赫，如何气度非凡，从心理上压倒了对方，使其不敢越礼相逼。结句"坐中数千人，皆言夫婿殊"②，以一种喜剧的气氛，赞美不畏权势的罗敷所取得的胜利。

封建礼教对美好爱情生活的破坏，更是乐府诗猛烈抨击的对象。中国古代第一长篇叙事诗《孔雀东南飞》，不论在思想性还是在艺术性上，都是汉乐府诗的骄傲。《孔雀东南飞》，一名《古诗为焦仲卿妻作》，最早著录于南朝陈代徐陵编选的《玉台新咏》。有学者认为此诗的写作年代当在南朝梁、陈时期。据诗前自序所言，该诗以汉末建安年间庐江府小吏焦仲卿夫妻之事写成，并有"时人伤之，为诗云尔"的说明，它应该创作于汉末，在长期流传过程中，被不断地加工增饰，故杂有六朝时期的习俗名物。它所记叙的是一场典型的婚姻悲剧，其震撼人心的艺术魅力，至今未曾稍减。诗中的主人公焦仲卿、刘兰芝夫妻感情甚笃，刘兰芝本是长于持家的贤妻，但焦母却无法容忍富有自立自强

---

① 《先秦汉魏晋南北朝诗》，《汉诗》卷十二，334 页，北京，中华书局，1983。
② 《先秦汉魏晋南北朝诗》，《汉诗》卷九，260 页，北京，中华书局，1983。

精神的儿媳，百般刁难，处处迫害。刘兰芝深知无法在焦家过正常的生活了，只好自请遣归。焦母亦逼迫儿子休妻，焦仲卿对妻子的勤劳善良了然于胸，曾在母亲面前为刘兰芝辩护："女行无偏斜，何意致不厚？"并以"今若遣此妇，终老不复娶"要挟母亲收回成命。但，这样的抗争无济于事，他只好与妻子抛泪告别，并暗约将来复婚："必相迎取"，"誓天不相负。"刘兰芝也表示："君既若见录，不久望君来。"刘兰芝回娘家，又遭到其兄的歧视和排挤，当郡太守派人为求婚时，势利眼的兄长竟逼迫她改嫁。初衷未改的焦仲卿闻讯赶来，责备刘兰芝负约，一句"贺君得高迁！"道出了无尽的悲痛、眷恋和绝望。在终将永失所爱之时，焦仲卿冲破了"孝道"的束缚，表达了殉情而死的决心："卿当日胜贵，吾独向黄泉。"刘兰芝也公开了自己的内心决定："黄泉下相见，勿违今日言。"这对恩爱夫妻，在封建礼仪的压抑之下，无法白头到老，却只能相互激励着走向死亡。刘兰芝在被迫改嫁的前夕，"揽裙脱丝履，举身赴清池"。焦仲卿闻讯，肝胆寸裂，"徘徊庭树下，自挂东南枝"。两人以自杀向礼教发出了最后的抗议。忠贞不二的爱情，得到世人的钦佩，于是在诗的结尾，我们看到了一段浪漫、神奇的文字，在悲伤的余韵中，寄托着人们美好的祝福和祈盼："两家求合葬，合葬华山傍。东西植松柏，左右种梧桐。枝枝相覆盖，叶叶相交通。中有双飞鸟，自名为鸳鸯。仰头相向鸣，夜夜达五更。行人驻足听，寡妇起彷徨。多谢后世人，戒之慎勿忘！"① 在这里，我们明显感受到了后世民间传说中"梁祝化蝶"原形的存在。

《孔雀东南飞》，在思想内容上表达了对封建礼教的深层次的批判，不仅刘兰芝勇于抗争，最初委曲求全最后却慷慨赴死的焦仲卿，同样具有叛逆精神，称他为"我国古代诗歌中第一个反封建礼教的伟丈夫！"② 自然可当之无愧。在艺术手法上，它达到叙事诗高境界高水平：叙事简练，脉络清楚；善于用对话来展开情节，描绘人物形象，揭示人物性格，十多人口中之语，皆符合特定身份，展现其特殊秉性；语言充满了浪漫情调和较高的审美意识，开篇"孔雀东南飞，五里一徘徊"一句，不知陶醉了千古多少文人墨客！

此外，乐府诗还反映了汉代追慕长寿、向往成仙的时代风尚，表达了为人

---

① 《先秦汉魏晋南北朝诗》，《汉诗》卷十，283～286 页，北京，中华书局，1983。
② 刘继才、闵振贵：《究竟应当怎样评价焦仲卿？》，71 页，载《文学遗产》增刊十七辑。

处世的许多感悟，或者劝人自奋，或者主张及时行乐，皆能言之成理。

总之，乐府诗是对汉代复杂的社会生活的全景展示，是一幅经过了美化处理的风俗画卷。这种纪实性的风格，与它的音乐性、文学性交相辉映，共同铸造了久盛不衰的生命活力。

三、雄浑壮丽的散文

秦汉时期的散文，成就最大的是两类，即政论散文和历史散文。此外书札散文也独具一格，珍品多多。

（一）政论散文：从冷峻激切到典雅宏博的变奏

秦始皇完成的大一统，在中国政治史上留下了辉煌的一页。但与他的烈烈武功相比较，文学却是黯然无光。有秦一代，真正的文学受到了摧残，在那个极端专制的年代里，只允许歌功颂德的文字流行，文化领域一片凋敝。后世学者把这种现象概括为"秦世不文"。

秦世不文，有其传统文化的渊源。在春秋战国时代，秦人就表现出尚质轻文的价值取向，特别是商鞅变法，把"诗书礼乐"视为重农重战的对立面，[①]法家理论的集大成者韩非更把传习古代学术与文化的人斥之为国家"五蠹"之首，"工文学者非所用，用之则乱法"。此处的"文学"，与后世的含义有很大不同，它泛指一切学术，主要是针对儒家而发（文学代指儒术，直到西汉仍是如此，如参加盐铁会议的"文学贤良"，其内涵与后世的文学家是不相关涉的），故有"儒以文乱法，侠以武犯禁"[②] 之说。秦借用法家理论治国，法家恶文尚质的一贯立场便不能不对统治政策产生影响。最明显的是，喜好专制与独裁的秦始皇，采纳李斯的建议，而有"焚书坑儒"之举，连"偶语《诗》、《书》"者都要杀头，谁还敢舞文弄墨、"以古非今"！在这样的文化高压政策之下，文学势必陷入重重困境。

于是，当着后人去寻觅秦代的文学家时，只能找到李斯。然而，当着我们

---

① 参见：《商君书·农战》。
② 《韩非子·五蠹》。

注意到李斯作品的年代和其作品性质时，我们仍然不得不感叹：秦世无文！李斯最有思想和激情，同时又文采逼人的作品，就是千古名篇《谏逐客书》。但是，那是写作于战国时代，当时的李斯，还是一个带有楚文化色彩的学子，一篇妙文写得文笔纵横，气势奔放，采辞华丽，夺人心魄，故能打动雄主，收回成命，为秦最终完成统一大业做出了独特的贡献。然而，秦统一之后，李斯的文采和他的理想追求一道消失了，代之出现的，是一种媚态和俗气。这一时期，李斯以个人名义传世的文学作品共有两篇，一是《论督责书》，二是《狱中上书》。《论督责书》写于秦二世上台之后，丞相李斯权柄渐失之时，用意在于阿谀君上，邀宠固权，其中最关键的一段是："夫贤主者，必且能全道而行督责之术者也。督责之，则臣不敢不竭能以徇其主矣。此臣主之分定，上下之义明，则天下之贤不肖不敢不尽力竭任以徇其君矣。是故主独制于天下而无所制也，能穷乐之极矣。……夫不能修申、韩之明术，行督责之道，专以天下自适也，而徒务苦行劳神，以身徇百姓，则是黔首之役，非畜天下者也！"[①] 姑且将其鼓吹极端君主专制的思想不加置评，仅就其文学素养而言，将它与《谏逐客书》对读，我们不难发现，华丽的文采已荡然无存，只有质直严苛之气游走其中，很难令人相信两篇文章竟是出于同一人之手。《狱中上书》是李斯被赵高所算计而下狱，以待死之身，给秦二世所上的一篇奏疏，通篇用反语写成，他表面上列数自己对秦的"七罪"，实则自言其功，意在乞怜保命。这是生命攸关的文章，李斯化一腔怨气为满篇哀情，文章倒也写得楚楚动人，且看结尾之笔："若斯之为臣者，罪足以死固久矣。上幸尽其能力，乃得至今。愿陛下察之。"[②] 文采虽存，但雄迈之气全无，与《谏逐客书》相比较，亦有天壤之别。

其实，最适应秦代政治要求，最能代表秦文章特色的，是李斯为秦始皇所撰写的诸山刻石文字。李斯多次扈从始皇，巡游东方，所过名山，往往刻石纪盛以颂功德，《史记·秦始皇本纪》收录了多篇铭文。历代都相信，文字系出李斯手笔。其中，《会稽刻石》堪称之为代表作。让我们摘其首尾两段文字以展现其特色："皇帝休烈，平壹宇内，德惠攸长。卅有七年，亲巡天下，周览

①②《史记》卷八七，《李斯列传》。

远方。遂登会稽，宣省习俗，黔首斋庄。群臣诵功，本原事迹，追道光明。……后敬奉法，常治无极，舆舟不倾。从臣颂烈，请刻此石，光垂休铭。"①它已不属于政论文章，而是典型的歌功颂德之作，不管原本行径如何，一定写得光明正大；明知是溢美之辞，也要写得言之凿凿，似乎心下无虚。不仅秦始皇需要这样的颂歌，历代统治者也莫不汲汲于寻求这样的"帮闲"大手笔。仅从两汉而言，司马相如有颂功遗作《封禅文》，促成了汉武帝的封禅盛举；扬雄著《剧秦美新》，为王莽代汉宣传鼓吹，只是由于王莽速亡，此文才成了扬雄遭人讥笑的一段笑谈；东汉复国，班固歌颂汉之二祖四宗而成《典引》，有"自序"称："臣固顿首顿首，伏维相如《封禅》，靡而不典；扬雄《美新》，典而亡实。然皆游扬后世，垂为旧式。臣固才朽，不及前人……不胜区区，窃作《典引》一篇，虽不足雍容明圣万分之一，犹启发愤懑、觉悟童蒙，光扬大汉、轶声前代，然后退入沟壑，死而不朽。臣固愚戆，顿首顿首。"② 有趣的是，班固本来是有意于纠正两位前辈的文章缺失而作的，但他的《典引》却也难免是空话连篇。看来要写出一部旨在"光大本朝"的颂德文章，又要做到典而有实，真是太难了。

歌功颂德之作，诚然是历代统治者需要并给以扶持的，但它们的学术生命必然有限。真正能从以文章而传之不朽的，必定是有深沉的思想内涵、有独特的学识才华的作家和作品。于是，汉初的政论文，成为汉家文章的代表之作。

文章首重气势。汉初政论文问世之初，即以气势恢宏而引人注目。从作者心态而言，他们绝不写歌功颂德之文，亦不甘以臣仆自居，他们要做"王者之师"，要以他们的胸中所学，去引导世风的变化。

汉初政论文发端者是陆贾，最典型的代表人物则是贾谊和晁错。

贾谊不幸早逝，年仅 33 岁，但他的政论散文，却历千古不减其魅力。西汉后期的大学者刘向就曾说："贾谊言三代与秦治乱之意，其论甚美，通达国体，虽古之伊（尹）、管（仲）未能过也。"③ 他的代表作有《过秦论》、《治安策》（或称《陈政事疏》、《论积贮疏》）等。

---

① 《史记》卷六，《秦始皇本纪》。
② 《后汉书》卷四〇，《班固传》。
③ 《汉书》卷四八，《贾谊传》。

《过秦论》的主旨在于总结秦代兴亡的历史经验与教训，为汉代统治者提供治国龟鉴。他指出秦短命而亡的主要原因，在于统治者不懂得"攻守之势异"、"取与守不同术"的道理，在统一天下之后，仍用战国并争之术立国治民，迷信暴力，不施仁义："秦离战国而王天下，其道不易，其政不改，是其所以取之守之者无异也。孤独而有之，故其亡可立而待。"①"逆取而顺守"的道理，此前虽由陆贾向汉高祖提出过，但真正给以系统论述的，恰是《过秦论》。这种治国方略必须随着形势的变化而变化的观点，在我国历史上产生了重大的影响，至今仍有其现实意义。贾谊讨论秦亡国的教训，是为了替当政者指明长治久安的方向，他把先秦儒学的"重民"思想给予极好的发挥，可惜的是，不仅当时的君主，就是后世的统治者，也很少有人把它真正视为治国精髓。

《治安策》，是针对汉文帝时在国家体制、边防危机、风俗吏治等方面的重大问题而发，是一篇全面陈述其政治观点的鸿篇巨制，同时也集中体现了贾谊学杂申韩之术、继承纵横之气的学术风貌。开篇即作惊人之语："臣窃惟事势，可为痛哭者一，可为流涕者二，可为长太息者六，若其它背理而伤道者，难遍以疏举。进言者皆曰天下已安已治矣，臣独以为未也。曰安且治者，非愚则谀，皆非事实知治乱之体者也。"②在他的笔下，汉初统治可谓是处处危机，需要他来敲响警世之钟。平心而论，如果贾谊所面对的不是汉文帝这样的开明君主，仅凭"痛哭""流涕"此类估计当前形势的言语，就足以招致杀身之祸。好在文帝还能平心静气地倾听他分析形势，指陈利害。贾谊指出，当时的广封同姓诸侯的体制，势必带来尾大不掉的政治危机。他总结汉初诸侯王抗命中央、甚至图谋叛乱的教训，得出"大抵强者先反"的结论，进而提出消除祸患的根本大计："欲天下之治安，莫若众建诸侯而少其力。……令海内之势如身之使臂，臂之使指，莫不制从。"他尖锐地指出："天下之势方病大瘇。一胫之大几如要，一指之大几如股，……失今不治，必为锢疾，后虽有扁鹊，不能为已。"③针对匈奴侵边所带来的边防危机，贾谊力主整军修武，征伐匈奴，改变汉廷受辱于匈奴的困境。他坚决反对豪强横行、富商僭越的社会风尚，提出打

---

①②③《汉书》卷四八，《贾谊传》。

击不法之徒、重农抑商的明确主张："夫百人作之不能衣一人，欲天下亡寒，胡可得也？一人耕之，十人聚而食之，欲天下亡饥，不可得也。饥寒切于民之肌肤，欲其亡为奸邪，不可得也。"① 这不仅揭露了汉代所存在的贫富分化的社会现象，并直言会因此而最终影响到国家的安危。他又总结周秦兴亡的历史经验，认为只有推行德政，才能长治久安；而严刑苛法，必然招致众叛亲离。《治安策》疏直激切，气势磅礴，胆识笔力，均当推许为西汉第一。

晁错（前200？—前154），颍川（今河南禹县）人。先习申商刑名之学，又奉文帝旨意，随儒学大师伏生学习《尚书》。他以建议并推行"削藩策"而著名，在随后发生的"吴楚七国叛乱"中，他成了汉景帝推出的"替罪羊"，以御史大夫之尊，身斩东市，全家诛灭。

晁错是文、景时期忠诚谋国的政治家和政论家。为了强化中央集权，巩固汉家统治，他不惜捐弃身家性命。他的许多政治观点，与贾谊一脉相承，他所提出的方案却更为具体和切实，少了一些书生论政的迂腐之气，多了一些可操作性。他的政论文章，主要有《贤良文学对策》、《言兵事疏》、《守边备塞务农力本疏》、《论削藩疏》、《论贵粟疏》等。

《贤良文学对策》，是晁错崛起于汉初政坛的成名之作，也是全面论述其政治思想的精彩篇章。其中引秦朝速亡的教训来劝谏汉文帝的一段话，尤为精彩："任不肖而信谗贼；宫室过度，嗜欲亡极，民力罢尽，赋敛不节，矜奋自贤，群臣恐谀，骄溢纵恣，不顾患祸；妄赏以随喜意，妄诛以快怒心，法令烦惨，刑罚暴酷，轻绝人命，身自射杀；天下寒心，莫安其处。奸邪之吏，乘其乱法，以成其威，狱官主断，生杀自恣。上下瓦解，各自为制……此吏不平，政不宣、民不宁之祸也。"②

《论贵粟疏》是汉初"重农抑商"思潮的代表作。他认为成功的统治者，应该运用政治权力，干预经济过程，以求达成国富民强的局面："圣王在上而民不冻饥者，非能耕而食之，织而衣之也，为开其资财之道也。"他以对广大农民的同情心，为"五口之家"的农民家庭算了一笔收支流水帐，指出农民一年辛苦，在承担沉重的徭役赋税之后，又有送往迎来等礼俗性支出，实在是入

---

① 《汉书》卷四八，《贾谊传》。
② 《汉书》卷四九，《晁错传》。

不敷出。而富商大贾却乘机牟取暴利，兼并农民，导致农民破产流亡。他沉痛地指出："今法律贱商人，商人已富贵矣；尊农夫，农夫已贫贱矣。"① 他敏锐地发现，某一阶层或社会集团的社会地位的高低，不完全由法律明文所规定，更与经济力量的强弱密切相关，因此，必须"贵五谷而贱金玉"，"以粟为赏罚"，才能真正稳定国家所赖以立足的小农经济。

《论削藩策》一文，则把晁错峻直的秉性、简明准确的文风，表现得淋漓尽致。一句"今削之亦反，不削亦反。削之，其反亟，祸小；不削之，其反迟，祸大"②，把中央与吴楚等强藩之间的复杂关系，说得透彻之极。

贾谊与晁错同为汉初政论家中的代表人物，其人格与文风，亦有异同。历代以二人并论之说颇多，其中以鲁迅先生所论，最为简明扼要："晁贾性行，其初盖颇同。……为文皆疏直激切，尽所欲言。惟谊尤有文采，而沉实则少逊。如其《治安策》、《过秦论》与晁错之《贤良对策》、《言兵事疏》、《守边劝农书》，皆为西汉鸿文，沾溉后人，其泽甚远。然以二人之论匈奴者相较，则可见贾生之言，乃较疏略，不能与晁错之深识为伦比矣。"③

汉武帝之世，是一个政治上多所变革而臻于鼎盛的时期，也是文坛学风转折的时期。就政论散文而言，出现了承袭前代余绪和开启未来之路两股发展趋势。

继承前期贾、晁为代表的学风，主要表现为思想比较自由、兼取诸子学说而带有纵横游说之气，文风激切感情充沛，其代表人物有：淮南王刘安、邹阳、司马相如、徐乐、主父偃等人。

刘安（约前179—前122），淮南厉王刘长之子，文帝十六年受封为淮南王。他多才多艺，以喜爱典籍、才思敏捷而著称。据说汉武帝每有诏书下达给刘安，总需文学家司马相如等人修改润色之后才发出。刘安博览群书，尤精道家学说，他招致宾客数千人于门下，与之纵论古今，切磋学问，最后结集成《淮南子》（又名《淮南鸿列传》）一书。刘安后以谋反之罪被武帝所杀，《淮南

---

① 《汉书》卷二四上，《食货志上》。

② 《汉书》卷三五，《荆燕吴传》。

③ 鲁迅：《汉文学史纲要·贾谊与晁错》，见《鲁迅全集》第 8 卷，291 页，北京，人民文学出版社，1981。

子》一书却以其自身的价值，流传至今。

刘安的政治与学术思想，有许多宝贵的东西。如，他对诸子学说持兼容并包的态度："百家之言，指奏相反，其合道一体也……故三皇五帝，法籍殊方，其得民心均也。"① 这种自居百家纷争之上的气魄与心态，恰是汉代政治、文化大一统格局的反映。他对儒家重视礼义廉耻的重要性，多次给予肯定，但却对"独尊儒术"的文化政策持尖锐的反对态度。他有意识地抬高道家学说的地位，尊之为"圣人之学"，"达人之学"，而把儒学贬为"俗世之学"，斥之为"内愁五藏，外劳耳目"，"以招号名声于世"，他态度决绝地表示："此乃我所羞而不为也！"对于儒学以《诗》、《书》礼乐为君主装潢门面、歌功颂德之类的闹剧行径，他更斥之为"买名誉于天下"，并认为儒家应对由此而出现的虚伪行诈、追逐名利、耽于淫荒等不良社会风俗负责。② 刘安甚至引用法家学说，来批判以董仲舒为首的汉儒所鼓吹的敬天法古思想："治国有常而利民为本，政教有经而令行为上；苟利于民，不必法古；苟周于事，不必循旧。"③ 刘安对儒学的评价是否准确，固然可从容讨论，但此种政论发表于汉武之世，却有反对思想统制、坚持百家争鸣的意义。甚至对于皇帝专制制度，刘安这位宗室王也敢于委婉地提出批评："且古之立帝王者，非以奉养其欲也；圣人践位者，非以逸乐其身也。为天下强掩弱、众暴寡、诈欺愚、勇侵怯，怀知而不以相教，积财而不以相分，故立天子以齐一之。为一人聪明而不足以遍照海内，故立三公九卿以辅翼之。绝国殊俗，僻远幽闲之处，不能被德承泽，故立诸侯以教诲之。"④ 这段话没给"君权神授"留下任何空间，天子只是为了维持社会秩序而设，君主没有"养欲""逸乐"的合法性，更无独断专行的权利。联系到汉武帝豪华的生活、对重臣的贬抑、对诸侯王国的重重限制，刘安的这番话，批评的矛头所向，是十分清楚的。后世论史者，不应该仅从刘安是诸侯王这种特殊身份，推断他的言论是为了捍卫王国利益而与中央分庭抗礼，这实在是由不同的政治理念所形成的分歧。

---

① 《淮南子·齐俗训》。
② 《淮南子·俶真训》。
③ 《淮南子·氾论训》。
④ 《淮南子·修务训》。

刘安散文的艺术性也是别具一格的。奇丽宏放，议论风生，使《淮南子》成为汉代子书中可与先秦子书比肩而无愧色的大作。构思奇幻，文采飞扬，讲究句法整齐，注意押韵上口，使《淮南子》成为楚辞同响、《离骚》变体（尤以其中的《原道训》为典型）。语言凝练生动，善用寓言和比喻，富有哲理性，是《淮南子》的又一特点。通过"塞翁失马"的典故，告诫世人的是"福之为祸，祸之为福，化不可极，深不可测"① 的人生哲理。《淮南子》善于运用神话传说、历史典故、寓言故事，开拓了文学描写的空间，在我国文学发展史上，占有一席重要地位。

刘安还有一篇重要政论散文，就是谏阻汉武帝征伐闽越的奏疏，载于《汉书·严助传》。这是汉武帝时代反对轻率用兵的代表作，写得委婉动人，极具说服力，特别是说到大战引发的社会动荡的一段文字，可谓触目惊心，表现了他忧国忧民的一腔真情。所以，汉武帝虽不采纳他的主张，却在获胜之后，专门派严助去向刘安解释朝廷的立场，实际是表示对刘安的尊重和安抚。

徐乐与主父偃，是武帝时代保留纵横学风最多的政论家。他们的政论，善于分析利害，有引人入胜、迫人就范的气势，故曾得到汉武帝的赏识，有相见恨晚之叹。

但是，毕竟时局在变化，继承前期文脉的政论文，已无法在汉武帝及其以后的时代充当文坛主流了，以董仲舒为其代表的散文新风尚，要改领时代风骚了。

董仲舒（前179？—前104？），广川（今河北枣强）人。他是汉代儒宗，尤以提出"天人三策"，推动了"罢黜百家，独尊儒术"的进程而著名于史。他的政论散文的代表作，就是《举贤良对策》三篇。

董仲舒的思想，在继承孔孟学统的基础上，又大量吸收了阴阳五行、黄老刑名之学，成为巩固汉家统一天下所需的政治学、哲学体系。

董仲舒政论散文的艺术特征是：引经据典，宏博深奥，温文尔雅，从容论道，西汉前期政论中那种气势磅礴、激切豪放的特点不复存在。由董仲舒奠定规范的文风，后来被人概括为"汉文醇厚"。这种醇厚典雅之风，是与儒学成

---

① 《淮南子·人间训》。

为统治思想的社会变化相适应的。直到东汉中叶，它始终是文坛的主导。刘勰的"文变染乎世情，兴废系乎时序"的论断，确实是大有道理的。

当然，这并不意味着关切时政的激切政论完全绝迹，相反，最能体现士大夫忧国急于忧身情操的政论佳作，依然时有所见。贡禹（前124—前44），琅邪（今山东诸城）人，是西汉后期儒林中著名的刚正之士，官至御史大夫。他的政论文章主要是针对汉武帝以后的各种社会弊病而发，具有强烈的批判精神。如，他说"武帝时又多取好女至数千人，以填后宫"，导致臣下仿效，"取女皆大过度"；厚葬之风亦由皇室带头造成，他愤愤陈辞："天生圣人，盖为万民，非独使自娱乐而已也！"① 批评的矛头是直指皇帝的。谷永（生卒年失考），长安（今陕西长安西北）人，以对汉成帝失德行为的公开批评而著称。他的政论，借阴阳灾异之说，提倡德政，反对暴政，甚至提出以有德代无德的激进主张："方制海内非为天子，列土封疆非为诸侯，皆以为民也。垂三统，列三正，去无道，开有德，不私一姓，明天下乃天下之天下，非一人之天下也。"② 一世文风皆转为典雅平和之后，此类慷慨陈辞之语，特别是他所表达的思想境界，实为罕见。后人因谷永结党于王凤，对他的为人颇多微词，对他的政论亦不予重视，笔者已有专文为谷永辩诬，指出他的政论立意高远，言辞激切，是独步一时之作。③ 此外，刘向《谏营延陵过侈疏》，鲍宣《上书谏哀帝》等文，亦有贾、晁之余风。

桓宽，汝南（今河南上蔡）人，主要活动于汉宣帝时代。他根据"盐铁会议"的记录整理而成的《盐铁论》，是汉代散文中论辩文的代表作。被誉为"博通善属文"的桓宽，在编著的过程中，把自己的政治观点和文学素养贯注其中，形成了全书统一的体例和文风，这就是史家所赞誉的："推衍盐铁之议，增广条目，极其论难，著数万言，亦欲以究治乱，成一家之法焉。"④ 盐铁会议是中国历史上由官方所组织的讨论国家政策得失的最大规模的辩论会，来自于民间的文学贤良，往往援引儒家经典，结合民间疾苦，批评"盐铁官营"等

---

① 《汉书》卷七二，《贡禹传》。
② 《汉书》卷八五，《谷永传》。
③ 参见孙家洲：《谷永政论及其"党附王氏"平议》，载《贵州社会科学》，1996年第6期。
④ 《汉书》卷六六，《车千秋传·赞》。

政策的弊端，而御史大夫、丞相史等朝廷官员，则从政治利害着眼分析问题，由此形成了文化理想与现实功利之间的碰撞与论难。《盐铁论》把双方激烈驳论的气氛和各自的主要观点和盘托出，文章逻辑缜密，词锋犀利，借古讽今，针砭时弊，确能切中要害。

在两汉之交，最能体现散文发展主流的，是刘歆与扬雄二人。他们的学风都带有"复古"色彩，从其形成而言，是对典雅宏博文风的继承和发展，但从其内容而言，实含有标新立异的潜在价值。

刘歆（约前 50？—23 年），为楚元王刘交之后、刘向之子。刘歆是汉末最著名的文献学家和古文经学家，代表作为《移让太常博士书》。这是一篇明确扼要的古代学术史，也是优美的散文。它的内容及其在经学史上的地位，请参见本书"经学"部分。

扬雄是有影响的辞赋家，也是有特点的散文家。他的代表作除《方言》之外，另有模拟《周易》的《太玄》和模拟《论语》的《法言》。当时的儒林学风，或自甘拘守章句之学，不敢有标新立异之说；或沉溺于天人感应、灾异谴告之术。扬雄不屑与此类为伍，故借模拟古人的方式，抒发自己的一家之言。扬雄能成为当时最具个性的思想家，[1] 绝非偶然。但他为文过于追求古奥典雅，结果是令人难懂，不仅限制他的著作的流传范围，且为后世通达学者所批评，苏轼不满于扬雄"好为艰深之词，以文浅易之说"[2]，鲁迅更指责扬雄是故意做作，以博学好古唬人。[3]

典雅宏博作为一种文风，自然有其存在的合理性，但如陷入片面性，就会走上过于古奥的极端，而于社会脱节。同时，汉代的典雅之文，讲究引用典故和对偶行文，这就为骈俪文体的出现，提供了前提，由此构成中国文体演变的一个重要环节。

东汉前期的散文，以桓谭特别是王充的成就最大。

桓谭（前 23—约 56），字君山，沛国相（今安徽濉溪县）人。他有文集

---

① 参见徐复观：《扬雄论究》，收入徐氏：《两汉思想史》卷二，460～466 页，台湾学生书局，1993。

② 《苏轼散文全集·与谢民师推官书》，1035 页，北京，今日中国出版社，1996。

③ 参见鲁迅：《南腔北调集·作文秘诀》，见《鲁迅全集》第 4 卷，北京，人民文学出版社，1981。

《新论》行世，后已散佚，现存辑本无法复其旧观。他的两篇奏疏《陈政事疏》和《抑谶重赏疏》，保存于《后汉书·桓谭传》中，为我们保留了领略其风采和文采的宝贵资料。《陈政事疏》全面论述了他的治国主张：用人应选贤任能，刑法应赏罚严明，经济上应重农抑商。《抑谶重赏疏》则针对光武帝迷信谶纬之术而发，言辞相当尖锐："陛下穷折方士黄白之术，甚为明矣；而乃欲听纳谶记，又何误也！"[1] 桓谭终因力言谶纬之非而遭到光武帝的迫害。桓谭的文风与繁缛典雅的时尚完全不同，逻辑严密，条理清晰，语言浅显易懂，生动活泼，多以单行散句结篇，少有骈俪之气。这股清新健康的文风，直接被王充所继承和发扬光大。

王充（27—约97），字仲任，会稽上虞（今浙江上虞县）人。他以毕生精力撰著的《论衡》一书，以"疾虚妄"而著称。他对天人感应、谶纬学说的批判，都达到了相当深度。但《论衡》一书，迟至汉魏之交由蔡邕、王朗等人的中介作用，才在士林中得到广泛传播，其在后世的影响远大于对当时的影响。从文风而言，他反对"华而不实，伪而不真"，提倡独创，提倡言而有物。文章思辨性很强，善于抓住论敌的破绽，运用常识判断和逻辑推理，环环相扣地加以攻驳。他善于使用反诘句，不仅增强了文章的气势，也显示了他的思想睿智。语言浅近如话，自然流畅，也是《论衡》的一大特征。不过，王充有《宣汉》等几篇文章，为汉代统治者大颂功德，不能不使他的形象在批判社会现实方面有所削弱。

真正能以人文精神关照社会，以政治散文针砭时弊的，是东汉末年的王符和仲长统。

王符（生卒年不详），字节信，安定临泾（今甘肃镇原南）人。他性格耿介，无意仕进，自名其论集为《潜夫论》。他与王充、仲长统被合尊为"后汉三贤"。《潜夫论》对当时的政治、经济、学术、风俗等方面的虚伪与黑暗，进行了深刻的揭露与抨击。《四库全书总目提要》评价它"洞悉政体似《昌言》，而明切过之；辨别是非似《论衡》，而醇正过之"。这个论断是相当中肯的。在政论主旨方面，王符与王充确有相似之处，但他多援经典，有醇厚之气，儒家

---

① 《后汉书》卷二八上，《桓谭传》。

的特征比较明显。

王符政论最精彩之处，在于批判正在形成中的门阀制度和官场上的虚假之风，关于前者，他认为"贤愚在心，不在贵贱"，并进而不无偏激地提出："其官益大者罪益重，位益高者罪益深。"[①] 认为在黑暗的时代里，官员的官位高低是与其罪恶的大小成正比例的，他认为"以族举德，以位命贤"[②]，是一种极不合理的作法。关于后者，他对汉代选举不实的问题有相当深刻的批判："群僚举士者，或以顽鲁应茂才，以桀逆应至孝，以贪饕应廉吏，以狡猾应方正，以谀谄应直言，以轻薄应敦厚……，名实不相符，求贡不相称。"他用了十多个排比句，把汉末官场中黑白颠倒、是非混淆、权贵横行、小人得势的黑暗内幕，暴露于天日之下。

仲长统（约180—220），字公理，山阳高平（今山东金乡县西北）人。他敢于直言，不矜小节，时人或称之为"狂生"。他著有《昌言》一书，惜已散佚，《后汉书·仲长统传》摘录了他的三篇政论散文，其中以《理乱篇》最为著名。

仲长统的政论，气盛意锐，放言无惮，复现贾谊神采，预开"名理之学"之先河。他不仅批判豪族恃势自傲，还敢于直言"人主有常不可谏者五焉"，抨击当时政治已是病入膏肓，危于累卵。[③] 仲长统的文字风格，偏重典雅，讲究韵律，多用骈俪，雕琢词藻。比如，描述豪族势盛的一段文字，竟能写得充满诗情画意："豪人之室，连栋数百，膏田满野，奴婢千群，徒附万计。船车贾货，周于四方；废居积贮，满于都城。琦赂宝货，巨室不能容；马牛羊豕，山谷不能受。娇童美妾，填乎绮室；倡讴伎乐，列乎深堂。宾客待见而不敢出，车骑交错而不敢进。"[④]对仗工整，平仄有序，说他开骈俪文之风气，亦无不可。

秦汉政论散文，不论文风经历哪些变化，都准确地反映了时代气息，关注着国情民瘼。正因为如此，魏文帝曹丕才能称誉文章是"经国之大业，不朽之盛事"[⑤]。

---

① 《潜夫论·本政》。

② 《潜夫论·论荣》。

③④ 《后汉书》卷四九，《仲长统传》。

⑤ 〔三国〕曹丕：《典论·论文》，见《昭明文选》卷五二，336页，北京，京华出版社，2000。

（二）历史散文：奇峰高耸，仰之弥高

司马迁倾其全部心血撰成的《史记》，是我国历史上最伟大的历史典籍和杰出的文学著作。它的问世，把历史散文推向了高峰。鲁迅先生赞之为"史家之绝唱，无韵之《离骚》"。

司马迁（前145～?），字子长，左馮翊夏阳（今陕西韩城）人。他出生于史官世家，奉父亲司马谈之遗命，开始写作《史记》。后因遭遇"李陵之祸"，司马迁被处以腐刑。他受辱发愤，经过十余年艰苦卓绝的努力，终于完成了这部文史名著。《史记》作为第一部纪传体通史著作，把上起黄帝下至汉武帝的悠久历史第一次作了系统的整理，为后世史部著作提供了楷模与典范。这正如清代史学家赵翼所言："司马迁参酌古今，发凡起例，创为全史……自此例一出，历代作史者遂不能出其范围，信使家之极则也。"① 司马迁虽官居太史之职，但《史记》的性质，实为私家著作。司马迁自述其著述宗旨是："究天人之际，通古今之变，成一家之言。"② 所以，《史记》不像后世官修史书那样过多受制于政治压力，有着太多的功利目的，而是寄托着自己的理想追求和文化憧憬，这正是它能成为史家绝唱的内在原因。

以下，我们将着重分析《史记》的散文艺术成就。

首先，《史记》的散文艺术成就，奠基于其深刻的思想和真挚的感情之上。作为一部历史著作，《史记》的"实录"精神，一直受到人们的高度评价。班固称赞"其文直，其事核，不虚美，不隐恶"③，历来被奉为定评。但司马迁的追求，并不在于做一个历史的笔录人，而是要做历史的裁判者。他记史论人，有自己独特的价值判断标准（这应该是他"成一家之言"的内涵之一），有深沉的感情涌动。在《史记》的所有篇章中，我们都可以感受到司马迁那浓烈的个人情感，他褒贬千古，爱憎分明。他发表评论的方式有多种：夹叙夹议之法，他随笔挥洒，情景交融；"寓论断于叙事"之法，是他的独创，并惟有他潜运于心，为后世模仿者所不可企及；④ 论赞之法，是司马迁表达真情实感

---

① 赵翼：《廿二史劄记》卷一，"各史例目异同"条。
②③《后汉书》卷六二，《司马迁传》。
④ 参见顾炎武：《日知录》卷二六，"《史记》于序事中寓论断"条。

的得意之笔，或慷慨激昂，或扼腕叹息，或冷嘲热讽，无不入木三分，感人肺腑。譬如，司马迁仰慕齐相晏婴的功业和人品，在其列传的赞语中，直述崇拜之情："假令晏子而在，余虽为之执鞭，所忻慕焉！"后世著史者，谁有勇气如此坦诚地表达自己的情感？正如李长之先生所论："他那更根本的一点内心的宝藏，那便是他那浓挚、奔溢、冲决，对一切在同情着的感情。"① 真情流露，并能广泛引起读者的心灵震撼与共鸣，或许正是《史记》独具艺术生命力的原因之一。

《史记》的动人之处，前人曾归结为"好奇尚气"，其实说得更具体一点，是愤激不平之气和悲剧意识。《伯夷列传》作为列传的开篇之作，司马迁是大有深意的。伯夷、叔齐两位商周之交的隐士生平，司马迁只用了了几笔做介绍，却用了大量篇幅发表评论，主旨在于质疑天道循环善恶有报。伯夷、叔齐可谓天下善人了，却积行仁义而饿死！盗跖杀人无数，却能安享长寿！近世以来，那些"操行不轨"者，可以"终身逸乐富厚，累世不绝！"而那些谨慎守道、为人公正的人，却灾祸不断。司马迁发出了愤激之言："余甚惑焉！傥所谓天道，是邪？非邪？"② 司马迁也为屈原的不幸遭遇而愤愤不平："信而见疑，忠而被谤，能无怨乎？……推此志也，虽与日月争光可也。"③ 清代文学家刘鹗看到了司马迁与屈原的精神相通，于是感叹"《离骚》为屈大夫之哭泣，《史记》为太史公之哭泣"④。司马迁笔下的所有历史人物都被赋予了悲剧色彩："力拔山兮气盖世"的项羽，最后落得"四面楚歌"，自刎乌江；韩信用兵如神，却被刘邦、吕后等人一再算计，身死族灭；秦始皇何等威不可测，身后却要"鲍鱼混臭"，统一大业烟消云散；刘邦也是政治权力之争的成功者，但在消灭了韩信等功臣之后，又发出了"安得猛士兮守四方"的感叹，已是忧心忡忡，晚年，他不得不屈从吕后苦心安排的继嗣格局，把自己宠妃爱子的命运交给别人主宰。《史记》舞台上的匆匆过客，都沉浸在强烈而悲怆的悲剧气氛之中。扣人心弦的艺术感染力正由此喷发而出。

---

① 李长之：《司马迁之人格与风格》，325 页，北京，生活·读书·新知三联书店，1984。
②《史记》卷六一，《伯夷列传》。
③《史记》卷八四，《屈原列传》。
④〔清〕刘鹗：《老残游记·序》，北京，文史出版社，2001。

其次，《史记》的艺术成就，主要表现为运用多种文学手段，致力于塑造栩栩如生的人物形象。司马迁对历史材料并非有文必录，而是精心加以选择、裁剪和编排，使之能集中体现人物的各自特点。他把张良作为兴汉第一谋臣来塑造，"所与上从容言天下事甚众，非天下所以存亡，故不著"①。这是司马迁自言材料取舍的一例。再看对项羽的塑造。神勇的霸王"身经七十余战"，但司马迁以浓墨重笔记叙的仅有四个历史事件：会稽起兵、钜鹿之战、鸿门宴、垓下之围。恰是这四个片段，勾勒出他一生的阅历——起事、事业的巅峰、由盛而衰的转折、悲剧性的归属；突出了他所向披靡的英雄气概；活现了他坦诚率直又刚愎自用、疏于政治权谋又重视恩仇情义的性格特点。一位悲剧英雄的形象，高耸于每一位读者面前。为了塑造完整的人物形象，司马迁成功地利用纪传体史书各部分中存在着的内在联系，创造了人物造像的"互见法"，使之既符合历史真相，又能维持人物形象的一致与和谐。礼贤下士、扶危济困的魏信陵君，是司马迁真心崇拜的人物，在《魏公子列传》中所出现的信陵君，是大义凛然、守信重义的伟岸丈夫；而信陵君畏惧强秦威胁、不敢接纳过境流亡的魏齐，致使魏齐含恨自杀的一段不够磊落的行为，则保留在《范雎列传》中。《项羽本纪》突出的是他的神勇无敌，而他的性格缺陷及一系列决策性失误，则分见于《淮阴侯列传》《高祖本纪》等篇中。《史记》成功地运用高度个性化的语言，来突出人物性格，甚至预示人物的命运。李斯感叹"仓中鼠"与"厕中鼠"一语，活现了他的人生追求在于博取利禄。刘邦善骂，竟可以准确地反映其"无赖"性格与富于权变的心态。鸿门宴之后，范增当着项羽的面斥骂项庄"竖子不足与谋！"通过特定的语言环境展示了范增倚老卖老的性格，暴露出他与项羽之间潜在的信任危机。《史记》还以强烈的悬念、高度故事化的情节而引人入胜。千古名篇《鸿门宴》即是代表之作。项伯泄密、张良献策、刘邦冒险赴宴、项羽犹豫不决、项庄舞剑顿显杀机、樊哙闯帐强辩、刘邦留宝逃席，可谓环环相扣，惊险曲折。《刺客列传》中写荆轲刺秦前的准备过程、易水壮别的悲歌、图穷匕见后的搏杀场面、行刺失利后荆轲"依柱而笑，箕距以骂"的无畏情态，虽然笔墨有限，却是跌宕起伏，变化莫测。《史记》

---

① 《史记》卷五五，《留侯世家》。

记事颇得以小见大之妙。《魏公子列传》开篇写公子与魏王对局的一段文字，在对比之下，展示了两人不同的胸臆、器度与才干。《淮阴侯列传》写韩信"受辱胯下"和"择地葬母"，显示了韩信身在贫困之中而胸有大志的英雄气质。《陈丞相世家》中陈平渡河自裸免祸的一段佚事，活现了陈平的机智多谋。此外，《史记》还大量吸收民间谣言和俗语、方言，为塑造人物服务。谚语"桃李不言，下自成蹊"，成为对飞将军李广质朴性格和社会威望的高度评价；"烹弘羊，天乃雨"，集中表达对"兴利之臣"的怨恨；颍川儿歌则成为对权贵横行乡里的控诉；"伙颐！"之叹，则用故人的质朴，反衬陈胜称王后的豪华浮躁，预示其失败结局。这些手段的交互为用，使《史记》更富有生命力和艺术感染力。

《史记》在我国的散文发展史上，有着承前启后的作用，具有无可替代的地位。司马迁在文史交融方面所获得的成就，是后人难以企及的。

在《史记》之后，班固所著《汉书》，亦是历史散文的名家名作。班固（32—92），字孟坚，扶风安陵（今陕西咸阳市）人。其父班彪，是两汉之间正统思想的代表人物，曾撰有《史记后传》数十篇，这成为班固《汉书》的写作基础。班固经过二十多年的努力，完成了《汉书》主体部分，其余八《表》与《天文志》，是在他死后由其妹班昭及班昭的弟子马续先后补写的。《汉书》是我国古代第一部断代史，班固又有博学多识、工整典雅的学风，历代学者比较《史》、《汉》优劣、"班马异同"的论著，不胜枚举。平心而论，以总体上看来，两书各有长短，不宜强分高低；如果从文学审美的观点来估量，《史记》的灵性飞动，《汉书》的谨严醇厚，也是各擅胜场。要说到文章的动人、动情之处，《汉书》虽比《史记》逊色，却也是后世史书所无法比肩的。《汉书》中最精彩的文字是《苏武传》，作者对寡恩的汉武帝有所保留，对无奈留居匈奴的李陵抱有同情，对忠贞不二的苏武敬佩不已。通过对苏武承受种种迫害和北海牧羊等生动场景的描述，成功地塑造了苏武这一忠于国家和民族的形象。班固还精心设计了两段李陵与苏武的长篇对话，二人之语皆发自肺腑，声泪俱下，更见慷慨激昂之情，把二人复杂的情感，挥洒得淋漓尽致，以致使读者对已经"变节"的李陵不能不油然而生同情之心。如此传神感人之笔，遂使《史记》无法独擅长于叙事、善于传人的美誉。对此，清代学者赵翼不吝给以高度评价："叙次精彩，千载下犹有生气，合之《李陵传》慷慨悲凉，使迁为之，恐亦不能过也。"①

在《史记》、《汉书》之后，历史散文趋向了低谷，更显示出双峰突兀，伟岸挺拔。

（三）书札散文：委婉率直总关情

书札体散文，在汉代已完全摆脱了官府文牍的局限，肆意地表达私人情感，在我国古代散文发展史上也有特殊的地位。

司马迁的《报任安书》，把自己的愤激和抱负，向老友倾诉，稍有文史知识的人，对其中的名言警句，应是耳熟能详。邹阳的《狱中上梁王书》，笔走龙蛇，文情并茂。他善用历史典故，借古喻今，斥谄谀之误国，诉受谤之衷肠。他重显战国游士之风范，委曲尽情，辞意恳切。此文被选入《昭明文选》之后，一直被奉为古文的典范之作。李陵的《答苏武书》（或疑为托名之作），自言其苦衷，言辞恳切，哀哀动人；谈及汉廷多负功臣，则是悲恨交加；信末再叙阔别之情，更是感人至深："相去万里，人绝路殊。生为别世之人，死为异域之鬼，长与足下生死辞矣！"② 将此信与《汉书·苏武传》对读，更有催人泪下之效。杨恽《报孙会宗书》，则是嬉笑怒骂，放言无忌。对孙会宗老于世故的为人处世之道不屑于一顾，身处逆境，还敢对天子反语讥讽。那种目空一切的心气，甚至还在外祖父司马迁之上。汉宣帝阅读此信后怒其"大逆不道"，最终导致杨恽遭受杀身之祸。一封我行我素的书信，毁灭了一个恃才傲物的英杰。东汉初年，"老当益壮"的开国功臣马援，为劝诫自己的侄子马严、马敦谨慎处世，写成了家书中的名札《诫兄子严、敦书》，谆谆告诫后人："吾欲汝曹闻人过失，如闻父母之名，耳可得闻，口不可得言也。好论议人长短，妄是非正（政）法，此吾所大恶也，宁死不愿闻子孙有此行也。"③ 用语自然直率，语重心长，也完全符合东汉文章醇厚谨严的特点。进取心极强的马援，为何却要求侄子们口不言人之过呢？这与马援的仕宦体验必定大有关系。要长

---

① 赵翼：《廿二史劄记》卷二，"《汉书》增传"条。
② 《昭明文选》卷四十一，《答苏武书》，63页，北京，京华出版社，2000。
③ 《后汉书》卷二四，《马援传》。

保家业不衰，必须明哲保身，不能多所树敌。这从一个侧面反映了世态人情。东汉后期的书札，则以李固《遗黄琼书》最为著名。当时朝廷征召的处士大多名不符实，恰在此时受礼聘的黄琼又称疾不进，素来敬重黄琼的名士李固，对黄琼寄以刷新朝政的厚望，遂致书信敦促入朝。"自生民以来，善政少而乱俗多，必待尧舜之君，此为志士终无时矣"，表达了有志于济世安民者的理性与抱负；"阳春之曲，和者必寡，盛名之下，其实难副"[1]，终于打动了黄琼，毅然出仕。李固此信简短精练，要言不烦，态度从容，情辞恳切。黄李二人先后位居三公，名重朝野，这封敦促信也就成了一段佳话。总观汉代书札散文，风姿各异，皆以真性情而感人。

唐宋乃至明清的学者，为了改革文坛风气，每每打出"文必秦汉"的旗帜，恰可证明秦汉散文的辉煌历程和重大影响。

四、令人神往的乐舞

乐舞，在古代作为礼乐制度的组成部分，受到统治者的高度重视。同时它又具备愉悦身心的作用，无论是在官府，还是在民间，它都广受欢迎。

管理音乐事务的官署为乐府。秦代已有乐府机构的存在。1976 年秦始皇陵西北出土了乐府编钟，1996 年在西安北郊出土的秦封泥中，又发现了"乐府丞印"等三枚与乐府相关的官印封泥，[2] 证明了秦代乐府的存在并已经具备了分工详细的管理体系。汉武帝时代，乐府机构更加扩大，并把管理"俗乐"也纳入到乐府的职能之内。民间音乐家李延年进入宫廷并成为乐府的负责人之后，宫廷音乐的发展有了长足的进步。演唱各地民歌的"讴员"，演奏各地民间音乐的"鼓员"，齐集乐府，说明俗乐、俗舞为宫廷乐舞提供了艺术活力。

达官权贵，为了显示自己的权势和优裕生活，在家中经常畜养乐伎倡优，每有宴饮之举，则使之助兴佐酒。甚至有的贵族人物，竟在欢宴之上，奏唱送葬专用的挽歌。由此可见，乐舞的盛行，与统治集团的侈华生活直接相关。

乐府在民间亦有很大的供需空间。富豪之家与巨商大贾是民间乐舞文化的

---

① 《后汉书》卷六一，《黄琼传》。
② 参见周天游：《秦乐府新议》，载《西北大学学报》，1997 年第 1 期。

主要消费者，就是辛勤耕作的农夫，在余暇时节，也愿意观赏令人赏心悦目的乐舞节目。所以，《盐铁论·散不足篇》极言民间表现和欣赏乐舞之风不可遏制。

我国第一部系统论述音乐理论的著作《乐记》在西汉成书，绝非偶然幸致。

乐舞活动的广泛普及，娱乐功能的超前发挥，成为秦汉乐舞文化的特色。同时，乐舞文化的政教功能，依然存在。成书于汉代的《礼记》中有这样一段名言："情动于中，故形于声。声成文谓之音。是故治世之音安以乐，其政和；乱世之音怨以怒，其政乖；亡国之音哀以思，其民困。声音之道，与政通矣。"① 这段话，对先秦时期的"乐治"思想，既有传承，亦有突破。它强调了音乐能够传达情感的作用，也分析了声乐与时政、风俗相通的关系。对于后者，人们往往给予更多的关注，特别是对靡靡之声、亡国之音的警惧记载，一直不绝于史。但对它的认识实在不宜于绝对化。汉武帝之世，内变制度，外拓疆域，是一个奋发有为的时代，但宫廷音乐却是楚声与郑卫之音并存。汉哀帝因其本人不喜音乐，遂把乐府中的乐员予以裁撤，成为当时很被看重的去靡靡之音的举动，但哀帝却把西汉政权弄得不可救药。可见，反靡靡之音不见得一定使社会趋向强健，而高唱亢奋之音却导致国乱民弱的历史教训亦非仅见。看来，直接把乐舞风尚与国家兴衰连为一体，难免有危言耸听之嫌。

乐舞的原初功能在于传达情感，汉代人对此有深刻体会和领悟："在心为志，发言为诗。情动于中而形于言，言之不足故嗟叹之，嗟叹之不足故永歌之，永歌之不足，不知手之舞之足之蹈之也。"② 发自内心，成于自然，乐舞的美感及娱乐功能因之而生。

（一）乐舞集中反映不同文化的交流与融合

不断地求新求变，是乐舞自身存在和发展的前提。因此，它能较快地反映社会的变化，体现不同地域文化的交流和融合。

---

① 《礼记·乐记》。
② 《毛诗正义》卷一，《诗大序》，见《十三经注疏》上册，270 页，北京，中华书局，1980年影印本。

在秦国尚未完成统一大业之前，李斯已敏锐地指出，山东六国的乐舞已进入秦国，并得到秦人的普遍欣赏。他们已通过比较认识到"击瓮叩缶、弹筝搏髀而歌呼呜呜"的"真秦之声"，确实不及中原雅乐和六国新声，很快就选择了"弃击瓮叩缶而就《郑》、《卫》，退弹筝而取《昭》、《虞》"①。随着秦吞并六国，六国的钟宝美女尽入秦宫，乐舞文化的兼收并蓄较之列国分争之时更加便捷。到秦二世亡国之前，史载秦宫之内已是郑音占据了音乐主流。

楚汉之争到西汉之前，楚声、楚舞领一时风骚。项羽在败亡之前，与虞姬以楚歌楚舞作生死之别。张良施计，以"四面楚歌"瓦解项羽的斗志。刘邦即皇帝位荣归故里，以楚歌填写《大风歌》，使故乡歌儿120人配乐共舞，必为楚舞无疑。刘邦晚年改立太子的图谋受挫，与爱妃戚夫人约定"为我楚舞，吾为若楚歌"②，借以互相慰藉。吕太后控制朝政之后，赵王刘友被囚禁饿死，死前所作之歌，明显也是楚声。

汉初的宫廷之中，楚声占主导地位，并不意味着排斥其它地域的乐舞。随刘邦争夺天下屡立军功的巴人，他们的民族舞蹈，就溶入了汉家乐舞之列："巴俞之人，所谓賨人也，劲锐善舞，本从高祖定三秦有功，高祖喜观其舞，因令乐人习之，故有巴俞之乐。"③ 巴俞之乐又称"巴渝舞"。"巴渝舞"即是汉魏四大乐舞之一的"鞞舞"④，据《隋书·音乐志下》所载可知，此舞用于宴乐之时。四川彭县出土了一方《鞞舞》画像砖，使我们可以直观地领略鞞舞明快的节奏和优美的舞姿。画面上共有三位舞者：居中者身穿长袖舞衣，翩翩起舞；左侧一人上身赤膊，盘腿摇鞉（一种有柄小鼓，状如近世之"货郎鼓"，用作乐舞引导）；右侧一人裸袒上身，双手舞剑，右脚踏鼓击节。刚柔兼济，和谐美妙。据《隋书·音乐志下》的记载，鞞舞是16人的群舞，并非单人独舞，那么彭县出土的画像砖，只选择了鞞舞中的一个场景而已。山东沂南汉画像石中有一幅著名的《乐舞图》，其中的鞞舞人数众多，且有歌伎执节咏唱。这说明鞞舞的流行范围是相当广泛的。魏晋以下习称之为"前代旧声"，而究

①《史记》卷八七，《李斯列传》。
②《史记》卷五五，《留侯世家》。
③《汉书》卷九六，《西域传》颜师古注。
④《隋书·音乐志下》："牛弘请存《鞞》、《铎》、《巾》、《拂》等四舞，与新伎并陈。因称：'四舞，按汉、魏以来，并施于宴飨。《鞞舞》，汉巴渝舞也。'"

其源头，却只是巴人体现其尚武精神的民族舞蹈。

汉武帝时，乐舞文化交流与融合的范围更为广泛。其它部族的大量乐器如横笛、琵琶、箜篌、笳等融入华夏古乐之中，大大丰富了乐舞的表现手段。源出于北方匈奴之地的鼓吹曲，在吸纳了汉族民歌之后，很快成为军乐并被广泛演奏于郊祀、仪仗、宴飨、丧葬等不同场合。来自西域地区的横吹曲，保持了以鼓角、横笛为主要乐器的特色，有强健悲壮的乐感，故一直被作为军乐而使用。东汉桓灵二帝之时，政治上陷入黑暗，但在吸纳异地乐舞方面，却表现出令人称异的开放性，胡服胡物伴随着胡乐胡舞盛行于汉家腹地。极具影响的《胡笳十八拍》，不论是否出自蔡琰之手，都只能是胡汉乐舞长期交流之后的结晶。"胡笳本自出胡中，缘琴翻出音律同"[1]。胡笳与汉琴共鸣，即是这一结晶的物证。

（二）莺歌燕舞，美不胜收

秦汉时代，多富浪漫气息。不仅在欢乐之时，甚至在哀婉悲怨之时，他们也习惯于用乐舞来表达自己的感情，也因此而出现了许多佚事佳话。

楚霸王项羽与虞姬的唱和，可称绝一时。刘邦的宠妃戚夫人被吕后迫害，身着囚衣舂米于幽闭之所，仍自编自唱，寄托对儿子的思念："子为王，母为虏。终日春薄暮，常与死为伍。相离三千里，当谁使告汝！"[2] 真正是以歌当哭。当然，乐舞更多是在欢乐中，烘托气氛，甚至创造奇迹。汉武帝的卫皇后、李夫人皆以善于歌舞而脱离贱民身份并专宠后宫。卫子夫原是贵族家中的普通歌妓，只因偶然献舞，以其美妙的歌喉舞姿，打动了风流天子汉武帝。李夫人本出于倡乐之家，其兄李延年在成为协律都尉之前，经历也颇坎坷，因坐法受腐刑，入宫为宦为奴，"延年性知音，善歌舞，武帝爱之。每为新声变曲，闻者莫不感动"。他以一曲"绝世佳人"歌向武帝推荐了自己的妹妹，武帝一见叹其"妙丽善舞"，专宠后宫。[3]李夫人兄妹以善歌舞，皆得武帝宠幸。汉元

---

① 《胡笳十八拍》，引自《先秦汉魏晋南北朝诗》，《汉诗》卷七，204 页，北京，中华书局，1983。

②③ 《汉书》卷九七上，《外戚传上》。

帝本人的音乐修养，是相当高明的。史称："元帝多材艺，善史书。鼓琴瑟，吹洞箫，自度曲，被歌声。"① 汉成帝所宠幸的赵飞燕姐妹，更以身轻如燕、能作"掌中舞"而著称。

　动听的音乐，优美的舞姿，也成为汉代文人吟诵纪盛的对象。东汉文学家张衡的《西京赋》，就曾经追忆西汉长安城内的大型百戏乐舞表演，场面极为恢宏。傅毅有《舞赋》之作，专道舞者的精湛技艺及观舞者的美感享受。笛是乐舞中必不可少的伴奏乐器，它悠扬的旋律，不仅给乐舞表演者和观赏者以美的享受，也给文学家以创作的冲动和灵感。于是，马融专门写了一篇咏物之作《长笛赋》，其中有这样的句子："京房君明识音律，故本四孔加以一。君明所加孔后出，是谓商声五音毕。"② 据此记载，西汉中叶的今文经学家京房（字君明），把原来的四孔笛完善为五孔笛，使之五音齐备。笛孔的增加，当然意味着演奏技巧的繁富和音乐效果的强化。

　文人的咏物纪盛之作，通常不免于夸张，但汉代乐舞的发展水平，却要超出于文人笔载之上，考古成果一再向我们证明了这一点。即以乐器的进步而言，广西贵县罗泊湾一号西汉墓所出长笛为八孔，远远超出于马融所称述的五孔笛之上。马王堆一号汉墓所出土的竹制"竽律"，用于校正竽的音准，共有十二管，各管均有墨书注明十二律名目。这种严格的校音制度的存在，说明汉初的音律之学已相当发达。再从乐舞自身而言，汉代画像砖、画像石所表现的技艺水准之高和场面之动人，也是文人笔墨所无法形容的。山东嘉祥县武氏祠石刻中，有一幅著名的歌舞乐队图。画面共九人：居中一男子双手舞弄，似为乐队指挥；左起第二人是舞伎，他一面伏地仰面高甩长袖，一面用手、足踏击地上四鼓，自为节奏，舞姿复杂优美，动感极强，难度很大；左右各一人略呈跪姿面向舞者，且手执某种乐器与之呼应；向右又有二男子吹箫伴奏；右侧为三女子，一人面向指挥专心抚琴，另外二人似乎正在伴唱。这是一支乐舞团体正做精彩演出的场景。③

---

① 《汉书》卷九，《元帝纪》。
② 〔东汉〕马融：《长笛赋》，见《昭明文选》卷一八，482 页，北京，京华出版社，2000。
③ 参见贾庆超：《武氏祠汉画石刻考评》，298～299 页，济南，山东大学出版社，1993。

汉代乐舞之中最富于动感的，应属盘舞、长袖舞与巾舞。

盘舞，又称七盘舞，因表演时覆七盘于地上，舞者翩翩徘徊于七盘之间，尽显其轻盈灵巧的舞姿而得名。山东沂南石刻画像、四川汉代画像砖中，均有盘舞的精彩场面。特别是四川彭县所出土的《舞乐百戏》画像砖以盘舞为中心而展开，是欣赏盘舞的最佳画面：左右两侧正在表演叠案、跳丸杂技，居中是女性舞伎表演盘舞，这形象地说明了乐舞与杂技在当时是融为一体的；六盘覆于表演场上（第七个盘子或是被舞者身体所遮掩），盘间置两面小鼓，宽裙束腰的舞女，两足凌空分踏两鼓，两手舞动长巾，上下翻飞，与其下飘飞的裙带相互照应。不仅舞者姿态优美，似乎还可听到击鼓为节之音，盘舞与巾舞合二为一，那种婆娑起舞的动感，令人拍案叫绝，使人不由自主地联想到敦煌壁画中那些充满灵气的"飞天"形象，不知其中是否存在着某种渊源关系？①

巾舞，应是在先秦长袖舞的基础上发展而来的，舞者所挥动的，不是长袖，而是裹缠在短柄上的巾绸，挥动更可随意，长巾飞扬宛如飘带，表演效果更在长袖舞之上。巾舞在汉代的正式名称为"公莫舞"，据说是汉人为纪念鸿门宴上项伯救护刘邦的恩德而创作的乐舞。《晋书·乐志》记载了这段感人的传说："《公莫舞》，今之《巾舞》也。相传云，项庄剑舞，项伯以袖隔之，使不得害汉高祖，且语项庄云'公莫'。古人相呼曰公，言公莫害汉王也。今之用巾，盖像项伯衣袖之遗式。"考古所见的巾舞图，以四川成都市郊和广汉县的两幅《舞乐百戏》图最为优美。②

秦汉时期娱乐最强的乐舞节目，应推俳优的滑稽剧表演。

据文献记载，上至皇帝下至达官权贵，畜养俳优以供娱乐消遣，已成时尚。秦始皇、秦二世父子，皆宠幸宫廷侏儒优旃。优旃则以俳辞笑谈，匡谏君主，补益时政。《史记·滑稽列传》对之颇有赞语。汉武帝尤喜滑稽人物，史称"俳优侏儒之笑，不乏于前"③，以至使文学家东方朔、枚皋等人也带上了

---

① 参见冯汉骥：《论盘舞》，见《冯汉骥考古学论文集》，北京，文物出版社，1985；刘志远等：《四川汉代画像砖与汉代社会》，112～114 页，北京，文物出版社，1983。

② 参见刘志远等：《四川汉代画像砖与汉代社会》，116～117 页，北京，文物出版社，1983。

③ 《汉书》卷六四上，《徐乐传》。

近于俳倡的色彩。贵为宗室王的刘去，也与武帝有同好，时常在府中置酒高会，"令倡俳裸戏坐中，以为乐"①。东汉后期的大将军梁冀，也时常作"纵酒倡乐"②。这些无奈以裸体作戏、牺牲自尊博取权贵开颜一乐的倡俳，大多是侏儒之类的有生理缺陷的人。司马相如《上林赋》中就有"俳优侏儒，倡乐可狎玩者也"③ 之说。宋人郭茂倩辑录《乐府诗集》，收入《俳歌辞》一首，对其性质有明确界定："《俳歌辞》一曰《侏儒导》，自古有之，盖倡优戏也。"④统治者提倡于上，豪门巨贾效仿于下，汉代民间也一直流行着观赏俳优侏儒表演的风气。在一部分地区，甚至出现了以俳优为职业的现象。如赵、中山之地的男儿，一方面崇尚悲歌慷慨之气，另一方面却也不耻为"作奸巧，多弄物，为倡优"⑤。李延年、李夫人兄妹二人，自然是其中的幸运者。"邯郸倡"名满天下，确有其深刻的地域风尚的因素在内。

出土文物也为我们认识秦汉俳优艺人的表演风格，提供了宝贵的实物资料。1999 年春季，在秦始皇陵区出土了一批滑稽表演俑，他们大腹便便，表情夸张，足以复现秦朝宫廷俳优表演的原貌，似可折射优旃的昔日风采，并且可与汉代俳优俑前后辉映。东汉墓中出土的俳优俑，尤以四川最为集中。其共同特征是：体态短胖，大腹如鼓；上身袒裸，畸形丑陋；容貌滑稽，表情戏谑；持鼓挥槌，作击节说唱之状。⑥ 在他们身上，侏儒的体态特征十分明显。他们夸大和显示自己的生理缺陷，用自嘲自谑的方式，取乐于人，在肆意嬉笑的背后，当有多少无奈、辛酸与悲痛！如果从雕塑而言，他们都是不可多得的珍品。东汉的民间雕塑家，以畸形丑陋的外部形态，传达给人的却是一种充满了喜剧气氛的美感享受。从表现乐舞的娱乐功能而言，他们提供给观赏者的是无尽的遐想。

---

① 《汉书》卷五三，《景十三王传》。
② 《后汉书》卷六，《质帝纪》。
③ 《汉书》卷五七，《司马相如传》。
④ 《乐府诗集》卷五六，《俳歌辞》。
⑤ 《汉书》卷二八，《地理志》。
⑥ 参见刘志远等：《四川汉代画像砖与汉代社会》，123～129 页，北京，文物出版社，1983。

五、风韵永驻的书画

（一）篆·隶·草：三体神韵辉映书坛

在我国的书法发展史上，秦汉是一个极为重要的时代。这一时期，文字书体的变化号称最为剧烈：稳重端庄的篆文，豪放雄重的隶书，润畅俊逸的草书，都以其经典的书艺水准，对后世书法产生了深远的影响。更为重要的是，书法作为一门用于欣赏的艺术（而不再局限于记事的工具），也是在这一时期确立起来的，它标志着书艺走向了自觉和成熟。

篆书，有大篆、小篆之分。大篆主要流行于两周时期，据说周宣王的史官太史籀，对大篆进行了整理和规范，故大篆又有"籀书"之称。这种婉转奇诡、过于繁重的字体，虽有其高古神秘的特殊美感，但它的实用性太差，势必影响到它的生命力。战国后期，秦人在对大篆加以简化和改革之后，创造了小篆，又称"秦篆"。秦朝统一天下之后，强制推行"书同文"的政策，使小篆成为秦的官方文字。在这一过程中，李斯作为一位政治家和书法家，做出了特殊贡献。他所书写的《苍颉篇》，与赵高、胡母敬的作品，共同构成了秦朝推行小篆书体的规范字帖。

秦代小篆，形体呈长方形，笔法以圆转为主，以布局均匀、线条工整而著称，是一种稳重端庄、极富美感的书体。官方重要的典章制度、官府文告，皆以小篆书写。当时，先秦时期的铸鼎刻铭之风业已式微，刻石成为颂辞与法令文告的主要载体。所以，刻石就成了领略秦篆风格的至宝。秦始皇在东巡过程中，先后在六大名山立石刻铭，以歌颂盛德，显示威严，据说全出于李斯手笔。"秦峄山刻石"，以原碑立于峄山（今山东峄县境内）而得名。唐代书家尊称此碑为"玉箸体"，临摹师习者为数不少。此碑毁失已久，现传拓本为南唐书法家徐铉所临。"秦琅琊台刻石"，铭刻于琅琊台（今山东胶州南）的天然石柱上。原文长达497字，允为秦代刻石之冠，历经沧桑之变，现仅存13行、86字，石刻秦篆的真面目赖以显示后人。用笔法度严谨，不愧是李斯的杰作。它玲珑秀丽的布局，与秦始皇诏版有相似之处，但笔划的圆融润畅则更胜一筹，称之为秦代书法的正宗实不为过。尤为难得的是，在琅琊台遗址的夯土层中，发现了两个完整无缺的秦代瓦当，上著"千秋万岁"四字，是典型的小篆体，字迹非常清楚，为后人领略秦篆提供了宝贵的资料。① "秦会稽刻石"，"秦碣石颂"，"秦泰山刻石"，"秦芝罘刻石"，皆以雍容浑厚、规矩工整著称。

铭刻于秦权、秦量、秦诏版和秦虎符上的文字，因刻在坚硬的金属之上，线条瘦硬，有书家称之为秦代的"瘦金体"，代表了秦篆中的另一类风格。特别是其中的阳陵虎符、新□虎符，刻铭最为精致，尽显秦篆浑厚严谨之势，为不可多得之神品。

20 世纪 90 年代集中出土于西安西北郊的一大批秦代官府封泥材料，使研究秦代官制、地理和秦代书法艺术的学者，喜出望外。官印篆刻，事关政府威严，书刻皆当出自高手。所以，新出封泥在方寸之间，尽显秦篆的端庄稳健之美，其重大的学术意义不言而喻。②

两汉时期的篆书艺术继续有所发展，形成了别具特色的汉篆。汉篆常施于青铜器铭刻和刻石刻碑。青铜铭篆的代表作有：河北满城西汉中山靖王刘胜墓中出土的铜器铭文、"汉寿成室铜鼎铭"、"汉乘舆御水铜钟铭"以及王莽时期的度量衡金篆文和钱币铭文。汉篆书体多有隶意，秦篆所特有的圆角，已被方角所取代，形成了直挺整齐的格局。其中的"汉乘舆御水铜钟铭"，作于哀帝建平四年，字体瘦硬匀称，有秦篆遗风，又以"横平竖直"的笔法，形成了方正平稳、篆隶相间的艺术特色，带有明显的美术装饰性。王莽时期的错金篆文，不仅以贵重华丽著称，而且它对秦篆笔法有所师承，又兼用汉隶的方角结构，形成了别开生面的字体，它的"长方匀称"、清晰工整，足以成为书坛珍品。石刻汉篆的代表作有：西汉时期的赵王群臣上下寿刻石，东汉时期的开母石阙铭、少室石阙铭、袁敞碑、袁安碑、祀三公山碑等。它们的共同特点是方圆结合，以隶入篆。其中尤以"汉祀三公山碑"最有特色：字体结构"方正扁横"，与秦篆的"长方匀整"相区别；四角圆畅，则与秦篆一脉相承；笔意纵横，又体现了周代篆文的影响。雍容华贵的汉篆风格，在此碑中得到集中体

---

① 参见于书亭、王景东：《琅琊台与〈琅琊刻石〉考略》，载《书法》，1992 年第 4 期。

② 参见路东之：《秦封泥图例》，载《西北大学学报》，1997 年第 1 期；任隆《秦封泥官印考》，载《秦陵秦俑研究动态》，1997 年第 3 期。

现。无怪乎后代的金石篆刻家，追慕两汉境界，大多对此碑情有独钟。①

隶书，形成于战国，在秦代初具规模，至汉代臻于鼎盛。历代论书者，把秦及西汉前期带有秦篆遗韵的隶书，称之为"古隶"；而把典型的汉代隶书称之为"汉隶"。

关于隶书的起源，曾有这样的传说：秦朝的狱吏程邈，在得罪入狱期间，对大篆的结构与笔画加以增减整理，改圆成方，变长为短，删其繁复，成其便捷。秦始皇见而善之，赦出为御史。由程邈所创的这种书体，就被称为"隶书"。这个传说，只可证明程邈在秦隶规范化的过程中是有贡献的，如果把隶书的发明完全加到程邈的头上，显然与考古所见的物证不符。1975 年在湖北云梦秦墓中出土的秦简，其写成年代在战国晚期至秦统一之初，比程邈的活动年代为早，其书体已属古隶。与李斯所规范化的官方书体秦篆相比较，古隶显然更便于书写和辨识。所以，古隶不仅在民间广为流行，而且在官方文书中也取得了一席地位，充当秦篆的辅佐，故又有"佐书"之号。"秦二世诏版"的文字，不用秦篆，而用秦隶，就是官方推行隶书的物证。它虽然还有少量的生硬的圆曲线条，但横平竖直的隶书特征已十分鲜明。

西汉前期的隶书风范，以往受制于传世墨宝有限而不被论书者所重视，随着汉代简帛文字的大量出土，这一局面已被改变。湖南长沙马王堆、山东临沂银雀山、湖北江陵凤凰山、湖北江陵张家山等地所山上的数以万计的文字材料，使人们对西汉前期的书艺发展水平，不得不刮目相看。上述墨书文字，大部分系用古隶写成，这对于研究古隶到汉隶的转变，提供了全新的材料。仅以对马王堆简牍文字的研究而言，已有学者指出它们虽然都属于古隶的范围，但其书风变化极为繁富，可以大致区分为六种。其中《合阴阳》医简上的文字，是马王堆汉简中书法艺术水平最高的一种。它的折笔方圆并用，或一笔弯下，显其圆转流畅，或分笔相连，呈其刚劲遒健。特别是它的波挑披拂之处，神采飞扬，极尽波磔俯仰之能事，已可与东汉的隶书名碑相比肩。此外，更引人注目的是，马王堆汉墓所出土的帛书《老子》乙本、《相马经》、《周易》等文字，是用相当规范化的汉隶写成，其波挑明显、字型扁方的特征已经出现。所以，

---

① 参见凌云超：《中国书法三千年》，15～33 页，南京大学出版社，1987。

结论是："早在西汉初期不仅古隶已经定型成熟，而且汉隶也已经定型成熟了。"①

汉隶在西汉中后期、特别是东汉进入了鼎盛阶段。于是，有了"八分"这个专用名词的出现。"八分"即是有统一规格的汉代隶书。其名的起源，当是缘于"八"有分别之意。"八分"书体要求每个字的笔态，不仅要分别左右，而且要平均笔势。② 八分书与古隶的明显区别，在于圆笔法多于方笔法，这是秦篆笔意的复现。它的横笔和捺笔是最有讲究的。每一字中都要有一横笔写成"蚕头燕尾"。所谓"蚕头"，是指落笔之时以逆锋重笔而入，形如蚕虫之头。所谓"燕尾"，是指横划收笔之时，以露锋向上捺出，形如飞燕之尾。捺笔的特征是"波磔法"，即捺笔收尾时，必以重笔出锋而捺之，形成笔锋飞舞之势。这两种笔法的运用，不仅使汉隶更加美化，且更有雄浑坚挺之态。八分书的字型偏于扁方，这与秦篆的长圆取势不同。八分书体的形成，确实有一个较长的过程，其中贡献最大的书艺家当推王次仲。王次仲在东汉章帝年间，对八分书的结构和笔法进行了探讨和总结，使这种特点明显的书法艺术，得到全社会的广泛喜爱。

八分书有统一的体制与要求，但汉人的隶书作品却是多姿多采。碑刻文字代表了成熟的汉隶，成为流芳百世的汉代标准字体，被后世书家们引为典范。③《石门颂》为摩崖刻石，是汉隶的杰作巨构，它雄迈豪放、疏荡劲秀，被人推为汉隶正宗、"山林派隶碑"的翘楚。《汉礼器碑》清逸秀挺，于瘦劲处显美观，在隶笔中存小楷之风韵，被后人尊为"庙堂派隶碑"的代表作。《汉华山庙碑》字型略有篆意，有古雅朴茂之誉，而且撇笔有韵致，点钩见拖锋，可称是瑰丽与飘逸集于一身。它与《汉夏承碑》同一体裁笔法，传说皆出自于汉末最负盛名的书家蔡邕之手。《汉史晨碑》则与平稳中见灵气，以端庄典雅著称。《汉曹全碑》笔势新颖，妩媚动人，横笔轻盈活泼，撇笔柔和婉转，为汉隶别开生面。《汉张迁碑》厚重方朴，笔画紧凑而无促迫之感。古人有"汉

<hr>

① 参见陈松长：《马王堆简牍书法艺术散论》，载《书法丛刊》，1997年第1期。
② 历代书家对"八分"的涵义颇多争论：有谓"八分象隶，二分相篆"者；有谓字长八分者。今取其一说。
③ 欧阳中石、徐无闻编：《书法教程》154页，北京，高等教育出版社，1994。

碑一碑一体"之誉，实不为过。①

汉代隶书名家辈出，而以蔡邕为其魁首。蔡邕，字伯喈，陈留圉（今河南杞县南）人。灵帝时仕为议郎，献帝时官居左中郎将。他博学多识，书法以篆隶绝世，尤精八分，体法百变，自成一格，有"骨气洞达，爽爽有神"之誉。书法名作为《熹平石经》。据说刊刻立碑于太学门外之后，每日都有许多观摹者前来，以致于车乘填塞街陌。蔡邕书法影响之大，可见一斑。此外，蔡邕还开创了"飞白书"，为书坛平添一枝奇葩。在蔡邕名下传世的还有四篇书论之作——《笔赋》、《九势》、《笔论》、《篆势》，是我国古代早期书论的代表作，被尊为"书法美之认识的鼻祖"②。

汉代的草书，虽处于初创至成熟阶段，但起点很高，成就不俗。"草"的原意，可用草率、草稿解释。按照这过于泛泛的理解，所有写得潦草的字，似乎皆可称为"草书"。但在书法艺术中，作为一种书体而与篆、隶、行、楷并称的草书，却有其特定的内涵。笔画之间的省减替代和游丝牵连，构成了草书的主要字体特征。草书在出现之初，只是顺应了"人心乐便"的常情，因可以快速书写而受到人们的注意，但草书艺术的发展，却与"大众化""实用化"无涉，恰恰是草书把中国文字由实用性书写升华为艺术，它最便利于书家体现其个性，最便于表现中国书法的艺术特征。③ 草书成了最有观赏价值的书体，书艺经典作品多为草书，其秘密尽在于此。

汉代草书的主流是"章草"，至东汉后期，"今草"异军突起，把草书艺术推向了新的高峰。

章草，本称"隶草"，或称"草隶"，由对隶书的省笔速写而得名。据传说，西汉元帝时的黄门令史游，是当时的著名书法家，他把民间早已存在的简笔隶字，加以搜集整理，写成了一本"草字歌诀"，共收1400余字，字无重

---

① 参见凌云超：《中国书法三千年》，36～53页，南京大学出版社，1987。

② 参见袁维春：《论蔡邕〈九势〉》、《论蔡邕〈笔论〉》，收入袁著《学书论札》，北京，宇航出版社，1987。四文是否出于蔡邕之手，学界多有歧见，其影响巨大则不容否认。可参见郑晓华：《古典书学浅探》，55～60页，北京，社会科学文献出版社，1999。

③ 参见王继安：《草书教程·序论》，北京，中国美术学院出版社，1997。

复，且有韵律可循，人称此书为《急就章》，遂有"章草"之称。① 章草的特征有二：一是仍具有隶书体势（尤以捺笔磔出明显），二是字字独立，无游丝牵连。这也是它与后世所称"草书"的根本区别。② 《流沙坠简》中所收录的《汉神爵四年简》，是西汉宣帝时期的遗物，字体即为隶草，这说明史游编写《急就章》之前，草书确已客观存在。章草的极致之作，是东汉后期书法家张芝的《八月帖》。它被认为是章草向今草过渡的桥梁。

今草，是在章草的基础上发展而来，但已离隶书笔意，体势由扁平而变为狭长，字与字之间，多有连属之笔，给人以一气呵成、狂放自如之感。今草名声大振，与张芝有密不可分的关系。张芝，字伯英，敦煌酒泉（今甘肃酒泉）人。主要活动于东汉桓帝、灵帝时期。他临池习书如痴如醉，每日洗笔涤砚，竟把宅前一池清水染为墨色。他的草书代表了一种新的书风，其笔法为当世之冠，人们尊称他为"草圣"。唐代书论家张怀瓘形容张芝的笔势"若悬猿饮涧之象，钩锁连环之状，神化自若，变态无穷"③。他的书艺对后世的王羲之、张旭、怀素等草书圣手的影响，是可以想见的。张芝今草的代表作是有争议的《张芝知汝帖》④，每字多为一笔构成，字与字之间，笔意不断，互相照应，确已达到了随意挥洒、出神入化的境界。

草书在汉末书坛独具异彩，临习者甚众。名士崔瑗写成《草势》一文，为之广造声势，而部分有保守倾向的文士则出而反对这一新时尚。赵壹写了一篇《非草书》，备列其贬斥草书的四条理由，关键的指责为"背经趋俗"⑤。赵壹的抒情小赋，确立了他在汉赋发展史的地位，但他论书体而贬草书，则是大错特错了。魏晋以降，正是草书为书法界提供了源源不断的创造活力。

此外，行书及楷书的雏形，在汉代业已出现。称汉代为书坛诸体皆备的时代，亦不为无因。

---

① 关于"章草"的本意，学界有争议，可参见王继安：《草书教程》，40 页，北京，中国美术学院出版社，1997。

② 关于"章草"的笔势特征及其影响，可以参看高二适：《新定急就章及考证·自序》，上海古籍出版社，1982。

③ 〔唐〕张怀瓘：《书断》。

④ 现代书法史学家或疑《张芝知汝帖》为后人伪作。张芝书帖迟至宋代方收入阁帖，究竟是转相临摹而参入了后人笔意，还是书出伪作，恐难作定论。

⑤ 参见郑晓华：《古典书学浅探》，46～53 页，北京，社会科学文献出版社，1999。

（二）天·地·人：三界精灵寄托丹青

秦汉时期的绘画，有独特的艺术风貌：粗犷之中寓雄迈之气，古拙之下含秀灵之态；写实与写意并存，现实与浪漫兼容。绘画所表现的内容极为广博，把天上、地下、人间这"三界"的一切皆化为丹青妙笔，留作古画奇珍。他们对世界的观察与想象，他们的伦理道德与审美观念，都在绘画中直观地表达出来了，成为后人探讨秦汉时期精神世界的重要途径。

秦朝国运短促，集聚文物奇珍的宫殿又在项羽的复仇之火中毁于一旦，所以，秦朝的绘画作品未曾流传于世。近几十年来的考古发现，终于使我们有机会一睹秦代绘画的庐山真面目。

1976年随着秦都咸阳一、二、三号宫殿遗址的发掘，可以代表秦代绘画水平的作品，终于重见天日。这批壁画的写实性非常明显，主要描绘了建筑图、车马出行图、仪仗、人物、动植物、神怪等内容。特别是三号宫殿遗址所出壁画，生活气息相当浓厚。多幅车马出行图，最为引人注目。驷马轩车，成组前驱，马奔如飞，动态十足。所绘人物，体姿不同，神态各异，逼真传神。秦宫壁画全为彩绘，色泽艳丽，对比鲜明，以色造型，以线为辅，呈现出独特的艺术风格。晕染法、凹凸法等绘画技巧，已得到熟练运用。总之，秦画在题材、构图、设色和绘画技巧上都达到了令人难以想象的程度。[①] 咸阳二号秦宫遗址所出土的大型龙凤纹（或称"龙抱璧纹"）空心砖，构图设计十分精美，线刻笔力遒劲，立体感很强，与秦宫壁画交相辉映。

此外，秦动物图案的瓦当，也可以表现秦代绘画的艺术风格。秦都雍城（今陕西凤翔南）薪年宫遗址所出土的鹿纹瓦当，皆可视为优美的写意画。鹿的造型，简朴生动，却把鹿的机警、矫健、善于奔跑的特征表现得惟妙惟肖，用笔夸张而不失真，给人以无尽的联想空间。秦始皇陵出土的铜车车厢内外，布满了彩画，虚实结合，鲜明华丽，气氛热烈和谐而又凝重稳健，[②] 尽情显示了彩绘艺术的高超。

---

① 参见陈国英、钱文秀：《咸阳秦宫壁画概论》，见《庆祝武伯伦先生九十华诞论文集》，西安，三秦出版社，1991；王学理等：《秦物质文化史》，354页，西安，三秦出版社，1994。

② 参见王学理：《秦陵彩绘铜车马》，65页，西安，陕西人民出版社，1988。

汉代的绘画，较之秦代有了极大的发展。它的绘画题材，包括了人们物质生活与精神生活的各个方面，绘画技巧更为丰富，线条成为造型的主要手段。汉代绘画进步最快的，当推人物画，无论是神话传说，还是历史故事，以及现实生活，各种人物造像均极生动传神。汉画的总体风格是古朴质拙、气魄宏大，透露出国富民强的时代气息。从绘画所用质材分类，汉画主要有帛画、漆画、壁画、画像砖与画像石等四大类。汉代还涌现出由宫廷画家、文人画家和民间画匠所构成的画家群体。由此形成了我国绘画史上的第一个繁荣时期。

两汉时期的著名画家，据唐人张彦远《历代名画记》所述，即有 12 人。西汉 6 人：毛延寿、陈敞、刘白、龚宽、阳望、樊育；东汉 6 人：张衡、蔡邕、赵歧、刘褒、刘旦、杨鲁。其中，既有宫廷画师，也有文人士大夫。特别是张衡、蔡邕、赵歧、刘褒 4 人，有显赫的仕宦阅历，他们出现于画坛，可视为文人画的开端，但正史各传中，均未记载他们善于绘画，或许是反映了当时鄙视画师的实情。这些著名画家，都有技艺专长：龚宽、刘白、陈敞善画牛马飞鸟，樊育、阳望善于布色，毛延寿、赵歧善画人物，刘褒善画鸟雀风云。据说，毛延寿为西汉元帝时的宫廷画家，善画人物肖像，美丑老少必得其真。后宫女子既多，元帝无法遍睹芳颜，令画工逐一绘像，供元帝案图召幸。后宫诸女皆贿画工使增风采，其中惟独王嫱（昭君）不肯行贿，毛延寿怒而在其画像上增画一痣，坏其国色天香，遂使王嫱困守深宫无缘见帝一面。后来匈奴首领入朝求美人为阏氏，王嫱应行，辞行之际，元帝得见其面，惊叹为后宫第一。元帝悔恨之下，究查其事，画工毛延寿等人皆被诛杀。这段传奇故事，或许是小说家之言，不足征信，但它们可反映汉代人物肖像画已达到相当高的水平了。另有传说，东汉桓帝官至蜀郡太守的刘褒，曾画《云汉图》，见者觉其热，又画《北风图》，见者觉其凉。绘画效果有如此强烈的感染力，可叹为超凡入圣了。

民间画匠的名字，很难有机会流传下来。乐浪（今朝鲜平壤）汉墓出土的漆器上，附记了数十位画工的名字，实为少见。现在所知的汉画真迹，全是出土文物，数量极多，皆出于民间画师工匠之手。著名的汉代画家作品却无一幅传世。从情理而言，我们现在所知的汉画作品，都不可能代表汉代绘画的最高水准，但它们以群体的形式，仍能准确地反映汉代的时代风貌与绘画艺术的特点。

帛画，绘于绢帛之上。湖南长沙马王堆汉墓出土的五幅帛画和山东临沂金雀山汉墓出土的一幅帛画，皆为西汉前期之物，填补了我国绘画史上的空白。马王堆汉墓所出的两幅"T"型"非衣"帛画，以祈祷墓主灵魂升天为中心思想，全长两米多，画面分成三个部分，最下面为地下世界，中部表现墓主生前生活片段，上部为天国世界。中部的双龙穿璧和上部相向腾飞的两条巨龙，不仅营造了神秘莫测的气氛，也表现出恢宏的气势。三界人、物错综复杂，画面却安排得秩序井然，毫无凌乱之感。线条运用流畅自如，色彩处理绚丽和谐，精绘细描之处已含工笔画之妙。马王堆3号汉墓出土的两幅反映墓主生前生活的帛画，全是写实之作。内容有车马军阵、仪仗人物，在约2平方米的画面上，出现了乘车数十、人马各数百，场面很为壮观。

漆画，借漆液为丹青，彩绘于漆器之上，有强烈的装饰意味。与漆器工艺的发展同步，漆画技艺在汉代大放异彩。漆画以线条匀称飘逸、色彩绚丽而引人注目。细笔如蚕丝，光泽似云霞，确实是精美无比。马王堆一号汉墓出土的黑地彩绘漆棺上的漆画，可称得上是西汉漆画中的精品。这一漆棺，是现存最大、最完整的漆器，漆画笔势生动，线条奔放。金色的主题似为驱邪，在缭绕飞卷的云气之间，有众多的神怪出没。特别是其中"土伯食蛇"的一组五幅画面，最富情趣，且构图连贯，效果有似于连环画。① 此外，河北怀安、江苏连云港、甘肃武威、山东莱西及朝鲜国平壤等地汉墓中所出土的漆画，也都各有特色。特别是乐浪汉墓出土的竹编彩箧和玳瑁小盒上的漆画，人物造像极为生动传神，② 虽说头与四肢躯干的比例未臻准确，但仍不失为迄今所见汉代人物漆画中的上品。

壁画，以其强烈的装饰效果，在两汉得以广为流行。据文献记载，西汉宣帝在未央宫麒麟阁绘功臣图像，东汉明帝在南宫云台绘辅佐光武中兴的二十八将群像，显然都是壁画。王延寿《鲁灵光殿赋》形容鲁王宫中的壁画"千变万化，事各缪形，随色异类，曲尽其情"。考古所见汉代壁画，全出于墓中。主要题材有两种：驱邪升仙与描绘富贵生活。壁画汉墓分布范围涉及十余省区，

---

① 参见孙作云：《马王堆一号汉墓漆棺画考释》，载《考古》，1973年第4期。

② 参见〔日〕小泉显夫等：《彩箧冢》，朝鲜古迹研究会，1934。

其中最著名者为：洛阳西汉卜千秋墓、西安交通大学校园西汉墓、内蒙古和林格尔东汉墓、河南密县打虎亭2号东汉墓等。卜千秋墓壁画是典型的亡灵升天图。特别是中部描绘凌空升天的场景，无论是仙人，还是仙禽神兽，形象都非常逼真，使人对天国充满向往之心。西安交大的汉墓壁画，是一幅难得的天文图。墓顶遍绘云气，日月分列南北两侧，四神二十八宿星图各按方位，排列组合。令人称奇的是，壁画中的基本星宿位置大体准确，与《史记·天官书》所载天文大致吻合。和林格尔东汉墓的壁画，内容极为丰富，全面反映了边塞地区的社会风貌，特别是把官吏出行的盛大场面描绘得细致入微。所描绘的人物，神态与其身份相合，用笔简练而能传情达意。布局巧妙，疏密有致，画家驾驭宏大场景的艺术功力尽现于眼前。密县打虎亭2号汉墓壁画，以长卷式的画面，分别展示了车骑迎宾、宴饮等场面。其中的宴饮图，以高坐幄帐宴请宾客的墓主为中心而展开，盛大的乐舞百戏为宴饮平添喜庆和热闹气氛。幅宽达7.34米，高为0.7米，画面之大在汉代壁画中已属罕见，再加之场面宏大、人物繁多、结构严谨、色彩艳丽，被认为是足以代表汉画水平的作品。

画像砖与画像石，以刀为笔，融绘画与雕刻为一体，是闻名于中外的汉代艺术珍品。题材与壁画基本一致，分布亦很广泛，尤以山东、江苏、河南、陕北等地的画像石及四川的画像砖最为集中和精彩。山东画像石影响最大的，是嘉祥武氏祠、肥城孝堂山郭氏祠和沂南画像石。特别是武氏祠汉画石刻，内容涉及神话传说、经史故事、现实生活等不同领域，被誉为"题材内容之广博，思想内涵之深邃，雕刻技法之精美，居全国汉画像石之首"[1]。特别是威武雄壮的车马出行图，昂首长嘶、跃跃欲出的骏马图，集中代表了雄浑凝重而洒脱俊逸的审美情趣和汉画艺术风格。河南汉画以南阳所出最具代表意义，南阳汉画博物馆也就成了汉画精品的汇聚之地。河南汉画，不追求外型的逼真，也不注重细部刻画，而是突出外型大动作的动感，以异常简洁的笔法，显示力量与速度之美，由此构成了夸张、古拙的美学风格。浮雕加线刻的技法，也是它与其它地区汉画像的重要区别。正如研究者所言，动态的气势美，反映了汉代艺术的一般风貌；气势与古拙是来自于艺术家内心审美情趣的抒发，也代表着一

---

① 参见贾庆超：《武氏祠汉画石刻考评》，1页，济南，山东大学出版社，1993。

个时代的心理特征。① 四川汉画像砖，大多出于东汉晚期墓中。制作方法是用刻有画像的木范，压印在半干的泥坯上再入窑烧成，后又在画面上施加多种颜色，增强了美感。写实作风与夸张技法相间，使其艺术造诣达到相当高的境界。有的浮雕较高，突出了立体感。画面虽非用笔绘出，但运用线条健劲而生动，具备绘画的特征。② 由于它的写实性，又是了解汉代社会习俗、生产与生活情景的珍贵的形象史料。

此外，还陆续在甘肃发现了汉代木板画及木简画，在江苏扬州邗江胡杨汉墓，也出土了两件木板画，绘画技巧一般。

综观汉代绘画，从内容到形式，均比先秦时代有巨大的进步，但依然没有冲破宗教信仰和实用装饰的藩篱，尚未出现纯为追求美感的绘画创作；汉画已能处理较大的场面，可以塑造不同类型的形象，但深入细致的表达能力仍有欠缺。汉代绘画，以其多方位的艺术探索和空前的繁荣局面，为魏晋时期中国绘画新纪元的到来，奠定了牢固的基础。

---

① 参见周到、王晓：《汉画——河南汉代画像研究》，113～114 页，郑州，中州古籍出版社，1996。

② 参见刘志远等：《四川汉代画象砖与汉代社会》，2 页，北京，文物出版社，1983。

第八章
文化的碰撞与交流

  中国自古以来就是一个多民族的共同体，各兄弟民族都是中华民族的有机组成部分。早在战国时期，荀子即已指出"四海之内若一家"。而秦汉统一大帝国的建立，更为中华民族内部各民族的交流与融合提供了基础，创造了条件。用东汉后期著名今文经学家何休的话说，这就是随着社会的进化，"夷狄进至于爵，天下远近小大若一"。即四夷与诸夏地位平等，彼此友好相处，互助互补，民族关系上天下为一家。这一思想奠定了民族融合、国家统一的理论前提，在此基础上，民族交流与融合不断向前发展，成为中国历史进步的显著标志，也成为秦汉文化的重要组成部分。

  秦汉时期，中外文化之间的交流也进入了一个新的发展阶段，封建帝国与西域以及亚洲各国的政治经济文化的联系不断加强，日益密切。古代中国与古代罗马两个文明中心逐渐有了一定的接触和往来。中华文化在广泛传播与影响于域外地区的同时，也深受各种外来文化的影响，而这种影响又从一个方面推动和完善秦汉文化本身，使之呈现出绚丽多姿的色彩。

由此可见，秦汉时期文化的碰撞与交流，既表现为国内汉族与少数民族、中原地带与边疆区域，草原游牧文化与中原农耕文化的对峙与融合，也表现为当时中国文化与域外诸国文化之间的交流与互补。这中间，既有思想文化观念上的冲突与磨合，也有物质文化形态上的彼此渗透与相互影响。

一、从严夷夏之防到四海一体

（一）"夷夏之辨"的历史文化渊源

中国历史上的民族关系之核心，是夷夏之间的对峙与融合问题。在中国历史上各家各派的思想家中，对夷夏关系问题为核心的民族思想的发展作出最重要贡献者，首推孔子所创立的儒家。它最早也是最系统地提出了以"夷夏之辨"为主要内容的民族思想。

孔子认为，在夷狄与诸夏关系中，诸夏代表着文明和先进，夷狄代表着野蛮与落后，历史的进程当以诸夏为中心，由诸夏的文明改造夷狄的野蛮，"以夏变夷"，即诸夏文明不断辐射拓展，使原先落后野蛮的夷狄逐渐向文明先进过渡，最终达到诸夏的文明进化水准，实现大同的理想。

值得注意的是，孔子的"夷夏之辨"思想中带有一定的平等民主色彩，这就是他并不排斥夷狄。《论语·八佾篇》云："夷狄之有君，不如诸夏之亡也。"朱熹《四书集注》引程子曰："夷狄且有君长，不如诸夏之僭乱，反无上下之分也。"这说明孔子对夷狄之有君臣是持某种赞赏态度的。又《论语·子罕篇》曰："子欲居九夷。或曰：'陋，如之何？'子曰：'君子居之，何陋之有？'"《四书集注》释云："君子所居则化，何陋之有？"这更显示出孔子的纳异心态，即认为夷狄可以通过文明熏陶教化，而进之为华夏。相反，诸夏如果僭乱，君不君，臣不臣，则可以转向野蛮，退为夷狄。这种视华夏、夷狄为可变的实体，体现了孔子民族思想中进步的性质。

不过，孔子尽管在理念上不排斥夷狄，但是在具体的政治论述中他还是站在诸夏中心观的立场上的。在他的心目中，夷狄毕竟是不文明的象征，其野蛮未开化的生活方式，是诸夏文明存在与发展的直接威胁，因此它与诸夏的地位不能平等，而只能是被改造、被开化，处理夷夏关系必须以中国（中原）为本位，不能让夷狄来改变中国（中原）。于是孔子大力宣扬"尊王攘夷"的历史合理性与现实必要性，充分肯定管仲辅佐齐桓公"尊王攘夷"的历史功绩："霸诸侯，一匡天下，民到于今受其赐。微管仲，吾其被发左衽矣。"① 将少数民族"被发左衽"的生活方式、风俗习惯简单地界定为野蛮落后。

孔子在"夷夏之辨"问题上的矛盾态度，对后世（尤其是儒家）民族思想的形成和发展产生了双重的影响。许多通达之士，如《公羊》学家，较多地看到了孔子有关夷夏关系可以互变的立场，而在民族问题上持比较开明公允的观点，强调"以夏变夷"，促使夷狄与诸夏共同臻于文明，实现天下的大同。但是也有一些儒者，如孟子，片面地理解孔子"攘夷"的主张，一味强调夷夏之防，认为夷狄是"**䴏**舌之人"，"非先王之道"，只有被"膺"被"惩"，受攘逐打击的命运可言②，从而人为地割裂夷夏之间的联系，加深双方的隔阂与敌对，造成诸夏的自我封闭。

先秦民族观念的历史文化渊源，对于秦汉时期民族思想的形成具有重要的影响，也制约着秦汉时期民族文化政策的制定与实施。换言之，秦汉时期民族问题上"严夷夏之防"与"天下一家"两种观念的对立与消长，都是以先秦"夷夏之辨"民族思想为逻辑起点并具体展开深化的。

（二）"别夷夏"与"进夷狄"

形成于战国晚期而真正得势于两汉期间的《公羊》学是孔子"夷夏之辨"民族思想在当时的正确继承和发挥者。他们一方面主张严夷夏之防，坚持以中原为本位，反对用周边的夷狄来改变中原诸夏，体现出具有强烈的华夏中心色彩的民族主义。《公羊传》隐公七年言"不与夷狄之执中国"；庄公十年言"不与夷狄之获中国"；昭公二十三年言"不与夷狄之主中国"；等等，就是这种华

---

① 《论语·宪问》。
② 参见《孟子·滕文公上》。

夏民族中心观的典型表现。基于这样的认识，他们对春秋历史上齐桓公"尊王攘夷"之举予以充分肯定，认为齐桓公北伐山戎、南征荆楚的做法属于行"王者之事"，有大功于华夏文明①。

但是另一方面，《公羊传》的作者也一脉相承了孔子有关区分夷狄与诸夏的原则，即不以种族归属为标准，而以文明进化程度为标准。在《公羊传》那里，所谓的"中国"、"夏"与"夷狄"，既不是狭隘的种族概念，也不是特定的地理范畴，而是定义于政治与文化的发展水平。文明程度低下，无礼义文教者谓之夷狄；文明程度发达，有礼义文教者谓之"中国"与"诸夏"。总之，野蛮与文明是确定和贯彻"夷夏之辨"的唯一标准。

《公羊传》的作者根据孔子的理论，将仁义道德视为文明的最基本要素。凡是言行符合仁义道德的，《公羊传》即中国之；凡是言行不符合仁义道德的，《公羊传》则夷狄之。可见它虽然确立了"夷狄"与"中国"的畛域，然而又没有将这种界限凝固化、绝对化。以仁义道德划线，则夷狄可以进为"中国"，华夏也可以退为夷狄，一切均以文明程度高低为标准。所以《公羊传》中多有称许"夷狄"之处。如《春秋经》宣公十二年载："夏六月乙卯，晋荀林父帅师，及楚子战于邲，晋师败绩。"《传》曰："大夫不敌君，此其称名氏以敌楚子何？不与晋而与楚子为礼也。"按：楚本夷狄，然胜郑而不取其地，与晋战而逸晋师，笃礼薄利而有仁人之心，故与楚子为礼而中国之。反之，晋本诸夏，然当郑危已解情况下，欲乘楚师淹病而击之，无仁爱礼义之心，故不与晋为礼而夷狄之。同样的道理，《公羊传》中亦多有贬中国处。如《春秋经》昭公二十三年云："（秋，七月）戊辰，吴败顿、胡、沈、蔡、陈、许之师于鸡父。"《传》曰："此偏战也，曷为以诈战之辞言之？不与夷狄之主中国也。然则曷为不使中国主之？中国亦新夷狄也。"可见，"中国"如有夷狄之行，也是新夷狄，夷狄固不能主中国，那么实质上已为新夷狄的"中国"同样不能够主中国。

由此可知，《公羊传》作者"夷夏之辨"民族思想是全面而深刻的，其对孔子民族观的继承和发挥也是合乎孔子本义的。它的价值在于既保持了华夏文

---

① 参见《春秋公羊传》僖公四年。

化的本位性，又摆脱了狭隘的种族概念，而以文明发展程度作为"夷夏之辨"的标准。以这种标准来区分夷夏，就为夷狄进于中国，实现民族融合提供了逻辑上的合理性。从这个意义上说，汉代《公羊学》的民族思想是超越种族概念与地理畛域的进步学说，它有利于国内各民族以先进的华夏文化为鹄的，在不断进化、摆脱野蛮、趋于文明的基础上，最终实现大融合，为中华文化的发展共同作出积极的贡献。

秦汉时期其他思想家的民族观，大体而言，都是依违于《公羊传》"别夷夏"与"进夷狄"两端而生发衍化的。当然，在不同的人那里，侧重点各有不同，或注重于言"王者无外"、"四海一体"；或注重于严"夷夏之防"，汲汲排斥夷狄。

西汉中叶盐铁会议上贤良文学的民族文化观，显然充满着"王者无外"的理想主义色彩。在他们看来，夷夏关系并不是绝对对立，无法调和的，而是存在着可变的因素，即夷狄能够接受王化，与中原地区友好相处：

> 夫蛮、貊之人，不食之地，何足以烦虑而有战国之忧哉？若陛下不弃，加之以德，施之以惠，北夷必内向，款塞自至。①

> 《春秋》"王者无敌"，言其仁厚，其德美，天下宾服，莫敢交也。德行延及方外，舟车所臻，足迹所及，莫不被泽。蛮、貊异国，重译自至。方此之时，天下和同，君臣一德，外内相信，上下辑睦。兵设而不试，干戈闭藏而不用。②

> 王者中立而听乎天下，德施方外，绝国殊俗，臻于阙庭。凤皇在列树，麒麟在郊薮，群生庶物，莫不被泽。非足行而仁办之也，推行仁恩而皇之，诚也。范蠡出于越。由余长于胡，皆为霸王贤佐。故政有不从之教，而世无不可化之民。《诗》云："酌彼行潦，挹彼注兹。"故公刘处戎、狄，戎、狄化之。太王去豳，豳民随之。周公修德，而越裳氏来。其从善如影响。为政务以德亲近，何忧于彼之不改。③

值得注意的是，贤良文学还肯定了夷狄文化中的某些合理成分，这在当时，无

---

① 《盐铁论·忧边第十二》。
② 《盐铁论·世务第四十七》。
③ 《盐铁论·和亲第四十八》。

疑是一种博大宽宏的胸襟，这实际上是各民族交流与融合的重要基础：

> （匈奴）事省而致用，易成而难弊……法约而易辨，求寡而易供。是
> 以刑省而不犯，指麾而令从。嫚于礼而笃于信，略于文而敏于事。故虽无
> 礼义之书，刻骨卷木，百官有以相记，而君臣上下有以相使。①

贤良文学的民族思想虽然带有严重的空想性，在阶级社会里，复杂的民族关系
也不可能以抽象的仁义道德加以解决，民族交流与融合往往伴随着残酷的战
争，然而，他们不把华夏与夷狄简单地加以绝对对立，提倡互相包容，共臻文
明，主张"王者博爱远施"，从而达到"外内合同，四海各以其职来祭"② 的
目的，显然是可贵的卓识远见。

东汉著名史学家班固从思想倾向而言，无疑是正宗的儒家，他的民族观显
然具有两重性，一方面拘泥于"夷夏之防"，主张汉民族与少数民族相隔绝：
"隔以山谷，雍以沙幕，天地所以绝外内也。是故圣王禽兽畜之，不与约誓，
不就攻伐；约之则费赂而见欺，攻之则劳师而招寇。其地不可耕而食也，其民
不可臣而畜也，是以外而不内，疏而不戚，政教不及其人，正朔不加其国。"③
但是，鉴于现实，他同样提倡"王者无外"、沟通夷夏的观点，对有关隔绝匈
奴的言论予以了自我否定，积极倡导实行交流、施惠的政策，促使夷夏之间友
好往来、和睦相处："绝之未知其利，通之不闻其害。设后北虏稍强，能为风
尘，方复求为交通，将何所及，不若因今施惠，为策近长。"④ 这在当时诚属
较为开明、富有远见的民族意识。

至于东汉末年今文经学大师何休积极倡导的"夷狄进至于爵"，天下一家
的民族融合主张，更将秦汉时期"王者无外"、夷夏一体的进步民族观念发展
到了极致。

何休继承《公羊》学先师有关"夷夏之辨"非种族与地理之辨，而为道德
文明之辨的观点，并加以充分的发展。何休强调指出：夷狄如果能慕仁义、行
礼乐，便可以摆脱野蛮状态，逐渐融入文明社会，成为中国和诸夏的一分子。

---

① 《盐铁论·论功第五十二》。
② 《盐铁论·险固第五十》。
③ 《汉书》卷九四下，《匈奴传·赞》。
④ 《后汉书》卷四十，《班固传》。

这样，何休便从夷夏对立的现实大地上一举而升华到了夷夏混同、"王道太平"的理想境界，为未来的"大一统"社会描绘出一幅美好灿烂的图画："至所见之世，著治太平，夷狄进之于爵，天下小大远近若一。"① 毫无疑义，何休这一思想包含着极其丰富的时代文化意义。首先，它超越了狭隘的夷夏之防，肯定了夷狄向文明进化的历史必然性。其次，它清除了夷夏之间绝对对立的界限，强调了夷夏关系的可变性。其三，它完整地描绘了大一统理想政治之下的民族平等局面，"天下小大远近若一"。强调夷狄一旦告别野蛮，走近文明，就能受到应有的尊重，就能和占主体的华夏民族平等和好地相处。这样，便为后世比较开明的统治者推行"胡汉一家"的进步民族政策，维护大一统格局，奠定了思想上的基础。可见，这是一种具有明显的平等意识，视天下为一家的民族观，是秦汉时代民族观的精华所在，也是中国古代民族思想发展史上的辉煌篇章。

当然，任何时代的民族思想都是多元的。在秦汉时期，民族观问题上，除了"王者无外"、"夷夏一体"这一思潮外，还存在着严夷夏之防，强调夷夏对立不可调和的另一股思潮。如盐铁会议上，以御史大夫桑弘羊为代表的尚法之士，对匈奴等"夷狄"抱深恶痛绝的态度，认为其绝仁弃义，好战嗜杀，是华夏民族不共戴天之敌，绝非德义仁礼所能感化，所以只能赶尽杀绝，以除后患：

> 匈奴无城郭之守，沟池之固，修戟强弩之用，仓廪府库之积。上无义法，下无文理，君臣嫚易，上下无礼……《春秋》曰："桓公之与戎狄，驱之尔。"②

> 夫汉之有匈奴，譬若木之有蠹，如人有疾，不治则浸以深。故谋臣以为击夺以困极之。诸生言以德坏之，此有其语而不可行也③。

东汉中叶成书的《白虎通义》一书，在夷夏民族关系问题上同样持十分狭隘的种族立场。它认为"王者不臣"者有三，其中之一，就是"不臣夷狄"。理由就是夷狄是不可改造的"异类"，它与华夏族的对立冲突乃是绝对而永恒的：

---

① 何休：《春秋公羊传解诂》隐公元年。
② 《盐铁论·论功第五十二》。
③ 《盐铁论·世务第四十七》。

"夷狄者……非中和气所生，非礼义所能化，故不臣也。"① 这与《公羊传》的宗旨完全背道而驰，是严夷夏之防的典型论调，突出反映了秦汉时期部分陋儒在民族问题上的丑陋心态和偏执立场。

不过，值得庆幸的是，在秦汉时期两股对立的民族思潮中，主张"王者无外"、"夷夏可变"的思潮相对占有优势，处于主导的地位。正因为如此，尽管终秦汉之世，中原民族与边陲少数民族之间的民族战争此起彼伏、绵延不断，但民族之间的交流、融合、同化始终是不可逆转的趋势。换言之，正是由于有"夷夏可变"、"王者无外"的思想基础存在，当时中原与边疆、中国与外域的文化交流遂得以顺利进行，并取得蔚为可观的成就，并为后世的民族融合、中外交流提供了有益的经验与启示。对此，我们理应予以足够的重视和充分的肯定。

二、农耕文明与游牧文明的冲突与沟通

（一）秦汉时期的草原游牧文化圈

秦汉时期，统一的多民族国家中，除了居于中原核心地带的华夏民族外，还散居着众多的少数民族。这在东南及南方，是支属繁多的"百越"（或称"百粤"）群体，包括于越、瓯越、闽越、南越等等；在西南地区今云南、贵州及四川南部一带，有统称为"西南夷"的少数民族群体；在三北地区（北方、西北、东北），则有匈奴、西羌、东胡以及西域诸族。但是在众多少数民族群体中，文明形态与中原地区最为不同，文化冲突最为激烈的，当属以匈奴为代表的北方草原游牧文明。

草原游牧文明圈早在先秦时期即已形成，但由于当时中原民族本身在政治上尚处于分裂状态，故草原游牧文明作为一个独立的、与中原农耕文明圈相对应的文化形态还没有为人们所系统地加以认识，但是随着秦汉封建大一统帝国的建立，出现了"南有大汉，北有强胡"的政治局面，草原游牧文明圈的特

---

① 《白虎通义·王者不臣》。

征、范围以及与农耕文明对峙、冲突、融合的一般情况才为古人所充分关注和认真对待。《史记》、《汉书》、《后汉书》等正史中的《匈奴》、《东胡》、《西羌》诸传，以及《淮南子》、《盐铁论》、《潜夫论》等重要典籍，均曾就草原游牧文明圈的基本情况作过比较细致、全面的描述，对它不同于中原农耕文明的生活方式、风俗习性、道德观念、价值取向予以具体而形象的阐说。

草原游牧文化形成的首要因素，是其地理环境与自然条件不同于中原地区。那里地处中国北部，气候严寒，多风沙尘暴，土地贫瘠（就农作物生长而言），雨水稀少，自然环境十分恶劣，是比较典型的荒凉苦寒之地："地涸泽碱卤，不生五谷"①；"夫胡貉之地，积阴之处也，木皮三寸，冰厚六尺"②；"匈奴处沙漠之中，生不食之地，天所贱而弃之。无坛宇之居，男女之别，以广野为闾里，以穹庐为家室。"③

这样恶劣的自然环境，使得当地的少数民族形成了自己独特的生活方式："衣皮蒙毛，食肉饮血，会市行，牧竖居，如中国之麋鹿耳。"④ "居于北蛮，随畜牧而转移……逐水草迁徙，毋城郭常处耕田之业，然亦各有分地。毋文书，以言语为约束……自君王以下，咸食畜肉，衣其皮革，被旃裘。"⑤ 很显然，他们主要依赖游牧为生，日常生活具有迁徙性、变动性的突出特点，而这种特性，又形成了游牧民族生活俭易、民风淳朴的一般习性。

恶劣的自然环境和独特的生活方式，也锻炼和塑造了草原游牧民族吃苦耐劳、骁勇好斗的品格和自强不息、豪迈刚强的民族精神。与安土重迁、乐天知命、文柔温良的农耕文化不同，草原游牧文化的最大特色之一，是其民族具有明显的军事天赋，充满着勇武好斗、强悍不驯的"尚武"之风：

> 雁门之北，狄不谷食，贱长贵壮，俗尚气力，人不弛弓，马不解勒，便之也⑥。

> 儿能骑羊，引弓射鸟鼠；少长则射狐兔，用为食。士力能弯弓，尽为甲骑。其俗，宽则随畜，因射猎禽兽为生业，急则人习战攻以侵伐，其天

---

① 《史记》卷一一二，《平津侯主父偃列传》。
② 《汉书》卷四九，《晁错传》。
③④ 《盐铁论·备胡第三十八》。
⑤ 《史记》卷一一〇，《匈奴列传》。
⑥ 《淮南子·原道训》。

性也①。

与整个民族弘扬"尚武"精神相一致的，是草原游牧民族社会尚处于较原始的状态，组织简易，架构单纯："君臣简易，一国之政，犹一身也"；"其约束轻，易行也。"② "所居无常，依随水草。地少五谷，以产牧为业。其俗氏族无定，或以父名母姓为种号……不立君臣，无相长一，强则分种为酋豪，弱则为人附落，更相抄暴，以力为雄。杀人偿死，无它禁令。"③ 这种社会基本形态，与已具有严密的社会组织结构，建立起中央集权政体的中原农业民族也是有着根本的差异的。

北方草原游牧地区残酷的生存环境，决定了当地少数民族的道德观念与价值取向迥异于中原农耕民族。如为了繁滋人口，以便为抵御恶劣自然条件和从事武力征伐提供充分的人力资源，匈奴等族大多实行转婚制，即所谓的"丞报婚"："父死，妻其后母；兄弟死，皆取其妻妻之"④；"十二世后，相与婚姻，父没则妻后母，兄亡则纳厘嫂。"⑤ 这样做的结果，是种族生命力旺盛，能够适应无情的竞争与角逐的需要，"故国无鳏寡，种类繁炽"。⑥ 但这在受中原农耕文化熏陶的人的眼中，却属于"寡廉耻，无礼义"之举。又如，由于草原地区各少数民族长期处于激烈的征战之中，民族要生存，要发展，关键取决于青壮者的浴血奋战，出生入死，所以自然而然形成了"贵壮健，贱老弱"的道德传统："壮者食肥美，老者食其余，贵壮健，贱老弱。"⑦ 优先保证战斗在第一线的青壮战士的生活，突出和提高他们的地位，而对已成为氏族部落累赘的老弱病残者采取忽略的态度。这显然亦与主张"亲亲"、"尊尊"、"敬老"、"慈幼"的农耕民族的伦理政治传统大相径庭。再如，中原农耕文化的基本政治观念是强调仁义王道，推崇礼乐德化，而草原游牧文化的重心则在于追逐利益，这也是和其首先满足于基本生存所需的要求相一致的，于是，"利则进，不利则退，不羞遁走。苟利所在，不知礼义"⑧ 也就成为草原游牧民族的普遍价值取向。而崇尚气力，称颂英雄，则合乎逻辑地成了其广大民众的一般心态，所谓"高

---

① ②《史记》卷一一〇，《匈奴列传》。
③ ⑤ ⑥《后汉书》卷八七，《西羌传》。
④《史记》卷一一〇，《匈奴列传》。
⑦ ⑧《史记》卷一一〇，《匈奴列传》。

气力，轻为奸"，"以战死为吉利，病终为不祥"①，等等，正是这种心理情结的具体写照。

由此可见，在秦汉时期与中原农耕文明相并驾齐驱的草原游牧文明业已基本形成。其基本特征是"坚刚勇猛"，"南方以舒缓为强，北方以刚猛为强"②。它生活方式的流动性与文化形态的原始性，使自己充满生气，充满活力，不拘一格，主动进取，豪迈刚健，慷慨激昂，从而与中原一带持重务实、稳定保守的农耕文明构成鲜明的对比。

（二）两大文明圈的对峙与渗透

秦汉时期以华夏族为代表的中原农耕文化，与以匈奴为代表的草原游牧文化均为中华文明的有机组成部分，然而，它们又是表现形式、基本性质存在极大差异的两种文化形态。当这两大文明圈在空间上发生接触与重合之时，也就不可避免地带来了激烈的文化碰撞、冲突，并在对峙之中渐渐趋于渗透与汇合。

两大文明圈的对峙与冲突，既有观念上的原因，更有实际利益冲突的因素。在观念上，中原农耕文化固然自以为是礼乐文明的集中体现，要远优于"寡廉耻"、"无礼义"、"禽兽行"的草原游牧文化，所以汲汲于"攘夷"，至少也是要"用夏变夷"，对草原游牧文化进行改造。而草原游牧民族又何尝不具有"唯我独尊"的文化心态，认为要压过中原文化一头，与中原朝廷针锋相对，毫不相让。如匈奴自称为"天单于"、"天之骄子"："匈奴谓天为'樛犁'，谓子为'孤涂'，单于者，广大之貌也，言其象天。"③ "单于遣使遗汉书云：'南有大汉，北有强胡。胡者，天之骄子也；不为小礼以自烦。'"④双方这种观念上的"唯我独尊"、"以己为大"定势，必然在深层次上为文化之间的对立与冲突埋下伏笔。

当然，对实际利益的角逐是两大文明圈发生冲突的更直接因素。草原民族"逐水草而居"的生活方式与"苟利所在，不知礼义"的价值取向，决定了它

①《史记》卷一一〇，《匈奴列传》。
②《礼记·中庸》郑玄注。
③④《汉书》卷九四上，《匈奴列传》。

必然要对中原农耕区的财富、人口发生极大兴趣，想方设法加以占有："胡人衣食之业不著于地，其势易以扰乱边境。"①"其攻战，斩首虏赐一卮酒，而所得卤获因以予之，得人以为奴婢。故其战，人人自为趣利。"②而中原王朝为了安定中原农耕区民众的生活，保证经济活动的正常进行，同时防范长期形成的礼乐文明体系发生动摇，也就势必要用各种手段抗击草原游牧民族的进攻。另外，中原王朝统治者对边疆地区奇珍异宝的贪婪心理，更使得这种文化对峙与冲突变得复杂化和长期化③。在这样的背景之下，中原农耕文化与草原游牧文化的碰撞与对立遂贯穿于整个秦汉历史的始终了。

这种文化对峙与冲突，在当时主要表现为战争。秦朝建立后，即对匈奴采取积极防御性质的反击作战，秦始皇三十二年（前215），秦始皇派遣大将蒙恬率军三十万出击匈奴，夺回河南地。次年，继续"斥逐匈奴，自榆中并河以东，属之阴山，以为四十四县"④，建置了九原郡。汉朝建立后，仍与匈奴处于长期的交战状态之中。西汉前期，尽管汉室对匈奴采取"和亲"、"互市"之策，但战争依然是双方关系中的主流。汉武帝登基后，一改父祖的消极防御方针，对匈奴实施大规模的战略反击，经过河南、河西、漠南等五大战役，从根本上扭转了双方的战略态势，基本上消除了匈奴对中原农业地区的直接威胁，"匈奴远遁，而幕南无王庭"，从而使两大文明圈的对峙与冲突进入了新的阶段。

汉宣帝在位期间，已遭严重削弱的匈奴内部发生了五单于争位的斗争，呼韩邪单于归附汉室，匈奴分裂，势力日趋微弱，北方边患基本结束，出现了一个相对和平的局面："至孝宣之世，承武帝奋击之威，直匈奴百年之运，因其坏乱几亡之厄，权时施宜，覆以威德，然后单于稽首臣服，遣子入侍，三世称藩，宾于汉庭。是时边城晏闭，牛马布野，三世无犬吠之警，黎庶无干戈之役。"⑤

---

① 《汉书》卷四九，《晁错传》。
② 《汉书》卷九四上，《匈奴列传》。
③ 按，据《史记》、《汉书》等史籍记载，汉武帝后期对匈奴的不少战事，其起因是为了攫取"汗血宝马"等物，与消除边患无甚直接联系。
④ 《史记》卷六，《秦始皇本纪》。
⑤ 《汉书》卷九四，《匈奴传赞》。

王莽当政期间，由于政策上的失误，两大文明圈的对峙与冲突又有所激化。东汉时期，这种对峙仍在继续，但随着匈奴分裂为南北二部，南匈奴称臣内附，金微山一战东汉大军击破北匈奴主力，迫使北匈奴西迁，匈奴族长达三百余年的威胁遂得以彻底解除。其后，东汉王朝虽然仍与西羌、鲜卑、乌桓等草原游牧部族兵戎相见，但是，在两大文明圈的对峙与冲突中，农耕文明逐渐占有优势，掌握主动的基本趋势乃是不可逆转了。

农耕与游牧两大文化形态在秦汉时期通过战争的方式不断碰撞与冲突固然是事实，但这种冲突同时带来的更多是彼此之间的渗透与融合，从而有力地促进了不同类别的文化自身的调整与发展，吸收与更新。

两大文明圈的并峙首先带来的是经济上的相互依赖。"夫山西饶材、竹、谷、纑、旄、玉石；山东多鱼、盐、漆、丝、声色；江南出楠、梓、姜、桂、金、锡、连、丹沙、犀、玳瑁、珠玑、齿革；龙门、碣石北多马、牛、羊、旃裘、筋骨；铜、铁则千里往往山出棋置，此其大较也。皆中国人民所喜好，谣俗被服饮食奉生送死之具也"①。在双方不断征战的同时，边地的关市也得以开放，双方民众按照各自的生活、生产乃至战争之所需进行物资交易，汉室从匈奴等少数民族那里购进皮毛马匹、玉石、各类塞外特产；匈奴等族则从内地购进丝绸、粮食、茶叶、酒等大量生活用品以及金属工具。结果，两大文明圈的联系更为紧密，如匈奴用购得的铜铁制造兵器，而汉朝则用购得的良马来发展骑兵。显而易见，在经济交流的基础上伴随着文化的交流，草原游牧文化与中原农耕文化各随自身的需要而摄取对方的相应成分。文化交流是双向的，当时的情况正是如此。

两大文明圈的并峙其次带来的是不同质文化之间的互相渗透和影响。无论是征战，还是"和亲"、"互市"，它们都使得农耕文化不断给游牧文化以影响，同时，游牧文化也不断给农耕文化以影响。这种双向的文化碰撞与交流，不断地构造新质文化，为中华文明不断地输入新鲜血液，对中华文明的健康发展起着重要的推动作用。这一点在两大文明交汇地区的文化形态上有最显著的反映。据《史记》和《汉书》记载，"天水、陇西"、"安定、北地、上郡、西河"

---

① 《史记》卷一二九，《货殖列传》。

（今陕西北部、内蒙古南部、宁夏与甘肃一部），"西有羌中之利，北有戎狄之畜"，"高上气力，以射猎为先"，"故此数郡，民俗质木"。而河西走廊地区，由于其地为匈奴昆邪王、休屠王之故地，因此深受匈奴游牧文化的影响，"习俗颇殊"。种、代、石北、定襄、云中、五原（今山西北部与内蒙古北部）等地，"人民矜懻忮，好气，任侠为奸，不事农商"，"其民鄙朴，少礼文，好射猎"。至于中山、蓟、燕（今河北北部与辽东地区），则是"其俗愚悍少虑"，"民俗懁急"，"大与赵、代相类"①。

司马迁与班固不愧为富有时代意识的卓越史学家，他们都注意到了处于两大文明圈交汇点上地区的民俗文化，具有中原农耕文明与草原游牧文明的双重特点，具有正统封建观念与粗犷豪放性格的双重色彩。这表明游牧文化与农耕文化的双向交流激荡，的确造就了具有新的独特风貌的文化形态，这正是中华文明日益丰富、异彩纷呈、生生不息的重要原因②。

两大文明圈的并峙其三带来的是中外文化的积极交流。在两大类型文化激烈角逐、冲突的过程中，中原农耕文明的代表者——汉王朝为了夺取战略优势，"断匈奴之右臂"，曾派遣张骞、班超等人通使西域，这在客观上起到了开通丝绸之路的历史作用，使得中国与当时中亚、西亚各国之间发生了一定程度上的经济、文化联系，有力地拓展了人们的视野，帮助其初步形成了某种世界意识，从而开创了历史上中外文化交流的崭新局面。

三、张骞、班超"通西域"的历史文化功绩

秦汉时期，中外文化交流进入了新的历史阶段。

张骞作为以中原大一统王朝官方使者的身分开拓域外交通通路的第一人，他对于发展中西交通的功绩，在一定意义上有"凿空"的意义。

西汉时期，玉门关和阳关以西的地域即今新疆乃至中亚地区，曾经被称作"西域"。西汉初年，今新疆地区的所谓狭义的"西域"计有36国，大多分布

---

① 引文见《史记》卷一二九，《货殖列传》；《汉书》卷二八下，《地理志》下。

② 参见张碧波、董国尧主编：《中国古代北方民族文化史》（专题文化卷），15页，哈尔滨，黑龙江人民出版社，1995。

在天山以南塔里木盆地南北边缘的绿洲上。汉武帝听说匈奴的宿敌大月氏有报复匈奴之志，于是招募使者出使大月氏，希望能够形成合力夹击匈奴的军事联盟。汉中人张骞应募，率众百余人在建元二年（前139）出发西行。途中遭遇匈奴人，被长期拘禁，历时十年左右方得逃脱。张骞继续履行使命，又西越葱岭，行至大宛（今吉尔吉斯斯坦、乌兹别克斯坦费尔干纳盆地），经康居（今哈萨克斯坦锡尔河中游地区），抵达已经定居在今乌兹别克斯坦的阿姆河北岸、又统领了大夏（今阿富汗北部）的大月氏。然而大月氏因新居地富饶平安，无意东向与匈奴进行复仇战争。张骞只得东返，到大夏，然后改由南道回归。在归途中又被匈奴俘获，扣留一年多，乘匈奴内乱，方于元朔三年（前126）回到长安。张骞出行时随从百余人，十三年后，只有两人得以生还。他亲身行历大宛、大月氏、大夏、康居诸国，又对附近五六个大国的国情细心调查了解，回长安后将有关信息向汉武帝作了汇报。张骞的西域之行，以前后十三年的艰难困苦为代价，使中原人得到了前所未闻的丰富的关于西域的知识，同时使汉王朝的声威和汉文化的影响传播到了当时中原人世界观中的西极之地。

汉武帝元朔六年（前123），张骞跟随大将军卫青出击匈奴。司马迁在《史记》卷一一一《卫将军骠骑列传》中写道，张骞从大将军出征，因为曾经出使大夏，在匈奴活动地域长期居留，了解地理情势，熟悉水草资源，于是担任向导，远征军所以没有饥渴之忧。张骞又因为此前有远使绝国之功，封为"博望侯"。事实上，张骞的所谓军功，也基于出使时的经验。张骞为将军时，因指挥战事不利而致罪，失侯后，又以对西域地区地理人文的熟悉，建议汉武帝联合乌孙（主要活动地域在今伊犁河流域），汉武帝于是拜张骞为中郎将，率300人出使乌孙，使团携运的用以交结友好的物资相当丰富，牛羊金帛数以万计。张骞抵达乌孙后，又派副使前往大宛、康居、月氏、大夏等国。乌孙遣使送张骞归汉，又献马报谢，后来终于与汉通婚，一起进军击破匈奴。张骞圆满地完成了他的政治军事使命，然而他的历史功绩，主要还是作为文化使者而创造的。

汉军击破匈奴，打通河西通道之后，汉武帝元狩四年（前119），张骞再次奉使西行，试图招引乌孙东归。这一目的虽然没有实现，但是通过此行，加强了汉王朝和西域各国之间的联系。此后，汉与西域的通使往来十分频繁，民间商贸也得到发展。西域地区 50 国接受汉帝国的封赠，佩带汉家印绶的侯王和官员多至 376 人。而康居、大月氏、安息（今伊朗）、罽宾（今克什米尔斯利那加地区）、乌弋（今阿富汗坎大哈地区）等绝远之国也有使者频繁往来，据说一时诸国"莫不献方奇，纳爱质"①，于是"异物内流则国用饶"②。

张骞在中亚的大夏时，曾经见到邛竹杖和蜀布，得知巴蜀有西南通往身毒（今印度）的道路。"身毒"，也作"天竺"、"贤豆"、"损笃"，都是"印度"的音译。从四川、云南进入印度地区，当时确实有再转而西向大秦的交通路线。汉武帝根据这一发现，在元狩元年（前 122）派使者从巴蜀启行，试图由此实现和西域的交通。于是，汉王朝和当时称作"西南夷"的西南地区滇、夜郎等部族的文化联系逐渐密切起来。这条道路，有人称之为"西南丝绸之路"。

由于张骞的努力，西域与汉帝国建立了正式的联系。张骞因此在西域地区享有很高的威望。后来的汉使，多称"博望侯"以取信于诸国。

在著名的苏武出使故事中，苏武和他的副使常惠一同被匈奴拘禁 19 年，直到汉昭帝始元六年（前 81）方才回到汉地。常惠后来拜为光禄大夫，因为"明习外国事"，转任典属国、右将军。他在本始三年（前 71）护乌孙兵与汉兵五道击匈奴，因功封长罗侯。常惠曾经六至乌孙，一伐龟兹，又曾出车师北千余里，援救被匈奴围困的侍郎郑吉。在西汉王朝与乌孙之间的往来外交活动中，常惠发挥了重要的作用。近年甘肃敦煌汉代悬泉置遗址的考古发掘取得重要收获，出土木简所记录的接待长罗侯及其随从往来费用的资料③，可以增益我们对这一时期中西交往的认识。

东汉时期，被封为"定远侯"的班超，也曾经为中西交通的发展创立过不朽的历史功绩。

班超少时家贫，常为官府抄录文书以维持生计，长久劳苦不堪，一次，辍业投笔，感叹道：大丈夫没有其他的志略，也应当仿效张骞等人立功异域，以取封侯，难道能够长期在笔砚间消磨生命吗？胸怀"当封侯万里之外"之志的

---

① 《后汉书》卷八八，《西域传》。

② 《盐铁论·力耕》。

③ 甘肃省文物考古研究所：《甘肃敦煌汉代悬泉置遗址发掘简报》、《敦煌悬泉汉简内容概述》、《敦煌悬泉汉简释文选》，载《文物》，2000 年第 5 期；张德芳：《〈长罗侯费用簿〉及长罗侯与乌孙关系考略》，载《文物》，2000 年第 9 期。

班超，后来果然从军出击匈奴，又使西域，平定五十余国，以功封定远侯。"投笔从戎"之典，正因班超事迹而为人们所熟知。

据《后汉书》卷八八《西域传》记载，匈奴势力西移后，更加强了对西域地区的控制。王莽时代西域 55 国，北道诸国受匈奴控制。莎车（今新疆莎车）王康曾经屏护受到匈奴攻击的汉王朝西域都护吏士及其眷属千余人，在塔里木盆地西端与临近诸国军队一同抗击匈奴的侵犯。汉光武帝建武五年（29 年），莎车王康致书河西，询问中原形势。河西大将军窦融承制立康为"汉莎车建功怀德王西域大都尉"。建武十四年（38 年），莎车王贤与鄯善王安遣使请汉王朝派都护到西域，汉光武帝刘秀无力用兵西北，不得不拒绝。此后匈奴因旱蝗之灾，国力衰竭，莎车骄横一时，攻掠西域诸小国。于是建武二十一年（45年）有车师前部（今新疆吐鲁番西北）、鄯善（今新疆若羌）、焉耆（今新疆焉耆）等 18 国遣王子入侍，再次请求汉王朝派遣都护，汉光武帝以中国初定，北边未服，没有满足这一愿望。因都护不出，莎车王贤致鄯善王安书，令绝汉通道，鄯善王安拒绝，杀其使。莎车发兵攻鄯善，又兼并龟兹。鄯善王上书，再请都护，宣称如果都护不出，则将臣服于匈奴。汉光武帝刘秀答复道："今使者大兵未能得出，如诸国力不从心，东西南北自在也。"表示任由诸国执政者自主，实际上放弃了中央政府对于西域的控制权。于是鄯善（今新疆若羌）、车师（今新疆吐鲁番附近）、龟兹（今新疆库车）等国均归属匈奴。后来攻灭莎车的于阗（今新疆和田南），也为匈奴所控制。

汉明帝永平十六年（73 年），窦固将兵伐北匈奴，班超率部别击伊吾（今新疆哈密西北），战于蒲类海（今新疆巴里坤湖），有功。次年，东汉以陈睦任西域都护。窦固占领伊吾后，派假司马班超率吏士 36 人出使西域南道诸国，争取他们与东汉军队合力抗击匈奴。

班超先到鄯善，当时也有匈奴使者前来，鄯善王首鼠两端，态度暧昧。班超以"不入虎穴，不得虎子"、"死无所名，非壮士也"的壮烈言辞激励随行者，夜烧匈奴使者营幕，杀匈奴使者，鄯善"一国震怖"。班超控制鄯善后，又西行于阗，迫使于阗王攻杀匈奴使者，归降东汉。水平十七年（74 年），班超又前往西域西部的疏勒（今新疆喀什），废亲匈奴的龟兹王所立疏勒王，另立亲汉的疏勒贵族为王。

永平十八年（75 年），汉明帝去世，焉耆以中国大丧，攻没西域都护陈睦，班超孤立无援。汉章帝建初元年（76 年），东汉撤销西域都护，召班超归国。疏勒、于阗等国担心匈奴卷土重来，苦留班超。班超于是决意留驻西域。他果断地镇压了疏勒国中亲匈奴的势力，又请得东汉王朝援兵，迫使倾向匈奴的莎车投降，又击败了龟兹援救莎车的军队。西域南道于是畅通。

汉和帝永元二年（90 年），贵霜（辖地包括今阿富汗、巴基斯坦及印度西部）远征军 7 万越过葱岭入侵。班超坚壁清野，进犯者钞掠无所得，联络龟兹以求救，又为班超伏兵截击，于是被迫撤军。永元三年（91 年），龟兹、姑墨（今新疆温宿）、温宿（今新疆乌什）都归降东汉王朝。东汉朝廷以班超为西域都护，驻守龟兹。永元六年（94 年），班超发龟兹、鄯善等八国兵 7 万余众征讨焉耆。焉耆王降。

班超以坚定勇毅的风格用兵镇伏反对汉王朝的势力，威震西域。西域五十余国于是都专心归服，遣质子臣属于汉。东汉王朝封班超为"定远侯"。

班超在西域从事外交、军事活动 31 年，经历了汉明帝、汉章帝、汉和帝三代皇帝执政的时期，始终能够宽简为政，团结吏士，人心向附，威望甚高。他以艰苦的人生实践，推进了汉文化在西北方向的传播。班超在西域的军事外交实践，使这一地区和中原的联系空前密切，为东西文化的交往创造了空前良好的条件。

汉和帝永元九年（97 年），班超派遣甘英出使大秦（即罗马帝国的东部地区）。甘英的使团来到在今伊拉克境内的条支海滨，安息西界人说到海上航行的艰难："海水广大，往来者逢善风三月乃得渡，若遇迟风，亦有二岁者，故入海人皆赍三岁粮。海中善使人思土恋慕，数有死亡者。"[①] 甘英于是知难而止，没有继续西行。后来有人推测，安息人阻挠汉人西入大秦，是为了垄断丝绸贸易。梁启超曾经就此发表言辞深切的感慨："班定远既定西域，使甘英航海求大秦，而安息人（波斯）遮之不得达，谬言海上之奇新殊险，英遂气沮，于是东西文明相接触之一机会坐失。读史者有无穷之憾焉。"历史的偶然事件，或许确实是由必然的规律所决定的。如梁启超所说，"我国大陆国也，又其地

---

① 《后汉书》卷八八，《西域传》。

广漠，足以资移植，人民无取骋于域外"，"谓大陆人民，不习海事，性使然也"，这应当是"海运业自昔不甚发达"，"航业不振"的主要原因①。

甘英虽然未到大秦即中止西行，但是也创造了中国古代王朝官方使节外交活动之西行极界的历史记录。这一极点，在元明时代之前的一千多年间，一直没有被超越。

在班超经营西域以及甘英试探西海之后，汉桓帝延熹九年（166年），大秦王安敦派使者来到洛阳，实现了中国和罗马帝国的第一次正式接触。罗马帝国和东汉王朝两个大国，东方和西方两个文化系统，于是有了正式的外交往来。

秦汉时期东洋与南洋航运的发展，对于中国海外文化交流史也有重要的意义。

秦汉时期东洋航道的开通，可以以徐福东渡传说作为标志之一。

最早记载徐福事迹的是《史记》卷六《秦始皇本纪》。秦始皇二十八年（前219）"遣徐市发童男女数千人，入海求仙人"。同书又记载"徐市等入海求神药数岁不得，费多，恐谴"事。而卷一一八《淮南衡山列传》则谓徐福留止海外不过。《汉书》卷四五《伍被传》也有同样的记载。《后汉书》卷八五《东夷列传》中则已将徐福所止之处与日本相联系，其事系于"倭"条下。

徐福东渡传说在日本流传，其背景，是日本文化在绳文时代末期至弥生时代初期这一历史阶段，发生了空前的飞跃。而这种突变的直接原因，一般认为与大量外来移民相继由中国大陆直接渡海或经由朝鲜半岛来到日本，带来了中国的先进文明有关。

《后汉书》卷八五《东夷列传·倭》记述，光武帝建武中元二年（57年），"倭奴国奉贡朝贺，使人自称大夫，倭国之极南界也。光武赐以印绶"。1784年在日本福冈市志贺岛发现的"汉委奴国王"金印，证实了这一记载。一般认为"委（倭）奴国"地望，在北九州博多附近的傩县一带。

《三国志》卷三〇《魏书·东夷传》说，"自郡至女王国万二千余里"，而"女王国东渡海千余里，复有国，皆倭种。又有侏儒国在其南，人长三四尺，

---

① 梁启超：《祖国大航海家郑和传》，见《饮冰室合集》专集，第3册。

去女王四千余里。又有裸国、黑齿国复在其东南，船行一年可至。参问倭地，绝在海中洲岛之上，或绝或连，周旋可五千余里"。对于"黑齿国"的方位，有不同的解说。今考裸国、黑齿国所在，应重视"南"与"东南"的方位指示，其地似当以日本以南的琉球诸岛及台湾等岛屿为是①。

《太平御览》卷三七三引《临海异物志》所谓"毛人洲"，卷七九〇引《土物志》所谓"毛人之洲"，以及《山海经·海外东经》郭璞注所谓"去临海郡东南二千里"的"毛人"居地，其实大致与《三国志》卷三〇《魏书·东夷传》所谓"裸国、黑齿国"的方位相近。这些生活在大洋之中海岛丛林的落后部族的文化状况，中国大陆的居民通过海上交通已经逐渐有所了解。而对于这一地区文化面貌的最初的认识，是以秦汉时期航海事业的发展为条件而实现的。

自公元前2世纪起，汉帝国开始打通南洋交通的航路。《汉书》卷二八下《地理志下》记述了西汉时期初步开通的南洋航路的交通状况："自日南障塞、徐闻、合浦船行可五月，有都元国；又船行可四月，有邑卢没国；又船行可二十余日，有谌离国；步行可十余日，有夫甘都卢国。自夫甘都卢国船行可二月余，有黄支国，民俗略与珠崖相类。其州广大，户口多，多异物，自武帝以来皆献见。"这些地区与汉王朝间海上商运相当繁忙："有译长，属黄门，与应募者俱入海市明珠、璧流离、奇石异物，赍黄金杂缯而往。所至国皆禀食为耦，蛮夷贾船，转送致之。亦利交易，剽杀人。又苦逢风波溺死，不者数年来还，大珠至围二寸以下。"王莽专政时，还曾经利用南洋航运进行政治宣传："平帝元始中，王莽辅政，欲耀威德，厚遗黄支王，令遣使献生犀牛。"由黄支国还可以继续前行："自黄支船行可八月，到皮宗；船行可二月，到日南、象林界云。黄支之南，有已不程国，汉之译使自此还矣。"关于都元国、邑卢没国、谌离、夫甘都卢国、皮宗等国家或部族的具体位置，学者多有异议，然而对于黄支国即印度康契普腊姆，已不程国即师子国亦今斯里兰卡，中外学者的基本认识是一致的。

西汉时代，中国远洋舰队已经开通了远达南印度及斯里兰卡的航线。东汉

---

① 〔清〕陈伦炯：《海国闻见录》中《东西洋记》关于台湾风习，有"文身黑齿"的记载。

时代，中国和天竺（印度）之间的海上交通相当艰难，然而仍大致保持着畅通。海路于是成为佛教影响中国文化的第二条通道，江苏连云港孔望山发现佛教题材摩崖造像，其中又多有"胡人"形象①，结合徐州东海地区佛教首先炽盛的记载，则可以理解海上交通的历史文化作用。汉顺帝永建六年（131年），位于今印度尼西亚的爪哇或苏门答腊的叶调国国王遣使经日南航海来汉，同期抵达者还有位于今缅甸的掸国的使节。《后汉书》卷六《顺帝纪》记载："十二月，日南徼外叶调国、掸国遣使贡献，"李贤注引《东观记》曰："叶调国王遣使师会诣阙贡献，以师会为汉归义叶调邑君，赐其君紫绶，及掸国王雍由亦赐金印紫绶。"叶调，一般认为即梵文 Yave-dvipa 译音之略。掸国遣使奉贡事有多次，据《后汉书》记载：

(1) 和帝永元九年（97年），"永昌徼外蛮夷及掸国重译奉贡"②。

(2) 安帝永宁元年（120年），"永昌徼外掸国遣使奉献"③。

(3) 顺帝永建六年（131年），"日南徼外叶调国、掸国遣使奉献"④。

(1)(2)称"永昌徼外"，《陈禅传》记(2)事，谓"西南夷掸国王献乐及幻人"，又称"今掸国越流沙，逾县度，万里贡献"，显然经由陆路。(3)称"日南徼外"，则可能经由海路，值得注意的是，《后汉书》卷八六《西南夷列传》记述永宁元年掸国遣使奉献事，说到掸国与大秦的海上联系：

> 永宁元年，掸国王雍由调复遣使者诣阙朝贺，献乐及幻人，能变化吐火，自支解，易牛马头。又善跳丸，数乃至千。自言我海西人，海西即大秦也，掸国西南通大秦。

自言"海西人"，当浮海而来。《后汉书》卷八八《西域传》说，"大秦国，一名犁鞬，以在海西，亦云海西国"，又有"临西海以望大秦"语。大秦又称黎轩、犁鞬、犁靬、犂靬，或谓泛指古代罗马帝国，或指古代东罗马帝国，包括

---

① 朱江：《海州孔望山摩崖造像》，载《文物参考资料》，1958 年第 6 期；连云港市博物馆：《连云港市孔望山摩崖造像调查报告》，载《文物》，1981 年第 7 期；俞伟超、信立祥：《孔望山摩崖造像的年代考察》，载《文物》，1981 年第 7 期；阎文儒：《孔望山佛教造像的题材》，载《文物》，1981 年第 7 期。

② 《后汉书》卷四，《和帝纪》。

③ 《后汉书》卷五，《安帝纪》。

④ 《后汉书》卷六，《顺帝纪》。

今地中海东岸土耳其、叙利亚及埃及一带，也有以为专指叙利亚的认识。《三国志》卷三〇《魏书·乌丸鲜卑东夷传》裴松之注引《魏略·西戎传》说，大秦与东方往来通路有陆路亦有海路，而海路似较先开通："大秦道既从海北陆通，又循海而南，与交趾七郡外夷比，又有水道通益州、永昌，故永昌出异物。前世但论有水道，不知有陆道。"大秦"俗多奇幻，口中出火，自缚自解，跳十二丸巧妙"，汉代文物资料中出现的深目高鼻的"幻人"形象，可能多是远道西来的大秦杂技演员。

《后汉书》卷八八《西域传》记载："和帝永元九年，都护班超遣甘英使大秦，抵条支，临大海，欲渡，而安息西界船人谓英曰：'海水广大，往来者逢善风三月乃得渡，若遇迟风，亦有二岁者，故入海人皆赍三岁粮。海中善使人思土恋慕，数有死亡者。'英闻之乃止。"海路航行之艰险，成为东方与西方两大文化体系之间的严重阻隔。大秦"与安息、天竺交市于海中，利有十倍"，"其王常欲通使于汉，而安息欲以汉缯彩与之交市，故遮阂不得自达"。是为人为制造的障碍。大秦使臣亦曾经由南海航路来访："至桓帝延熹九年，大秦王安敦遣使自日南徼外献象牙、犀角、玳瑁，始乃一通焉。其所表贡，并无珍异，疑传者过焉。"终于至公元 166 年"始乃一通"。安敦，可能是公元 138 年至 161 年在位的罗马皇帝安东尼庇护（Antoninus Pius）或者他的继承人——公元 161 年至 180 年在位的罗马皇帝马可·奥勒留（Marcus Aurelius Antoninus）。

《太平御览》卷七七一引康泰《吴时外国传》："从加那调州乘大泊船，张七帆，时风一月余日，乃入秦，大秦国也。"《水经注·河水一》："康泰《扶南传》曰：'从迦那调洲西南入大湾，可七八百里，乃到枝扈黎大江口，度江迳西行，极大秦也。'又云：'发拘利口，入大湾中，正西北入，可一年余，得天竺江口，名恒水。江口有国，号担袟，属天竺。遣黄门字兴为担袟王。'"加那调洲，或谓在今马来半岛，或谓在今缅甸沿岸，或谓在今印度西岸。有的学者还确认加那调洲是在孟加拉湾西岸，南印度的康契普腊姆①。从康泰的记述看，当时西行大秦，往往由海路转行陆路。

---

① 沈福伟：《中西文化交流史》，55 页，上海人民出版社，1985。

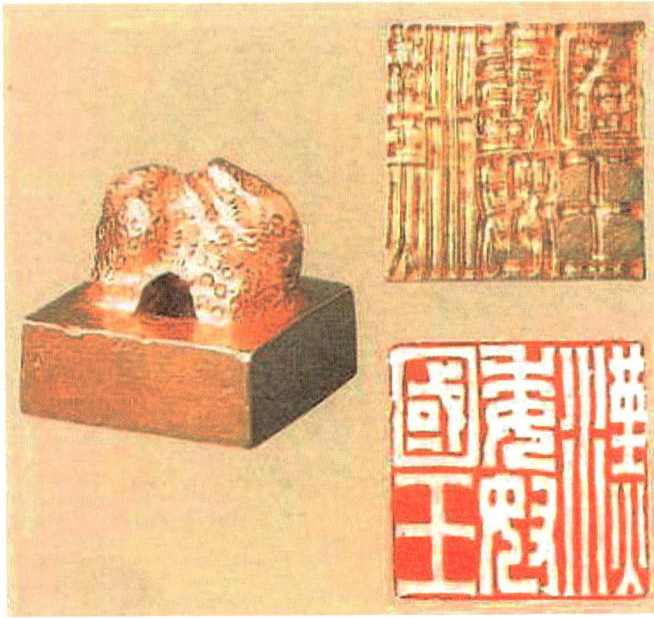

汉倭奴国王金印
日本福冈市博物馆藏

马踏匈奴
西汉石雕
高168厘米，长190厘米
西安茂陵博物馆藏

385

汉代银盒
通高12.1厘米，盖径14.3厘米，
腹径14.8厘米，重572.6克
广州南越王汉墓出土

玉雕犀角杯
南越王博物馆藏

甘肃玉门关遗址

敦煌壁画张骞凿空图

387

鎏金双人盘舞透雕扣饰
汉代
高12厘米
云南晋宁石寨山出土

骑士捉俘纹青铜带饰
汉代
长10.7厘米
宁夏同心县文物管理所藏

四、璀璨旖旎的外来文明

《史记》卷一二三《大宛列传》记载，汉武帝起初以《易》书卜问，得到兆示，说："神马当从西北来。"他接受张骞出使乌孙之后乌孙王所献良马，命名为"天马"，后来又得到更为骠壮的大宛的"汗血马"，于是把乌孙马改称为"西极"，将大宛马称为"天马"。据说汉武帝为了追求西方的良马，使者往来西域，络绎不绝。汉武帝得到西域宝马之后，曾经兴致勃勃地作《天马歌》，欢呼这一盛事：

> 太一贡兮天马下，沾赤汗兮沫流赭。
>
> 骋容与兮蹔万里，今安匹兮龙为友。

太初四年（前101），汉武帝在得到大宛汗血马之后，又作《西极天马歌》：

> 天马徕，从西极。经万里兮归有德。
>
> 承灵威兮降外国，涉流沙兮四夷服。

可以看到，汉武帝渴求"天马"，并不是仅仅出于对珍奇宝物的一己私爱，而是借以寄托着一种骋步万里、降服四夷的雄心。而我们也不能忘记，"天马"西来，所循行的正是张骞使团车队的辙迹。

"天马"远来的汉武帝时代，正是当政者积极开拓中西交通，取得空前成功的历史时期。当时，据说"殊方异物，四面而至"，"赂遗赠送，万里相奉"[1]。国外有的汉学家评价当时西域丝绸之路开通的意义时，曾经指出："其在中国史的重要性，绝不亚于美洲之发现在欧洲史上的重要。"[2] 新疆罗布泊地区出土的汉代锦绣图案中"登高明望四海"的文字，正体现了当时汉文化面对世界的雄阔的胸襟。

"天马"，实际上已经成为象征这一时代中西交通取得历史性进步的一种文化符号。三国魏人阮籍《咏怀》诗："天马出西北，由来从东道。"唐人王维《送刘司直赴安西》诗："苜蓿随天马，蒲桃逐汉臣。"清人黄遵宪《香港感怀》

---

[1]《汉书》卷九六下，《西域传下》。

[2] 俄罗斯学者比楚林（Ъичурин）语，见〔苏〕狄雅可夫、尼科尔斯基编：《古代世界史》，224页，日知译，中央人民政府高等教育部教材编审处，1954。

诗："指北黄龙饮，从西天马来。"都反映"天马"悠远的蹄声，为西汉时期中西交通的成就，保留了长久的历史记忆。鲁迅在《坟·看镜有感》中曾经热情盛赞汉代社会的文化风格："遥想汉人多少闳放"，"毫不拘忌"，"魄力究竟雄大"。我们通过对中西交通的考察，可以对当时民族精神的所谓"豁达闳大之风"，有更深刻的认识。

传说许多西域物产，如葡萄、苜蓿、石榴、胡桃、胡麻等，都是由张骞传入中土。这样的说法未必完全符合史实，但是张骞正式开通丝绸之路对于中外文化交流的功绩，却是永远不能磨灭的。除了毛皮、马匹、瓜果、香药的输入而外，中国丝绸、漆器和铁器的西传，对于世界文明史的进步，也有不可低估的积极意义。

虽然甘英作为东汉帝国的正式外交代表对于越海远行的保守态度留下了永久的历史遗憾，但是当时民间商队的往来却并没有中止。罗马著名学者普林尼（Pliny，23—79）在他的名著《博物志》中记载了中国丝绸运销罗马的情形："（赛里斯）其林中产丝，驰名宇内。丝生于树叶上，取出，湿之以水，理之成丝。后织成锦绣文绮，贩运至罗马。富豪贵族之妇女，裁成衣服，光辉夺目。由地球东端运至西端，故极其辛苦。赛里斯人举止温厚，然少与人接触，贸易皆待他人之来，而绝不求售也。"

当时中原与西亚、非洲乃至欧洲的联系，有许多历史现象可以说明。从徐州贾旺东汉画像石中的麒麟画面看，当时人已经有了对于出产于埃塞俄比亚和索马里的长颈鹿的认识。山东曲阜和嘉祥出土的汉画像石以及江苏连云港孔望山摩崖石刻所见裸体人像，据有的学者研究，"都间接出自希腊罗马的裸体石雕艺术"[①]。

秦汉时期南洋海路的开通，多有文物资料以为证明。

广州及广西贵县、梧州等地的西汉墓葬多出土形象明显异于汉人的陶俑。这类陶俑或托举灯座或头顶灯座，一般头形较短，深目高鼻，颧高唇厚，下颌突出，体毛浓重。有人认为其体征与印度尼西亚的土著居民"原始马来人"接近。这些陶俑的服饰特征是缠头、绾髻、上身裸露或披纱，另有下体着长裙的

---

① 沈福伟：《中西文化交流史》，70～72 页，上海人民出版社，1985。

女性侍俑。这些特征也与印度尼西亚某些土著民族相似。然而从深目高鼻的特点看，则又可能以南亚及西亚人作为模拟对象。这些陶俑的发现，反映当时岭南社会普遍使用出身南洋的奴隶，也说明西汉时期南洋海路的航运活动已经相当活跃。

广州汉墓还曾出土陶制象牙、犀角模型。这些随葬品的象征意义，也体现出南洋贸易对当时社会意识的普遍影响。

广州地区西汉中期以后的墓葬中还常常出土玻璃、水晶、玛瑙、琥珀等质料的装饰品，并曾出土叠嵌眼圈式玻璃珠和药物蚀花的肉红石髓珠。经过化验的 4 个玻璃珠样品，含钾 5%～13.72%，而铅和钡的成分仅有微量或根本没有，这与中国古代铅钡玻璃系统制品截然不同，应是由南洋输入①。

《汉书》卷二八《地理志下》所谓入海交易的奇物之一"璧流离"，在汉代画像中也有体现。山东嘉祥武梁祠汉画像石刻可见圆形中孔，面有方罫文的玉璧，有题刻曰："璧流离，王者不隐过乃至。"可知当时社会普遍视为宝物。"璧流离"语源，日本学者藤田丰八以为即梵文俗语 Verulia 或巴利文 Veluriya。汉译又作吠瑠璃、毗瑠璃、鞞瑠璃等。这一古印度名称得以风行民间并长期沿用，说明由黄支等地输入的海路保持畅通，使得人们未能淡忘这种宝物在原产地的称谓。

南洋海上交通的发展，在东南亚及南亚诸国留下了大量汉文化遗物。除出土地域分布甚广的五铢钱而外，在印度尼西亚苏门答腊、爪哇和加里曼丹的一些古墓中曾出土中国汉代陶器。苏门答腊还曾出土底部有汉元帝初元四年（前45）纪年铭文的陶鼎。

所谓西南丝绸之路，也曾经发挥重要的促进文化交往的作用。云南晋宁出土的西汉青铜双人盘舞透雕饰件，舞人足踏长蛇，双手各执一盘，舞姿带有明显的印度风格。类似的文物资料，都可以证明这一通路在当时联系着中国西南地区与印缅地方的历史事实。"西南丝绸之路"后来曾经十分畅通，东汉所谓"海西幻人"即西亚杂技艺术家们，就曾多次经由这一通道来到洛阳表演。汉代画像中多见以"幻人"表演为主题的画面，也可以说明来自西方的文化

---

① 广州市文物管理委员会、广州市博物馆：《广州汉墓》，北京，文物出版社，1981。

影响。

例如，表现"幻人""吐火"的汉代画像多有发现①。徐州铜山洪楼东汉画像石百戏乐舞图中，可见"吐火"表演场景②。山东嘉祥五老洼汉画像石与刘村洪福院汉画像石也有"吐火"画面③。河南南阳王寨汉墓出土汉画像石乐舞百戏图中有"幻人""吐火"形象④。河南密县打虎亭2号汉墓壁画所见"幻人"表演场面，服饰与汉地明显有异的演员正以管喷火⑤。河南新野樊集出土汉画像砖画面中正在"吐火"的"幻人"着长袍，戴尖顶帽，深目高鼻长须，正是胡人形象⑥。

"弄蛇"的画面，也多见于汉代文物资料⑦。

《后汉书·方术列传下·解奴辜》记载："解奴辜、张貂者，亦不知是何郡国人也。皆能隐沦，出入不由门户。奴辜能变易物形，以诳幻人。"解奴辜事迹，也可以帮助我们增进对东汉民间"幻人"活动的理解。

秦汉时期对于外域文化的认识，由于交往的有限而怀有某种神秘感。秦始皇和汉武帝"并海"巡行的壮举以及狂热的海上求仙活动所表现的海恋情结，都可以作为反映当时人外域文化观的例证。

民间西王母崇拜的盛行，也可以看作反映当时社会较为普遍的"天下"观或称"世界"观的文化现象。民间这种基于对远域国家部族的模糊了解所产生

① 傅起凤、傅腾龙：《中国杂技史》说，"迄今发现'吐火'的汉代石刻已近10幅。"68页，上海人民出版社1989。

② 徐州博物馆：《论徐州汉画像石》，载《文物》，1980年第2期。据记述："伎人吐火为杂技中比较惊险的场面。《西京赋云：'吞刀吐火，云雾杳冥。'画像石中一伎人手持一喇叭形物，鼓腮用力在吹，火焰从喇叭管中喷出，熊熊燃烧，这节目应为一种魔术。"

③ 朱锡禄：《嘉祥五老洼发现一批汉画像石》，图四，载《文物》，1982年第5期。朱锡禄：《嘉祥汉画像石》，图1，图92，济南，山东美术出版社，1992。

④ 闪修山等：《南阳汉画像石》，64～65页，郑州，河南美术出版社，1989。

⑤ 其画面为："一人头戴白色尖顶帽，身穿黑色白花条与红条贴身短袍，腰束红色带，下穿红色束口裤，脚穿黑色长筒靴，右腿前伸，左腿后弓，双手拿一黑色细长竿的吹火器在表演。吹火器的前端上喇叭状，直伸向舞蹈者的面前。"河南省文物研究所：《密县打虎亭汉墓》，301页，北京，文物出版社，1993。

⑥ 南阳文物研究所：《南阳汉代画像砖》，图91，北京，文物出版社，1990。

⑦ 如山东嘉祥刘村洪福院汉画像石与宋山汉画像石，朱锡禄：《嘉祥汉画像石》，图1，图52，济南，山东美术出版社，1992。山东嘉祥武氏祠汉画像石也可见"弄蛇"画面，参看蒋英炬、吴文祺：《汉代武氏墓群石科研究》，图24，济南，山东美术出版社，1995。

的迷信意识，是关心中国历史文化的人们所应当注意的。《易林》中所谓"西见王母拜请百福，赐我嘉子"，"不忧危殆"，"长乐富有"① 等文句，都在反映西王母崇拜之心理背景的同时，透露出在当时中原人的意识中，对于"西"这一方位，似乎有一种特殊的"缘"，有一种特殊的感觉，有一种特殊的关注。

汉代，是中原华夏文化规模空前地西向扩展，同时又强烈地感受到西方文化东来影响的时代。

由于当时中原人对于西方的见闻和认识毕竟有限，使得西方文化具有了某种神秘的色彩。当时人对于来自西方的文化影响，似乎存在于欢迎的同时又有所疑惧的矛盾心理。

汉代受到普遍崇拜的吉祥永寿之神西王母，在当时巫风大畅的背景下②，其实可以看作西方神秘世界的一种典型象征。

或许正是因为这一原因，当佛的形象在中土民间意识中得以确立并且逐渐高大起来之后，西王母神话的影响渐渐削弱了。

《史记》卷六《秦始皇本纪》说，秦始皇沿海巡行，询问方士出海求"蓬莱药"事，在琅邪梦与海神战，又听信占梦博士的话，以为海上恶神以大鱼蛟龙为前沿警卫，除去，则善神可致，于是"自以连弩候大鱼出射之"，果然在之罘见巨鱼，射杀一鱼。这样的记载，反映了这位帝王在探索外域文化时既以为神奇又心怀疑惧的心态，而同时内心仍然保持着一种文化自信和文化自尊。

在汉武帝时代，这种自信和自尊又有超过其合理度，而演变成一种文化虚荣的情形。《史记》卷一二三《大宛列传》写道，汉武帝对于"外国客"，散财帛以赏赐，供给以厚重丰饶的消费条件，以览示汉王朝的富足。"行赏赐，酒池肉林"，又令"外国客"参观各仓库府藏之积累，以"见汉之广大，倾骇之"。

汉成帝时，为了向"胡人"显示资源的富饶，又曾经发动右扶风民众入南山，于西自褒斜（褒水在今陕西汉中西入汉水，斜水在今陕西眉县西入渭水），东至弘农（郡治在今河南灵宝北），南至汉中（郡治在今陕西安康）的广大山

---

① 《易林》卷一，《坤·噬嗑》；卷五，《临·履》；卷九，《明夷·萃》。

② 鲁迅《中国小说史略》第五篇说："汉末又大畅巫风，而鬼道愈炽。"其实，在整个汉代，巫风和鬼道都全面影响着社会生活的诸多方面。

区广张罗网，捕捉熊、罴、豪猪、虎、豹、狐、兔、麋、鹿等，用槛车装载，运送到长杨宫射熊馆（在今陕西周至）中，设置围栏，纵禽兽其中，令"胡人"徒手搏取，自取其获，皇帝亲自观览。为了这种虚假的展示，致使农人不能及时收获庄稼。扬雄曾经随从汉成帝亲临其事，据《汉书》卷八七下《扬雄传下》，他在所作《长杨赋》中设"主人"与"客"双方就此事的意义进行辩论。"主人"发表的正面的见解，竟然是："客徒爱胡人之获我禽兽，曾不知我亦已获其王侯。"以虚假的形式展示富有，被看作是文化震慑甚至文化征服的一种手段。

这种做法，在后来的历史中，仍然屡有再现。

秦汉时期海外航运的发展体现出与外域文化相互交流的空前活跃的气象，标志着历史的进步。然而同时人们又可以发现这种交通活动的明显的局限性。这种局限性或许即是后世海运最终难以真正领先于世界的重要因素之一。

第一，当时海上贸易交往的主要内容，往往仅限于奇兽珍宝等等为上层社会享乐生活服务的奢淫侈靡之物，因而对于整个社会的经济生活和文化生活，并未产生广泛的深刻的影响。

第二，当时较大规模的海外交通，多由政府组织，如南海诸国，据《梁书》卷五四《诸夷列传·海南诸国》所说，"孙权时，遣宣化从事朱应、中郎康泰通焉"。浮海来华的船队，也以"遣使贡献"者受到重视。而所谓"民间的海外贸易"虽然逐步得到发展①，但是在海外交通活动中的比重，依然不宜估计过高。

第三，对当时中外海上航运活动的特点进行比较，可以突出感觉到秦汉人在海外交往中相对被动、相对消极的倾向。据《汉书》卷二八下《地理志下》，当时东南亚及南亚人在南洋航运中相当活跃，汉使亦往往"蛮夷贾船，转送致之"，大秦人也不仅反复经行南海洋面，还数次在中国土地上留下从事外交和贸易活动的足迹，然而史籍中却看不到秦汉人航海至于罗马帝国的明确记载。

---

① 从 1973 年至 1974 年对汉代重要海运基地徐闻地区的考古调查和发掘所获资料看，51 座东汉墓中有 26 座出土珠和珠饰，未出土这类遗物的 25 座墓中，有 17 座曾遭到破坏扰乱。发掘者认为这批珠和珠饰，很可能"来自民间的海外贸易"。参看广东省博物馆：《广东徐闻东汉墓——兼论汉代徐闻的地理位置和海上交通》，载《考古》，1977 年第 4 期。

第九章
士人与社会

　　作为知识阶层的士，是在春秋战国的大变革中登上政治舞台的。按照士农工商的排序，他们被称为"四民之首"，但从来未曾成为四民的代表。他们是这样一个社会群体：拥有知识和理性，是传统政治文化的承荷人和传授者；又是密切关注社会，敏感地体悟时代变化，敢于批判现实积弊的社会精英；他们处于统治集团和下层社会之间，为统治者提供人力和知识资源，这不仅是为了寻得进身之阶，更是为了实现济世安民的抱负；强烈的社会责任感，使他们自觉地充任维持社会平衡、预报社会危机的角色，统治者不得不倚重他们，却又对他们的"危言耸听"持反感和敌视态度。战国之时，士人有过操纵风云变化的辉煌，但在进入秦汉大一统之后，他们的活动空间已被大幅压缩，承认君主集权制统治并为之服务，成为他们多数人无可回避的选择。即便如此，秦汉士人也在这有限的舞台上，演出了精彩纷呈的节目，体现了社会良知和时代精英的价值所在。

一、焚书坑儒的厄运

秦王嬴政在累代经营的基础上，用武力征伐的手段，依次荡平六国，于公元前221年，建立了规模空前的帝国。不久，他自称"始皇帝"。秦所采用的以君主为中心的集权制政体，直接来源于战国的"变法"运动。法家学说及其代表人物，固然是战国"变法"的主导力量，但论及天下归一的企盼、论证集权制的合理性，先秦诸子是各有其贡献的。从这个意义上说来，新的统治体制的出现，整个士阶层都是参与了讨论或实践的。而在秦朝大一统政权出现之后，士人所面临的处境如何呢？

对士人而言，最真切的感受，莫过于随着列国对峙的结束，可容他们周旋其中的政治空间急剧压缩——战国时代那种从容择主、睥睨权势的自由已经丧失。士人与君主的关系，已不再是合作，而是臣属。先秦士人所据以自傲的"不臣于天子，不友于诸侯"的处世方法，已无立足的根基。秦朝在其统治体系之内，为士人预留的仕宦空间过于狭小，只设置了备员弗用的七十位博士官，实在无法容纳社会上大量存在的有政治抱负的士人群体。政治人力资源如果不能被统治体系所容纳和吸附，就存在着导向冲突的可能。

从秦朝士人的生存方式而言，不外乎两大类型，即：容入统治集团之内和游离于统治体系之外。前者又可分为两个层次：充分官僚化的"文法吏"，是支撑行政系统运转的骨干，他们的心态与立场已远离"士"的基点而接近于"官"；依然保留着书生本色的方士和儒生。方士，以宣传却病延寿、修道成仙为特色，儒生则以重建信念中的三代盛世为其理想追求。秦朝所设的七十位博士官，基本上是以方士和儒生构成。他们之间的关系及其影响，顾颉刚先生的《秦汉方士与儒生》一书，有经典性的分析。在这里，需要指出的是：方士在当时代表的是一个非常重要的知识系统，他们是构成秦汉"术数之世"的主导力量；不可用后世的"江湖术士"来估测衡量当时的方士，他们之中虽有骗取利禄的下流之徒，但也确有政见卓越的高明之士，如批评秦始皇个人专制、亲用狱吏的侯生和卢生，足以称得上是当时的智者。后者依其政治态度不同，也可分为两类：其一是与六国贵族有某种联系，属于秦统治者的对立面，如后来在秦末大起义中推波助澜的张耳、陈余、张良等人，即是其代表；其二是自处于政治旋涡之外，以在民间传授儒家经典而安身立命的儒师。

秦开国之初，专制统治尚未达到极端，上述不同类型的士人，尚可各安其位，甚至为统治者歌功颂德的士人，也不在少数。但是，当着"焚书坑儒"的恶浪袭来之后，士阶层中的多数人，被毫不留情地推向了遭受镇压的阵营，也就使他们义无反顾地成了反抗现行统治秩序的有生力量。

"焚书坑儒"的出现，虽有其表面上的偶然因素，但却与秦统治集团追求思想统一的努力有着必然的联系。本来，在国家实现了政治统一之后，谋求思想统一，是一种顺乎当时思维习惯的选择。战国后期的思想家们，实际上都在一定范围内涉及到对它的论证，儒墨反对"异端"的诉求，法家"圣人执要，四方来效"① 的主张，都可以直接导致思想统一局面的出现。但是，用什么手段、用哪种方式去实现思想的统一，原本是可以有不同的选择的。用非暴力的手段，以综合诸子学说、兼采百家精华的方式，建立起与政治统一相适应的思想体系——这样的历史机遇在秦朝统一之前就已经出现过，那就是秦国丞相吕不韦主编《吕氏春秋》，意在为未来的一统政权提供治国蓝图。吕不韦秉政之时，六国皆弱、秦国独强的战略格局已十分明显，所以李斯等东方才智之士，才会纷纷入秦谋求发展。吕不韦也有意识地延揽天下士人，迅速改变了秦地文化落后的面貌。由吕氏门客撰著的《吕氏春秋》一书，本来就是开放的文化政策的体现，也是兼收并蓄诸家学说的产物。杂家的特点"兼儒、墨，合名、法，知国体之有此，见王治之无不贯"②，在《吕氏春秋》中，得以充分体现。在他的理论结构中，原本尖锐对立的各学派，可以各安其位，各展其长，而过于极端的思想因子，则被淡化，甚至是屏弃。在最为敏感的政体设计上，他也是极高明而道中庸的：他一方面主张实行中央集权制，"王者执一而为万物正，……天下必有天子所以一之也"③，另一方面又反对君主个人权力的过分集中，

---

① 《韩非子·扬权》。
② 《汉书》卷三〇，《艺文志》。
③ 《吕氏春秋·执一》。

针对法家"明君独断"的观点，提出君主治国，必须"贵公"、"去私"，他认为："得天下者众矣，其得之以公，其失之以偏。……天下者，天下之天下，非一人之天下。"① 在法家正在极力鼓吹君主专制的合理性时，吕不韦却已发出了这样的警告——"专独位危"，对君主专制可能产生的弊病洞见其先机。如果按照吕不韦的治国理论，秦的统治方式应当有很大不同。遗憾的是，吕不韦在与嬴政的权利之争中失败，他的主张也被轻易地抛弃了。秦始皇所欣赏的是申、商、韩非之学，在统一完成之后，骄横自大情结更使他不可能从容选择和构建稳妥的治国方略，遇到意识形态领域中的冲突，自然就会沿用军事征伐时期的思维定式，采用强硬的管制措施，去限制人们的思想自由。

"焚书"事件，正是在这种大背景之下突然爆发。秦始皇三十四年（前213），在大宴群臣之时，博士仆射周青臣，当面对秦始皇歌功颂德："赖陛下神灵明圣，平定海内，放逐蛮夷，日月所照，莫不宾服。以诸侯为郡县，人人自安乐，无战争之患，传之万世，自上古不及陛下威德。"其中，统一天下、遍置郡县等内容也倒符合事实，但阿谀奉承是通篇主旨所在。历代歌功颂德之言，其实大都如此，原本不必过于认真。偏偏有位博士淳于越，针锋相对地提出驳论，他认为殷周分封子弟功臣，得以享国久远，"今陛下有海内，而子弟为匹夫"，如果突然出现专制朝政的权臣，没有可与之抗衡的力量，国家势必面临危机，结论是："事不师古而能长久者，非所闻也。"② 淳于越与周青臣的分歧，集中在推行单一的郡县制是否是最好的统治方式？本来，作为两种不同的政见，在统一后不久，就由当时的丞相王绾和李斯分别作过阐述。王绾等人主张在燕、齐、楚等边远地带，封皇子为王，以利镇抚。淳于越的旧话重提，只是希望能就采用何种方式对统治最为有利展开讨论，体现的是士人对时局的关心。在较为开明的政治环境中，不论当政者是否采纳他的政见，都不会导致灾难性后果。但，专制欲极强的秦始皇，在独享最高权力多年之后，已容不得半点批评，他把淳于越的忠谏视为诽谤。丞相李斯迎合君主之意，在驳斥淳于越的观点之后，提出了焚书的建议："今陛下创大业，建万世之功，固非愚儒所知……今诸生不师今而学古，以非当世，惑乱黔首……今皇帝并有天下，别

---

① 《吕氏春秋·贵公》。
② 《史记》卷六，《秦始皇本纪》。

黑白而定一尊。私学而相与非法教，人闻令下，则各以其学议之，入则心非，出则巷议，夸主以为名，异取以为高，率群下以造谤。如此弗禁，则主势降乎上，党与成乎下。禁之便。臣请史官非秦记皆烧之。非博士官所职，天下敢有藏《诗》《书》百家语者，悉谐守、卫杂烧之。有敢偶语《诗》、《书》者弃市。以古非今者族。吏见知不举者与同罪。令下三十日不烧，黥为城旦。所不去者，医药卜筮种树之书。若欲有学法令，以吏为师。"① 秦始皇允其所请，随之出现了"焚书"浩劫。李斯提出如此极端的主张，是因为他与秦始皇一样信奉法家以暴力控制思想的学说，"言无私论，士无私议，民无私说，言行不轨于法令者必禁"②，正是他们所心仪的政治秩序。焚书、禁学的目的在于取缔政治批评，扼杀思想自由。士人的社会批评功能被废止，不仅是士人的悲哀，也是当局者的不幸。不闻谏言，唯闻颂词，政治只能走向黑暗。

士人的厄运，还在扩大。在"焚书"后的第二年又发生了"坑儒"之事。事情源起于方士侯生、卢生等人批评秦始皇："天性刚戾自用……以为自古莫及己。专任狱吏，狱吏得亲幸。博士虽七十员，特备员弗用。丞相诸大臣皆受成事，倚办于上。上乐以刑杀为威，天下畏罪持禄，莫敢尽忠。……天下之事无小大皆决于上……贪于权势至如此，未可为求仙药。"③这些批评，是相当准确和深刻的，指出了专制统治的积弊所在。恼羞成怒的秦始皇下令严办，最后将捕获的四百六十多位方士和儒生，集体坑杀。为此，秦始皇的长子扶苏曾婉言进谏，以"臣恐天下不安"来规劝父皇，却落了个远赴上郡监军的结局，实际上遭受了政治流放。专制统治已走上了极端。

焚书坑儒的直接后果，就是导致了知识群体和统治者离心离德。显然，文化高压政策，并没有达到统治者预期的统一思想的目的，而是走向了反面。在社会尚能保持稳定之时，士人们保持着沉默，或在暗中作着各种形式的反抗。《汉书·艺文志》儒家类下载有《零陵令信》一篇，自注为"专难丞相李斯"，就反映出在思想领域中依然存在着反对文化专制的迹象。天下一旦有变，他们就把对统治者的不满，转变为拼死一博。秦末，陈胜、吴广揭竿而起，儒林代表人物、孔子后裔孔甲（或作孔鲋）迅速投身其中，他率一批儒家士人携带孔

---

① ③《史记》卷六，《秦始皇本纪》。
②《韩非子·五蠹》。

门礼器往投陈胜，最后战死在反秦战场上。司马迁评论说，陈胜旋兴旋亡，"其事至微浅，然而缙绅先生之徒，负孔子礼器往委质为臣者，何也？以秦焚其业，积怨而发愤于陈王也"[1]。一大批这样的知识分子，向秦王朝发起了拼死反抗，全然没有"秀才造反，三年不成"的犹豫观望之态，因为他们是在复仇，并认定推翻秦的暴政，是履行士人文化使命的必要前提。请看，在汉昭帝时期召开的"盐铁会议"上，"文法吏"的代表人物桑弘羊，嘲笑孔甲的行为违背"深藏高逝"之道，儒生则毫无愧色地回答："道拥遏不得行，自孔子以至于兹，而秦复重禁之，故发愤于陈王也……为百姓除残去疾，岂贪禄乐位哉！"[2] 这就对士人卷入早期反抗之列，做了道义上的说明。秦朝统治者不得不为他们推行的文化专制政策，付出了代价。这是秦朝短命而亡的原因之一。

二、通权达变与白衣公卿

士人的政治思想与社会现实之间，总有很大的距离。如果机械地坚持自己的信仰而拒绝因时因地的制宜和变通，那只能是将自己的抱负束之高阁。有这种倾向的儒者，不在少数，所以，批评儒士泥古不化、难为世用的言论，在汉代就屡屡出现。太史公《论六家要旨》即说，儒家之失在于"经传以千万数，累世不能通其学，当年不能究其礼，故曰'博而寡要，劳而少功'"[3]。汉宣帝更是直斥："俗儒不达时宜，好是古非今，使人眩于名实，不知所守，何足委任！"[4] 儒与"迂腐"相连，甚至成了市井俗语。这样，儒学缺乏"通权达变"的灵活性，似乎成了不必考察的常识。

其实，儒学从来不乏理性，在它的思想体系中，本来就存在着既坚持道义原则又重视通权达变的优良传统。在先秦和西汉时期，表现的尤为突出。汉代儒生把它概括为"经"与"权"、"常"与"变"的命题。理解和阐发这一命题，不仅有助于全面把握儒学的思想体系，而且可以启迪世人。任何一种人为

---

① 《史记》卷一二一，《儒林列传》。
② 《盐铁论·褒贤》。
③ 《史记》卷一三〇，《太史公自序》。
④ 《汉书》卷九，《元帝纪》。

设计出来的政治理论体系，在推行于社会实践的过程中，必须具备一种自我调整的机制。如果不具备这种一定程度、一定范围内的调适能力，任何一种貌似完善的理论体系，都将在社会实践中碰壁。

（一）通权达变合理性的理论探讨

先秦儒学已具备了通权达变的理论要素。孔子在论及人生阅历、交友之道时，就人的品格境界，列述了由低到高的几个层次："可与共学，未可与适道；可与适道，未可与立；可与立，未可与权。"① 孔子这段极富哲理性与思辨性的名言，曾在后世儒学阵营中引起了很大反响，因为孔子最推崇的人，不是有志于体道者，也不在于立志行道者，而在于通权达变者。

孟子对于"守礼"与"行权"，有一段极具辩证思想光彩的言论。齐地辩士淳于髡向孟子发难：依据"男女授受不亲"的礼制规定，当嫂子溺水之时，该不该援手相救？孟子立即回答："嫂溺不援，是豺狼也。男女授受不亲，礼也；嫂溺，援之以手者，权也。"在性命攸关的特定环境之下，必须抛开适用于一般环境之下的伦理规范而从权处置。但是，当淳于髡提出在礼崩乐坏、天下如同溺水的形势下，孟子亦应该放弃所坚持的王道，而从权援救天下之时，立即受到孟子的反驳与拒绝："天下溺，援之以道；嫂溺，援之以手——子欲手援天下乎？"② 实际上，孟子已经涉及到了怎样把握守礼与行权的"度"的问题：援救天下只有王道一途，如果在这个根本上也给予权变、放弃，实际上就丧失了援天下的手段。即：行权必须在一定的范围之内，而不可任意扩大。更为难能可贵的是，孟子在分析秉持常规与从权达变这一对矛盾时，虽然对行权的范围有所限制，但却没有把秉持常规至于绝对地位之上。他还指出，如果缺乏从权达变的灵活性，片面地强调所谓"执中"，其最终效果，是对"道"的推行构成了严重的损害："执中无权，犹执一也。所恶执一者，为其贼道也，举一而废百也。"③ 孟子对于"执中无权"之弊的抨击，当足以使后世那些抱残守缺却自认为独守正道的卫道士们无地自容。

---

① 《论语·子罕》。
② 《孟子·离娄上》。
③ 《孟子·尽心上》。

汉儒面对大一统中央集权制的新局面，探讨通权达变之说，更有其迫切性。把儒学理论运用到现实政治之中，是否有必要加以"权变"处理？在汉初儒学阵营中，显然存在着两种对立的意见。这种分歧，在叔孙通召集儒生为汉家制定朝仪的过程中，表现得最为充分。

汉高祖初并天下，大臣多为草莽武夫，毫无朝廷礼仪，叔孙通自请征集鲁地儒生与其弟子共起朝仪。他对礼的定义是："礼者，因时世人情为之节文者也。"亦即是依据时势人情而迎合当世之用，而非仅仅恢复古代之礼乐制度。被征集的鲁地儒生中，偏有两位坚守先师成说而不愿随时俯仰者。他们面斥叔孙通："今天下初定，死者未葬，伤者未起，又欲起礼乐。礼乐所由起，积德百年而后可兴也。吾不忍为公所为。今公所为不合古，吾不行。公往矣，无污我！"叔孙通一笑置之，并反唇相讥："若真鄙儒也，不知时变。"① 叔孙通自仕秦为博士时，就以多机变而闻名，他的通晓时变，是否与孔孟所称道的"行权"相吻合，我们自然可以大表怀疑，但至少在表面上，他可以为自己的行为从先秦儒学的"行权"思想中，寻得解嘲的借口。那批追随叔孙通的儒生，因得到拜官赐金的实惠，甚至推崇叔孙通"诚圣人也，知当世之要务"。太史公亦评价他"与时变化，卒为汉家儒宗"②。看来，汉代人多数是把富于机变的叔孙通视为儒学大师的。只是，愈到后世，儒者愈把权变划隔于儒学阵营之外，叔孙通自然也就沦落为儒者嘲讽的对象。

对从权达变的全面阐述，是西汉儒学主流公羊学派的一大贡献。公羊学本属齐学，素有注重时变的传统，所以他们全面肯定通权达变完全是题中应有之义。论证是从"守经"与"行权"的角度展开的。春秋时的鲁桓公十一年，在郑国发生了一起事变：郑庄公死后，其子郑昭公忽已经继位为君，但宋国却借机扣押了路经宋国的郑国辅政祭仲，并诱劫了郑公子突，胁迫祭仲许诺驱逐已立的君主郑昭公忽，改立公子突为君。祭仲因顾忌公子突的安危，又担忧宋国出兵侵郑，只好从权办理，与宋人定盟而归。《公羊传》对此评论道："何贤乎祭仲？以为知权也……权者何？权者反于经，然后有善者也。权之所舍，舍死亡无所设。行权有道，自贬损以行权，不害人以行权。杀人以自生，亡人以自

---

① ②《史记》卷九九，《叔孙通列传》。

存，君子不为也。"① 在这里，公羊学派对"权"的内涵和使用范围，作了经典的论述：行权，在表现方式上可以采用与常规完全相反的做法，但必须能确保其良好效果，就其出发点或动机而言，只能自我贬损而利人，不能害人以利己。

公羊大师董仲舒，对"经"与"权"的关系，做了多层次的论述。在《春秋繁露》中，"经"与"权"又被表述为"常"与"变"、"常义"与"应变"等。

首先，董仲舒认为，经与权是《春秋》经中所包含的"微言大义"之一，习《春秋》之学者，必须懂得二者有着完全不同的使用范围。"《春秋》之道，固有常有变。变用于变，常用于常，各止其科，非相妨也"②。"《春秋》有经礼，有变礼……明乎经变之事，然后知轻重之分，可与适权矣"③。在这里，董仲舒强调的是认识经与权及其特性的重要意义。

其次，董仲舒认为，行权只能在一定的范围之内，如果超出了某一特定的范围，纵然舍弃生命，也不可贸然行权，即不能破坏常规大法的规定性。"夫权虽反经，亦必在可以然之域。不在可以然之域，故虽死亡，终弗为也。"④董仲舒此论的目的，在于防止人们借用"行权"的名义去破坏社会的根本秩序。

再则，董仲舒把"经"与"权"类比为"阳"与"阴"，从而确立"经"的主导地位："天以阴为权，以阳为经……经用于盛，权用于末，以此见天之显经隐权。"⑤

综观汉儒对于"经"与"权"关系的论述，虽然他们对于"行权"的条件和范围做了诸多限定，但在特定的范围之内，却对"行权"的方式开拓了更大的空间，"权者，经之反"这一命题的提出，在具有保守色彩的汉代经学之中，确有使人耳目一新之感。

守经行权理论，是儒家大师辩证思维的精神财富。它的价值在于承认客观时势有常态和变态的区别，并且主张在特殊情况之下，必须从权达变，反对泥古不化，反对以僵死的教条去规范丰富多采的生活。这正是它的精华所在，它

---

① 《春秋公羊传·桓公十一年》。
② 《春秋繁露》卷三，《竹林》。
③④ 《春秋繁露》卷三，《玉英》。
⑤ 《春秋繁露》卷一一，《王道通三》。

使得儒学具备了与时迁移的生命活力。公羊学派把"守经行权"作为《春秋》的"微言大义"加以阐发，实际上宣传了以"改制"为其中心的社会改良思想，其立论基础自然是天人感应与五德终始说，但从思维形式而言，"经""权"相互为用的学说，无疑也起了很大的作用。如果说，指导着战国变法运动的是法家思想，那么我们也应该承认西汉时期的多次"改制"运动，与公羊学派有着密不可分的思想渊源关系。董仲舒所上的《天人三策》，实际上就是以变通求治为中心的。通权达变之说，不失为入仕儒者安身立命的处世良方。从实践效果而言，也存在着很大不同，它虽然使儒学平添了诸多活力，但也为借儒学而飞黄腾达的利禄之徒，提供了曲解儒学以迎合统治者需要的便利条件。如被正直儒师面斥为"曲学以阿世"的公孙弘①，就是功利之儒的典型代表。因此，对"行权"加以各种限制条件是有其必要的。不讲条件地强调"行权"，只能使原有的政治学说面目全非。不论古今，守经与行权的调适度，都是一个极为重要的问题。

（三）白衣公卿：步入政治中枢的儒者群体

西汉开国皇帝刘邦，深知人才对于政权兴亡的重要意义。在总结项羽失败、自己获胜的原因时，他毫不含糊地指出，他任用了张良、萧何、韩信三位人杰，是取胜的关键。后来他又下诏求贤："贤人已与我共平之矣，而不与吾共安利之，可乎？贤士大夫有肯从我游者，吾能尊贤之。布告天下，使明知朕意。"② 其中固然不乏求贤的真意，但先秦之时君主待士人以师友之礼的真诚已不存在，以上凌下的气息十分明显。这也正是大一统政权形成之后，君主与士人的关系完全主仆化的体现。素来重视人格尊严的儒者，势必承认这一定位，否则只能游离于官场之外。

在开国之后相当长的一个时期内，对有志于用世的汉代儒生而言，政治气氛并不宽松。一大批军功新贵，垄断了从中央到地方的军政要职，对于有才能的文学之士，他们总是竭力给予压抑。青年政治家贾谊的际遇，就极有代表性。贾谊是文帝时期最年轻的博士官，"每诏令议下，诸老先生未能言，谊尽

---

① 《汉书》卷八八，《儒林传》。
② 《汉书》卷一，《高帝纪》。

为之对，人人各如其意所出"。他的政论与政治抱负，都是一流的。文帝赏识他的才华，欲待以公卿之位，但一大批军功贵族，却攻击贾谊"年少初学，专欲擅权，纷乱诸事"①，致使文帝疏远贾谊，最终导致贾谊无法立足于朝廷，在外放为长沙王太傅之后，郁郁而终。

武力功臣及其后裔对朝位的长期把持，形成了杜塞仕途的严重后果。"迄于孝武，宰辅五世，莫非公侯，遂使缙绅道塞，贤能蔽雍，朝有世及之私，下多抱关之怨。其怀道无闻，委身草莽者，亦何可胜言"②。这种局面如不改革，国家无望进入长治久安。

汉武帝锐意改革，仕途向着儒士洞开。特别是以下三条新的用人制度，为儒者步入官场、跻身政治中枢，提供了前所未有的契机：其一，太学养士选士之制（参见第六章）；其二，察举征辟之制；其三，上书拜官之制。察举征辟是汉武帝之后选官制度的正途。察举尽管科目众多，但以举孝廉和贤良文学为其主干，这两科所举人才，实际上主要是儒士。征辟更是以大儒名师为其任用对象。上书拜官，即允许士人自我推荐入朝做官，又称为"自炫鬻"，它使一批急于用世的功利之士，获得了进身之阶，虽招致过"吏道益杂"的批评，仍不失为破格用人的一种方法。军功贵族对官位的垄断已被冲破。

士人进入官场的道路开通了，官僚队伍因此而有了稳定的后备军，此为这一变局的意义之所在。但是，它对汉代政治所产生的影响，是颇为复杂的。汉初以军功、爵位立朝的大臣，因有一定的政治资本为依托，在皇帝面前多少有些自尊，也就有了直言谏诤的勇气，皇帝有时也不得不对他们有所忍让，故有人称汉初的丞相是位尊而权重的。"白衣公卿"是由平民而较快升迁为辅政大臣，且多为儒生出身，他们的地位和荣耀，全出于君主的恩赐，对于皇帝，他们只有感激和敬畏。在奴仆化的心态下，这些大臣难免畏畏缩缩，不敢抗旨直言。参加"盐铁会议"的贤良文学，敏锐地注意到了这一变化的时代分界线就在汉武帝之时："文景之际，建元（汉武帝年号）之始，大臣尚有争引守正之义。自此以后，多承意从欲，少敢直言面议而正刺。"③ 于是，慷慨激切之气

---

① 《汉书》卷四八，《贾谊传》。
② 《后汉书》卷二二，《朱景王杜马刘傅坚马列传论》。
③ 《盐铁论·救匮》。

衰，柔媚求容之习成。

最早一位由儒士而居高位的人物是公孙弘。公孙弘，出身贫寒，"年四十余，乃学《春秋》杂说"。以"贤良"身份被汉武帝征召为博士时，已是六十老翁。一度又被罢官，仕途并不顺畅。后以参加"对策"，得到汉武帝赏识，钦定为对策第一，再任博士。此后，仕途腾达。朝廷议事之际，他往往是提供几种方案，"使人主自择，不肯面折庭争"。他"习文法吏事，缘饰以儒术"的从政风格，恰中汉武帝的需要，却招致一批正直官僚和学者的反对。以质直敢言而名重朝野的汲黯，因为公孙弘多次违背事先约定，在皇帝面前改口说顺从旨意的言词，而在朝堂上谴责公孙弘"齐人多诈而无情"①。儒学大师辕固也曾正言警告："公孙子，务正学以言，无曲学以阿世。"② 但，人各有志，公孙弘深通人情世故，依然我行我素，言行决不违逆君主旨意。数年间，他升迁为御史大夫、丞相。按照汉初惯例，"常以列侯为丞相"，公孙弘并无爵位，在拜相之后武帝特意加封他为平津侯。至此，公孙弘以一介布衣而封侯拜相，成了汉代士人以读经书而身居高位的成功典型。

综观公孙弘的政绩，并非毫无建树。他促成了"独尊儒术"的实现，也曾谏阻大规模开边拓地，还曾在丞相府中起客馆延请贤人，使之参预国事谋议。但对公孙弘的评价历来贬多于褒。其原因主要在于他"外宽而内忌"和"曲学阿世"。班固就曾批评以公孙弘为其代表的"儒相"群体，包括蔡义、韦贤、韦玄成、匡衡、张禹、翟方进、孔光、平当、马宫、平宴等人，"咸以儒宗居宰相位，服儒衣冠，传先王语，其酝藉可也，然皆持禄保位，被阿谀之讥"③。这无疑是在批评出身于儒生的达官权贵，徒有儒师的外表，内心却贪恋权位，全然没有先秦儒家坚持原则、抗命权势的理念与情操。

从个人政治品行而言，张禹是最令人所不齿的。张禹以精通儒学经典而知名，因授太子（即汉成帝）《论语》而荣迁光禄大夫。汉成帝即位后，他以师傅之尊，受拜为光禄大夫，给事中，领尚书事，成为与外戚王凤并列的辅政大臣，后来又官拜丞相，封爵安昌侯。若从深得皇帝信任和尊重、并掌握实权而

①《汉书》卷五八，《公孙弘传》。
②《汉书》卷八八，《儒林传》。
③《汉书》卷八一，《张禹传》。

言，汉代儒生恐怕无几人可与张禹相比；但是张禹并未利用这些条件，做出任何利国利民之举，而是只把儒学当作猎取利禄、阿附权贵的工具。所以，直臣朱云斥责张禹是孔子所蔑视的"鄙夫"，是"上不能匡主，下亡以益民"，只知尸位素餐的"佞人"，主张断其首以厉臣节①。综观张禹的言行，朱云的斥责并非偏激之言。张禹外托谨厚之名，内实贪婪奢淫，他利用权势广占良田，为子女经营美官优职。他为人虚伪，甚至对秉性不同的门下弟子，也以不同的处世方式相对。最能体现其曲学阿世特征的，是如下事例：许多臣民利用日蚀地震频繁之机，上书朝廷，认为天降灾异是由于外戚王氏专制所致。成帝心中也颇以为然，就亲临张禹府第，出示吏民所上奏章，并就天变的原因征求张禹的意见。借灾异天变而论国事之失，力求有所补救，本是汉儒本色，张禹如能利用这一特殊机缘，慷慨建言，或许能促成成帝收回权柄，排抑王氏；而张禹自认为年事已高，子孙在官场上立足未稳，自己以前又与王氏有隔阂，深怕因此事而被王氏视为仇敌，就极力为王氏开脱说："灾变之异深远难见，故圣人罕言命，不语怪神。性与天道，自子赣之属不得闻，何况浅见鄙儒之所言！陛下宜修政事以善应之，与下同其福喜，此经义意也。新学小生，乱道误人，宜无信用，以经术断之。"② 这段话出自于宿儒重臣之口，说得又是如此冠冕堂皇，不由成帝不信，此后对王氏不存疑心。王氏闻知张禹之言，无不喜悦，遂相攀结为一党。张禹借论学而谋求私利迎合权贵的目的也就达到了。

东汉中后期的胡广，字伯始，也是白衣公卿的一位代表人物。他少孤贫而有雅才，号为"学究《五经》"③。他被举为孝廉，试以章奏，汉安帝定胡广为天下第一。后历任要职。胡广"性温柔谨素，常逊言恭色。达练事体，明解朝章"，当时有"万事不理问伯始，天下中庸有胡公"的美誉。他"一履司空，再作司徒，三登太尉，又为太傅"，安享高位三十余年，史家叹为"汉兴以来，人臣之盛，未尝有也"④。然而这位学富五车的显贵，在事关切身利益的关头，却只知依附强权，毫无志节可言。跋扈将军梁冀毒死质帝之后，为久持政柄，

① 《汉书》卷六七，《朱云传》。
② 《汉书》卷八一，《张禹传》。
③ 《后汉书》卷四四，《胡广传》，注引谢承《后汉书》。
④ 《后汉书》卷四四，《胡广传》，注引谢承《胡广传》。

执意立年龄偏小的蠡吾侯刘志为帝；以太尉李固为核心的一批正直朝臣则坚持拥立年长有德的清河王刘蒜。时任司徒的胡广、司空赵戒，本已与李固等人达成共识。以"三公"联合本可以与梁冀公开抗衡，但在议立嗣君的朝会上，胡广与赵戒却因畏惧梁冀而违背预约，依附梁冀，导致李固失利。在蠡吾侯即位（即汉桓帝）后不久，李固即被梁冀诛杀。李固死前致书胡广，痛斥其误国之罪："固受国厚恩，是以竭其股肱，不顾死亡，志欲扶持王室，比隆文、宣。何图一朝梁氏迷谬，公等曲从，以吉为凶，成事为败乎？汉家衰微，从此始矣。公等受主厚禄，颠而不扶，倾覆大事，后之良史，岂有所私？"[1] 李固此信，可谓义正词严，胡广等人一时也有悲恻之感，但持禄保位的行径却依然如故。

注重个人修养，坚守社会公正，本来应是儒者本色。汉代儒者也曾极力将自己与完全奴仆化的文吏加以区别："文吏领爵禄，一旦居位，辄欲图利之当资用，侵渔绚身，不为将官显义。虽见太山之恶，安肯扬举毛发之言……儒生学大义，以道事将，不可则止，有大臣之志，心经勉为公正之操，敢言者也。"[2] 但那些在宦海浮沉中身致高位的儒师，却大多辜负了社会对他们的期望。他们适应官场游戏的能力是如此高强，绝不比文吏有所逊色；但身体力行儒家政治伦理的勇气，却少得可怜。汉代儒林之中，当然不乏直道而行的伟岸丈夫，但他们往往被抑于社会中下层，而与公卿无缘。这也充分说明，在君主专制制度之下，庸才乃至于奴才，比之真正的人才，更容易飞黄腾达。曲学阿世之徒，往往官运亨通，这也是一种常见的历史现象。

以儒师而跻身公卿者，也不乏品行、政绩俱佳的杰出人物。

西汉后期的丞相王嘉，就是一位正直立朝的真儒生。哀帝宠爱弄臣董贤，不理国事，丑声流于朝野。王嘉多次正言进谏，哀帝仍不思悔改。王嘉又借日食之机，上书切谏："臣嘉幸得备位，窃内悲伤不能通愚忠之信。身死有益于国，不敢自惜。唯陛下慎己之所独向，察众人之所共疑。往者宠臣邓通、韩嫣骄贵失度，逸豫无厌，小人不胜情欲，卒陷罪辜，乱国亡躯，不终其禄，所谓爱之适足以害之者也。宜深览前世，以节贤宠，全安其命。"忠诚之心溢于言

① 《后汉书》卷六三，《李固传》。
② 《论衡·量知篇》。

表，分析利害入木三分，昏君却不加采纳，反而下诏对董贤加官增封。王嘉毅然抗旨，行使丞相应有的权力，封还诏书，并上书明志："《孝经》曰：'天子有争臣七人，虽无道，不失其天下。'臣谨封上诏书，不敢露见，非爱死而不自法，恐天下闻之，故不敢自劾。"[①] 王嘉以诤臣自居，以儒术自励，明知触犯君怒可能招致杀身之祸，也不苟全求容。汉哀帝在盛怒之下，竟然制造冤狱，以"迷国罔上"之罪将王嘉逮捕下狱，刚烈的王嘉在狱中自杀。

东汉士林最重名节，出身儒生的白衣公卿，不乏为匡扶正义而与邪恶势力拼死抗争者。其高风亮节，足以流芳千古。上述李固与梁冀相抗争的事例，已可见一斑。汝南袁安，以儒学入仕，累迁至司空、司徒。和帝时，外戚窦宪专制朝政，袁安联络司空任隗等朝臣，与窦氏展开了针锋相对的斗争。窦宪甚至以诛杀相威胁，袁安仍不为所动。他痛斥外戚专权，"每朝会进见，及与公卿言国家事，未尝不噫呜流涕。自天子及大臣皆恃赖之"[②]。确实无愧于国家柱石之臣。此外，如杨震、陈蕃、李膺等名臣，也都以济世安民为其理想追求，成为白衣公卿中的骄傲。

作为一种从社会底层吸纳人才的制度，白衣公卿体现的是一种开放的用人路线，它比之以军功或门阀世家控制仕途，具备更多的合理性。问题在于，如何使这种合理性有官场的实际运行过程中，得以正常发挥，使真正有治国干材的人，走上能发挥其作用的岗位。无论在任何时代，排斥精英，都是对统治集团整体利益的伤害。而身居高位的人，也应参透一时荣辱与千秋功过，不负生平所学，对得起天下苍生。

三、利禄之门与士林异化

士人，作为一个时代最有知识、最具理想追求的社会群体，他们对政治风尚的变化也往往是最为敏感的。高标人格尊严和知识价值，曾使战国时代的士人，在大国强主面前傲然挺立，无所畏惧。但进入秦汉大一统之世，时代氛围已完全不同于往昔，君主的至尊威严，要求他的所有臣民，低首顺服，否则即

---

① 《汉书》卷八六，《王嘉传》。
② 《后汉书》卷四五，《袁安传》。

有雷霆万钧的重压临头。汉文帝时的政论家贾山，早就一语道破此中利害："雷霆之所击，无不摧折者。万钧之所压，无不糜灭者。今人主之威，非特雷霆也，势重非特万钧也。"① 仅存于士人方寸之地的志节观，在专制帝王的高压政治面前，显得那样无奈和无助。贾谊借悲叹屈原而咏叹"使麒麟可系而羁兮，岂云异夫犬羊"②，是一声沉重的抗议；严忌在号称为"文景之治"之时，自怨自诉"哀时命之不及古人兮，夫何余生之不遘时"③，则是一声无奈的牢骚。除去洁身归隐之外，有志于用世的士人，怎能不低下头来？与士人的无力抗争相比，君主的驭士之道尚多。自汉武帝始，以官禄笼络士人，就成为更为有效的统治方式了。

政治生存空间日益狭小的士人很快就明白了这样的道理：在君主面前，如果坚持原则，直道而行，不仅仕途难以得志，还要付出惨重的代价，以至于需要献出生命；如果适应君主的要求，顺从君主的旨意，就可以安享荣华富贵，只是"从道不从君"的志节修养必须搁置一旁了。深明士人心态的历史学家范晔，就曾把这种两难的选择昭示于众："怀禄以图存者，仕子之恒情；审能而就列者，出身之常体。夫纡于物则非己，直于志则犯俗，辞其艰则乖义，徇其节则失身。"④ 对于多数以读书谋求安身立命的士子而言，他们需要统治者的赏识和提携，自然就容易选择经营利禄的道路。于是士林的异化就成为一个普遍现象：士不再是独立于官场之外的清流力量，而成为官僚的一部分，或是官僚的后备军。"士大夫"这一名词，最形象地揭示了士人与官僚的合流。官场的游戏规则，自然士人也必须遵守。

士林的异化，主要表现在如下两个方面。

（一）论证君权的至尊与神圣，自甘以臣仆自居

汉初有识之士，曾借对于秦朝暴政的批判，极力提高知识系统的价值，实际上是在为士人争回学术权威的地位，借以与君主的政治权威相抗衡。其杰出

---

① 《汉书》卷五一，《贾山传》。
② 《汉书》卷四八，《贾谊传》。
③ 〔西汉〕严忌：《哀时命》，见《楚辞章句》卷十四。
④ 《后汉书》卷四四，《胡广传》。

代表人物当推陆贾与贾谊，他们的论著，不论是总结历史的经验教训，还是建议当世治安之策，都带有"为王者师"的主观追求和客观效果。他们的苦心经营，并非毫无效果，汉初的几任皇帝，只以政治权威自居，承认士人学术权威的客观存在，每遇大事，常有诚心咨询之举。清代学者赵翼在《廿二史札记》中所揭示的"汉诏多惧词"，正是在这样的背景之下才会出现。直到汉武帝之世，还有迹象表明，这种共识仍存在于君臣之间。如，在汉武帝三次策问董仲舒的命题中，就公开表明自己对王者之政、治国之术多有不晓之处，希望博学君子给以明教。即便其中含有客套的成分，它的象征意义，也是我们理应给以关注的。正是在这种风气的鼓荡之下，西汉士人以天下为己任，把批评朝政甚至褒贬帝王视为自己的权力，这种与专制政体本不相容的自我定位，居然顽强地坚持到了汉武帝死后。汉昭帝时期召开的"盐铁会议"上，一大批来自民间的贤良文学，可以对国家的一系列重大统治政策提出鲜明的批评，这几乎是一大历史奇迹。这些特例，固然可以引发人们的感叹和遐想，但却已经不是社会的主要潮流。君臣悬隔、尊卑判然，已不仅仅是等级秩序，更是凝固化的思想意识。先秦儒家曾经高标"三军可以夺帅，匹夫不可以夺志"，"以道事君，不可则止"，而秦汉之时的儒士，却不仅接受了君主至尊和神圣的观念，并且还在持续不断地给予论证，最终导致了士人地位的沉沦和卑微，与此同时，君主凌驾于全社会之上，成了不容置疑的政治准则。这正如徐复观先生所言：秦汉以降"皇帝的地位，并非靠神权建立起来的，而是靠法家的人工的法与术所建立起来的。以人工的法与术建立这种地位，其历程较假托神意的更为严酷"[1]。令人可叹的是，在完成这一严苛之局的过程中，不仅有国家政治权力的强制作用，更有士人的多方介入。士人运用自己的知识与智慧，帮助君主实现了对士人尊严的贬低甚至是剥夺。

汉武帝时期的董仲舒，以阴阳之说阐述君尊臣卑的天然合理性："阴者阳之合，妻者夫之合，子者父之合，臣者君之合。"[2] 已把君臣伦理推向了绝对化的方向。东汉前期成书的《白虎通》，更把"三纲"学说明确为政治伦理。

---

① 徐复观：《封建政治社会的崩溃及典型专制政治的成立》，见《两汉思想史》卷一，135 页，台北，学生书局，1985。

②《春秋繁露·基义》。

这是由两汉士人共同完成的尊君卑臣的理论构架。以下几个具体案例，或许比理论论证更能说明问题。

汉武帝准备封禅泰山，奉诏议定礼仪的儒士五十多人，苦于"封禅用希旷绝，莫知其礼仪"，各执一词，无法提出一个像样的方案。武帝根据方士的说法，制成了一套用于祭天大典的礼器，请议礼的儒士们鉴定。偏偏这些人又"牵拘于《诗》、《书》古文"，不知变通迎合，竟否定了已为武帝所认可的这批礼器。"不与古同"的鉴定意见一出，气得武帝"尽罢诸儒不用"①。在这个过程中，出身于儒生的大臣儿宽，说过一段很投合武帝心意的话。他首先极力赞颂皇上："陛下躬发圣德，统楫群元，宗祀天地，荐礼百神，精神所向，征兆必报，天地并应，符瑞昭明。"又针对议礼群儒"未能有所定"的局面，指出封禅泰山本是上古"帝王之盛节"，儒家经典之中并无明确的礼仪记载，因此让儒生们再讨论几年也恐怕是"终莫能成"，唯一可行的办法是，"唯圣主所由，制定其当，非群臣之所能列"。这种"识时务"之语，武帝当然乐于采纳。于是，武帝"乃自制仪，采儒术以文焉"②。儿宽之论，不应当单纯作谀词来看，更重要的是，他对皇帝声声称圣，把诸儒讨论无所定的问题之最高裁决权，奉送给皇上。它的影响，远非仅限于一事一时，说士人的知识权威地位受到了一次致命的冲击也不为过。如果说议礼诸儒是泥古不化的书生，儿宽就是精透官场奥妙的官僚型学者了。

萧望之，既是一代名儒，又是汉元帝的授业恩师。在元帝即位之后，他曾致力于辅政治国，成为朝野上下正直之士翘首以望的人物。汉元帝徒有喜好儒术的虚名，既不通晓钱谷刑名，又乏驭臣之术，故被史家贬责为汉室肇祸之主。身为名儒名臣的萧望之，对汉元帝这样的庸君，竟也是满口称圣："今陛下圣德居位，思政求贤，尧舜之用心也。"③后来，正是这位汉元帝导致了萧望之的牢狱之灾和被迫自杀。命在须臾之时，萧望之是否对颂圣之词有所悔悟，不得而知。后人读史至此，在滑稽之感油然而生之后，也往往为萧望之一辈士人抱憾：何必如此尊君抑臣！

---

① 《史记》卷二八，《封禅书》。
② 《汉书》卷五八，《儿宽传》。
③ 《汉书》卷七八，《萧望之传》。

面对君主主宰一切、士人地位下降的既成之局，西汉士人还有勇气抗议、反讽和自嘲，陆贾、贾谊、贾山的抗争，严忌、东方朔、扬雄的牢骚（参见第八章），不仅得到君主的容忍，更得到社会的同情和肯定。但东汉前期士人的主流，却连这样的勇气也不见了。他们不仅自己不敢批评朝政得失，甚至连西汉士人借牢骚而嘲讽一统君主的言论，也无法接受。他们自觉地出面替朝廷来肃清不利于统治的舆论。班彪、班固父子就是此类士人的代表。班彪撰著《王命论》，极力鼓吹神器不可妄窥，天下重归刘氏是天意所在，其中附会虚夸之言，比比皆是。班固的《答宾戏》，虽在文字风格上与东方朔的《答客难》、扬雄的《解嘲》相似，但其思想倾向，却大相径庭。他的写作动机，只是为了批驳士人的不和谐之音。观其自序就可了然："又感东方朔、扬雄自谕以不遭苏、张、范、蔡之时，曾不折之以正道，明君子之所守，故聊复应焉。"他极力美化汉家政权："其君天下也，炎之如日，威之如神，涵之如海，养之如春。"士人与君主的关系，班固喻之为"譬犹草木之植山林，鸟鱼之毓川泽，得气者蕃滋，失时者苓落，参天地而施化，岂云人事之厚薄哉？"[1] 对西汉士人借古喻今的反讽，给予明确的批驳。他的主旨是：士人应该承认君主的绝对权威，不宜自视清高，散布不满情绪。班固所谓的正道君子，以恭谨驯顺为其特色，正是统治者所需要的臣仆，与真正意义上的士人，不知相差了多少！

很有些个性色彩的思想家王充，在皇权与士人的关系上，也表现出屈从的奴性。他的《宣汉》、《恢国》、《验符》、《须颂》四篇文章，大谈汉代功德巍巍，无论是皇帝的圣明，还是符瑞的众多，都超过了历史上的三皇五帝和三代盛世，如果仅仅是为了破除"今不如昔"的偏见，或许还有某种积极意义，但其中的邀宠献媚之语，实在令人不敢相信它出自于一位大思想家的笔下。他认为汉高祖、文帝、武帝、宣帝、光武帝、明帝、章帝，都是功德巍巍的圣人，假若让尧、舜生于汉世，与汉帝相比之下"恐无圣名"[2]。他认为，"汉德非常，实然乃在百代之上"，但汉代统治者的名声之所以不及百代圣王，原因就在于当世儒者不肯为汉家歌功颂德。这在王充看来，就是"鸿笔之臣"的失职。"国之功德，崇于城墙；文人之笔，劲于筑蹈。圣主德盛功立，若不褒颂

---

① 《汉书》卷一〇〇上，《叙传上》。
② 《论衡·宣汉篇》。

纪载，奚得传驰流去无疆乎！"他自我标榜说：世儒不为汉家歌功颂德，有我的《论衡》在此，"彰汉德于百代，使帝名如日月"。他又感叹，可惜的是自己远离朝廷，对汉家功德只能是"遥闻传授"而得知，虽有"颂圣"的诚意，但惟恐"褒功失丘山之积，颂德遗膏腴之美"，假若能身居台阁，则必能使"大汉之德"光耀于未来①。此文已近乎于一纸求职书了！毫不掩饰地要求士人为帝王歌功颂德，无异于自动地把士人的尊严置于专制君主的强权践踏之下。

董仲舒排列了天——天子——诸侯——士——民的尊卑秩序，并对君与士的社会角色作了全然不同于先秦儒学的解释："受命之君，天意所予也……士者事也，民者瞑也。士不及化，可使守事从上而已。"② 这种新的社会伦理，已成为汉代士人的"集体无意识"，他们自愿地去遵守这一君臣伦理。汉代儒生的社会作用被认作是："所谈者仁义，所传者圣法也。故人识君臣父子之纲，家知违邪归正之路。"③ 他们仍然不乏知识和智慧，但在君主面前，他们已丧失了最可宝贵的自尊，成了一批儒雅的顺民。

士人的异化，首先表现为人格的卑微，这既是皇帝摧抑士人造成的结果，也是皇帝最愿意看到的变化。皇帝于是就成了集政治权威与学术权威于一身的圣人了。重大的学术问题，转而由皇帝作最后的裁决，已成为普遍接受的惯例。西汉宣帝甘露二年召开的石渠阁会议，东汉章帝建初四年举行的白虎观会议，内容都是讲究五经同异的，但所有的分歧意见，皆不经学者讨论认定，而是由皇帝一锤定音。这与盐铁会议的自由争鸣气氛全然不同。有时，皇帝兴之所至，还要亲自讲解儒家经典，大批士林首领人物也去聆听教诲，皇帝已是士人的教师，士人反而成了学生，政治权力凌辱了学术尊严。

（二）把读书求学作为猎取利禄的敲门砖

先秦儒学包括了为人为学为政的诸多层次，儒士并不排斥入仕为官，只是他们非常重视求仕的手段和途径要符合道德规范，更强调做官的目的不是为了博取利禄，而是要匡君安民，实现自己的政治理想。而汉代士人的主流，在统

---

① 《论衡·须颂篇》。
② 《春秋繁露·深察名号》。
③ 《后汉书》卷七九，《儒林传论》。

治者的诱导之下，则把求学的目的庸俗化为求取功名利禄。

自武帝推行读经入仕的政策之后，能够抵挡住官禄诱惑的士人，实在是为数不多。身居书舍，心驰庙堂，在仕宦之途上劳累奔波的士人，甚至忽略了显示清高的必要，于是就有了许多并不光彩的历史定格。

西汉昭宣之世的名儒、名臣夏侯胜，在课徒授业之时，经常对他的学生说："士病不明经术，经术苟明，其取青紫，如俯拾地芥耳。学经不明，不如归耕。"① 青紫，是对高官厚禄的代称。东汉初年的儒师桓荣，虽在战乱困危之中仍潜心读经讲诵不息，终以七十余岁的高龄，得拜为太子少傅，备受宠荣。暮年得志的桓荣大会诸生，陈列皇上所赐车马与印绶，开导他们："今日所蒙，稽古之力也，可不勉哉？"当年与桓荣一道遭受困厄的族人桓元卿，曾嘲笑桓荣读经为"但自苦力气，何时复施用乎？"此时亲眼目睹了桓荣的官运亨通，由衷地感叹："我农家子，岂意学之为利乃若是哉？"② 这集中代表了汉代士人读书求学的目的所在。尤其发人深省的是，对"读书做官论"言传身教的夏侯胜和桓荣，尽管因有此言论而遭到人们的讥笑，但察其为人，却并非庸劣之辈，他们都是有志节操守的人物。特别是夏侯胜，在宣帝令群臣议立汉武帝庙乐之时，惟独夏侯胜坚持"以民为本"的思想，指出："武帝虽有攘四夷广土斥境之功，然多杀士众，竭民财力，奢泰亡度，天下虚耗，百姓流离，物故者半……亡德泽于民，不宜为立庙乐。"公卿提醒这是皇帝诏书旨意，夏侯胜仍不改变自己的观点："诏书不可用也。人臣之谊，宜直言正论，非苟阿意顺指。议已出口，虽死不悔。"③ 他因此而被捕下狱，若非幸遇大赦，几乎丧命。"质朴守正"的性格，使夏侯胜在朝廷之上获得了赞誉。桓荣及其子孙，也都是重视个人操守的名臣。以夏侯胜和桓荣的为人，为何会以官禄诱导学生们读经求学呢？恐怕只有一种解释，那就是：他们看透了士人的心态，只有以官禄相许，才会有效地调动他们学习的积极性。

为了挤入官场，士人们可以不择手段。太学生本应学业优秀才能被选任为官，但当时官场用人素重名声，所以相当一部分太学生并不把时间和精力真正

---

① ③《汉书》卷七五，《夏侯胜传》。
②《后汉书》卷三七，《桓荣传》。

放在读书上，而是热衷于四处结交，建立关系网，营造知名度。仇览入太学，与同郡士人符融相邻而居。当时符融已享高名，宾客盈室。仇览却独守清节，不与符融交往。符融观其容貌行止，奇其不同于俗，就出言提醒："与先生同郡壤，邻房牖。今京师英雄四集，志士交结之秋。虽务经学，守之何固？"仇览正色作答："天子修设太学，岂但使人游谈其中？"① 符融叹服其正气凛然，遂与太学生的领袖人物郭林宗共同造访。三人畅谈之后，林宗嗟叹，下床为拜，仇览因此而名声大增。仇览无意于结交而最后仍不免于交结。符融虽热衷于交游也并非虚伪奸邪之流，相反，他还曾揭破过虚造盛誉的"高手"。当时，有汉中人晋文经、梁国人黄子文，恃其才智，在京城洛阳广造声誉，朝中公卿皆为之颠倒。晋、黄二人的手段最为诡异，假托高卧养病无所交游，"洛中士大夫好事者，承其声名，坐门问疾，犹不得见"。最令人不解的是，三公辟召人才，都要上门征询晋、黄二人的意见，随其褒贬为进退取舍的依据。符融察觉晋、黄二人实为招摇撞骗，就到太学之中予以揭露，并把自己的结论告知他的业师李膺："二子行业无闻，以豪杰自置，遂使公卿问疾，王臣坐门。融恐其小道破义，空誉违实，特宜察焉。"② 正享盛名的李膺，赞同符融之见，才导致晋、黄二人名誉扫地，无法立足于京师。我们从仇览与符融的言行中，不难看出作为养士之所的太学，虚造名誉之风已泛滥到何种地步。

黄允可为士人求名亦毁于名的典型代表。"以俊才而知名"的黄允，曾得到号为知人的郭林宗的赏识和告诫："卿有绝人之才，足成伟器。然恐守道不笃，将失之矣。"后来，司徒袁隗欲为其侄女择偶，在黄允面前发一感叹："得婿如是足矣"。黄允闻听大喜过望，竟要休黜妻子夏侯氏。夏侯氏对其婆母称："今当见弃，方与黄氏长辞，乞一会亲属，以展离诀之情。"黄允母子未料想会有难堪之事发生，同意其要求，大集宾客三百余人。做事果绝的夏侯氏，利用这个机会，"攘袂数允隐匿秽恶十五事，言毕，登车而去"。由于休妻的揭露，黄允的真面目被公之于众，他的名誉和仕途才随之终结③。

　① 《后汉书》卷七十六，《循吏传》。
　② 《后汉书》卷六十八，《符融传》。
　③ 《后汉书》卷六十八，《郭太传》。

汉代士人为钻营仕途而交游求名之弊，深为关注时局的政论家所憎恶，因为它直接导致了官场浮华之风的出现。汉魏之际的名士徐干就有一段入木三分的批判："桓灵之世，自公卿大夫、州牧郡守，王事不恤，宾客为务，冠盖填门，儒服塞道，饥不暇餐，倦不获已……详察其为也，非欲忧国恤民，谋道讲德也，徒营己治私，求势逐利而已。"①

　　汉代士人积极谋求与官僚组织的结合，其影响是极为重大的，正如有的学者所指出："一方面赋予知识分子扩大影响力的机会，另一方面也使知识分子的视野永远被局限在政治活动的范畴内了。"他们"不能集体以开放与批判的精神，领导文化走向更高层次。"② 这是愧对士人文化使命的局限和悲哀。

　　那么，是什么原因促成汉代士人的主流，把知识转变为博取官禄的手段和工具呢？除了统治者的有意倡导甚至是强势胁迫之外，社会舆论过于追求"学以致用"，显然也是一个不应忽略的因素。"学以致用"的积极意义，必须在一定的范围和程度内，才能完全确立。如果把是否"有用"作为判断所有知识体系的价值尺度，那就是一种非常糟糕的事情了。在"盐铁会议"上，桑弘羊一派人，就曾把"不知世故"、有学问而不足以存身立世，当作为批判儒学和儒生的重点内容："孔子修道鲁卫之间，教化洙泗之上，弟子不为变，当世不为治，鲁国之削滋甚。……儒家之安国尊君，未始有效也。"③ "今儒者释耒耜而学不验之语，旷日弥久而无益于理。"此种论调，虽不免于庸俗，但就常人的认识水平而言，如果一种知识体系，上不能安国，下不能荣身，恐怕也就没有追随修习的必要了。面对着此类讥责，贤良文学所做出的驳论，虽然正气有余，而论据坚实方面似乎有所欠缺。由读儒家经典而能获得官位富贵，不仅可获得切身利益，还是显示儒学有益、有用的一种方式。——这或许是解释汉代士人何以热衷于做官的思路之一。

　　儒士的官僚化，儒学的工具化，虽然扩大了儒学的政治影响，但却背离了先秦儒学的理想和追求，不能不说是一种悲哀的异化。

---

① 〔东汉〕徐干：《中论·谴交》。
② 许倬云：《中国文化与世界文化》，176 页，贵阳，贵州人民出版社，1991。
③ 《盐铁论·论儒》。

四、独善其身与隐逸心态

面对着君主至高无上的威严，并非所有士人都甘愿低下头颅，他们中的一部分人，为了保持志节与尊严，选择了不与当政者合作的人生之路。"不官于朝而居家"①，是他们的外在特征。他们隐居于山野，或吟风弄月，或著书立说，或点评时政，始终保持着独立的人格，从而向世人展示了不为名利羁绊、不为官禄折腰的处世方式和价值观念。他们被尊称为"隐士"、"逸民"、"处士"、"高人"。

（一）西汉隐士及其评估

隐逸之士，先秦时代即已有之。汉初，隐士的数量尽管不多，其社会影响却很大。

相传为张良之师的黄石公，是秦汉之间一位神龙见首不见尾式的人物。据《史记·留侯世家》记载，张良在博浪沙聘用力士刺杀秦始皇失败之后，流亡避祸，在下邳（今江苏邳县）的一座桥上，遇到一位身穿粗布麻衣的老人。老人在多次折辱、试探张良之后，神秘地授给他一卷古书，称详读此书可为帝王之师。张良遵言修习，由一位血气方刚的青年，成长为运筹帷幄决胜千里的战略家。世人尊称这位授书老人为黄石公。在司马迁笔下，黄石老人带有怪物的色彩，宋代文豪苏轼独有主见："黄石公，秦之隐君子也。而世不察，以为鬼物，亦已过矣。"② 他在秦朝严禁挟书的暴政之下，暗藏兵法奇书，并且苦苦寻觅传人，其用心之良苦、藏身之周密，实为一般隐士难望其项背。

"商山四皓"，是对秦汉之际在商山隐居的四位年长贤士的尊称。汉高祖刘邦立国之初，本不重儒，却对"四皓"很有好感，曾聘请他们出山辅佐。不料，四人不为降志，刘邦只得作罢。后来，刘邦一度准备改立储君，废去吕后所生太子刘盈，改立宠妃戚夫人所生赵王如意为继承人。这一意图显然会影响到统治秩序的稳定，于是大臣叔孙通、周昌等人，都曾苦苦谏阻。刘邦虽有所

---

① 《汉书》卷一三，《异姓诸侯王表序》颜师古注。
② 《百川兵志·兵家·黄石公三略》。

顾忌，仍不放弃废立太子的打算。吕氏向刘邦的首席谋臣张良求计，张良指出，改易君主私意，群臣无能为力，只有让太子重金隆礼聘请"四皓"出山为之声援，或可避免被废的危机。吕氏与太子照计行事，不肯臣服于皇帝的"四皓"，却成了太子的贵客。刘邦得见"四皓"追随太子左右，在惊疑之余，终于放弃了改立太子的打算。我们从张良的建议、刘邦的反响中，都不难看出，"商山四皓"既是当时民心向背的一种体现，又是政治角逐场上太子的羽翼，他们所代表的一种文化潜力，是任何人都不敢藐视的。

汉初名相曹参，在治理齐地之时，也有礼遇当地隐士之举。齐地有处士东郭先生、梁石君，被人赞誉为"世俗所不及"。当时，正在齐相国曹参门下为客的著名策士蒯通，向曹参鼎力推荐此二人。他对隐士价值的比喻，是颇值得玩味的："妇人有夫死三日而嫁者，有幽居守寡不出门者，足下即欲求妇，何取？"当曹参回答"取不嫁者"后，蒯通立即发挥其说："然则求臣亦犹是也。彼东郭先生、梁石君，齐之俊士也，隐居不嫁，未尝卑节下意以求仕也。愿足下使人礼之。"曹参允其所请，待二人为上宾①。蒯通所强调的，并非是二位隐士的才干，而是不肯屈节求仕的人格。这其实也是世人敬重隐士的主要着眼点。

司马迁著《史记》，对隐士给以高度评价。商周之际隐士的代表人物伯夷与叔齐，先为"让国"而流亡，后又为"不食周粟"而饿死于首阳山。司马迁把他们写入《列传》的首位，是有其深意的。在结尾处，司马迁还感叹："岩穴之士（指隐士），趣舍有时若此，类名湮没而不称，悲夫！闾巷之人，欲砥行立名者，非附青云之上，恶能施于后世哉！"司马迁对战国时代的齐国高士鲁仲连，是作为战国第一人来给予塑造的。这都表明了司马迁对隐逸之士的尊敬之情。

滑稽之雄东方朔，志在进取，本非隐士一流人物，而他论及隐士的一番话，确实足以令人深思。他以嬉笑调侃的言语来讨论进退出处的重大选择。他认为，处士的远离朝廷，是由于看透了君主无法容纳直言："深言直谏，上以拂主之邪，下以损百姓之害，则忤于邪主之心，历于衰世之法。故养寿命之士

---

① 《汉书》卷四五，《蒯通传》。

莫肯进也,遂居深山之间,积土为室,编蓬为户,弹琴其中,以咏先王之风,亦可以乐而忘死矣。是以伯夷叔齐避周,饿于首阳之下,后世称其仁。"同时,他又认为隐居并非避祸远害的最好选择,他告诫其子:"首阳为拙,柱下为工;饱食安步,以仕易农;依隐玩世,诡及不逢。"① 其中的"柱下",是指老子,传说老子曾仕周为柱下史。东方朔此论的宗旨,即是"大隐隐于朝"。他曾经自称:"如朔等所谓避世于朝廷间者也。古之人,乃避世于深山中。"酒后狂歌:"陆沉于俗,避世金马门。宫殿中可以避世全身,何必深山之中,蒿庐之下。"② 归隐并非一定要藏身于田野山林,隐于朝廷,乐玩一世,是一种比饿死首阳山更聪明的办法。朝政如此不堪辅佐,士人何必以贫寒迫身的隐居来显示自己的清高?他的游戏人生、游戏官场的观点,是根基于蔑视政治的立场之上的。

西汉后期,最负盛名的隐士为郑子真和严君平。郑子真在汉成帝时,坚拒大将军王凤的聘礼,终身不仕。扬雄称赞"郑子真不诎其志,耕于岩石之下,名震于京师"。严君平即严遵,蜀郡人,本姓庄,字君平,班固为避汉明帝刘庄之讳,更"庄"为"严"。他博览群书,尤精于老庄之学,是"隐于市"的代表人物。他在成都市设卜筮之肆度日,自称"卜筮者贱业,而可以惠众人。有邪恶非正之问,则依蓍龟为言利害。与人子言依于孝,与人弟言依于顺,与人臣言依以忠"。是身处市肆,仍心存救世匡俗之念。他每天只为几人卜算,"得百钱足以自养,则闭肆下廉而授《老子》",是蜀地传授老庄之学的关键人物。著名的思想家、文学家扬雄,少时曾经师从严君平求学,显名于京师之后,经常对在位者盛称君平之德。益州牧李强敬重严君平,故始终不敢对他说出辟举为属吏的打算③,君平得以卜业终其一生。传世的《老子指归》一书,即是严遵发挥"老学"的作品。此书在清代曾被疑为伪书,后经过当代学者严灵峰、王利器、郑良树、王德有、李学勤诸先生的考定,认为此书虽有残缺,其为西汉古籍无疑④。如何在乱世之中"保终性命",是《老子指归》重点探

① 《汉书》卷六五,《东方朔传》。
② 《史记》卷一二六,《滑稽列传》。
③ 《汉书》卷七二,《王贡两龚鲍传·序》。
④ 参见李学勤:《严遵〈指归〉考辨》,载《历史文献研究》北京新6辑,17页,北京师范大学出版社,1995。

东汉皇帝刘秀

商山四皓图（部分）
东汉　彩箧漆画
纵9厘米　横39厘米
平壤博物馆藏

421

使臣迎请商山四皓图
元 佚名
纵155.3厘米 横77.2厘米
台北故宫博物院藏

局部

五代 《高士图》
纵135厘米 横52.5厘米
北京故宫博物院藏

宋　佚名
《朱云折槛图》

讨的问题，集中表述了西汉末年隐士的人生哲学。他认为，养生以求延年益寿，最重要的是躬行老子之说，抛弃名利之累，"体道同德，绝名除利"，"知足而上，故能长存"①。明确提出了隐遁自保的观点："遁隐无形之境，放佚荒荡之乡。""乔木之下，精神得全；岩穴之中，心意常欢。"② 这种外表消极的人生观点，恰巧折射出隐士对现实政治的不满和无奈。

已经入仕为官、甚至颇有政绩政声的士人，毅然辞官归隐，是我们了解隐逸心态更应注意的士人群体。

一般说来，儒生信奉"邦有道则仕，无道则隐"的理念。先仕而后隐实际上就意味着对现实政治的批判。特别是"辞官归隐"的行为发生在尚称政治清明的时期，归隐者势必要采取低调处理的方式，以"知足"的旗号，达到全身避祸的目的。疏广、疏受叔侄二人求退的过程，表现得相当典型。疏广，东海郡兰陵人，"少好学，明《春秋》，家居教授，学者自远方至"，是一位有影响的隐逸儒师。后受征入朝，汉宣帝选疏广为太子少傅。不久，晋职疏广为太傅，而以其侄疏受继任太子少傅。太子朝见皇帝之时，"太傅在前，少傅在后"。叔侄二人"并为师傅，朝廷以为荣"。任职五年，皇太子已到 12 岁，通《论语》、《孝经》两部经典，疏广与疏受相商："吾闻'知足不辱，知止不殆'，'功遂身退，天之道'也。今仕官至二千石，宦成明主，如此不去，惧有后悔，岂如父子相随出关，归老故乡，以寿命终，不亦善乎!"③ 二人遂称病求退。返乡之日，公卿设宴饯行，送者车数百辆，备受赞誉。透过"知足""知止"的表面现象，流露出的却是"伴君如伴虎"的畏惧感。只要对宣帝后期政治稍加考释，就不难理解疏氏叔侄的心头压力。他们所辅导的太子，即是后来的汉元帝，柔而好儒（或许与疏氏的影响不无关系），不为信奉"霸王道杂之"的汉宣帝所喜爱，致使宣帝一度有改立太子的打算。疏氏叔侄对皇帝与太子之间的微妙关系，最有可能了解。试设想，万一太子被废，身为太傅、少傅的二疏，岂有好日子过？所以，他们在太子年仅 12 岁时就匆匆告退，实在是一种见机而作的行为。

---

① 〔西汉〕严遵：《老子指归》卷八，北京，中华书局，1994。
② 严遵：《老子指归》卷十，北京，中华书局，1994。
③ 《汉书》卷七一，《疏广传》。

与疏广、疏受出于自保而求退相比较，朱云与梅福的辞官归隐，就具备了更多的社会意义，直接表达了对最高统治者的绝望和抗议。

朱云，少喜行侠，年四十，才改变生活方式而从师学习《易》和《论语》，"好倜傥大节，当世以是高之"。汉元帝时，少府五鹿充宗与宦官首领中书令石显结党，恃其雄辩之才，凌折诸儒于朝堂之上，无人敢与之抗衡。朱云受荐入朝，与之展开辩论，连续挫败五鹿充宗，诸儒传唱："五鹿岳岳，朱云折其角。"后来，他又与正直立朝的御史中丞陈咸合作，共同抨击容身保位的丞相韦玄成、弄权行私的中书令石显，结果被韦玄成等人所陷害，被捕下狱，后遭罢官废锢。至成帝时，朱云上书求见，在公卿面前，他向皇帝揭露朝廷大臣"上不能匡主，下亡以益民，皆尸位素餐"，并请求"愿赐上方斩马剑，断佞臣一人以厉其余。"当成帝得知，朱云所说的"佞臣"就是成帝的老师、丞相张禹之时，勃然大怒，令御史将朱云拖出斩杀，朱云仍不为所屈，大呼曰："臣得下从龙逢、比干游于地下，足矣！未知圣朝何如耳！"幸得左将军辛庆忌拼命保奏，朱云才保住一条性命。朱云历此生死之劫，绝不再出仕为官，他在士人中却一直保持着很高的声誉，"时出乘牛车从诸生，所过皆敬事焉"。当他去拜访丞相薛宣之时，薛宣出于敬重之心，委婉地提议请他相助作事，立即受到朱云的严词拒绝①。

梅福，九江寿春人，"少学长安，明《尚书》、《穀梁春秋》"。他曾出任县尉之职，后去官返回故乡。当时，汉成帝委政于外戚大将军王凤，敢于揭露王凤擅权的京兆尹王章，竟被朝廷所诛杀。在"群下莫敢正言"的环境中，梅福冒死上书，大谈士人的重要："士者，国之重器；得士则重，失士则轻。"他批评皇帝不采纳天下谏言，并以刑杀阻断言论，已造成"知士深退"的严重后果，"天下以言为讳，朝廷尤甚，群臣皆承顺上旨，莫有执正……天下以言为戒，最国家之大患也"。成帝未加采纳，梅福"居家，常以读书养性为事"。等到王莽专权之时，梅福弃家出走②。其反响之决绝，超过了在朝为官的众多公卿。可见这位由仕而隐的士人，对汉家政权兴亡的关注，实在安享国家俸禄的官僚之上。

---

① 《汉书》卷六七，《朱云传》。
② 《汉书》卷六七，《梅福传》。

王莽代汉前后，有一批官员辞官隐居，则大都是出于忠诚于刘氏一姓，不愿改投王氏的心理影响。虽然人数居多，其文化意义，反而要比朱云和梅福的个人之举，大为逊色。

（二）东汉隐逸之风的高涨及其成因

东汉的隐逸之风，远盛于西汉。所以，《后汉书》的作者范晔创设《逸民传》，从而准确地记录了这一社会风尚。此外，在《周黄徐姜申屠列传》、《王充王符仲长统列传》及《儒林》、《文苑》、《独行》、《方术》等类传中，也对隐逸之士有较多的记载。形成隐逸之风高涨的局面，至少有如下三个原因：

第一，统治者的刻意褒奖和倡导。

光武帝刘秀在立国之初，就注意奖励名节。对那些坚决不仕于王莽的士人，光武帝尊之为"天下义士"，给以极高的礼遇。拔擢卓茂，就完全是一种显示用人导向的政治行为。卓茂，在西汉后期只不过是密县的县令，在王莽"居摄"期间，他托名养病辞官，"不肯作职吏"。光武即位之初，访得卓茂，下诏褒奖："前密令卓茂，束身自修，执节淳固，诚能为人所不能为。"立即任命卓茂为太傅，封为褒德侯。建武四年，卓茂去世，光武帝又特示恩宠，"赐棺椁冢地，车驾素服亲临送葬"[1]。对卓茂这样一个才干平平、年逾七十的老翁如此尊崇，完全是为了倡导士人的节气观念。

对于不肯出仕于东汉政权的隐士，光武帝也表现出了少有的宽容和雅量。严光，字子陵，会稽余姚人，西汉末年，曾与光武帝同游于太学。光武帝立国之后，严光改名换姓，隐身不见。光武帝百般寻访，以专使三次礼聘，才将严光请到京城洛阳。严光仍不为屈志。司徒侯霸，当年也曾是严光的故交，致书问候，严光只授数语作答："位至鼎足，甚善。怀仁辅义天下悦，阿谀顺旨要领绝。"完全是一种居高临下的训戒之语。光武帝亲临馆舍，严光依然高卧不起。光武抚其腹而感叹："咄咄子陵，不可相助为理邪？"严光闭目不应，良久，才睁眼回答："士固有志，何至相迫乎！"[2] 光武帝叹息而去。此后，尽管朝廷又多次征聘，严光都拒不接受，隐居耕钓，终其一生。太原隐士周党，在

---

① 《后汉书》卷二五，《卓茂传》。
② 《后汉书》卷八三，《逸民传·严光》。

王莽篡汉之时，即杜门不出。建武年间他曾被任为议郎，不久就托疾退隐。光武帝多次隆礼征聘，周党在不得已的情况下只好进京。皇帝召见之时，周党"伏而不谒，自陈愿守所志"，光武帝不得不尊重他的选择。恰在这时，博士范升不满于周党的桀骜不驯，出面弹劾："党等文不能演义，武不能死君，钓采华名，庶几三公位。臣愿与坐云台之下，考试图国之道。不如臣言，伏虚妄之罪。而敢私窃虚名，夸上求高，皆大不敬。"范升对隐士求名过切之弊的批评，是有事实为依据的，但是如果按"大不敬"之罪来处惩那些隐士，就会演变成一种政治迫害。光武帝深知，隐士的价值，不在于他们本人是否真有治国之才干，而在于坚持重名节、轻利禄的人生观。这从总体上来说有利于维护统治稳定，有利于改善风俗。所以他再次表达了他的恢弘器度："自古名王圣主必有不宾之士。伯夷、叔齐不食周粟，太原周党不受朕禄，亦各有志焉。"①

光武帝之所以对隐士如此宽容，除了他真正理解隐逸文化的价值所在之外，可能还有另一个原因，就是在与王莽、公孙述等人的对比中，显示自己的明君形象。王莽和公孙述，都曾经用刑杀手段，胁迫隐士弃志入仕，其中尤以公孙述为甚。公孙述称帝于巴蜀，与立国于洛阳的刘秀遥相对立。强制隐士为己所用，是公孙述素所留意的，公然与之对抗的隐士，大多没有好结局。巴郡人谯玄多次谢绝公孙述的聘用，公孙述恼怒之下，再派使者备礼征聘，同时下令假若谯玄仍不肯受聘，便赐以毒药。太守出于好意，亲自赶到谯玄住所规劝："君高节已著，朝廷垂意，诚不宜复辞，自招凶祸。"谯玄则表示："保志全高，死亦奚恨！"竟宁可自择饮毒也不愿出仕。其子泣血叩头于太守，称愿意奉献家资千万以赎父罪。太守代为请命，谯玄才侥幸得以免死②。广汉人李业，少有志操，以精通《鲁诗》而著名，王莽时即匿名隐遁，公孙述称帝后强征他为博士，李业托病不起。公孙述因不能招致隐士而引以为羞，派大臣尹融持毒酒奉诏命前来胁迫李业："若起，则受公侯之位；不起，赐之以药。"尹融为之分析利害："上奉知己，下为子孙，身名俱全，不亦优乎！"李业对这种威逼利诱不屑一顾，尹融又劝他与家人共商，李业毅然回绝："丈夫断之于心久

① 《后汉书》卷八三，《逸民传·周党》。
② 《后汉书》卷八一，《独行传·谯玄》。

矣，何妻子之为？"遂饮毒而死①。公孙述对待隐士虽有求贤之名，实无尊重之意。光武帝与之相比顿显高低之别。光武帝实际是有意识地强调自己的宽容，以之反衬公孙述的苛急。所以，在平蜀之后，他对拒命公孙述而被杀的隐士，给以诏书褒奖、立祠纪念等优遇。

光武帝礼遇隐士，带来了士人归心的显著效果。史称："光武侧席幽人，求之若不及……群方咸遂，志士怀仁，斯固所谓'举逸民天下归心'者乎！"②或称："先是四方学士多怀协图书，遁逃林薮。自是莫不抱负坟策，云会京师。"③ 这使在战乱中建立起来的东汉政权，呈现出人才济济的兴隆气象。

光武帝之后，礼遇隐士仍是东汉统治者的施政常规。博通儒经又"性好道术"的张楷，避富就贫："家贫无以为业，常乘驴车至县卖药，足给食者。"司隶以茂才举荐，朝廷任命他为长陵县令，张楷却拒不到任，"隐居弘农山中，学者随之，所居成市"。后来，五府（太傅、太尉、司徒、司空、大将军）连辟，察举为贤良方正，张楷不为所动，一时名震朝野。顺帝为了表示对著名隐士的敬意，特意下诏给河南尹："故长陵令张楷行慕原宪，操拟夷、齐，轻贵乐贱，审迹幽薮，高志确然，独拔群俗。前比征命，盘桓未至，将主者玩习于常，优贤不足，使其难进钦？郡时以礼发遣。"④ 这道诏书，盛赞张楷志节清高，表达了朝廷举用隐逸的诚意，更把张楷连续拒绝任官的责任推到官府一边，为张楷改变初衷而出仕做了足够的铺垫。但是，张楷依然隐居。甚至连最为昏庸的桓、灵二帝，也都懂得以征用隐士来收拾人心，他们先后聘任隐士韦著，就是一个典型的事例⑤。

朝廷尊用隐士影响是极为巨大的，这正如名臣李固上汉顺帝的奏疏所言："陛下拨乱龙飞，初登大位。聘南阳樊英、江夏黄琼、广汉杨厚、会稽贺纯，策书嗟叹，待以大夫之位。是以岩穴幽人，智术之士，弹冠振衣，乐欲为用，四海欣然，归服圣德。"⑥ 当政者固有自己的意图，但这种姿态，却在社会上

①《后汉书》卷八一，《独行传·李业》。
②《后汉书》卷八三，《逸民传·序》。
③《后汉书》卷七九，《儒林传·序》。
④《后汉书》卷三六，《张霸传附张楷传》。
⑤《后汉书》卷二六，《韦彪传附韦义传》。
⑥《后汉书》卷六三，《李固传》。

迅速养成了尊重隐士的社会意识与舆论，而这又构成了东汉隐逸之风历久不衰的动力之一。

第二，士人尊严意识与独立精神的激荡。

士人是否必须做国家政治的附庸？两汉士林中总有人在探讨着这个问题。伴随着老庄之学在两汉之际的复兴，承受着时局混乱的一再冲击，部分士人选择了远离官场以保持人格自尊与精神独立的道路。隐士中最可宝贵的"隐居以求志"的精英，由此而造就。

皇帝对臣民握有生杀予夺之权，但隐士群体的中坚人物，却不肯在皇帝面前低下自己的头颅。严光之拒光武帝，已足以使人领略人格尊严的力量。樊英与汉顺帝的一场论辩，更把隐士不屈从皇权的信念，发挥到了极致。樊英，南阳郡人，博学多能，是著名的隐士。汉顺帝以隆礼聘请，樊英托疾不出，顺帝"乃诏切责郡县，驾载上道。英不得已，到京，称疾不肯起。乃强舆入殿，犹不以礼屈。帝怒，谓英曰：'朕能生君，能杀君；能贵君，能贱君；能富君，能贫君。君何以慢朕命？'英曰：'臣受命于天。生尽其命，天也；死不得其命，亦天也。陛下焉能生臣，焉能杀臣！臣见暴君如仇雠，立其朝犹不肯，可得而贵乎？虽在布衣之列，环堵之中，宴然自得，不易万乘之尊，又可得而贱乎？陛下焉能贵臣，焉能贱臣！臣非礼之禄，虽万锺不受；若申其志，虽箪食不厌也。陛下焉能富臣，焉能贫臣！'帝不能屈。"[1] 樊英之论的精彩之处，在于把皇帝恃以笼络士人的功利之具全部宣布为无效。生死、贵贱、贫富，这些常人不得不考虑的人生关键，樊英一概视之为与君主无关，这就把"富贵有命、生死在天"的命题，给予了全新的解释，从根本上把士人与皇帝的人格和能量，置于同一水平线上。士人一旦戡破生死利禄一关，君主就丧失了凌驾于其上的资格。"臣见暴君如仇雠"的宣言，能回响在汉家朝廷之上，即是隐士文化的一大贡献。政治权力无法完全征服人的尊严，这是一个极好的例证。

在当政者的赫赫权势面前，有的隐士为了坚守自己的志操，甚至需要付出生命的代价，但他们宁可选择死亡，也不愿与当政者合作，前引李业等人的遭际，就很能说明问题。东汉末年，上邽人姜歧，"守道隐居，名闻西州"。时任

---

① 《后汉书》卷八二上，《方术传·樊英》。

汉阳太守的桥玄召以为吏，姜歧称疾不就。桥玄一怒之下，竟然派督邮尹益前往强制："歧若不至，趣嫁其母"，尹益对这种违背人性的举动极力劝阻，桥玄却不愿收回成命，无奈之下，只好劝说姜歧应命做官，姜歧却"坚卧不起"。若非郡内士大夫反复苦谏，真不知桥玄能做出何等耸人听闻之事①。姜歧不顾一切后果的抗争，捍卫的就是坚持自己选择处世方式的一种权力。

对隐士渴求独立与自由的精神，从理论上给予论证的，是东汉后期的两位政论家王符和仲长统。王符终身不仕，却对现实政治给予很多关注和批判。他冷眼旁观这个走向末路的社会，把自己一生的心血，化作一部《潜夫论》。潜夫，就是隐士；其所论，多为治国安民的根本大计，这与后世所谓"位卑未敢忘忧国"的精神是息息相通的。那么，他又是如何评价隐逸的价值呢？他在《潜叹》、《贤难》、《交际》等篇章中，多次讲到"郊野之贤"、"山谷隐士"，歌颂他们道德高尚、正直能干，但却受到势族的压抑，无法为国家贡献聪明才智；他们过着贫困的生活，甚至还要忍受势利小人与庸人的讥笑。他对隐士的社会遭遇大鸣其不平，实际上是把隐士众多作为指斥社会黑暗的一种标记。那么，隐士面对这样的角色错位和遭受的排斥，又是一种何等的心态？他一方面坦承，"处子不能与官人竞"，即在世俗功利方面，隐士处于弱势地位，无法与达官富豪去争一时高低；另一方面他又态度从容地指出，从享有人生的尊严和独立的人格来考量，隐士无疑是活得最有价值的人。他对那些为了博得官禄而出入于"秉权之门"、"事富贵如奴仆"②的市井小人和士林败类嗤之以鼻，认为他们尽管可以升官发财，却只能制造社会黑暗，祸国殃民。即便给王符重新选择人生道路的机会，他也只能甘心于做贫困之中的"贞士"，纵然"采薇、冻馁、伏死岩穴之中"③，也不去卑躬屈膝地结交权豪之门。正所谓"清者自高"，这种浩然正气是利禄之徒无法理解的。仲长统尽管有一段短暂的仕宦生涯，但从心态上他与隐士是完全相通的。他的放言高论，无愧"狂生"之号。他也曾有过"达则兼济天下"的抱负，所以在其所著《昌言》中，曾批评某些隐士的求名为"虚伪"，甚至指斥"高洁"纵然可贵，但轻易抛弃社会责任，

---

① 《后汉书》卷五一，《桥玄传》。
② 《潜夫论·交际》。
③ 《潜夫论·本政》。

则不能称之为合乎"中道"。可见他有着慷慨激昂的血性冲动。但黑暗的社会现实使仲长统很快意识到，一介书生在社会大潮前的无奈，既无法按照"修身齐家治国平天下"的儒家信念去实现自己的追求，仲长统的思想转向了渴望出世和超脱。在他看来，这并非简单的逃遁，而是一种更高层次的精神生活。所以，"每州郡命召，辄称疾不就。常以为凡游帝王者，欲以立身扬名耳，而名不常存，人生易灭"，他已经看透了名利的虚幻。他把对新生活的追求一吐为快："蹰躇畦苑，游戏平林，濯清水，追凉风，钓游鲤，弋高鸿。讽于舞雩之下，咏归高堂之上。安神闺房，思老氏之玄虚；呼吸精和，求至人之仿佛。与达者数子，论道讲书，俯仰二仪，错综人物。弹《南风》之雅操，发清商之妙曲。消摇一世之上，睥睨天地之间。不受当时之责，永保性命之期。如是，则可以陵霄汉，出宇宙之外矣。岂羡夫入帝王之门哉！"① 仲长统蔑视世俗权贵，把保持心灵的自由与高贵视为人生第一要义，这不仅是对隐士的赞颂，而且开玄学之先河。经学的藩篱对士人精神的束缚，已被冲破。

隐士之所以高标志节，是因为看透了统治者的昏庸腐败，自己即便是入仕做官，也无法实现自己的抱负，改变现实政治。汉桓帝时的安阳隐士魏桓，多次谢绝征召，乡人纷纷劝他应征，魏桓尖锐地发问："夫干禄求进，所以行其志也。今后宫千数，其可损乎？厩马万匹，其可减乎？左右悉权豪，其可去乎？"乡人皆答曰："不可。"魏桓感叹地说："使桓生行死归，于诸子何有哉！"遂隐身不出②。从这个意义上说来，隐士的存在，不仅是给士人提供了活动于体制之外的生活空间，还是对社会政治的有力批判。明白了这一层关系，就可以理解，歌功颂德派，为什么会把"野无遗贤"作为颂扬朝政的谀词。

第三，重名之风的刺激。

重视名节，本来就是士人应有的人格。东汉士林于此尤甚。为了在社会上博取好名声，有的士人甚至不惜采取偏激的手段。而隐逸不仕，正是博取清高之誉的有效途径，这也就难怪东汉的隐士为数众多了。

赵壹即是求名有术的士人代表。他所作的《刺世疾邪赋》，就是对东汉黑暗政治与不良风俗的深刻批判，"文籍虽满腹，不如一囊钱"的控诉，表达了

---

① 《后汉书》卷四九，《仲长统传》。
② 《后汉书》卷五三，《周黄徐姜申屠传·序》。

士人迫于富贵压力下的反抗心态。他曾被举为上计吏到京师。当时，司徒袁逢接受各郡上计，各郡上计吏数百人皆拜伏庭中，莫敢仰视，惟独赵壹行平辈之礼长揖而已。袁逢令左右责其无礼，赵壹从容作答，诱使袁逢以礼相待。在面议世事之后，袁逢赞扬赵壹"朝臣莫有过之者"。随后，赵壹又主动前往拜访河南尹羊陟，羊陟却不肯相见。赵壹认定在公卿之中除了羊陟之外都不足以为他造就名声，就每日登门求见。羊陟不胜其烦，勉为其难地允许他入内，自己却仍高卧不起。羊陟的冷漠，激起了赵壹的意气相争，他直入卧处，按羊陟已死于床上的设定，放声哭吊，闹得满府混乱。羊陟对这种逸出常规的举动很欣赏，第二天清晨即率大批车骑随从，隆重其事的回访赵壹。二人畅叙终日，极欢而别。羊陟与袁逢共同举荐赵壹，造成了"名动京师，士大夫想望其风采"的局面。在返回本郡途中，他去访问弘农太守皇甫规，因门卫未能及时通报，赵壹转身即走。皇甫规得知赵壹来访未得相见，派专人持书道歉，真诚相邀。赵壹却"遂去不顾"。京师之行，造就了赵壹的名气，此后，"州郡争致礼命，十辟公府，并不就，终于家"①。

对赵壹极表尊敬的皇甫规，本人就是清廉正直的名臣。他从度辽将军任上"解官"回乡之后，一位已离职的雁门太守借同乡关系前来拜访，因此人是靠行贿才谋得太守之职，皇甫规不屑于与之交往，并出言嘲讽。但是，当皇甫规听说著名隐士王符来拜访时，却喜出望外，"素闻符名，乃惊遽而起，衣不及带，屣履出迎，援符手而还"②，极力结交。皇甫规对雁门太守和赵壹、王符的态度，截然不同，形象地说明了，社会主流意识对"贿赂求官"者的鄙视，对讲究节操的隐士的尊重。

隐士求名，也有真假高低之别。扶风人法真，学通内外，号为"关西大儒"，终身不仕，慕名而来求学者数百人。同郡人称赞他："处士法真，体兼四业，学穷典奥，隐居恬泊，乐以忘忧。"汉顺帝闻其高名，"虚心欲致，前后四征。"法真仍深自隐绝。其友人郭正称赞他："法真名可得闻，身难得而见，逃名而名我随，避名而名我追，可谓百世之师者矣!"③ 法真代表的是真正清洁

---

① 《后汉书》卷八〇下，《文苑传·赵壹》。
② 《后汉书》卷四九，《王符传》。
③ 《后汉书》卷八三，《逸民传·法真》。

自高的隐士，他并不刻意求名，但社会舆论却给他充分的肯定。这样的清誉，是确实具有积极意义的。问题在于，归隐一旦成为一种社会风尚，成为可以求名的一条途径，也就难免泥沙俱下，鱼龙混杂。于是，在汉代历史上出现了部分借隐逸以求高名，最终目的却在于博取高官厚禄的人。所谓身在山林，心望宫阙。这些人的处世方式，有其虚伪性，他们的人格与精神境界，和真正的隐士相比，有相当大的差距，故后世论史者，大多对他们给以嘲讽和批评。然而，平心而论，追求清誉佳名，即便是有虚伪之嫌，也并非大奸大恶，终比那些罔顾社会舆论，公然攀附权贵、公开要官求官的人，要好得多。部分由隐居而入仕的人，或许并无多大的政绩，甚至使人失望，但他们曾经有过的隐居生活，却是在向世人显示淡泊情怀、高洁胸襟，这对于反衬官场的黑暗、抑制士林浮华气息、改善民风，都有其积极意义。所以，东汉统治者经常地征召著名隐士做官，固然有其刻意利用的一面，但这种做法自身所体现的人格评判标准，无疑是值得肯定的。隐士所居的山林岩穴，成了朝廷选官的储才之地，无论是对于国家，还是对于社会，都未尝不是一件好事。

五、崇拜皇权与保存自我的两难选择

生活在专制政体不断强化过程中的秦汉士人，其中多数从心态到人生道路的选择，都往往充满着矛盾：他们是皇权至上的拥护者和崇拜者，同时他们又对战国百家争鸣时代士人的生活环境，充满了仰慕，希望有一个自由地研究学术、发表政见的空间；他们希望自己融入统治体制之内，同时憧憬着保留自己人格的独立；他们不愿意做"曲学以阿世"的附庸，他们也不想过清贫艰苦的隐居生活。他们在变幻莫测的仕宦途中，在崇拜皇权的同时，努力探求着保存自我心灵与自我发展的多种可能。在威严赫赫的皇权面前，他们的选择虽然难免尴尬和软弱，却应得到后人的同情和敬意。

（一）以道立身，以正制君

这是一种较高的境界。此类士人在现实政治秩序中，承认君主高居于天下臣民之上的至尊地位，同时又设计出一种高出于君主之上的名分，意图对现实生活中的在位皇帝，实施某种影响和制约。这种由士人所构想的名分，主要是两种，一是国家整体利益，二是天意。

国家整体利益为重、君主个人意志为轻的思想，在战国时代孟子的著名论述"民为贵，君为轻，社稷次之"中，已经表达得很清楚。社稷，指代的就是国家安危和整体利益。当着君主的个人的言行，被认为有悖于国家利益时，士人就可以堂堂正正地谏诤批评。如，刘邦要改立太子时，士人代表人物叔孙通，就一改其在君主面前唯诺顺从的态度，坚决抗争："陛下必欲废嫡而立少，臣愿先伏诛，以颈血污地。"他之所以如此气盛，是因为"太子天下本，本一摇天下震动，奈何以天下戏！"① 又如，东汉光武帝废立太子之后，为新太子（即汉明帝）选立太傅，本欲拜阴皇后之兄阴识担此重任，博士张佚立即义正词严地批评："今陛下立太子，为阴氏乎？为天下乎？即为阴氏，则阴侯可；为天下，则固宜用天下之贤才！"② 当着士大夫打出"天下"的旗帜，与皇帝的个人意志相抗衡的时候，皇帝总是为之气短，作出让步也在情理之中。

董仲舒更把这种信念发展成为"正君论"："为人君者，正心以正朝廷，正朝廷以正百官，正百官以正万民，正万民以正四方。四方正，远近莫敢不一于正，而无有邪气奸其间者。"③ 董仲舒在给以皇帝以人间至尊地位的同时，也给以他最重的责任：君主本人是否"正"，将成为影响天下安危的根本原因。士人论史，非常注意区分暴君与明君的界限，残暴的桀纣，圣明的尧舜，总是作为对立的两极，提供给君主做参考坐标的。君主既可为善，也可为恶，关键在于如何自处。如果君主选择走专制独裁的道路，最终必定会被他的臣民所抛弃。所以，董仲舒告诫君主："天之生民非为王也，而天立王以为民也。故其德足以安乐民者，天予之；其恶足以贼害民者，天夺之。"④ 这样的"正君论"，无疑是在专制制度已经确立之后，士大夫可用以与皇权抗衡的思想武器。令人深思的是，皇帝欣赏并强调了董仲舒言论中有益于君权至尊的片断，却冷漠了"正君论"的积极作用；而士大夫则坚决地用"耻君不及尧舜"的姿态，

① 《汉书》卷四三，《叔孙通传》。
② 《后汉书》卷三七，《桓荣传》。
③ 《汉书》卷五六，《董仲舒传》。
④ 《春秋繁露·尧舜不擅移汤武不专杀》。

坚持用明君、王道的价值观念，来检讨现实生活中的君主言行，对之进行批评和谏正。

当汉武帝空谈推行王道之时，鲠直的汲黯立即公开反驳："陛下内多欲而外施仁义，奈何欲效唐虞之治乎！"群臣或批评汲黯不该如此冲撞皇帝，汲黯坦然回答："天子置公卿辅弼之臣，宁令从谀承意，陷主于不义乎？且已在其位，纵爱身，奈辱朝廷何！"① 一派正气，全出自于朝廷为重的信念。

置天意于皇帝之上，可称得上是董仲舒等汉代士人的苦心孤诣之作。董仲舒的"天人感应"说所蕴含的制约皇帝独裁的主观努力，自清末学者皮锡瑞以来，屡屡有人论及。当代海外学者韦政通所言，堪称公允。他指出，董仲舒所论及的问题，"还有比抗议或批评更深一层的思考，他想到如何限制君权的问题，这是根绝专制弊害最为重要的一个问题。先秦儒家还没有遭遇到这个问题，根据内圣外王的一套理论，他们只是从理想的观念，设想一国之君，应经由内圣的功夫而成为一个圣君，仲舒深知完全依赖这种设想来对付'独制于天下而无所制'的专制君主，是不切实际的，所以提出以天的权威来限制君的意志的一套'天人相与'的灾异理论"②。其实，只要看一下汉代士人对这一理论的运用，就足以明了它的积极意义之所在。西汉后期的鲍宣，是以敢于直谏而闻名的士人大代表人物，他给哀帝上谏书，称："大下乃皇天之天下也，陛下上为皇天子"，职责在于"为天牧养元元"，没有权力随意行事，"治天下者当用天下之心为心，不得自专快意而已也。"③ 鲍宣此论，恰恰是把"正君论"与"天意论"融为一体，论证了君主自我抑制权势欲的重要性和必要性。若在位帝王但凡能听得进这些士人的诚心论政之语，总不致于在专制独裁的道路上走得过远。

全力信仰和实践"正君论"与"天意论"，甚至不惜以生命来证明自己的真诚，当推盖宽饶为其杰出代表。盖宽饶以明经为郡文学，举孝廉为郎，累迁至司隶校尉，"刺举无所回避……公卿贵戚及郡国吏徭使至长安，皆恐惧莫敢犯禁，京师为清"。盖宽饶为人刚直高节，屡屡上疏谏诤，触犯皇帝尊严。汉

---

① 《史记》卷一二〇，《汲黯传》。
② 韦政通：《董仲舒》，219 页，台北，东大图书公司，1986。
③ 《汉书》卷七二，《鲍宣传》。

宣帝"以其儒者，优容之"。但当盖宽饶对宣帝的施政风格从根本上给予批评之时，汉宣帝就无法容忍了。宣帝治国，偏重于刑法，又信任宦官，这与盖宽饶所信奉的儒家理念是不相容的。他上奏切谏："方今圣道浸废，儒术不行，以刑余为周召，以法律为《诗》、《书》。"特别是盖宽饶又引用了《韩氏易传》的古训："五帝官天下，三王家天下，家以传子，官以传贤，若四时之运，功成者去，不得其人则不居其位。"本来，社稷无常奉，君臣无常位，惟有德者居之，在春秋战国时代是一种政治常识。盖宽饶的本意，是在提醒汉家朝廷，如果不以王道治国，就会面临政权易手的危险。此论一出，却触犯了"家天下"专制君主的忌讳，汉宣帝指斥盖宽饶"怨谤终不改"，令群臣议其罪。有人顺承旨意，扩大事态，诬指盖宽饶意在自求禅让，定罪名为"大逆不道"。只有谏大夫郑昌上书为盖宽饶讼冤："司隶校尉宽饶居不求安，食不求饱，进有忧国之心，退有死节之义。"汉宣帝却不加采纳。盖宽饶在绝望之下，在朝廷北阙之下引佩刀自杀①。

盖宽饶的悲剧说明，在专制制度下，士人出于对儒家"王道"政治理论的信仰，为了谋求国家的长治久安，对皇帝个人的失政行为给予批评谏诤，尽管用心良苦，但如果所言过于激切，也会导致杀身之祸。所谓"伴君如伴虎"，信为不诬。

（二）以术存身，以智导君

这是一种聪明和务实的选择。此类士人，在对朝政表示某种批评之时，非常理智地避免以个人的名义出现，力求达到既能为政治改良贡献力量，又能保证自身的安全。他们在官场上活动的特点，智术多于正气。他们所采用的方式，主要为两种：一是借"阴阳五行"、"灾异祥瑞"学说为进谏皇帝的理论；二是依投某一权贵人物为靠山，获得放言高论的庇护。

"阴阳五行"、"灾异祥瑞"之说，从其根本而言，与"天意论"属于同一范畴，都具有强烈的神秘色彩，只是它在秦汉时期流行更为广泛，在朝野上下有更多的信奉者。从秦始皇采邹衍"五德终始"之说，自定秦为"水德"开

---

① 《汉书》卷七七，《盖宽饶传》。

始，经过汉初济南伏生以五行学说解释《尚书》，特别是董仲舒的极力论证，它已经确立了主流意识形态的地位。再加上京房、刘向、谷永等人的成功运用，它几乎笼罩了整个社会。

从理论对社会现实的互动考察，阴阳灾异之说从其创立开始，就具备给皇帝划定责任范围的价值。甚至可以说，它的主旨在于约束君主，使之不敢肆意妄为。因为一切与常规、时令不合的事物，皆可指为阴阳不合、灾异示警的体现，而每当此时，士人们就把出现这些反常现象的原因，归咎为皇帝的私德有缺，或是国家政事有失，这也就成了进谏的最好时机。汉代的皇帝甚至还会主动地就天变、灾异下诏征求直言极谏，用语不乏诚恳。即使昏庸如汉成帝也多次因灾变而下诏求言，如鸿嘉二年的诏书称：“朕承鸿业十有余年，数遭水旱疾疫之灾，黎民屡困于饥寒，而望礼义之兴，岂不难哉！朕既无以率道，帝王之道日以陵夷，意乃招贤选士之路郁滞而不通与，将举者未得其人也？其举敦厚有行义能直言者，冀闻切言嘉谋，匡朕之不逮。”① 御臣严苛的汉明帝，也曾在永平年间，三次因日食下诏求谏，要求群臣上书陈事“极言无讳”。这就赋予了士大夫以规谏君主的义务。在这种背景之下，士大夫所言即便有过激之嫌，一般也能得到君主的宽容。这样的事例，不胜枚举。

值得注意的是，因灾异而上书直谏的方式，并不能完全避免来自君主的迫害。如西汉最精通灾变之说的易学家京房，对汉元帝信任宦官首领石显、导致朝政日非的局面，痛心疾首，曾当面诘问元帝：“今陛下即位以来，日月失明，星辰逆行，山崩泉涌，地震石陨，夏霜冬雷，春凋秋荣，陨霜不杀，水旱螟虫，民人疾疫，盗贼不禁，刑人满市，《春秋》所记灾异尽备。陛下视今为治邪，乱邪？”元帝也只好据实回答：“亦极乱耳，尚何道！”京房还曾提出过“考功法”，意在改善吏治混乱的现状。这是一位志在救世的仁人志士，但最后却被宦官恶势力所计算，把京房所论灾异之事，说成为“诽谤政治，归恶天子，诖误诸侯王”，竟处以死刑②。又如，东汉顺帝时，还曾闹出了一场耸动朝野的大案。清河人赵腾借灾变上书，“讥刺朝政”，顺帝令有司审查，结果是赵腾被收捕刑讯，供出同党八十余人，“皆以诽谤当伏重法”，幸有司空张皓出

---

① 《汉书》卷一〇，《成帝纪》。
② 《汉书》卷七五，《京房传》。

面保奏："腾等虽干上犯法，所言本欲尽忠正谏。如当诛戮，天下杜口，塞谏诤之源，非所以昭德示后也。"顺帝感其言，才将赵腾减死罪一等，其余同案人被判处二年徒刑①。皇帝威严，足以令人胆战心惊。

这样的悲剧，提醒士人，在维护皇权的同时，还须更巧妙地保存自己。于是，有的士人在向君主进谏时，不再慷慨激昂，而是"点到为止"，当时称之为"微谏"或"讽谏"。臣下义务已经履行，皇帝不愿接纳，也决不多言勉强。这部分士人洒脱起来了，他们不屑于再为统治的长治久安而杀身成仁了。如崇信图谶之学的光武帝，就郊祀之事征询儒师郑兴的意见："吾欲以谶断之，何如？"郑兴据实回答："臣不为谶。"光武帝大怒："卿之不为谶，非之邪？"郑兴不像桓谭那般据理力争，而是诚惶诚恐地为自己打圆场："臣于书，有所未学，而无所非也。"光武帝的怒火才得以平息②。

更有部分士人，为了确保自己的尽忠尽言，不致于有生命之虑、后顾之忧，他们宁可寻求一位有实力的重臣为保护者。西汉成帝时期，政论家谷永，依附辅政大臣王凤、王音，得以尽展其学识，对朝政提出尖锐的批评，就是最好的典型。汉成帝多失德，王太后和辅政的外戚王氏，也深感不便于多所进言，"故推永等使因天变而切谏，劝上纳用之。永自知有内应，展意无所依违"。他曾上书称成帝喜爱酒色、生活奢侈无度，兼有秦朝亡国的一切过恶。成帝在一怒之下，下令逮捕谷永，大司马卫将军王商紧急示警，谷永方才逃脱牢狱之灾。为此，谷永落了一个"党附王氏"的恶名，但他从来未曾利用他和王氏的密切关系，谋求个人利益，而只是把想说的话，尽情诉说出来，完成了他勇于谏诤的追求。他甚至公开宣称："去无道，开有德，不私一姓，明天下乃天下之天下，非一人之天下也。"③ 这样的言论，出现于战国纷争之时，已足珍贵，而在汉代专制统治已成铁律的状态下，它的出现，几乎是一种奇迹。

以上分析，使我们看到，生存在官僚体制之内的汉代士人，是如何艰难而顽强地寻求着他们与皇权之间的恰当位置。但凡有一丝可能，他们就会努力实

①《后汉书》卷五六，《张皓传》。
②《后汉书》卷三六，《郑兴传》。
③《汉书》卷八五，《谷永传》，并参见孙家洲：《谷永政论及其"党附王氏"平议》，载《贵州社会科学》，1996 年第 6 期。

践济世安民的理想抱负。当着皇帝专制发展到令他们无法容忍之时，他们最后只能选择退出官场、归隐山林的出路。随着知识精英被迫脱离朝廷，政局只能趋向黑暗和动荡。"党锢"之后的东汉政权，丧失生机而陷入土崩瓦解，就是典型的历史见证。

当然，士人退出政坛，却无法退出社会。不论他们走向民间，还是隐于山林，都在继续发挥着传承文化的作用。这正如海外学者陈启云所论："士大夫凭其知识、教育、政治、经验、社会经济力量，在党锢压迫下，以坚毅不拔的精神，深入民间，结合宗亲乡党以至贫民，在汉帝国灭亡前，形成了中下基层的力量。后来上层帝国崩溃，基层汉族文化社会却能保存延续下去。"[1] 作为社会文化的中坚力量，士大夫可以超脱于政权更迭的动荡之上，这恐怕也是中国古代文明蔓延不绝的内在原因之一。

---

① 参见陈启云：《关于东汉史的几个问题》，见《燕园论学集》，140 页，北京大学出版社，1984。

第十章
社会风俗文化现象

          秦汉时期，由于大一统政治局势的基本稳定，致使社会风俗文化在承袭先秦时期东西南北中各地优秀风俗的基础上，逐渐在发展演变中趋于统一并定型。这多源归一的时代特征，主要体现在家庭结构与妇女地位、游侠气质与复仇之风、丧葬习俗及其文化背景、服饰饮食与时代风貌、建筑风格与社会时尚等诸多层面的变化之上。较之先秦时期，秦汉社会风俗文化不仅是一派时移俗易的新风貌，而且对后世产生了深刻而广泛的重大影响，表明文化传承中的交融与联绵不断的复杂性。因此，对之予以简略的勾勒，既有助于了解秦汉社会风俗文化，也对人们掌握传统文化的要素有所裨益。

一、家庭结构与妇女地位

（一）家庭的基本结构

秦汉时期，各个家庭因人口多少、社会地位高低、财产富寡等多种原因，其形态真可谓千姿百态、种类繁多。但就其主要特征而言，大致可分为三类：一是皇室与拥有封邑的贵族家庭，二是官僚士大夫与豪强地主家庭，三是大量的庶民家庭。

在中国古代，历代帝王都以"四海为家"、"天下一家"的家长制君临天下。西周时期，"溥天之下，莫非王土；率土之滨，莫非王臣"①。其特点是政治制度与宗法制度相结合，以父系家长制下的嫡长子继承制作为权利的分配准则，周天子为天下大宗，诸侯、卿大夫、士又各为本支的大宗。而作为庶子的诸侯以下的各级封君对其上级的宗子（嫡长子）而言为小宗。自天子至士的各级贵族将自己直辖以外的一部分土地与庶民分封给自己的庶子，使占有土地、统御民众与宗法制度相结合。这种嫡长子世袭制被称之为世卿世禄制。

战国以后，原有的宗法制与世卿世禄制遭到破坏。然而，直至秦汉时期，根深蒂固的宗法制下的嫡长子继承制在贵族家庭中仍占传统主流地位。皇室之外其他贵族家庭，如两汉的诸侯王、列侯的爵禄传承也大都如此。当然，由于帝王与贵族的各自好恶，或政治斗争需要等复杂原因，嫡庶之争常常以流血的方式而进行。如胡亥在赵高的唆使下，迫使其兄长扶苏自杀，自立为秦二世。又如汉武帝末年，皇太子刘据因"巫蛊之祸"而兵败自杀，久之，有人讼太子冤，武帝乃族灭始治巫蛊事的江充，作"思子宫"、"归来望思之台"哀思之。或是采取较为缓和的方式部分均衡嫡庶利益。如汉武帝为加强中央集权，曾颁行"推恩令"，让诸侯王在嫡子继承王位和部分土地外，分封其他庶子为列侯，从此封国剖分为若干小邑，实力遭到不断的削弱。可见贵族家族的权力分配时常被政治斗争左右，其家庭结构的变化更多反映的是政治局势变化的信息。

---

① 《诗经·小雅·北山》。

秦汉皇室沿袭战国之制，在国家财政之外，又置少府作为皇室的私府，掌管皇室手工业与"山海池泽之税"，以供皇室之用。然而，少府所供给的财富常常无法满足皇室之需求，于少府之外另置私产，成为某些皇帝乐此不倦之事。谷永就曾指斥汉成帝曰："崇聚票轻无谊之人，以为私客；置私田于民间，畜私奴车马于北宫……昔虢公为无道，有神降曰'赐尔土田'，言将以庶人受土田也。诸侯梦得土田，为失国祥，而况王者畜私田财物，为庶人之事乎！"①

秦汉时期的官僚士大夫与豪强地主家庭，其社会地位虽不如皇室与封君之家，但较之一般平民百姓之家仍有其独特之处。他们利用其社会地位，可以攫取较多的社会财富。虽然不乏有居官清廉，不与民争利的官僚士大夫，但也有如《史记》卷五三《萧相国世家》所载，汉初名相萧何曾"贱强买民田宅数千万"，导致百姓遮拦汉高祖路上书鸣冤。即使萧何此举有避嫌自污之意，也能说明官僚士大夫家庭有利用其特权聚敛财富的便利。至于武帝时曾任太仆的灌夫，"诸所与交通，无非豪桀大猾。家累数千万，食客日数十百人。波池田园，宗族宾客为权利，横颍川。颍川儿歌之曰：'颍水清，灌氏宁；颍水浊，灌氏族。'"② 一个已被免官而闲居长安的官僚尚且如此，而其他在位者就更不待言。至于豪强地主家庭，虽然不像官僚士大夫阶层那样有可以凭借的权势，但可以借助雄厚的财力及与地方官府沟通，不断地扩充势力范围，聚敛可观财富。如汉宣帝时，南阳新野人阴子方"暴至巨富，田有七百余顷，舆马仆隶比于邦君"③。当然，也有不少富商豪强家族通过各种方式的经营而致富，如司马迁引韩非语曰："长袖善舞，多钱善贾。"又曰："今有无秩禄之奉，爵邑之入，而乐与之比者，命曰'素封'。……衣食之欲，恣所好美矣。故曰陆地牧马二百蹄，牛蹄角千，千足羊，泽中千足彘，水居千石鱼陂，山居千章之材。安邑千树枣；燕、秦千树栗；蜀、汉、江陵千树橘；淮北、常山已南，河济之间千树萩；陈、夏千亩漆；齐、鲁千亩桑麻；渭川千亩竹；及名国万家之城，带郭千亩亩钟之田，若千亩卮茜，千畦姜韭：此其人皆与千户侯等。"④ 东汉

---

① 《汉书》卷二七中之上，《五行志中之上》。
② 《汉书》卷五二，《灌夫传》。
③ 《后汉书》卷三二，《阴识列传》。
④ 《史记》卷一二九，《货殖列传》。

时期，这种情况更有所发展，正如时人仲长统所言："井田之变，豪人货殖，馆舍布于州郡，田亩连于方国。身无半通青纶之命，而窃三辰龙章之服；不为编户一伍之长，而有千室名邑之役。荣乐过于封君，势力侔于守令。"①

至于大量的庶民家庭，自商鞅变法以来，形成了如《汉书》卷二四《食货志》引李悝所云的"五口之家"的格局。这种以一夫一妻为核心的庶民家庭结构，与皇室和官僚贵族、巨富豪强普遍为一夫多妻的家庭结构显然有许多不同之处。当然，就绝大多数庶民家庭而言，所谓五口之数并不是绝对的②。这些五口庶民之家，是封建国家赋税徭役的主要承担者与社会财富的积累者。他们常年胼手胝足辛勤劳作，也很难改变其卑微的社会地位与艰难的生活状况，诚如晁错所言："今农夫五口之家，其服役者不下二人，其能耕者不过百亩，百亩之收不过百石。春耕夏耘，秋获冬藏，伐薪樵，治官府，给徭役；春不得避风尘，夏不得避暑热，秋不得避阴雨，冬不得避寒冻，四时之间亡日休息；又私自送往迎来，吊死问疾，养孤长幼在其中。勤苦如此，尚复被水旱之灾，急政暴赋，赋敛不时，朝令而暮改。当具有者半贾而卖，亡者取倍称之息，于是有卖田宅鬻子孙以偿责者矣。"③晁错所论，正是汉初文景盛世之事，庶民家庭境况尚且如此，更遑论武帝以后土地兼并加剧，社会动荡不安，庶民社会经济地位每况愈下之时。特别是东汉中期以后，随着地主庄园经济的发展，庶民家庭大多破产，或成为豪强地主的依附农，或被迫走上举家逃亡之路。正如仲长统所言："汉兴以来，相与同为编户齐民，而以财力相君长者，世无数焉。而清絜之士，徒自苦于茨棘之间，无所益损于风俗也。豪人之室，连栋数百，膏田满野，奴婢千群，徒附万计。"④

在婚姻形态方面，秦汉时已经改变先秦时期所谓礼制"男子三十而娶，女

① 《后汉书》卷四九，《仲长统列传》。
② 西汉时期一般每户平均口数接近 5 人，但在一些边郡地区少于此平均数；东汉时期一般每户平均口数 5 人，但有些州郡国每户平均口数多于 6 人，或少于 4 人。详见梁方仲：《中国历代户口、田地、田赋统计》，甲表三《前汉各州郡国户口数及每平均户数和每户平均口数》及甲表七《后汉各州郡国户口数及每平均户数和每户平均口数》，14、22 页，上海人民出版社，1980。
③ 《汉书》卷二四上，《食货志上》。
④ 《后汉书》卷四九，《仲长统列传》，北京，中华书局，1965。

子二十而嫁"的规定①，婚龄普遍有提前的趋势。在汉代官方的正式文书中，男女婚龄起始于十五岁②。据杨树达先生统计，汉代男子有十五六岁而娶的，女子有十三四岁而嫁的③。皇室之家与一般的家庭不同，出于政治之因素，早婚之现象尤为突出，如汉昭帝八岁即位，立上官安六岁女儿为后；汉平帝九岁即位，立王莽九岁之女为后；汉灵帝、汉献帝都是十五岁而立后。达官贵人也存在早婚现象，如班固妹妹班昭十四岁便嫁与曹世叔为妻。就一般平民百姓来说，政府出于增殖人口、税赋等因素，对早婚持鼓励之态度，如《汉书》卷二《惠帝纪》载六年诏令曰："女子年十五以上至三十不嫁，五算。"当然这是就一般情况而言，实际上婚龄还受到家庭经济状况、社会动荡等多种因素的影响，情况较为复杂，不可一概而论。

（二）妇女的地位

秦汉时期虽然仍处于夫权制的家庭专制的状态之下，提出了所谓"三纲五常"的伦理学说。但是，由于秦汉时期处在一种崇尚个体人权开放时代，加之各地风俗文化还处在多元发展与交融阶段，多种文化因素初步形成的时代，儒学礼制尚未能规范所有的社会层面，"夫为妻纲"的性别统治格局也还没有定型，于是存在"妇人尊贵"的现象。妇女的作用，妇女的权利保障，与其他若干历史时期比较，在某些方面有明显的不同。秦代的历史资料有限，我们可以重点述论汉代的情形。

说到汉代的女权，可能有人首先会想到曾经家喻户晓的吕后专政故事。吕后多谋而果断，汉并天下后，曾经努力协助刘邦翦除异姓诸侯王。她处死韩信，力促刘邦夷灭彭越宗族。汉惠帝死后，吕后临朝称制八年，擅权用事。其

---

① 《白虎通义·嫁娶篇》。是书虽为东汉班固所著，但"男子三十而娶，女子二十而嫁"的礼制源于先秦古制，参见《周礼》、《左传》、《礼记》等。不过，关于婚龄的争议在先秦时代也是聚讼不已，《墨子》、《韩非子》就主张男子二十而娶，女子十五而嫁。可见礼制之规定与社会现实之间常常存在巨大的差异。其婚龄实际情况，或如吕思勉先生所言："婚年之蚤晚，以民之财力而异也。"详见吕思勉：《中国制度史》第七章《婚姻》，328～331 页，上海教育出版社，1985。

② 参见彭卫：《汉代婚姻形态》第三章《婚龄构成》，陕西，三秦出版社，1988。

③ 参见杨树达：《汉代婚丧礼俗考》第一章第三节《婚年》，王子今导读本，17～20 页，上海古籍出版社，2000。

实，汉代这种所谓"母党专政"，"权在外家"①的情形屡有发生。例如东汉时期，"多女主临朝，不得不用其父兄子弟，以寄腹心，于是权势太盛"②。这正是外戚势力上升的原因。

汉武帝是武功卓越的帝王，而卫青以皇后卫子夫同母弟的身份被任命为大将军，霍去病以卫子夫姊子的身份被任命为骠骑将军，李广利以汉武帝所宠幸李夫人兄的身份被任命为贰师将军。汉武帝时代的三位名将都由女宠擢升，也是可以反映汉代妇女对政治生活有重要影响的迹象。

世系从母系方面来确定，是远古时代的婚姻关系所决定的。郑樵在《通志·氏族略》中曾经指出，直到三代以后，"姓之字多从女，如姬、姜、嬴、姒、妫、姞、妘、嫚、姞、嫪是也"。其实，在汉代，仍然可以看到承认女系这一古老文化现象的遗存。汉景帝长子刘荣因母为栗姬，于是被称为"栗太子"。汉武帝子刘据立为太子，因其生母为卫皇后卫子夫，又被称为"卫太子"。刘据的儿子刘进，因生母为史良娣，所以又称作"史皇孙"。平阳公主也随母姓，号"孙公主"。汉灵帝的儿子刘协，也就是后来的汉献帝，因为由董太后亲自抚养，称"董侯"。淮南国太子有称为"蓼太子"者，据说"蓼"也是"外家姓"③。这一现象不仅表现在皇族，高祖功臣夏侯婴的曾孙夏侯颇娶了被称为"孙公主"的平阳公主，以致后世"子孙更为孙氏"④。

关于女性祖先"妣"，除了通常"祖妣"的说法而外，也有"妣祖"称谓。也就是说，女性祖先被置于男性祖先之前。"妣祖"之说由来尚早，如《诗·小雅·斯干》："似续妣祖，筑室百堵。"这样的说法在汉代文献中仍然可以看到，例如王粲《太庙颂》："昭大孝，衍妣祖。"《汉书·郊祀志下》记载王莽宣布的礼祀制度，说到"祀天神，祭地祇，祀四望，祭山川，享先妣先祖"。按照颜师古的解释，这是《周礼·春官》规定的"大司乐"的职能，先妣是指周人始祖姜嫄，先祖是指周部族的早期领袖先王先公。《周礼·春官·大司乐》中"享先妣"在"享先祖"之先。汉代学者郑玄的解释，确实是"先妣，姜嫄

---

① 《汉书》卷三十六，《刘向传》。
② 赵翼：《廿二史劄记》卷三，"两汉外戚之祸"。
③ 《汉书》卷四五，《伍被传》。
④ 《汉书》卷四一，《夏侯婴传》。

也"，"先祖谓先王先公"。传说周人世系最早始于姜嫄踩了巨人的脚印于是怀孕而生后稷①，以此来解释"享先妣"先于"享先祖"现象的说法，当然是可以成立的，但是王粲"衍妣祖"之说却与周人祭祀秩序没有直接关系。可能对于汉代一般人来说，"先妣"较"先祖"占据着更尊贵的地位，在祭祀礼俗中也应当更为优先的意识依然存在。

明代史学家张燧曾经著《千百年眼》一书，作纵横千百年的历史评论。这部书的卷四有"汉高祖尊母不尊父"条，说汉高祖刘邦即皇帝位后，先封吕雉为皇后，封子为皇太子，又追封其母曰昭灵夫人，但是当时太公却"遗而不封"，张燧以为"不可解"。张燧对刘邦先封其母却遗忘其父大为惊异，却没有说明其中的原因。其实，能够指出"尊母不尊父"这一现象，已经是重要的历史文化发现了。

汉代还多有妇女封侯，得以拥有爵位和封邑的情形。例如，汉高祖刘邦封兄伯妻为阴安侯。吕后当政，封萧何夫人为酂侯，樊哙妻吕媭为临光侯。汉文帝时，赐诸侯王女邑各二千户。汉武帝也曾经尊王皇后母臧儿为平原君，王皇后前夫金氏女为脩成君，赐以汤沐邑。汉宣帝赐外祖母号为博平君，以博平、蠡吾两县户万一千为汤沐邑。王莽母赐号为功显君。王莽又曾建议封王太后的姊妹王君侠为广恩君，王君力为广惠君，王君弟为广施君，皆食汤沐邑。东汉时期，东海王刘彊临终上疏曾经说道："天恩愍哀，以臣无男之故，处臣三女小国侯，此臣宿昔常计。"② 汉光武帝刘秀的儿子刘彊因为无子，三个女儿都被封为"小国侯"，刘彊以致终生感激。两汉史籍记载女子封侯封君事多至三十余例。

汉代贵族妇女在婚姻关系和家庭生活中占据较高地位，也留下了比较显著的社会历史印痕。《汉书·王吉传》记载，汉宣帝时，王吉曾经上疏评论政治得失，谈到"汉家列侯尚公主，诸侯国则国人承翁主"的情形，他认为："使男事女，夫诎于妇，逆阴阳之位，故多女乱。"将所谓"女乱"即政治生活中

---

① 《史记》卷四，《周本纪》："周后稷，名弃。其母有邰氏女，曰姜原。姜原为帝喾元妃。姜原出野，见巨人迹，心忻然说，欲践之，践之而身动如孕者。居期而生子。"裴骃《集解》引《礼纬》说，周人姓姬，也是因为"祖以履大迹而生"。

② 《后汉书》卷四二，《光武十王列传·东海恭王彊》。

女子专权现象的原因，归结为社会生活中女子尊贵现象的影响。"使男事女，夫诎于妇"的情形在民间也有表现。妇女有较高的社会地位，在有些地区甚至长期成为一种民俗特征。《汉书·地理志下》关于陈国（今河南淮阳附近）地方的民间风习，就有"妇人尊贵"的记述。

汉代妇女对于个人情感生活的体验形式，与后世比较，可能也有值得注意的差异。汉武帝的姑母馆陶公主寡居，宠幸董偃，一时"名称城中，号曰'董君'"。他建议馆陶公主以长门园献汉武帝。汉武帝大悦，在探望馆陶公主时尊称董偃为"主人翁"，相见欢饮，一时"董君贵宠，天下莫不闻"。于是，这种"败男女之化，而乱婚姻之礼，伤王制"的不合礼法的关系经皇帝的承认而得以合法化。据说"是后公主贵人多逾礼制，自董偃始"[①]。汉昭帝的姐姐鄂邑盖公主"内行不修，近幸河间丁外人"。据《汉书·霍光传》，骠骑将军上官桀等甚至依照国家以往"以列侯尚公主"的制度，"欲为外人求封"，遭到拒绝之后，"又为外人求光禄大夫"，丝毫不以为这是一种不光彩的关系。《汉书·胡建传》则称丁外人为"帝姊盖主私夫"。当时上层社会对于这种关系，似乎也没有形成沉重的舆论压力。

汉家公主不讳私夫，天子安之若素，朝野亦司空见惯，贵族重臣甚至上书乞封。皇族妇女的这种行为能够堂而皇之面对社会，是有一定的历史文化背景为条件的。在当时的社会，寡妇再嫁，是自然而合理的事。史书记载的社会上层妇女比较著名的实例，就有薄姬初嫁魏豹，再嫁刘邦；平阳公主初嫁曹时，再嫁卫青；敬武公主初嫁张临，再嫁薛宣；王媪初嫁王更得，再嫁王乃始；许嬺初嫁龙额思侯，再嫁淳于长；汉元帝冯昭仪母初嫁冯昭仪父，再嫁郑翁；臧儿初嫁王仲，再嫁长陵田氏；汉桓帝邓后母初嫁邓香，再嫁梁纪等。

汉光武帝时，帝姊湖阳公主新寡，刘秀与共论群臣，有心微察其意向。公主说："宋公威容德器，群臣莫及。"表示对大司空宋弘德才与仪表的爱慕。刘秀愿意谋求撮合。据《后汉书·宋弘传》，刘秀后来专意接见宋弘，让公主坐在屏风后面，又对宋弘说：都说人尊贵了就会换朋友，富有了就会换妻子，这也是人之常情吧？宋弘则说："臣闻贫贱之知不可忘，糟糠之妻不下堂。"刘秀

---

① 《汉书》卷六五，《东方朔传》。

于是对公主说："事不谐矣。"虽然宋弘拒绝了刘秀的暗示，其事最终"不谐"，但是湖阳公主给人们形成深刻印象的敢于主动追求有妇之夫的行为，可以看作反映当时社会风尚的重要信息。

汉初丞相陈平的妻子，据说在嫁给陈平之前已曾五次守寡。《史记·陈丞相世家》说，"户牖富人有张负，张负女孙五嫁而夫辄死，人莫敢娶。（陈）平欲得之。"城中有人办丧事，陈平"侍丧"，尽心竭力。张负于是产生良好印象，又随陈平至其家，看到家虽穷弊，然而"门外多有长者车辙"。张负对其子张仲曰：我愿意把孙女嫁给陈平。张仲以陈平贫不事，一县中尽笑其所为，表示疑虑。张负坚持道：像陈平这样出色的人怎么能长久贫贱呢？决意成就了这一婚姻。吴景超先生在分析汉代女子再嫁情形时曾经写道："其中嫁人次数最多的，要算陈平娶到的妻子。"他又分析了"这位张女士的历史以及嫁给陈平的经过"。他指出："这个故事，有好几点值得注意。第一，嫁过五次的女子，不厌再嫁。第二，寡妇的尊长，不但不劝寡妇守节，还时时刻刻在那儿替她物色佳婿。第三，嫁过几次的女子，也有男子喜欢她，要娶她。第四，寡妇的父亲，并不以女儿为寡妇，而降低其择婚的标准。此点从张仲的态度中可以看得出来。张负肯把孙女嫁给陈平，并非降低标准，乃是他有知人之明，看清陈平虽然贫困，将来终有发达的一日。"① 钱钟书先生在《管锥编》中于"张负女孙五嫁而夫辄死，人莫敢娶"语后写道："按即《左传》成公二年巫臣论夏姬所谓'是不祥人也！'"就是说，所谓"人莫敢娶"，是因为有"剋夫"的嫌疑②，并非嫌弃她是"嫁过几次的女子"。

汉代寡妇再嫁不受约束、不失体面的风习，至汉末仍然多有史证。正如有的学者所指出的："揭开《三国志》的妃后列传，最令人注目的便是魏、蜀、吴的第一个皇帝，都曾娶过再嫁的寡妇。"③

在婚姻离异时也可以采取主动，同样是汉代妇女的权利。著名的朱买臣故事可以作为例证。《汉书·朱买臣传》说，朱买臣家贫，卖柴为生，常担柴道中，诵书歌讴，"妻羞之，求去"，"买臣不能留，即听去"。后来前妻与其夫家

---

① 吴景超：《西汉寡妇再嫁之俗》，载《清华周刊》第 37 卷，第 9、10 期合刊。
② 钱钟书：《管锥编》第 1 册，302、9 页，北京，中华书局，1979。
③ 董家遵：《中国古代婚姻史研究》，卞恩才整理，258 页，广州，广东人民出版社，1995。

一同上坟，见朱买臣依然饥寒，还曾经"呼饭饮之"。后来朱买臣夫妻离异故事在民间传播，以此为主题的戏曲就有元杂剧《渔樵记》、清传奇《烂柯山》、京剧《马前泼水》等。其实朱买臣富贵后重见前妻事，也并没有覆水难收的情节。"马前泼水"的衍化，其实可能也是后世人未能真正理解汉代人精神风貌的一种反映。

《汉书·张敞传》说，汉宣帝时地位相当于京畿地区最高行政长官的京兆尹张敞，据说"为妇画眉，长安中传张京兆眉忤"。张敞这样的高级官僚亲自为妻子画眉，眉样媚好，一时传闻京中。于是所谓"京兆画眉"、"京兆眉忤"，成为形容夫妻和美的典实。张敞的这一行为被有关部门举奏，皇帝曾经亲自询问，张敞答对巧妙，又因皇帝爱其才能，所以未受责备。看来，"为妇画眉"，作为高官，似乎是不寻常的举动，然而在一般平民中，则可能未必令人惊异。东汉名士樊英患病，妻子派婢女探问，樊英竟起身下床答拜。有人不免诧异，樊英解释说："妻，齐也，共奉祭祀，礼无不答。"① 一个"齐"字，一个"共"字，在某种意义上表现出汉代人在家庭关系中男女平等的意识。

班固在《白虎通·嫁娶》中也曾经强调："妻，齐也，与夫齐体。"陈登原先生《国史旧闻》卷二八指出："汉人虽曰已轻妇女，如曰夫为妻纲，如曰二女为奴，如曰不敢仰视，然尚有不讳再嫁之事，尚有以妻为齐之说。"如果我们借用"妻，齐也"的说法总结汉代妇女在若干方面享有与男子大体相当的权利这一事实，可能也是适宜的。当然，这种权利与现代意义上的"女权"不能同日而语，但是回顾这段历史，对于真切地认识中国古代妇女史的全貌，应当是有益的。

二、游侠气质与复仇之风

（一）秦汉时期的游侠

所谓"游侠"，秦汉时期指壮勇豪放，重义轻死，虽然未必据有权位和财

---

① 《后汉书》卷八二，《方术列传上·樊英》。

富，然而在民间的影响却十分显著的人。荀悦说："立气齐，作威福，结私交，以立强于世者，谓之'游侠'。"① 司马迁《史记》特别为他们立传，又称述其独异于社会其他人等的品格："救人于厄，振人不赡，仁者有乎；不既信②，不倍言，义者有取焉。"③

在秦汉时期，"游侠"曾经进行过引人注目的表演。他们的社会活动和社会影响，为秦汉文化史涂染了鲜丽的色彩。"游侠"是当时社会文化活泼生动的特色的一种人格代表，也是当时时代精神豪迈闳放的风貌的一种人格象征。

司马迁在《游侠列传》中，开篇就引韩非之语说到游侠的文化品格："儒以文乱法，而侠以武犯禁。"二者都受到批评，而社会声誉依然很高。"今游侠，其行虽不轨于正义，然其言必信，其行必果"。为了实践诺言，救人危难，往往奋不顾身。游侠的行为虽然并不遵循传统的社会规范，但是他们的诚信品德与牺牲精神，表现出强有力的文化影响。司马迁注意到游侠的历史绪统的悠远，这种绪统并不凭借经典文献而得以承继，也注意到游侠的社会声誉的广大，这种声誉并不凭借权势地位而得以张扬。司马迁写道：世间"闾巷之侠"，"匹夫之侠"，虽然往往违犯当时法禁，对于社会却并无贪求，因而值得肯定。其名声之远播，群众之追随，不是没有原因的。对于放纵私欲，奴役贫民，欺凌孤弱的行为，游侠其实也是鄙视的。司马迁不满意将游侠与"暴豪之徒"等同的世俗见解，表现出鲜明的情感倾向。

许多学者由此分析司马迁的平民意识。李长之先生指出："游侠根本是社会上的一种下层组织，也就是现在的所谓流氓。可是司马迁十分加以称道。""所谓布衣，所谓乡曲，所谓闾巷，正是指现在的所谓下层社会。你看他一则说'有足多者'，二则说'曷可少哉'，三则说'有足称者'，他的向慕为何如！秦以前的游侠湮灭不见，他便恼恨，汉兴以来的游侠为世俗所不了解，他便悲哀，他的同情又何如！游侠的纪律和信条，他是清楚的，这就是行果诺诚，赴士困危，不怕死，却又不矜伐。而且他们虽有势力，但不聚敛，也不欺弱者。尤其难得的，是他们同样有品德的锻炼，修行砥名，廉洁退让，这是比朝廷中

① 《史记》卷一二四，《游侠列传》裴骃《集解》引荀悦曰。
② 《史记》卷一二四，《游侠列传》裴骃《集解》引徐广曰："一云'不慨信'。"
③ 《史记》卷一三〇，《太史公自序》。

那般伪君子像公孙弘等，高出万万的。所以就是触犯当时刀笔吏的法律，不合乎伪君子的'正义'，司马迁对他们也仍然在原谅着了！"①

其实，游侠不仅是下层社会的群体代表，也是都市特殊的生活环境中的社会存在。游侠的活跃，是秦汉时期特殊的社会风俗文化的表现之一。

游侠的出现，以及表现出非同寻常的社会影响，是以城市经济和城市文化的空前发达为条件的。以《游侠列传》所举列的著名游侠为例，可以看到，秦汉时期游侠活跃的地区，都是经济文化比较先进的中心地区：鲁之朱家；楚之田仲；洛阳之剧孟；济南之瞷氏；陈之周庸；代之诸白；梁之韩无辟；阳翟之薛兄；陕之韩孺；轵之郭解；长安之樊仲子；槐里之赵王孙；长陵之高公子；西河之郭公仲；太原之卤公孺；临淮之儿长卿；东阳之田君孺；南阳之赵调②。

关于剧孟，司马迁说："周人以商贾为资，而剧孟以任侠显诸侯。吴楚反时，条侯为太尉，乘传车将至河南，得剧孟，喜曰：'吴楚举大事而不求孟，吾知其无能为已矣'，天下骚动，宰相得之若得一敌国云。"可见其影响力和号召力之显著。郭解轵人，后徙茂陵，"解入关，关中贤豪知与不知，闻其声，争交欢解"。关中当时是游侠集中的区域。司马迁又说到长安附近踞守四方道路的著名游侠：北道之姚氏；西道之诸杜；南道之仇景；东道之赵他、羽公子。赵他、羽公子，或以为一人③。据司马贞《索隐》引录苏林和如淳的解释，"道"，指京师四出道路。《汉书·游侠传》颜师古注也说："据京师而言，指其东西南北谓也。"

《汉书·游侠传》所说到的未见于《史记·游侠列传》而"名闻州郡"的各地著名游侠，还有：符离之王孟；马领之绣君宾；西河之漕中叔。马领，北地郡治所在。游侠的主要活动区域，在重要城市和重要交通枢纽附近。

《汉书·游侠传》分析西汉前期游侠兴起的情形时说道："及至汉兴，禁网

---

① 李长之：《司马迁之人格与风格》，212～213页，北京，生活·读书·新知三联书店，1984。

②《汉书》卷九二，《游侠传》"周庸"作"周肤"，"薛兄"作"薛况"，"韩孺"作"寒孺"，"樊仲子"作"樊中子"，"郭公仲"作"郭翁仲"，"卤公孺"作"鲁翁孺"，"田君孺"作"陈君孺"。

③ 司马贞《索隐》："旧解以赵他、羽公子为二人，今案：此姓赵，名他羽，字公子也。"

疏阔，未之匡改也。是故代相陈豨从车千乘，而吴濞、淮南皆招宾客以千数。外戚大臣魏其、武安之属竞逐于京师，布衣游侠剧孟、郭解之徒驰骛于闾阎，权行州域，力折公侯。"与司马迁重点记述"布衣游侠"不同，班固将贵族带有侠风的活动与"布衣游侠"事迹一起叙述。可以看到，《史记》和《汉书》"游侠"的涵义似乎存在差别。

这或许不仅说明司马迁与班固个人意趣与历史视角有所不同，也说明在司马迁所处的时代之后，游侠逐渐参与上层政治生活，已经是相当普遍的情形。

按照《汉书·游侠传》的说法，从车、招客、竞逐、驰骛，"游侠"也都是以交往活动作为主要社会活动形式。

虽然说"郡国豪杰处处各有"，"郡国处处有豪杰"，但是游侠活动最为集中的，仍然是以长安为中心的关中地区。《史记·季布栾布列传》说到"著闻关中"、"气盖关中"的著名游侠其威望可以影响"方数千里"，成为"天下所望者"的情形。《汉书·游侠传》记述了长安游侠萬章的事迹："长安炽盛，街闾各有豪侠，章在城西柳市，号曰'城西萬章子夏'。"此外，又有"箭张回①、酒市赵君都、贾子光②，皆长安名豪，报仇怨养刺客者也"。《汉书·游侠传》说到的关中地区"名闻州郡"的著名游侠，还有：长安之楼护；杜陵之陈遵；茂陵之陈涉；霸陵之杜君敖；池阳之韩幼孺。当时，"长安、五陵诸为气节者"形成了影响力极大的社会力量。

张衡《西京赋》中，也用相当浓重的笔墨，说到关中游侠的活动："都邑游侠，张赵之伦，齐志无忌，拟迹田文。轻死重气，结党连群，实蓄有徒，其从如云。茂陵之原，阳陵之朱，𧿶悍虓豁，如虎如貙，睚眦虿芥，尸僵路隅。丞相欲以赎子罪，阳石污而公孙诛。"所谓"都邑游侠，张赵之伦"，《文选》卷二李善注："《汉书》曰：长安宿豪大猾，箭张回、酒市赵放，皆通邪结党。一云：张子罗、赵君都，其长安大侠。"而所谓"茂陵之原，阳陵之朱"，是指著名游侠原涉和朱安世。所谓"丞相欲以赎子罪，阳石污而公孙诛"事，见于《汉书·公孙贺传》。丞相公孙贺子公孙敬声犯罪，当时诏捕阳陵大侠朱安世不能得，汉武帝催促甚急，公孙贺于是自请逐捕朱安世以赎公孙敬声罪，得到准

---

① 颜师古注引服虔曰："作箭者姓张，名回。"
② 颜师古注引服虔曰："酒市中人也。"

许。后来果然捕获朱安世。朱安世听说公孙贺急于追捕是为了赎子之罪，笑道：丞相的灾祸要殃及整个宗族了。他从狱中上书，揭露公孙敬声与阳石公主私通，并且指使人以巫法诅咒汉武帝，在汉武帝经行的甘泉宫驰道埋偶人以为蛊术，用恶言祝诅。有关官署案验，证实了这一罪行，于是公孙贺父子死于狱中，全家被族灭。可见巫蛊之祸起自朱安世。

朱安世从狱中上书，以致"阳石污而公孙诛"的故事，反映了京师游侠介入上层政治生活，并且曾经产生重要影响的历史事实。

《后汉书》没有《游侠传》，但是东汉游侠在社会生活中的影响仍然是显而易见的。

以《三国志》本纪与列传中的人物为例，我们可以看到多有以"任侠"作为人生基点而开始政治军事生涯的。例如：

沛国谯　曹操"少机警，有权数，而任侠放荡，不治产业"。

陇西临洮　董卓"少好侠，尝游羌中，尽与诸豪帅相结"。

东平寿张　张邈"少以侠闻，振穷救急，倾家无爱，士多归之"。

丹杨　陶谦"少孤，始以不羁闻于县中"。

武威祖厉　张绣"招合少年，为邑中豪杰"。

沛国谯　夏侯惇少时"以烈气闻"。

沛国谯　曹仁"少好弓马弋猎，后豪杰并起，仁亦阴结少年，得千余人，周旋淮、泗间"。

江夏平春　李通"以侠闻于江、汝之间"。

陈留己吾　典韦"有志节任侠"。

涿郡涿县　刘备"好交结豪侠，年少争赴之"。

临淮东城　鲁肃"将轻侠少年百余人，南到居巢就（周）瑜"。

巴郡临江　甘宁"少有气力，好游侠，招合轻薄少年，为之渠帅，群聚相随"。

吴郡余杭　凌操"轻侠有胆气"。

会稽山阴　"县吏斯从轻侠为奸"。

与西汉时期相比，侠风远播，西北至于陇西、武威，西南则至于巴郡。而尤其引人注目的，是江东地区丹杨、吴郡、会稽诸郡也普遍流行起"轻侠"之风。

（二）复仇之风的盛行

与游侠风尚相关联的，是两汉时期普遍盛行的"复仇"之风。

所谓"复仇"，主要是指血亲复仇。在远古社会，血亲复仇就已经存在。恩格斯曾指出："同氏族人必须相互援助、保护，特别是在受到外族人伤害时，要帮助报仇。"① 进入文明社会之后，由于宗法制度的形成，宗族内部讲求"亲亲"、"尊尊"之礼法，以孝父、友悌、睦族、亲姻为核心，因此为父母、兄弟、族人、姻亲复仇都具有无可置疑的合理性。而《周礼·调人》又说："君之仇视父，师长之仇视兄弟，主友之仇视从父兄弟。"将血亲复仇的范围扩大到上至君主、下至师友的层面。

秦自商鞅变法后，实行严厉的法家治国政策，严禁民间的复仇行为，以"军功爵"奖励耕战，以及什伍连坐等政策，形成了民怯于私斗、勇于公战的新的社会风尚。但自汉王朝建立之后，对于秦王朝的严刑酷法持批判态度，"过秦"一时间成为社会潮流。因此，汉统治者实行一以贯之的"霸王道杂治"的统治策略：一方面注重以律令稳定社会秩序；另一方面又十分重视儒家伦理道德，宣称以"孝"治天下，把血缘伦理与政治相结合，作为统治的理论基础。正是在这种礼、法并重的时代背景下，加之两汉时期游侠风尚流行，复仇的社会习俗再次风行起来。

两汉时期的复仇之风，几乎涉及到社会的各个阶层。复仇者有贵为诸侯王及列侯者，如《汉书》卷四四《淮南王刘长传》载，汉文帝时，淮南王刘长因怨辟阳侯审食其不在吕后面前力救其母，于是亲自复仇，用金椎椎杀审食其。再如《后汉书》卷四二《光武十王列传》载，东汉初年，寿光侯刘鲤，因"怨刘盆子害其父，因辅结客，报杀盆子兄故式侯（刘）恭"。亦有复仇者为朝廷官吏者，如《后汉书》卷三一《杜诗列传》载，东汉初年，杜诗为南阳太守，曾"遣客为弟报仇"。至于豪强、儒生、平民诸阶层为复仇者的例子更是史不绝书。复仇对象所涉及社会阶层也大致如此。如上举审食其、刘恭都是身为列侯的贵族。特别是郡县级官吏，因种种原因与人结怨，时有成为复仇对象者。

---

① 恩格斯：《家庭、私有制和国家的起源》，见《马克思恩格斯选集》第 4 卷，85 页，北京，人民出版社，1995。

如《后汉书》卷一一《刘盆子列传》载，天凤元年（14 年），琅邪海曲吕母，"子为县吏，犯小罪，宰论杀之。吕母怨宰，密聚客，规以报仇"，散家财数百万，终于聚少年数百人，攻破海曲城，杀县宰为子复仇。

是时复仇的原因主要是基于血缘关系。首先是报父母之仇。《礼记·曲礼中》说："父之仇弗与共戴天。"在这种思想的激荡下，为父母复仇常常是不惜一切。《三国志》卷一八《魏书·庞淯传》注引皇甫谧《列女传》载，酒泉赵娥，其父赵安为同县李寿所杀。赵娥兄弟三人皆病死，仇家李寿以为"赵氏强壮已尽，唯有女弱，何足复忧！"但赵娥为报父仇，不顾弱女之躯，舍弃家事，锲而不舍，终于手刃仇人。赵娥之所以如此，正如其本人所说："父母之仇，不同天地共日月者也！"其次是报兄弟子女之仇，如前述吕母为报子仇，不惜倾家荡产；又如东汉时人崔瑗因其兄崔章为州人所杀，"瑗手刃报仇"[1]；再如《后汉书》卷二六《赵憙列传》载，南阳宛人赵憙，"从兄为人所杀，无子，憙年十五，常思报之。乃挟兵结客，后遂往复仇。"再次，除血亲复仇外，为故主、师友等复仇者亦不在少数。《三国志》卷四六《吴书·孙策传》载，因孙策杀吴郡太守许贡，其门客立志为故主复仇，趁孙策单骑外出之机，"客击伤策"，孙策伤重当夜而亡。这是为故主复仇的典型一例。为师复仇者如东汉广安人张钳"师事犍为谢襃。襃死，负土成坟。三年，襃子为人所杀，钳复其仇"[2]。为友复仇者如东汉末年人何颙，因"友人虞伟高有父仇未报，而笃病将终，颙往候之，伟高泣而诉。颙感其义，为复仇，以头醢其墓"[3]。此类事例甚多，恕不再举。

两汉之时复仇风尚如此盛行，如何处置此类事例，对于统治阶层而言，实际上是处于一种两难的境地。由于复仇只是一种个人行为，从法律而言，自商鞅变法以来就禁止民间私斗复仇，汉承秦律，对私自复仇亦持限止之原则。这一原则实际上也为民众所熟知，正如《乐府诗集》卷六一载汉魏之际《秦女休行》诗言及复仇时说："明知杀人当死"，"为宗报仇死不疑。"东汉建初时，曾

---

① 《后汉书》卷五二，《崔瑗列传》。

② 〔晋〕常璩撰，刘琳校注：《华阳国志校注》卷十中，《广汉士女》，761 页，成都，巴蜀出版社，1984。

③ 《后汉书》卷六七，《何颙传》。

石庄园生活图
徐州汉庭院画像

庄园乐舞图
徐州汉庭院画像石

素纱禅衣
长沙马王堆汉墓出土
身长128厘米，两袖通长190厘米

印花敷彩丝绵袍（直裾）
长沙马王堆汉墓出土

汉代皇帝冕服、冕冠、赤舄图

汉代戴帽穿曲裙陶俑

459

绿釉陶望楼
东汉
高51厘米，边长22.7厘米
上海博物馆藏

四川雅安汉高颐墓阙

有为父报仇而杀人者,汉章帝"贳其死刑而降宥之,自后因以为比。是时遂定其议,以为轻侮法"。"轻侮法"之制定,实则是从法律上宽宥复仇之举。但到和帝时,尚书张敏驳议曰:"夫轻侮之法,先帝一切之恩,不有成科班之律令也。夫死生之决,宜从上下,犹天之四时,有生有杀。若开兼容恕,着为定法者,则是故设奸萌,生长罪隙。……春秋之义,子不报仇,非子也。而法令不为之减者,以相杀之路不可开故也。今托义者得减,妄杀者有差,使执宪之吏得设巧诈,非所以导'在丑不争'之义。又轻侮之比,浸以繁滋,至有四五百科,转相顾望,弥复增甚,难以垂之万载。……臣愚以为天地之性,唯人为贵,杀人者死,三代通制。今欲趣生,反开杀路,一人不死,天下受敝。"[1]和帝纳其议。但实际在法律执行过程中,复仇者往往因"孝道"、"义举"等伦理因素而避开法律制裁,并且常常赢得社会舆论的赞誉。在伦理道德与法律的矛盾中,统治者经常进退维谷,这也是两汉复仇之风愈演愈烈的一个重要原因。

三、丧葬习俗及其文化背景

秦汉墓葬的遗存,有相当大的数量。这一现象有人口多少和社会治乱等多方面的因素,而当时社会对于丧葬的重视,也值得注意。

秦汉时期丧葬习俗的形成,不能脱离当时政治、经济诸方面的规定因素的影响,也是体现当时社会文化风格的重要征象。

古来有"事死如事生"[2]的说法。财产的占有,有时并不因生死的界隔而发生根本变化。在人们的意识中,当财富成为生世炫耀的光荣的同时,似乎也可以成为死后生活的保障。而在宗法制度下,政治权力与社会权力的继承者要明确正统身份,维护正统地位,丧葬礼仪也是表明"尊尊""亲亲"之关系的重要形式。于是,传统社会的道德秩序,规定了"厚葬"的合理性。

帝王陵墓的营造,使厚葬程度至于极点。关于秦始皇陵,《史记》卷六《秦始皇本纪》写道:"始皇初即位,穿治郦山,及并天下,天下徒送诣七十余

---

[1] 《后汉书》卷四四,《张敏传》。
[2] 《礼记·祭义》:"事死者如事生。"

万人，穿三泉，下铜而致椁，宫观百官奇器珍怪徙臧满之。令匠作机弩矢，有所穿近者辄射之。以水银为百川江河大海，机相灌输，上具天文，下具地理。以人鱼膏为烛，度不灭者久之。"其中"以水银为百川江河大海，机相灌输"的记载，已经考古学者和地质学者用新的地球化学探矿方法——汞量测量技术测定地下汞含量的结论所证实①。

汉武帝茂陵规模之宏大，建造之豪华，为西汉诸陵之最②。墓中随葬器物的质量和数量，也因汉武帝在位年久，成为厚葬的典型。据《汉书》卷七二《贡禹传》，汉元帝时，谏大夫贡禹曾经奏言批评奢侈之风，说到汉武帝丧葬情形："（武帝）及弃天下，昭帝幼弱，霍光专事，不知礼正，妄多臧金钱财物，鸟兽鱼鳖牛马虎豹生禽，凡百九十物，尽瘗臧之。又皆以后宫女置于园陵，大失礼，逆天心，又未必称武帝意也。"为了防止盗掘，茂陵专门设置有暗剑、伏弩等机构③。

由于汉武帝陵墓从葬异常富厚，据说遭赤眉军发掘之后，仍然有大量的珍宝存留。《晋书》卷六〇《索綝传》记载，晋愍帝曾经就汉陵被盗掘事与臣下索綝讨论汉代帝王厚葬情形："时三秦人尹桓、解武等数千家，盗发汉霸、杜二陵，多获珍宝。帝问綝曰：'汉陵中物，何乃多邪？'綝对曰：'汉天子即位一年而为陵，天下贡赋三分之，一供宗庙，一供宾客，一充山陵。汉武帝飨年久长，比崩，而茂陵不复容物，其树皆已可拱。赤眉取陵中物，不能减半，于今犹有朽帛委积，珠玉未尽。此二陵是俭者耳，亦百世之诫也。'"

民间的厚葬风习，也见于史籍记载。《盐铁论·散不足》说："古者事生尽爱，送死尽哀，故圣人为制节，非虚加之。今生不能致其爱敬，死以奢侈相高，虽无哀戚之心，而厚葬重币者，则称以为孝，显名立于世，光荣著于俗。故黎民相慕效，至于发屋卖业。"又《盐铁论·国病》所谓"葬死殚家"，以致"富者欲过，贫者欲及；富者空减，贫者称贷"，也指出了这种风习影响之广。《汉书》卷二八下《地理志下》也说到"送死过度"的民风。《汉书》卷一

---

① 常勇、李同：《秦始皇陵中埋藏汞的初步研究》，载《考古》，1983年7期。

②《太平御览》卷五五九引潘岳《关中记》："汉诸陵皆高十二丈，方百二十步。唯茂陵高十四丈，方百四十步。"

③《后汉书》志第六，《礼仪志下》刘昭注补引《汉旧仪》。

○《成帝纪》记载，汉成帝在永始四年（前13）六月颁布的诏书中曾经沉痛地说道："方今世俗奢僭罔极，靡有厌足。"他指出，公卿列侯亲属近臣"奢侈逸豫，务广第宅，治园池，多畜奴婢，被服绮縠，设钟鼓，备女乐，车服嫁娶葬埋过制。吏民慕效，浸以成俗"。也指出了"葬埋过制"的厚葬行为已经成为"世俗"的社会文化形势。

据《后汉书》卷二《明帝纪》，东汉初期经济得以初步恢复之后，汉明帝永平十二年（69年）五月的诏书中，又指责了"今百姓送终之制，竞为奢靡"的风气。《后汉书》卷二八上《桓谭传》记载，东汉初年天下粗安，就有桓谭在"陈时政所宜"时对"多通侈靡，以淫耳目"提出了警告。王符在《潜夫论·务本》中指出："养生顺志，所以为孝也。今多违志俭养，约生以待终，终没之后，乃崇饬丧纪以言孝，盛飨宾旅以求名，诬善之徒，从而称之，此乱孝悌之真行，而误后生之痛者也。"《潜夫论·浮侈》还批评了当时棺椁一类葬具追求富丽奢侈的倾向："子曰：'古之葬者，厚衣之以薪，葬之中野，不封不树，丧期无时，后世圣人易之以棺椁'，桐木为棺，葛采为缄，下不及泉，上不泄臭。后世以楸、梓、槐、柏、杶、**樗**，各取方土所出，胶漆所致，钉细要，削除铲靡，不见际会，其坚足恃，其用足任，如此可矣。'其后京师贵戚，必欲江南檽梓、豫章梗枏；边远下土，亦竞相仿效。夫檽梓豫章，所出殊远，又乃生于深山穷谷，经历山岑，立千步之高，百丈之溪，倾倚险阻，崎岖不便，求之连日然后见之，伐斫连月然后讫，会众然后能动担，牛列然后能致水，油渍入海，连淮逆河，行数千里，然后到雒。工匠雕治，积累日月，计一棺之成，功将千万。夫既其终用，重且万斤，非大众不能举，非大车不能挽。东至乐浪，西至敦煌，万里之中，相竞用之。此之费功伤农，可为痛心！"《三国志》卷三九《蜀书·董和传》也写道，在刘璋统治时期，"蜀土富实，时俗奢侈，货殖之家，侯服玉食，婚姻葬送，倾家竭产"。追求厚葬，竟然至于"倾家竭产"，也成为一种"时俗"。

在秦汉人的丧葬观念中，对于死界的认识值得我们注意。

死亡意识，是文化构成中的重要内容之一。对于人生最终的归宿，很早以前就是人们思考的重要命题。先秦思想家们曾经就"死"的问题发表过不少论述。《论语·先进》记述了孔子对生死鬼神的态度："季路问事鬼神。子曰：

'未能事人，焉能事鬼！'曰：'敢问死。'曰：'未知生，焉知死！'"似乎孔子是视人重于鬼，视生重于死的。《说苑·辨物》中，可以看到孔子关于生死与鬼神的一段充满智慧和幽默的谈话："子贡问孔子，死人有知无知也？孔子曰：'吾欲言死者有知也，恐孝子顺孙妨生以送死也；欲言无知，恐不孝子孙弃不葬也。赐欲知死人有知将无知也，死徐自知之，犹未晚也。'"《论衡·薄葬》说，厚葬风习的意识基础，在于"以为死人有知，与生人无以异"，又说："孔子非之，而亦无以定实然。而陆贾之论，两无所处。"所谓"孔子非之，而亦无以定实然"，应当就是孔子的这段话。而所谓"陆贾之论"，我们在今本陆贾《新语》中却没有看到记载。

《史记》卷一三〇《太史公自序》中司马谈关于道家文化的评论中，说到"神"与"形"共同成为生命存在的基本形式，"神者生之本也，形者生之具也"的道理，而"形神离则死。死者不可复生，离者不可复反"。那么，"神"离开"形"之后，将去往哪里呢？宋玉《招魂》："魂兮归来！君无下此幽都些。"东汉学者王逸解释说："幽都，地下后土所治也。地下幽冥，故称'幽都'。"《淮南子·修务》："北抚幽都。"高诱注："阴气所聚，故曰幽都。"所谓"幽都"与北方的联系，和汉代镇墓瓶文字所谓"黄神北斗"是一致的。《史记》卷二七《天官书》写道："斗魁戴匡六星，曰文昌宫；……四曰司命……六曰司禄……。"吴荣曾先生指出，有的汉代镇墓文在说到幽冥官司时，也提到"上司命，下司禄"[1]，有的镇墓文有"死人北，生人南"的文辞。所谓"死人北"，意思是人死后归天上北斗管属。北斗下的"司命"、"司禄"具有治理幽灵的职责。由于汉人迷信天上的斗星和人的死生有关系，故汉以后人常向北斗祭祷以求延命，如《三国志》卷五四《吴书·吕蒙传》说吕蒙病危之际，孙权曾"命道士于星辰下为之请命"。向北斗禳祈以延寿，后来便成了道教中一项传统性的重要宗教仪式[2]。

汉墓普遍出土形象凶狞的镇墓兽，似乎也与这样的观念有关。

1970 年至 1976 年发掘的陕西咸阳杨家湾 4 号汉墓和 5 号汉墓，根据《水

---

① 陕西省文管会：《长安县三里村东汉墓发掘简报》，载《文物参考资料》1958 年 7 期。

② 吴荣曾：《镇墓文中所见到的东汉道巫关系》，载《文物》，1981 年 3 期。

经注》所记载的方位①和墓中出土的银缕玉衣片推测，这两座墓可能是周勃、周亚夫父子的墓葬。4 号墓的墓道填土中和墓道外有 7 个陪葬坑，另有 11 个陪葬坑位于 4 号墓南 70 米处。这 11 个陪葬坑，有 6 个放置骑兵俑，共 500 多个；有 4 个放置步兵俑，共 1800 多个；另有 1 个放置战车。这批送葬俑群，应是当时军阵的真实形象，其作用与意义与秦始皇陵兵马俑群是同样的，只是军阵规模较小，陶俑造型也较小罢了②。由此可以推知，所谓"条侯子为父买工官尚方甲盾五百被可以葬者"的情节，在当时可能确实会产生"欲反地下"的嫌疑。

我们还看到，汉墓出土文字资料中，多有仿拟"地上"官员致"地下"官员的文书，似乎墓主入葬，要经历"地上"与"地下"的交接手续。

例如，湖北江陵凤凰山 168 号汉墓出土竹牍，有"十三年五月庚辰江陵丞敢告地下丞"语③。陈直先生分析说："这是由江陵丞代告遂少言家墓之地下丞，要求地下丞从事照料的告墓牍。这种用江陵丞名义发出此类文告手续，与后来过所性质相似。"用江陵丞的口吻发出，与通行公文语气一致，成为一种通常的例行公事。"这是在葬事中照人间的'公事公办'，所以用了当世官吏名义致模拟活人的'地下丞'了"④。

延熹四年（161 年）钟仲游妻买地铅券写道："……黄帝告丘丞墓伯、地下二千石、墓左墓右主墓狱吏、墓门亭长，莫皆不在……"。1935 年出土于山西同蒲路工程工地的熹平二年（173 年）张叔敬朱书陶瓶有陶文："……三丘五墓、墓左墓右、中央墓主、冢丞冢令、主冢司命、魂门亭长、冢中游徼等敢告移丘丞墓柏、地下二千石、东冢侯西冢伯、地下击值、耗里伍长等……"⑤。文书最后，又说到"令地吏勿复烦扰"，可知所谓"丘丞墓柏地下二千石东冢侯西冢伯地下击值耗里伍长等"，可以通称为"地吏"。1957 年西安和平门外 4

<hr>

① 《水经注·渭水下》："（故渠）又东迳长陵南，亦曰长山也。""又东迳汉丞相周勃冢南，冢北有亚夫冢。故渠东南谓之周氏曲。"

② 陕西省文管会、博物馆、咸阳市博物馆杨家湾汉墓发掘小组：《咸阳杨家湾汉墓发掘简报》，载《文物》，1977 年 10 期。

③ 纪南城凤凰山 168 号汉墓发掘整理组：《湖北江陵凤凰山 168 号汉墓发掘简报》，载《文物》，1975 年 9 期。

④ 陈直：《关于"江陵丞"告"地下丞"》，载《文物》，1977 年 12 期。

⑤ 陈直：《汉张叔敬朱书陶瓶与张角黄巾教的关系》，见《文史考古论丛》，391 页，天津古籍出版社，1988。

号汉墓出土的初平四年（193年）王氏朱书陶瓶，也有"告丘丞莫（墓）伯地下二千石蒿里君"等文字①。陈直先生指出："汉人在一区冢墓范围之内，假设各官吏之名，与生人官衔相类。"② 河北望都2号汉墓出土买地券也有类似的文字，可见这一礼俗在当时的普及。

值得注意的是，人世间的人身奴役关系，在地下也仍然得以保留。

如建宁四年（171年）孙成买地铅券写道："田中若有尸死，男即当为奴，女即当为婢，皆当为孙成趋走给使。"③ 墓主由于拥有墓地的所有权，于是也拥有了死于这片土地的新鬼的所有权，可以以使役奴婢的形式使役他们。看来，似乎在鬼界中也有鬼主与鬼奴、鬼婢的阶级区分。

人们还会注意到，汉代镇墓文中的"解谪"文字，既说到为死者"以除百谪"，又说到为"生人"去凶除殃。例如："立冢墓之□，为生人除殃，为死人解谪。"④ "谨以铅人金玉，为死人解谪，生人除罪过。"⑤《古诗为焦仲卿妻作》："生人作死别，恨恨那可论！""生人""死人"对称，汉代所习见。《论衡·论死》："人见鬼若生人之形。以其见若生人之形，故知非死人之精也。""夫死人不能假生人之形以见，犹生人不能假死人之魂以亡矣。""磷，死人之血也，其形不类生人之形也。""人见鬼也皆像死人之形，则可疑死人为鬼，或反像生人之形。""天地之性……能更生人，不能令死人复见。"《论衡·讥日》也说："鬼者，死人之精也。""推生事死，推人事鬼，见生人有饮食，死为鬼，当能复饮食，感物思亲，故祭祀也。"镇墓文所谓"为生人除殃"、"〔为〕生人除罪过"，其涵义其实是要避除"死人"所带来的灾祸。

在汉代人的观念中，"生人"对"死人"是深怀戒心的。我们看到的汉代镇墓文中多有这样的文字："生人上就阳，死人下归阴；生人上就高台，死人深自藏。""上天苍苍，地下茫茫，死人归阴，生人归阳，〔生〕〔人〕〔有〕里，死人有乡。""生属长安，死属太山，死生异处，不得相防（妨）。"《论衡·死

---

① 唐金裕：《汉初平四年王氏朱书陶瓶》，载《文物》，1980年1期。

② 陈直：《汉初平四年王氏朱书陶瓶考释》，见《文史考古论丛》，394页，天津古籍出版社，1988。

③ 罗振玉：《芒洛冢墓遗文续编》卷上，收录于《历代石刻史料汇编》，北京图书馆出版社，2000。

④ 邹安：《艺术丛刊》第2册，仓圣明智大学刊行。

⑤ 河南省博物馆：《灵宝张湾汉墓》，载《文物》，1975年11期。

伪》也说："生死异路，人鬼殊处。"也体现了同样的保留若干原始思维特征的观念。

镇墓文中的这些内容强调"生人""死人"应各有所"归"，"死生异处，不得相防（妨）"，即死者的魂灵不得侵扰活着的人。

消费生活的极度奢侈，往往导致刘向《新序·刺奢》所谓"罢民力，殚民财"，即社会财富的无端流失，社会生产力的严重浪费。汉文帝遗诏所谓"厚葬以破业，重服以伤生"，就接近于这样的认识。《史记》卷一〇《孝文本纪》记载，汉文帝一生俭朴，曾经宣布："治霸陵皆以瓦器，不得以金银铜锡为饰，不治坟，欲为省，毋烦民。"临终又明确诏令丧事从简："其令天下吏民，令到出临三日，皆释服。毋禁取妇嫁女祠祀饮酒食肉者。自当给丧事服临者，皆无践。绖带无过三寸，毋布车及兵器，毋发民男女哭临宫殿。宫殿中当临者，皆以旦夕各十五举声，礼毕罢。非旦夕临时，禁毋得擅哭。已下，服大红十五日，小红十四日，纤七日，释服。佗不在令中者，皆以此令比率从事。布告天下，使明知朕意。"在这段文字之后，又明确指示："霸陵山川因其故，毋有所改。"这一诏令也可以理解为霸陵葬制即埋葬规格同样"因其故"，也就是按照既定方针，"毋有所改"。颜师古说，汉文帝"自崩至葬凡七日也"。实际上，汉文帝在去世之后第六天即安葬，可知此前已经有比较充分的准备。由此可以推想汉文帝殡葬从简的愿望可能是得到了主持丧事者的尊重的。

霸陵复土工程只动用了 3.1 万人，也说明工程量不大，与秦始皇陵复土工程使用工役达七十万人左右的情形比较，可以说是天壤之别。霸陵薄葬，在丧葬史上传为千古佳话，也成为帝王节俭的典范。不过，对于霸陵是否真的坚持了薄葬原则，例如其中是否确实只是以陶器随葬，历来也存在争议。

《晋书》卷六〇《索綝传》则明确记载西晋末年霸陵和杜陵遭到盗掘，而盗墓者"多获珍宝"的情形①。民人"数千家盗发汉霸、杜二陵，多获珍宝"事，也是特殊形式的大规模盗掘。霸陵历来号称薄葬之典范，然而盗掘者"多

---

① 《史记》卷一〇，《孝文本纪》张守节《正义》引《汉晋春秋》语句略有不同："愍帝建兴三年，秦人发汉霸、杜二陵，珠玉采帛以千万计。帝问索綝曰：'汉陵中物，何乃多邪？'对曰：'天子即位一年而为陵，天下贡赋三分之，一供宗庙，一供客，一充山陵。'武帝享年既久，比崩，茂陵不复容物。赤眉贼不能减半，今犹有朽帛委积，珠玉未尽。此二陵是俭者耳。"泷川资言考证、水泽利忠校补：《史记会注考证附校补》上册，296 页，上海古籍出版社，1986。

获珍宝",仍然使晋帝感叹:"汉陵中物何乃多邪!"于是许多人据此以为世传所谓霸陵"俭者"其实未必"俭"。

对于霸陵不薄葬的原因,有人疑心是汉景帝违背了汉文帝遗诏,以实际上的厚葬使汉文帝陷于后人以为矫情虚伪,言行不一的尴尬处境,如顾炎武《日知录》卷一五"厚葬"条引杨名宁曰:"或景帝之陷亲于不义耳。"

还有一种因素也未可排除,这就是汉景帝的母亲孝文窦皇后是在汉武帝建元六年(前135)方才去世的,而与汉文帝合葬霸陵。也就是说,霸陵随葬品即使丰富,也有汉景帝的母亲窦皇后在汉武帝时入葬霸陵的因素。《史记》卷四九《外戚世家》:"窦太后后孝景帝六岁崩,合葬霸陵。遗诏尽以东宫金钱财物赐长公主嫖。"可知"东宫金钱财物"当不在少数,一部分作为随葬品入葬霸陵是可能的。于是,对于汉文帝薄葬的怀疑,或许可以因此在一定程度上得以洗刷。西汉皇室女性地位相当高①。其时天下空前富足,在汉武帝已经成年的情况下,祖母逝世,也是不可能迁就汉文帝二十余年前的遗制实行薄葬的。以这一思路考虑汉文帝霸陵是否薄葬之谜,可能是有益的。可见,将汉文帝霸陵葬制理解为对厚葬风习的一种抵制和扭转的措施的观点,大致可以成立。

汉代一些开明的政论家对于厚葬行为进行了不懈的批判。他们认为,以此为代表的浮侈之风,将会败坏社会风气。崔寔《政论》批评说:"送终之家,亦大无法度,至用𫐓梓黄肠,多藏宝货,飨牛作倡,高坟大寝。是可忍也,孰不可忍?而俗人多之,咸曰健子,天下跂慕,耻不相逮。念亲将终,无以奉遣,乃约其供养,豫修亡殁之备,老亲之饥寒,以事淫佚之华称。竭家尽业,甘心而不恨。"②《后汉书》卷三九《赵咨传》所见"废事生而营终亡,替所养而为厚葬,岂云圣人制礼之意乎?"的见解,对厚葬风习提出严厉的批评。

四、服饰饮食与时代风貌

(一)服饰及其所蕴含的文化意义

服饰,即服装与饰物,不仅是人类物质生活的基本要素之一,同时也是体

---

① 参看王子今:《汉代的女权》,载《东方》,1999年3期。
② 严可均辑:《全后汉文》卷四六,北京,中华书局,1958。

现民族文化风貌的一个重要表征。透过式样繁多的中国古代服饰的外在表现形式，可以折射出一个时代的物质生活、礼仪制度、风俗习尚乃至政治变迁等多方面的重要信息。

先秦时期，由于地理气候的差异、多元政治格局的形成，以及文化渊源的不同和文化关系的隔闭等诸多因素的影响，曾经有过所谓"衣冠异制"① 的情形。但自西周以来，"辨其名物，与其用事，设其服饰"，以及"服以旌礼"②，已经逐渐形成了一套依照礼制、遵循社会等级贵贱、在不同礼仪场合着服佩饰的基本原则。如果违背了这一原则，就是所谓的"僭越"，会导致社会舆论的强烈谴责。汉初思想家贾谊就曾猛烈抨击庶人奴婢着帝后服饰的"僭越"行为："今民卖僮者，为之绣衣丝履偏诸缘，内之闲中，是古天子后服，所以庙而不宴者也，而庶人得以衣婢妾。白縠之表，薄纨之里，緁以偏诸，美者黼绣，是古天子之服，今富人大贾嘉会召客者以被墙。古者以奉一帝一后而节适，今庶人屋壁得为帝服，倡优下贱得为后饰，然而天下不屈者，殆未有也。且帝之身自衣皂绨，而富民墙屋被文绣；天子之后以缘其领，庶人孽妾缘其履。此臣所谓舛也。"③《汉书·景帝纪》载景帝中六年（前144）诏曰："夫吏者，民之师也，车驾衣服宜称。吏六百石以上，皆长吏也，亡度者或不吏服，出入闾里，与民亡异。……车骑从者不称其官衣服，下吏出入闾巷亡吏体者，二千石上其官属，三辅举不如法令者，皆上丞相御史请之。"强调要给予为吏而不着吏服者以严厉的处置，充分体现出服饰所孕蕴的等级制度的内涵。

秦汉"大一统"政体形成之后，服饰文化有统一趋同的倾向。秦汉时期染织、制作等技术的发展，又为服饰形式的多样化提供了必不可少的条件。我们通过文物考古资料所看到的秦汉时期的服饰，其质地之精良，式样之新颖，图案之华美，都鲜明地反映出当时社会的物质生活水准及文化风貌的提升与发展。

在等级制度比较严格的秦汉社会，贵族官僚与平民百姓阶层于服饰有明确的区别，而最能体现这一区别则是在所谓的"元服（或称首服）"之上。一般言之，贵族官僚阶层的元服为冠服，而平民百姓阶层则为巾、帻。

---

① 许慎：《说文解字·叙》，北京，中华书局，1963。
②《周礼·春官宗伯·典瑞》、《左传·昭公九年》。
③《汉书》卷四八，《贾谊传》。

秦汉时期的冠服，式样繁多，仅蔡邕《独断》及《后汉书·舆服志》记载，就有冕冠、长冠、委貌冠、皮弁冠、爵弁、通天冠、远游冠、进贤冠、法冠、武冠、齐冠、高祖冠、建华冠、方山冠、术士冠、巧士冠、却非冠、却敌冠、樊哙冠，等等。在名目繁多的冠服中，其中有源于古制，为秦汉时期改造沿用者，如古时天子、诸侯、卿大夫参加祭祀时的所服用的冕冠。明帝永平二年（59年），"初诏有司采《周官》、《礼记》、《尚书·皋陶篇》，乘舆服从欧阳氏说，公卿以下从大小夏侯氏说。冕皆广七寸，长尺二寸，前圆后方，朱绿里，玄上，前垂四寸，后垂三寸，系白玉珠为十二旒，以其绶采色为组缨。三公、诸侯七旒，青玉为珠；卿大夫五旒，黑玉为珠。皆有前无后，各以其绶采色为组缨，旁垂黈纩"①。这就是东汉明帝时依据经学家的解说，对周时原有的冕冠重新改制，更能体现出地位差异的新式冕冠。亦有出于异族胡族，为华夏所接受而成为冠服的，如又名"鹖冠"的武冠，原为赵武灵王胡服骑射时采胡俗所制，秦汉时沿用，据称鹖者善斗，不死不休，故此冠多为武官所服。但也有一些是秦汉时期新创制的冠服，如创制于秦，汉时沿用的通天冠、高祖刘邦所创的"刘氏冠（即长冠）"、勇将樊哙所创的"樊哙冠"等。

冠服的服用通常有二种情况：一是在朝廷举行祭祀等重大礼仪时服用：如冕冠，"郊天地、宗祀、明堂，则冠之"；长冠，"祀宗庙诸祀则冠之"；委貌冠、皮弁冠，"行大射礼于辟雍，公卿诸侯大夫行礼者冠委貌，……执事者冠皮弁"；爵弁，"祠天地五郊明堂，《云翘舞》乐人服之"。建华冠、方山冠、巧士冠之类，均是举行祭祀时乐人、内侍所服之冠。此类冠服由于是在一些特定的场合下服用，因此不属于所谓"常服"之类。二是依据服者不同身份、地位、官职及职掌服用不同的冠服。此类属于常服：如通天冠，为是时皇帝专用的礼冠；远游冠，"诸王所服也"；高山冠，"中外官、谒者、仆射所服"；进贤冠，"文儒者之服也"，又有"公侯三梁，中二千石以下至博士两梁，自博士以下至小史私学弟子，皆一梁。宗室刘氏亦两梁冠，示加服"之区别；法冠，"执法者服之，侍御史、廷尉正监平也"；武冠，"诸武官冠之"，除武官外，内侍也可服之，但需加以"黄金珰，附蝉为文，貂尾为饰"，以示区别；却非冠，

① 《后汉书·志》卷二九，《舆服志下》。

"宫殿门吏仆射冠之"；却敌冠，"卫士服之"；樊哙冠，"司马殿门大难卫士服之"①，等等。

秦汉时期的服饰制度曾经历了一个由简入繁、渐制度化与礼仪化的发展过程，这一特点体现在冠服制度上更为明显。《后汉书·舆服志下》曰："秦以战国即天子位，灭去礼学，郊祀之服皆以袀玄。汉（当作西汉解）承秦故。至世祖践祚，都于土中，始修三雍，正兆七郊。显宗遂就大业，初服旒冕，衣裳文章，赤舄絇屦，以祠天地。"是说虽然简略，但将秦、西汉及东汉三个不同历史时期服饰制度演变的轨迹表述得十分清楚。具有崇武鄙文传统的秦人，在举行郊祀这样的重要祭祀仪式时，自天子以下公卿百官都统一着玄色的服装（即所谓的"袀玄"），服冠与否，语焉不详，全然没有"王祭上帝则大裘而冕，公侯卿大夫之服用九章以下"，服色等级分明森严之景象。出身于布衣、取天下于马上的汉高祖刘邦及其王侯将相，对于繁琐的礼学似乎有一种天然的排斥感，所谓"高皇帝始受命创业，制长冠以入宗庙"，其实刘邦于汉家服饰制度的贡献微乎其微，以致至东汉明帝时，有"礼缺乐坏，久无祭天地冕服之制"的说法②。在多有儒者风范的东汉君臣的眼中，对于服饰、尤其是冠服重要性的理解自与多为无赖出身的西汉初君臣有许多不同之处。永平二年，朝廷议南北郊事，最终形成了"天子、三公、九卿、特进侯、侍祠侯，祀天地明堂，皆冠旒冕，衣裳玄上纁下。乘舆备文，日月星辰十二章，三公、诸侯用山龙九章，九卿以下用华虫七章，皆备五采，大佩，赤舄絇履，以承大祭。百官执事者，冠长冠，皆祗服。五狱、四渎、山川、宗庙、社稷诸沾秩祠，皆袀玄长冠，五郊各如方色云。百官不执事，各服常冠袀玄以从"的汉家冕服之制。正如沈从文先生所云："从东汉社会上层看，袍服转入制度化，似乎比西汉较统一。"③

平民百姓不得戴冠，而是以布裹头，是为"巾"。《释名·释首饰》曰："巾，谨也。二十成人，士冠，庶人巾。"其中明确指出，男子二十岁举行成人礼时，士人佩冠而庶人戴巾。巾，是庶人的首服。巾一般用布裁成三尺见方的一块，称为"幅巾"。秦时受五德终始学说影响，应水德，色尚黑，百姓多以

---

① 以上引用均参见《后汉书·志》，卷二九《舆服志下》。
② 参见《后汉书·志》卷二九，《舆服志下》，注引《东观书》载东平王刘苍语。
③ 沈从文编著：《中国古代服饰研究》（增订本）《引言》，4 页，上海书店出版社，1997。

黑巾裹头，所以又称百姓为"黔首"。巾虽然是庶人之服，但以其方便易服而普遍受到世人、乃至社会上层人士的青睐。《三国志·魏书·武帝纪》注引《傅子》曰："汉末王公，多委王服，以幅巾为雅，是以袁绍、崔钧之徒，虽为将帅，皆着缣巾。"

至于帻，是与巾类似的一种束发包髻的首服。其服者的社会地位在世人的眼中可能卑贱。应劭《汉官仪》载："帻者，古之卑贱执事不冠者之所服也。"武帝召见其姑馆陶公主私侍董偃，"（董偃）绿帻傅鞲，随主前，伏殿下……上为之起。有诏赐衣冠上。偃起，走就衣冠……于是董君贵宠，天下莫不闻"。颜师古注曰："绿帻，贱人之服也。"① 这种本是卑微者所服的首服，随着时尚的变化，与巾一样，也成为许多世人喜服之物。喜欢微行的汉成帝，常常"选从期门郎有材力者，及私奴客，多至十余，少五六人，皆白衣袒帻……出入市里郊野，远至旁县"。颜师古注："袒帻，不加上冠。"②

春秋战国之交出现的上衣下裳连在一起的所谓"深衣"，直到西汉时期仍然广泛流行。《史记·刘敬叔孙通列传》写道，叔孙通服儒服求见，为汉王刘邦所厌憎。于是改变服饰，服短衣楚制，汉王喜。这里所说的"短衣楚制"，应当是适合湿热地区实际需要而着用的短袖衣服。从一些画像资料看，楚国的劳动者往往穿着短衣。到了汉代，穿这种衣服谒见刘邦，仍不失体统。深衣原本是楚人效法北方各国而着用，但是到了西汉，由于开国君臣多为楚人，所以楚风流布全国，北方原有的着深衣的习尚为楚风所影响益发盛行。战国墓葬出土的着胡服的人像，汉代已经难以看到。当时，包括士兵、厮役在内的各色人等无不着深衣，不过衣长略短，掩在身后的衣衽也比较窄。

女式深衣则在式样上更加翻新，这时不仅将以前垂于衣下的一枚尖角增为两枚一组的"燕尾"形式，并且添加了飘带，形成了一种巧妙的装饰。这种装饰形式流行的时代相当长。

男式深衣的历史则并不很久。东汉时，男子着深衣的情形已经比较罕见。汉画像石中常见的人物多着宽大的直裾长衣，应当就是所谓"襜褕"③。襜褕在西汉时已经出现，不过在当时还不被看作正式的礼服。《史记·惠景间侯者

---

① 《汉书》卷六五，《东方朔传》。

② 《汉书》卷二七中之上，《五行志》第七中之上。

③ 孙机：《深衣与楚服》，见《中国古舆服论丛》，105～115页，北京，文物出版社，1993。

年表》记载，武安侯田蚡因为衣襜褕入宫廷中，被指责为不敬，受到削夺封地的处罚。《史记·魏其武安侯列传》也说，武安侯坐衣襜褕入宫，不敬。司马贞《索隐》解释说：这种服装不是正规朝衣，而接近妇人服装。东汉时情形则不同，耿纯率宗族宾客二千余人皆衣绛襜褕，奉迎汉光武帝刘秀，刘秀大悦①。襜褕较为宽大，穿着随和舒适②。与耿纯等衣"绛襜褕"不同，还有服用"蜀襜褕"③、"貂襜褕"④的。可见也有皮毛质料的襜褕。

袍，也是秦汉时期较为普及的服装。先秦时所谓袍是指内衣，东汉时则以袍为外衣。

当时的短衣有衫、襦等。衫是单内衣。襦是及于袭上的绵夹衣。秦汉人贴身着裈。裈有两种，一种不缝出裤管，仅以一布缠于腰股之间；一种"上通于腰，与裆相连，左右缝之"⑤。袴也有两种，一种是不合裆的，其计量单位为"两"，和履、袜相同。因此日常生活中或可不着袴。着短衣时，则必须穿合裆袴。合裆袴就是《汉书·外戚传上·孝昭上官皇后》中所说的"穷袴"⑥。

汉武帝召见江充时，江充请求以平常所着用的衣冠入宫，得到准许。江充衣纱縠禪衣，衣角分垂两边如燕尾状，戴丝织冠，行步则摇，以鸟羽作缨。江充又为人魁岸，容貌甚壮。汉武帝见而异之，对左右说：燕赵之间果然多有奇士。江充于是大受信用，被拜为可以举劾贵戚近臣的"直指绣衣使者"⑦。"绣衣"，也是特殊权力的标志。从江充的故事中，可以通过衣冠小事看到汉武帝的个性风格，也可以由此发现当时社会风习的有关特征。

（二）饮食结构及其特点

秦汉时期，以五谷为主食、以蔬菜、鱼肉为辅的饮食习俗保留下来。随着物质生产水平的不断提高，饮食水平也有长足的进步。《盐铁论·散不足》曾经对比先秦与秦汉的消费生活的差异："古者，燔黍食稗，而捭豚以相飨。其

---

① 《北堂书钞》卷一二七，引自《东观汉记》。
② 《释名·释衣服》："襜褕，言其襜襜宏裕也。"
③ 桓谭：《新论》，见《全后汉交》卷一四。
④ 张衡：《四愁诗》，见《文选》卷二九。
⑤ 黄文弼：《罗布淖尔考古记》，国立北京大学出版社，1948。
⑥ 孙机：《汉代物质文化资料图说》，237 页，北京，文物出版社，1991。
⑦ 《汉书》卷四五，《江充传》。

后，乡人饮酒，老者重豆，少者立食，一酱一肉，旅饮而已。及其后，宾婚相召，则豆羹白饭，綦脍熟肉。今民间酒食，殽旅重叠，燔炙满案，臑鳖脍腥，麑卵鹑鷃橙枸，鲐鳢醢醯，众物杂味。"其中虽不乏夸张之辞，但是关于饮食生活的比较，仍然可以反映秦汉饮食内容和形式的历史变化，即更为讲究饮食的精美，肉食的成分有所增加，烹饪技术有所进步，食品样式也有所创新。

秦汉时代主食的基本构成是黍、粟、麦、稻、菽。不同地区的主食成分有所区别。如关东地区以麦饭为主，其次为粟、黍、菽。踏碓、石磨等粮食加工工具的普及，使得民间可以食用经过精加工的粮食。洛阳金谷园汉墓出土的陶仓有"大麦屑"题字，说明当时已经能够分离麦麸和麦粉。秦汉人麦食的形式，有麦饼、麦饭、麦粥等。豆类食品加工的多样化，也可以看作汉代人对文明进步的一项创造。

作为副食的肉类，以羊、猪、狗、鸡食用较为普遍。对秦汉人的饮食结构进行分析，可以发现嗜食鱼的普遍倾向。作为文物资料的汉代画像中多见鱼的形象。这些画面除了有些可能体现具有某种神秘主义意味的观念而外，大多直接反映了鱼类作为食品在社会生活中的意义。汉代陶灶上，多画鱼鳖形状，也可以作为汉人嗜食鱼鳖的证明。《后汉书·鲜卑传》所谓"捕鱼以助粮食"，《后汉书·刘般传》所谓"滛渔采以助口实"，可能是当时较为普遍的情形。

司马迁分析经济生活时所谓"通鱼盐"、"通鱼盐之货"以及"逐渔盐商贾之利"，即以渔业收获作为商品，尤其可以反映当时水产品在饮食生活中的地位。经营鱼类转贩者可因此成为巨富。当时，以"鲐鮆千斤、鲰千石，鲍千钧"为资产者，据说经济实力相当于"千乘之家"①。

在副食品的加工方面，我们从马王堆汉墓遣策中及文献记载中看到，当时主要的烹饪技法有羹、炙、炮、煎、熬、蒸、脍、脯、腊、醢、濯、菹等，通过不同的方法烹饪，制作出一道道为人们所喜食的佳肴。烹饪离不开调味品。秦汉时调料已经十分丰盛。常用的有盐、酱、醋、酒、糖、蜜、豉、葱、姜、蒜、韭、桂皮、花椒等。特别值得一提的是，男女老少均十分喜食品——豆腐在西汉时已经出现。相传豆腐为淮南王刘安所发明，明人李时珍《本草纲目·谷四·豆腐》载："豆腐之法，始于汉淮南王刘安，凡黑豆、黄豆及白豆、泥

①《史记》卷一二九，《货殖列传》。

豆、豌豆、绿豆之类，皆可为之。"考古资料业已证明，豆腐的制作确实始于汉代。河南密县打虎亭发掘的1号汉墓画像石庖厨图中，就有制作豆腐的主要工艺的流程图①。

秦汉人也以食用"盐菜"作为最简易的佐食形式。当时人的饮食内容中，还有所谓"酱菜"。《后汉书·胡广传》李贤注引谢承《后汉书》：李咸身居相位，严格要求自己，以为下级的表率，生活消费十分俭朴，"常食脱粟饭、酱菜而已"。这里所说的"酱菜"，可能与"盐菜"相近，也可能是概指"酱"与"菜"。我们从历史资料中可以看到，秦汉民间饮食生活中应用最为普遍的调味品，是"酱"和"豉"。尽管肉酱、鱼酱在当时富足阶层的生活中已经相当普遍，然而，民间一般食用的酱，则是用豆麦等谷物发酵制成。秦汉人饮食生活中消费最为大量的，可能还是用豆类为原料制作的酱。"豉"，即用煮熟的大豆发酵制成的豆豉，也是当时人饮食生活中最普遍的消费品之一。史籍中又多见"盐豉"并称的情形。

饮酒风气的盛行，也是秦汉时期饮食生活中值得重视的现象。

在当时人的意识中，"酒者，天之美禄"，不仅可以"享祀祈福"，而且能够"扶衰养疾"，于是形成了"百礼之会，非酒不行"的风习②。居延汉简中所见有关"酒"的文字遗存，可以看作从一个侧面反映当时社会生活风貌的重要信息。居延汉简简文多有河西边塞戍守官兵饮酒生活的记录。有些简例似乎还可以说明当时军营中可能存在专门经营酒业的机构。居延汉代军人饮酒酗酒可能相当普遍，我们从作为法律文书的简册中，还看到了一起因酒后争言械斗造成杀伤的特殊案例（E. P. T68：13～E. P. T68：28）。在居延汉简中，也可以看到关于"禁酤酒群饮"的简文（E. P. T59：40A）。

汉代酒政史中可以看到有关政策的制定和执行。《汉书》卷四《文帝纪》载，文帝后元年（前163）颁布的诏书，曾经对酿酒浪费谷物即所谓"为酒醪以靡谷者多"提出批评。《汉书》卷五《景帝纪》载，景帝中三年（前147），因为夏季大旱，禁酤酒，而后元年（前143）夏，又宣布："民得酤酒"。颜师古解释说："酤"，就是指卖酒。《汉书》卷六《武帝纪》记载：天汉三年（前

---

① 参见陈文华：《豆腐起源于何时》，载《农业考古》，1991年第1期。
② 《汉书》卷二四下，《食货志下》。

98），"初榷酒酤"。颜师古注引应劭和韦昭的解释，都说是禁止百姓酤酿，只有官府开置，以独取利益。

五、建筑风格与社会时尚

秦汉的住居形式，也表现出引人注目的历史进步。

衡量一个时代建筑风格及建筑水准，宫室建筑无疑最具有典型性。秦汉时期的宫殿建筑的规模和形制，都达到了一个新的历史发展阶段。

秦国文化原本就较中原诸国落后，又地处西陲，早期建筑水平甚低，多以板木为屋，形制十分简陋。但从秦穆公（前659—前621在位）时起，随着国力的日渐强盛及与中原诸国交往的日益加强，建筑技术也取得了长足的进步。《史记·秦本纪》载，秦穆公时，戎使由余出使秦国。穆公为炫示国力，使由余观看秦国宫室、积聚。由余曰："使鬼为之，则劳神矣。使人为之，亦苦民矣。"可见是时秦国宫室规模之宏大，财富积聚之丰富，致使戎使由余有"劳神"、"苦民"之叹。

自公元前349年秦孝公徙都咸阳后，秦国宫室建筑更是达到了一个崭新的高度。《三辅黄图》序曰："惠文王初都咸阳，取岐雍巨材，新作宫室，南临渭，北逾泾，至于离宫三百，复起阿房，未成而亡。"惠文王在位27年（前337—前311），通过其全力经营，咸阳已经呈现出一个强盛都城的初始规模。著名的阿房宫已经开始修建，到惠文王死时尚未完工，工程之大，不难想见。惠文王之后，再经数代秦国国君的不断经营，咸阳形成规模宏大、布局考究的都城。但是，咸阳最迅猛的发展阶段无疑是在秦始皇统治时期。

为了显示胜利者的至上权威，修建一个规模宏大、美轮美奂的都城，无疑是慑服天下、展示帝国威严的最好方式。据《史记》卷六《秦始皇本纪》载，秦始皇"每破诸侯，写放其宫室，作之咸阳北坂上，南临渭，自雍门以东至泾、渭，殿屋复道周阁相属。所得诸侯美人钟鼓，以充入之"。这些式样各异的六国宫殿绵延于渭河北岸，与秦国原有的宫殿群——咸阳宫相互争辉，构成为一道独特的风景线。不仅如此，秦始皇在渭南修筑信宫，后更名为极庙，以应天象。由极庙去骊山之道上，又修筑甘泉宫等，史称"咸阳北至九嵕甘泉，南至鄠、杜，东至河，西到汧、渭之交，东西八百里，南北四百里，离宫别馆，相望联属。木衣绨绣，土被朱紫，宫人不移，乐不改悬，穷年忘归，犹不能遍"①。尽管"离宫别馆，相望联属"，仍然无法满足秦始皇的侈大之心，以及其行踪"不欲人知"的神秘心态。三十五年（前212），"始皇以为咸阳人多，先王之宫廷小……乃营作朝宫渭南上林苑中。先作前殿阿房，东西五百步，南北五十丈，上可以坐万人，下可以建五丈旗。周驰为阁道，自殿下直抵南山。表南山之颠以为阙。为复道，自阿房渡渭，属之咸阳，以象天极阁道绝汉抵营室也。阿房宫未成；成，欲更择令名名之。作宫阿房，故天下谓之阿房宫"。所谓"蜀山兀，阿房出"，更是诗人对其雄伟巨姿的形象描写。在中国建筑史上，阿房宫以其壮美巨而久负盛名。周天游先生将阿房宫的建筑特点归结如下四点：一是阿房宫集众美于一身，显现出广大宏伟的壮观气势。二是铸十二铜人置于宫前，是迄今为止所知以铜像装饰建筑之始。三是阿房宫为高台建筑，依南山为基，累层而上，合理利用自然地势，既省工又壮观，是一创造。四是阿房宫是由多种建筑形式组合的庞大建筑群，殿堂廊庑、园林池囿相隔其间。这种事先有规划的整体建筑布局，奠定了我国古代建筑整体布局的风格②。

秦帝国这些规模宏大宫殿群的修建，以及规模同样宏大豪华的骊山墓的修建，耗费了无可计数的人力物力。这种骄纵放恣、不恤民力的极端做法，终于导致海内鼎沸、民不聊生的严重后果。秦始皇死后不过三年，集古代建筑之精华于一身的阿房宫，连同不可一世的庞大帝国，在秦末农民及六国之后起事的烈火中一同化为灰烬。

西汉初年，汉高祖刘邦在娄敬、张良诸人的劝说下，决意利用"金城千里，天府之国"，以及"四塞之固"的优越地理环境，定都关中。但由于包括阿房宫在内的秦都咸阳城遭到了毁灭性的破坏，汉廷君臣只能暂且在秦故都栎阳栖身，同时开始经营国都长安。

长安本是秦都咸阳城渭南的一个乡聚，秦始皇时曾于此修建过兴乐宫，汉廷定都长安后，首先修饰兴乐宫，形成了"周回二十里"的宫殿群，并更名为

① 陈直：《三辅黄图校证》卷之一，7页，西安，陕西人民出版社，1982。《史记》卷六，《秦始皇本纪》正义引《庙记》亦记此文，文字略有出入。
② 参见《秦汉社会文明》第七章第一节，《宫室苑囿》，221～222页，西安，陕西人民出版社，1985。

"长乐宫"。在修缮长乐宫的同时,相国萧何又主持修建了未央宫,立东阙、北阙、前殿、武库、大仓,因其壮丽曾一度引起刘邦强烈地不满:"天下匈匈,劳苦数岁,成败未可知,是何治宫室过度也?"深谙帝王心理的萧何答曰:"天下方未定,故可因以就宫室。且天子以四海为家,非令壮丽亡以重威,且亡令后世有以加也!"① 这种解释令刘邦为之释然。汉七年(前200)刘邦率群臣由栎阳迁入长安。从此,长安作为西汉国都,直至新莽灭亡,存在有175年之久。

在西汉长安诸宫室中,以长乐宫、未央宫及武帝时修建的建章宫三座宫殿群的规模最为宏伟。长乐宫最初为汉帝的居住之处,但因惠帝之后,皇帝迁往未央宫,长乐宫就成为太后居住的场所,而未央宫则成为西汉政治重心所在。关于未央宫,《三辅黄图》卷之二有如下之描写:"未央宫周回二十八里,前殿东西五十丈,深十五丈,高三十五丈。营未央宫因龙首山以制前殿。至孝武以木兰为棼橑,文杏为梁柱,金铺玉户,华榱璧珰,雕楹玉磶,重轩镂槛,青琐丹墀,左城右平,黄金为璧带,间以和氏珍玉,风至其声玲珑也。"可见未央宫与阿房宫一样,都是利用山势层累而建,虎踞于龙首山之上,坐北朝南,俯临长安城,更显示出君临天下的威严气势。不过在汉初天下粗定的格局下,满目疮痍的社会经济尚待恢复,汉廷除了修缮长乐宫及营造未央宫外,再没有大规模地修建宫室的举动。

汉文帝崇尚节俭,不忍费百金建一露台,辍而不修。《汉书·翼奉传》曰:"孝文皇帝躬行节俭,外省繇役。其时未有甘泉、建章及上林中诸离宫馆也。未央宫又无高门、武台、麒麟、凤皇、白虎、玉堂、金华之殿,独有前殿、曲台、渐台、宣室、温室、承明耳。孝文欲作一台,度用百金,重民之财,废而不为,其积土基,至今犹存,又下遗诏,不起山坟。故其时天下大和,百姓洽足,德流后嗣。"景帝承文帝遗制,于宫室修建也无大的举动。但到了武帝时期,国力臻于鼎盛,好大喜功的性格又促使宫室修建达到最大规模。以未央宫为例,除了"金铺玉门,华榱璧珰",极尽豪华奢侈之修饰外,又在原有的基础上大肆扩建,增修了高门、武台、麒麟、凤皇诸殿,形成为一个更为巍峨壮观的宫殿群。但武帝在"未央宫营造日广,以城中为小"的情况下,于太初元

---

① 《汉书》卷一下,《高祖纪下》。

年（前104）在未央宫西、长安城外的上林苑中修建可与未央宫相媲美的建章宫。《汉书·郊祀志下》载，武帝采纳粤巫勇之厌胜之说，"于是作建章宫，度为千门万户。前殿度高未央。其东则凤阙，高二十余丈。其西则商中，数里虎圈。其北治大池，渐台高二十余丈，名曰泰液，池中有蓬莱、方丈、瀛州、壶梁，象海中神山龟鱼之属。其南有玉堂璧门大鸟之属。立神明台、井干楼，高五十丈，辇道相属焉"。《三辅黄图》卷之二引《三辅旧事》云："建章宫周回三十里。东起别凤阙，高二十五丈，乘高以望远。又于宫门北起圆阙，高二十五丈，上有铜凤凰。"在未央宫西"跨城池作飞阁，通建章宫，构辇道以上下。辇道为阁道，可乘辇而行"。以武帝时期未央宫的扩建与建章宫的兴建为标志，西汉宫室建筑基本齐备，其后虽然宣帝建有步寿宫、凤凰殿等，但是鲜有大规模的宫室修建了。

新莽政权败亡后，同阿房宫烟飞灰灭的命运一样，长安城内外这些巧夺天工的宫廷建筑，在兵燹中荡然无存。东汉刘秀称帝后，鉴于长安城残破的局面，定都洛阳，经过几代皇帝的经营，使洛阳成为继咸阳、长安之后又一强盛帝国的都城。

当时东汉都城洛阳中最主要的宫殿是南宫。光武帝刘秀先居住于南宫，日后逐渐扩修宫室，形成了南、北宫居洛阳城中、相互对峙的格局。明帝时期，洛阳宫室进入了大规模的营建阶段，其中以北宫前殿德阳殿的规模最为宏伟。《后汉书·礼仪志中》引蔡质《汉仪》曰："德阳殿周旋容万人。陛高二丈，皆文石作坛。激沼水于殿下。画屋朱梁，玉阶金柱，刻镂作宫掖之好，厕以青翡翠，一柱三带，韬以赤缇。天子正旦节，会朝百僚于此。自到偃师，去宫四十三里，望朱雀五阙、德阳，其上郁律与天连。"德阳殿高耸之巍峨，在远离洛阳四十多里的偃师，还能遥遥望见德阳殿与天际相连的层叠的殿宇斗拱。不过，与西汉长安宫阙相比，洛阳的宫室无论是在数量上还是在规模上，毕竟都要逊色得多。对西京旧都之怀念，一时竟成为东汉时人的普遍之心态。为此，张衡特作《东京赋》，盛赞洛阳宫阙之壮美："逮至显宗，六合殷昌。乃新崇德，遂作德阳。启南端之特闱，立应门之将将。昭仁惠于崇贤，抗义声于金商。飞云龙于春路，屯神虎于秋方。建象魏之两观，旌六典之旧章。其内则含德、章台、天禄、宣明、温饬、迎春、寿安、永宁、飞阁神行，莫我能形"①。

东汉时期的建筑风格与秦、西汉时有所不同。秦、西汉时的宫室建筑基本上是采取战国以来的高台建筑法，建筑工艺也有明显进步，砖、瓦等材料的质地与纹饰更为考究，木构架的结构技术也日趋完善。而东汉洛阳地处平原，修筑宫室没有山势可为依托，而夯土高台则难免劳民伤财，于是在西汉建筑技术的基础上，大量采用成组的斗拱技术，同时砖石的使用更为普遍，甚至出现了全部由石料建成的石祠、石阙等。

东汉时期宫室建筑虽然较西汉时期逊色，但是贵族官僚豪强大族纷纷仿效皇室，其府邸的豪华奢侈之程度，以及形成竞相追求富丽豪华的世风，均远较西汉时期为烈。例如在西汉晚期，成帝舅成都侯王商公然"穿长安城，引内澧水注第中大陂以行船，立羽盖，张周帷，辑濯越歌"，曲阳侯王根则僭越制度，"园中土山渐台似类白虎殿"，虽然此时皇权有所衰微，但在成帝的震怒之下，权势熏天的王商、王根诸舅也不得不负"斧质"谢罪②。而至东汉，特别是和帝之后，外戚、宦官交替执政，皇权旁落已是不争的事实，达官贵人的府邸建筑"僭越"制度也就不足为怪了。汉桓帝时，外戚大将军梁冀夫妇气焰嚣张："冀乃大起第舍，而寿（梁冀妻）亦对街为宅，殚极土木，互相夸竞。堂寝皆有阴阳奥室，连房洞户，柱壁雕镂，加以铜漆；窗牖皆有绮疏青琐，图以云气仙灵。台阁周通，更相临望；飞梁石蹬，陵跨水道……又多拓林苑，禁同王家，西至弘农，东界荥阳，南极鲁阳，北达河、淇，包含山薮，远带丘荒，周旋封域，殆将千里。"③ 外戚骄奢专横如此，"口含天宪"的宦官亦不遑让外戚。灵帝时，中常侍吕强上书谏曰："又今外戚四姓贵幸之家，及中官公族无功德者，造起馆舍，凡有万数，楼阁连接，丹青素垩，雕刻之饰，不可单言。丧葬逾制，奢丽过礼，竞相放效，莫肯矫拂。"④

与达官贵人、豪强富贾的高门大宅形成鲜明对照的，则是平民百姓的普通简陋的住宅。《汉书》卷二十八下《地理志下》云："天水、陇西，山多林木，民以板为室屋。"因地制宜，取其所有，是平民百姓建房筑屋所遵循的原则。

---

① 《文选》卷二，《赋甲·京都上》，第1册，103页，上海古籍出版社，1986。
② 《汉书》卷九八，《元后传》。
③ 《后汉书》卷三四，《梁冀传》。
④ 《后汉书》卷七八，《宦者传》。

《汉书》卷六十四上《吾丘寿王传》曰："由穷巷，起白屋。"颜师古注曰："白屋，以白茅覆屋也。"贫民百姓所居住的"穷巷"，以土为墙，以茅草覆盖房顶以避风雨，是其住房的主要形式，亦可以说明民间造房者极少有用瓦者。从洛阳发掘的汉代平民住居遗址看，为了施工的简便，以及节省建筑材料，社会下层人们的住居，有些还是半地下的结构。

　　湖北云梦睡虎地秦简《封诊式·封守》说到查封一位被审讯人的家产，其住居为一堂二室①。《封诊式·穴盗》关于一起盗窃案的案情记录，被盗者的住居结构同样是一堂二室②。晁错为北边新经济区移民计划进行设计时，注重规划邑里住居，包括"先为筑室，家有一堂二内门户之闭，置器物焉"③，也是一堂二室。看来，"家有一堂二内"，可能是秦汉时期一般民户住居的通常的结构。

　　秦汉时期的住居，建筑形式以夯土与木框架的混合结构为主。规模较小的住宅，房屋的构造除少数用承重墙结构外，大多数采用木构架结构。

　　由于陶质建筑材料逐步提高了质量，增加了品种，同时铁工具的广泛使用，促进了木结构和石料以及装饰雕刻技术的完美结合。中国古代建筑的结构体系和建筑形式的若干特点到汉代已经基本上形成。从整个中国古代建筑的发展来说，秦汉时期的建筑是继承和发展前代成就的一个重要的环节。

　　砖瓦的普遍应用，是秦汉时期民居建筑的重要特征。

　　西汉时期，兴起于春秋时期，在战国时得到进一步发展的高台建筑仍然流行，但是从东汉起，高台建筑逐渐减少，而多层楼阁大量增加。

　　秦汉时期的民居建筑，已经综合运用绘画、雕刻、文字等作各种构件的装饰，以实现结构与装饰的有机组合，也成为以后中国历代建筑的传统手法之一。④

---

　　①《封诊式·封守》："一宇二内，各有户，内、室皆瓦盖，大木具。"说有堂屋1间，卧室2间，都有门，房屋都用瓦盖，木构齐备。

　　②《封诊式·穴盗》："房内在其大内东，比大内，南乡（向）有户，内后有小堂。"说住室在其正房的东面，与正房相连，朝南有门，房后有小堂。

　　③《汉书》卷四九，《晁错传》。

　　④ 刘敦桢主编：《中国古代建筑史》，63 页，北京，中国建筑工业出版社，1980。

结语

　　以上，我们通过"绪论"和十章文字，对秦汉文化发展的基本线索、主要表现、显著成就及其突出特征进行了初步的梳理和总结，对秦汉文化发展的内在动因和一般规律进行了扼要的揭示。当然，这种总结与揭示仅仅是一种尝试，许多地方可能还存在着偏差或不足，但是值得欣慰的是，我们本着认真、严肃的态度去从事这项工作，而所获得的结果也不失为人们在正确认识秦汉文化历史本质过程中的一个阶段性努力的体现。现在是到了撰写结语，为全书画个句号的时候了。

　　长期以来，大多数学者对秦汉文化在整个中国文化发展史上地位的评估普遍偏低。通常的情况是，不少人对这一时期的事功多能充分肯定，高度推崇，但是对当时的文化却颇多微词，不以为然。在他们看来，秦汉文化的主体——哲学思想，不外乎粗俗的神学天命论和平庸的自然天道观，充斥着阴阳灾异、谶纬迷信，是对生机勃勃、绚丽多彩的先秦思想的反动，同样也远不及魏晋玄学、宋明理学的精致、深刻和博大。无论是秦王朝推行的"以法为教"做法，还是西汉中叶起贯彻的"独尊儒术"措施，说到底，是大一统封建专制政权对思想文化的箝制与窒息，从而从本质上决定了秦汉文化无法获得充分发展的空间。于是乎，在文学上是"铺采摛文"、不歌而诵的"大赋"成为主流，铺陈场面，歌功颂德，丧失了文学独有的艺术感染与美学功能。在学术领域，则是寻章摘句、泥古宗圣的"经学"成为本体，皓首穷经，鹦鹉学舌，很少有立足于独立思考、积极进取基础上的学科建设与学术创造。凡此种种，不一而足。以这样的角度来看待秦汉文化，它自然不能获得较高的评价，而秦始皇、董仲舒、刘向乃至光武帝刘秀诸人也只能在秦汉文化发展史上扮演反面的角色。如北宋苏辙尝言："西汉自孝武之后，崇尚儒术。至于哀平，百余年间，士人以儒生进用，功业志气可纪于后世者，不过三四。"①

我们认为，如此评估秦汉文化的成就和历史地位显然是片面偏颇的。从态度上讲，这不公允；从事实上讲，这不准确；从客体上讲，这不全面。

首先，将哲学思想、经学模式等同于整个秦汉文化来看待，这本身就存在着以偏概全的问题。哲学思想、学术主题固然是文化的重要构成因素，但是，它绝对不能等同于文化的全部。文化从总体上说，可以划分为物质文化、制度文化和观念文化三大层次，哲学思想、学术主题不过是观念文化中的一部分，它与其他观念文化，乃至制度文化、物质文化固然有内在的联系，但彼此之间毕竟不能简单地划等号。这乃是十分浅显的道理。从这个意义上说，我们考察秦汉文化，一方面固然要注重对当时哲学思想、学术主题（如经学模式）的总结和评析，但尤为重要的是对秦汉文化总体形态进行系统、完整的把握和揭示。如就制度文化而言，秦汉时期高度集权的"大一统"的政治体制基本形成，并且经历了多次社会动荡的历史考验而日趋完备，这本身就是秦汉文化中极其辉煌的成就。又如就物质文化而言，秦汉时期以农耕经济和畜牧经济为主，包括渔业、林业、矿业及其他多种经营结构的经济形态走向成熟，借助交

---

① 《栾城集》卷二〇。

通和商业的发展，各经济区互通互补，共同创造物业繁荣，共同抵御灾变威胁，使物质文明的进步取得了空前的成就，这同样是秦汉文化发展中的亮丽风景。再如就观念文化而言，秦汉时期除哲学、政治伦理学等获得长足发展外，史学、文学、艺术、兵学等文化领域也展示出崭新的面貌，构筑起秦汉文化的璀璨殿堂。毫无疑义，秦汉文化具有极宽泛的范围，在广度上是无可比拟的，有的文化现象在历史上是特殊、鲜明的（谶纬、画像砖等），有的文化现象则是在整个历史长河中独领风骚的（如史学、兵学），人们所津津乐道的汉唐精神，正是对秦汉时期文化取得整体发展、全面繁荣的贴切概括。因此，单纯以哲学思想、学术主题（经学）为指标评估秦汉文化，在研究客体对象的涵括上并不全面。

其次，有关秦汉文化的成就、价值及其历史地位的通行观点，衡之于具体史实，多有抵牾，不乏臆度不实之处。例如，关于秦汉时期的文学成就，论者大多持鄙薄否定的态度，认为大赋为汉代文学的代表，其堆砌词藻，铺陈事物，在政治上服务于专制君主好大喜功、穷奢极欲的价值取向，缺乏文学欣赏价值和艺术美感力量，故不足具论。然而，这样的判断无疑是很难成立的。这一是如此看待大赋的功能与特点并不公允（以下将另作辨析）；二是大赋只是当时文学体裁的一种，并不能囊括整个秦汉文学。事实上，汉代文学是中国文学史上一个承前启后的重要发展阶段，她蕴含了中国多种文学体式的萌芽，所谓"文章各体，至东汉而大备"①。宏丽的辞赋、朴实的汉诗及史传文学的空前发展，奠定了中国古典文学的根底。因此，就基本史实本身而言，学术界有关秦汉文化的不少论断和批评，并不能切中肯綮，与本相相去甚远。

再次，即使是那些表面上存在种种局限，以至常为人们所诟病的秦汉文化现象，如"铺采摛文"的汉大赋，笼罩浓厚阴阳灾异色彩、甚至荒诞不经的哲学政治观念等等，如果透过表象，我们也能发现其理性的光芒，可以肯定其存在的合理价值。例如，两汉哲学政治思想充斥着阴阳灾异、妖妄荒诞的成分固然是事实，但其出发点却是现实而具体的，不乏现实主义的精神。黑格尔认为：亚里士多德一般地将灵魂区分为理性和非理性的两个方面。但是理性本身

---

① 刘师培：《中国中古文学史讲义·论汉魏之际文学变迁》，上海古籍出版社，1999。

并不构成美德，只有在理性和非理性双方的统一中，美德才存在……灵魂的非理性的一面也是一个环节。这个非理性的一面，当它和理性发生关系并服从理性的命令而行动时，我们称此为美德①。汉儒的阴阳灾异理论，作为神学目的论毫无疑问是非理性的，但是包藏在其深处的政治意图，诸如提倡巩固中央集权统治，主张以民为本，借助"天意"告诫统治者节制约束自己的行为等等，却是现实的，理性的。前者（表象）是服从于后者（内质）的"命令"的，所以应该说这是"理性与非理性双方的统一"，是"美德"，是合理。但是我们过去对汉儒阴阳灾异光圈下的政治伦理观的评价，却往往离开问题的本质，片面地强调和斥责其"非理性"的一面，而忘记了从"理性与非理性双方的统一"这一角度去剖析，去讨论，因而所得出的结论不能不是偏颇的。

又如对司马相如为代表的汉代大赋，人们习惯于指责它叙述铺排的烦冗堆砌，尤其是贬斥它表现了统治者的腐化享乐价值取向。然而从深层次考察，我们却能够发现，汉代大赋"实际上是处在上升时期的积极有为的统治者直观地创造世界的伟大业绩的产物，是对汉帝国的繁荣发展所创造出来的美的世界的再现和赞颂，洋溢着宏阔明朗的信心和力量"②。它在文学上体现了汉朝的时代精神，其所表现出来的那种"巨丽"之美，那种"苞括宇宙，总览人物"的宏大气魄，是后世所难以企及的。由此可见，人们长期以来对阴阳灾异氛围下的两汉政治伦理学说的激烈抨击，对汉代大赋的呵责指斥，从态度上说，同样是不公允的。

总而言之，秦汉文化是中国古代文化发展的一个重要阶段，正如秦汉在事功、疆域和物质文明上为统一国家和中华民族奠定了稳固基础一样，这一时期的文化在构成中国的文化心理结构方面起到了相同的重要作用。

行文至此，我们认为还有必要就"大一统"条件下的文化发展成就及其地位作出更深入、辩证的考察和评价。

长期以来，大多数学者对"大一统"政治条件下的学术文化发展持有一种先验性的观念，即：在政教合一、高度集权、舆论一律的背景之下，人们的思维模式与价值取向往往整齐划一，缺乏独创性和深刻性，秦汉与隋唐均为其

---

① 参见《哲学史讲演录》第二卷，359 页，北京，生活·读书·新知三联书店，1957。
② 李泽厚、刘纲纪：《中国美学史》第一卷，443 页，北京，中国社会科学出版社，1984。

例。而与之形成对比的是，在分裂或偏安的历史时期，统治者的思想统治相对松懈，人们独立思考的精神常常得到张扬，思想的深刻性、创造力往往有充分的体现，如百家争鸣之于春秋战国，玄学之于魏晋时期等等。

应该说，这种分析有一定的道理，然而却不全面准确。我们认为，尽管高度大一统背景下的思想文化就其个别方面"点"的深度来说，似乎不够深刻和精致，但是从整体上看，大一统条件下文化建设的全面发展是历史上分裂、动乱、偏安时期所无法比拟的。以秦汉时期为例，当时文化的繁荣发达是全方位、多层次的，无论是物质文化、制度文化还是观念文化，在当时均有全面的建设和总体的提高，其突出的标志，一是表现为在"六合同风，九州共贯"的历史背景下，文化的地理畛域被基本打破，具体地说，就是秦文化、楚文化和齐鲁文化等区域文化因子，在秦汉时期经长期融会，打破了先秦时期南北文化相对较少联系接触的状态，形成了具有统一风貌的汉文化，同时亦由此形成了统一的汉民族的文化心理结构。以儒学正统地位的建立和巩固为突出标志的适应专制主义政治的文化建设所取得的划时代的成就，更对后来的历史与文化发生了规范性的影响。二是表现为"大一统"社会环境，为许多学科的高度成熟与充分发展创造了必要的条件。司马迁撰写《史记》，使中国古代史学建树达到了辉煌顶点，就是这方面很有说服力的典型例子。《史记》的成功，原因固然很多，但是司马迁"（年）二十而南游江淮，上会稽，探禹穴，窥九疑，浮于沅、湘，北涉汶、泗，讲业齐、鲁之都，观孔子之遗风，乡射邹、峄，厄困鄱、薛、彭城，过梁、楚以归"，"奉使西征巴、蜀以南，南略邛、笮、昆明"[1]，涉足中华大地山山水水的经历，无疑是不可或缺的因素，而这种机会，只有在大一统条件下才能出现。换言之，大一统的文化环境，为《史记》的撰写与秦汉史学的鼎盛提供了首要的保证，而这在分裂、动乱以及偏安时代则是难以想象的。

由此可知，秦汉文化的高度繁荣发达建立在大一统社会政治环境基础之上，是秦汉大一统政治生活在文化领域的必然反映。同时，这一历史事实也向我们昭示：中国古代文化之所以如此辉煌，如此灿烂，乃是不同时期不同文化

---

① 《史记》卷一三〇，《太史公自序》。

形态（偏安时期文化"点"的深化与大一统时期文化"面"的拓广）共同作用、互为弥补的产物。这种文化上的不同形态、表现以及贡献值得我们引起同等的重视，唯有如此，我们才能对中国文化的发展全貌与内在规律得出正确的认识，而过去那种厚此薄彼的做法无疑是片面和武断的，应该加以认真的反思。

主要参考文献

史记. 北京：中华书局标点本，1959.

汉书. 北京：中华书局标点本，1962.

后汉书. 北京：中华书局标点本，1965.

十三经注疏. 北京：中华书局影印本，1980.

诸子集成. 北京：中华书局，1954.

资治通鉴. 北京：中华书局点校本，1956.

全上古三代秦汉三国六朝文. 北京：中华书局，1958.

四库全书总目. 北京：中华书局，1965.

文献通考. 北京：中华书局，1986.

隋书. 北京：中华书局标点本，1973.

百子全书. 影印本. 杭州：浙江人民出版社，1984.

武经七书直解. 长沙：岳麓书社，1992.

〔清〕顾炎武，黄汝成. 日知录集释. 长沙：岳麓书社，1994.

〔清〕皮锡瑞. 经学历史. 北京：中华书局，1959.

〔清〕皮锡瑞. 经学通论. 北京：中华书局，1954.

〔清〕唐晏. 两汉三国学案. 北京：中华书局，1986.

梁启超. 饮冰室合集. 北京：中华书局，1989.

田昌五等主编. 秦汉史. 北京：人民出版社，1993.

吕思勉. 中国制度史. 上海教育出版社，1985.

熊铁基. 汉唐文化史. 长沙：湖南出版社，1992.

李学勤. 东周与秦代文明. 北京：文物出版社，1984.

赵吉惠等. 中国儒学史. 郑州：中州古籍出版社，1991.

金春峰. 汉代思想史. 北京：中国社会科学出版社，1987.

祝瑞开. 两汉思想史. 上海古籍出版社，1989.

徐复观. 两汉思想史. 台北：学生书局，1993.

李学勤. 简帛佚籍与学术史. 台北：时报文化出版企业有限公司，1994.

葛志毅等. 先秦两汉的制度与文化. 哈尔滨：黑龙江教育出版社，1998.

张碧波等主编. 中国古代北方民族文化史（专题文化卷）. 哈尔滨：黑龙江人民出版社，1995.

王铁. 汉代学术史. 上海：华东师范大学出版社，1995.

顾颉刚. 秦汉的方士与儒生. 上海人民出版社，1962.

黄留珠主编. 周秦汉唐文明. 西安：陕西人民出版社，1999.

王子今. 秦汉区域文化研究. 成都：四川人民出版社，1998.

陈登原. 国史旧闻. 北京：生活·读书·新知三联书店，1958.

蒋伯潜. 十三经概论. 上海古籍出版社，1983.

陈直. 史记新证. 天津人民出版社，1979.

陈直. 汉书新证. 天津人民出版社，1959.

田余庆. 秦汉魏晋史探微. 北京：中华书局，1993.

吴荣曾. 先秦两汉史研究. 北京：中华书局，1995.

杨向奎. 大一统与儒家思想. 北京：中国友谊出版公司，1989.

吕思勉. 吕思勉读史札记（上）. 上海古籍出版社，1982.

杨向奎. 绎史斋学术文集. 上海人民出版社，1983.

罗宗强. 玄学与魏晋士人心态. 杭州：浙江人民出版社，1991.

刘泽华主编. 士人与社会（秦汉魏晋南北朝卷）. 天津人民出版社，1992.

黄朴民. 天人合一：董仲舒与汉代儒学思潮. 长沙：岳麓书社，1999.

任继愈主编. 中国哲学发展史（秦汉卷）. 北京：人民出版社，1985.

余英时. 士与中国文化. 上海人民出版社，1987.

屈守元. 经学常谈. 成都：巴蜀书社，1992.

蒙文通. 古学甄微. 成都：巴蜀书社，1987.

蒙文通. 经史抉原. 成都：巴蜀书社，1995.

王葆玹. 今古文经学新论. 北京：中国社会科学出版社，1997.

王洲明. 先秦两汉文化与文学. 济南：山东大学出版社，1996.

于振波. 秦汉法律与社会. 长沙：湖南人民出版社，2000.

刘敦桢主编. 中国古代建筑史. 北京：中国建筑工业出版社，1980.

金自强等选编. 贺昌群史学论著选. 北京：中国社会科学出版社，1985.

彭卫. 汉代婚姻形态. 西安：三秦出版社，1988.

彭卫. 汉代社会风尚研究. 西安：三秦出版社，1998.

周天游. 古代复仇面面观. 西安：陕西人民教育出版社，1992.

朱伯崑. 易学哲学史. 北京：华夏出版社，1995.

钟肇鹏. 谶纬论略. 沈阳：辽宁教育出版社，1991.

汤志钧等. 西汉经学与政治. 上海古籍出版社，1994.

吴光. 黄老之学通论. 杭州：浙江人民出版社，1981.

孙广德. 先秦两汉阴阳五行说的政治思想. 台北：商务印书馆，1993.

华友根. 西汉礼学新论. 上海社会科学院出版社，1998.

王运熙. 乐府诗述论. 上海古籍出版社，1996.

张永鑫. 汉乐府研究. 南京：江苏古籍出版社，1992.

马积高. 赋史. 上海古籍出版社，1987.

王子今. 史记的文化发掘. 武汉：湖北人民出版社，1997.

曹道衡. 汉魏六朝文学论文集. 南宁：广西师范大学出版社，1999.

〔日〕尾形勇. 中国古代的"家"与国家. 张鹤泉译. 长春：吉林文史出版社，1993.

刘志远等．四川汉代画像砖与汉代社会．北京：文物出版社，1983．

徐雁等主编．杰出人物与中国思想史．南京：江苏教育出版社，2000．

文物出版社编．新中国考古五十年．北京：文物出版社，1999．

黄朴民．何休评传．南京大学出版社，1998．

孙家洲．两汉政治窥要．济南：泰山出版社，2001．

后记

　　《中国文化发展史》秦汉卷是在总主编龚书铎先生直接、具体指导下，由黄朴民（中国人民大学）、王子今（北京师范大学）、孙家洲（中国人民大学）、刘华祝（北京大学）、宋超（《历史研究》杂志社）等共同合作、协力完成的。其具体的分工情况为：

　　黄朴民　撰写导论、第一章、第三章、第八章一、二节和结语。

　　王子今　撰写第二章、第四章、第六章、第八章三、四节。

　　孙家洲　撰写第五章、第七章、第九章。

　　刘华祝、宋超　撰写第十章。

　　在撰写过程中，得到了山东教育出版社陆炎编审的大力帮助，张文强、王和、李占领、李兴斌等同志也提供了宝贵的支持，在此谨一并致以诚挚的感谢。由于水平所限，本书不足之处在所难免，尚祈方家与广大读者不吝郢政。

作　者

2012.8